上海高水平地方高校创新团队
"一带一路建设的法律保障机制研究"
项目资助

Research on Judicial Safeguard System of
China (Shanghai) Pilot Free Trade Zone

中国（上海）自由贸易试验区司法保障问题研究

主　编◎许　凯
副主编◎包　蕾　张　磊

北京大学出版社
PEKING UNIVERSITY PRESS

图书在版编目(CIP)数据

中国(上海)自由贸易试验区司法保障问题研究/许凯主编. —北京:北京大学出版社,2020.8

ISBN 978-7-301-31424-1

Ⅰ.①中… Ⅱ.①许… Ⅲ.①自由贸易区—司法制度—研究—上海 Ⅳ.①D927.510.229.5

中国版本图书馆CIP数据核字(2020)第115022号

书　　　名	中国(上海)自由贸易试验区司法保障问题研究 ZHONGGUO (SHANGHAI) ZIYOU MAOYI SHIYANQU SIFA BAOZHANG WENTI YANJIU
著作责任者	许　凯　主编
责 任 编 辑	朱　彦
标 准 书 号	ISBN 978-7-301-31424-1
出 版 发 行	北京大学出版社
地　　　址	北京市海淀区成府路205号　100871
网　　　址	http://www.pup.cn　新浪微博:@北京大学出版社
电 子 信 箱	sdyy_2005@126.com
电　　　话	邮购部 010-62752015　发行部 010-62750672　编辑部 021-62071998
印 刷 者	北京虎彩文化传播有限公司
经 销 者	新华书店
	730毫米×1020毫米　16开本　30.75印张　502千字 2020年8月第1版　2020年8月第1次印刷
定　　　价	99.00元

未经许可,不得以任何方式复制或抄袭本书之部分或全部内容。
版权所有,侵权必究
举报电话: 010-62752024　电子信箱: fd@pup.pku.edu.cn
图书如有印装质量问题,请与出版部联系,电话: 010-62756370

序

以贸易和投资自由化便利化为代表的经济全球化,促进了世界和平、稳定和繁荣,符合世界各国的共同利益,代表了人类文明发展的方向。但是,经济全球化从来不是一帆风顺的,而是在曲折中发展。近年来,世界经济疲弱,发展失衡、治理困境、公平赤字等问题更加突出,反全球化思潮涌动,保护主义和内顾倾向有所上升,给世界经济贸易发展蒙上了阴影。经济全球化是时代大潮,深入发展的大势不可逆转,但是速度可能有所放缓,动力可能有所转换,规则可能有所改变。如何更好地适应和引导经济全球化,推动经济全球化朝着更加开放、包容、普惠、平衡、共赢的方向发展,是中国与世界各国的共同责任。

2013年,美国奥巴马政府将中国排除在跨太平洋伙伴关系协定(TPP)谈判之外,试图主导未来国际经贸规则的制定,党中央、国务院高瞻远瞩,果断决策,宣布在上海设立中国第一个自由贸易试验区即中国(上海)自由贸易试验区(以下简称"上海自贸试验区")。根据当年9月印发的《中国(上海)自由贸易试验区总体方案》,国务院要求上海自贸试验区"形成与国际投资、贸易通行规则相衔接的基本制度框架"。2017年,面对美国特朗普政府发动的"301条款调查"等贸易争端,国务院印发《全面深化中国(上海)自由贸易试验区改革开放方案》,要求"进一步对照国际最高标准、查找短板弱项,大胆试、大胆闯、自主改,坚持全方位对外开放,推动贸易和投资自由化便利化"。2019年,面对经济全球化的严峻挑战,国务院印发《中国(上海)自由贸易试验区临港新片区总体方案》,进一步提出"对标国际上公认的竞争力最强的自由贸易园区,……实施具有较强国际市场竞争力的开放政策和制度,加大开放型经济的风险压力测试,实现新片区与境外投资经营便利、货物自由进出、资金流动便利、运输高度开放、人员自由执业、信息快捷联通,打造更具国际市场影响力和竞争力的特殊经济功能区,主动服务和融入国家重大战略,更好服务对外开放总体战略布局"。由此可见,在世界经济面临深刻调整,保护主义、单边主义抬头,国际经贸规则重构进程加快,中国对外开放面临新形势和新挑战之际,中国以设立自贸试验区为重要载体,从统筹国内国际两个大局的高度,从理论和实践两个维度,系统回答了新时代要不要开放、要什么样的开放、如何更好推动开放等重大命题,向世界展现了中国进一步扩大开放、中国的发展成果惠及全球的坚定决心和信念。

上海自贸试验区的开放,需要法治的引领与保障。其中,加强司法保障是增强上海自贸试验区开放政策的稳定性、可预期性的重要举措,是打造市场化、法治化、国际化营商环境的重要环节。回顾过往,在上海自贸试验区建设的征程中,以法院为中心的司法保障工作作为不可或缺的一环,为上海自贸试验区营造良好的营商环境提供了强有力的支持。许凯及其团队撰写的《中国(上海)自由贸易试验区司法保障问题研究》一书,立足于上海自贸试验区2013—2018年的司法保障工作之运行全貌,揭示与探明自贸试验区司法保障进程中反映的法学理论与现实问题,以期对未来中国自贸试验区的法治蓝图提供"可复制、可推广"的司法经验。

本书内容丰富,资料翔实,包含如下三个要点:

第一,分析和归纳了上海自贸试验区制度创新的探索。虽然本书以"司法保障"为研究中心,但是司法的被动性决定了其必须跟随制度创新与立法变动方可有所作为,这一特点在上海自贸试验区的发展过程中尤为显著。制度创新需要立法引领,而立法变动必将引致司法应对。在理论层面,上海自贸试验区的立法探索主要表现在法律阶段性与重大改革前瞻性、法律稳定性与改革可变性、法律普适性与自贸试验区立法特殊性这三组矛盾的处理方案之中。

第二,分析和归纳了自贸试验区司法保障的一般规律与特征。在上海自贸试验区的司法保障领域,2013—2018年,以最高人民法院、上海市高级人民法院为指导者,以上海市浦东新区人民法院、上海市第一中级人民法院为主要践行者,取得了四级法院共同打造的自贸试验区司法保障实践成果:一是司法理念的更新升级,充分发挥司法的能动性,主动应对立法与政策的变化,审慎处理司法对市场创新的干涉,全面契合国际化的转变要求;二是审判机构的专门化设置,通过在上海市浦东新区人民法院设置中国(上海)自由贸易试验区法庭,以及在上海市第一中级人民法院内设专项合议庭的方式,实现涉自贸试验区案件的集中化、专门化审理;三是司法保障机制的全面改革,保障审判权运行机制、探索电子送达方式、改革专家陪审员制度、创新执行机制、调整法律适用等各项措施,体现上海自贸试验区司法高效、专业、引领、前瞻的特质。

第三,根据历年的司法统计与典型案例,分析和归纳了上海自贸试验区的司法保障在不同领域所体现的侧重点。本书从民事案件、投资贸易类商事案件、金融商事案件、知识产权案件、刑事案件、行政案件、涉外民商事案件、多元争议解决机制等多个重点领域,归纳了司法在保障上海自贸试验区进行制度创新中的能动与规范作用。例如,在涉外民商事案件的审理中,创设"非典型性涉外因素"的判断标准,通过法律关系主体、法律事实的发生地等因素与自贸试验区的关联性,以及"禁止反言"的诉讼法规则,由点及面,推动了自贸试验区内企业选择境外仲裁机构仲裁的突破性改革。在金融开放创新中,在传统的银行业、证券业、保险业交易形式迭代以及融资租赁、保理、金融衍生品等新类型交易层出不穷的背景下,充分结合国际、国内两种法源,体认市场交易惯例,依法保障合规金融交易活动。在上海自贸试验区投资管理模式的创新中,随着负面清单管理模式的变革,对于外资投资合同的效力,需要结合转变前后的不同管理方式对其予以认定;对于"先照后证"改革带来的公司民事能力的认定问题,在"有照无证"阶段,既要肯定公司的民事能力,也要结合强制性规范认定法律行为的效力等。

本书提出,上海自贸试验区在司法保障领域所取得的成果更应当从以下三个层面发挥其价值:其一,为上海自贸试验区明确司法改革的方向提供助力,为各类涉自贸试验区案件的审判实践提供统一的适法标准;其二,为中国其他自贸试验区的司法保障提供"可复制、可推广"的经验,为最高人民法院后续的司法解释提供资料支持;其三,为未来我国相关法律的制定和修订工作提供理论与实践依据。

2013年10月12日,在上海自贸试验区挂牌成立后不久,华东政法大学就成立了中国自由贸易区法律研究院,对自贸试验区建设中遇到的法律问题进行前瞻性、针对性研究。我和许凯同为研究院的兼职研究员,一起申请课题,一起进行调研,他主要从事自贸试验区立法与司法问题研究,我主要从事自贸试验区投资贸易、金融开放创新等领域的研究。共同的学术爱好和责任使命,促使我们经常一起讨论相关问题。在探讨的过程中,我逐渐对他的研究领域、科研能力和研究实力有了比较深入的了解。本书是对许凯及其团队多年研究成果的提炼,相信对推动我国自贸试验区的法治建设具有较高的参考价值。

华东政法大学教授　贺小勇
2020 年 4 月 30 日

目录

导　言 / 001

第一章　上海自贸试验区的制度创新 / 011
　　第一节　自贸试验区与相关概念辨析 / 012
　　第二节　上海自贸试验区的设立动因 / 017
　　第三节　上海自贸试验区的发展历程 / 022

第二章　上海自贸试验区的立法轨迹 / 032
　　第一节　上海自贸试验区立法的理论解析 / 033
　　第二节　上海自贸试验区的立法实践 / 040
　　第三节　中国自贸试验区的立法展望 / 057

第三章　上海自贸试验区变革下的司法应对 / 062
　　第一节　司法理念的更新升级 / 062
　　第二节　审判机构的专门化设置 / 070
　　第三节　司法保障机制的全面改革 / 079

第四章　上海自贸试验区司法保障的实践探索 / 093
　　第一节　上海市浦东新区人民法院司法保障工作回顾 / 093
　　第二节　上海市第一中级人民法院司法保障工作回顾 / 107
　　第三节　其他两级人民法院保障上海自贸试验区的
　　　　　　文件解析 / 127

第五章　上海自贸试验区民事案件的司法保障 / 154
  第一节　上海自贸试验区民事案件审判概况 / 155
  第二节　上海自贸试验区普通民事案件的案例集解 / 158
  第三节　上海自贸试验区劳动争议案件的案例集解 / 176

第六章　上海自贸试验区投资贸易类商事案件的司法保障 / 191
  第一节　上海自贸试验区投资贸易类商事案件审判概况 / 191
  第二节　上海自贸试验区贸易类案件的案例集解 / 209
  第三节　上海自贸试验区公司类案件的案例集解 / 218

第七章　上海自贸试验区金融商事案件的司法保障 / 229
  第一节　上海自贸试验区金融商事案件审判概况 / 230
  第二节　上海自贸试验区金融借款案件的案例集解 / 248
  第三节　上海自贸试验区融资租赁合同案件的案例集解 / 253
  第四节　上海自贸试验区保险案件的案例集解 / 261
  第五节　上海自贸试验区证券商事案件的案例集解 / 277
  第六节　上海自贸试验区其他金融交易类案件的案例集解 / 284

第八章　上海自贸试验区知识产权案件的司法保障 / 293
  第一节　上海自贸试验区转运货物的知识产权边境执法问题 / 293
  第二节　上海自贸试验区定牌加工的商标侵权问题 / 300
  第三节　上海自贸试验区的平行进口问题 / 307
  第四节　上海自贸试验区知识产权案件审判概况 / 313

第九章　上海自贸试验区刑事案件的司法保障 / 321
  第一节　上海自贸试验区刑事案件审判概况 / 322
  第二节　上海自贸试验区刑事案件的法律适用 / 330
  第三节　上海自贸试验区刑事案件的案例集解 / 343

第十章　上海自贸试验区行政案件的司法保障 / 352
第一节　政府职能转变对行政案件审判的挑战 / 353
第二节　上海自贸试验区行政案件审判的司法应对 / 361
第三节　上海自贸试验区行政案件审判概况 / 373

第十一章　上海自贸试验区涉外民商事案件的司法保障 / 382
第一节　涉外民商事法律关系的定性 / 383
第二节　涉外民商事案件的法律适用 / 394
第三节　涉外民商事案件中的外国法查明 / 407
第四节　国际商事仲裁裁决的承认与执行 / 420

第十二章　上海自贸试验区的多元争议解决机制 / 429
第一节　上海自贸试验区多元争议解决机制的发展 / 429
第二节　上海自贸试验区商事仲裁的司法衔接与保障 / 436
第三节　上海自贸试验区调解机制的司法保障 / 455

主要参考文献 / 469

导　言

　　进入 21 世纪之后,我国的经济发展面临着国内外形势的重大变革与挑战,这就需要从顶层设计的角度提供再起宏图的制度规划。中国(上海)自由贸易试验区〔China (Shanghai) Pilot Free Trade Zone,以下简称"上海自贸试验区"〕的建设是以习近平同志为核心的党中央在新形势下全面深化改革和扩大开放的重大战略决策。国务院于 2013 年 8 月 22 日正式批准设立上海自贸试验区,并在同年 9 月 18 日发布了《中国(上海)自由贸易试验区总体方案》。9 月 29 日,上海自贸试验区正式挂牌成立。随着党中央、国务院的整体部署以及中国自贸试验区战略的渐次推进,上海自贸试验区历经 2015 年扩区和 2017 年全面深化两个重要的拓展节点,逐步形成了一批可复制、可推广的制度经验,在投资、贸易、航运、金融和监管等领域完成了先行先试、制度探索的历史使命,取得了举世瞩目的实践效果。

　　"立法引领改革、改革于法有据"是上海自贸试验区建设过程中始终坚持的基本原则。通过中央立法与地方立法协力共进,上海自贸试验区打造出特有的立法模式和立法特点。在上海自贸试验区制度改革全面推进、立法创制持续变动的背景下,如何发挥、转变司法的功能与职能,如何为上海自贸试验区建设这一国家战略提供优质的司法保障,如何应对法律、政策的变动带来的司法挑战,成为检验上海自贸试验区法治化目标建设的重要课题。在上海自贸试验区建设过程中,在最高人民法院的领导下,上海市各级法院关于司法保障的各类文件与实施方案渐次出台,并且与上海自贸试验区的创新历程始终保持同频共振,形成了司法保障自贸试验区建设领域的"上海经验"和"上海模式"。因此，在上海自贸试验区市场化、国际化、法治化这一总体方向的指引下，及时回顾、总结法院在司法服务和保障领域的既有成果，既可以为我国其他自贸试验区提供可资借鉴的司法样板，更能够为自贸试验区建设未来的"升级换挡"提供充分的法治支撑。

一、研究目标与价值

在总体研究目标的指引下，本书的研究可以分解为以下四个具体目标：第一，从制度创新与立法创制两个角度对上海自贸试验区的发展过程进行梳理，探寻自贸试验区司法保障的理论之源与法制之基，以从顶层设计的角度对上海自贸试验区的未来发展建言献策；第二，从上海自贸试验区与司法体制改革的交叉研究入手，就司法与立法的关系、政策的准确适用、维护市场创新、对标国际化趋势等理论问题进行探讨，并对自贸试验区特有的司法管辖、法律适用、审判机制等核心议题进行专门化研究；第三，通过整体分析与类案研究的方式，提炼出上海自贸试验区司法保障进程中与法学各个学科相关的理论问题，通过立法法、民商法、金融法、知识产权法、刑法、行政法、诉讼法、国际法等多学科的综合分析，填补、修正、扩充自贸试验区涉及的各项理论议题；第四，以实证研究的方法，分析上海自贸试验区建设过程中的司法统计数据和典型案例，对法律适用规则、审判机制改革、多元争议解决等方面的问题进行跟踪研究，在把握上海自贸试验区司法保障整体趋向的同时，为未来我国自贸试验区司法保障模式的进一步构建提供实证支持。

从上述四个具体研究目标的设定中不难看出，本书的研究主要致力于通过实证调研的方式，呈现上海自贸试验区司法保障的探索举措和经验归集。因此，本书研究成果的主要意义体现为应用价值，主要表现在三个方面：一是通过调研、总结各类涉自贸试验区案件的审判实践，提出统一的适法标准，为未来上海三级法院出台、修改相关规范性文件提供参考依据，并对上海自贸试验区司法改革的方向提出建议；二是对我国其他自贸试验区的司法保障提供"可复制、可推广"的经验，为最高人民法院对自贸试验区的司法解释提供基础性资料；三是通过对上海自贸试验区司法保障中专门性问题的分析，对未来我国相关法律的制定和修订提供理论与实践依据。

本书虽然致力于从司法角度对上海自贸试验区的法治化远景进行透析，但是其中分析的问题、体现的价值是多学科、多角度的，因而也具有一定的学术价值。

从立法学的角度,本书回顾了上海自贸试验区独特立法模式的发展以及创制这一模式过程中的焦点与难点问题,并就其未来走向作了展望。从诉讼法学的角度,本书针对上海自贸试验区案件的主管、管辖、陪审、送达、执行等方面的机制改革,在现有制度探索的基础上提出了全方位的意见。从民商法学和经济法学的角度,本书就自贸试验区负面清单制度、贸易方式转变、商事登记改革、金融市场开放、金融制度创新等革新所带来的法律适用问题进行了深度探讨。从知识产权法学的角度,本书着力研究转运货物的知识产权边境执法、定牌加工的商标侵权以及平行进口三大主要问题,结合自贸试验区的特殊政策进行了诠释。从刑法学的角度,本书重点研究了负面清单改革对罪刑法定原则的影响、自贸试验区内刑法适用的特殊性、跨区行为区内外刑法适用的标准等理论问题。从行政法学的角度,本书以自贸试验区政府职能转变对行政审判的影响为切入点,探讨了涉自贸试验区行政案件的受案范围、适格行政主体、举证责任分配、法律适用等具体问题。从国际法学的角度,本书以自贸试验区国际化的审判实践为视角,就涉外民商事法律关系的定性、法律适用、外国法查明、国际商事仲裁裁决的承认与执行等问题开展了专题研究。

二、研究结构与内容

本书以调研报告为研究成果,共计12章。其中,前四章是关于上海自贸试验区的制度创新、立法轨迹、变革下的司法应对、司法保障的实践探索方面的研究成果;后八章为具体司法保障领域的调研成果,均由理论问题探讨、司法统计介绍、典型案例集解三个方面的内容组成,以期全方位、多角度地反映上海自贸试验区各类案件处理过程中的焦点与难点问题。

第一章"上海自贸试验区的制度创新"(撰写者:许凯)。本章首先从"自由贸易园区"(FTZ)这个核心概念入手,厘清相关制度的差异。自由贸易园区作为一个"舶来品",落地于上海之时便引发了关于制度定位的思考。单边性、全面性与可复制性的特点决定了自贸试验区与其他特殊经济区域的不同。与国家之间通过条约形式搭建的自由贸易区(FTA)相比,自贸试验区是我国主动改革、自主改革的单边开放措施。与其前身海关特殊监管区域相比,自贸试验区真正实现了一线放开、服务全局、全面创新的顶层设计。"自由贸易港"的提出为自贸试验区的"升级换挡"明确了方向。由于自由贸易港不再注重制度创新的可复制性,因此它应当成为上海自贸试验区的下一个努力目标。在理论上厘清上海自贸试验区的制度特征之后,本章重点讨论了设立上海自贸试验区的各类动因,同时以时间为序,解析了国务院在三个不同时期对上海自贸试验区的政策支持与制度定位。设立上海自贸试验区的动因,既有来自国际政治、经贸、法制领域的新变化与新压力,也有来自国内持续深化改革、全面扩大开放的新形势与新动力。除此之外,中央之所以选择上海作为自贸试验区战略"破冰之旅"的先行者,与上海独有的改革地位息息相关。在制度创新的载体方面,国务院在2013年、2015年和2017年三次出台支持上海自贸试验区发展的方案,三个方案分别以中央自贸区战略的三次调整为背景,从政府职能转变、投资领域开放、贸易方式转变、金融领域创新、法制保障完善五大方面勾勒出上海自贸试验区至今为止的演进脉络。

第二章"上海自贸试验区的立法轨迹"(撰写者:丁伟、许凯)。本章围绕《中国(上海)自由贸易试验区条例》的制定过程,在回顾中央与地方自贸试验区立法进程的基础上,破解上海自贸试验区各项立法中的难点与焦点问题,并对自贸试验区的立法前景作了展望。制度创新需要立法引领,而立法变动必将引致司法应对。在理论层面,上海自贸试验区的立法探索主要表现于法律阶段性与重大改革前瞻性、法律稳定性与改革可变性、法律普适性与自贸试验区立法特殊性这三组矛盾的处理方案之中。在实施层面,上海自贸试验区的立法实践主要表现在两个方面:一是首次采取全国人大常委会作出决定的方式,授权国务院在自贸试验区内暂时调整有关法律规定的行政审批。这种授权立法方式的成功试验促成了2015年《中华人民共和国立法法》(以下简称《立法法》)的修订。二是在自贸试验区地方立法的设计问题上,2014年7月25日上海市人大常委会通过的《中国(上海)自由贸易试验区条例》是上海自贸试验区的"基本法",它不仅将政策层面的改革要求转化为具体的法律制度,也成为其后中国其他自贸试验区地方立法的模板。在中国自贸试验区未来的立法方向上,本书提出四点建议:一是理顺立法顺序,采取更加符合立法规律的"先地方性法规,后政府规章"的方式;二是以现行立法中的负面清单管理模式、国际贸易便利措施、事中事后监管措施、公平保护制度、透明度规则等核心制度为范本,形成复制推广的一般模式;三是从中国自贸试验区战略全面拓展的趋势研判,应当适时提高立法位阶,考虑制定中央层面的自贸试验区基本法;四是充分对接不同时期的中央要求,通过制定"和而不同"的地方立法,体现各个自贸试验区的不同定位与功能。

第三章"上海自贸试验区变革下的司法应对"(撰写者:许凯、包蕾)。本章主要从宏观角度审视了上海自贸试验区司法保障领域的各项制度安排。上海自贸试验区司法在应对制度与立法变动的问题上,取得了三方面的主要成果:一是更新升级司法理念,充分发挥司法的能动作用,主动回应立法与政策的变化,审慎处理司法对市场创新的干涉,全面契合国际化的发展要求;二是专门化设置审判机构,通过在上海市浦东新区人民法院设置自由贸易区法庭,以及在上海市第一中级人民法院内设专项合议庭的方式,实现涉自贸试验区案件的集中化、专门化审理;三是全面改革司法保障机制,通过保障审判权运行机制、探索电子送达方式、改革专家陪审员制度、创新执行机制、调整法律适用等各项措施,体现上海自贸试验区司法高效、专业、引领、前瞻的特质。在总结三大成果的同时,本书对上海自贸试验区司法改革的未来方向也提出了三点建议:第一,囿于涉自贸试验区案件平行管辖的现状,对于涉自贸试验区案件,我国任何一个法院均有管辖权,这不利于实现适法统一的目标,建议以司法解释的方式对涉自贸试验区案件实行集中管辖;第二,针对自贸试验区政策变动频繁的特点,在案件审判中,必须树立法律优先于政策的原则,同时注重发挥政策的填补性与补充性功能;第三,虽然自贸试验区并不构成一个独立的法域,但是在跨区案件的审判过程中,应当贯彻"一线放开、二线管住"的原则,守住区内外有别的制度红线。

第四章"上海自贸试验区司法保障的实践探索"(撰写者:许凯、包蕾)。本章主要站在纵观司法实践的角度,对我国涉上海自贸试验区四级法院2013—2018年发布的重要文件进行解析。对于法院而言,积极发挥审判职能是第一要务。上海自贸试验区的各类司法统计不仅反映出司法审判的规律性轨迹,也成为测试制度压力、反馈市场风险的重要指数。以涉自贸试验区案件审理为中心,四级法院2013—2018年共发布司法解释、重要的规范性文件5部,涉上海自贸试验区审判白皮书10本,典型案例50个。以2018年的统计数据为例,上海自贸试验区案件审理的总体情况呈现三大特点:一是案件数量多。2013—2018年,上海市各级法院受理的涉上海自贸试验区案件达到27万余件。二是新型、疑难案件频发。上海市各级法院通过打造精品案件、树立典型案例的方式,对涉上海自贸试验区案件作出及时公正裁判,合理引导市场预期。三是审判绩效良好。2013—2018年,上海市各级法院审理涉上海自贸试验区案件的审限内结案率达到99.75%,一审服判息诉率达到98.48%,民商事调撤率达到41.04%,案件实际执行率达到

78.39%。上海市各级法院通过公正高效地审理和执行每一起涉上海自贸试验区案件,有力保障了上海自贸试验区的建设发展。

第五章"上海自贸试验区民事案件的司法保障"(撰写者:许凯)。本章聚焦于涉上海自贸试验区民事案件的审判特点和典型案例,具体包括普通民事案件与劳动争议案件两个主要类型。这一领域的司法保障主要针对自贸试验区的设立带来的区内房地产升值、企业租赁房屋需求增长以及劳动力聚集等社会效果。具体而言,对于普通民事案件,法院依法妥善处理了自贸试验区内"民宅商用""一址多照"等问题,在不突破既有法律规则的基础上,切实保障人民群众的正常生活秩序。对于劳动争议案件,法院聚焦劳动合同纠纷,通过司法判决的方式纠正用人单位的不规范用工行为,加强劳动者合法权益保护。

第六章"上海自贸试验区投资贸易类商事案件的司法保障"(撰写者:许凯、包蕾)。本章聚焦于涉上海自贸试验区投资贸易类商事案件的审判特点和典型案例,阐释自贸试验区投资贸易制度创新带来的司法需求。具体而言,上海自贸试验区投资管理模式的创新与贸易方式的转型升级对司法保障提出了三方面的挑战:第一,负面清单管理模式要求外资投资合同的管理由核准制向备案制转变,因此在对外资投资合同的效力进行判断时,要注意结合转变前后的不同管理方式;第二,"先照后证"改革引发了公司民事能力的认定问题,在公司"有照无证"阶段,既要肯定公司的民事能力,也要结合强制性规范认定法律行为的效力;第三,认缴资本制与公司年报制不得成为损害第三人利益的工具,在恶意利用上述制度损害债权人利益的案件中,应运用公司法人人格否认制度追究相关责任人的损害赔偿责任。

第七章"上海自贸试验区金融商事案件的司法保障"(撰写者:许凯)。本章聚焦于涉上海自贸试验区金融商事案件的审判特点和典型案例,就金融借贷、融资租赁、保险、证券以及其他新型金融交易形式五个主要的案件类型进行分类探讨。金融领域的开放创新是上海自贸试验区制度改革的核心,在司法保障中应主要解决好以下三方面的问题:第一,在传统的银行业、证券业、保险业交易形式迭代以及融资租赁、保理、金融衍生品等新类型交易层出不穷的背景下,法院应充分结合国际、国内两种法源,体认市场交易惯例,依法保障合规金融交易活动;第二,面对形式多样、效力不一的金融规范性文件,一方面应注意利率市场化等政策变动可能带来的审判规则变化,另一方面必须将政策底线与公共利益挂钩,注重防范金融风险;第三,侧重保护金融投资者的利益,采取增加金融机构在合同磋商、缔约时的披露、告知和评估义务的方式,使违反上述义务的金融机构对投资者因此受到的损失承担赔偿责任。

第八章"上海自贸试验区知识产权案件的司法保障"(撰写者:陈绍玲、蒋圣力)。本章聚焦于涉上海自贸试验区知识产权案件的审判特点和典型案例,并基于自贸试验区"一线放开、二线管住"的特点,重点探讨知识产权领域中的三大关注点:第一,对于转运货物的侵权案件,无论是海关边境执法还是法院诉讼,均应严格把握"转运货物具有进入中国境内销售的可能性"这一标准;第二,对于定牌加工产生的商标侵权案件,应结合委托方的商标权利状况、商标使用情形以及受托方在承揽定作服务时的注意义务,综合判断受托方是否可能构成共同侵权;第三,对于平行进口引发的知识产权侵权案件,法院应当依据实际情况选择适用国际权利用尽原则或默示许可原则,在允许平行进口的背景下,平等保护消费者和商标权利人的合法权益。

第九章"上海自贸试验区刑事案件的司法保障"(撰写者:李振林)。本章聚焦于涉上海自贸试验区刑事案件的审判特点和典型案例,诠释上海自贸试验区的制度创新对于刑法适用的影响。总体而言,涉自贸试验区刑事案件可以从宽严相济角度进行总结:一方面,依法严厉惩处上海自贸试验区内的走私、洗钱、非法集资、跨境侵犯知识产权等犯罪行为,惩治破坏上海自贸试验区建设、滥用自贸试验区特殊市场监管条件进行的各种刑事犯罪,依法维护好上海自贸试验区的市场秩序和社会稳定;另一方面,深刻意识到自贸试验区法制变动尤其是负面清单制度对于刑法适用的影响,慎重处理涉及破坏金融管理秩序、妨害公司和企业管理秩序、扰乱市场秩序的刑事案件,调和自贸试验区内刑法适用特殊性与刑法普遍适用性的冲突。

第十章"上海自贸试验区行政案件的司法保障"(撰写者:练育强)。本章聚焦于涉上海自贸试验区行政案件的审判特点和典型案例。法院通过依法履行行政审判职责,支持上海自贸试验区加快政府职能转变的总任务。在上述总任务的实现过程中,存在着行政审判中需要注意的三大问题:第一,自贸试验区负面清单管理、贸易监管变动、金融开放创新、行政权力集中行使等制度的实施极易引发新类型行政争议,因此必须准确定位行政案件的法律适用以及规范性文件审查标准,避免行政审判法律适用中的法律冲突;第二,以具体行政行为的作出主体为标准,涉自贸试验区行政案件的被告可分为自贸试验区管委会、管委会下属职能部门和区内办事的行政机关三种类型;第三,在恪守"被告举证"的基本原则下,创新举证责任分配机制,赋予行政诉讼第三人举证能力,同时适度拓展原告的举证责任范围。

第十一章"上海自贸试验区涉外民商事案件的司法保障"(撰写者:许凯、张磊、王徽、顾丽祎)。本章聚焦于涉上海自贸试验区涉外民商事案件的审判特点和典型案例,以问题为导向,阐析自贸试验区司法实践对我国涉外民商事立法与司法制度的践行与突破。涉外民商事案件激增是上海自贸试验区国际化的鲜明写照,通过打造典型案例的方式,自贸试验区的司法实践主要形成以下三方面的成果:第一,创设"非典型性涉外因素"的判断标准,通过法律关系主体、法律事实的发生地等因素与自贸试验区的关联性,以及"禁止反言"的诉讼法规则,由点及面,推动了自贸试验区内企业选择境外仲裁机构仲裁的突破性改革;第二,在适用外国法为准据法的案件中,借助高校等法律查明服务机构的力量,探索外国法查明的实施路径;第三,在承认与执行外国仲裁裁决案件的审查中,秉持1958年《纽约公约》"有利于执行"的公约理念,在司法实践中倾向于对仲裁条款作出"有利于有效成立"的解释。

第十二章"上海自贸试验区的多元争议解决机制"(撰写者:许凯、胡荻)。本章主要从上海自贸试验区争议的多元化视角入手,通过介绍以商事仲裁、调解为典型的多元争议解决机制(ADR)在自贸试验区内成功运作的经验,侧重分析了司法支持自贸试验区多元争议解决机制的措施。在ADR机构和法院的共同努力下,多元争议解决机制的突破主要体现在仲裁与调解两大领域,具体表现在以下三方面:第一,以《中国(上海)自由贸易试验区仲裁规则》为代表,仲裁机构就友好仲裁、开放仲裁员名册、合并仲裁等新型制度进行了尝试;第二,以上海市第二中级人民法院发布的《关于适用〈中国(上海)自由贸易试验区仲裁规则〉仲裁案件司法审查和执行的若干意见》为代表,法院全面支持自贸试验区仲裁制度创新,强化对自贸试验区仲裁的司法协助;第三,以上海市第一中级人民法院发布的《上海市第一中级人民法院商事多元化纠纷解决机制实施细则》为代表,法院将调解机制定位为多元争议解决机制的重要组成部分,通过聘请特邀调解员、程序衔接、案件分流、司法审查确认等环节,实现商事案件处理的多元化目标。

三、研究基础与方法

在文献资料的收集方面,本书具有以下两方面的特点:一方面,在历史文献的收集与使用方面,由于上海自贸试验区"首创"的性质,在其设立之前的资料较少,本书的研究文献多为2013—2018年的著述,而这一期间也是制度变动频仍、立法效果显现、司法因应定型的关键阶段;另一方面,由于本书的研究主要立足于国内自由贸易试验区的司法保障,因此收集的文献主要为中文文献,外文文献与译文、译著的使用量较少。基于此,本书涉及的全部中文文献主要可以分为以下三种:一是上海自贸试验区设立后公开出版和发表的著述、论文以及网络资料,其中包括相关著述60余本、论文近200篇,反映了不同时期各级法院为自贸试验区提供司法保障的基础性资料。二是上海市各级法院有关自贸试验区司法保障的白皮书和典型案例,其中白皮书共计10份,涉及上海自贸试验区的各类典型案例200余个,择其特点收录、分析了50个典型案例。三是参与本书撰写的成员此前主持或参与的课题,共计13个,其中既有国家社科基金重大项目,也有最高人民法院、商务部、中宣部、上海市人民政府、上海市人大法工委等机关的委托类课题,这些前期的成果为本书的撰写打下了坚实的基础。

本书采取的研究方法主要包括以下四种:一为文献研究方法。本书整理、梳理了2013—2018年涉及上海自贸试验区的主要文件,包含国务院和国家部委在不同时期的政策性文件、中央与上海市的立法规定、全国各级法院的司法保障意见等,从政策到法律,从立法到司法,反映上海自贸试验区司法保障的制度探索全貌。二为历史研究方法。鉴于上海自贸试验区的发展带有试验性、阶段性的特点,因此本书重点突出不同时期的制度定位与立法变动,以期回归司法保障问题的渐进发展规律。本书尤其关注法院在不同年度的司法审判情况,从整体评价和类案分析两个维度展现不同时期司法保障的特点。三为比较研究方法。由于自由贸易园区这项制度创新并非我国原创,因此我们在研究过程中特别注意与国外特殊经济区域先进经验的比较,如将自由贸易园区与自由贸易区、海关特殊监管区域以及自由贸易港进行比较,将国内外的多元争议解决机制进行对比等,彰显上海自贸试验区对标国际标准的制度要求。四为调查统计方法。这一方法的运用是本书的突出特点。本书在撰写过程中得到了上海市各级法院、上海市人大法工委、上海国际经济贸易仲裁委员会等单位的支持,在反复的调研过程中获取了大量的一手数据和案例,为本书的科学研究奠定了坚实的基础。

当然,本书的研究主要是基于2013—2018年上海自贸试验区的司法统计与调研成果,而上海自贸试验区本身蕴含的制度潜力以及立法与司法天然的滞后性特点,决定了本书尚有不少值得完善之处。尤其需要指出的是,2018年11月5日,第一届中国国际进口博览会在上海召开。国家主席习近平在开幕式上发表主旨演讲,向世界宣布增设上海自贸试验区新片区的重大决定。这一重大决定表明,上海自贸试验区又将迎来新的历史机遇,也将进入一个全新的发展阶段。因此,随着这一重大决定的落地,可以预见未来的上海自贸试验区必将迎来脱胎换骨的制度革新,而这些制度革新也将对自贸试验区的司法保障提出新的议题。我们需要做好充分的前期准备工作,以进行跟踪性、持续性的研究,这也正是本书的研究初衷和未来的拓展方向。

最后,本书的出版除了凝聚全体编写人员的智力成果之外,还要特别感谢各级法院的相关同志在资料提供方面做出的重要贡献。在本书的撰写过程中,华东政法大学的硕士研究生顾丽祎、洋巍潼、孙馨怡、韩晗、胡云翀承担了校对工作,在此一并表示谢意!

第一章
上海自贸试验区的制度创新

发展自由贸易园区(Free Trade Zone，FTZ)战略是我国新一轮改革开放政策的亮点,这一战略的实施以 2013 年 8 月 22 日国务院正式批准设立上海自贸试验区为起点。上海自贸试验区是我国经济发展过程中的一个全新区域,其设计、成立和日臻完善都为我国的法制建设带来了新话题、新机遇。自贸试验区成立以来,制度创新的强大推动力为我国经济带来了全新的活力。诚如 2018 年上海市委书记李强所言:"自贸区建设全面激发了市场创新活力和经济发展动力,去年(2017 年,编者注)自贸区以上海 1/50 的面积,创造了上海 1/4 的地区生产总值、2/5 的外贸进出口总额。"[1]独特的活力推动了从中央到地方整个自贸试验区法治框架的构建,而司法保障作为自贸试验区法治建设闭环中的重要组成部分,必定首先要回应制度创新带来的司法新问题与新挑战,以便在动态化的自贸试验区改革进程中不断作出调整与更新。因此,本章在回顾、分析上海自贸试验区的功能定位与创立动因的基础上,从宏观角度展示自贸试验区制度改革与创新的总体脉络,以展现上海自贸试验区司法保障的逻辑原点与制度基础。

---

[1] 李强:《高举浦东开发开放旗帜 勇当新时代全国改革开放排头兵》,载《求是》2018 年第 16 期,第 5 页。

第一节 自贸试验区与相关概念辨析

在上海自贸试验区设立之初，对于"自由贸易园区"这个全新的概念的定位及理解，引发了学界与实务界的不少探讨。之所以会产生这样的探讨，原因有二：第一，自由贸易园区是一个全新的"舶来品"，在我国既有的经济、文化、法律体系中并不能找到与其直接对应的诠释，而通过对国外成熟自贸区的对比性研究，却发现所谓全球通行的自由贸易园区概念体系似乎也难以找到，因此只能回到我国自身的政策定位中寻求答案。[1] 第二，改革开放以来，我国各地区在经济发展的过程中为体现特殊的政策与制度扶持，出现过不少经济特区和海关特殊监管区域。有关以上海自贸试验区为代表的自由贸易园区与之前的改革产物是何种关系，需要在概念辨析的基础上对制度内涵予以厘清。除此之外，随着近年来改革开放的不断深化，一些新的制度借鉴与设计已经如箭在弦，如中共十九大报告中明确提出了"自由贸易港"的探索方向。那么，就此而言，未来有关自由贸易港的制度设计与自由贸易园区的关系究竟如何？这些前沿性的制度辨析也是亟待解决的顶层问题。

一、自由贸易园区与自由贸易区的比较

鉴于中英文表述方式不同，从中文表达上看，"自由贸易园区"（Free Trade

---

〔1〕 在上海自贸试验区设立之后，本书主编曾参与上海市人大常委会2015年发布的课题"关于自贸试验区建设发展立法建议课题研究"中关于"自贸园区域内外法律制度比较研究"的工作，其中一项重要议题就是对现今各主要国家自由贸易园区的制度建设进行比较。但是，从研究结论来看，由于各国经济地位、发展目标以及区域定位的差异，因此各类自由贸易园区在名称、制度架构、功能定位方面均存在不同。美国的对外贸易区（Foreign Trade Zone），其法律依据来源于1934年美国国会批准的《对外贸易区法案》。它的功能定位于公共利益和经营者利益两个方面，其中公共利益主要包括促进国际贸易、鼓励出口、吸引离岸活动、发展地方经济、帮助创造就业机会等，而经营者利益则多是通过减免税或者税收便利措施。迪拜是阿联酋人口最多的酋长国，设立了十余个自由区（Free Zone），涵盖国民经济的众多领域。例如，杰贝阿里自由区被认为是贸工结合、以贸为主的典型自贸区，它以"两港一区"，即"一个海港（杰贝阿里港自贸区）＋一个航空港（迪拜国际机场自贸区）＋一个自由贸易区（杰贝阿里自由区）"为物流运作模式。新加坡则以1969年制定的《自由贸易区法案》为基础发展自由贸易区，主要定位于转口贸易。

Zone，FTZ)与"自由贸易区"(Free Trade Area，FTA)是极易引起混淆的一组概念，以至于在上海自贸试验区设立前后的文献中出现"自由贸易区"这一关键词时，人们无法从标题上辨别其所指。为了避免这种混淆，2008年，商务部等部门专门提出将FTZ和FTA分别翻译为"自由贸易园区"和"自由贸易区"，以示区分。

就自由贸易区的概念而言，学者们对其定义虽有所不同，但在根本特征上是一致的。例如，有学者认为："自由贸易区(FTA)是由自由贸易协定的缔约方所形成的区域，成员方必须相互取消90%以上的关税和非关税壁垒，消除绝大多数服务部门的市场准入限制，实现投资和贸易双重自由化。自由贸易协定内容不仅包括货物贸易自由化，还涉及服务贸易、投资、政府采购、知识产权保护、标准化等更多领域的相互承诺。"[1]也有法学研究者认为："自由贸易区(Free Trade Area，简称FTA)是指两个以上的主权国家或单独关税区通过签署协定，在世界贸易组织最惠国待遇的基础上，相互进一步开放市场，分阶段取消绝大部分货物的关税壁垒和非关税壁垒，改善服务和投资的市场准入条件，从而形成的实现贸易和投资自由化的特定区域。"[2]与发达经济体相比，我国自由贸易区的建设起步较晚。中共十七大报告中首次将"实施自由贸易区战略"提升至国家战略层面。在此后的谈判过程中，我国在立足周边国家和地区的同时，从双边到区域扩展，从小到大寻求升级，分别与东盟、新西兰、智利、巴基斯坦、新加坡、秘鲁、哥斯达黎加、冰岛、瑞士、韩国等国家和地区以及我国香港、澳门、台湾地区达成了双边及多边自由贸易区协定。[3]

与自由贸易区相对成熟的概念相比，自由贸易园区的定义存在一定的困难，这主要是因为世界范围内不同FTZ的功能定位存在差异。不过，亦有学者在这方面作出努力，认为："自由贸易园区是一国(或地区)根据本国(或地区)法律法规在境内设立的区域性经济特区，实行'一线放开、二线管住'的管理模式，对境外运入

---

[1] 杨枝煌：《关于发展中国自由贸易区的思考》，载《科学发展》2012年第12期，第79页。

[2] 黄加宁：《经济全球化背景下的中国自由贸易区之路》，载《时代法学》2012年第3期，第93—94页。

[3] 参见王琳：《全球自贸区发展新态势下中国自贸区的推进战略》，载《上海对外经贸大学学报》2015年第1期，第41—42页。

的货物不收关税或实行优惠税收,属于一国(或地区)'境内关外'的贸易行为。"[1]为进一步明晰定义,对自由贸易区与自由贸易园区,需要运用国际法的基本理论予以明晰:其一,自由贸易区是在国家或地区双边或多边基础上形成的区域性贸易安排,体现的是国家或地区间双向性质的协调意志;而自由贸易园区是单一国家或地区作出的单边、单向性的制度安排。其二,从法律规则约束的角度看,自由贸易区一经设立便落入国际法范畴,不仅对缔约国之间产生国际法上的拘束力,而且要遵循世界贸易组织(World Trade Organization,WTO)协定项下的通报义务;而自由贸易园区属于一国内政之范畴,只要制度设计不与该国已经承担的国际义务相违背,即应完全归属国内法律调整。其三,由于缔约国的有限性,自由贸易区必定存在对非缔约国的歧视,即非自由贸易区的缔约国一般不能享受条约所带来的优惠待遇;而在当代国际贸易体系公认的最惠国待遇和国民待遇两大原则的支持下,一国设立的自由贸易园区对外通常不会存在差别待遇,即所有优惠政策应向不特定的所有国家或地区的商品与投资者开放。

二、自由贸易园区与海关特殊监管区域的比较

海关特殊监管区域是我国海关制度的独创,主要指经国务院批准,以保税为基本功能,实行海关特殊监管制度和政策的特定区域。有学者 2016 年统计:"我国现有的海关特殊监管区域约有 110 个,主要有保税区、出口加工区、保税物流园区、跨境工业园区、保税港区、综合保税区六类。"[2]有学者指出,虽然海关特殊监管区域在我国的表现形式各异,但是总体而言均具备四大特征:"一是须经国务院审批,并纳入国家级开发区范畴,享受所在地区政府赋予的优惠政策;二是采取封闭围网管理,严格执行海关监管设置的验收标准;三是集中体现为'一线二线'的通关特征;四是贯穿保税理念,海关保留对区内货物征税的权力。"[3]

在上海自贸试验区设立之前,有关海关特殊监管区域的定位一直不甚清晰,它与自由贸易园区之间的界限也比较模糊。以保税区为例,有学者认为它参照自

---

[1] 曹广伟、宋利朝:《全面深化经济体制改革的"试验田"——中国(上海)自由贸易试验区的制度创新》,载《中国特色社会主义研究》2013 年第 6 期,第 78 页。

[2] 丁伟:《上海自贸试验区法治创新的轨迹——理论思辨与实践探索》,上海人民出版社 2016 年版,第 5 页。

[3] 王淑敏:《保税港区的法律制度研究》,知识产权出版社 2011 年版,第 56—57 页。

由贸易区理论范畴进行了最初的制度设计,"我国保税区在对外宣传中,沿用的是国外自由贸易区的名称:Free Trade Zone",而且两者的选址均"在交通条件优越的对外运输港口或港区附近,均按国际通行的标准设置隔离设施,对区内均实行相对自由贸易,不允许居民居住,进口货物仅限于生产性消费,而不允许用于生活消费等"。[1] 另外,有较大一部分研究保税港区的学者认为,鉴于保税港区是集合了保税区、自由港、出口加工区和物流园区四者为一体的综合型开放区域,因而它与自由贸易园区在选址、实行自由贸易政策、实行封闭式管理、享受一定优惠性政策以及区域功能定位等方面有不少相似之处。[2]

但是,在我国正式启动自由贸易园区战略后,尤其是在上海自贸试验区设立后,自由贸易园区与我国固有的海关特殊监管区域之间的区分变得明显,具体表现为:第一,从管理体制来看,海关特殊监管区域无论采取何种模式均无法完全实现"一线放开",区内货物仍在一定程度上受到海关监管,只是"暂不征税",即关税处于滞纳而非豁免状态;而上海自贸试验区从成立伊始就采取"一线放开、二线管住"的方式,即货物进出自贸试验区不受海关监管,只要货物不进入区外就享有关税豁免。第二,从顶层设计的角度看,海关特殊监管区域虽然也服务于国家整体经济,但是其具体的设立目标往往是推动地方经济的发展,并利用海关保税的优势,推动区域经济增长。上海自贸试验区从一开始就不仅仅是为上海地方服务,它是党中央、国务院作出的重大决策,是深入贯彻党的十八大精神,在新形势下推进改革开放的重大举措,因而是一种国家层面的战略定位。第三,在服务对象与制度开放领域上,海关特殊监管区域主要适用于货物贸易领域,因而其特殊政策往往集中在税收、通关便利等方面;而上海自贸试验区的开放涉及国际投资、贸易、金融、航运等各个领域,所涉及领域的广泛性决定了其制度创新的广泛性和深入性。第四,在开放程度上,自由贸易园区远较海关特殊监管区域大,两者在一定条件下形成了包含与被包含的关系。一个典型的例子是,由于上海自贸试验区设

---

〔1〕 参见李友华:《自由贸易区及其功能设定的国际借鉴》,载《港口经济》2008年第6期,第42页。

〔2〕 2010年修正后的《中华人民共和国海关保税港区管理暂行办法》第2条规定:"本办法所称的保税港区是指经国务院批准,设立在国家对外开放的口岸港区和与之相连的特定区域内,具有口岸、物流、加工等功能的海关特殊监管区域。"参见黄志勇:《中国保税港区与自由贸易区发展模式比较研究》,载《改革与战略》2012年第7期,第79—80页。

立时的涵盖范围完全包括外高桥保税区,因此在2014年8月1日《中国(上海)自由贸易试验区条例》实施后,原先的《上海外高桥保税区条例》同时废止。[1] 因此,如果仅从优惠政策或者海关监管制度的角度看,自由贸易园区可以说是传统的海关特殊监管区域的"升级版";而如果从功能定位和顶层设计的角度看,自由贸易园区应是区别于且高于海关特殊监管区域设计目标的一种区域安排。

三、自由贸易园区与自由贸易港的比较

就在自由贸易园区战略在中华大地上开展得如火如荼之时,另一个与之相似却又更为陌生的概念映入人们眼帘:自由贸易港。从相关报道的表述来看,"所谓自由贸易港,通常是指设在国家与地区境内、海关管理关卡之外的允许境外货物、资金自由进出的港口区,外方船只、飞机等交通运输工具也可自由往来"[2]。中共十九大报告指出:"赋予自由贸易试验区更大改革自主权,探索建设自由贸易港。"在此之前,国务院在2017年3月31日印发的《全面深化中国(上海)自由贸易试验区改革开放方案》中,就提出在洋山保税港区和上海浦东机场综合保税区等海关特殊监管区域内,设立自由贸易港区的要求,并提出了一系列的制度内容。[3] 2018年4月13日,习近平总书记在庆祝海南建省办经济特区30周年大会上郑重宣布,党中央决定支持海南全岛建设自由贸易试验区,支持海南逐步探索、稳步推进中国特色自由贸易港建设,分步骤、分阶段建立自由贸易港政策和制度体系。由上可见,自由贸易港将成为继自由贸易区之后又一个由中央主导、地方执行的改革试验区。

---

[1]《中国(上海)自由贸易试验区条例》第57条规定:"本条例自2014年8月1日起施行。1996年12月19日上海市第十届人民代表大会常务委员会第三十二次会议审议通过的《上海外高桥保税区条例》同时废止。"

[2] 于佳欣、王敏:《探索建设自由贸易港 助力全面开放新格局》,http://cpc.people.com.cn/19th/n1/2017/1022/c414305-29602086.html,访问日期:2018年8月8日。

[3]《全面深化中国(上海)自由贸易试验区改革开放方案》之"(十六)设立自由贸易港区"规定:"在洋山保税港区和上海浦东机场综合保税区等海关特殊监管区域内,设立自由贸易港区。对标国际最高水平,实施更高标准的'一线放开'、'二线安全高效管住'贸易监管制度。根据国家授权实行集约管理体制,在口岸风险有效防控的前提下,依托信息化监管手段,取消或最大程度简化入区货物的贸易管制措施,最大程度简化一线申报手续。探索实施符合国际通行做法的金融、外汇、投资和出入境管理制度,建立和完善风险防控体系。"

那么,自由贸易港在未来的改革舞台上将扮演何种角色?它与现有的自由贸易园区的关系为何?在两者的关系这一问题上,一方面,要认识其共性,认识到从自贸试验区到自由贸易港是开放层次的持续深化。自贸试验区是彰显我国全面深化改革和扩大开放的"试验田",是制度创新的系统集成,其核心功能是通过对标国际先进规则,以地方大胆试、大胆闯、自主改的形式,形成更多制度创新成果。自由贸易港则是开放水平最高的特殊经济功能区,是集开放创新、产业发展、营商环境建设、制度压力测试、辐射带动等于一体的开放新高地、全球资源集聚地和贸易新规则测试地,是我国探索新型开放经济新体制的必要一环、重要之举。另一方面,也要注意两者在我国现有语境下可能存在的差异。以上海自贸试验区为例,它在成立之时不仅承担着推进改革和提高开放型经济水平"试验区"的重任,还承载着形成可复制、可推广经验,发挥示范带动、服务全国积极作用的功能。上海自贸试验区的实践也表明,它作为一块制度"样板",更多地为中央立法所吸收,为地方改革所借鉴。但是,就目前自由贸易港的应然定位而言,其目标应该着眼于推动新一轮经济全球化,这就要求其具备最大的开放力度、最优的开放环境、最好的开放设施、最新的开放制度等一系列特征,从而立足于成为面向全球开放的节点枢纽,而不是仅仅局限于传统的开放领域和对象。正是这种对标最高标准的全面性要求,决定了未来自由贸易港的定位应当更加注重在制度、产业等方面打造与区外完全不一致的"飞地",因此它并不具有推广、辐射的意义。

第二节　上海自贸试验区的设立动因

设立上海自贸试验区是一项国家战略,这一战略议题的提出并非一时兴起,其背后有深层次的时代动因。其中,既有来自国际政治、经贸、法制领域的新变化与新压力,也有来自国内持续深化改革开放的新形势与新动力。除此之外,中央之所以选择上海作为自贸试验区战略"破冰之旅"的先行者,与上海独有的改革地位息息相关。

一、融入经济全球化与全球价值链的发展

从 20 世纪 80 年代开始,全球化浪潮以跨国公司为主体逐渐兴起,美国、欧盟、日本等发达经济体为跨国公司在全球的产业链布局提供资本和技术,而以中国为

代表的部分发展中国家则通过提供劳动力、土地等要素的方式参与其中,分享经济全球化的红利,大幅提升了自身的经济实力。但是,在2007年美国次贷危机爆发之后,世界经济发生了巨大的动荡。这种动荡表明,经过三十多年的经济全球化,经济体之间发展不平衡的矛盾已经非常尖锐,全球经济进入再平衡过程。这一过程的主要特征是经济要素流动更加自由,世界各经济体的联系更为紧密,全球价值链占据了主要地位。[1]

所谓全球价值链,一般是指"在全世界范围内,为了能够实现商品或者是服务的价值,通过连接生产、销售、回收处理等过程而形成的一种全球性跨企业网络组织,这一过程涉及原料采集、运输、半成品和成品的生产和分销以及消费和回收处理"[2]。同时,不断降低的通信和运输成本以及各国削减贸易投资壁垒的做法,都使得跨国公司能更加自由、便捷地根据各国和地区的要素禀赋与价格差异,在全球范围内配置生产和服务工序,全球价值链由此产生。在新一轮的全球化过程中,全球价值链的发展体现出三大特征:一是服务环节和制造环节的渐进性融合;二是涌现出大量以数字形式提供的服务产品;三是与数字服务相融合的制成品的跨境贸易兴起。2013年2月27日,联合国贸易和发展会议发布了题为《全球价值链与发展:全球经济中的投资和增值贸易》的报告,指出由主要是发达国家的跨国公司主导的全球价值链内的贸易在全球贸易中大约占到了80%,其中包含大量的服务贸易。[3]

一方面,正是因为全球价值链在经济全球化趋势中的显著地位,全球产业布局在不断调整中逐渐形成了新的产业链、价值链和供应链,因而也对原先相对独立的国际投资、贸易、服务等规则体系提出了综合性的要求。另一方面,随着跨国公司在全球经济中地位的不断攀升,作为全球价值链的承载者与推动者,它们不断呼吁建立适合现代国际贸易与投资发展特点和趋势的新规则、新制度,其中包含边境措施、竞争政策、知识产权保护、境内监管措施等。面对全球价值链深化所

---

[1] 参见袁志刚:《经济全球化新趋势与中国应对策略研究》,载上海市社会科学界联合会编:《制度创新与管理创新——中国(上海)自由贸易试验区建设研究报告集》,上海人民出版社2014年版,第3—12页。

[2] 宋春子:《全球价值链分工对国际贸易摩擦的影响研究——基于中国的案例分析》,辽宁大学2014年博士学位论文,第26页。

[3] 参见王新奎:《全球经济重构趋势下的上海转型与发展》,载《联合时报》2013年10月1日第6版。

带来的对开放性规则的新需求,世界主要国家均通过区域性谈判、双边或多边谈判以及单边自主改革的方式进行调整。2013年上海自贸试验区的落地正是中央对国际经济新态势发展的准确研判,是一种恰逢其时的、单边性质的主动改革方案。

二、应对以 TPP 为代表的区域贸易安排

全球经济再平衡还表现为,国际经贸的迅猛发展对于原先以 WTO 为代表的多边贸易体系提出了新的改革要求,而这种新要求与 WTO 踟蹰不前的谈判态势形成了激烈的冲突。对于 WTO 成员方而言,历时多年的"多哈发展议程"谈判陷入僵局,短时间内很难在重大问题上有所突破。更为重要的是,以美国为代表的发达国家已经出现抛弃 WTO 多边贸易体系而转向区域贸易安排的新态势。对中国而言,最大的冲击来自一项区域贸易谈判:TPP。

跨太平洋伙伴关系协定(Trans-Pacific Partnership Agreement,TPP)的前身是 2005 年由新加坡、智利、新西兰、文莱组建的跨太平洋战略经济伙伴关系协定(Trans-Pacific Strategic Economic Partnership Agreement,TPSEP)。由于该协定的初始成员国为四个,因此又称"P4 协定"。2008 年 2 月,美国宣布加入。2009 年 11 月,美国正式提出扩大跨太平洋伙伴关系计划。在 2010 年 3 月举行的首轮谈判中,除了"P4 协定"成员国与美国外,澳大利亚、越南与秘鲁也出席谈判,至此形成了"P8"。至 2016 年 2 月 4 日 TPP 正式签署之日止,又有马来西亚、墨西哥、加拿大、日本四国加入,最终形成了"P12"。[1] TPP 谈判涉及的议题十分广泛,试图打造一个"零关税、无例外和全面性"的国际贸易最高标准。正如有国外学者所评价的:"TPP 是 21 世纪的特惠贸易协议,它寻求涵盖全部的、或多或少已经被纳入现有特惠贸易协议的机制。这不仅仅包括货物的市场准入机制,也包括了农业、纺织品、原产地规则、服务、贸易技术壁垒、卫生与检疫措施、投资、金融服务、电信、电子商务、贸易救济、知识产权、竞争政策、海关合作、能力建设与发展事宜、

---

[1] 参见赵亮:《TPP 对全球经贸发展的影响及我国的对策》,载《西南大学学报(社会科学版)》2015 年第 1 期,第 73—74 页。

劳工标准和环境规则等等。"[1]

以美国为主导的 TPP 从谈判之初就表现出很强的秘密性和排他性。尤其是对于中国,TPP 没有表现出任何欢迎的意愿。中国设立上海自贸试验区,一方面是将其作为进一步开放的压力测试区,为将来可能的 TPP 谈判进行预热与测试;另一方面也是为了应对 TPP 谈判带来的不利影响,以自贸试验区的开放向全球昭示中国和平发展的方针。虽然 2017 年美国总统特朗普在就职当天便宣布退出 TPP,但是剩余 11 国均表示将继续推进 TPP,并签署了新的自由贸易协定,名称为"全面且先进的 TPP"(Comprehensive Progressive Trans-Pacific Partnership, CPTPP)。以上海为代表的自贸试验区仍将在很长一段时间内承担应对区域贸易安排的任务。

三、配合我国参与的国际经贸双多边谈判

设立上海自贸试验区的另一个国际性动因与我国的对外经贸谈判相关。我国加入 WTO 已经将近 20 年,虽然在此期间也通过国际条约形式与众多国家和地区建立了区域性或双边性的国际投资与贸易关系,但是从长远来看,这种双多边的经贸关系仍有待拓展与强化。欲在现有的已经处于较高层次的国际标准上再让渡一些权利、放开一些市场,势必需要一块制度创新的"试金石"和一个全面开放的"缓冲带",这恰恰就是上海自贸试验区作为压力测试区的又一大功能体现。

就目前我国正在参加的谈判类型而言,在 WTO 多边贸易体制内,美国、欧盟等 20 多个 WTO 成员方于 2013 年 3 月正式启动了《国际服务贸易协定》(Trade in Service Agreement, TISA),其目标在于制定服务贸易的全球新规则。中国于 2013 年 9 月 30 日正式宣布愿意参加谈判。[2] 在区域贸易协定领域,随着 2012 年中日韩投资协定的签署以及中日韩自贸区谈判的启动,东亚地区的区域经济合作将会出现巨大变化。[3] 在双边投资协定领域,中美双边投资协定(BIT)的谈判

---

[1] C.L.林、[新加坡]德博拉·K.埃尔姆斯、[瑞士]帕特里克·娄编著:《跨太平洋伙伴关系协定(TPP)——对 21 世纪贸易协议的追求》,赵小波、何玲玲译,法律出版社 2016 年版,第 6 页。

[2] 参见龚柏华:《国际化和法治化视野下的上海自贸区营商环境建设》,载《学术月刊》2014 年第 1 期,第 39 页。

[3] 参见匡增杰:《中日韩自贸区贸易潜力、制约因素分析及策略选择》,载《上海对外经贸大学学报》2015 年第 1 期,第 26—27 页。

自2013年7月起已经进入实质性谈判阶段,双方对于投资领域准入前国民待遇和负面清单的保护模式已经达成一致,但是对于具体开放领域和开放程度尚未达成共识。尤其是对于中国方面的负面清单,商务部此前曾一再表明要以上海自贸试验区作为中国投资管理体制改革和对外开放的重要试验地,在自贸试验区投资管理体制和开放模式被复制、推广至全国并形成国家经验后,推动中美双边投资协定谈判以及与其他重要经济伙伴的双边或区域投资协定的谈判进程。[1]

四、提升国内经济持续发展的助动力

从历史的角度看,上海自贸试验区的设立应当被置于整个改革开放的发展进程之中进行审视。1978年改革开放以来,我国在不同的历史阶段均采取了以开放促改革的基本思路,并掀起了一波又一波的浪潮。第一个阶段始于1978年,其标志是设立经济特区。中央首先选择深圳、珠海、汕头和厦门为试点,而后又在1988年批准海南岛为海南经济特区。第二个阶段从1990年前后开始,其特点是广泛设立海关特殊监管区域。这一阶段以上海的开放为旗帜。1990年4月,中央宣布开发开放上海浦东。同年6月,国务院批准设立我国首个保税区——上海外高桥保税区。此后,各种类型的海关特殊监管区域如雨后春笋般出现,基本覆盖了沿海、沿江、沿边、内陆地区的重要港口和中心城市。[2] 第三个阶段始于2001年12月11日我国"入世"。虽然在加入WTO之前,国内对"入世"可能带来的冲击存在部分顾虑,但是近20年的发展成果已经充分表明,中国通过积极履行入世承诺推动了国内各领域的深度改革,在充分对接国际经贸规则的基础上,成为多边贸易体系的受益者。但是,现在必须重新认识的是,随着"入世"红利的逐渐褪去,尤其是在当下国际经贸领域WTO逐渐被边缘化的态势下,如何以更大的开放促进更深入的改革,以及如何以自身的持续开放应对周边激烈的国际经贸冲突与矛盾。因此,上海自贸试验区的设立应当成为改革开放第四阶段的"起手",它一方面构成了深化改革和扩大开放的延续,另一方面也是现阶段乃至将来很长一段时期内拉动国内经济发展、促进对外经济交往的核心动力。

---

[1] 参见黄鹏、梅盛军:《上海自贸试验区负面清单制定与中美BIT谈判联动性研究》,载《国际商务研究》2014年第3期,第27—29页。

[2] 参见程大中:《上海自贸试验区发展战略思考》,载袁志刚主编:《中国(上海)自由贸易试验区新战略研究》,格致出版社、上海人民出版社2013年版,第39—40页。

五、契合上海改革开放的先行者地位

在论述了自由贸易园区战略的必要性之后,接下来的问题是:为什么中央选择上海作为先行者?从改革开放的历史来看,选择上海尤其是浦东作为自贸试验区的"试水之地"并非偶然、任意的选择,而是中央深思熟虑后的准确定位。有学者在回顾了上海改革开放的历史之后指出:"由此可见,上海本来就是要在自由贸易区的地位上发展的,现在中央的要求也是上海发展由来已久的追求,这更体现了中国改革开放的继续和深化。"[1]

对上海而言,多年的改革开放为自贸试验区的落地奠定了深厚的基础。民建中央副主席周汉民教授指出,从最早设立的外高桥保税区开发建设以来,区域内经济增加值、工业产值、进出口贸易额、海关和税务部门税收收入、企业销售收入等主要经济指标都保持了年均20%以上的高速增长。外高桥保税区的成功运营与巨大成绩为上海自贸试验区提供了可资借鉴的经验。[2] 同时,建设自贸试验区也与上海所致力完成的其他任务相耦合。例如,上海规划在2020年基本建成国际经济中心、国际贸易中心、国际航运中心和国际金融中心。"四个中心"建设的核心任务是提升上海整体的经济实力和国际竞争力,实现体制改革与制度创新,深化贸易、投资和金融领域的改革,转变政府职能,加强市场体系建设,优化营商环境,服务全国。重要任务之一就是构建全方位、开放型的贸易发展体系,积极参与国际分工,实现国内贸易与国际贸易接轨。其中,建立自由贸易区是关键环节。[3] 当然,中央选择上海还有其他客观方面的原因,如上海优越的地理位置、发达的对外服务体系、深厚的中外交往历史底蕴、良好的营商环境与法治环境等。

第三节 上海自贸试验区的发展历程

设立自贸试验区是上海改革开放以来一直追求的目标,该目标的真正启动要

---

[1] 夏善晨:《中国(上海)自由贸易区:理念和功能定位》,载《国际经济合作》2013年第7期,第14页。

[2] 参见周汉民:《建设中国(上海)自由贸易试验区,以更大的开放促进更深入的改革》,载《国际商务研究》2014年第1期,第9页。

[3] 参见杨联民:《上海政协副主席周汉民:上海设立浦东自由贸易区势在必行》,载《中华工商时报》2013年1月31日第2版。

以 2013 年为起点,因此 2013 年也被称为"上海自贸试验区元年"。2013 年 3 月底,国务院总理李克强在上海调研期间考察了位于浦东的外高桥保税区,并表示鼓励支持上海积极探索,在现有综合保税区基础上,研究如何试点先行在 28 平方公里内建立一个自由贸易园区试验区,进一步扩大开放,推动完善开放型经济体制机制。以此为契机,上海自贸试验区的设立进入"快车道"。2013 年 8 月 22 日,国务院正式批准设立上海自贸试验区。9 月 29 日,上海自贸试验区正式挂牌成立。

上海自贸试验区成立至今,每个不同的时期均承载着不同的创新任务,而这些任务的规划与设计均以国务院印发的文件作为纲领。以时间为序,国务院印发的引领上海自贸试验区发展的总纲性文件主要有三个:2013 年 9 月 18 日印发的《中国(上海)自由贸易试验区总体方案》(以下简称《总体方案》)、2015 年 4 月 8 日印发的《进一步深化中国(上海)自由贸易试验区改革开放方案》(以下简称《深化方案》)、2017 年 3 月 30 日印发的《全面深化中国(上海)自由贸易试验区改革开放方案》(以下简称《全面深化方案》)。这三个方案分别以三个不同的时期中央自贸区战略调整为背景,勾勒出上海自贸试验区迄今为止的演进脉络。

一、破冰之旅:革故鼎新的《总体方案》

在上海自贸试验区正式挂牌成立之前,自由贸易园区在我国仅限于理论研究层面,对于我国设立自贸区应以何种战略目标为导向、以何种制度突破为抓手、以何种开放设计为蓝本,均缺乏政策层面的统一安排。直到 2013 年 9 月 18 日《总体方案》的出炉,为上海自贸试验区量身打造了制度轮廓与内核,也构成了自贸试验区法治建设的最初渊源。从总的要求来看,《总体方案》明确了以下三大要求:一是明确了设立上海自贸试验区是国家战略和顶层设计的宗旨:"试验区肩负着我国在新时期加快政府职能转变、积极探索管理模式创新、促进贸易和投资便利化,为全面深化改革和扩大开放探索新途径、积累新经验的重要使命,是国家战略需要。"二是明确了上海自贸试验区的地理范围:"试验区的范围涵盖上海外高桥保税区、上海外高桥保税物流园区、洋山保税港区和上海浦东机场综合保税区等 4 个海关特殊监管区域……"三是确立了上海自贸试验区的建设周期和总体目标:"经过两至三年的改革试验,加快转变政府职能,积极推进服务业扩大开放和外商投资管理体制改革,大力发展总部经济和新型贸易业态,加快探索资本项目可兑换和金融服务业全面开放,探索建立货物状态分类监管模式,努力形成促进投资和创新的政策支持体系,着力培育国际化和法治化的营商环境,力争建设成为具有国际水准的投资贸易便利、货币兑换自由、监管高效便捷、法制环境规范的自由贸易试验区,为我国扩大开放和深化改革探索新思路和新途径,更好地为全国服务。"

围绕着上海自贸试验区的总体目标,《总体方案》提出了五项改革的主要任务,在这五项改革任务之下,分别蕴含着众多实施性的措施。从今日的视角看,这些措施中的不少制度变革在当时是颠覆性的,如事中事后监管、负面清单管理模式、金融制度创新等,这些颠覆既往的改革措施成为上海自贸试验区制度创新的最大亮点。具体而言:

第一,加快政府职能转变。在这一任务项下,有两个关键词:一是"事中、事后监管",即"加快转变政府职能,改革创新政府管理方式,按照国际化、法治化的要求,积极探索建立与国际高标准投资和贸易规则体系相适应的行政管理体系,推进政府管理由注重事先审批转为注重事中、事后监管"。这种政府监管模式的转变,一方面意味着监管法规大多从前置审批向备案制转变,另一方面也代表着政府对于市场主体的监管后置。上海自贸试验区实行"事中、事后监管"的管理模式,从"重审批、轻监管"转为"宽准入、严监管",是其转变政府职能,创新政府管理模式的重大举措。[1] 二是"透明度",即"提高行政透明度,完善体现投资者参与、符合国际规则的信息公开机制"。在国际经贸领域,"透明度"是经常被提及的重要术语,意为政府通过及时公开公布规则本身以及制定全过程的方式,使被规制的市场主体在法治的条件下识别、理解其义务,以及表达对义务的意见的可能性。[2] 将这项原则明确列入上海自贸试验区的改革任务,意味着自贸试验区将以更加公开透明的方式与程序平等对待中外各类投资主体的知情权和参与权,"有助于制定出好的规制,有助于更好地遵从规制,最终获得更大的政治合法性"[3]。

---

[1] 参见唐健飞:《中国(上海)自贸区政府管理模式的创新及法治对策》,载《国际贸易》2014年第4期,第30页。

[2] 参见汪美娟:《论 WTO 规则在调整国际经贸关系中的作用和不足——以透明度原则为切入点》,载《知识经济》2015年第16期,第33页。

[3] 刘水林:《中国(上海)自由贸易试验区的监管法律制度设计》,载《法学》2013年第11期,第117页。

第二，扩大投资领域的开放。这一任务主要由三方面的措施组成：一是探索建立负面清单管理模式。"所谓的负面清单，是指凡是针对外资的与国民待遇、最惠国待遇不符的管理措施，或业绩要求、高管要求等方面的管理措施，均以清单方式列明。"[1]对负面清单之外的领域，按照内外资一致的原则，将外商投资项目由核准制改为备案制（国务院规定对国内投资项目保留核准的除外）。2013年9月29日，上海市人民政府公布了第一份上海自贸试验区的负面清单，即《中国（上海）自由贸易试验区外商投资准入特别管理措施（负面清单）（2013年）》。二是商事登记制度改革。配合负面清单管理方式以及《总体方案》选择的在金融服务、航运服务、商贸服务、专业服务、文化服务以及社会服务领域扩大开放的要求，这一时期的商事登记制度主要体现于公司注册资本认缴登记制、"先照后证"登记制、企业年度报告公示制等方面的改革，其中多数改革措施已为其后的《中华人民共和国公司法》（以下简称《公司法》）、《企业信息公示暂行条例》等法律法规所吸收。三是构筑对外投资服务促进体系。其重点在于"改革境外投资管理方式，对境外投资开办企业实行以备案制为主的管理方式，对境外投资一般项目实行备案制，由上海市负责备案管理，提高境外投资便利化程度"。为完成上述备案制改革，上海市人民政府于2013年9月29日发布《中国（上海）自由贸易试验区境外投资项目备案管理办法》和《中国（上海）自由贸易试验区内境外投资开办企业备案管理办法》。

第三，推进贸易发展方式转变。这一任务具体分为两大块：一块是加快实现贸易便利化，主要涉及"一线放开""二线安全高效管住"两项改革。根据《总体方案》，"一线放开"主要是指"允许企业凭进口舱单将货物直接入区，再凭进境货物备案清单向主管海关办理申报手续，探索简化进出境备案清单，简化国际中转、集拼和分拨等业务进出境手续"；"二线安全高效管住"主要包括"优化卡口管理，加强电子信息联网，通过进出境清单比对、账册管理、卡口实货核注、风险分析等加强监管，促进二线监管模式与一线监管模式相衔接，推行'方便进出，严密防范质量安全风险'的检验检疫监管模式"。另一块是提升国际航运服务能级，"试点政策既包括货物转口、进出境及关税等贸易政策，也涉及中转运输、船舶登记、船舶

---

[1] 商舒：《中国（上海）自由贸易试验区外资准入的负面清单》，载《法学》2014年第1期，第29页。

管理等航运政策,在中国现行航运政策基础上具有新的一揽子突破,为未来中国航运政策的演进带来诸多新意"[1]。

第四,深化金融领域的开放创新。金融领域的开放是上海自贸试验区的最大看点。《总体方案》主要从加快金融制度创新和增强金融服务功能两个角度提出要求,具体涵盖人民币资本项目可兑换、金融市场利率市场化、人民币跨境使用等多个领域。在这一阶段的试验过程中,金融领域的探索主要有三个节点:一是银监会、证监会、保监会和中国人民银行在2013年相继出台了《银监会关于中国(上海)自由贸易试验区银行业监管有关问题的通知》《资本市场支持促进中国(上海)自由贸易试验区若干政策措施》《保监会支持中国(上海)自由贸易试验区建设有关事项的通知》和《关于金融支持中国(上海)自由贸易试验区建设的意见》(共计51条规定,合称为"金改51条"),为上海自贸试验区金融改革开放勾勒出总体框架;二是2014年5月《中国(上海)自由贸易试验区分账核算业务实施细则(试行)》和《中国(上海)自由贸易试验区分账核算业务风险审慎管理细则(试行)》的发布,建立自由贸易(FT)账户系统,将企业区内、区外、境外三个市场相连接,使境内、境外账户自由划转有了实现的可能,为金融开放奠定了基础;三是2015年2月《中国(上海)自由贸易试验区分账核算业务境外融资与跨境资金流动宏观审慎管理实施细则(试行)》的发布,基于自贸试验区账户体系的本、外币境外融资在宏观审慎管理原则下全面放开,并取消前置审批,依托FT账户进行事中、事后监管。

第五,完善法制领域的制度保障。依据中共十八届四中全会提出的"重大改革于法有据"的要求,这一阶段主要解决的是上海自贸试验区在"先行先试"中涉及的中央事权如何授权地方实施的问题。《总体方案》依据2013年8月30日第十二届全国人大常委会第四次会议通过的《全国人民代表大会常务委员会关于授权国务院在中国(上海)自由贸易试验区暂时调整有关法律规定的行政审批的决定》,提出:"经全国人民代表大会常务委员会授权,暂时调整《中华人民共和国外资企业法》《中华人民共和国中外合资经营企业法》和《中华人民共和国中外合作经营企业法》规定的有关行政审批,自2013年10月1日起在三年内试行。"

---

[1] 王杰、李艳君、白玮玮:《中国(上海)自贸区下的航运政策解析》,载《世界海运》2014年第2期,第35—40页。

二、引申触类:"1+3"模式下的《深化方案》

在上海自贸试验区作为"单兵"实施《总体方案》近两年时,国务院在肯定上海自贸试验区改革成果的基础上,发布了《深化方案》。与《总体方案》相比,《深化方案》在出台背景和制度探索方面有四点不同:一是上海自贸试验区迎来了三个"伙伴"。2015年4月20日,国务院批准了《中国(广东)自由贸易试验区总体方案》《中国(天津)自由贸易试验区总体方案》和《中国(福建)自由贸易试验区总体方案》,我国自贸试验区开启"1+3模式"。二是上海自贸试验区在地理范围上实现了"扩围",其实施范围扩大为120.72平方公里,涵盖最初的4个海关特殊监管区域(28.78平方公里)以及陆家嘴金融片区(34.26平方公里)、金桥开发片区(20.48平方公里)、张江高科技片区(37.2平方公里)。三是鉴于"1+3模式"的创立,上海自由贸易试验区的总体目标在"继续积极大胆闯、大胆试、自主改"的基础上,被赋予更多复制、推广和辐射的功能性要求。四是在主要任务和措施方面,《深化方案》不再过多强调制度创新方面的突破,而是以"探索不停步、深耕试验区"为主旨,对既有的制度创新进行深化与巩固。具体而言:

第一,在加快政府职能转变方面,《深化方案》主要汲取了上海自贸试验区的各项改革经验,从"强化事中事后监管,推进监管标准规范制度建设,加快形成行政监管、行业自律、社会监督、公众参与的综合监管体系"的角度提出了12点具体的要求,内容包括:完善负面清单管理模式、加强社会信用体系应用、加强信息共享和服务平台应用、健全综合执法体系、健全社会力量参与市场监督制度、完善企业年度报告公示和经营异常名录制度、健全国家安全审查和反垄断审查协助工作机制、推动产业预警制度创新、推动信息公开制度创新、推动公平竞争制度创新、推动权益保护制度创新、深化科技创新体制机制改革。

第二,在深化与扩大开放相适应的投资管理制度创新方面,除了强调《总体方案》的架构之外,《深化方案》有三个特点:一是自2015年起,负面清单的发布主体由原先的上海市人民政府改变为国务院,即在全国自贸试验区统一采用一张负面清单的前提下,持续扩大开放对外服务业。二是允许部分改革成果辐射到整个浦东新区,即"在严格遵照全国人民代表大会常务委员会授权的前提下,自贸试验区部分对外开放措施和事中事后监管措施辐射到整个浦东新区,涉及调整行政法规、国务院文件和经国务院批准的部门规章的部分规定的,按规定程序办理"。三是商事登记制度改革在"先照后证"的前提下,开始探索企业登记住所、企业名称、经营范围登记等改革,开展集中登记试点。[1]

第三,在积极推进贸易监管制度创新方面,《深化方案》依然聚焦于"一线放开""二线安全高效管住"的贸易便利化改革。在具体措施方面,推进国际贸易"单一窗口"建设是重点。《深化方案》要求:"完善国际贸易'单一窗口'的货物进出口和运输工具进出境的应用功能,进一步优化口岸监管执法流程和通关流程,实现贸易许可、支付结算、资质登记等平台功能,将涉及贸易监管的部门逐步纳入'单一窗口'管理平台。"除此之外,《深化方案》也对统筹研究推进货物状态分类监管试点、推动贸易转型升级以及完善具有国际竞争力的航运发展制度和运作模式提出了具体规划。

第四,在深入推进金融制度创新方面,《深化方案》只提了一个实质性要求:"加大金融创新开放力度,加强与上海国际金融中心建设的联动。"但是,就在其后的2015年10月,中国人民银行会同商务部、银监会、证监会、保监会、外汇局和上海市人民政府,发布了《进一步推进中国(上海)自由贸易试验区金融开放创新试点 加快上海国际金融中心建设方案》(简称"金改40条"),引领自贸试验区金融开放的新格局,与上海国际金融中心建设紧密联系。

第五,在加强法制和政策保障方面,由于2014年12月28日第十二届全国人大常委会第十二次会议通过了《关于授权国务院在中国(广东)自由贸易试验区、中国(天津)自由贸易试验区、中国(福建)自由贸易试验区以及中国(上海)自由贸易试验区扩展区域暂时调整有关法律规定的行政审批的决定》,因此《深化方案》主要将"全国人民代表大会常务委员会已经授权国务院,在自贸试验区扩展区域暂时调整《中华人民共和国外资企业法》《中华人民共和国中外合资经营企业法》《中华人民共和国中外合作经营企业法》和《中华人民共和国台湾同胞投资保护法》规定的有关行政审批"的范围予以明确。

三、任重道远:"1+3+X"模式下的《全面深化方案》

截至2016年,上海自贸试验区已经基本完成了中央要求的三年"试验区"的

---

[1] 参见肖林:《建设开放度最高的自由贸易试验区 当好新一轮改革开放领跑者——关于国务院〈进一步深化中国(上海)自由贸易试验区改革开放方案〉的解读》,载《科学发展》2015年第5期,第49页。

各项改革任务。那么,接下来,上海自贸试验区将向何处发展？应当承担什么新的开放任务？2017年3月国务院印发的《全面深化方案》适时对此予以回答,即"自贸试验区建设三年多来取得重大进展,总体达到预期目标",上海自贸试验区的下一步目标应是"在新一轮改革开放中进一步发挥引领示范作用"。相较之前的两个方案,《全面深化方案》的设计背景和目标要求又有了进一步的变化：一是我国发展自由贸易园区的战略经过"1+3"模式的扩展后,在新时期迎来了百花齐放的局面。2017年8月底,中共中央、国务院决定,在辽宁、浙江、河南、湖北、重庆、四川、陕西等省市再设立7个新的自贸试验区。2018年4月11日发布的《中共中央 国务院关于支持海南全面深化改革开放的指导意见》中,明确提出"建设自由贸易试验区和中国特色自由贸易港"的总体要求。因此,《全面深化方案》是在自贸试验区进入"1+3+X"新模式之后提出的全新方案,是一份立足上海、面向全国的全方位改革文件。二是鉴于上海自贸试验区设立的预期已经达到,《全面深化方案》在建设目标上提出了更为长远的期许："到2020年,率先建立同国际投资和贸易通行规则相衔接的制度体系,把自贸试验区建设成为投资贸易自由、规则开放透明、监管公平高效、营商环境便利的国际高标准自由贸易园区。"三是在上海自贸试验区的功能定位方面,由此前的"改革开放排头兵、创新发展先行者"向更广范围、更深层次、更高要求的"三区一堡"演进：

第一,加强改革系统集成,建设开放和创新融为一体的综合改革试验区。综合改革试验区主要强调各领域改革措施的深化和推进,《全面深化方案》为此提出了九项具体改革目标。其中,对于建立更加开放透明的市场准入管理模式,《全面深化方案》在此前准入前国民待遇和负面清单制度的基础上,提出进一步实现各类市场主体依法平等准入清单之外的行业、领域和业务的目标。在自贸试验区负面清单制度的实施过程中,外资准入后因存在各项后续审批事项而面临无法开业的困境,因此《全面深化方案》提出了全面实现"证照分离"的改革目标,即"把涉及市场准入的许可审批事项适时纳入改革试点,能取消的全部取消,需要保留审批的,按照告知承诺和加强市场准入管理等方式进一步优化调整,在改革许可管理方式、完善风险防范措施的基础上,进一步扩大实行告知承诺的领域"。在商事登记制度改革方面,《全面深化方案》对取消企业名称预登记制度、放宽住所登记条件、建立普通注销登记制度和简易注销登记制度相互配套的市场主体退出制度、开展"一照多址"改革试点等进行了详述。除此以外,《全面深化方案》还就建成国际先进水平的国际贸易"单一窗口"、建立安全高效便捷的海关综合监管新模式、建立检验检疫风险分类监管综合评定机制、建立具有国际竞争力的创新产业监管模式、优化创新要素的市场配置机制、健全知识产权保护和运用体系等作了具体的规定。

第二,加强同国际通行规则相衔接,建立开放型经济体系的风险压力测试区。《全面深化方案》一方面要求上海自贸试验区在进一步放宽投资准入、实施贸易便利化新规则、创新跨境服务贸易管理模式等方面对标国际最高标准;另一方面强调在金融创新等领域加快建立金融监管协调机制,提升金融监管能力,防范金融风险。值得注意的是,《全国深化方案》在这部分要求中第一次提出了"设立自由贸易港区"的规划,这可能代表着上海自贸试验区未来的发展方向。具体要求为:"在洋山保税港区和上海浦东机场综合保税区等海关特殊监管区域内,设立自由贸易港区。对标国际最高水平,实施更高标准的'一线放开'、'二线安全高效管住'贸易监管制度。根据国家授权实行集约管理体制,在口岸风险有效防控的前提下,依托信息化监管手段,取消或最大程度简化入区货物的贸易管制措施,最大程度简化一线申报手续。探索实施符合国际通行做法的金融、外汇、投资和出入境管理制度,建立和完善风险防控体系。"

第三,进一步转变政府职能,打造提升政府治理能力的先行区。提升政府治理能力的先行区主要强调政府监管、服务功能的转变和加强,《全面深化方案》对此提出了三点具体要求:一是健全以简政放权为重点的行政管理体制,以厘清政府、市场、社会关系为重点,进一步取消和简化审批事项,最大限度地给市场放权;二是深化创新事中事后监管体制机制,按照探索建立新的政府经济管理体制要求,深化分类综合执法改革,围绕审批、监管、执法适度分离,完善市场监管、城市管理领域的综合执法改革;三是优化信息互联共享的政府服务体系,加快构建以企业需求为导向、大数据分析为支撑的"互联网+政务服务"体系。

第四,创新合作发展模式,成为服务国家"一带一路"建设、推动市场主体走出去的桥头堡。应该看到,不论是上海自贸试验区还是"一带一路"建设,都是我国改革开放的重要内容,具有战略协同性。这种协同性本身即意味着自主改革的上海自贸试验区应当为我国对外发展的战略服务。因此,《全面深化方案》要求上海自贸试验区应当主动服务"一带一路"建设:以高标准便利化措施促进经贸合作,对接亚太示范电子口岸网络,积极推进上海国际贸易"单一窗口"与"一带一路"沿线口岸的信息互换和服务共享；增强"一带一路"金融服务功能,推动上海国际金融中心与"一带一路"沿线国家和地区金融市场的深度合作、互联互通；探索具有国际竞争力的离岸税制安排,适应企业参与国际竞争和服务"一带一路"建设的需求,在不导致税基侵蚀和利润转移的前提下,基于真实贸易和服务背景,结合服务贸易创新试点工作,研究探索服务贸易创新试点"扩围"的税收政策安排。

第二章
上海自贸试验区的立法轨迹

上海自贸试验区是我国新一轮改革开放的"试验田",其中最具有法治意义的是形成了一种全新的、具有开创性的自贸试验区立法体系。同时,上海自贸试验区还肩负着"先行先试"的历史使命,而这一使命从一开始即接受检验。[1] 随着我国的自贸试验区战略从先前的"1+3"模式变成"1+3+X"模式,上海自贸试验区的各项法治经验不断发挥其复制、推广的功能,其中最为重要的便是上海自贸试验区立法经验的推广。2014年10月23日中共十八届四中全会审议通过的《中共中央关于全面推进依法治国若干重大问题的决定》强调,"必须更好发挥法治的引领与规范作用","实现立法和改革决策相衔接,做到重大改革于法有据、立法主动

---

[1] 上海自贸试验区自成立之初即被冠以"试验区"的名称,其本意在于打造中国自贸试验区制度创新与法治保障的样本。2015年1月29日发布的《国务院关于推广中国(上海)自由贸易试验区可复制改革试点经验的通知》(国发〔2014〕65号)明确指出:"上海自贸试验区成立一年多来,上海市和有关部门以简政放权、放管结合的制度创新为核心,加快政府职能转变,探索体制机制创新,在建立以负面清单管理为核心的外商投资管理制度、以贸易便利化为重点的贸易监管制度、以资本项目可兑换和金融服务业开放为目标的金融创新制度、以政府职能转变为核心的事中事后监管制度等方面,形成了一批可复制、可推广的改革创新成果。经党中央、国务院批准,上海自贸试验区的可复制改革试点经验将在全国范围内推广。"相关资料与报道参见中华人民共和国中央人民政府门户网站:http://www.gov.cn。

适应改革和经济社会发展需要"。我们可以据此认为,上海自贸试验区立法经验的推广并不意味着照搬照抄自贸试验区现有的立法模式,而应是一种源于上海自贸试验区却又高于上海自贸试验区的"加强版本",既要体现各个自贸试验区的特色,又必须反映自贸试验区立法的一般规律,充分发挥立法对自贸试验区改革的引领功能。因此,本章拟在总结上海自贸试验区已有立法成果的基础上,阐明立法变动对司法保障的引领作用,并就如何深化我国未来自贸试验区立法引领功能这一问题作一些总体性的展望。

第一节 上海自贸试验区立法的理论解析

上海自贸试验区的立法作为我国自贸试验区的"破冰之举",在破题之处首先遇到的是立法定位的难题。这一难题在宏观层面表现于法律阶段性与重大改革前瞻性、法律稳定性与改革可变性、法律普适性与自贸试验区立法特殊性这三组矛盾的处理之中,在中观层面表现为中央立法权如何合法传导至地方的授权立法模式,在微观层面则集中反映在《中国(上海)自由贸易试验区条例》(以下简称《上海自贸试验区条例》)制定过程中的焦点与难点问题上。回顾整个立法过程可以看到,上海自贸试验区的立法者们展现出高超的立法技巧,同时形成了自贸试验区特有的立法理论态势。

一、三大立法矛盾的平衡关系

(一)法律阶段性与重大改革前瞻性的辩证关系

自贸试验区改革要实现"立法引领"功能,首先必须处理既有立法模式与改革前瞻性、创制性之间的矛盾关系。法律作为上层建筑,根植并受制于特定历史时期的经济基础,带有一定的历史痕迹和鲜明的时代烙印,阶段性、相对滞后性是其固有特征。但是,当上层建筑适合于经济基础的要求时,可起到巩固经济基础和促进生产力发展的作用。改革开放是一项前无古人的崭新事业,只有"进行时",没有"完成时"。改革发展无限的前瞻性要求改革者大胆试验、大胆突破,在不断实践探索中推进,也要求作为上层建筑的法律不断适应改革发展的新形势,解决新问题,引领新发展。[1] 因此,自贸试验区的先行先试是一项全新的探索。国家层面对自贸试验区的立法授权实践表明,欲为先行先试提供法制保障,不但需要立法方法上的创新,更需要进一步解放思想,更新观念。在未来我国自贸试验区的立法引领工作中,无论是采用现有自贸试验区的立法授权模式,还是独辟蹊径地采用其他立法方式,均需要首先回应"重大改革于法有据"的中心议题。

(二)法律稳定性与改革可变性的辩证关系

在现阶段的改革开放进程中,自贸试验区法制的建立既要顺应重大改革的急迫需要,也要形成相对稳定的立法方式,因此必须从理论上正确处理法律稳定性与改革可变性之间的对立统一关系。一方面,法律具有稳定性的要求。法律的稳定性、权威性要求任何改变法律效力的立法行为都必须符合法定程序。但是,这种稳定性应当建立在一定时期法律与经济基础基本相适应的基础上。另一方面,自贸试验区的先行先试确实需要突破现行法律、行政法规的一些规定,而允许现行有效的法律在个别地区暂停实施不会影响法律的稳定性和统一性。自贸试验区立法在不断循环往复、螺旋式上升的动态过程中,应当保持稳定性与变动性、阶段性与前瞻性相统一的状态。[2]

(三)法律普适性与自贸试验区立法特殊性的辩证关系

自贸试验区是国家战略,是改革开放举措的先行者。就立法而言,需要在许多领域有所突破,具有特殊性。法律规范则具有普适性,是全社会都必须遵守的规则。因此,法律普适性与自贸试验区立法特殊性之间必然存在一定的矛盾,必须有效利用立法学中一般规定与特殊规定的内在机理,诠释自贸试验区特别立法的合理性。同时,自贸试验区立法特殊性必然表现在其具体的立法进程的方方面面,这些特殊性如何在与法律普遍性价值兼容的前提下予以展现,涉及具体的立法价值衡量标准。[3]

---

[1] 参见丁伟:《以法治方式推动先行先试》,载《解放日报》2013年9月2日第5版。
[2] 同上。
[3] 参见丁伟:《中国(上海)自由贸易试验区法制保障的探索与实践》,载《法学》2013年第11期,第113页。

二、上海自贸试验区授权立法的模式争议

2013年8月16日,国务院常务会议正式批准设立中国(上海)自由贸易试验区,拟提请全国人大常委会审议《关于授权国务院在上海自贸试验区等国务院决定的试验区域内暂停实施外资、中外合资、中外合作企业设立及变更审批等有关法律规定的决定(草案)》。8月30日,第十二届全国人大常委会第四次会议通过《全国人民代表大会常务委员会关于授权国务院在中国(上海)自由贸易试验区暂时调整有关法律规定的行政审批的决定》(以下简称《决定》)。《决定》"授权国务院在上海外高桥保税区、上海外高桥保税物流园区、洋山保税港区和上海浦东机场综合保税区基础上设立的中国(上海)自由贸易试验区内,对国家规定实施准入特别管理措施之外的外商投资,暂时调整《中华人民共和国外资企业法》《中华人民共和国中外合资经营企业法》和《中华人民共和国中外合作经营企业法》规定的有关行政审批(目录附后)。上述行政审批的调整在三年内试行,对实践证明可行的,应当修改完善有关法律;对实践证明不宜调整的,恢复施行有关法律规定"[1]。

---

[1] 根据《决定》的内容,授权国务院在中国(上海)自由贸易试验区暂时调整有关法律规定的行政审批包括以下11项,其调整内容均为"暂时停止实施该项行政审批,改为备案管理":

序号:1 名称:外资企业设立审批 法律规定:《外资企业法》第6条:"设立外资企业的申请,由国务院对外经济贸易主管部门或者国务院授权的机关审查批准。审查批准机关应当在接到申请之日起九十天内决定批准或者不批准。"

序号:2 名称:外资企业分立、合并或者其他重要事项变更审批 法律规定:《外资企业法》第10条:"外资企业分立、合并或者其他重要事项变更,应当报审查批准机关批准,并向工商行政管理机关办理变更登记手续。"

序号:3 名称:外资企业经营期限审批 法律规定:《外资企业法》第20条:"外资企业的经营期限由外国投资者申报,由审查批准机关批准。期满需要延长的,应当在期满一百八十天以前向审查批准机关提出申请。审查批准机关应当在接到申请之日起三十天内决定批准或者不批准。"

序号:4 名称:中外合资经营企业设立审批 法律规定:《中外合资经营企业法》第3条:"合营各方签订的合营协议、合同、章程,应报国家对外经济贸易主管部门(以下称审查批准机关)审查批准。审查批准机关应在三个月内决定批准或不批准。合营企业经批准后,向国家工商行政管理主管部门登记,领取营业执照,开始营业。"

序号:5 名称:中外合资经营企业延长合营期限审批 法律规定:《中外合资经营企业法》第13条:"合营企业的合营期限,按不同行业、不同情况,作不同的约定。有的行业的合营企业,应当约定合营期限;有的行业的合营企业,可以约定合营期限,也可以不约定合营期限。约定合营期限的合营企业,合营各方同意延长合营期限的,应在距合营期满六个月前向审查批准机关提出申请。审查批准机关应自接到申请之日起一个月内决定批准或不批准。"

9月18日,国务院印发《中国(上海)自由贸易试验区总体方案》。《国务院关于印发中国(上海)自由贸易试验区总体方案的通知》指出:"根据《全国人民代表大会常务委员会关于授权国务院在中国(上海)自由贸易试验区暂时调整有关法律规定的行政审批的决定》,相应暂时调整有关行政法规和国务院文件的部分规定。"《中国(上海)自由贸易试验区总体方案》规定:"经全国人民代表大会常务委员会授权,暂时调整《中华人民共和国外资企业法》《中华人民共和国中外合资经营企业法》和《中华人民共和国中外合作经营企业法》规定的有关行政审批,自2013年10月1日起在三年内试行。"可见,上海自贸试验区采取的是全国人大常委会以决定的方式授权国务院在自贸试验区内暂时调整有关法律规定的行政审批方式。在立法过程中,这种授权立法模式的合法性引发了一系列争议。

(一)全国人大常委会《决定》的依据

在现行法律中,关于全国人大常委会可以将某些立法权授予国务院的依据主

序号:6 名称:中外合资经营企业解散审批 法律规定:《中外合资经营企业法》第14条:"合营企业如发生严重亏损、一方不履行合同和章程规定的义务、不可抗力等,经合营各方协商同意,报请审查批准机关批准,并向国家工商行政管理主管部门登记,可终止合同。如果因违反合同而造成损失的,应由违反合同的一方承担经济责任。"

序号:7 名称:中外合作经营企业设立审批 法律规定:《中外合作经营企业法》第5条:"申请设立合作企业,应当将中外合作者签订的协议、合同、章程等文件报国务院对外经济贸易主管部门或者国务院授权的部门和地方政府(以下简称审查批准机关)审查批准。审查批准机关应当自接到申请之日起四十五天内决定批准或者不批准。"

序号:8 名称:中外合作经营企业协议、合同、章程重大变更审批 法律规定:《中外合作经营企业法》第7条:"中外合作者在合作期限内协商同意对合作企业合同作重大变更的,应当报审查批准机关批准;变更内容涉及法定工商登记项目、税务登记项目的,应当向工商行政管理机关、税务机关办理变更登记手续。"

序号:9 名称:中外合作经营企业转让合作企业合同权利、义务审批 法律规定:《中外合作经营企业法》第10条:"中外合作者的一方转让其在合作企业合同中的全部或者部分权利、义务的,必须经他方同意,并报审查批准机关批准。"

序号:10 名称:中外合作经营企业委托他人经营管理审批 法律规定:《中外合作经营企业法》第12条第2款:"合作企业成立后改为委托中外合作者以外的他人经营管理的,必须经董事会或者联合管理机构一致同意,报审查批准机关批准,并向工商行政管理机关办理变更登记手续。"

序号:11 名称:中外合作经营企业延长合作期限审批 法律规定:《中外合作经营企业法》第24条:"合作企业的合作期限由中外合作者协商并在合作企业合同中订明。中外合作者同意延长合作期限的,应当在距合作期满一百八十天前向审查批准机关提出申请。审查批准机关应当自接到申请之日起三十天内决定批准或者不批准。"

要有两个:

一是《立法法》第 9 条规定:"本法第八条规定的事项尚未制定法律的,全国人民代表大会及其常务委员会有权作出决定,授权国务院可以根据实际需要,对其中的部分事项先制定行政法规,但是有关犯罪和刑罚、对公民政治权利的剥夺和限制人身自由的强制措施和处罚、司法制度等事项除外。"但是,该条规定的授权对象是国务院,而非地方人大及其常委会;授权的内容仅限于中央专属立法"规定的事项尚未制定法律的",属于制定行政法规。对照该规定,《决定》授权的内容属于中央专属立法的事项,且中央立法已有明文规定;同时,《决定》授权的内容不是制定行政法规,而是停止适用现行有效的法律。显然,《立法法》第 9 条不足以作为立法授权的依据。

二是《中华人民共和国宪法》(以下简称《宪法》)第 89 条列举的国务院职权中的第 18 项:"全国人民代表大会和全国人民代表大会常务委员会授予的其他职权。"这是立法中的兜底条款,而且《宪法》赋予国务院的这项职权是开放性的。根据这一规定,国务院有权要求全国人大及其常委会作出授权决定。在以往的立法实践中,无论是全国人大还是全国人大常委会,均作出过相关的立法授权决定。[1] 这表明,在全国人大常委会授权决定方面,自贸试验区既非第一次,也非最后一次。因此,全国人大常委会《决定》具有宪法依据,该授权依据不存在问题。[2]

(二)全国人大常委会调整全国人大通过的法律之效力依据

《宪法》第 58 条规定:"全国人民代表大会和全国人民代表大会常务委员会行使国家立法权。"第 62 条规定:"全国人民代表大会行使下列职权:……(三)制定和修改刑事、民事、国家机构的和其他的基本法律;……"第 67 条规定:"全国人民代表大会常务委员会行使下列职权:……(二)制定和修改除应当由全国人民代表大会制定的法律以外的其他法律;(三)在全国人民代表大会闭会期间,对全国人

---

[1] 依据《宪法》的该项规定,全国人大曾于 1985 年 4 月通过《关于授权国务院在经济体制改革和对外开放方面可以制定暂行的规定或者条例的规定》。全国人大常委会曾于 1984 年 9 月通过《关于授权国务院改革工商税制发布有关税收条例草案试行的决定》。2012 年 12 月,第十一届全国人大常委会第三十次会议通过了《关于授权国务院在广东省暂时调整部分法律规定的行政审批的决定》。上海自贸试验区的立法授权采用的就是这一模式。

[2] 参见丁伟:《〈中国(上海)自由贸易试验区条例〉立法透析》,载《政法论坛》2015 年第 1 期,第 133 页。

民代表大会制定的法律进行部分补充和修改,但是不得同该法律的基本原则相抵触;……"也就是说,基本法律由全国人大制定,非基本法律由全国人大常委会制定。那么,什么是"基本法律"?什么是"非基本法律"?根据全国人大常委会法工委的解释,"基本法律"指的是"在国家和社会生活中应当具有全局的、长远的、普遍的和根本的规范意义"的法律,其范围包括刑事的基本法律、民事的基本法律、国家机构的基本法律和其他基本法律。全国人大常委会也具有广泛的立法权,除制定和修改非基本法律外,还有权对全国人大制定的法律进行补充和修改。[1] 这里需要讨论的是:第一,《决定》调整适用的三部法律是否属于"基本法律"?第二,判断是否属于"基本法律"的标准是什么?《决定》调整适用的三部法律中,《中华人民共和国中外合资经营企业法》(以下简称《中外合资经营企业法》)由全国人大通过,《中华人民共和国中外合作经营企业法》(以下简称《中外合作经营企业法》)、《中华人民共和国外资企业法》(以下简称《外资企业法》)则由全国人大常委会通过。由于现行法律对"基本法律""非基本法律"没有明确的定义,因此不能仅因为前一部法律由全国人大通过就将其认定为"基本法律"。后两部法律虽由全国人大常委会通过,但从调整范围来看,与前一部法律无实质区别。对此种情形,应分两种情况讨论:第一,倘若三部法律均为"非基本法律",根据《宪法》第67条,全国人大常委会根据《决定》调整适用不存在任何法律障碍。第二,倘若三部法律均为"基本法律",全国人大常委会对其通过的后两部法律进行调整也无法律障碍。唯一的疑问是:全国人大常委会能否对全国人大通过的《中外合资经营企业法》调整适用?根据《宪法》第67条,全国人大常委会在与"基本法律"的基本原则不相抵触的前提下,可以对"基本法律"进行补充和修改。那么,判断《决定》是否符合《宪法》规定的标准在于它是否与《中外合资经营企业法》的基本原则相抵触。《中外合资经营企业法》第1条确立了立法目的,即"为了扩大国际经济合作和技术交流,允许外国合营者同中国合营者共同举办合营企业"。《决定》的立法目的是"为加快政府职能转变,创新对外开放模式,进一步探索深化改革开放的经验"。这表明,《决定》与《中外合资经营企业法》的基本原则完全吻合。由此可以得出结论:全国人大常委会对全国人大通过的法律之效力进行调整符合《宪法》的

---

[1] 参见张春生主编:《中华人民共和国立法法释义》,法律出版社2000年版,第24—27页。

规定。[1]

(三) 全国人大常委会以《决定》的方式调整有关法律之效力依据

《决定》的内容事实上是对现行有效法律的修改,全国人大常委会作出《决定》事实上是一种立法活动且属于"有关法律问题的决定"。在现行法律中,仅有《全国人民代表大会常务委员会议事规则》第15条规定了有关法律问题的决定的议案之审议程序。该条第2款规定:"有关法律问题的决定的议案和修改法律的议案,法律委员会审议后,可以向本次常务委员会会议提出审议结果的报告,也可以向下次或者以后的常务委员会会议提出审议结果的报告。"此外,该条第1款是针对法律草案之审议程序,规定:"列入会议议程的法律草案,常务委员会听取说明并初步审议后,交有关专门委员会审议和法律委员会统一审议,由法律委员会向下次或者以后的常务委员会会议提出审议结果的报告,并将其他有关专门委员会的审议意见印发常务委员会会议。"根据对以上条款的解读,有关法律问题的决定的议案与法律草案虽然在审议程序上有区别,但是也应由法律委员会审议。这无疑是全国人大常委会行使立法权的一种方式。

《立法法》第29条第1款规定:"列入常务委员会会议议程的法律案,一般应当经三次常务委员会会议审议后再交付表决。"有关法律问题的决定多采用一次审议即交付表决的方式。但是,审议次数的多少不是衡量法律文件效力高低的标准,并非所有法律都需经三次审议。[2] 全国人大常委会作出的有关法律问题的决定的内容一般涉及法定授权、法律效力问题,所产生的法律效果是对相关法律或其中的相关规定的效力作出调整。[3] 这些法律问题的决定也具有普遍适用性,在功能、作用上与法律并无二致。因此,全国人大常委会根据《决定》调整有关法律

---

[1] 参见丁伟:《上海自贸试验区法治创新的轨迹——理论思辨与实践探索》,上海人民出版社2016年版,第18—19页。

[2] 《立法法》第30条规定:"列入常务委员会会议议程的法律案,各方面意见比较一致的,可以经两次常务委员会会议审议后交付表决;调整事项较为单一或者部分修改的法律案,各方面的意见比较一致的,也可以经一次常务委员会会议审议即交付表决。"

[3] 例如,《全国人民代表大会常务委员会关于授权国务院在广东省暂时调整部分法律规定的行政审批的决定》《全国人民代表大会常务委员会关于废止有关劳动教养法律规定的决定》。

之效力不存在合法性的问题。[1]

(四)《决定》授权在自贸试验区内事实上不适用现行法律的依据

自贸试验区的先行先试是一项全新的探索,需要突破现行法律、行政法规的一些规定。法律作为强制性的社会规范,固然具有普适性的特征,以其普遍、统一的适用而彰显平等和权威。《决定》基于自贸试验区先行先试的特殊需要,授权国务院在个别地区暂停实施现行有效法律的部分规定,这是改革开放新形势下立法方式的创新之举。《外资企业法》《中外合资经营企业法》和《中外合作经营企业法》(合称"三资企业法")是我国规范外商投资企业的一般规定,具有普适性的效力。[2]《决定》则是我国立法机关对于外商投资企业的特别规定。它是全国人大常委会作出的有关法律问题的决定,与法律具有同等效力。根据《立法法》第92条的规定,同一机关制定的法律,特别规定与一般规定不一致的,适用特别规定;新的规定与旧的规定不一致,适用新的规定。因此,自贸试验区并不存在所谓的"法律豁免""治外法权",也不存在所谓的"破法"问题,而是"变法"以扩大改革开放,即由国家立法机关启动法律程序,依法调整现行法律的效力。由此可见,适用《决定》同样是依法办事,完全符合有法可依、有法必依的法治要求、法律逻辑。[3]

第二节 上海自贸试验区的立法实践

鉴于上海自贸试验区"首创"之性质,如何打造自贸试验区的立法体系并无先例可循,因此需要调动一切立法资源予以支持。上海自贸试验区初创时的立法进程可以分为三个阶段:一是在中央立法层面,2013年8月30日,第十二届全国人大常委会第四次会议通过了《全国人民代表大会常务委员会关于授权国务院在中国(上海)自由贸易试验区内暂时调整实施有关法律规定的行政审批的决定》。该

---

[1] 参见丁伟:《上海自贸试验区法治创新的轨迹——理论思辨与实践探索》,上海人民出版社2016年版,第19—20页。

[2] 2009年3月15日第十三届全国人大第二次会议通过的《中华人民共和国外商投资法》(以下简称《外商投资法》)第42条第1款规定:"本法自2020年1月1日施行。《中华人民共和国中外合资经营企业法》《中华人民共和国外资企业法》《中华人民共和国中外合作经营企业法》同时废止。"

[3] 参见丁伟:《以法治方式推动先行先试》,载《解放日报》2013年9月2日第5版。

决定"授权国务院在上海外高桥保税区、上海外高桥保税物流园区、洋山保税港区和上海浦东机场综合保税区基础上设立的中国(上海)自由贸易试验区内,对国家规定实施准入特别管理措施之外的外商投资,暂时调整《中华人民共和国外资企业法》《中华人民共和国中外合资经营企业法》和《中华人民共和国中外合作经营企业法》规定的有关行政审批"[1]。2013年9月18日,国务院印发《中国(上海)自由贸易试验区总体方案》(以下简称《总体方案》)。《总体方案》具体列明了上海自贸试验区在投资、贸易、航运、金融等方面的各项开放措施,以及转变监管方式、完善法制环境等具体保障方案,构成了中央层面对上海自贸试验区的整体发展规划的"蓝图"。[2] 二是在《总体方案》公布后,中央各部委依据各自的权限范围,为上海自贸试验区出台了一系列的部门规章。[3] 三是在上海市地方立法层面,2013年9

---

[1] 2013年8月26日,国务院向全国人大常委会提交《关于授权国务院在中国(上海)自由贸易试验区等国务院决定的试验区内暂时停止实施有关法律规定的决定(草案)》的议案,全国人大常委会经审议后通过。相关资料参见中国人大网:http://www.npc.gov.cn。

[2] 《总体方案》对于上海自贸试验区的总体规划为:"要探索建立投资准入前国民待遇和负面清单管理模式,深化行政审批制度改革,加快转变政府职能,全面提升事中、事后监管水平。要扩大服务业开放、推进金融领域开放创新,建设具有国际水准的投资贸易便利、监管高效便捷、法制环境规范的自由贸易试验区,使之成为推进改革和提高开放型经济水平的'试验田',形成可复制、可推广的经验,发挥示范带动、服务全国的积极作用,促进各地区共同发展。"相关内容与具体开放措施,参见中华人民共和国中央人民政府门户网站:http://www.gov.cn。

[3] 《立法法》第80条第1款规定:"国务院各部、委员会、中国人民银行、审计署和具有行政管理职能的直属机构,可以根据法律和国务院的行政法规、决定、命令,在本部门的权限范围内,制定规章。"上海自贸试验区成立后,国务院各部委在不同时期发布了众多的部门规章和支持文件,其中比较重要的有:(1)国家外汇管理局2014年2月26发布的《关于中国(上海)自由贸易试验区外汇管理实施细则的批复》;(2)交通运输部2014年1月27日发布的《关于中国(上海)自由贸易试验区试行扩大国际船舶运输和国际船舶管理业务外商投资比例实施办法的公告》;(3)工业和信息化部、上海市人民政府2014年1月6日发布的《关于中国(上海)自由贸易试验区进一步对外开放增值电信业务的意见》;(4)中国人民银行2013年12月2日发布的《关于金融支持中国(上海)自由贸易试验区建设的意见》;(5)财政部、国家税务总局2013年11月15日发布的《关于中国(上海)自由贸易试验区内企业以非货币性资产对外投资等资产重组行为有关企业所得税政策问题的通知》;(6)财政部、海关总署、国家税务总局2013年10月15日发布的《关于中国(上海)自由贸易试验区有关进口税收政策的通知》;(7)文化部2013年9月29日发布的《关于实施中国(上海)自由贸易试验区文化市场管理政策的通知》;(8)证监会2013年9月29日发布的《资本市场支持促进中国(上海)自由贸易试验区若干政策措施》;(9)保监会2013年9月29日发布的《中国保监会支持中国(上海)自由贸易试验区建设》;(10)银监会2013年9月28日发布的《关于中国(上海)自由贸易试验区银行业监管有关问题的通知》;(11)国家质量监督检验检疫总局2013年9月27日发布的《关于支持中国(上海)自由贸易试验区建设的意见》;(12)交通运输部2013年9月27日发布的《关于在上海试行中资非五星旗国际航行船舶沿海捎带的公告》;(13)国家工商行政管理总局2013年9月26日印发的《关于支持中国(上海)自由贸易试验区建设的若干意见》。

月29日,上海市人民政府公布了包括《中国(上海)自由贸易试验区管理办法》在内的一系列地方政府规章。[1] 2014年8月1日,《中国(上海)自由贸易试验区条例》经上海市人大常委会表决通过后正式实施。[2] 至此,在经历了从中央到地方为期近一年的立法调整后,上海自贸试验区的立法轮廓基本定型。[3] 从总体上讲,上海自贸试验区的立法进程折射出改革开放政策与立法引领改革的高度耦合,同时反映了未来自贸试验区立法架构搭建的几个基本问题。

一、上海自贸试验区立法的总体特点

(一) 平衡制度创新与于法有据的矛盾

上海自贸试验区之所以引起国内外的广泛关注,是因为它打破了固有的经济管制体制,以前所未有的制度创新形式顺应全球经贸的发展趋势。然而,法治化要求一切制度创新都必须有立法支撑。这种要求固然改变了原有的"政策等于法律"的不当思维,但是也加大了自贸试验区立法的难度。在我国法律体系已经形

---

[1] 上海市人民政府在公布《中国(上海)自由贸易试验区管理办法》之后,相继发布的地方政府规章还有:《中国(上海)自由贸易试验区外商投资准入特别管理措施(负面清单)(2013年)》《中国(上海)自由贸易试验区外商投资项目备案管理办法》《中国(上海)自由贸易试验区境外投资开办企业备案管理办法》《中国(上海)自由贸易试验区外商投资企业备案管理办法》《中国(上海)自由贸易试验区境外投资项目备案管理办法》。

[2] 有关上海市地方立法的内容,参见中国(上海)自由贸易试验区门户网站:http://www.china-shftz.gov.cn。

[3] 从上海自贸试验区地方立法的时间逻辑来看,当时出现了如何理顺上海市地方性法规与法律、行政法规、《总体方案》、上海市人民政府规章等规范性文件的关系问题。为解决这一立法真空问题,2013年9月26日,上海市第十四届人大常委会第八次会议审议通过了《上海市人民代表大会常务委员会关于在中国(上海)自由贸易试验区暂时调整实施本市有关地方性法规规定的决议》,规定:"一、根据《全国人民代表大会常务委员会关于授权国务院在中国(上海)自由贸易试验区暂时调整有关法律规定的行政审批的决定》的规定,在中国(上海)自由贸易试验区内,对国家规定实施准入特别管理措施之外的外商投资,停止实施《上海市外商投资企业审批条例》。凡法律、行政法规在中国(上海)自由贸易试验区调整实施有关内容的,本市有关地方性法规作相应调整实施。二、本市其他有关地方性法规中的规定,凡与《中国(上海)自由贸易试验区总体方案》不一致的,调整实施。三、上述有关地方性法规的调整实施在三年内试行。"其后,上海市人大常委会根据自贸试验区不同改革阶段的不同要求,先后制定了《上海市人民代表大会常务委员会关于开展"证照分离"改革试点在浦东新区暂时调整实施本市有关地方性法规规定的决定》《上海市人民代表大会常务委员会关于修改〈上海市人民代表大会常务委员会关于在中国(上海)自由贸易试验区暂时调整实施本市有关地方性法规规定的决议〉的决定》,成功演绎了上海地方立法决策与改革决策的协调同步。参见丁伟:《与改革发展同频共振:上海地方立法走过三十八年》,上海人民出版社2018年版,第301—314页。

成的今天,涉及自贸试验区先行先试的事项,现行法律、行政法规均有明确的规定,任何实质性的制度创新都需要突破现行法律、行政法规的相关规定。[1] 因此,如何使上海自贸试验区的各项制度创新在立法层面实现,成为上海自贸试验区立法的首要任务。事实上,这一问题在自贸试验区设立之初就不断地经受着学界的考问。

在上海自贸试验区成立前后,有学者认为自贸试验区应当有自己独立的立法权和行政法治框架。[2] 但是,沿着自贸试验区的建设轨迹不难发现,由于上海自贸试验区初设时,在行政区划上一直隶属于浦东新区,因而并没有成为我国的一个独立行政区划,而最高立法机关也从未以法律形式确认上海自贸试验区享有独立的立法权。[3] 在这一背景尚未改变的情况下,上海自贸试验区要想实现中央制度创新政策的法制化,势必需要采取中央、部委、地方"三箭齐发"的立法模式。这样的模式尽管无法达到统一立法权所产生的一致与效率,但是已经对改革前瞻性与法律滞后性之间的矛盾起到了较好的平衡作用。

(二) 探索授权立法的新形式

由于上海自贸试验区具有天然的区域特性,因此上海市地方政府与人大应当成为自贸试验区立法重担的主要承担者。但是,囿于《立法法》对于立法权限的规定,地方立法不能就"基本经济制度以及财政、税收、海关、金融和外贸的基本制度"[4]作出规定。因此,《总体方案》中有关投资、贸易、航运、金融等领域的多数开放措施均无法实现地方立法。这种地方立法的受限性大大制约了上海自贸试验区的立法进程。要想在现有《立法法》的框架下破解这一困境,必须求助于授权立法制度。[5] 通

---

[1] 参见丁伟:《中国(上海)自由贸易试验区法制保障的探索与实践》,载《法学》2013年第11期,第108页。

[2] 参见刘松山:《论自贸区不具有独立的法治意义及几个相关法律问题》,载《政治与法律》2014年第2期,第2—3页。

[3] 例如,1990年4月4日第七届全国人民代表大会第三次会议通过的《中华人民共和国香港特别行政区基本法》、1993年3月31日第八届全国人民代表大会第一次会议通过的《中华人民共和国澳门特别行政区基本法》确立了香港与澳门特别行政区享有独立的立法、行政与司法权力。

[4] 《立法法》第8条第9项。

[5] 《立法法》第10条规定:"授权决定应当明确授权的目的、事项、范围、期限以及被授权机关实施授权决定应当遵循的原则等。授权的期限不得超过五年,但是授权决定另有规定的除外。被授权机关应当在授权期限届满的六个月以前,向授权机关报告授权决定实施的情况,并提出是否需要制定有关法律的意见;需要继续授权的,可以提出相关意见,由全国人民代表大会及其常务委员会决定。"第12条规定:"被授权机关应当严格按照授权决定行使被授予的权力。被授权机关不得将被授予的权力转授给其他机关。"

常所说的"授权立法",就是立法机关授权有关国家机关依据所授予的立法权进行立法的活动。[1] 为了获得上海自贸试验区地方立法的合法性与正当性,上海市首先依据《立法法》第65条寻求全国人大常委会直接的概括式授权。[2] 但是,2000年《立法法》颁布后,全国人大不再授权地方立法,这一条款只是追认以往的地方先行立法。[3]

在寻求最高立法机关统一授权的努力失败后,上海市开始转向单一授权。最终,全国人大常委会于2013年8月30日采取决定的方式,授权国务院在上海自贸试验区内暂时调整《外资企业法》《中外合资经营企业法》和《中外合作经营企业法》规定的有关行政审批。依据这一授权,国务院通过暂停实施外资准入领域行政审批的方式,解决了上海市对该领域实施地方立法调整的权限问题。[4] 据此,上海自贸试验区地方立法授权通过"中央立法机关授权国务院,国务院下放国家事项"的方式实现,这种单一授权的方式在《立法法》实施之后尚属首例。当然,也有学者对这种全国人大常委会和国务院"双层授权"的方式表示质疑,认为随着上海自贸试验区改革的深入,这种方式将导致上海的地方权力机构很难"越雷池一步"。[5] 我们不反对这种观点,但是认为必须看到在上海自贸试验区无法成为"法律特区"的背景下,所谓"双层授权"的方式不仅符合立法合法性的需求,也推动了《立法法》的修订,这无疑是在立法层面实现的一种"先行先试"。[6]

---

[1] 参见周旺生:《立法学(第二版)》,法律出版社2009年版,第303页。

[2] 《立法法》第74条规定:"经济特区所在地的省、市的人民代表大会及其常务委员会根据全国人民代表大会的授权决定,制定法规,在经济特区范围内实施。"1981年起,全国人大及其常委会相继授权广东、福建两省制定所属经济特区法规,授权海南省、深圳市、厦门市、汕头市、珠海市等以经济特区立法权。参见《经济特区授权立法有关情况综述》,http://www.npc.gov.cn/npc/c9757/200904/8e461e2ba405480697185186122812d4.shtml,访问日期:2018年3月17日。

[3] 参见刘华:《管理创新、"法律绿灯"与地方立法先行》,载《东方法学》2014年第2期,第126页。

[4] 2013年12月21日成文的《国务院关于在中国(上海)自由贸易试验区内暂时调整有关行政法规和国务院文件规定的行政审批或者准入特别管理措施的决定》(国发〔2013〕51号)明确指出:"国务院有关部门、上海市人民政府要根据法律、行政法规和国务院文件调整情况,及时对本部门、本市制定的规章和规范性文件作相应调整,建立与试点要求相适应的管理制度。"相关内容参见中华人民共和国中央人民政府门户网站:http://www.gov.cn。

[5] 参见杨力:《中国改革深水区的法律试验新难题和基本思路——以中国(上海)自由贸易试验区的制度体系构建为主线》,载《政法论丛》2014年第1期,第3—4页。

[6] 2015年修改后的《立法法》增加一条,作为第13条:"全国人民代表大会及其常务委员会可以根据改革发展的需要,决定就行政管理等领域的特定事项授权在一定期限内在部分地方暂时调整或者暂时停止适用法律的部分规定。"

(三) 协调不同位阶法律的关系

上海自贸试验区立法的另一个难题在于,如何协调国务院、国务院相关部委与上海市人民政府三方之间的权力,即如何处理《总体方案》、国务院相关部委颁布的规章与上海市地方政府规章之间的关系。首先应当明确的是,《总体方案》的确是上海自贸试验区制度创新的根源性法律,应当成为国务院相关部委出台支持上海自贸试验区发展的相关文件的依据,也应当成为上海市地方立法的主要法律依据。但是,如果基于此认为根据《总体方案》,上海自贸试验区内一系列关于金融、海关、税收、外贸的政策和措施都享有对现行有效的法律规定"豁免适用"的特权,这样的观点是值得商榷的。[1] 一方面,《总体方案》的内容代表了一定时期推进自贸试验区改革的政策力度与广度,具有极强的可变性,而法律的制定则要求具备相当的稳定性,因而《总体方案》必须与具体的立法相结合,才能保持稳定性与变动性相统一的状态。[2] 另一方面,上海市地方立法必须建立在中央立法机关授权的基础上,而《总体方案》的发布主体是国务院,并非全国人大常委会。因此,依据前述单一授权模式,上海市地方立法仅在涉及投资准入的领域享有调整法律的权力,除此之外并未获得中央立法机关的授权。

正是基于《总体方案》这种特殊的法律性质,上海自贸试验区在具体的立法过程中采取了部委立法与地方立法并行的方式。在部委立法方面,上海自贸试验区设立后,涉及海关、检验检疫、税收、外汇、银行业、证券业、保险业等改革事项,相关的国务院部委在不同时期出台了支持文件。在地方立法方面,由于上海自贸试验区法制需求的紧迫性,因此采取了地方政府规章先行的思路。但是,以市政府规章和文件为主体的管理制度只能是临时应急的,只为符合并适应国家自贸试验区的定位和功能。[3] 在具备充分条件后,《中国(上海)自由贸易试验区条例》这一地方性法规的应运而生既体现了《总体方案》的精髓,避免了照搬照抄中央政策的旧方法,也在不抵触国家立法的最低限度上实现了与部委立法的和谐共存。

(四) 对接国内立法与国际通行规则

上海自贸试验区既是我国内在改革的试验区,也是推进开放、向国际社会展

---

[1] 参见傅蔚冈、蒋红珍:《上海自贸区设立与变法模式思考——以"暂停法律实施"的授权合法性为焦点》,载《东方法学》2014年第1期,第98页。

[2] 参见丁伟:《以法治方式推动先行先试》,载《解放日报》2013年9月2日第5版。

[3] 参见周旺生:《立法学(第二版)》,法律出版社2009年版,第303页。

现新气象的窗口。因此,上海自贸试验区的立法不仅需要具有中国特色,而且应当与国际通行规则接轨。事实上,自贸试验区立法对接国际通行规则的需求主要来源于当今国际经贸谈判的新形势。一方面,以美国为主导的一些多边国际经贸谈判并没有中国的参与。因此,中国应当采取主动开放的姿态,以获得未来加入谈判的资格。[1]另一方面,中国正在与其他国家进行的多边经贸谈判需要一块"试验田",以便对谈判博弈的结果进行预测与评估。比如,中美双边投资协定的谈判已进入实质阶段,其中中国未来将在哪些领域、何种程度上放开国内投资市场以及采取何种方式进行投资监管等核心议题,在很大程度上需要依赖上海自贸试验区的先行先试。[2]

　　有鉴于上述两个现实动因,上海自贸试验区的立法在很大程度上展现出国际化的特色。比如,在开放投资领域方面,上海自贸试验区首创"准入前国民待遇加负面清单"的管理模式,并通过由上海市人民政府定期公布负面清单的方式逐步放开自贸试验区内的外商投资限制。这实际上是在引进外资理念上提出了两个高标准的新观念。又如,在《中国(上海)自由贸易试验区条例》的条文内容中,不仅体现了无歧视、竞争中立、透明度等国际通行的监管原则,而且还用专条强调了投资者权益保护[3]、劳工权益保护[4]、环境保护[5]以及知识产权保

---

[1] 参见王琳:《全球自贸试验区发展新态势下中国自贸试验区的推进战略》,载《上海对外经贸大学学报》2015年第1期,第40—41页。

[2] 参见黄鹏、梅盛军:《上海自贸试验区负面清单制定与中美BIT谈判联动性研究》,载《国际商务研究》2014年第3期,第34—36页。

[3] 《中国(上海)自由贸易试验区条例》第48条规定:"自贸试验区内投资者合法拥有的企业、股权、知识产权、利润以及其他财产和商业利益,受法律保护。"

[4] 《中国(上海)自由贸易试验区条例》第49条规定:"自贸试验区内劳动者平等就业、选择职业、取得劳动报酬、休息休假、获得劳动安全卫生保护、接受职业技能培训、享受社会保险和福利、参与企业民主管理等权利,受法律保护。在自贸试验区推行企业和劳动者集体协商机制,推动双方就劳动报酬、劳动安全卫生等有关事项进行平等协商。发挥工会在维护职工权益、促进劳动关系和谐稳定方面的作用。在自贸试验区健全公正、公开、高效、便民的劳动保障监察和劳动争议处理机制,保护劳动者和用人单位双方的合法权益。"

[5] 《中国(上海)自由贸易试验区条例》第50规定:"加强自贸试验区环境保护工作,探索开展环境影响评价分类管理,提高环境保护管理水平和效率。鼓励区内企业申请国际通行的环境和能源管理体系标准认证,采用先进生产工艺和技术,节约能源,减少污染物和温室气体排放。"

护[1]等国际经贸协定中的常态规范,为上海自贸试验区真正实现国际化、法治化的营商环境提供助益。当然,作为中外瞩目的自贸试验区在立法中也采取了稳步推进的方针,避免一刀切地向国际化靠拢所可能产生的不利影响。对正进入实质性谈判的中美双边投资协定中尚有争议或者可能作为重要"筹码"的内容,如征收补偿标准等,均没有涉及。[2]

二、上海自贸试验区立法的难点与焦点

《中国(上海)自由贸易试验区条例》作为一部独特的地方性法规,从形式到内容均凸显了全面深化改革新时期地方立法面临的新挑战。它的制定过程十分艰难,凸显了自贸试验区立法中的难点与焦点问题,关键在于处理好下列五对关系:[3]

---

[1]《中国(上海)自由贸易试验区条例》第51条规定:"加强自贸试验区知识产权保护工作,完善行政保护与司法保护衔接机制。本市有关部门应当和国家有关部门加强协作,实行知识产权进出境保护和境内保护的协同管理和执法配合,探索建立自贸试验区知识产权统一管理和执法的体制、机制。完善自贸试验区知识产权纠纷多元解决机制,鼓励行业协会和调解、仲裁、知识产权中介服务等机构在协调解决知识产权纠纷中发挥作用。"

[2] 参见丁伟:《关于制定自贸试验区条例的几点思考》,载《中国法学会第十一届长三角法学论坛"中国自贸试验区建设的法治保障研讨会"论文集》,2014年9月。

[3]《中国(上海)自由贸易试验区条例》的制定过程集中反映了立法的民主性和复杂性。《中国(上海)自由贸易试验区条例(草案)》(以下简称《条例草案》)几易其稿。首先,上海市第十四届人大常委会第十二次会议对上海市人民政府提请审议的《条例草案》(第一稿)进行了审议。会后,《条例草案》(第一稿)通过《解放日报》《上海法治报》、东方网、上海人大公众网以及上海自贸试验区门户网站、"上海发布"微博和微信平台向社会公开征求意见,累计收到市民以电子邮件、来信、网络留言等形式提出的修改意见共203条;外国驻华机构以及兄弟省市有关单位、个人也通过公开征求意见平台提出了修改意见和建议。上海市人大常委会法工委还将《条例草案》印发各区、县人大常委会以及有关单位和社会团体征求意见;向全体市人大代表征求意见,并委托各区、县人大常委会向全体区、县人大代表以及乡镇人大代表征求意见;召开了六个座谈会,分别听取区内企业、非公企业、外资企业、行业组织以及与监管高效便捷、投资开放和贸易便利、金融创新和税收服务相关的部门的意见和建议;赴市政协听取了部分委员的意见;召开专家研讨会,对有关法律问题进行了认真研究,并对有关高校提出的专家建议稿进行了论证;赴自贸试验区综合服务大厅举行"立法开放日"活动,面对面听取市民的意见。其次,2014年6月17日,上海市第十四届人大常委会第十三次会议对上海市人民政府提请审议的《条例草案》(第二稿)进行审议。会后,上海市人大常委会法工委重点围绕如何加强事中事后监管等问题,召开市人大代表专题座谈会,并赴自贸试验区管委会进行了调研。最终,《中国(上海)自由贸易试验区条例》于2014年7月25日由上海市第十四届人大常委会第十四次会议审议通过。

(一)改革创新要求与依法办事准绳的关系

在上海自贸试验区各项先行先试举措的推进过程中,中央提出上海自贸试验区要大胆闯、大胆试、自主改,尽快形成一批可复制、可推广的新制度,加快在促进投资贸易便利、监管高效便捷、法制环境规范等方面先试出首批管用、有效的成果。但是,在上海自贸试验区的建设过程中,遇到了改革创新要求与依法办事准绳之间的矛盾。比如,对于负面清单之外的领域,按照内外资一致的原则,将外商投资项目由核准制改为备案制。但是,对于进入市场之后的一系列事项还是有很多法律进行规制,这些都需要依法办事。比如,一家医院不需要审批便可以设立,但是医疗器械需要医疗器械经营许可证,还是要审批。[1] 因此,如何贯彻中央的要求,处理好改革创新与依法办事之间的关系成为自贸试验区建设中一个不可避免的难题。

在未来自贸试验区建设的立法过程中,要想正确处理改革创新与依法办事之间的关系,必须摒弃将两者截然对立的零和思维,要善于用辩证思维来思考如何运用法治方式推进改革创新的问题。同时,要将"大胆闯、大胆试、自主改"与"重大改革于法有据"看作一种对立统一的辩证关系,既应在法治的轨道上推进"大胆闯、大胆试、自主改",也要防止被"于法有据"束缚。[2] 总结自贸试验区先行先试的经验,在未来的自贸试验区建设中可以选择的路径是:并非所有先行先试的事项都需要立即入法,先行先试的事项都存在不成功的可能,只有经过实践检验可

---

[1] 上述问题在上海自贸试验区成立后集中表现为负面清单的透明度争议,主要是如何将外资准入后的审批管理或限制性措施与现行负面清单衔接的问题。应该说,这项工作具有相当大的难度。一方面,在加入WTO之前,我国对于外资准入后的限制性措施与内资的要求并不相同。加入WTO之后,我国为了践行国民待遇原则,先后取消了大部门有关外资准入后与国民待遇原则不符的法律规定。但是,在实践中,有关外资准入后的特别管理措施仍然存在。负面清单首先应当将这些与国民待遇原则不符的准入后特别管理措施予以列明。另一方面,即便在内外一致的国民待遇原则之下,有关准入后的一般限制性措施不仅数量多、立法层级复杂,而且有些规定与规定之间会产生冲突。因此,要想将这些限制性措施纳入负面清单并使其具有相当的透明度,需要运用一种系统的立法技术。

[2] 参见丁伟:《以法治思维法治方式推进改革创新》,载《文汇报》2013年6月17日第5版。

行的事项才具备入法的条件。[1]

（二）地方立法受制性与立法前瞻性的关系

中共十八届四中全会报告指出，"必须更好发挥法治的引领与规范作用"。中央提出自贸试验区要大胆探索，但是并未对自贸试验区作出明确的立法授权。这样，自贸试验区立法既是地方立法，又要对全国改革发展作出规定。比如，《中国（上海）自由贸易试验区条例》涉及的投资、贸易、金融、税收等先行先试事项均属于国家专属立法事项，地方立法只能作实施性规定。这样，在立法思路上，就完全局限于已经存在的法律，难以发挥立法的引领和推动作用。

处理两者之间的关系，不应局限于已有的法律和政策，而应进一步拓宽思路，打破思维定式，深刻领悟立法依据，通过对方向性规定的解读，理解立法本质，以体现立法的引领性、前瞻性，在一定程度上解决条例内容可能滞后的问题；同时，科学厘定条款内容，在地方立法的权限范围内充分发散思维，为制度创新预留空间。[2]

---

[1] 在上海市人大常委会审议、讨论《中国（上海）自由贸易试验区条例》的过程中，不少委员提出，考虑到自贸试验区改革创新还在动态推进之中，且草案的许多内容涉及国家事权，如果写得过于具体，难以给今后的试验探索留下足够的空间。因此，建议按照"立意高一点、条文少一点"的思路，从"可复制、可推广"和"预留制度创新空间"的角度，将草案修改得更具指导性、引领性。最终的条例体现了预留制度创新空间的原则，处理好改革的阶段性与法规的相对稳定性之间的关系。对《总体方案》已经明确、具体举措相对成熟且可复制、可推广的事项，如制定负面清单、企业准入单一窗口机制、自贸试验区信息共享和服务平台等内容，建议在保留基本制度框架的基础上，根据各方面意见予以修改完善；对一些改革创新还在持续深化的内容，如海关监管制度创新等，建议通过"概括加列举"等表述方法，增强立法的前瞻性，为未来的制度创新预留空间。参见丁伟：《上海市人民代表大会法制委员会关于〈中国（上海）自由贸易试验区条例（草案）〉审议结果的报告——2014年6月17日在上海市第十四届人民代表大会常务委员会第十三次会议上》，载《上海市人民代表大会常务委员会公报》2014年第5号。

[2] "科学厘定条款内容，把握好中央事权内容与地方事权内容修改的侧重点"主要体现为：对涉及金融、税务、海关等国家事权的内容，建议从配合国家管理部门推进相关改革创新的角度，对相关内容进行完善；对涉及地方事权的管理体制、综合监管、法治环境建设等内容，建议从深化自主改革、加强事中事后监管的角度修改完善，并增加体现改革方向性的规定，以发挥地方立法对改革发展的引领和推动作用。参见丁伟：《上海市人民代表大会法制委员会关于〈中国（上海）自由贸易试验区条例（草案）〉审议结果的报告——2014年6月17日在上海市第十四届人民代表大会常务委员会第十三次会议上》，载《上海市人民代表大会常务委员会公报》2014年第5号。

(三) 中央、部委立法与地方立法创新的关系

《总体方案》是自贸试验区先行先试的政策性依据,无论是《中国(上海)自由贸易试验区条例》还是相关部门出台的各项政策都要以《总体方案》为依据。但是,这其中存在矛盾不可避免。比如,在条例起草、审议的过程中,如何准确区分政策性规定与法律的不同功能、作用,如何避免"政策入法"的痕迹,成为立法过程中需要把握的问题。

处理这一对矛盾,不能局限于中央出台的政策性规定,也不能照搬照抄政策性规定,将相关政策直接纳入地方立法。特别是地方性法规,应该具有相对稳定性,不能代替中央出台的相关政策性规定,后者只是一个总体的方向性规定。地方立法应当建立在准确解读政策性规定的基础上,对其核心内容进行概括、提炼,并将政策语言转化为"法言法语"。[1]

(四) 立法稳定性与改革开放探索性的关系

法律应当具有稳定性,但是改革发展措施的探索性使改革时期的立法难以固定不变。自贸试验区的先行先试在动态推进之中,具有不确定性,而立法具有稳定性、规范性的要求,如何平衡两者之间的关系成为需要重点研究的问题。

处理两者之间的关系,应该避免照搬照抄政策性规定,将相关政策直接植入自贸试验区立法。应当注重从法律层面进行制度的顶层设计,使地方立法的立意更高,在条文表述等方面具有更强的适应性,不但能满足现阶段先行先试的立法需求,也能应对国家层面相关法律、行政法规可能出现调整变化的新情况、新需求,更好地体现立法的引领性。[2]

(五) 立法目标全面性与具体制度详略性的关系

《中国(上海)自由贸易试验区条例》的立法目标是:"推进自贸试验区建设应当围绕国家战略要求和上海国际金融中心、国际贸易中心、国际航运中心、国际经济中心建设,按照先行先试、风险可控、分步推进、逐步完善的原则,将扩大开放与体制改革相结合,将培育功能与政策创新相结合,加快转变政府职能,建立与国际

---

[1] 参见丁伟:《〈中国(上海)自由贸易试验区条例〉立法透析》,载《政法论坛》2015年第1期,第138页。

[2] 参见刘晓红、贺小勇主编:《中国(上海)自由贸易试验区法治建设蓝皮书》,北京大学出版社2016年版,第45—46页。

投资、贸易通行规则相衔接的基本制度体系和监管模式,培育国际化、市场化、法治化的营商环境,建设具有国际水准的投资贸易便利、监管高效便捷、法治环境规范的自由贸易试验区。"其定位为"综合性条例",立法目标涵盖各个方面,范围广泛。那么,具体到条文的拟定方面,是否需要将各方面政策均体现在其中？比如,在《中国(上海)自由贸易试验区条例》起草、审议的过程中,政府相关部门建议条例内容尽可能详尽,以便完整体现自贸试验区可复制、可推广的经验;而立法机关、专家学者、社会各界一致认为条例内容应突出重点。[1] 因此,是否需要将《总体方案》以及国家相关部门的各项配套性政策措施悉数并入条例是一个需要平衡的问题。

处理这一对矛盾,应当在立法工作中采用"负面清单"的思维模式,即"法无禁止即可为"。立法仅需作出方向性规定,凡没有限制性、禁止性规定的,都可以允许探索,这样有助于在地方法的权限范围内充分释放创新的制度空间。[2]

三、上海自贸试验区的具体立法创新

制度创新有赖于立法支持。在上海自贸试验区的各项法律文件中,《中国(上海)自由贸易试验区条例》集中反映了自贸试验区立法引领制度创新的全貌。作为上海自贸试验区的"基本法",自 2014 年 8 月 1 日起施行的《中国(上海)自由贸易试验区条例》共计 9 章 57 条,着重于投资开放、贸易便利、金融服务、综合监管与法治环境五个方面。正是这五个方面的浓墨重彩,凸显了上海自贸试验区最引人注目的制度革新。

(一) 负面清单管理模式

在投资开放领域,上海自贸试验区实现了由正面清单向负面清单管理模式的重大立法转变,即在外资进入上海自贸试验区之前就对能够获得准入的领域

---

〔1〕 在《中国(上海)自由贸易试验区条例》的制定过程中,一度有观点主张将《总体方案》中的政策内容全部体现在地方立法中,以体现地方立法对中央政策的响应。但是,最终的《中国(上海)自由贸易试验区条例》并未采取这种大而全的方式,而是突出对于自贸试验区管理体制、职权界定、事中事后监管、透明度等重要事项的规定。参见丁伟:《上海市人民代表大会法制委员会关于〈中国(上海)自由贸易试验区条例(草案)〉(修改稿)修改情况的报告——2014 年 7 月 25 日在上海市第十四届人民代表大会常务委员会第十四次会议上》,载《上海市人民代表大会常务委员会公报》2014 年第 5 号。

〔2〕 参见丁伟:《〈中国(上海)自由贸易试验区条例〉立法透析》,载《政法论坛》2015 年第 1 期,第 140 页。

与限制程度通过发布负面清单予以明示,但凡没有在清单上列明的内容,即视为可以适用国民待遇的投资领域。[1] 上海自贸试验区设立之后,上海市人民政府先后两次发布负面清单,并且清单中的限制投资领域不断减少,投资限制措施逐渐放开。[2] 2015年,虽然自贸试验区的负面清单变为全国统一,但是此后逐渐"瘦身"的趋势是一以贯之的。负面清单之所以得到外国投资者的一致认同,是因为它遵循的是"除非法律禁止的,否则就是法律允许的"解释逻辑,体现的是"法无禁止即自由"的法律理念。[3]

(二)国际贸易便利化

贸易便利化是中国加入WTO后一直致力于实现的改革目标。上海自贸试验区在既有立法成果的基础上,主要在三方面实践便利化的措施:一是改革原有贸易监管理念,采取"一线放开、二线安全高效管住、区内流转自由"的原则,保证自贸试验区内各项贸易的高效流转。[4] 二是积极开展海关和检验检疫监管制度改革。《中国(上海)自由贸易试验区条例》具体的条文规定包括海关和检验检疫推

---

[1]《中国(上海)自由贸易试验区条例》第13条规定:"自贸试验区内国家规定对外商投资实施的准入特别管理措施,由市人民政府发布负面清单予以列明,并根据发展实际适时调整。自贸试验区实行外商投资准入前国民待遇加负面清单管理模式。负面清单之外的领域,按照内外资一致的原则,外商投资项目实行备案制,国务院规定对国内投资项目保留核准的除外;外商投资企业设立和变更实行备案管理。负面清单之内的领域,外商投资项目实行核准制,国务院规定对外商投资项目实行备案的除外;外商投资企业设立和变更实行审批管理。……"

[2] 2014年6月30日,上海市人民政府公布了2014年修订版上海自贸试验区负面清单。与2013年版负面清单相比,2014年版负面清单中的特别管理措施由190条缩减为139条。参见李晶:《中国(上海)自贸试验区负面清单的法律性质及其制度完善》,载《江西社会科学》2015年第1期,第154页。

[3] 参见龚柏华:《中国(上海)自由贸易试验区外资准入"负面清单"模式法律分析》,载《世界贸易组织动态与研究》2013年第6期,第138页。

[4] "所谓'一线',是指上海自贸试验区与境外的通道口或连接线。'一线放开'就是指境外的货物可以不受海关监管自由地进入上海自贸试验区,上海自贸试验区内的货物也可以不受海关监管自由地运出境外。所谓'二线',是指上海自贸试验区与境内的通道口或连接线。'二线管住'就是指货物从上海自贸试验区进入国内非自由贸易区,或货物从国内非自由贸易区进入上海自贸试验区时,必须依据本国海关法的相关规定接受海关监管,并征收相应的关税。"刘水林:《中国(上海)自由贸易试验区的监管法律制度设计》,载《法学》2013年第11期,第118页。

出通关无纸化、进口货物先行入区、出口货物先报关后进港等改革措施。[1]三是推行国际贸易单一窗口制度。《中国(上海)自由贸易试验区条例》第21条规定："自贸试验区建立国际贸易单一窗口,形成区内跨部门的贸易、运输、加工、仓储等业务的综合管理服务平台,实现部门之间信息互换、监管互认、执法互助。企业可以通过单一窗口一次性递交各管理部门要求的标准化电子信息,处理结果通过单一窗口反馈。"上述三项措施大幅度减少了贸易企业的时间成本,全面保证了上海自贸试验区国际贸易通关的迅捷。

(三) 金融创新与开放

金融领域开放是上海自贸试验区制度创新的点睛之笔。按照《总体方案》设定的目标,《中国(上海)自由贸易试验区条例》在人民币资本项目可兑换、金融市场利率市场化、人民币跨境使用和外汇管理改革等方面进行了立法先行先试,并形成了五个方面的关键点:一是在上海自贸试验区内建立自由贸易账户体系,实现分账核算管理,使自贸试验区内的账户形成与境内市场有限分离、与国际金融市场自由对接的局面;[2]二是促进投融资汇兑便利,简化区内各类主体跨境投融

---

[1]《中国(上海)自由贸易试验区条例》第19条(海关监管制度创新)规定:"按照通关便利、安全高效的要求,在自贸试验区开展海关监管制度创新,促进新型贸易业态发展。海关在自贸试验区建立货物状态分类监管制度,实行电子围网管理,推行通关无纸化、低风险快速放行。境外进入区内的货物,可以凭进口舱单先行入区,分步办理进境申报手续。口岸出口货物实行先报关、后进港。对区内和境内外之间进出的货物,实行进出境备案清单比对、企业账册管理、电子信息联网等监管制度。……"

第20条(检验检疫制度创新)规定:"按照进境检疫、适当放宽进出口检验,方便进出、严密防范质量安全风险的原则,在自贸试验区开展检验检疫监管制度创新。检验检疫部门在自贸试验区运用信息化手段,建立出入境质量安全和疫病疫情风险管理机制,实施无纸化申报、签证、放行,实现风险信息的收集、分析、通报和运用,提供出入境货物检验检疫信息查询服务。境外进入区内的货物属于检疫范围的,应当接受入境检疫;除重点敏感货物外,其他货物免于检验。区内货物出区依企业申请,实行预检检制度,一次集中检验,分批核销放行。进出自贸试验区的保税展示商品免于检验。区内企业之间仓储物流货物,免于检验检疫。在自贸试验区建立有利于第三方检验鉴定机构发展和规范的管理制度,检验检疫部门按照国际通行规则,采信第三方检测结果。"

[2]《中国(上海)自由贸易试验区条例》第26条(自由贸易账户)规定:"自贸试验区建立有利于风险管理的自由贸易账户体系,实现分账核算管理。区内居民可以按照规定开立居民自由贸易账户;非居民可以在区内银行开立非居民自由贸易账户,按照准入前国民待遇原则享受相关金融服务;上海地区金融机构可以通过设立分账核算单元,提供自由贸易账户相关金融服务。自由贸易账户之间以及自由贸易账户与境外账户、境内区外的非居民机构账户之间的资金,可以自由划转。自由贸易账户可以按照规定,办理跨境融资、担保等业务。居民自由贸易账户与境内外的银行结算账户资金流动,视同跨境业务管理。同一非金融机构主体的居民自由贸易账户与其他银行结算账户之间,可以按照规定,办理资金划转。"

资业务的手续;[1]三是扩大人民币跨境使用的范围,简化自贸试验区经常项下以及直接投资项下人民币跨境使用;[2]四是推进利率市场化体系建设,完善自由贸易账户本外币资金利率市场化定价监测机制,区内符合条件的金融机构可以优先发行大额可转让存单,放开区内外币存款利率上限;[3]五是改革外汇管理体制,放宽对外债权债务管理,完善结售汇管理。[4]当然,由于金融改革立法权并未下放到上海市层面,因此《中国(上海)自由贸易试验区条例》中的上述规定必须得到中央部委的支持。上海自贸试验区设立以来的实践说明,金融改革已经初见成效。[5]

---

〔1〕《中国(上海)自由贸易试验区条例》第 27 条(跨境资金流动)规定:"自贸试验区跨境资金流动按照金融宏观审慎原则实施管理。简化自贸试验区跨境直接投资汇兑手续,自贸试验区跨境直接投资与前置核准脱钩,直接向银行办理所涉及的跨境收付、汇兑业务。各类区内主体可以按照规定开展相关的跨境投融资汇兑业务。区内个人可以按照规定,办理经常项下跨境人民币收付业务,开展包括证券投资在内的各类跨境投资。区内个体工商户可以根据业务需要,向其境外经营主体提供跨境贷款。区内金融机构和企业可以按照规定,进入证券和期货交易场所进行投资和交易。区内企业的境外母公司可以按照规定,在境内资本市场发行人民币债券。区内企业可以按照规定,开展境外证券投资以及衍生品投资业务。区内企业、非银行金融机构以及其他经济组织可以按照规定,从境外融入本外币资金,在区内或者境外开展风险对冲管理。"

〔2〕《中国(上海)自由贸易试验区条例》第 28 条(人民币跨境使用)规定:"根据中国人民银行有关规定,国家出台的各项鼓励和支持扩大人民币跨境使用的政策措施,均适用于自贸试验区。简化自贸试验区经常项下以及直接投资项下人民币跨境使用。区内金融机构和企业可以从境外借入人民币资金。区内企业可以根据自身经营需要,开展跨境双向人民币资金池以及经常项下跨境人民币集中收付业务。上海地区银行业金融机构可以与符合条件的支付机构合作,提供跨境电子商务的人民币结算服务。"

〔3〕《中国(上海)自由贸易试验区条例》第 29 条(利率市场化)规定:"在自贸试验区推进利率市场化体系建设,完善自由贸易账户本外币资金利率市场化定价监测机制,区内符合条件的金融机构可以优先发行大额可转让存单,放开区内外币存款利率上限。"

〔4〕《中国(上海)自由贸易试验区条例》第 30 条(改革外汇管理体制)规定:"建立与自贸试验区发展需求相适应的外汇管理体制。简化经常项目单证审核、直接投资项下外汇登记手续。放宽对外债权债务管理。改进跨国公司总部外汇资金集中运营管理、外币资金池以及国际贸易结算中心外汇管理。完善结售汇管理,便利开展大宗商品衍生品的柜台交易。"

〔5〕例如,2013 年 12 月中国人民银行发布《关于金融支持中国(上海)自由贸易试验区建设的意见》之后,中国人民银行上海总部先后出台了扩大人民币跨境使用、支付机构开展跨境人民币支付业务、反洗钱和反恐怖融资、放开小额外币存款利率上限、外汇管理、分账核算业务、审慎管理七项实施细则,构建了中国人民银行金融支持上海自贸试验区建设的政策框架。参见易诚:《上海自贸试验区金融改革周年回顾》,载《中国金融》2014 年第 24 期,第 57—58 页。

(四) 事中事后监管

由于上海自贸试验区放松了对投资、贸易、金融等领域的事前准入监管,因此为了防范相关风险的产生,《中国(上海)自由贸易试验区条例》在"综合监管"一章中特别规定了四大类的事中事后监管措施:一是在自贸试验区内建立国家安全审查与反垄断审查机制;[1]二是加强区内信用管理,建立统一的监管信息共享平台,打击交易失信行为;[2]三是将企业年检制改为年报制,同时建立企业经营异常名录制度,加大对不规范企业的事后监管;[3]四是鼓励社会力量参与市场监督,推动

---

[1]《中国(上海)自由贸易试验区条例》第 37 条(国家安全审查机制)规定:"自贸试验区建立涉及外资的国家安全审查工作机制。对属于国家安全审查范围的外商投资,投资者应当申请进行国家安全审查;有关管理部门、行业协会、同业企业以及上下游企业可以提出国家安全审查建议。当事人应当配合国家安全审查工作,提供必要的材料和信息,接受有关询问。"

第 38 条(反垄断审查机制)规定:"自贸试验区建立反垄断工作机制。涉及区内企业的经营者集中,达到国务院规定的申报标准的,经营者应当事先申报,未申报的不得实施集中。对垄断协议、滥用市场支配地位以及滥用行政权力排除、限制竞争等行为,依法开展调查和执法。"

[2]《中国(上海)自由贸易试验区条例》第 39 条(区内信用管理)规定:"管委会、驻区机构和有关部门应当记录企业及其有关责任人员的信用相关信息,并按照公共信用信息目录向市公共信用信息服务平台自贸试验区子平台归集。管委会、驻区机构和有关部门可以在市场准入、货物通关、政府采购以及招投标等工作中,查询相对人的信用记录,使用信用产品,并对信用良好的企业和个人实施便利措施,对失信企业和个人实施约束和惩戒。自贸试验区鼓励信用服务机构利用各方面信用信息开发信用产品,为行政监管、市场交易等提供信用服务;鼓励企业和个人使用信用产品和服务。"

第 41 条(监管信息共享)规定:"在自贸试验区建设统一的监管信息共享平台,促进监管信息的归集、交换和共享。管委会、驻区机构和有关部门应当及时主动提供信息,参与信息交换和共享。管委会、驻区机构和有关部门应当依托监管信息共享平台,整合监管资源,推动全程动态监管,提高联合监管和协同服务的效能。监管信息归集、交换、共享的办法,由管委会组织驻区机构和有关部门制定。"

[3]《中国(上海)自由贸易试验区条例》第 40 条(企业年度报告公示制度和企业经营异常名录制度)规定:"自贸试验区实行企业年度报告公示制度和企业经营异常名录制度。区内企业应当按照规定,报送企业年度报告,并对年度报告信息的真实性、合法性负责。企业年度报告按照规定向社会公示,涉及国家秘密、商业秘密和个人隐私的内容除外。工商行政管理部门对区内企业报送年度报告的情况开展监督检查。发现企业未按照规定履行年度报告公示义务等情况的,应当载入企业经营异常名录,并向社会公示。公民、法人和其他组织可以查阅企业年度报告和经营异常名录等公示信息,工商行政管理等部门应当提供查询便利。……"

行业协会、商会等制定行业管理标准和行业公约,加强行业自律。[1] 监管体制的转变反映了现阶段我国以简政放权为核心的政府职能转变思路;同时,具体监管措施的首创也是充分对接国际通行规则、进一步提升竞争力的迫切需求。

(五) 透明度原则

我们对于透明度原则的理解,始于我国加入WTO之后。在WTO法上,透明度原则是指WTO成员方应公布所制定和实施的贸易措施及其变化情况,没有公布的措施不得实施,同时还应将这些贸易措施及其变化情况通知WTO。[2] 在我国加入WTO已经十多年之后,上海自贸试验区开始从国内法的角度规范行政公开程序,以继续践行透明度原则。《上海自贸试验区条例》在这一问题上主要规定了四方面的举措:一是上海自贸试验区的管理部门必须制定并公布政府的权力清单,便利市场主体办事与监督;[3] 二是在制定涉及上海自贸试验区事项的法规、规章和规范性文件时,必须向社会公众及利害关系人公开草案内容并征求意见;[4] 三是建立行政异议制度,公民、法人和其他组织对涉自贸试验区的规范性文件有异议的,可以提请上海市人民政府进行审查;[5] 四是统一信息发布机制,在上海自贸

---

[1]《中国(上海)自由贸易试验区条例》第43条(社会监督)规定:"自贸试验区建立企业和相关组织代表等组成的社会参与机制,引导企业和相关组织等表达利益诉求、参与试点政策评估和市场监督。支持行业协会、商会等参与自贸试验区建设,推动行业协会、商会等制定行业管理标准和行业公约,加强行业自律。区内企业从事经营活动,应当遵守社会公德、商业道德,接受社会公众的监督。"

[2] 参见曹建明、贺小勇:《世界贸易组织(第二版)》,法律出版社2004年版,第77页。

[3]《中国(上海)自由贸易试验区条例》第11条(权力清单制度)规定:"管委会、驻区机构应当公布依法行使的行政审批权、行政处罚权和相关行政权力的清单及运行流程。发生调整的,应当及时更新。"

[4]《中国(上海)自由贸易试验区条例》第52条(公众参与制度)规定:"本市制定有关自贸试验区的地方性法规、政府规章、规范性文件,应当主动公开草案内容,征求社会公众、相关行业组织和企业等方面的意见;通过并公布后,应当对社会各方意见的处理情况作出说明;在公布和实施之间,应当预留合理期限,作为实施准备期。但因紧急情况等原因需要立即制定和施行的除外。本市制定的有关自贸试验区的地方性法规、政府规章、规范性文件,应当在通过后及时公开,并予以解读和说明。"

[5]《中国(上海)自由贸易试验区条例》第53条(行政异议制度)规定:"公民、法人和其他组织对管委会制定的规范性文件有异议的,可以提请市人民政府进行审查。审查规则由市人民政府制定。"

试验区门户网站上公布涉自贸试验区的相关信息,方便各方面查询。[1]

第三节 中国自贸试验区的立法展望

在全面回顾上海自贸试验区的立法成就之时,必须关注其"试验区"的本质。一方面,《中国(上海)自由贸易试验区条例》实施之后,伴随着国际国内形势的新变化,其中有些内容或与现实情况不符,或需要进一步深化规定。因此,2018年,上海市人大常委会启动了对该条例的修订工作。[2]另一方面,随着我国自贸试验区建设的全面铺开,上海自贸试验区已经不再是原来的一枝独秀,它除了牢记自主改革的使命外,还肩负着将立法经验进行推广的任务。有鉴于此,展望中国自贸试验区的立法远景,应当从如何推广上海自贸试验区立法经验、深化中国未来自贸试验区立法引导功能这一问题入手进行深入考察。

一、突出地方性法规的先行作用

以时间为轴,上海自贸试验区的立法进程采取了"先中央立法,再部委支持,后地方立法"的推进方式,这种方式被实践证明是成功的,也符合《立法法》中法律位阶由上及下的立法秩序,相信未来在其他自贸试验区的立法中将继续予以贯彻。值得注意的是,上海自贸试验区的地方立法采取了"先政府规章,后地方性法规"的做法,这一做法符合当时的立法背景。由于上海自贸试验区设立之初的任务重、时间紧,因此首先采取政府规章这种相对灵活快捷的方式,保证了改革之初于法有据原则的实现。[3]但是,"先政府规章、后地方性法规"这种地方立法方式

---

[1]《中国(上海)自由贸易试验区条例》第54条(信息发布机制)规定:"本市建立自贸试验区信息发布机制,通过新闻发布会、信息通报例会或者书面发布等形式,及时发布自贸试验区相关信息。管委会应当收集国家和本市关于自贸试验区的法律、法规、规章、政策、办事程序等信息,在中国(上海)自由贸易试验区门户网站上公布,方便各方面查询。"

[2] 2017年,我们曾参与上海市人大常委会课题"《中国(上海)自由贸易试验区条例》修改需求"。修订《中国(上海)自由贸易试验区条例》的必要性主要来自三个方面:一是上海自贸试验区的实施范围发生了新变化;二是党中央、国务院对上海自贸试验区提出了新要求;三是《全面深化中国(上海)自由贸易试验区改革开放方案》明确了新任务。

[3]《中国(上海)自由贸易试验区条例》属于地方性法规。《立法法》第89条第1款的规定:"地方性法规的效力高于本级和下级地方政府规章。"因此,相对于上海市人民政府在先制定的一系列地方政府规章,在后制定的《中国(上海)自由贸易试验区条例》应当属于上海自贸试验区地方立法的最高效力渊源。

并不符合一般的立法规律。因为地方性法规的效力要高于政府规章,所以这种倒置式立法方式不能成为一种常态。新设立的各自贸试验区不仅已经有上海自贸试验区的先行经验可供参考,而且在推进时间上相对宽裕。因此,这些自贸试验区在借鉴"上海经验"的过程中,应当进一步理顺立法顺序,采取"先地方性法规,后政府规章"的方式,使中国自贸试验区的立法更加符合立法规律。

二、形成复制推广的一般模式

如前所述,上海自贸试验区的立法经验与特色集中体现在《中国(上海)自由贸易试验区条例》这一地方性法规之中,因此其中规定的核心制度可以成为未来新设自贸试验区的参考,并且相关的内容应当作为中国自贸试验区未来立法的一般性制度。[1]结合现有的文件,以下制度可以被纳入复制推广的一般模式之内:一是负面清单管理模式,包括对于负面清单的定义、"法无禁止即可为"的宣示、审批制改为备案制的变动、定期修改公示的规定、企业注册便利化的措施等;二是国际贸易便利措施,包括"一线放开、二线管住"的海关监管制度、检验检疫监管制度改革、国际贸易单一窗口制度等;三是事中事后监管措施,主要涉及外资的国家安全审查工作机制、反垄断机制、信用管理体系、企业年度报告公示和经营异常名录制度、监管信息共享制度、社会力量参与市场监督制度等;四是公平保护制度,包括维护公平竞争,加强投资者权益保护、劳工权益保护、环境保护和知识产权保护等;五是透明度规则,包括制定并公布政府权力清单,有关自贸试验区的法规、规则和规范性文件的公开与征求意见,行政异议制度,信息发布机制等。[2]

当然,复制推广自贸试验区的经验应当是双向性的,既要强调上海自贸试验区的先行先试作用,也要注意在《中国(上海)自由贸易试验区条例》的修订过程中汲取其他新设自贸试验区的先进立法。以容错机制为例,对这一机制的一般理解

---

〔1〕 上海自贸试验区及其他新设自贸试验区对于负面清单管理模式的持续实践,最终推动了我国外资管理体制的全面变动。2016年9月3日,第十二届全国人大常委会第二十二次会议审议通过了《外资企业法》《中外合资经营企业法》《中外合作经营企业法》和《中华人民共和国台湾同胞投资保护法》(以下简称《台湾同胞投资保护法》)的修改决定,并以中华人民共和国第51号主席令公布,在全国范围内推广复制自贸试验区试点的成功经验,对外商投资实行负面清单管理模式,持续深化涉外投资管理体制改革,将负面清单以外领域外商投资企业设立及变更审批改为备案管理。

〔2〕 参见刘瑞:《国务院向全国进一步推广上海自贸试验区经验》,载《港口经济》2015年第2期,第62页。

是:针对改革创新的新举措,假如非因改革者的过错导致改革预期不达甚至失败,则对改革者不予追究相关责任的免责机制。在中央对上海自贸试验区提出新一轮改革创新要求的背景下,《中国(上海)自由贸易试验区条例》也将迎来立法修改的契机,其中纳入容错机制的呼声极高。其一,在对上海自贸试验区改革一线政府人员的调研中,多数同志指出"试验区"本身存在不成功的风险,试验不成功对具体改革者而言虽是失败的,但对全国来说是成功的,因此需要以容错机制打消改革者的顾虑;其二,广东、福建、天津、浙江等新设自贸试验区的地方立法中都不同程度地纳入容错机制,这无疑为《中国(上海)自由贸易试验区条例》的修订提供了充分的范本;其三,上海本身就是容错机制的拥护者,早在2013年6月19日通过的《上海市人民代表大会常务委员会关于促进改革创新的决定》中已经出现了容错机制的条文。因此,在对《中国(上海)自由贸易试验区条例》"第一章 总则"的修订中,有必要增加一条:"改革创新未能实现预期目标,但是符合国家和本市确定的改革方向,决策程序符合法律、法规规定,且勤勉尽责、未牟取私利的,对有关单位和个人不作负面评价,依法免除相关责任。"

三、因时提高自贸试验区的立法位阶

纵观上海自贸试验区设立之初国务院通过的《总体方案》不难发现,上海自贸试验区的先行先试是为了实施国家战略,其中大多数的改革内容涉及国家事权,从应然角度讲,应由国家层面立法。但是,囿于当时改革的紧迫性,上海自贸试验区要获得国家事权的全部下放不具备条件,所以最终采取了全国人大常委会以决定的方式授权国务院在自贸试验区内暂时调整有关法律规定的行政审批的方法。这种对法律进行局部、临时调整的方法为法律完善创造了一种新的方式,在一定程度上解决了上海自贸试验区某些立法权限下放的难题。然而,上海自贸试验区式的授权立法方式未必是一种最好的方式。一方面,这种授权立法方式是在时间紧迫的情况下才采取的,而且逐项授权的方式在实践中束缚了自贸试验区自主改革的"围界"。假如未来每项地方立法均要全国人大常委会作出一个决定,则因此耗费的时间与精力显然令人难以承受。另一方面,现今自贸试验区已经出现纷纷获批的态势,这预示着自贸试验区在中国已经不再是一个特殊的存在,而应成为拉动中国经济的新常态。这一背景也必然决定了之前"零敲碎打"的逐项授权立法模式不再具有适应性。因此,我国的最高立法机关应当顺应自贸试验区的发展态势,适时考虑制定国家层面的"自由贸易试验区法",提高自贸试验区的整体立

法位阶。[1]

四、因地调整各自贸试验区的立法特色

上海自贸试验区成立以来的改革成效体现于投资、贸易、金融、航运等多个领域与业态之中,至于这些机制是否可以为其他新设自贸试验区所用,必须关注这些新设自贸试验区本身的定位,否则就会出现自贸试验区立法移植与功能定位"失配"的情况。我们以为,我国未来自贸试验区的法治建设固然应体现普遍性的规制,但是更应反映每个自贸试验区不同的创新领域与业态,立法应当因地制宜地作出相应的调整。

首先,各个新设自贸试验区应当关注各自的地缘优势,有针对性地放松区域投资监管。比如,福建自贸试验区临近台湾地区,对台贸易、投资等应当成为这一自贸试验区的亮点。因此,在福建自贸试验区的立法中,应当重点反映这一制度设计,突出对接台湾自由经济区以及建设"海上丝绸之路"的重点。[2]

其次,各个自贸试验区应当根据本区域内业态发展的成熟程度,有重点地支持新兴产业的发展。比如,天津是我国融资租赁行业比较发达的地区之一,因此在天津自贸试验区发展过程中,应当有目的地对融资租赁业的准入资格、监管方式、资金融通、行业协会参与等予以立法支持。[3]

最后,在相互借鉴立法成果的基础上,各个自贸试验区应当对制度的内容适时予以调整。比如,2017年3月30日,国务院印发《全面深化中国(上海)自由贸易试验区改革开放方案》,明确将"创新合作发展模式,成为服务国家'一带一路'建设、推动市场主体走出去的桥头堡"作为深化上海自贸试验区改革创新的重点领域,进而提出"以高标准便利化措施促进经贸合作""增强'一带一路'金融服务功能""探索具有国际竞争力的离岸税制安排"三个具体目标。因此,为了全面体现上海自贸试验区主动服务"一带一路"建设的目标,《中国(上海)自由贸易试

---

〔1〕 参见周汉民:《推"自贸试验区促进法" 助改革再冲关》,载《文汇报》2015年3月25日第5版。

〔2〕 根据2014年12月28日通过的《全国人民代表大会常务委员会关于授权国务院在中国(广东)自由贸易试验区、中国(天津)自由贸易试验区、中国(福建)自由贸易试验区以及中国(上海)自由贸易试验区扩展区域暂时调整有关法律规定的行政审批的决定》,福建自贸试验区内将暂时停止实施《台湾同胞投资保护法》第8条第1款规定的行政审批措施,改为备案管理。参见张宝山:《四个自贸区调整有关法律规定的行政审批》,载《中国人大》2015年第1期,第30页。

〔3〕 参见虞冬青等:《起航——天津自贸区》,载《天津经济》2015年第2期,第39—41页。

区条例》在后续修订过程中应当全方位增加对接"一带一路"倡议的内容。

如果说上海自贸试验区的扬帆起航标志着"自由贸易园区"这个新兴概念在我国的初生,那么现有自贸试验区"1+3+X"的发展模式反映了未来我国对外经济的开放路径。上海自贸试验区在短时间内建立的自贸试验区立法体系,奠定了我国自贸试验区立法的基本框架,其先验式的立法经验为其他自贸试验区的法制建设提供了无可取代的范本。可以预见的是,随着自贸试验区战略的不断推进,自贸试验区将成为一个常态化的事物。那么,接下来我国自贸试验区的立法定位、立法模式、立法特点以及具体制度将会发生怎样的变动,值得我们持续关注与研究。

第三章
上海自贸试验区变革下的司法应对

在上海自贸试验区制度创新与立法进程砥砺前行之际,如何从司法制度上保障上海自贸试验区的顺利运行,如何将这些先进的开放理念在司法层面落实,是接下来必须予以重视的问题。一方面,上海自贸试验区作为具有国际水准,在国际投资、贸易、金融、税收以及知识产权保护等领域全方位开放的新试点,在运行过程中将出现许多新的纠纷形态。这就需要法院转变固有的司法理念,从审判制度与审判规则两个方面加强研究。另一方面,鉴于上海自贸试验区内立法的特殊性,未来会出现区内区外两种法制、两套规则的情况。因此,在司法审判中采用何种规则确定案件的管辖权、在何种情况下适用上海自贸试验区特有的法律规定等问题是亟待解决的。[1]

第一节 司法理念的更新升级

"法治"作为一个整体性概念,需要运用全社会的力量,从立法、执法、司法三

---

[1] 参见许凯:《中国(上海)自由贸易试验区司法保障的前沿问题》,载上海市社会科学界联合会编:《制度创新与管理创新——中国(上海)自由贸易试验区建设研究报告集》,上海人民出版社2014年版,第156—157页。

个主要维度对其进行维护与运用。法院作为司法层面最为重要的也是最后一道防线,需要对社会制度的演进提供及时的反馈与调校。从传统的司法理念来看,法院主要应当秉持中立、被动的基本理念。面对不断更新迭代的社会变动,司法应当在相当程度上保持自身的稳定性,以尽力维护法治给公众带来的可预期性。但是,在上海自贸试验区的改革背景下,政策变动之频繁、制度更新之剧烈、立法更改之立体要求法院必须变革以往相对稳定的司法理念,转而树立一种更加主动、更为迅捷、与时俱进的新理念,并以之指导整个自贸试验区司法保障的制度安排。

一、主动回应立法变动

上海自贸试验区是我国在新时期顺应全球经济发展趋势,实行新一轮对外开放战略的重要举措。随着国务院正式批准设立上海自贸试验区决定的作出,这一代表着我国经济制度创新的"试验田"由梦想成为现实,并直接进入法制创新的"快车道"。在中央层面,2013年8月30日,第十二届全国人大常委会第四次会议表决通过《全国人民代表大会常务委员会关于授权国务院在中国(上海)自由贸易试验区内暂时调整实施有关法律规定的行政审批的决定》。这表明,我国的最高权力机关授权国务院暂停上海自贸试验区内基于《外资企业法》《中外合资经营企业法》和《中外合作经营企业法》(合称"三资企业法")实施的相关行政审批。在地方层面,2013年9月26日,上海市第十四届人大常委会第八次会议审议通过《上海市人民代表大会常务委员会关于在中国(上海)自由贸易试验区暂时调整实施本市有关地方性法规规定的决定》,明确《上海市外商投资企业审批条例》自2013年10月1日起在上海自贸试验区内暂时停止实施;同时,规定国家法律、行政法规在上海自贸试验区调整实施有关内容的,本市地方性法规作相应调整实施。该决定旨在对接中央层面相关决定的规定,及时理顺上海市地方性法规与上位法的关系。[1] 以该决定为依据,上海市人大与市政府配套出台了一系列涉上海自贸试验区的地方性法规和政府规章,《中国(上海)自由贸易试验区条例》也已于2014年8月1日生效实施。这些地方性法规与政府规章为上海自贸试验区既定方案的实

---

[1] 参见丁伟:《以法治方式促进自贸试验区先行先试》,载《上海人大》2013年第10期,第10页。

施提供了全方位的立法支持。

从中央到地方立法的"立、改、废"几乎伴随着上海自贸试验区成立至今的全周期,这种立法层面的变动给自贸试验区的司法保障工作带来了不少挑战:第一,立法的改变要求法院作出司法裁判规则方面的改变,而上海自贸试验区在我国属于首创,因而应对此种立法变革并无司法先例可循,需要法院以如临深渊之态度积极回应。第二,上海自贸试验区制度创新之速度前所未有,加上所涉及的领域极为广泛,涵盖了改革开放的一切相关领域和行业,因此在时间要求上对法院提出了严格的限制,一旦有所迟延,就会导致法律适用方面的错误。第三,鉴于立法抽象性与滞后性的特征,自贸试验区的立法总是与中央每一阶段制度创新的要求存在一定的距离,此时便会出现所谓"立法真空"的现象。这种现象势必对法院的审判工程造成较大障碍,因为法院不得以法无明文规定而拒绝裁判。"立法真空"的另一种表现是,虽然法律有了规定,但是规定的内容过于具体且缺乏配套性规范。例如,针对自贸试验区建设过程中由审批制改为负面清单管理的备案制,一些传统的纠纷解决依据必然发生重大变化,一些纠纷解决的法律程序和法律依据要重新进行修订和完善。[1] 第四,立法之改变基本限于条文,而司法随之改变的却不仅限于裁判规则,专业法官队伍、内部沟通交流机制以及司法文书公开等相关制度也必须同步更新,可谓"牵一发而动全身"。

面对自贸试验区立法快速多变的特点,上海市各级法院积极转变思路,采取主动应对的司法理念,创制了一套自贸试验区适法方案:一是主动对接法律变动,将司法政策的把握和法律适用的调整有机统一。比如,上海市第一中级人民法院为促进涉自贸试验区案件法律适用的统一,于2014年4月29日发布《涉中国(上海)自由贸易试验区案件审判指引(试行)》。这份规范性文件明确了法院审理涉自贸试验区案件的司法政策,为涉自贸试验区案件中因法律调整而引致的裁判规则变动打下了统一实施的基础,也为形成可复制、可推广的自贸试验区司法保障经验提供了方向性的指引。[2] 二是主动面向"立法真空",通过立法建议和正确行使自由裁量权的方式弥补立法不足。在充分认识自贸试验区制度缺口的基础上,

---

[1] 参见沈国明:《法治创新:建设上海自贸区的基础要求》,载《东方法学》2013年第6期,第128页。

[2] 参见陈立斌:《人民法院应当能动参与自贸区制度创新——以上海自贸区司法保障为视角》,载陈立斌主编:《自由贸易区司法评论(第二辑)》,法律出版社2015年版,第4页。

对于需要后续立法及时进行填补和完善的部分,司法应当有效扮演制度缺陷的发现者和建议者的角色,及时向中央与地方的立法机关提出调研意见和立法建议。同时,在涉及具体解释、执行立法意旨的层面,或在立法创新完成之前,法院应当在法律赋予的裁量空间里,尽可能缓解立法和实践之间的张力。[1] 三是主动调动司法互动与公开资源,实现法律适用的协调一致。对涉自贸试验区案件,在现今尚未实现专属管辖的前提下,全国各地、各级法院原则上均有可能受理,也均有可能遇到自贸试验区之特殊法律适用的难题。为此,上海市法院系统在强调专业化审判机制的同时,通过法院内部联席会议、典型案例指导等方式,统一三级法院在涉自贸试验区案件中的适法理念与规则;同时,通过强化不同自贸试验区之间的法院以及自贸试验区法院的不同部门之间的沟通交流机制,构筑司法保障层面法律适用的统一机制。[2]

二、准确定位政策先行

在现代社会治理过程中,法律与政策构成了两类调整社会关系、解决社会矛盾的主要工具。我国在改革开放后的很长一段时间内,一直存在以政策替代法律的现象。随着中国特色社会主义法律体系的形成,这种现象虽有所缓解,但面对汹涌的市场经济改革浪潮,政策本身所带有的灵活性、时效性特点使其仍然具备很强的指导功能与现实价值。纵观上海自贸试验区的整个发展过程,无论是国务院还是其相关部委,在不同的发展阶段均提出了众多的政策性指引和支持。在法律层面,虽然历经了《公司法》《外资企业法》《中外合资经营企业法》《中外合作经营企业法》和《台湾同胞投资保护法》的修正以及《外商投资法》的出台,但是这些法律不仅通过或修正的时间远远滞后,而且在内容方面也往往过于抽象,很难适用于具体的司法实践。在这种"政策先行、立法滞后"的大背景下,法院在实施自贸试验区司法保障方案时,应当如何处理法律与政策之间的适用关系?当法律与政策发生冲突之时,何者应当具有优先地位?当法律出现空白或漏洞时,政策应当以何种身份扮演司法的助益者?

以上海自贸试验区设立时国务院批准公布的《中国(上海)自由贸易试验区总

---

[1] 参见浦东法院课题组:《关于中国自由贸易试验区司法保障有关问题的调研》,载张斌主编:《浦东法院服务保障上海自贸试验区的探索与实践》,法律出版社2016年版,第290页。

[2] 同上书,第333—335页。

体方案》(以下简称《总体方案》)为例,其制定主体并非国务院,而是上海市人民政府、商务部。因此,有学者指出:"就《总体方案》的法律位阶、法律效力而言,我国《立法法》未对国务院批准公布的规范性文件作出规定,国务院批准《总体方案》并不等同国务院制定《总体方案》,亦不改变《总体方案》系商务部、地方政府联合拟定的事实。因此,单纯从规范性文件的制发主体来考量,《总体方案》的位阶属部门规章或地方政府规章。"[1]另外,《总体方案》以及后续的《进一步深化中国(上海)自由贸易试验区改革开放方案》《全面深化中国(上海)自由贸易试验区改革开放方案》虽对上海自贸试验区在外资、外贸、金融等领域提出了全面的改革要求,但其中大多数的事项均属于《立法法》第8条规定的中央立法事权的范畴,并且属于必须由全国人大或其常委会制定或修改法律方能产生效力的范畴。因此,以《总体方案》为代表的一系列规范性文件只能被定位为较低位阶的"法律"或纯属自贸试验区政策范畴,对这些文件在司法实践中如何准确运用成为法院的又一块"难啃的骨头"。

在定位政策与法律在司法运用中的关系问题上,应当在明确两者辩证统一关系的前提下,树立在法治原则下适用政策的总原则,具体包含以下四点要义:一是在政策与法律并行或产生冲突时,应当坚持适用法律的优先性理念。尤其是在自贸试验区未对调整平等关系的法律作出改变的情形下,坚持法律优先意味着维护公平统一的市场规则。二是注意政策的填补性功能。在法律出现漏洞或空白情形时,法院应当运用政策指导自由裁量权的行使。《中华人民共和国民法通则》(以下简称《民法通则》)第6条规定:"民事活动必须遵守法律,法律没有规定的,应当遵守国家政策。"这说明,政策只能作为我国民商事裁判的补充性法源。三是重视政策对自贸试验区法律的解释功能。在审判实践中,当涉及自贸试验区法律调整的解释问题时,可以将相关政策作为体系解释、目的解释等法解释方法的基础,并形成一定的司法裁判规则。当然,在通过司法裁判将政策规则化后,可以将通过裁判形成的涉自贸试验区的规则上升为司法解释或立法,并应当尽快缩短这一进程,以实现法律的安定性。[2]四是法院应当明确政策所依附的规范性文件的

---

[1] 丁伟:《上海自贸试验区法治创新的轨迹——理论思辨与实践探索》,上海人民出版社2016年版,第38页。

[2] 参见陈立斌主编:《中国(上海)自由贸易试验区法律适用精要》,人民出版社2018年版,第29页。

适用方法,知晓规范性文件具有法定的依据效力和被援引的依据效力;同时,还要依据制定主体的不同,明确规范性文件的效力等级。[1]

三、依法维护市场创新

打造法治化的营商环境是上海自贸试验区设立之初《总体方案》提出的重要目标之一。法治化营商环境的建设需要立法、执法与司法三方施力,也需要营商主体具有创新意识。上海自贸试验区采取了负面清单管理、事中事后监管、鼓励金融创新等开放性措施,这些措施使自贸试验区内的市场充满了创新活力,各种新兴业态、交易方式层出不穷。以金融领域为例,"上海自贸试验区设立后,随着利率市场化与货币自由兑换的推行,花样繁多的金融产品和交易工具应运而生,种种新型的金融纠纷亦层出不穷,甚至许多属于'无名合同'纠纷。在金融服务业全面开放已成不可逆转之势的自贸试验区内,涌动的大量资本与生俱来的创新冲动,倒逼司法体认、促进和维护金融创新"[2]。

在市场活跃度空前提升的背景下,全新营商环境的建设要求为司法保障带来了新议题:现行法律对某些商事业务的开展并没有明确的规定,对于这些游弋于"灰色地带"的商事行为应当采取鼓励抑或限制的司法政策?商事主体在从事商事交易的过程中可能形成以合同为载体的商事惯例,那么在依法裁判原则之下,应当如何认定商事惯例的效力?假如商事主体如董事、经理、高级管理人等在进行商业决策和企业治理时作出的一些商业判断后续对他人造成损害,司法对于这种商事主体内部治理的事宜是否应当予以介入?对这些新议题的回答其实主要围绕一对矛盾关系展开,即自贸试验区的司法政策如何处理好风险控制的法治底线与市场创新的司法支持之间的关系。

针对这对矛盾关系,自贸试验区在司法理念上应当秉持依法维护市场创新、充分尊重商事自治的原则,主要体现在三个方面:一是对于商事主体的决策,应当减少司法干预,树立尊重商业判断规则的意识。商业判断规则的本质是,通过避免法院的事后判断,保护董事等决策者基于诚信作出商业判断,最终达到减轻决

---

[1] 参见陈立斌:《法律与政策的统一正确实施是自贸试验区司法的首要理念》,载陈立斌主编:《自由贸易区司法评论(第一辑)》,法律出版社2014年版,第7—8页。

[2] 罗培新:《约束行政与体认创新:上海自贸区的司法变革》,载《中国社会科学报》2013年12月25日第11版。

策者责任、鼓励商事主体大胆创新的目的。这种源于英美法院司法实践的裁判规则应当成为自贸试验区法院的一项重要司法规则,它要求"法院对公司治理领域的介入,主要应以程序性审查为主,而非以实质的司法判断取代商业判断"[1]。二是加强商事审判能力的提升,尊重商事行为的规律。在实际的审判过程中,法院要认识到商事惯例的补充性法源地位,在交易合同未与法律强制性条款相抵触的情形下,尽力发挥商事惯例对合同争议的解释与漏洞填补作用,维护商事契约的约束力。[2] 三是正确处理营业自由与交易安全的关系。从保障市场自治的角度讲,法院在审理涉自贸试验区案件时,应当秉持负面清单制度体现的"法无明文禁止即可为"的司法理念评价自贸试验区内各种交易行为的法律效力。但是,也要注意,因为自贸试验区放松管制会带来交易隐患、商业侵权甚至犯罪行为的泛滥,所以守住法律的底线应当以交易的安全和信赖保护作为重要的司法理念。[3]

四、全面契合国际化趋势

《总体方案》及其后中央支持上海自贸试验区发展的各项文件对自贸试验区提出了对标国际高标准、建设国际化营商环境的要求。事实上,中央之所以选择上海作为自由贸易园区的突破口,在很大程度上也缘于上海作为国际性城市的地位。自贸试验区既是我国自主改革的"试验田",更是面向世界、面向全球的开放性设计,外资、外贸、金融、航运等领域的各项改革措施的实质性目标均应被置于

---

[1] 郑少华:《中国(上海)自由贸易试验区的司法试验》,载《法学》2013年第12期,第140—141页。

[2] 关于商事惯例的法源地位,《中华人民共和国民法总则》(以下简称《民法总则》)第10条规定:"处理民事纠纷,应当依照法律;法律没有规定的,可以适用习惯,但是不得违背公序良俗。"《中华人民共和国合同法》(以下简称《合同法》)第61条规定:"合同生效后,当事人就质量、价款或者报酬、履行地点等内容没有约定或者约定不明确的,可以协议补充;不能达成补充协议的,按照合同有关条款或者交易习惯确定。"关于"交易习惯"的认定标准,2009年《最高人民法院关于适用〈中华人民共和国合同法〉若干问题的解释(二)》第7条规定:"下列情形,不违反法律、行政法规强制性规定的,人民法院可以认定为合同法所称'交易习惯':(一)在交易行为当地或者某一领域、某一行业通常采用并为交易对方订立合同时所知道或者应当知道的做法;(二)当事人双方经常使用的习惯做法。对于交易习惯,由提出主张的一方当事人承担举证责任。"

[3] 参见刘言浩:《中国(上海)自由贸易试验区的司法应对》,载陈立斌主编:《自由贸易区司法评论(第一辑)》,法律出版社2014年版,第25页。

经济全球化的语境之中。随着自贸试验区对涉外法制的逐步放宽和便利化,外国投资者、境外商事主体以各种形式参与到自贸试验区内外的商事交易和国际经济交往之中,而自贸试验区的法治也出现了国际、国内法律并重的态势,对于自贸试验区的司法保障能力提出了国际化的考问。从法律适用的角度讲,涉外案件数量的直线上升态势意味着法院不能拘泥于纯粹国内法的视角,国际条约、国际惯例的适用需要审判者具备国际法知识,外国法的适用考验着审判者运用冲突规范和查明外国法的能力。即便在不涉及国际法、外国法适用的案件中,在国际性交易过程中,当事人也多会使用外语,形成交易文本、履行依据或支付方式。此类案件对法官在证据审查方面的语言能力提出了高要求。

面对自贸试验区日益国际化的开放态势,法院在实施司法保障方案时,必须同步更新国际化理念,在明晰国际法与国内法适用关系的基础上,完善国际化的审判机制与审判团队。首先,《民法通则》第142条表明我国法院在审理涉及国际法与国内法冲突的案件时,应当采取"国际条约有条件优先适用,国际惯例有条件补充适用"的基本态度。自贸试验区也应当一体遵循。[1] 其次,自贸试验区应当对国际条约、国际惯例的适用依据有统一的司法规则,防止出现案情相同而适用法律依据、适用法律结果不同的情况发生,影响司法的国际公信力。有学者在对我国自贸试验区法院适用《联合国国际货物销售合同公约》(CISG)的案件进行实证分析后指出,各地法院在适用CISG的问题上分歧极大,各种类型的适用情况均存在。因此,他建议建立准确适用国际条约的一般性规则,以增强法律适用方面的统一度。[2] 再次,自贸试验区法院在审理涉外案件时,应当树立国际私法意识,充分运用《中华人民共和国涉外民事关系法律适用法》(以下简称《涉外民事关系法律适用法》)等国际私法规范,防止未经冲突规范指引而径直适用本国法的属地主义倾向。最后,应当加强符合自贸试验区专业要求的法官队伍建设和储备。各级法院应当选拔、培育一批既精通国内外法律、熟悉国际通行投资贸易规则和惯

---

[1] 《民法通则》第142条第2款规定:"中华人民共和国缔结或者参加的国际条约同中华人民共和国的民事法律有不同规定的,适用国际条约的规定,但中华人民共和国声明保留的条款除外。"第3款规定:"中华人民共和国法律和中华人民共和国缔结或者参加的国际条约没有规定的,可以适用国际惯例。"

[2] 参见贺小勇:《自贸试验区法院适用CISG的分歧及对策》,载《国际商务研究》2017年第1期,第19—29页。

例,又懂经济发展规律,并且具有国际视野、丰富的审判经验和较强审判能力的专家型、复合型法官,以有效担当起自贸试验区司法保障的重任,在有效提升自贸试验区司法保障能力的同时,也向世界展示中国法官良好的专业素养和形象。[1]

第二节 审判机构的专门化设置

上海自贸试验区设立后,司法领域的首要考验来自专业化审判机构的设置议题。诚如有学者所诘问的:"是否应该成立中国(上海)自由贸易区法院,而非自贸区法庭作为专门的司法机构?其法理依据是什么?自贸区法院受案范围是什么?司法原则有哪些?"[2]当然,从2013—2018年的司法改革实践可知,上海自贸试验区在审判机构的专门化设置问题上,采取了专门的自贸区法庭与自贸试验区专项合议庭两种做法。[3]当然,相较于设置专项合议庭,浦东新区人民法院自贸试验区法庭的设立与运行更具有研究价值。

一、设立上海自贸试验区专门法院(法庭)的必要性

上海自贸试验区设立后,与自贸试验区相关的金融服务、航运服务、商贸服务、专业服务、文化服务以及社会服务等领域不断扩大开放。与此同时,各种与之

---

[1] 参见郭俭:《浦东法院在自贸区司法保障中的责任和担当》,载陈立斌主编:《自由贸易区司法评论(第一辑)》,法律出版社2014年版,第10页。

[2] 郑少华:《论中国(上海)自由贸易试验区的法治新议题》,载《东方法学》2013年第6期,第134页。

[3] 上海自贸试验区成立至今,上海市各级法院在专业化审判机构与机制探索的问题上形成了"上海模式":一是形成基层法院集中管辖下的专业化审判机制,即浦东新区人民法院下设的自贸试验区法庭(2014年10月28日加挂"自由贸易区知识产权法庭")。二是上海市第一中级人民法院在金融审判庭设立自贸试验区案件专项合议庭,依法集中受理自贸试验区相关的二审案件及重大一审案件。三是上海市第二中级人民法院在民四庭设立涉外商事审判专项合议庭,负责专门审理涉及上海国际经济贸易仲裁委员会发布的《中国(上海)自由贸易试验区仲裁规则》的各类仲裁审查案件。在执行阶段,上海市第二中级人民法院对涉自贸试验区案件设立专项执行实施组和裁决组,具体负责涉自贸试验区案件的初执和复执案件。四是2015年4月,上海海事法院设立自贸试验区法庭,对三类案件进行集中管辖:(1)当事人主体注册登记在自贸试验区的案件;(2)纠纷的发生地位于自贸试验区地域范围内的案件;(3)与自贸试验区特殊监管政策、开放经验业务、重大功能性项目实施等有关的案件。

相关的投资、贸易、金融、航运等商事纠纷也大量产生。面对这些前所未见的纠纷形态,法院必须尽快建立一套与之相适应的审判制度,以充分保障自贸试验区内国际化、法治化环境的建立。诚然,我国现行的诉讼法律体系也可以基本应对自贸试验区纠纷,维持现行诉讼法中的地域管辖、级别管辖等规定,确立自贸试验区的司法管辖制度,并不会立即产生刚性冲突。但是,从上海自贸试验区现有的管辖区域、纠纷形态等方面来看,依法设立上海自贸试验区专门法院或专门法庭是极具必要性的。

首先,上海自贸试验区设立之初的管辖区域涵盖了上海外高桥保税区、上海外高桥保税物流园区、洋山保税港区和上海浦东机场综合保税区等四个海关特殊监管区域。其中,洋山保税港区有部分并非位于上海市境内,而是处于浙江省境内。这意味着,如果一味按照《中华人民共和国民事诉讼法》(以下简称《民事诉讼法》)中的地域管辖标准,上海自贸试验区内的案件可能产生由上海和浙江两个地区法院管辖的问题。当然,行政区划的调整可以从根本上解决这一难题。但是,这种调整方式由于涉及的利益巨大,因而成本极高,短时间内不可能一步到位。[1]与之相较,设立专门的法院或法庭管辖涉自贸试验区的案件不失为一个次优的方案,既可以回避行政区划上的利益纷争,也可以统一自贸试验区内的法律适用和裁判尺度。

其次,从司法角度为上海自贸试验区保驾护航,必须注意到自贸试验区法制所带来的审判高度专业化的要求。由于上海自贸试验区开放领域、程度、措施的多样性,对于之前已经存在,经自贸试验区进一步开放领域的案件,如涉及自贸试验区内商贸服务、金融服务、文化服务等六大类投资开放领域的案件,需要司法人员在总结既往经验的基础上,注意自贸试验区法律的特殊性,以便正确确定行为

---

[1] 对于洋山保税港区,国务院原则上规定由沪、浙两地人民政府共同拟定建设实施方案,并按照国家有关规定和两省市政府合作协议加强协作配合。由于跨省事务无法由各省单独立法和管理,因此目前对洋山保税港区共同管理采取的做法是:由两省市政府签订租借协议,港区在行政区划上归属于浙江省,而其经营管理及具体规划委托于上海市。此外,港区可以同时纳入宁波港、舟山港以及上海港的规划中。原本对于港区事务的日常管理和行政管理拥有主要职权的是上海市组建的洋山保税港区管理委员会,由洋山港区建设省市联合协调领导小组指导,上海市有关部门和浙江省舟山市人民政府等政府机关参加,现在已由上海自贸试验区管委会取代。参见颜晓闽:《自贸区与行政区划法律冲突的协调机制研究》,载《东方法学》2014年第2期,第136页。

效力,维护交易安全。对于因自贸试验区的设立而出现的金融产品创新、电子商务、数字化商业等新型案件,需要充分注意新兴行业的行业惯例和自治性规范,形成合理的审判规则,以引导产业秩序的建立。更为重要的是,自贸试验区设立后,国际投资、贸易、航运、金融等涉外案件数量已然全面增长,所以必须正确适用国内、国际两种法律渊源,同时积极运用国际私法中的相关规范,公平、公正地确定涉外案件的管辖权、法律适用、判决的承认与执行等相关事项,维护上海自贸试验区的国际信誉。以上几个方面均折射出涉自贸试验区案件的特殊性和专业性,也印证了自贸试验区需要更为前沿、专门的审判组织和法官队伍。[1]

最后,设立自贸试验区专门法院或法庭不仅符合《宪法》和《中华人民共和国人民法院组织》(以下简称《人民法院组织法》)的相关规定,而且契合当今世界各国的通行做法。就专门法院而言,《宪法》第129条第1款规定:"中华人民共和国设立最高人民法院、地方各级人民法院和军事法院等专门人民法院。"《人民法院组织法》第15条第2款也为专门法院的设置提供了合法性依据。[2] 我国现有的专门法院除了军事法院以外,还有海事法院、知识产权法院、金融法院等。就专门法庭而言,《人民法院组织法》第26条规定:"基层人民法院根据地区、人口和案件情况,可以设立若干人民法庭。人民法庭是基层人民法院的组成部分。人民法庭的判决和裁定即基层人民法院的判决和裁定。"这一规定说明,基层人民法院可以根据实际需要设立专门法庭。就上海自贸试验区的现状而言,这也是一种具有灵活性的改革方案。另外,从国外的司法情况来看,为了解决特殊程序和特殊地域这两个问题,在普通法院体系之外设置特殊的专门法院或法庭是十分常见的,前者如国际贸易法院、海关法院、破产法院、税收法院等,后者如迪拜自贸试验区纠纷解决专门机构。

二、设立上海自贸区法庭的合理性

在论述了设立专业性审判机构的必要性之后,接下去要解决的是实际方案的抉择问题。如前所述,"专门法院"与"专门法庭"虽然只有一字之差,但是在管辖

---

[1] 参见郑少华:《中国(上海)自由贸易试验区的司法试验》,载《法学》2013年第12期,第139页。

[2] 《人民法院组织法》第15条第2款规定:"专门人民法院的设置、组织、职权和法官任免,由全国人民代表大会常务委员会规定。"

层级、独立性等方面相去甚远。在我国,专门法院是相对于普通法院而言,专门管辖特定案件的一个独立的法院类型,它并不隶属于任何一个平级的普通人民法院。在级别管辖上,专门法院往往对应于中级人民法院这一管辖层级。但是,专门法庭并不是一类独立的审判组织机构,它属于基层人民法院的一部分,因而其设立、管辖事项、职能范围等均依赖于所属的基层法院。那么,就上海自贸试验区的应然状态而言,究竟应当采取专门法院还是专门法庭的方案?从既有状态来看,设立专门法庭这一方案已经得到落实。2013 年 11 月 5 日,上海市浦东新区人民法院自由贸易区法庭(以下简称"上海自贸区法庭")正式挂牌成立。该法庭主要履行三大主要职责:"一是通过集约审理、专项审判,发挥司法审判规范、引导作用,为自贸区建设和运行营造良好的法治环境。二是通过强化调研、总结等方式,对法律法规调整实施新情况、新问题开展专项研究,规范裁判尺度,确保法律正确有效实施。三是通过纠纷多元化解、法制宣传、司法建议、前瞻性调研等方式,积极参与自贸区的纠纷化解,支持改革创新,加强风险预警,为自贸区建设和运行提供有力的司法保障。"[1]

上海自贸区法庭的设立展现了灵活能动的司法改革理念。但是,这一改革方案的出台并不是一个终点,更不意味着全盘摒弃设立专门法院的方案。事实上,就设立自贸区法庭本身而言,也并非一帆风顺。比如,有反对者认为,现行法院区分业务庭的标准主要是案件的类型,而并非地域的划分,况且未来自贸试验区内可能产生的纠纷五花八门,设置这样一个专门法庭恐怕与审判专业化的目标不符。我们不反对这种观点,但是同时认为设立上海自贸区法庭具有一定的合理性与可行性:其一,一个专门法庭的设立并不一定非要以案件类型分类,但是必须有一个受理案件的标准与边界。浦东新区人民法院在《上海市浦东新区人民法院筹建自由贸易区法庭方案》中对自贸区法庭的受案范围、机构定位等问题的规定虽然并不具体与周延,但是至少在当时已经为自贸区法庭规划了一个具备区分性的轮廓。[2]

---

〔1〕 李鹏飞:《自由贸易区法庭亮相上海浦东》,http://www.shzfzz.net/node2/pudong/node1360/u1ai458921.html,访问日期:2018 年 8 月 16 日。

〔2〕 根据《上海市浦东新区人民法院筹建自由贸易区法庭方案》的规定,自贸区法庭是浦东新区人民法院的派出机构,在浦东新区人民法院的领导下开展工作。自贸区法庭的审判工作受上级人民法院的指导和监督。自贸区法庭受理、审理依法由浦东新区人民法院管辖的与上海自贸试验区相关联的商事(含金融)、知识产权和房地产案件。根据上海自贸试验区建设和运行的实际,可由浦东新区人民法院依法对自贸区法庭的受案范围作必要调整。

其二，审判专业化与设置专门法庭并非不可调和。有鉴于自贸试验区法律体系的特殊性，集各专业法官之所长，科学设置自贸试验区的审判组织体系是未来的必然趋势。假如不分区内、区外而一味以案由为标准划分自贸试验区内的案件，会使得同一业务庭因不同区域法律体系的冲突而产生混乱，不但无法发挥专业法官之所长，反而会导致司法效率低下。其三，浦东新区人民法院对于设立类似的专门法庭有着丰富的经验。在上海举办世博会期间，浦东新区人民法院设立的世博法庭就取得了很好的社会效果。[1] 以上三点表明，在上海自贸试验区成立之初尚不具备设立专门法院之条件的背景下，上海自贸区法庭的诞生是一种既体现"先行先试"方针又符合"实事求是、循序渐进"规律的过渡方案。当然，相比世博法庭的临时性，趋于常态化的自贸区法庭如何设置、如何良性运转等问题的解决需要经过时间的检验。

三、上海自贸区法庭的管辖"围界"

上海自贸区法庭的成立预示着自贸试验区司法保障改革扬帆起航，但是从这一起点迈向终点之路并不平坦。一方面，上海自贸试验区被赋予的"先行先试"属性要求各项制度的革新具有相当的前瞻性；另一方面，司法所固有的滞后性和被动性必然与先进的制度创新之间产生不小的距离。因此，上海自贸区法庭的设立本身就肩负着既要维护法制稳定又要兼顾司法制度突破的艰巨任务。在这些纷繁复杂的任务中，当务之急是解决管辖问题。当然，这里所谓的"管辖"系采广义概念，既包括级别管辖、地域管辖，也包括对事管辖、对人管辖。

（一）级别管辖

级别管辖，是指涉及上海自贸试验区的案件应当由哪一级法院管辖。从理论上讲，法院管辖级别越高，一般意味着对某些类型或区域案件的重视程度越高。由于上海自贸试验区在地理上并未超出上海市浦东新区的区划范围（洋山保税港区例外），因此按照我国《民事诉讼法》规定的地域管辖的一般原则，自贸试验区内案件的一审应当由上海市浦东新区人民法院行使管辖权。又如前述，上海自贸区

---

〔1〕 参见吕红兵：《建议设立上海自贸区法庭》，载《民主与法制（财经版）》2013年第10期，第59页。

法庭属于上海市浦东新区人民法院的一个派出法庭,因此可以认为,涉及上海自贸试验区的案件在级别管辖上应属于基层法院管辖。

但是,鉴于上海自贸区法庭的性质以及对上海自贸试验区在法制开放程度上的重视,有不少学者提出了调整自贸试验区案件级别管辖的意见,认为如果在司法方面自贸试验区如果只是配备一个基层法院的派出法庭,或相关事项还是简单归并由浦东新区人民法院处理,就会妨碍与民商事纠纷相关的诉讼解决机制的有效性,令司法力量在自贸试验区改革中可能发挥的作用受到限制,与新时期背景下法院应该在自贸试验区的法制环境的规范化进程中起到的作用不相称。[1] 至于调整级别管辖的具体路径,现在主要有两种方案:一是按照现行《民事诉讼法》的规定,将涉自贸试验区案件识别为本辖区内有重大影响的案件,继而由上海市第一中级人民法院甚至上海市高级人民法院采用"指定管辖"的方式提高审级;[2] 二是采用最高人民法院发布司法解释的形式,以"集中管辖"的方式规定涉自贸试验区案件直接由较高级别的法院进行管辖。[3] 毋庸置疑,这些观点代表了对上海自贸试验区法制国际化和试验性的关注。但是,我们对这些观点持保留意见,理由有三:其一,民事案件的级别管辖系由《民事诉讼法》明文规定,因而必须依照《立法法》的规定,由全国人大予以变更,这不属于地方立法的权限。其二,《民事诉讼法》中有关于"指定管辖"的规定,即上级人民法院有权审理下级人民法院管辖的第一审民事案件。但是,这一规定针对是个案,而不是一个区域内发生的所有案件,在实践中不可能让上海市第一中级人民法院或上海市高级人民法院采用逐个案件指定管辖的方式提升自贸试验区案件的审级。其三,尽管上海自贸试验区的确存在需要予以重点司法保障的时代背景,但是这种政策倾向不能取代基层法院管辖一审案件的司法立场。在我国加入WTO之初,最高人民法院的确曾经发布司法解释,以提升涉外案件的审级,规范集中管辖制度。但是,这一司法解释

---

[1] 参见缪因知:《上海自贸区可设级别较高法院》,载《法制晚报》2013年10月11日第43版。

[2]《民事诉讼法》第38条第1款规定:"上级人民法院有权审理下级人民法院管辖的第一审民事案件;确有必要将本院管辖的第一审民事案件交下级人民法院审理的,应当报请其上级人民法院批准。"

[3] 如2002年通过的《最高人民法院关于涉外民商事案件诉讼管辖权若干问题的规定》,其主要内容是对涉外民商事案件实行集中管辖,将之前属于基层人民法院受理的五类涉外民商事案件提升为中级人民法院或高级人民法院管辖。

在经历了数年之后,逐渐与我国国情不符。因此,现在的做法依旧回归到基层法院管辖的思路上来。[1] 综上所述,"指定管辖"的路径恐与上位法冲突,而"集中管辖"则是较为务实的方式。因此,在无法改变现行民事基本立法的情况下,涉自贸试验区一审案件由浦东新区人民法院管辖应是必由之路。

（二）案件管辖

案件管辖也称对事管辖,是指上海自贸区法庭对何种类型的纠纷进行管辖。在这里,首先应对区域内的纠纷进行分割,即上海自贸区法庭管辖的事项应当限于自贸试验区内存在法制创新或与之相关而产生的纠纷,如与自贸试验区有关的金融、航运、商事、贸易、投资、知识产权、电子商务以及其他开放服务领域的商事纠纷案件。其他一般性的民事案件,如传统的婚姻、继承、交通事故等,即便发生在自贸试验区内或其法律关系与自贸试验区相关,也不应由自贸区法庭管辖。这种分割处理的优点在于,可以摒弃传统的以地域为单一依据的派出法庭设立标准,有目的地突出上海自贸区法庭的特色与管辖重点,在节约司法资源的同时,强调以创新为导向的改革意图。

在明确界分上海自贸区法庭管辖事项的前提下,必须注意到,这一边界并不是固化不变的。因为上海自贸试验区的制度创新本身带有很强的开拓性和时效性,所以司法保障的对象也会随着时间的推移而变动。事实上,上海自贸区法庭的受案范围经历过四次调整:一是在上海自贸区法庭设立之初,依据《上海市浦东新区人民法院筹建自由贸易区法庭方案》第2条的规定,上海自贸区法庭主要管辖依法由浦东新区人民法院管辖的与上海自贸试验区相关联的商事(含金融)、知识产权和房地产案件;二是2015年4月9日,经上海市高级人民法院及上海市浦东新区机构编制委员会批准,在自贸区法庭加挂"自由贸易区知识产权法庭"(以下简称"自贸区知识产权法庭")牌子,受理、审理依法由浦东新区人民法院管辖的与上海自贸试验区相关联的知识产权民事、刑事、行政案件;三是在2015年上海自贸试验区实现"扩围"之后,综合考虑我国设立上海自贸试验区的战略目的、浦东新区构建开放型经济新体制的导向、上海自贸试验区建设对司法保障的专项需

---

[1] 参见丁伟:《我国对涉外民商事案件实行集中管辖的利弊分析》,载《法学》2003年第8期,第117—123页。

求以及浦东法院专业化审判特色和发展方向等多方面因素,上海自贸区法庭(自贸区知识产权法庭)的受案范围被调整为"1＋2＋X"模式,即"1个地域管辖＋2个集中审理＋X动态调整";[1]四是2017年7月,由于浦东新区人民法院建立了金融商事、金融行政和金融刑事案件"三合一"的金融审判工作机制,对金融案件进行集中审理,因此上海自贸区法庭不再受理金融商事案件。[2]

(三) 地域管辖

任何一项法律或制度均有其适用范围,在确定上海自贸区法庭管辖"围界"时,还必须回答哪些案件属于涉自贸试验区案件的问题,因为确定涉自贸试验区案件的标准是法院运用自贸试验区特有法律体系审判案件的前置条件。在这一问题上,基于上海自贸试验区法律在未来将形成独特"法域"的特质,我们曾经建议参考我国《涉外民事关系法律适用法》和《最高人民法院关于适用〈中华人民共和国涉外民事关系法律适用法〉若干问题的解释(一)》的相关规定确定认定标准。具体而言,未来法院在遇到以下案件时,可以将其认定为涉自贸试验区案件:(1)当事人一方或双方的住所地、经常居住地位于上海自贸试验区内的;(2)纠纷案件所涉标的物位于上海自贸试验区内的;(3)产生、变更或者消灭民事关系的法律事实发生在上海自贸试验区内的。

在此建议的基础上,也有专业法官对于我们曾经提出的法律关系构成要素说

---

[1] 依据2015年2月25日发布的《中国(上海)自由贸易试验区扩区及辐射浦东新形势下浦东法院自由贸易区法庭受案范围调整方案》,所谓"1＋2＋X"模式中的"1"即保税区片区案件地域管辖,是指自贸区法庭(自贸区知识产权法庭)按地域管辖审理与上海自贸试验区扩区前原有的4个海关特殊监管区域相关联的投资、贸易、金融等商事案件和知识产权民事、刑事、行政案件。"2"即涉外涉外企案件集中审理和与开放型经济相关案件集中审理。其中,"涉外涉外企案件集中审理",是指自贸区法庭(自贸区知识产权法庭)集中审理浦东新区人民法院管辖的与上海自贸试验区新增的3个扩展区域以及浦东新区其他区域相关联的涉外、涉港澳台、涉外商投资企业的投资、贸易、金融等商事案件和知识产权民事、刑事、行政案件。"与开放型经济相关案件集中审理",是指自贸区法庭(自贸区知识产权法庭)集中审理与上海自贸试验区制度创新和与浦东新区开放型经济相关联的其他民事、商事案件。"X"即根据区域发展动态调整管辖,是指根据上海自贸试验区发展运行、制度创新辐射以及浦东新区开放型经济新体制建设等的实际情况,适时对自贸区法庭(自贸区知识产权法庭)的受案范围作相应调整。

[2] 参见陈立斌主编:《中国(上海)自由贸易试验区法律适用要》,人民出版社2018年版,第70—72页。

进行了补充,认为确定涉自贸试验区案件的范围不仅要参考传统的国际私法标准,还应当充分认识自贸试验区管辖案件的特殊性。[1] 我们赞同这样的补充,并认为这种全方位式的认定标准系结合案件管辖和地域管辖两个坐标系而得出。依据这样的分类,可以将涉自贸试验区案件一分为二:对于商事、金融及知识产权纠纷,由于直接关系到自贸试验区投资、贸易规则体系的形成和营商环境的培育,宜采用宽泛的"法律关系要素标准",即"法律关系构成要素涉自贸试验区"进行研究判断。对于民事纠纷,则宜采用"法律关系要素+领域标准",即"法律关系构成要件涉自贸试验区"与"法律事实发生领域或环节涉自贸试验区扩大开放、创新措施及试验任务"相结合进行判断。据此,涉自贸试验区民事纠纷具体包括:(1)不动产位于自贸试验区内的房地产纠纷;(2)产生、变更或消灭民事权利义务的法律事实发生在自贸试验区保税交易及服务平台(如"跨境通"电子商务平台、外高桥国际酒类展示交易中心等)的民事纠纷;(3)涉及《总体方案》确定扩大开放的金融服务、航运服务、商贸服务、专业服务、文化服务和社会服务等6大领域18个行业的23项开放措施的民事纠纷;(4)涉及注册地或实际经营地在自贸试验区内的企业或机关事业单位的劳动争议、人事争议;(5)发生在自贸试验区内的环境污染纠纷。[2]

(四)专属管辖

在基本回顾了上海自贸区法庭的管辖蓝图后,有一个严峻的难题是不得不面对的:涉自贸试验区案件是否必须由自贸区法庭管辖?我们在现行《民事诉讼法》中无法找到肯定的答案,因为如果遵循"原告就被告"之一般地域管辖原则,但凡案件被告的住所地、经常居住地、登记地等不位于上海自贸试验区内,就有可能产

---

[1] 参见包蕾:《涉自贸试验区民商事纠纷趋势预判及应对思考》,载《法律适用》2014年第5期,第82—83页。

[2] 关于如何认定"与上海自贸试验区相关"的案件标准,《上海市第一中级人民法院涉中国(上海)自由贸易试验区案件审判指引》参考了我国涉外法律和司法解释关于"涉外"案件的认定标准。其中,第6条"适用范围"规定:"本院受理的案件中具有下列情形之一的,适用本指引:(一)当事人一方或双方,公民的户籍地或经常居住地在自贸试验区内的或法人、其他组织的住所地在自贸试验区内的;(二)诉讼标的物在自贸试验区内的;(三)产生、变更或者消灭民事关系的法律事实发生在自贸试验区内的;(四)犯罪地或被告人居住地在自贸试验区内的;(五)被诉行政行为的合法性审查涉及自贸试验区相关法律规定适用的。"

生自贸试验区外的法院管辖涉自贸试验区案件的情况。同时，这一原则在涉外案件中也可以得到一体适用。因此，从理论上讲，不仅仅是中国任何一个法院，世界各国的法院均存在受理涉上海自贸试验区案件的可能性。在这样一种任意管辖的逻辑起点下，就会衍生很多问题。比如，非自贸试验区的中国法院是否了解自贸试验区的特殊法律规则？是否配备了专业的审判法官？是否需要设立专门的审判组织？外国法院作出涉自贸试验区的判决应由哪个法院作为承认的主体？应如何开展外国判决的承认与执行工作？为了解决这些衍生问题，一种可以一次性解决任意管辖所带来不良后果的制度自然就浮现出来，这就是专属管辖制度。

对涉自贸试验区案件实行专属管辖，是指未来涉及上海自贸试验区的民商事纠纷均应由自贸试验区所在地法院即浦东新区人民法院（自贸区法庭）管辖，其他中国法院或境外法院均无权管辖此类案件，当事人也不得采取协议管辖的方式对这种专属管辖进行变更。采用这一做法的直接效果是把与自贸试验区相关案件的管辖权仅赋予单一的国内法院，有利于集中司法资源和保护我国的基本经济利益。但是，我们对于实施专属管辖的可能性仍不抱乐观立场，因为要真正实施这一特殊的管辖制度有着不小的困难。首先，专属管辖作为任意管辖的一种例外情形，所包含案件的类型必须法定化。因此，要想将涉自贸试验区案件作为一种专属管辖的类型，必须经过《民事诉讼法》的修改程序。但是，就今日自贸试验区发展的稳定程度而言，为时尚早。其次，在国际民事诉讼场合，现行各国立法以及国际条约的趋势是统一与限制专属管辖的范围。因为这一制度带有极强的属地主义色彩，不利于协调国际平行诉讼的进行。假如将国际涉自贸试验区案件增加为我国法院专属管辖的一类案件，恐怕会与国际立法趋势不符，据此作出的判决可能得不到境外法院的支持。最后，相较于专属管辖的极端敏感性，采用上文所述的集中管辖制度也许是一个较为实际的方案。虽然集中管辖并无专属管辖所具有的绝对排他性功能，但是它可以达到"对内提高审级、对外平行管辖"的效果。此外，提高国内管辖法院的级别，可以大幅度地提升审判质量，在国际诉讼中又不会陷入属地主义的困境，并可以在一定程度上化解专属管辖过于刚性的本质。

第三节 司法保障机制的全面改革

上海自贸试验区成立以来，上海市各级法院在更新司法理念的基础之上，努力为自贸试验区建设提供强有力的司法服务和保障。在积极作为,服务自贸试验区制度创新的同时,有关司法保障机制的全面改革要求也有着更深层次的含义。正如上海自贸试验区设立之初,盛勇强指出:"党的十八届三中全会明确要求推进法治中国建设,深化司法体制改革,加快建设公正高效权威的社会主义司法制度。上海市各级法院应紧紧抓住自贸试验区改革的契机,按照自贸试验区法治环境规范的总体目标,率先推进司法改革,健全司法权力运行机制,加强审判组织建设,优化司法职权配置,完善司法管辖制度,推进司法公开和民主,加强和规范对司法活动的监督,确保依法独立公正行使审判权,维护司法权威,保证法律统一实施,让人民群众在每一个司法案件中都感受到公平正义,使自贸试验区成为法治环境最优的区域。"[1]在司法改革的大背景下,上海自贸试验区的设立无疑为法院完善、改革司法保障机制提供了良好的契机。

一、审判权运行机制的保障

深化司法改革,必须坚持法治理念,尊重司法规律。确保审判权独立行使应当成为新一轮司法体制、工作机制改革的重点方向。尊重司法规律要求审判机关尊重案件的审判及其管理的规律,特别是要遵循司法的亲历性、判断性和程序的约束性,并在程序上保障司法的可救济性等。[2] 审判权运行机制的核心应是强调"审理者裁判、裁判者负责"的基本制度,在充分保障法官独立性的同时,有效遏制司法行政化的倾向。就上海自贸试验区司法的审判权运行机制而言,无论是审判机制的调整还是内部管理的去行政化,均走在司法改革的最前沿。

(一)审判权的独立行使

2015年发布的《最高人民法院关于完善人民法院司法责任制的若干意见》要求:"完善人民法院的司法责任制,必须以严格的审判责任制为核心,以科学的审判权力运行机制为前提,以明晰的审判组织权限和审判人员职责为基础,以有效的审判管理和监督制度为保障,让审理者裁判、由裁判者负责,确保人民法院依法

---

[1] 盛勇强:《为自贸试验区建设提供优质司法保障和服务》,载《人民法院报》2013年12月18日第5版。

[2] 参见陈光中、龙宗智:《关于深化司法改革若干问题的思考》,载《中国法学》2013年第4期,第11—12页。

独立公正行使审判权。"根据这一总体目标,司法责任制的首要任务应是依法独立行使审判权,其核心是真正做到"审理者裁判"。长期以来,我国一些法院存在法官在案件审理过程中权限不清,裁判文书需要经过审判者或院长、庭长签发,部分案件需要层层汇报的情况,极大地影响了法官的独立性和决定权。焦点有两个:一是如何界定审判者与管理者在具体案件审理上的权限;二是如何打造一套保障审判者独立性的工作机制。

在上述两个焦点问题上,上海自贸试验区的司法改革形成了良好的经验:一是制定审判人员权力清单以及法官、合议庭审判规则。根据案件审理规则,由法官独任审判或合议庭审理案件。对适用简易程序审理的案件,法官作出独立裁判,裁判文书由法官直接签署。对适用普通程序审理的案件,合议庭成员在审判长主持下平等参与案件的审理与评议。二是厘清合议庭与院长、庭长的关系。法官对案件的处理独立发表意见,依照合议庭评议规则对案件作出裁判,裁判文书由承办法官、合议庭其他成员、审判长依次签署。院长、庭长应以制定权力清单的方式明确管理职权,对于其未参加审理的案件的裁判文书不得进行审核签发。三是厘清合议庭与审判委员会的关系。强化审判委员会总结审判经验、实施类案指导、统一法律适用等宏观性的指导职能,依法规范、限缩审判委员会讨论案件的范围。四是建立专业法官会议制度。对重大、复杂、疑难案件或合议庭存在重大分歧的案件,提交专业法官会议讨论,通过实行法官自主管理的方式,改变传统的行政化管理模式。[1]

(二)裁判者责任制的落实

"所谓法官负责制,是指法官独立进行裁判,并承担责任。"[2]在确保法官独立行使审判权的同时,建立裁判者责任制度是其必然的题中之义,此即"裁判者负责"本身的含义。在落实裁判者责任制方面,上海自贸试验区的司法实践从两个方面进行了探索:一是严格依照《最高人民法院关于完善人民法院司法责任制的若干意见》的要求,分类强化责任主体的职责。对适用简易程序审理的案件,法官

---

[1] 参见张斌主编:《浦东法院服务保障上海自贸试验区的探索与实践》,法律出版社2016年版,第329—330页。

[2] 郑少华:《中国(上海)自由贸易试验区的司法试验》,载《法学》2013年第12期,第140页。

对案件审理全程、全权负责,依法独立承担办案责任。对适用普通程序审理的案件,合议庭成员依其不同职责分工,共同对案件审理负责。法官助理、书记员等审判辅助人员对案件负有与其工作职责相适应的责任。[1] 二是强化审判监督职责,改造和优化案件审判流程、质量监管等审判信息系统,借助现代信息化手段,做到对法官、合议庭行使审判权和院长、庭长行使审判监督权的信息有迹可查,全程留痕。

(三)审判团队的扁平化管理

这是司法体制改革的又一大要求。针对传统意义上由上至下的垂直化管理体制给司法公正性和效率性带来的不利影响,扁平化管理体制更强调以审判法官为中心的团队建设,从而减少其他因素对审判的影响。具体而言,依照《最高人民法院关于完善人民法院司法责任制的若干意见》的要求:"基层、中级人民法院可以组建由一名法官与法官助理、书记员以及其他必要的辅助人员组成的审判团队,依法独任审理适用简易程序的案件和法律规定的其他案件。人民法院可以按照受理案件的类别,通过随机产生的方式,组建由法官或者法官与人民陪审员组成的合议庭,审理适用普通程序和依法由合议庭审理的简易程序的案件。案件数量较多的基层人民法院,可以组建相对固定的审判团队,实行扁平化的管理模式。人民法院应当结合职能定位和审级情况,为法官合理配置一定数量的法官助理、书记员和其他审判辅助人员。"就上海自贸试验区的实践而言,基本实现了最高人民法院的要求,浦东新区人民法院在自贸区法庭、自贸区知识产权法庭以及其他审判庭和执行局均设立专项审判团队和执行团队。其中,审判团队依据实际情况,按照"1+N+N+N+X"的方式组建,即一个合议庭负责人加上若干名法官、法官助理、书记员和其他审判辅助人员。[2]

二、电子送达方式的探索

送达是法院在民商事审判活动中的必要程序,对于保障当事人正当诉讼权利、依法实现程序正义意义重大。在互联网工具普遍应用的背景下,电子送达方

---

[1] 参见张斌主编:《浦东法院服务保障上海自贸试验区的探索与实践》,法律出版社2016年版,第330页。

[2] 同上书,第331页。

式已经为我国立法所确认。[1]电子送达这种全新的送达方式有利于提高诉讼效率,减轻法官在送达程序上的负担,可以有效地节约司法资源。但是,由于网络媒介的特别属性,电子送达方式有赖于法院对软硬件的掌握和推广;同时,网络安全存在潜在性隐患,送达的有效性可能受到影响。因此,不论是《民事诉讼法》还是最高人民法院的司法解释,对于电子送达方式均规定了限制性的条件:首先,可适用于电子送达方式的文书仅限于受理通知书、传票、举证通知书、应诉通知书等程序性文件,判决书、裁定书、调解书等文书不在其列。其次,电子送达必须贯彻当事人同意原则。实践中,法院如果无法接触到被送达人,则无法征询其意见。最后,电子送达需要依赖法院与当事人对于送达媒介的运用能力,因此对于法院的互联网建设和当事人的能力要求较高。

在上海自贸试验区设立之后,出现了大量"区内注册、区外经营"的企业,这种虚拟注册的情况导致法院运用传统送达手段往往无法在企业注册登记地获得送达效果。有鉴于此,上海市各级法院在涉自贸试验区案件中率先开展电子送达方式的先行先试。就上海市第一中级人民法院而言,现有的电子送达方式大体可分为两类,可以由当事人依据实际情况进行选择:一是将诉讼材料以电子信息的形式发送到对方的信息接收系统,如电子邮箱。这种方式的优势在于操作简单,可以避免出现"达而不悉"的情况。但是,由于电子邮箱可能出现记载失误以及网络故障、黑客攻击等问题,电子送达方式在一定程度上也会存在送达障碍。[2]二是当事人通过网络登录法院提供的电子文书送达平台,查看并下载相关文件。上海市第一中级人民法院在万向资源(新加坡)有限公司诉永泓仓储物流(上海)有限

---

[1] 《民事诉讼法》第87条规定:"经受送达人同意,人民法院可以采用传真、电子邮件等能够确认其收悉的方式送达诉讼文书,但判决书、裁定书、调解书除外。采用前款方式送达的,以传真、电子邮件等到达受送达人特定系统的日期为送达日期。"2015年《最高人民法院关于适用〈中华人民共和国民事诉讼法〉的解释》对上述规定的具体执行进行了解释。其中,第135条规定:"电子送达可以采用传真、电子邮件、移动通信等即时收悉的特定系统作为送达媒介。民事诉讼法第八十七条第二款规定的到达受送达人特定系统的日期,为人民法院对应系统显示发送成功的日期,但受送达人证明到达其特定系统的日期与人民法院对应系统显示发送成功的日期不一致的,以受送达人证明到达其特定系统的日期为准。"第136条规定:"受送达人同意采用电子方式送达的,应当在送达地址确认书中予以确认。"

[2] 参见乔林:《自贸区案件电子送达的探索与实践》,载陈立斌主编:《自由贸易区司法评论(第二辑)》,法律出版社2015年版,第272—274页。

公司仓储合同纠纷诉讼中,首次运用电子送达方式,向案件原告诉讼代理人成功送达涉案传票、出庭通知书、举证通知书和案件受理通知书。在送达过程中,法院先通过短信将服务密码告知原告诉讼代理人,该代理人在登录上海市第一中级人民法院官网的"在线诉讼服务平台"界面后,通过输入服务密码、原告名称和案号后,进入其专属的电子阅览区,阅看"适用电子送达方式告知书"和上述涉案法律文件,系统对此过程作同步记录。这种送达方式的主要特点有:首先,有助于解决涉自贸试验区案件"人户分离"的送达难题。其次,嵌入式电子送达要约解决了当事人的选择难题。法院在送达时将"适用电子送达方式告知书"嵌入系统,当事人登录后首先需对是否同意电子送达进行选择。若三天内未点击,则视为不同意,法院将随即采取传统送达方式。再次,力求确保电子送达的有效性。电子送达系统依托"在线诉讼服务平台",在当事人登录后,该平台即为其自动分配专属的电子阅览区,当事人可在该区域阅览需要送达的相关材料,系统记载的点击时间即视为文书送达的时间,保证了及时有效。最后,力求确保电子送达的安全性。通过设置双重身份验证,即当事人登录系统需要输入真实姓名,并输入法院为每一起案件设置的服务密码,保证了安全性。

三、专家陪审员制度的改革

人民陪审员制度是我国诉讼法中的基本制度。我国的人民陪审员制度推行已久,在深化中国特色社会主义司法民主、强化人民对于司法机关的有效监督、减轻职业法官审案压力等方面取得了重大的成绩。但是,在审判实践中也出现了人民陪审员沦为"陪衬员"的情况。大多数人民陪审员囿于学历、专业、职业等方面的局限性,无法实际参与到法院的审判工作中去,出现了人民陪审员"陪而不审、合而不议"的尴尬现象。例如,依据上海市高级人民法院截至 2015 年 9 月关于人民陪审员运行数据的分析,尽管全市人民陪审员共计 2100 名,但是存在陪审员参审案件数量不平衡、对案件审理的参与度低、对裁判的影响力低三大主要顽疾。这不仅难以满足案件的审判需求,甚至会直接动摇人民陪审员制度存在的必要性。[1]

---

[1] 参见陈立斌主编:《中国(上海)自由贸易试验区法律适用精要》,人民出版社 2018 年版,第 462—466 页。

针对这种情况，引入专家陪审理念，提高人民陪审员制度实效性的观点得到重视。所谓的专家陪审，就是让相关专业技术领域的专家以陪审员的身份参加合议庭，作为裁判者全面参与整个案件的审理过程。专家陪审的方式有利于强化事实认定和证据采信，有效降低当事人的诉讼成本，也有利于改变陪审员实际参审率低下的顽疾，提高审判的实际运作效率。[1] 早在1991年6月，《最高人民法院关于聘请技术专家担任陪审员审理专利案件的复函》第一次明确了法院在第一审专利案件的审理过程中，可以聘请有关技术专家担任陪审员。2010年《最高人民法院关于人民陪审员参加审判活动若干问题的规定》第5条更是明确规定："特殊案件需要具有特定专业知识的人民陪审员参加审判的，人民法院可以在具有相应专业知识的人民陪审员范围内随机抽取。"

就上海自贸试验区而言，区内众多专业领域的制度创新与改革需要法院借助外部专业化的力量适度缓解审判专业化的压力。自贸试验区本身先行先试的要求，也为专家陪审员制度的构建以及人民陪审员制度的改革提供了宽松的环境。有鉴于此，《上海市第一中级人民法院涉中国（上海）自由贸易试验区案件审判指引（试行）》第87条规定："针对涉自贸试验区专业案件的特点和要求，做好人民陪审员的工作，依法保障人民陪审员参加活动。参加自贸试验区案件专项合议庭的人民陪审员应具备与所审理案件相匹配的专业知识。"[2] 在实践方面，2015年4月10日，上海市第一中级人民法院举行涉自贸试验区金融商事审判首批专家陪审员聘任仪式，受聘的九名专家陪审员分别来自本市证券、银行、保险监管机构及相关高校、金融研究机构等单位，均经上海市浦东新区人大常委会依法任命，其后主要参与上海市第一中级人民法院涉自贸试验区金融商事案件（特别是重大或新类型案件）审理工作。[3] 这些专家审判员作为"不穿法袍的法官"，在专业背景、从

---

〔1〕 参见张绍忠、陈忠：《专家陪审员制度刍议》，载《人民法院报》2014年1月22日第8版。
〔2〕 针对该条规定的具体实施，有专业法官从自贸试验区专家陪审员制度的适用范围、选任与确定、回避规则、合议庭架构以及专家陪审员的职责等方面提出了有益的建议与设想。参见崔婕：《涉自贸试验区案件审理中专家陪审制度的构建》，载陈立斌主编：《自由贸易区司法评论（第一辑）》，法律出版社2014年版，第58—60页。
〔3〕 如(2015)沪一中民六(商)初字第441号案件，原告鑫元基金管理有限公司、海富通基金管理有限公司、富国基金管理有限公司分别诉被告山东山水水泥集团有限公司公司债券交易纠纷等五案合并审理。合议庭成员为：审判长金成，代理审判员盛宏观，人民陪审员杨斌。其中，杨斌为证监局副处长。

业经历、行业声誉等方面都是各自业内专家。此举也旨在呼应最高人民法院提出的"人民陪审员倍增计划",在为审判融入社会化、民主化价值判断的同时,进一步提升上海市各级法院金融商事审判专业化水准。[1]

四、执行机制的创新

民商事生效裁判文书的执行是实现胜诉当事人权益的重要司法手段。但是,我国长期的司法实践中一直存在当事人"赢了官司却无法实现权益"的"执行难"问题。虽然导致"执行难"的原因主要在于被执行人法治意识淡薄、企业经营状况不佳等,但是也存在执行法制不健全、执行措施不到位、执行司法资源有限等司法因素。这种情况往往使得司法的权威性与人民群众的信任感、满意感不尽如人意。近些年来,最高人民法院以及全国各级法院围绕根治"执行难"这一顽疾采取了众多改革举措。例如,基于现有的大数据背景,2014年12月24日,最高人民法院开通了具有案件管理、网络查控、信息公开、信用惩戒等功能的执行指挥系统。该系统的开通,预示着我国法院执行由此迈入"准大数据"时代,从而令法院执行人员足不出户即可在线查控被执行人的信息和财产。现在,以大数据为基础的执行指挥系统已经在全国范围内广泛应用,对于法院执行在信息共享、财产查控、联动威慑等方面均提供多元助益。[2]

除了充分运用互联网手段提高执行效率外,面对法院执行机构"人少案多"的矛盾空前突出的情况,探索引入社会力量参与、协助法院的执行工作也是一个改革的方向。当前,对于将社会力量引入法院执行之中,虽然法律并未明确禁止,但是亦未明确授权。在非自贸试验区试行或实施,总有法律依据不足的问题。但是,鉴于上海自贸试验区的特殊使命,它在司法改革过程中不仅不存在与当前法律架构相冲突的问题,而且为社会力量参与法院执行试点提供了绝好机会。[3]在此种司法政策的指引下,上海市第一中级人民法院率先就涉上海自贸试验区案件

---

[1] 参见陈静、敖颖婕:《专家加盟法院成为不穿"法袍"的"法官"》,http://www.chinanews.com/fz/2015/04-10/7199663.shtml,访问日期:2018年8月28日。

[2] 参见唐荣刚、康邓承:《大数据时代下,法院执行的机遇、挑战与应对——以执行财产全国联网查控为探究契机》,载陈立斌主编:《自由贸易区司法评论(第二辑)》,法律出版社2015年版,第263—265页。

[3] 参见奚强华、唐荣刚、康邓承:《社会力量参与自贸区案件执行试点研究》,载陈立斌主编:《自由贸易区司法评论(第一辑)》,法律出版社2014年版,第48页。

执行引入社会力量、优化执行权配置进行了规定。《上海市第一中级人民法院涉中国（上海）自由贸易试验区案件审判指引（试行）》第 71 条规定："涉自贸试验区案件的被执行财产在自贸试验区内的，可聘请陪执员参与辅助执法，并探索选聘律师事务所等机构，负责涉自贸试验区执行案件部分辅助性事务的实施。"

在上述规定公布后，上海市第一中级人民法院在 2015 年受理的三星贸易（上海）有限公司与励某执行案中首次运用陪执员制度并获得了成功。[1] 陪执员作为社会人士参与案件的执行，可以有效地提高执行案件的社会参与度，减轻当事人之间以及被执行人与执行法院之间的对抗，提高人民群众对执行工作的认可度。该案的整个执行过程如下：首先，积极协调上海市第一中级人民法院立案部门选取陪执员，并向其介绍案件执行的基本情况。承办人员与相关部门沟通确定陪执员参与执行实施的具体操作方式，同时向陪执员介绍执行的基本程序和方法等相关内容，以使其对执行有基本了解，为后续工作打好基础。其次，在接待中让陪执员切实行使执行实施权，赋予陪执员与执行员同等权力，使陪执员可直接参与对当事人的询问以及财产调查等工作，防止"陪而不执"。最后，在制定执行方案和确立执行突破口等方面，听取陪执员意见，发挥其在社会经验和阅历方面的优势。最终，在执行人员与陪执员的共同努力下，励某主动履行义务，本案快速全额执结，获得当事人的好评，取得了良好的效果。[2]

五、法律适用的应时调整

上海自贸试验区旨在实现制度创新，重在改革开放，但是制度创新势必引起区内法律法规的调整和变化，因此必须厘清自贸试验区内法律法规调整后的独特法律体系，以便在司法审判中及时跟进并准确适用法律。这是法律的普适性与改革开放需求的特殊性碰撞所形成的后果。[3] "法律适用"属于国际私法学的专用

---

[1] 案号：(2015)沪一中执字第 413 号案件，基本案情如下：三星贸易（上海）有限公司（以下简称"三星贸易公司"）是一家注册在上海自贸试验区内的企业，它与励某之间的房屋租赁纠纷经上海仲裁委员会审理，裁决励某应一次性向其支付 48000 元以及仲裁费 5000 余元等。后因励某未履行义务，三星贸易公司遂向上海市第一中级人民法院申请执行。因本案为涉自贸试验区执行案件，上海市第一中级人民法院遂依照《上海市第一中级人民法院涉中国（上海）自由贸易试验区案件审判指引（试行）》的相关规定，聘请陪执员参与本案的执行。

[2] 参见 2016 年 4 月发布的《上海市第一中级人民法院自贸区司法保障白皮书》。

[3] 参见丁伟：《以法治方式推动先行先试》，载《解放日报》2013 年 9 月 2 日第 5 版。

词汇,本指在国际或区际法律冲突的背景下,如何选择适当的国家或地区的法律作为案件准据法的规则。本章在此处借用这一术语,并非说明上海自贸试验区已然形成独立"法域",而只是为了客观阐述区内区外两种法制的潜在冲突现象,以期展现上海自贸试验区设立至今在法律适用方面的基本问题,并思考这些法律冲突的解决之道。

(一) 自贸试验区内法规的调整与适用

根据国务院公布的各个时期上海自贸试验区的相关方案,上海自贸试验区逐步推出一系列开放政策和创新规则。这些政策和规则部分已经通过全国人大常委会修法、上海市地方性法规以及部门规章等方式推出,还有很大一部分需要在今后的实践中调整实施。这些特别的规定在形成自贸试验区法制的最大特色的同时,也是可能造成法律冲突的根源所在。

1. 外商投资领域

外商投资领域开放主要涉及的是国民待遇的提前适用问题,即给予外国投资者及投资的待遇不低于在相似情形下给予本国投资者及投资的待遇。按照这一总体原则,我国外资管理体制将发生重大改变,最显著的一点是从当前的"外商投资产业指导目录"全面转向"负面清单"模式。在法律适用问题上,对负面清单以外的领域,由于上海自贸试验区采取了内外资一致的原则,取消了原先的项目核准制和合同审批制,因此对于这一部分的拟设立企业适用《外商投资法》中的备案制,即外商投资企业的合同、章程、设立、重大变更等事项由审批改为向上海市人民政府有关部门备案即可生效。处于负面清单内的外资企业在法律适用上与此前无异,仍应适用相关审批程序。

当然,对外商投资法律的调整不仅限于准入前待遇的放开,对其准入后治理与监管方式的变动也值得注意。比如,根据《中国(上海)自由贸易试验区外资企业重要事项变更告知单(九)股东会或董事会人数、构成及议事规则变更》的规定,自贸试验区内设立的外资企业原最高权力机构不是股东会,并且不设监事的,需在变更登记时设立股东会并增设监事。[1] 这一规定将我国《公司法》中"三会制"

---

[1]《中国(上海)自由贸易试验区外资企业重要事项变更告知单(九)股东会或董事会人数、构成及议事规则变更》的具体内容,参见中国(上海)自由贸易试验区门户网站,具体网址: http://www.china-shftz.gov.cn/Homepage.aspx。

的公司治理结构运用于外资企业,实现了内外资公司一体运营的国民待遇要求。但是,由于我国相关法律法规并未对此作出修改,因而这种规定的效力尚待进一步确定。

2. 贸易航运领域

在贸易领域,上海自贸试验区旨在改变原先保税港区"境内关内"的模式,以"境内关外"这种全新模式提升贸易的自由度,也就是"一线放开、二线管住、区内货物自由流动"的制度。具体而言,对进出口商品全部或者大部分免征关税,允许区内自由进出,无须向海关申报。但凡进入区内的货物,除非涉及国家安全或者公共利益的需要,一律不受海关限制和检验。在二线监管上,应按照便利化的要求,以电子报关和审单为基础建立"一站式"电子通关系统,同步连接海关、检疫、商务、外汇、税务等相关政府部门,实施电子通关、货物分类管理、企业信用管理等监管制度。另外,在维护既有贸易领域国际优势的前提下,上海自贸试验区还适时转变贸易发展方式,鼓励采用一些新的交易形式与类型。比如,上海自贸试验区加强对融资租赁、第三方检验鉴定等贸易方式的支持力度,推动文化创意产业等服务贸易的国际化,鼓励跨国公司在园区内建立地区总部等。

在航运制度的革新方面,上海自贸试验区的目标之一是提升国际航运服务能级,利用中资"方便旗"船税收优惠政策,促成符合条件的船舶在上海落户登记;在洋山港船舶登记政策的基础上,对注册在区内的航运企业从事海上国际航运业务取得的收入实施税收优惠政策;改变原先禁止"沿海捎带业务"的政策,允许外国籍船舶在我国沿海港口之间从事国内段运输,以便使中资的"方便旗"船能够享受国内的优惠政策。[1]

3. 金融领域

根据《总体方案》,上海自贸试验区内的金融改革主要涉及三大方面:人民币资本项目可兑换、金融市场利率市场化和人民币跨境使用。这三大方面的逐步推进使得自贸区内的货币市场与国际货币市场局部连接,在金融法制层面形成"境内关外"的人民币离岸市场,也会对未来金融领域的审判规则产生较大影响。比如,未来在自贸试验区内,商事主体可以约定以外币计价、结算和流通,还可以基

---

[1] 参见程大中:《上海自贸试验区发展战略思考》,载袁志刚主编:《中国(上海)自由贸易试验区新战略研究》,格致出版社、上海人民出版社2013年版,第43—44页。

于市场行情自由约定相关的利率,对于在境外交易中涉及资本项目的内容可以使用人民币进行结算。[1]

同时,在上海自贸试验区金融市场开放的过程中,也可能存在套利投机等不可预测的金融系统风险。所以,现有的上海市地方立法必须与国家金融监管部门的部门规章密切配合,对金融领域的开放工作采取循序渐进的稳步推进方式。例如,在利率市场化方面,可以采用"先资产(贷款),后负债(存款)"两步走的方法,以尽力管制自贸试验区内外的套利行为。在审判实践中,也有必要正确识别套利行为,将带有此类目的的交易合同认定为无效合同,并依法予以司法制裁。

(二) 涉自贸试验区的涉外案件的法律适用

由于上海自贸试验区的大量开放政策主要涉及国际投资贸易便利化的内涵,因而在实践中上海自贸试验区内的涉外纠纷大量产生。关于何谓"涉外",最高人民法院的相关司法解释已经依据传统的"法律关系要素说"提供了较为明确的标准。[2] 但是,与自贸试验区相关的涉外案件比普通的涉外案件更加复杂。由于上海自贸试验区本身与区外境内法制有诸多不同之处,因此会产生许多问题。比如,当我国法院受理一起涉上海自贸试验区的涉外案件时,假如经由冲突规范指引,应当适用中国法,那么这个中国法究竟是指自贸试验区区内法律还是指区外法律? 又如,当外国法院处理同样的案件,而经其本国的法律适用规则指引,应选择中国法时,也会出现只适用自贸试验区区内法律还是一并适用区外法律的问题。

我们以为,对这一问题的回答首先必须从理论上解决"源点性"概念,即上海自贸试验区是否构成国际私法意义上的"法域"。假如上海自贸试验区区内的法律制度使其构成了一个与区外法制不同且独立的法域,那么在涉外法律适用的过

---

[1] 关于对上海自贸试验区现有金融开放创新措施的解读,参见贺小勇:《中国(上海)自由贸易试验区金融开放创新的法制保障》,载《法学》2013年第12期,第114—117页。

[2] 2012年《最高人民法院关于适用〈中华人民共和国涉外民事关系法律适用法〉若干问题的解释(一)》第1条规定:"民事关系具有下列情形之一的,人民法院可以认定为涉外民事关系:(一)当事人一方或双方是外国公民、外国法人或者其他组织、无国籍人;(二)当事人一方或双方的经常居所地在中华人民共和国领域外;(三)标的物在中华人民共和国领域外;(四)产生、变更或者消灭民事关系的法律事实发生在中华人民共和国领域外;(五)可以认定为涉外民事关系的其他情形。"

程中就必须回答适用区内中国法还是区外中国法的问题。依照学界的通说，法域一般指称具有或者适用独特法律制度的范围，它主要有两个方面的特点：独特的法律制度和特定的空间适用范围。[1] 从这一个角度观之，上海自贸试验区因具有特别的法律制度和确定的地理范围，似乎吻合法域的两大特点。但是，仔细分析可以发现，由于我国单一制的国家结构形式和"一国两制"的方针，上海自贸试验区与香港、澳门、台湾三个地区有着很大的差异。上海自贸试验区独特制度的产生，在根本上来源于最高立法机构的授权，属于地方立法的范畴，更不存在任何独立于中央的司法制度，因而在现阶段因缺乏相对独立性这一根本性的要素而无法构成一个单独的法域。

因此，即便上海自贸试验区具有特别的地方立法规定，它依旧属于中国法律体系的一个构成部分。这样，对于涉自贸试验区的涉外案件的法律适用便与其他的一般涉外案件无异，也应遵循我国《涉外民事关系法律适用法》及相关司法解释的规定，原则上不存在作特殊规定之必要。但是，有一点必须明确，在涉外案件的法律选择过程中，不能不分案件类型直接适用中国法。详言之，假如案件属于我国《合同法》及相关司法解释规定的外商投资领域商事合同纠纷，那么应当直接适用中国法的规定。[2] 假如不属于上述特别条款规定的涉外案件，那么应当允许当事人依法自由选择外国法或者国际条约的规定。

---

[1] 参见黄进主编：《中国的区际法律问题研究》，法律出版社2001年版，第16—18页。
[2] 我国《合同法》第126条第2款规定："在中华人民共和国境内履行的中外合资经营企业合同、中外合作经营企业合同、中外合作勘探开发自然资源合同，适用中华人民共和国法律。" 2007年《最高人民法院关于审理涉外民事或商事合同纠纷案件法律适用若干问题的规定》第8条规定："在中华人民共和国领域内履行的下列合同，适用中华人民共和国法律：（一）中外合资经营企业合同；（二）中外合作经营企业合同；（三）中外合作勘探、开发自然资源合同；（四）中外合资经营企业、中外合作经营企业、外商独资企业股份转让合同；（五）外国自然人、法人或者其他组织承包经营在中华人民共和国领域内设立的中外合资经营企业、中外合作经营企业的合同；（六）外国自然人、法人或者其他组织购买中华人民共和国领域内的非外商投资企业股东的股权的合同；（七）外国自然人、法人或者其他组织认购中华人民共和国领域内的非外商投资有限责任公司或者股份有限公司增资的合同；（八）外国自然人、法人或者其他组织购买中华人民共和国领域内的非外商投资企业资产的合同；（九）中华人民共和国法律、行政法规规定应适用中华人民共和国法律的其他合同。"该司法解释虽已被废止，但在实践中仍按照其规定操作。

(三) 涉自贸试验区区外案件的法律适用

相较于涉外案件的一般化处理原则,另一种特殊国内案件的处理似乎也会涉及法律适用的问题。此类案件主要涉及一方为自贸试验区区内当事人,而另一方为区外当事人的民商事案件。虽然自贸试验区无法构成一个法域,但是在这种区外境内的自贸试验区案件中,法院必须面对何时适用区内法律、何时适用区外法律的抉择难题。在这一背景下,是否有必要参照适用《涉外民事关系法律适用法》等法律中的法律适用规则?对此,我们持反对观点:其一,《涉外民事关系法律适用法》等法律及司法解释主要用于处理国际和区际的法律冲突问题,既然自贸试验区无法成为一个单独的法域,那么也就不存在参照适用的前提条件。其二,简单地参照适用可能导致大量的排斥反应。比如,在国际和区际的合同中一般都会较大限度地允许当事人选择法律。但是,如果将这一意思自治原则搬到涉自贸试验区案件中,是否意味着跨区的案件当事人也可以随意选择区内法律或区外法律?其三,现行自贸试验区法律制度的调整主要涉及政府监管等公法方面的修改,对商事交易所产生的影响主要体现在商事主体法方面,因而在这两个方面可能产生法律冲突的概率并不太大。

然而,以上几点理由并非不可修正,如果未来自贸试验区法制改革的内容开始真正涉及商事私法或商行为法,那么法院可能要真正面对上述难题。在此,我们无意对未来的跨区法律冲突问题提出一个全面的解决方案,仅是提出一个思路以供参考。这一思路是:审判实践应当贯彻"一线放开、二线管住"的原则展开,假如跨区案件所涉及的争议属于"一线放开"的领域,那么适用自贸试验区区内法律即可;而如果属于"二线管住"的事项,则必须适用区外法律予以判断。比如,自贸试验区区内当事人和区外境内当事人成立合资、合作企业,或者在自贸试验区之外独资设立企业的,属于"二线管住"的范围,应当选择以区外的相关法律解决企业在设立、变更、终止等过程中发生的相关纠纷。采纳这一标准旨在以政策为导向,决定区内外的法律适用,避免当事人通过法律规避的手段,不当获得自贸试验区法制所带来的制度红利。

第四章
上海自贸试验区司法保障的实践探索

虽然上海自贸试验区成立的时间并不长,但是在司法保障领域,基于制度创新、立法变动以及司法改革三项因素的作用,各级法院为此做出了积极的贡献,形成了由中央到地方的四级法院共同打造的自贸试验区司法保障实践成果。与上一章以问题为导向的研究思路不同,本章拟在借助不同时期各级法院对上海自贸试验区调研总结的基础上,对2013—2018年上海自贸试验区司法保障的总体情况进行实证性介绍。基于这样的目的,在开篇部分,有三点需要说明:第一,本章中关于各级法院保障上海自贸试验区的基本内容主要来源于各级法院在不同时期发布的规范性文件、白皮书、典型案例等公开资料;第二,鉴于上海市浦东新区人民法院和上海市第一中级人民法院系上海自贸试验区所在地的基层和中级人民法院,本章重点以时间为序,以上述两个法院定期发布的白皮书作为调研资料;第三,限于整体编排体例,本章对自贸试验区司法实践的介绍仅涉及不同时期的工作概况、文件解析、整体案件特点等总体性情况,类案情况、典型案例分析等内容留待后面的章节进行分类探讨。

第一节 上海市浦东新区人民法院司法保障工作回顾

上海自贸试验区自2013年设立以来,虽然受地域扩大、政策变动等因素影响,但是上海市浦东新区人民法院(以下简称"浦东法院")作为自贸试验区基层管辖法院的事实从未改变。2013年11月5日,浦东法院经上海市高级人民法院批准,设立自由贸易区法庭(以下简称"自贸区法庭"),专门受理和审理依法由浦东法院管辖的与自贸试验区相关联的案件。自此以后,浦东法院和自贸区法庭作为上海自贸试验区司法保障的"一线法院"和"一线法庭",始终承担着涉自贸试验区司法保障和案件审判的前沿任务。实践证明,浦东法院在司法保障上海自贸试验区的实践中取得了突出的成果和丰硕的经验,这些成果和经验体现在浦东法院近年来发布的白皮书之中。从类型上讲,这些白皮书可以分为三类:一是年度报告类,如2014年、2015年、2017年的《涉自贸试验区审判工作白皮书》分别是对前一年度司法保障工作的总结,2017年10月发布的《上海市浦东新区人民法院加强知识产权司法保护服务保障自贸区建设白皮书》也是以年度为统计单位的;二是跨年度报告类,如在上海自贸试验区3年试验期届满时,浦东法院以3年回顾为目标,分别发布的《涉自贸试验区审判工作白皮书》和《加强知识产权司法保护服务保障自贸区建设白皮书》;三是联合发布类,即2018年5月30日上海市第一中级人民法院和浦东法院联合发布的《自贸区司法保障白皮书》。

一、2013—2018年浦东法院司法服务保障自贸试验区建设情况

上海自贸试验区成立以来,浦东法院从完善专项审判机制、深化权益保护机制、全面升级诉讼便利化体系、大力延伸司法职能、落实司法改革、总结推广司法经验等方面,持续深化司法服务保障上海自贸试验区建设的各项工作,积极探索并形成可复制、可推广的自贸试验区司法保障模式。由于近年来发布的白皮书对于司法服务保障自贸试验区建设的情况均有总结归纳,因此本部分的介绍以2018年5月30日上海市第一中级人民法院和浦东法院发布的《自贸区司法保障白皮书》为主体,以其他涉及该项主题的白皮书为补充。[1]

(一)完善涉自贸试验区专项审判机制,依法公正高效审执案件

在司法保障自贸试验区建设中,浦东法院始终坚持"执法办案是第一要务"的理念,着力完善专项审判机制,不断提升案件审执的质量、效率和效果。具体而

---

[1] 这部分涉及的白皮书有:《上海市浦东新区人民法院涉自贸试验区审判工作白皮书(2014年)》《上海市浦东新区人民法院涉自贸试验区审判工作白皮书(2015年)》《上海市浦东新区人民法院涉自贸试验区审判工作白皮书(2013年11月—2016年10月)》《上海市第一中级人民法院、上海市浦东新区人民法院自贸区司法保障白皮书(2013年9月—2018年4月)》。

言,一是成立涉自贸试验区专业审判庭和专项审判团队。浦东法院于2013年11月和2015年4月分别成立了自贸区法庭和自贸区知识产权法庭;在立案庭设立自贸区案件立案专窗,由专人负责涉自贸试验区案件的窗口立案、网上立案以及巡回立案;在其他审判庭和执行局设立专项审判团队和执行团队,妥善审理、执行涉自贸试验区相关案件。二是完善涉自贸试验区审判权运行机制。浦东法院结合司法体制综合配套改革的总体要求,制定院长、庭长审判管理监督权力清单,建立专业法官联席会议制度,落实"让审理者裁判、由裁判者负责"原则;推行涉自贸试验区审判、执行团队建设,形成规范高效的办案与管理单元"合二为一"的新型审判工作模式。三是创新专项审判的协同机制。浦东法院确定专门部门和人员负责协调涉自贸试验区案件信息汇总,促进立、审、执跨部门衔接以及自贸试验区案件审判经验的总结宣传等,为自贸试验区专项审判提供有力支撑。四是借力专家陪审和专家咨询机制。浦东法院对涉自贸试验区制度创新案件和相关疑难杂案件,由专家陪审员参与案件审判,并就专业性问题邀请国内外专家学者进行研讨,以提高案件审判的科学性和准确性。

(二)构建多元纠纷化解体系,完善涉自贸试验区权益保护机制

浦东法院于2014年5月正式启动涉自贸试验区诉讼与非诉讼相衔接的商事纠纷解决机制,并在此基础上持续深化、拓展涉自贸试验区专业化、多元化纠纷解决平台,努力构建稳定、公平、透明、可预期的涉自贸试验区纠纷解决和权益保护体系。具体而言,一是引入外部专业解纷力量。浦东法院持续引入行业协会、商会、专业调解中心等具有调解职能的组织加入特邀调解组织名册,加强诉前引导调解、诉前委派调解以及诉中委托调解,目前平台已有上海经贸商事调解中心、中国国际贸易促进委员会上海市分会、上海市工商业联合会等多家专业机构入驻。二是成立专门的商事争议解决中心。2015年10月,浦东法院成立了"诉调对接中心自贸区商事争议解决分中心",在探索建立统一的商事争议解决规则、健全上海自贸试验区商事争议多元解决机制等方面发挥了统筹、协调作用。三是推进"调解优先"引导机制建设。浦东法院积极推进上海自贸试验区、上海现代服务业联合会、企业单位"调解优先"承诺机制建设,编写双语版《中国(上海)自由贸易试验区商事争端解决指南》,充分发挥仲裁、调解的作用,引导更多的纠纷通过诉讼外方式解决,形成高效、多元、完备的纠纷解决网络。

(三)升级司法公开和司法服务,积极营造法治化营商环境

优化司法公开和司法服务,打造阳光司法和便民司法,是营造自贸试验区法

治化营商环境的必然要求。为此,浦东法院致力于持续升级涉自贸试验区司法公开和司法服务。具体而言,一是积极建设自贸区"数字法庭"。浦东法院进一步整合资源、优化流程,提高诉讼过程的智能化水平,以一审民商事案件全流程、全业务参与,当事人及委托代理人便捷办理诉讼事务为目标,着力建设"高透明""大连通"的自贸试验区"数字法庭",形成全程无纸化、网上办理的诉讼服务平台,实现网上诉讼咨询、立案、案件管理、信息推送和电子案卷自动形成。二是拓展便利化司法公开和司法服务渠道。浦东法院设立自贸区法庭专门网站,开通自助立案、二维码立案、电子送达等信息化渠道,为公众获取相关信息和服务提供更加便捷的入口。同时,浦东法院进一步完善自贸区法庭中英文双语互联网网站栏目设置和内容更新,拓展网站司法公开、诉讼服务、法制宣传功能,自2014年10月网站上线至2018年4月,访问量已达160万余人次。三是发挥典型案例的示范引领功能。浦东法院连续几年召开新闻发布会,发布涉自贸试验区案件审判白皮书及典型案例,出版《浦东法院服务保障上海自贸试验区的实践与探索》一书,推进典型案件庭审网络直播,提高宣传力度,对相关市场行为起到了良好的规范引导作用。四是构建第三方独立评估体系。浦东法院联合华东理工大学法律社会学研究中心等专业机构,对浦东法院司法服务保障自贸试验区建设情况开展第三方评估,评估结果为优化涉自贸试验区司法公开和司法服务提供了重要参考。[1]

(四)延伸法院司法职能,强化风险预警防范

在依法公正、高效完成审判工作的同时,浦东法院着眼于织密监管和防控网络,积极延伸司法职能,创新司法协同监管机制。具体而言,一是实施涉自贸试验区法律风险分级管理制度。浦东法院对涉自贸试验区新模式、新业态的相关法律问题进行评估并实行风险预警机制,将审判中发现的行业风险、交易风险等划分为高、中、低三个级别管理,针对重点风险进行动态跟踪研判。二是畅通司法协同监管渠道。浦东法院与上海自贸试验区管委会、海关、工商等部门保持密切沟通,实现常态化的联络机制;以《自贸区法庭专刊》《自贸区司法保障动态与研究》等刊

---

[1] 参见华东理工大学法律社会学研究中心课题组:《2015年上海市浦东新区人民法院司法服务保障自贸区建设评价——司法服务保障自贸区建设第三方评价报告(摘要版)》,载张斌主编:《浦东法院服务保障上海自贸试验区的探索与实践》,法律出版社2016年版,第83—89页。华东理工大学法律社会学研究中心现已更名为"法学院法社会学研究中心"。

物为载体,联合自贸试验区管委会,建立自贸试验区企业涉诉、涉执行信息共享、公示制度,达到司法与行政信息互通交换和权益协同保护。三是总结经验成果。浦东法院积极发挥最高人民法院在浦东法院设立的"自贸区司法保障研究基地"和"自贸区知识产权司法保护调研联系点"的功能,努力搭建上下级法院间直通渠道和各地涉自贸试验区法院交流平台,汇聚各方智慧,凝聚研究合力;制定司法服务保障上海自贸试验区建设的意见,完成最高人民法院司法调研重大课题"关于中国自由贸易试验区司法保障有关问题的调研",及时总结推广司法服务保障自贸试验区建设经验成果。

二、2013—2016 年浦东法院涉自贸试验区案件基本情况

上海自贸试验区的高速、健康发展离不开公正、高效的司法服务保障,而通过定期对涉自贸试验区案件的统计与研判,可以在全面了解不同时期自贸试验区司法服务保障需求的基础上,从另一侧面对上海自贸试验区的制度建设与法制发展提供司法的反馈力。浦东法院在上海自贸试验区成立后的 3 年试验期内,以每年发布一份司法白皮书的方式,聚焦涉自贸试验区民商事案件,展现自贸试验区案件审理的基本情况。其中,2014 年发布的《涉自贸试验区审判工作白皮书》选取了 2013 年 11 月至 2014 年 10 月期间的司法统计数据进行分析。白皮书指出,上海自贸试验区"元年"在民商事案件方面呈现出案件体量增长显著、涉外因素较多、调判较多而撤诉较少以及协议管辖比率较高的四大整体特点。[1] 针对这四大特点的发生原因与趋势,自贸区法庭首任庭长包蕾将其总结为五点:一是自贸试验区的"虹吸效应"带来纠纷量的上升;二是自贸试验区的"先行先试"带来新型、疑难以及自贸试验区独有的案件;三是自贸试验区的"制度破茧"带来法制的特殊性;四是自贸试验区的"国际水准"带来法律适用的复杂化;五是自贸试验区的"溢出经验"带来法律文书送达难、执行难等问题。[2]

2015 年 4 月,上海自贸试验区迎来了扩区。为积极回应上海自贸试验区扩区以及辐射浦东的新形势对司法保障工作的新要求,进一步加快职能转变,创新治理模式,实现贸易和投资便利化、法治化,浦东法院自 2015 年 5 月 1 日起对自贸区

---

[1] 详见《上海市浦东新区人民法院涉自贸试验区审判工作白皮书(2014 年)》。
[2] 参见包蕾:《涉自贸试验区民商事纠纷趋势预判及应对思考》,载《法律适用》2014 年第 5 期,第 84—85 页。

法庭受案范围进行了相应的调整。鉴于这一新情况,浦东法院2015年发布的《涉自贸试验区审判工作白皮书》选取了2014年11月至2015年10月期间的数据进行分析。从民商事案件的整体情况来看,这一时期,除了保持2014年白皮书所指出的特点以外,还体现出五个方面的变化:一是由于上海自贸试验区的扩区,实施范围由原来的4个海关特殊监管区域(以下简称"保税区片区")增加了陆家嘴、张江、金桥三个片区,因此案件数量大幅增长;二是由于上海自贸试验区各区域产业发展特点不同,因此四大片区案件类型分布各异,如陆家嘴金融片区以金融商事案件居多,张江高科技片区则以知识产权纠纷为主;三是出现了三大贸易类型案件数量"两升一降"(货物贸易、加工贸易案件数量上升,服务贸易案件数量下降)的情况,反映出上海自贸试验区贸易方式发展的新动态;四是金融机构及非金融机构融资纠纷同步增长,反映出上海自贸试验区资本市场活跃度高、资金需求旺盛;五是随着上海自贸试验区投资准入制度的持续开放,涉外案件中所涉及演出合同、居间合同、法律服务合同等纠纷数量明显上升。[1]

2016年,上海自贸试验区迎来了全面考察的一年。浦东法院在该年白皮书的编写中不再沿用以往年度的统计方式,而是将自贸试验区2013—2016年的基层司法保障作为一个整体。相较于前两份白皮书,2016年的《涉自贸试验区审判工作白皮书》选取了2013年11月至2016年10月期间的数据进行分析,其中反映的情况更具有研究价值,也更能体现上海自贸试验区"中期考核"时的基层司法案件轮廓。[2]

(一)2013—2016年浦东法院涉自贸试验区案件审理概况

2013年11月至2016年10月,浦东法院共受理各类涉自贸试验区案件21538件,从案件类型看,包括民商事案件15526件、刑事案件602件、行政案件5件、执行案件5405件。在民商事案件中,有投资贸易类商事案件3487件、金融商事案件5221件、知识产权案件4209件、房地产案件1003件、劳动争议案件1606件。(见图4-1)

2013年11月至2016年10月,浦东法院共审(执)结各类涉自贸试验区案件

---

[1] 详见《上海市浦东新区人民法院涉自贸试验区审判工作白皮书(2015年)》。
[2] 参见《上海市浦东新区人民法院涉自贸试验区审判工作白皮书(2013年11月—2016年10月)》。

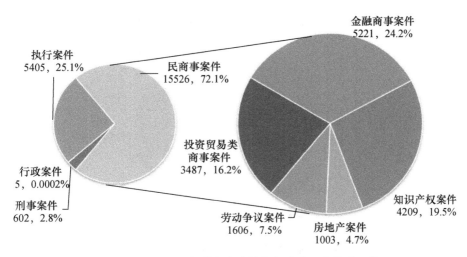

图 4-1　2013—2016 年浦东法院涉自贸试验区案件受理情况

19447 件,从案件类型看,包括民商事案件 13902 件、刑事案件 570 件、行政案件 4 件、执行案件 4971 件。在民商事案件中,有投资贸易类商事案件 2861 件、金融商事案件 4849 件、知识产权案件 3963 件、房地产案件 654 件、劳动争议案件 1575 件。(见图 4-2)从案件结案方式上看,判决结案 6718 件,占 46.4%;调解结案 2559 件,占 17.7%;撤诉结案 4868 件,占 33.6%;并案或移送结案 155 件,占 1.1%;裁定驳回起诉及其他 172 件,占 1.2%。(见图 4-3)

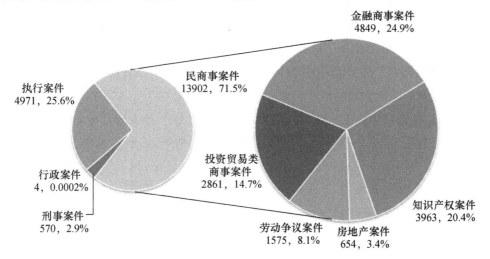

图 4-2　2013—2016 年浦东法院涉自贸试验区案件结案情况

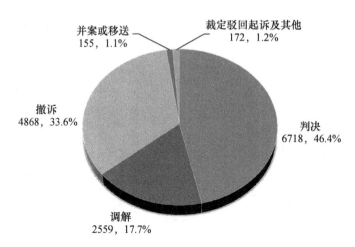

图 4-3　2013—2016 年浦东法院涉自贸试验区案件结案方式情况

(二) 2013—2016 年浦东法院涉自贸试验区民商事案件的整体特点

2013 年 11 月至 2016 年 10 月,上海自贸试验区经历了成立、扩区以及制度创新不断深化的发展过程。随着上海自贸试验区建设的不断推进,涉自贸试验区民商事案件也呈现出一定的特点和变化规律。

1. 案件量跨越式增长,反映了上海自贸试验区内司法需求的体量变化

2013—2016 年,案件数量呈现井喷式增长。以上海自贸试验区扩区为节点,2013 年 11 月至 2015 年 4 月,浦东法院共受理涉自贸试验区民商事案件 1109 件;2015 年 5 月至 2016 年 10 月,共受理 14417 件。2015 年扩区后,上海自贸试验区的地域面积扩大了约 3 倍,案件数增长了 12 倍。以年度为节点,浦东法院受理的涉自贸试验区民商事案件第一年度为 687 件;第二年度为 4947 件,比第一年度增长了 6 倍多;第三年度为 9892 件,比第二年度又增长了近 1 倍。与案件受理量的节节攀升对应,浦东法院涉自贸试验区民商事案件的诉讼标的总额达 336.71 亿元,其中第一年度为 17.01 亿元,第二年度为 131.4 亿元,第三年度增至 179.3 亿元,单案最高标的额为 1.32 亿元。可见,随着自贸试验区扩区与创新举措的不断深化,上海自贸试验区内民商事活动高度活跃,司法需求体量持续增加。

2. 四大片区案件区分明显,体现了上海自贸试验区各片区核心功能与发展定位

从扩区后浦东法院受理的涉自贸试验区民商事案件所涉片区来看,保税区片

区案件 2126 件,陆家嘴金融片区案件 6561 件,金桥开发片区案件 2450 件,张江高科技片区案件 4802 件,其他区域案件 604 件。(见图 4-4)

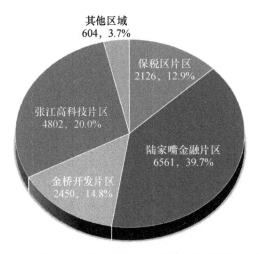

图 4-4 扩区后各片区涉自贸试验区民商事案件数量情况

随着各个片区核心功能集聚效应的发挥和产业定位的不断成熟,各片区案件与产业发展的关联日趋明显。从数量上看,陆家嘴金融片区由于吸引了大量国内外商事主体特别是企业总部落户,所涉案件比例最高;张江高科技片区受到上海科创中心建设等因素影响,所涉案件比例大幅增加。从类型上看,保税区片区和金桥开发片区以买卖、仓储、加工承揽等贸易合同以及国际物流服务、金融信息服务、咨询管理服务等新型服务业案件为主要案件类型;陆家嘴金融片区金融特色突出,集聚了近八成的涉自贸试验区金融商事案件;张江高科技片区内高科技企业云集,涉及著作权、商标权、不正当竞争等的知识产权案件占全部涉自贸试验区知识产权案件近九成。

3. 案件类型结构调整,反映了上海自贸试验区制度创新的影响力不断增强

从 2013—2016 年浦东法院涉自贸试验区民商事案件的类型结构来看,金融商事案件从第一年度仅占 7.1% 上升到第二年度和第三年度的 40.1% 和 32.2%,并在后两年度成为占比最大的案件类型,反映了上海自贸试验区金融活动高度活跃,改革的激发效应凸显;投资贸易商事案件在第二年度和第三年度分别比前一年度增长了 2 倍和 1 倍,在总案件数量中占近 1/4,且与自贸试验区改革相关的新类型案件不断涌现,反映了自贸试验区内投资贸易在数量增长的同时,投资领域

扩大,贸易转型升级效果也在逐步显现;知识产权案件同样经历了数量的快速增长,且其在涉自贸试验区民商事案件中的占比从第一年度的5.0%上升到第二年度和第三年度的22.3%和31.0%,反映了自贸试验区科技创新中心建设的不断深化,以及自贸试验区营商环境优化对知识产权保护的旺盛需求。(见图4-5、图4-6)

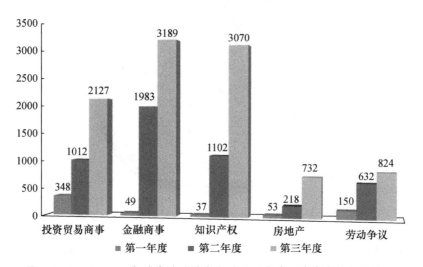

图4-5　2013—2016年浦东法院涉自贸试验区各类民商事案件数量情况

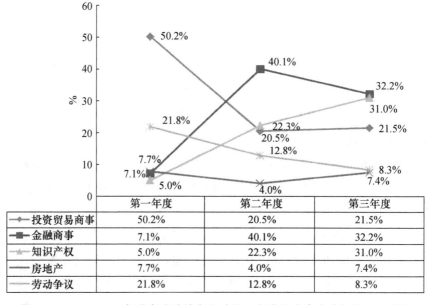

图4-6　2013—2016年浦东法院涉自贸试验区各类民商事案件数量占比情况

4. 涉外案件趋于多样化,反映了国际商事主体对上海自贸试验区市场的全面深入参与

2013—2016 年,浦东法院受理的自贸试验区涉外及涉外资案件数量持续上升,且案件类型结构变化显著:一是由以投资贸易案件为主向金融商事案件与投资贸易案件并存转变,反映了国际商事主体在上海自贸试验区投资、金融、贸易领域的全面参与。二是涉外及涉外资金融借款纠纷和融资租赁纠纷数量显著增加,反映了相关涉外市场主体由于生产经营、设备升级等原因,对跨境融资的需求提高,以及与非涉外企业在资金融通上的合作往来更加深入。三是涉外投资贸易案件类型更加丰富,特别是演出合同、建筑设计、安保服务、法律服务等类型贸易纠纷增多,新兴领域外商投资人股权转让等纠纷时有发生,反映了涉外主体在更广领域、更深层次参与上海自贸试验区投资、贸易活动,自贸试验区推动投资开放和贸易便利化成效显现。

三、2016—2017 年浦东法院涉自贸试验区案件基本情况

在上海自贸试验区 3 年的成功实践后,自贸试验区司法保障工作中出现了制度性变动的因素。一方面,随着辽宁、浙江、河南等 7 省市新设自贸试验区,我国已形成"1+3+X"的自贸试验区试点新格局。作为我国第一个自贸试验区,上海自贸试验区聚焦投资、贸易、金融和政府职能转变等领域的制度创新,经过几年的实践,一百多项改革成果已分领域、分层次在全国复制推广,成为新形势下全面深化改革、创新驱动发展的排头兵和先行者。另一方面,2017 年 3 月,国务院发布《全面深化中国(上海)自由贸易试验区改革开放方案》,明确提出上海自贸试验区建设开放和创新融为一体的综合改革试验区、建立开放型经济体系的风险压力测试区、打造提升政府治理能力的先行区,成为服务国家"一带一路"建设和推动市场主体走出去的桥头堡这样"三区一堡"的目标。10 月 18 日,习近平总书记在中共十九大报告中进一步提出,要"赋予自由贸易试验区更大改革自主权,探索建设自由贸易港"。《全面深化中国(上海)自由贸易试验区改革开放方案》和习近平总书记的要求明确了新一轮自贸试验区改革开放的目标体系,也指明了下一阶段上海自贸试验区建设的具体着力点,上海自贸试验区建设进入全新的阶段。

面对自贸试验区建设的新形势、新要求,浦东法院在前一阶段工作的基础上,紧扣上海自贸试验区建设 3.0 版有关"三区一堡"功能定位的新要求,全面落实司

法体制改革,积极回应区内司法需求,及时反馈司法动态,公正高效审理各类涉自贸试验区案件,着力破解"执行难"问题,努力为上海自贸试验区建设营造更好的法治环境。在又一次扬帆起航的征程上,浦东法院连续发布两份白皮书。其中,2018 年发布的白皮书系与上海市第一中级人民法院联合发布的,大部分案件审理的基本情况存在交叉与重复,因此这部分内容将在下一节介绍。2017 年浦东法院发布的《涉自贸试验区审判工作白皮书》选取了 2016 年 11 月至 2017 年 10 月期间的数据进行分析,从中可以看出涉上海自贸试验区案件情况的新趋势与新变化。[1]

(一) 2016—2017 年浦东法院涉自贸试验区案件审理概况

2016 年 11 月至 2017 年 10 月,浦东法院共受理各类涉自贸试验区案件 33708 件,从案件类型看,包括民商事案件 26847 件、刑事案件 565 件、行政案件 12 件、执行案件 6284 件。在民商事案件中,有普通民事案件 4139 件、投资贸易类商事案件 2171 件、金融商事案件 17442 件、知识产权案件 2326 件、劳动争议案件 769 件。(见图 4-7)

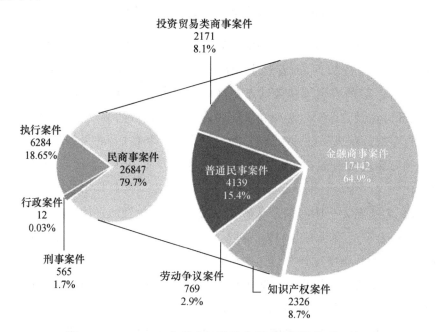

图 4-7 2016—2017 年浦东法院涉自贸试验区案件受理情况

---

[1] 参见《上海市浦东新区人民法院涉自贸试验区审判工作白皮书(2016 年 11 月—2017 年 10 月)》。

2016—2017年,浦东法院共审(执)结各类涉自贸试验区案件31761件,从案件类型看,包括民商事案件25736件、刑事案件565件、行政案件7件、执行案件5453件。在民商事案件中,有普通民事案件3878件、投资贸易类商事案件1818件、金融商事案件17147件、知识产权案件2230件、劳动争议案件663件。(见图4-8)

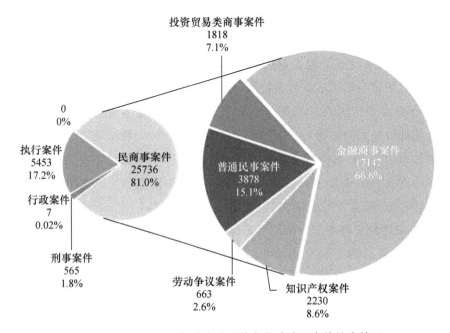

图4-8　2016—2017年浦东法院涉自贸试验区案件结案情况

(二)2016—2017年浦东法院涉自贸试验区案件的整体特点

2016年11月至2017年10月,浦东法院审理的涉自贸试验区案件从总体上看呈现出下列特点:

1. 收、结案数量增速放缓,涉诉纠纷趋于平稳

与2015年11月至2016年10月浦东法院受理、审(执)结各类涉自贸试验区案件的情况相比,这一年度的总体收案数量增加了19547件,审(执)结案件数量增加了18802件。但是,这一年度涉自贸试验区案件数量统计口径有调整,在民商事案件中主要新增了普通民事纠纷、信用卡纠纷以及部分金融借款纠纷,总计近17000件。剔除这类案件的影响,这一年度的收、结案数量同比仅小幅增长,增速明

显低于前几年,与上海自贸试验区进入平稳增长期,相关制度创新顺畅运行相匹配。

2. 案件调撤率上升,涉自贸试验区多元化纠纷解决机制成效显著

从民商事案件的结案方式来看,总调撤率为41.6%。在不考虑新增的信用卡纠纷、金融借款纠纷中一些批量案件以"裁定驳回起诉"方式结案的情况下,判决结案率约为19.8%,同比下降约24个百分点;案件调撤率达61.9%,同比上升约6个百分点。这反映出浦东法院坚持推进多元化纠纷解决机制改革、完善"三级四层"纠纷化解体系、成立浦东法院"诉调对接中心自贸区商事争议解决分中心"的努力成效显现,通过诉前的专业化调解、人民调解和诉中的委托调解、法官调解,实现了涉自贸试验区矛盾纠纷便捷、高效化解。

3. 案件类型结构调整,反映了自贸试验区法治环境持续完善

受统计口径调整影响,这一年度民商事各类案件的收案比率有所变化,普通民事案件占15.4%,投资贸易类商事案件占8.9%,金融商事案件占65.0%,知识产权案件占8.7%,劳动争议案件占2.9%。在不考虑新增的三类纠纷数量影响的情况下,知识产权案件约占24%,投资贸易类商事案件约占22%,劳动争议案件约占8%,在案件数量略有上升的同时占比均有所下降;金融商事案件约占46%,同比上升11个百分点。结合上海自贸试验区新设企业不断增加、区内商事活动持续繁荣的背景,案件结构变化反映出自贸试验区内投资贸易、知识产权保护、人力资源等领域的规则不断完善,营商环境日趋优化,从源头上减少了涉诉争议的发生比例。同时,受上海国际金融中心建设不断推进以及金融机构、准金融机构在自贸试验区内高度集聚等因素影响,集团性金融商事案件增加,提高了金融商事案件在涉自贸试验区案件中的占比,也在一定程度上反映了自贸试验区金融服务日益活跃以及自贸试验区金融创新环境对金融机构及相关企业的吸引力。

4. 涉外案件类型呈多样化态势,自贸试验区开放程度进一步加深

涉外及涉外资民商事案件涉及众多国际知名集团和品牌,表明在上海自贸试验区营商环境优化的背景下,国际大企业参与度加深,市场交易愈发活跃。股权投资和股权激励模式不断创新,由此产生的纠纷也有所增加,其中涉及股权回购、对赌协议、跨境股权激励等的争议不断涌现。同时,在自贸试验区开放程度不断加深、服务质量不断提高的情况下,涉外主体投资和创新热情高涨。以互联网为媒介的新型服务业案件不断涌现,新媒体服务、跨境服务、创新型服务等各类纠纷

显著增多,并呈现出新颖性、复杂性、涉众性的特点,体现了自由贸易试验区内市场活力得到进一步提升。

第二节 上海市第一中级人民法院司法保障工作回顾

上海自贸试验区设立后,上海市第一中级人民法院(以下简称"上海一中院")作为自贸试验区所在地的中级人民法院,紧密结合上海自贸试验区在各个不同时期的建设要求和中级人民法院的职能定位,积极主动地完成自贸试验区建设过程中的司法保障工作。对上海一中院司法保障工作进行回顾的资料主要有两大部分:一是定期发布的白皮书,主要包括上海一中院于 2016 年 4 月、2017 年 5 月、2018 年 5 月发布的三份《自贸区司法保障白皮书》;二是制定、修改自贸试验区司法保障的规范性文件,主要包括 2014 年 4 月发布的《上海市第一中级人民法院涉中国(上海)自由贸易试验区案件审判指引(试行)》(以下简称《审判指引(试行)》)以及 2017 年 5 月发布的《上海市第一中级人民法院商事多元化纠纷解决机制实施细则》。由于本书将专设一章介绍上海自贸试验区的多元争议解决机制,因此对后一份文件在此不予赘述。

一、2013—2018 年上海一中院司法服务保障自贸试验区建设情况

自 2013 年 9 月 29 日上海自贸试验区挂牌成立以来,上海一中院立足案件审判要务,精心审理了一批涉自贸试验区民商事、刑事、行政、执行类案件;同时,认真梳理和研究新类型司法问题,主动谋划为自贸试验区提供司法服务保障的改革措施,通过不断创新和完善自贸试验区司法服务保障机制,总结提炼出一系列可复制、可推广的自贸试验区司法经验。由于近年来发布的白皮书对于司法服务保障自贸试验区建设的情况均有不同程度的总结归纳,因此本部分的介绍以 2018 年 5 月 30 日上海市第一中级人民法院和浦东法院联合发布的《自贸区司法保障白皮书》为主体,以其他涉及该项主题的白皮书为补充。[1]

---

[1] 本部分涉及的白皮书有:《上海市第一中级人民法院自贸区司法保障白皮书(2013 年 9 月—2016 年 4 月)》《上海市第一中级人民法院自贸区司法保障白皮书(2016 年 4 月—2017 年 4 月)》《上海市第一中级人民法院、上海市浦东新区人民法院自贸区司法保障白皮书(2013 年 9 月—2018 年 4 月)》。

(一) 创新工作机制,加强司法应对

为推动自贸试验区司法保障工作的协调有序开展,上海一中院及时建立司法应对工作机制。具体而言,一是成立司法问题应对小组和研究小组。2013年10月,上海一中院组建了"自贸区司法问题应对小组"和"自贸区司法问题研究小组"。其中,前者由分管副院长担任组长,各相关业务部门领导担任成员,定期召开工作会议,专门负责研判涉自贸试验区的司法问题,指导协调相关审判工作;后者由与涉自贸试验区案件审判有关的具有较高理论水平和丰富实践经验的法官组成,负责跟踪研究自贸试验区的发展情况,以调研成果等多种形式深度服务审判实践。二是建立专项合议庭以及跨庭约请法官的审判机制。为建立符合自贸试验区特点的专业化审判机制,提升审判的专业化水平,上海一中院设立了专项合议庭,依法集中受理相关二审案件及重大一审案件,并规定可跨审判庭约请法官加入专项合议庭审理案件。如上海一中院审理的上海市法院系统首例涉自贸试验区专利权纠纷案,即由金融审判庭法官、知识产权审判庭法官、人民陪审员组成合议庭,并由知识产权庭法官担任主审法官,实现了良好的法律效果和社会效果。

(二) 创新司法举措,提升审判质量和效率

为促进自贸试验区法治化营商环境的形成,充分发挥法院的审判职能作用,上海一中院根据审判实践需求,及时制定自贸试验区司法政策,积极创新自贸试验区司法举措。具体而言,一是发布修订后的《上海市第一中级人民法院涉中国(上海)自由贸易试验区案件审判指引》。2014年4月29日,上海一中院发布了《审判指引(试行)》,对涉自贸试验区案件审判原则、法律适用等予以统一规范,在填补法律漏洞、提升审判质量、深化执行公开、促进便民服务等方面发挥了积极作用。2017年5月,在全面深化上海自贸试验区改革开放的背景下,上海一中院对《审判指引(试行)》进行了全面修订,梳理、更新相关法律依据,调整、加强规则的可操作性,借鉴、吸收最新司法经验,以确保审判工作更加精准对接全面深化自贸试验区改革开放的发展需求。二是建立专家陪审员制度。针对涉自贸试验区案件专业性强、审理难度高的特点,上海一中院探索建立专家陪审员机制,借助专家陪审员的专长和智慧,以确保涉自贸试验区案件的专业水准。2015年4月,上海

一中院建立专家陪审员制度,聘任9名金融业等行业的专家,充分发挥法官与专家的合力优势,以确保案件公正高效审理。现在,该制度的适用范围已逐渐从涉自贸试验区案件扩大到其他类型的案件。截至2018年白皮书发布日,共有11件重大疑难复杂案件引入专家陪审员进行审理,其中5件为涉自贸试验区案件。三是建立专家陪执员制度。为进一步深化执行公开,2014年12月,上海一中院聘请7名陪执员,并制定了《关于涉上海自贸试验区执行案件聘请陪执员参与执行的实施预案》,规范陪执员参与执行案件的程序,深化执行公开,以提高涉自贸试验区案件执行程序的透明度。截至2018年白皮书发布日,共有3件执行案件邀请陪执员参与执行,其中2件为涉自贸试验区案件。

(三)加强内外联动,构建多元争议解决机制

为积极回应自贸试验区市场化营商环境的需求,上海一中院致力于加强商事调解与诉讼的衔接,着力打造多元争议解决的合作平台,努力为市场主体提供更为多元、灵活、经济的纠纷解决方式。具体而言,一是探索商事调解与司法衔接的路径。自2014年9月以来,上海一中院已分别与上海经贸商事调解中心、中证中小投资者服务中心、上海银行业纠纷调解中心、上海市金融消费纠纷调解中心建立了相应的委托调解机制以及诉调对接机制。截至2018年4月30日,上海一中院已委托调解纠纷677件,调解结案162件,调解金额达13.17亿元。二是健全保障商事多元化纠纷解决机制(ADR)。2016年8月,上海一中院成立"商事ADR领导小组"和"商事ADR研究小组",深入研究探索商事ADR在服务自贸试验区改革探索与创新发展方面的作用。2017年5月,上海一中院出台《上海市第一中级人民法院商事多元化纠纷解决机制实施细则》,进一步健全商事ADR的组织机制,完善非讼解纷机制的流程以及相关司法确认程序,为商事ADR的规范运作提供制度保障。三是规范商事仲裁裁决的司法审查方法。上海一中院积极探索商事仲裁与司法审判的衔接机制,努力提升对仲裁裁决的司法审查水平,以更好地应对涉自贸试验区国际仲裁纠纷。2015年,上海一中院审结了"西门子国际贸易(上海)有限公司诉上海黄金置地有限公司申请承认与执行的外国仲裁裁决案"。该案系全国首例涉自贸试验区外商独资企业间申请承认与执行外国仲裁裁决纠纷案,入选最高人民法院第二批涉"一带一路"建设十大典型案例。该案确立的裁判规则已被《最高人民法院关于为自由贸易试验区建设提供司法保障的意见》

采纳。

（四）注重调研先行，加强司法前沿问题研究

为提升自贸试验区司法应对水平，深化对自贸试验区司法前沿问题的研究，上海一中院注重加强与最高人民法院、上海市高级人民法院、科研院校、行业部门等的合作交流。具体而言，一是与最高人民法院民四庭、上海财经大学等联合举办"中国自由贸易区司法论坛"。2014—2018年，该论坛连续举办五届，为自贸试验区司法保障工作提供持续、有效的智力支持。二是与上海财经大学共建"自由贸易区司法研究中心"。该中心成立于2014年年初，上海一中院与上海财经大学共同组织开展了多项自贸试验区法律适用课题研究。此外，双方每年还联合出版《自由贸易区司法评论》《自由贸易区法律适用》《自由贸易法治评论》等涉自贸试验区司法研究公开出版物，集中展现了合作、研究成果。三是定期发布《自贸区司法保障白皮书》。自2016年开始，上海一中院每年制作并发布《自贸区司法保障白皮书》，梳理、总结涉自贸试验区司法保障工作以及涉自贸试验区案件审判和执行的相关情况，公布了多个涉自贸试验区典型案例，涉及刑事、民事、商事、知识产权、行政、执行等领域，在规范指导审判、总结审判经验、促进适法统一、明晰市场交易规则等方面起到了积极作用。四是出版《中国（上海）自由贸易试验区法律适用精要》。2018年4月，以上海一中院法官为主要作者的《中国（上海）自由贸易试验区法律适用精要》正式出版。这是全国首部由一线法官撰写的上海自贸试验区法律适用书籍，系统解读了上海自贸试验区改革发展过程中的各类司法问题。五是主动"走出去"。上海一中院积极了解自贸试验区建设发展情况，力求准确把握自贸区司法保障的现实需求。除院党组中心组赴自贸试验区学习考察外，上海一中院自贸试验区司法问题应对小组和研究小组多次赴自贸试验区管委会调研，并赴兄弟省市自贸试验区所在地法院进行交流调研。上海一中院还专门选派两名优秀青年法官到自贸试验区管委会挂职锻炼，在历练培养年轻法官的同时，对于法院紧贴实际，做好自贸试验区司法保障工作也不无裨益。

（五）依托信息技术，提升便民利民服务水平

上海一中院依托"智慧法院建设"，以人民群众的诉讼需求为导向，以"互联网＋服务"为支撑，积极运用大数据、人工智能等先进信息化技术，着力构建全面涵盖立案、信访、审理、执行全过程的"互联网+"诉讼服务体系,推出了包括网上自助立案、网上电子送达、网上信息推送、网上调解、网上开庭、网络司法拍卖等二十余项诉讼服务项目,全方位提升了涉自贸试验区诉讼便利化水平,尤其是在推广电子送达方式,着眼便民提效方面成果显著。自贸试验区内存在大量"区内注册、区外经营"的企业,容易给法律文书送达带来障碍。上海一中院在整合官方网站"在线诉讼服务平台"功能的基础上,研发了电子送达系统,并在一起涉自贸试验区仓储合同纠纷案件中首次尝试电子送达,原告代理人直接通过手机收到了案件的传票、出庭通知书、举证通知书和案件受理通知书,从法院制作、发送诉讼文书到实际送达当事人,只需3分钟。上海一中院将电子送达制度逐渐推广到各类案件中,此举极大方便了当事人参与诉讼。

二、《审判指引》[1]的修订历程与实践价值

在上海自贸试验区司法保障工作中,上海一中院发布的《审判指引》无疑是最具代表性、最能体现司法实践价值的规范性文件。《审判指引》从2014年开始试行,经过3年的试行期,于2017年进行了修订。通过对《审判指引》的解读,不仅可以感受这份司法文件出台时上海一中院在自贸试验区司法保障问题上"敢为人先"的改革魄力,也可以回顾自贸试验区成立以来对于司法保障提出的变动式需求,更能够看到上海自贸试验区司法保障工作在我国整体法治推进进程中的先行者意义。

(一)《审判指引》的试行意义[2]

为促进自贸试验区国际化和法治化营商环境的形成,充分发挥法院的审判职能作用,上海一中院根据相关法律、法规和规范性文件的要求,结合审判实际,于2014年4月29日发布了《审判指引(试行)》。它共分七章,分别为:总则、涉自贸试验区案件的立案与送达、涉自贸试验区案件的审理、涉自贸试验区案件的执行、涉自贸试验区案件的审判机制、涉自贸试验区的审判延伸工作、附则,其中审理部分又根据合同、公司、金融、知识产权、劳动争议、房地产、行政、刑事等八大类案件

---

[1] 以下仍将2014年发布的此份文件简称为《审判指引(试行)》,将2017年修订后的此份文件简称为"修订后的《审判指引》",一般意义上的描述统称为《审判指引》,以示区别。

[2] 本部分主要参考上海市第一中级人民法院《自贸区司法保障白皮书(2013年9月—2016年4月)》。

具体分节规定。《审判指引(试行)》既有实体内容,又有程序规定;既有审判原则,又有具体指引意见;既有审判工作内容,又有审判机制建立,体系完整,内容全面。

1.《审判指引(试行)》明确了涉自贸试验区案件的重要问题

第一,对涉自贸试验区案件作了界定。"何为涉自贸试验区案件"是一个受到广泛关注和讨论的问题。《审判指引(试行)》参照最高人民法院相关司法解释的规定,将法律关系的主体、客体、法律事实作为区分的主要标准。[1]

第二,规定了涉自贸试验区案件的审判原则。结合自贸试验区的特点,从审判实际出发,《审判指引(试行)》将依法审判原则、鼓励创新与防范风险相结合原则、审判质量与效率统一原则确立为涉自贸试验区案件的审判原则,以此确保在案件审理过程中能够正确把握案件的审理方向。

第三,确立了专项合议庭及跨庭约请的审判机制。为了确保涉自贸试验区案件的审判质量,保障法律适用统一,《审判指引(试行)》对现有的审判机制进行了改革创新,规定在成立"自贸试验区案件专项合议庭"的基础上,针对不同类型案件的专业需要,打破审判庭界限,跨审判庭约请法官临时加入专项合议庭,审理相关案件,并对专项合议庭的审理范围、案件的移送等作了详细的规定。[2]

2.《审判指引(试行)》明晰了涉自贸试验区案件的法律适用

《审判指引(试行)》以为涉自贸试验区案件的审理提供指引为主要目的,以解决涉自贸试验区案件中的问题为导向,与审判实际紧密结合。

第一,对自贸试验区案件中企业的行为能力判断作出规定。根据自贸试验区改革的要求,自贸试验区内的企业在注册登记时实行形式审查,采"先照后证"的

---

[1]《审判指引(试行)》第6条【适用范围】规定:"本院受理的案件中具有下列情形之一的,适用本指引:(一)当事人一方或双方,公民的户籍地或经常居住地在自贸试验区内的或法人、其他组织的住所地在自贸试验区内的;(二)诉讼标的物在自贸试验区内的;(三)产生、变更或者消灭民事关系的法律事实发生在自贸试验区内的;(四)被诉行政行为的合法性审查涉及自贸试验区相关法律规定适用的。"

[2]《审判指引(试行)》第8条【专项合议庭及审判范围】规定:"本院设立'自贸试验区案件专项合议庭',依法集中审理以下案件:(一)涉自贸试验区的一审商事、金融案件;(二)涉自贸试验区的一审与房地产相关的民事案件;(三)不服浦东新区人民法院自贸试验区法庭一审裁判而提起上诉的二审案件;(四)其他由专项合议庭审理更为合适的涉自贸试验区案件。"
第9条【自贸试验区案件专项合议庭的组成】规定:"自贸试验区案件专项合议庭审理涉自贸试验区非金融民商事案件,由相关审判庭派出法官至该合议庭审理案件。"

模式。企业先取得营业执照,若从事的业务需取得主管部门许可的,可再申请相应的业务许可。依据我国法律规定和法人制度的一般法理,法人的权利能力始于设立登记,终于注销登记。"先照后证"的企业登记模式在客观上形成了企业权利能力与行为能力的"时间差",对企业在这一"时间差"内从事经营行为的效力应作认定。因此,《审判指引(试行)》第 15 条进行了差别化的处理。[1]

第二,对涉自贸试验区案件中的合同效力认定提出判断标准。针对自贸试验区简政放权的趋势,《审判指引(试行)》严格规定了认定合同无效的依据,明确不能将规章、地方性法规作为认定合同无效的依据,并将强制性规定区分为管理性强制性规定和效力性强制性规定,规定"仅违反管理性强制性规定的,不影响合同效力"。

第三,对新类型合同的解释予以规定。自贸试验区内的企业经营形态众多,存在许多我国《合同法》没有明确规定的新型交易形态。相关交易合同在法律上即谓"无名合同"。对于这些无名合同,实务中急需予以法律认定的方法。为此,《审判指引(试行)》规定,对于我国法律无明文规定的无名合同,如果在国际商事交易中已有成熟的交易惯例,或在比较法中已有系统的可以参照的规定,可以参考国际商事交易惯例或比较法的相关规定,结合当事人的约定,妥善处理当事人之间的合同纠纷。[2]

第四,结合商事登记制度改革,对股东的真实义务和出资义务作了规定。随着商事登记制度改革的落实和推进,原有的企业年检制度被改为企业年度报告公示制度,注册资本实缴制度被改为注册资本认缴登记制度。为了维护市场的交易秩序,保护债权人的合法权益,确保年度报告的真实性和准确性,防止出现

---

[1]《审判指引(试行)》第 15 条【合同主体的行为能力】规定:"自贸试验区内的企业在取得营业执照后具有缔约的权利能力,根据我国法律规定需取得相关业务许可的,自许可之后具有相应的行为能力。未能取得相应业务许可而订立需取得许可的合同,应区别情况审慎处理。"

[2]《审判指引(试行)》第 18 条【新类型合同的解释】规定:"对于自贸试验区内出现的新类型无名合同,应根据国际交易的惯例,结合当事人的约定,公平、合理地分配合同当事人的权利、义务和风险。"

"皮包公司"的情形,《审判指引(试行)》强调了相关责任的民事责任承担方式。[1] 除此以外,《审判指引(试行)》对于自贸试验区内的公司资本维持与不变义务以及公司法人人格否定制度也作了相应的规定。[2]

第五,结合自贸试验区金融改革,对金融创新等活动的法律认定规定了审理方向。金融制度改革是自贸试验区先行先试的重要内容之一。金融案件的审理相较于一般商事案件有其特殊之处。为此,《审判指引(试行)》规定,要在审慎对待金融案件的大原则下,平衡好金融创新与金融安全之间的关系。[3] 具体而言,《审判指引(试行)》分别针对银行业、保险业、证券业的金融创新明确规定了审查标准,[4] 还对自贸试验区内的金融机构以及专业从事金融服务、贸易的法人在交

---

[1] 《审判指引(试行)》第 23 条【真实义务】规定:"自贸试验区内注册的公司如果在年度报告中进行虚假记载、误导性陈述或者存在重大遗漏、隐瞒公司真实情况等导致交易对方遭受损失的,公司及相关人员应当承担民事责任。"
第 24 条【出资义务】规定:"自贸试验区注册的公司的股东未能按照公司章程的规定的时间和数额缴纳出资的,公司可以要求其在合理的期限内补缴,股东未能在合理期限内履行的,公司或者其他股东可以提起诉讼要求瑕疵出资的股东承担补足出资的责任。公司债权人可以请求未完全履行出资义务的股东在瑕疵出资本息范围内承担补充赔偿责任。"

[2] 《审判指引(试行)》第 25 条【公司资产减损的合理性】规定:"自贸试验区注册的公司的资产变动必须具有法律和财务上的合理性。对于公司恶意转移资产导致公司资产减损的、损害债权人利益的,债权人可行使合同法上的撤销权,有关人员存在侵权行为的,应追究相关人员的民事赔偿责任。公司不能清偿到期债务且明显缺乏偿债能力进入破产程序的,如果公司债权人对公司资产减损产生合理怀疑的,该公司应提供相关资料对其资产的减损做出充分、合理的说明。"
第 26 条【公司法人人格否认】规定:"自贸试验区内注册的公司的股东实施滥用有限责任公司法人独立地位和股东有限责任的行为逃避债务,严重损害公司债权人利益的,公司债权人可以通过提起公司法人人格否认之诉,请求股东对公司债务承担连带责任。"

[3] 《审判指引(试行)》第 27 条【金融案件审理原则】规定:"全力支持金融制度创新,审慎审理涉及金融创新的各类金融纠纷案件,尊重当事人意思自治和国际惯例,保护金融消费者的合法权益,维护金融市场安全和交易效率。"
第 29 条【与金融创新】规定:"自贸试验区内的金融机构或专业从事金融服务、贸易的法人进行的金融创新活动,虽然尚无相应的法律、法规对此作明确规定,但是属于有关主管部门关于推进自贸试验区建设的相关规范性文件所准许事项范围的,应在维护金融秩序和保障金融市场安全的前提下,充分尊重当事人之间的约定。"

[4] 例如,《审判指引(试行)》第 30 条【银行业金融创新】规定:"依法适用金融法律、法规,参照中国人民银行和银监会的相关规范性文件,对自贸试验区内人民币跨境使用、人民币资本项目兑换、利率市场化和外汇管理等银行业金融创新活动提供相应的司法保障。对与金融创新相关的交易行为所引发的纠纷,应加大对交易真实性的司法审查力度,有效防范人民币违法套利行为,规范金融市场秩序。"

易过程中的信息披露、评估、保密等义务作出逐条规定。[1]

第六,结合自贸试验区对知识产权保护制度的要求,强化司法对知识产权的保护。自贸试验区所涉及几大领域的改革必将带来大量新类型技术成果的创造和引进,《审判指引(试行)》分别从专利权保护、商标权保护、著作权保护、规范竞争等多个方面,对自贸试验区知识产权的保护作了规定。[2] 此外,《审判指引(试行)》还对司法实践中知识产权案件的审理机制进行了优化。[3]

第七,就自贸试验区内的房产特点作出有针对性的规定。对于自贸试验区内以注册公司为租赁目的的合同效力,《审判指引(试行)》明确规定,因客观原因而未能注册公司的情形不构成影响合同有效性的要件。但是,当事人可以约定将此作为合同生效条件,并且规定在一定条件下未注册公司可以作为承租人因合同目

---

[1]《审判指引(试行)》第 33 条【信息披露】规定:"自贸试验区内金融机构或专业从事金融服务、贸易的法人在与客户缔约过程中,应当就其所提供金融产品或金融服务的性质、特点、业绩、风险等主要信息向客户进行如实、全面的披露。违反该项义务造成客户损失的,应当承担相应的赔偿责任。"

第 34 条【投资者适当性评估】规定:"自贸试验区内金融机构或专业从事金融服务、贸易的法人在与客户缔约过程中,应当基于其所提供金融产品或金融服务的风险程度,对客户的风险承受能力进行相应的评估。金融机构或其他法人向客户提供明显超出其风险承受能力的产品或服务的,应就客户所遭受的损失承担相应的赔偿责任。"

第 35 条【专业中介服务】规定:"自贸试验区内的金融机构或专业从事金融服务、贸易的法人就其所提供金融产品或金融服务,聘请会计师事务所、审计师事务所、律师事务所、咨询公司等专业服务机构或专业人员提供专业意见,因该机构或人员提供意见错误,造成客户损失的,该机构或人员应当承担相应的赔偿责任。但该机构或人员有证据证明自己不存在故意和过失的除外。"

第 36 条【客户信息泄露】规定:"自贸试验区内的金融机构或专业从事金融服务、贸易的法人故意或过失泄露客户个人信息,给客户造成损失的,应当承担相应的赔偿责任。原告就其个人信息被泄露,以及该信息泄露系被告所导致的基本事实已提供合理怀疑证据的,被告应就其不存在泄露原告个人信息的行为,或其行为与原告个人信息泄露无因果关系,或其不存在故意或过失等事项承担举证责任。"

[2] 例如,《审判指引(试行)》第 38 条【专利权保护】规定:"合理界定专利权的保护范围,依法加大对自贸试验区金融、航运、商贸等领域改革试验带来的技术创新的保护力度,激发创新活力,促进技术信息的传播和利用。"

[3]《审判指引(试行)》第 43 条【优化裁判方法】规定:"尝试建立法院聘请技术专家辅助查明技术事实的途径和方法,不断完善技术事实查明的手段。探索通过庭前准备程序先行确定权利要求保护范围的裁判方法,提升专利纠纷的庭审质效和裁判水平。"

的不达而解约的条件。[1] 另外,自贸试验区内存在专门为相关企业提供定制物业和专业配套服务的情形,《审判指引(试行)》为由此引发的新型案件的审理专门打造条款,提供裁判思路。[2]

第八,结合自贸试验区政府行政职能转变的需要,对涉自贸试验区案件中的行政法律适用规定了审判思路。自贸试验区作为试验区,各类法律法规的适用需要一定的试错时间逐步修正,应当允许先行先试,否则无法发挥试验区的功能。因此,为发挥涉自贸试验区行政审判的能动作用,《审判指引(试行)》规定,在法律、法规、规章未规定的情况下,对相关行政行为的审查可参考规范性文件的规定。此外,《审判指引(试行)》针对不同具体行政行为的类型规定了具体的审查依据。

第九,区分不同情形,对涉自贸试验区案件中的刑事法律适用予以规定。由于自贸试验区在公司注册资本认缴、外商投资管理、外汇管理等方面先行先试,因此《审判指引(试行)》结合实际情况,对原有相关刑事罪名的适用条件予以明确。总体而言,自贸试验区的负面清单管理模式放宽了政府的事前审批,这与刑法之罪刑法定原则的基本内容与精神是完全契合的,也就是由强调"法无明文规定不

---

[1]《审判指引(试行)》第47条【租赁合同效力】规定:"承租人需在租赁物业处注册公司的,经相关部门的审核同意,并签订相应书面合同,但租赁合同的效力并不因未获审核同意或未签订书面合同而受影响。"

第48条【租赁合同解除】规定:"承租人在自贸试验区内未注册成公司的,其有证据证明签订租赁合同的目的系为了在承租物业处注册公司的,承租人可以合同目的无法实现为由,提出解除该租赁合同。"

第49条【赔偿责任】规定:"根据本指引第四十八条的规定,出租人有证据证明,其基于对承租人的信赖已支付了相应费用或者承租人的解约行为对其造成了实际损失,则出租人可要求承租人向其承担赔偿责任。"

第50条【附条件租赁合同】规定:"双方当事人可以约定附条件的租赁合同,将承租人完成注册公司作为该租赁合同的生效条件。承租人未能在自贸试验区完成注册公司,则该租赁合同不生效。"

[2]《审判指引(试行)》第51条【物业定制】规定:"承租人在与出租人签订租赁合同前,先行对租赁房屋提出具体要求,出租人根据该要求进行定制的,双方应通过协议形式对定制的具体标准、违约责任等相关事项进行明确约定。违反该约定的,违约方应承担违约责任。若双方当事人未能明确约定的,则可参照自贸试验区内的相关物业标准等确定违约责任。"

可为"转变为"法无明文禁止即可为"。[1]

3.《审判指引(试行)》完善了涉自贸试验区案件的仲裁前保全和强制执行机制

第一,与仲裁相衔接,规定了当事人申请仲裁前保全的条件。现行《民事诉讼法》规定仲裁前可采取保全措施,但是由于缺少相关的配套实施细则,致使这项制度在司法实践中鲜有应用。在涉自贸试验区商事纠纷中,仲裁是解决纠纷的重要途径。对当事人而言,仲裁前能否有效保全证据(财产)是纠纷能否顺利解决的基础。为此,《审判指引(试行)》将仲裁前的保全予以细化。[2]

第二,对仲裁裁决司法审查的双重救济予以规范。在现行《民事诉讼法》中,"撤销仲裁裁决"和"不予执行仲裁裁决"的适用条件基本一致。为避免一些不守诚信的当事人双重提起、重复提起上诉程序以拖延法院执行的情形发生,《审判指引(试行)》对此予以规制,以确保法院执行的效率,保障债权人的合法权益。[3]

第三,进一步优化执行权配置,提高执行效率。攻克"执行难"问题是近年来法院一直致力于实现的司法目标,而涉自贸试验区案件多为商事案件,因此对执行透明度有着更高的要求。为此,《审判指引(试行)》在解决"执行难"问题方面强调采用引入社会第三方力量的综合治理方案。[4]

4.《审判指引(试行)》改进了涉自贸试验区案件的审理机制

第一,支持和保障了仲裁机构涉自贸试验区仲裁规则的创新。自2014年5月1日起,上海国际经济贸易仲裁委员会(上海国际仲裁中心)制定的《中国(上海)自

---

[1]《审判指引(试行)》第59条【刑事案件司法理念】规定:"对自贸试验区内经济秩序的维护,除依法惩治经济犯罪外,应更加侧重于保护经济活动参与单位与个人的权利、自由,倡导刑法的谦抑化。"

[2]《审判指引(试行)》第67条【仲裁前保全】规定:"加大仲裁前保全适用力度,申请人持保全申请书、书面仲裁协议(或内含有仲裁条款的书面合同)、有效担保及应当提交的其他材料,即可直接向本院申请仲裁前保全。本院经审查合乎法律规定后,即直接予以受理。"

[3]《审判指引(试行)》第68条【双重救济的规制】规定:"当事人申请本院行使仲裁裁决监督权的,本院将通过法律释明方式,引导当事人一次性提交行权理由,并择一行使'撤销仲裁裁决'或'不予执行仲裁裁决'权,救济权一经选定即不得变更,分散提交行权理由或就同一理由申请双重救济的,本院对其后续诉请将不予受理。"

[4]《审判指引(试行)》第71条【执行权的优化配置】规定:"涉自贸试验区案件的被执行财产在自贸试验区内的,可聘请陪执员参与辅助执法,并探索选聘律师事务所等机构,负责涉自贸试验区执行案件部分辅助性事务的实施。"

由贸易试验区仲裁规则》正式实施。该规则规定了友好仲裁、仲裁的临时措施、紧急仲裁庭等与国际仲裁规则相一致的新制度,而其他仲裁机构也有可能在其仲裁规则中作相同规定。为充分发挥仲裁在商贸领域纠纷解决的重要作用,《审判指引(试行)》推出了多项重要措施,以支持仲裁机构的制度创新,推动仲裁制度的发展。[1]

第二,强化专业陪审制度,提高涉自贸试验区案件的审判质量。由于涉自贸试验区案件的审理对专业知识有较高要求,为了避免人民陪审员"陪而不审、审而不议"的情况发生,积极发挥人民陪审员的作用,《审判指引(试行)》通过强化专业陪审等方式,进一步提升案件审理的质量。[2]

第三,注重精品案例的发掘,为自贸区经验总结提供实践素材。自贸试验区典型案例有着指导、规范等多项功能,是对自贸试验区先行先试司法经验的及时总结,也为自贸试验区审判经验的可复制、可推广提供了实践素材。为此,《审判指引(试行)》规定,在审理涉自贸试验区案件时,应注重精品案例的发掘和培育,充分发挥精品案例的指导作用。

第四,加大涉自贸试验区案件的公开力度,增加司法的透明度。司法公开是法院提高司法公信力的重要抓手。裁判文书、审判流程和执行信息等司法公开三大平台建设更是法院当前工作的重中之重。对于自贸试验区的改革试验而言,司法公开不仅是法院增加透明度的工作要求,而且是保障交易安全、充分披露区内企业信息的现实需要。因此,在涉自贸试验区的诉讼中,应有更大的司法公开度,对企业的涉诉信息、执行信息应予以充分、及时、有效的披露,从而有效保护交易安全。[3]

---

[1] 《审判指引(试行)》第74条【仲裁审查】规定:"在审理涉自贸试验区仲裁案件时,对仲裁协议效力、证据规则、仲裁程序、裁决依据、撤销裁决审查标准、不予执行裁决审查标准等方面,尊重和体现仲裁制度的特有规律,最大程度地发挥仲裁制度在纠纷解决方面的作用。对于仲裁过程中申请证据保全、财产保全的,应依法及时办理。"

[2] 《审判指引(试行)》第87条【专业人民陪审员选任】规定:"针对涉自贸试验区专业案件的特点和要求,做好人民陪审员的工作,依法保障人民陪审员参加审判活动。参加涉自贸试验区案件专项合议庭的人民陪审员应具备与所审理案件相匹配的专业知识。"

[3] 《审判指引(试行)》第93条【文书上网】规定:"本院审理的涉自贸试验区案件,除依法不得公开的案件外,一律在互联网站上公开发布裁判文书。"

第94条【司法公开告知书】规定:"本院受理涉自贸试验区案件时,应依法向当事人发送《司法公开告知书》,告知当事人司法公开的相关事项。"

(二)《审判指引》的应时完善[1]

《审判指引(试行)》试行3年,取得了很好的效果。2017年恰逢国家提出全面深化上海自贸试验区改革开放,上海一中院以《全面深化中国(上海)自由贸易试验区改革开放方案》以及《最高人民法院关于人民法院为"一带一路"建设提供司法服务和保障的若干意见》《最高人民法院关于为自由贸易试验区建设提供司法保障的意见》的出台为契机,对《审判指引(试行)》进行全面梳理和修订,充分发挥司法政策对自贸试验区审判的引领作用。此次修订涉及三十余条,秉持以下三项原则:

第一,梳理更新相关法律依据,体现与时俱进。针对引用的部分法律法规已失效或就相关内容已有最新规定的情形,进行了相应的剔除与补充。

第二,调整加强规则可操作性,紧贴审判实践。之前《审判指引(试行)》部分条款的设计具有一定的探索性和实验性,需要结合自贸试验区建设以及司法保障工作的最新实践发展,对与现状不相一致的部分规定予以修订。

第三,借鉴吸收最新司法经验,体现法官智慧。

此次修订完善的《审判指引》注重吸收最新司法经验,其中包括将上海一中院近年来的相关判例所确立的裁判规则予以规范和吸收,主要反映出以下四大特点:

第一,借鉴最高人民法院指导案例及公报案例,丰富了公司法人人格否认诉讼审理的相关规定。

2013年1月,最高人民法院发布了指导案例15号"徐工集团工程机械股份有限公司诉成都川交工贸有限责任公司等买卖合同纠纷案",在该案中确立了关联公司人格混同的认定标准以及承担连带责任的裁判规则。考虑到自贸试验区内外关联公司的迅猛发展趋势,利用关联公司人格混同逃避债务的情形可能有所增加,修订后的《审判指引》在原有的公司法人人格否认条文的基础上新增了相关规定。[2] 此

---

[1] 本部分主要参考《上海市第一中级人民法院自贸区司法保障白皮书(2016年4月—2017年4月)》。

[2] 修订后的《审判指引》第26条【公司法人人格否认】第2款规定:"自贸试验区内注册的公司与其关联公司在人员、业务、财务等方面交叉或混同,导致各自财产无法区分,丧失独立人格,严重损害债权人利益的,自贸试验区内注册的公司与该关联公司相互之间对外部债务承担连带责任。"

外,《最高人民法院公报》2016年第10期刊载了上海一中院审结的"应某某诉嘉美德(上海)商贸有限公司、陈某某其他合同纠纷案"。该案明确了一人有限责任公司法人人格否认之诉中的举证责任分配以及股东个人财产与公司财产是否混同的审查要点等裁判规则。尽管该案并无涉自贸试验区因素,但是其裁判规则具有普适性,对于涉自贸试验区此类案件的审理也具有一定的指导意义。因此,修订后的《审判指引》也相应增加了新的规定。[1]

第二,针对上海自贸试验区金融改革现状,明确了在维护金融安全的前提下保障金融创新的审慎司法态度。

上海自贸试验区成立之初,金融司法保障工作主要着眼于大力推动金融改革进程,加快促进金融创新发展。但是,随着金融开放创新的快速推进,相关法律纠纷呈爆发式增长。维护金融安全,是关系我国经济社会发展全局的战略性、根本性大事。今后,法院应以更加审慎的态度对待金融创新。因此,此次修订"金融案件的审理"部分时,坚持贯彻依法支持金融创新,引导市场主体在维护金融市场秩序、保障金融市场安全的前提下积极开展金融创新的理念。

第三,结合金融纠纷司法实践的最新情况,增加了为融资租赁、互联网金融创新提供司法保障的具体规定。

融资租赁业、互联网金融是上海自贸试验区金融创新的重点领域,是非常活跃的。但是,结合法院受理的相关案件的情况来看,当前两者已成为涉自贸试验区法律纠纷的"高发地带",未来案件数量可能还将持续增长。修订后的《审判指引》通过新增相关规定,明确法院对于此类创新的保护宗旨、纠纷裁判原则和价值

---

[1] 修订后的《审判指引》第26条【公司法人人格否认】第3款规定:"自贸试验区内注册的一人有限责任公司的财产与股东自己的财产无法区分的,一人有限责任公司与股东对公司债务承担连带责任。法院在认定两者财产是否混同时,应当审查公司是否建立了独立规范的财务制度、财务支付是否明晰、是否具有独立的经营场所等因素并予以综合考量。"

第4款规定:"在一人有限责任公司法人人格否认之诉中,应根据作为原告的债权人起诉所基于的事由来确定举证责任的分配。若债权人以一人有限责任公司的股东与公司存在财产混同为由要求股东对公司债务承担连带责任,应实行举证责任倒置,由被告股东对其个人财产与公司财产之间不存在混同承担举证责任。"

导向,以期发挥一定的现实指导作用。[1]

第四,吸收本院司法经验以及最高人民法院相关意见,补充了关于涉自贸试验区仲裁协议效力审查的相关规范。

2015年,上海一中院审结了全国首例涉自贸试验区外商独资企业间申请承认与执行外国仲裁裁决纠纷案——"西门子国际贸易(上海)有限公司诉上海黄金置地有限公司申请承认与执行外国仲裁裁决案"。该案确立了仲裁协议效力认定的相关裁判规则,充分体现了上海一中院支持上海自贸试验区法治建设先行先试的精神,已被《最高人民法院关于为自由贸易试验区建设提供司法保障的意见》采纳。因此,此次修订在仲裁审查条款中吸收了相关内容,同时补充了关于司法支持临时仲裁的规定。[2]

三、2013—2018 年上海一中院涉自贸试验区案件基本情况

关于涉自贸试验区案件审理的总体情况,上海一中院于 2016 年 4 月、2017 年 5 月、2018 年 5 月发布的三份《自贸区司法保障白皮书》均有涉及。为避免重复,此处以上海一中院 2018 年 5 月发布的白皮书为蓝本进行介绍,一则因为这份白皮书在时间跨度上包含上海自贸试验区成立以来的全部案件情况,二则因

---

[1] 修订后的《审判指引》第 33 条【融资租赁业创新】规定:"依法适用《中华人民共和国合同法》《中华人民共和国物权法》及相关司法解释,参照商务部、中国银行业监督管理委员会的相关规范性文件,为自贸试验区内融资租赁企业在核准的经营范围内依法开展融资业务及国际融资租赁业创新活动的开展提供相应的司法保障。正确认定融资租赁合同效力,以当事人约定优先,合理界定当事人的权利义务,促进融资租赁市场全面健康发展。"

第 34 条【互联网金融安全】规定:"依法依规对自贸试验区内第三方支付、P2P 网络借贷、互联网理财、互联网保险、互联网众筹等互联网金融创新活动提供相应的司法保障。审慎认定互联网创新行为的效力,促进互联网金融行业健康发展,保护互联网金融消费者的合法权益。"

[2] 修订后的《审判指引》第 74 条【仲裁裁决】第 2 款规定:"在自贸试验区内注册的外商独资企业相互之间约定商事争议提交域外仲裁的,不应仅以其争议不具有涉外因素为由认定相关仲裁协议无效。"

第 3 款规定:"一方或者双方均为在自贸试验区内注册的外商投资企业,约定将商事争议提交域外仲裁,发生纠纷后,当事人将争议提交域外仲裁,相关裁决作出后,其又以仲裁协议无效为由主张拒绝承认、认可或执行的,本院不予支持;另一方当事人在仲裁程序中未对仲裁协议效力提出异议,相关裁决作出后,又以有关争议不具有涉外因素为由主张仲裁协议无效,并以此主张拒绝承认、认可或执行的,本院不予支持。"

第 4 款规定:"在自贸试验区内注册的企业相互之间约定在内地特定地点、按照特定仲裁规则、由特定人员对有关争议进行仲裁的,可以认定该仲裁协议有效。"

为这份白皮书包含有关浦东法院与上海一中院两级法院较为全面的案件数据，因而最具有代表性。

（一）2013—2018年上海一中院（部分涉及浦东法院）涉自贸试验区案件审理概况

截至2018年4月，浦东法院共受理各类涉自贸试验区案件97484件，审（执）结92457件。在受理的案件中，包括民商事案件80919件、刑事案件1707件、行政案件19件、执行案件14839件。在民商事案件中，包括金融商事案件52198件、知识产权案件9779件、普通民事案件8642件、投资贸易类商事案件6758件、劳动争议案件3542件。

上海一中院共受理各类涉自贸试验区案件4508件，审结4210件。在受理的案件中，民商事案件4237件、刑事案件14件、行政案件13件、执行案件244件。在民商事案件中，包括金融商事案件2467件、投资贸易类商事案件813件、普通民事案件604件、劳动争议案件332件等。

上海一中院受理的涉自贸试验区案件共涉及187个案由，证券虚假陈述责任纠纷的数量最多；其次是与合同有关的案件（总占比37.05%），其中近三成案件是买卖合同纠纷，金融借款合同纠纷、融资租赁合同纠纷的数量也较为靠前。（见表4-1）。

表4-1 上海一中院涉自贸试验区案件收案数前十位案由

案由	占比
证券虚假陈述责任纠纷	46.81%
买卖合同纠纷	10.18%
劳动合同纠纷	4.33%
金融借款合同纠纷	3.28%
房屋拆迁安置补偿合同纠纷	3.26%
融资租赁合同纠纷	2.60%
合同纠纷	2.11%
服务合同纠纷	1.40%
申请撤销仲裁裁决	1.29%
民间借贷纠纷	1.13%

从案件程序看,上海一中院受理的涉自贸试验区案件中,一审案件 2417 件、二审案件 1827 件、执行案件 244 件、申诉案件 4 件、其他案件 16 件。(见图 4-9)

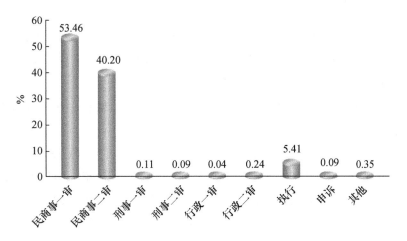

图 4-9　上海一中院涉自贸试验区案件类型分布

在上述二审案件中,原审法院为浦东法院的案件为 1677 件,位居第一。原审法院为徐汇法院、闵行法院、长宁法院、松江法院、金山法院、奉贤法院的案件分别为 65 件、30 件、27 件、14 件、7 件、7 件。(见图 4-10)

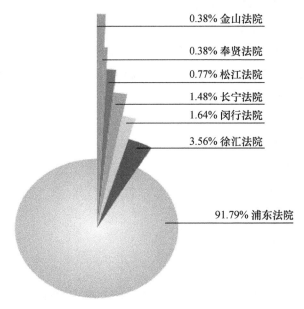

图 4-10　上海一中院涉自贸试验区二审案件的原审法院分布

（二）2013—2018 年上海一中院（部分涉及浦东法院）涉自贸试验区民商事案件总体特点

2013—2018 年，上海自贸试验区经历了成立、扩区、制度创新深化、平稳发展的过程。随着上海自贸试验区建设的不断推进，涉自贸试验区民商事案件也呈现出一定的特点和变化规律。

第一，案件收、结数量呈前三年几何级增长、后两年增长趋于平缓态势，反映出上海自贸试验区内营商环境的培育进程。

以上海自贸试验区扩区为节点，2013 年 11 月至 2015 年 4 月，浦东法院共受理涉自贸试验区民商事案件 1109 件；2015 年 5 月至 2016 年 10 月，共受理 14417 件。上海自贸试验区地域面积扩大了约 3 倍，案件数量增长了 12 倍。相应地，浦东法院前三年涉自贸试验区民商事案件的诉讼标的总额达 336.72 亿元，年度标的额由第一年的 17 亿元增至第三年的 179.33 亿元，单案最高标的额达 1.32 亿元。但是，2017—2018 年，在不考虑统计口径调整的情况下，总体收、结案数量同期仅小幅增长，增速明显低于前三年。

上海一中院涉自贸试验区案件的总体收案数量自 2016 年开始亦大幅增长。2016 年与 2015 年相比，收案数量增长两倍多，且此后一直保持增长较高水平。（见图 4-11）其中，民商事案件占 93.99%，增长趋势也非常明显。2016—2018 年，上海一中院审结民商事案件 57644 件，诉讼标的额总计为 2584.18 亿元。其中，涉自贸试验区民商事案件 3818 件，诉讼标的额总计为 196.14 亿元，案件数量和诉讼标的额分别占 6.62% 和 7.59%。

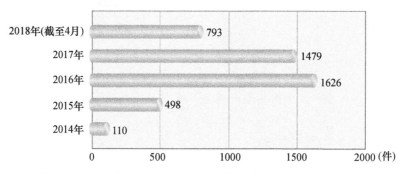

图 4-11 2014 年以来上海一中院涉自贸试验区案件的收案趋势

可见,随着上海自贸试验区扩区与创新举措的不断深化,区内民商事活动高度活跃,司法需求持续增加,需求总量随着时间的推移趋于稳定。值得注意的是,大标的民商事案件数量不降反升,尤其是大标的民间借贷纠纷、金融借款纠纷、企业借款纠纷大量涌现,反映出区内资金流通量持续扩大,上海自贸试验区对流动资本的吸引力度不断提升。

第二,四大片区案件区分明显,体现了上海自贸试验区各片区的核心功能与发展定位。

从综合扩区前后浦东法院受理的涉自贸试验区民商事案件所涉片区来看,保税区片区案件6982件,陆家嘴金融片区案件52446件,金桥开发片区案件6329件,张江高科技片区案件13575件,其他区域案件1587件。上海一中院受理的案件八成以上集中在张江高科技片区(42.56%)、外高桥保税区(25.01%)和陆家嘴金融片区(15.32%)。(见图4-12)

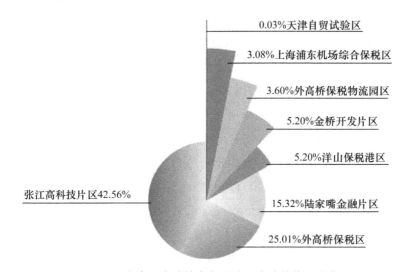

图4-12 上海一中院涉自贸试验区案件的片区分布

2013—2018年,随着各个片区核心功能集聚效应的发挥和产业定位的不断成熟,各片区案件与产业发展的关联日趋明显。从数量上看,陆家嘴金融片区、张江高科技片区受到大量国内外商事主体落户、上海科创中心建设等因素影响,所涉案件比例大幅增加。从类型上看,保税区片区和金桥开发片区的案件以买卖、仓储、加工承揽等贸易合同以及国际物流服务、金融信息服务、咨询管理服务等新型服务业纠纷为主;陆家嘴金融片区金融特色突出,涉自贸试验区金融商事案件数量最多;张江高科技片区内高科技企业云集,涉自贸试验区知识产权案件主要以著作权、商标权、不正当竞争等类型为主。

第三,案件类型结构调整明显,凸显了上海自贸试验区制度创新影响力广度、深度双升级。

从浦东法院涉自贸试验区民商事案件的类型结构来看,金融商事案件占比激增且持续保持第一,反映了上海自贸试验区金融活动高度活跃,改革的激发效应凸显。投资贸易类商事案件经过第二年度和第三年度的高速增长,从第四年度开始,占比逐年小幅下降。与此同时,与自贸试验区改革相关的新类型案件不断涌现,反映了自贸试验区内投资贸易在数量增长的同时,投资领域扩大,贸易转型升级的效果也在逐步显现。以上海一中院受理的融资租赁合同纠纷为例,截至2016年3月,不足25件;截至2017年5月,为57件;截至2018年4月,已达117件,而且仍保持高速增长态势。知识产权案件数量同样呈现前期快速增长、后期趋稳的趋势,反映了自贸试验区科技创新中心建设的不断深化以及营商环境优化对知识产权保护的力度提升。在所有涉自贸试验区民商事案件中,涉互联网产业、交易过程涉互联网、以互联网为媒介或背景的纠纷数量大幅上升,表明区内互联网与各产业领域融合深入,"互联网+"创新发展形态多样。上海一中院受理的涉自贸试验区民商事二审案件的类型结构也相应有所调整。

结合上海自贸试验区新设企业不断增加、区内商事活动持续繁荣的背景,案件类型结构变化反映出自贸试验区内投资贸易、知识产权保护、人力资源、互联网等领域的规则不断细化完善,营商环境日趋优化;同时,受上海国际金融中心建设不断推进以及金融机构、准金融机构在自贸试验区内高度集聚等因素影响,金融商事案件持续增加,一定程度上展现了自贸试验区金融领域的快速发展。

第四,涉外案件占比逐年上升,类型趋于多样,反映了国际商事主体对上海自贸试验区市场的参与度全面提升。

2013—2018年,浦东法院受理的自贸试验区涉外及涉外资案件数量持续上升,上海一中院受理的涉自贸试验区案件中涉外、涉港澳台案件共194件(占4.30%)。此类案件类型结构变化显著:一是由以投资贸易案件为主向金融商事案件与投资贸易案件并重转变,反映了国际商事主体在上海自贸试验区投资、金融、贸易领域的全面参与。二是涉外及涉外资金融借款纠纷和融资租赁纠纷数量显著增加,反映了相关涉外市场主体由于生产经营、设备升级等原因,对跨境融资的需求提高,以及与非涉外企业在资金融通上的合作往来更加深入。三是涉外投资贸易案件类型更加丰富,特别是演出合同、建筑设计、安保服务、法律服务等类型贸易纠纷增多,新兴领域外商投资入股权转让等纠纷时有发生,反映了涉外主体在更广领域、更深层次参与上海自贸试验区投资、贸易活动,自贸试验区推动投资开放和贸易便利化成效显现。四是涉国际知名企业及大标的商事案件多发,如IBM、三菱、优衣库、乐天、立邦、富士施乐、迪士尼、养乐多、捷豹、路虎等众多国际知名集团和品牌,表明在上海自贸试验区营商环境优化的背景下,国际大企业参与度加深,市场交易愈发活跃。

第五,案件总体调撤率上升,判决率下降,体现了涉自贸试验区商事纠纷多元解决机制建设成效显著。

从民商事案件的结案方式来看,浦东法院共有 42356 件案件以调解或撤诉方式结案,总调撤率为 54.60%。尤其是 2017 年以来,在不考虑金融机构集中起诉的车贷以及信用卡案件的影响下,总判决结案率约为 33.89%,与上海自贸试验区建设初期相比下降约 14 个百分点;案件调撤率达 62.61%,上升约 15 个百分点。这反映出浦东法院坚持"调解优先"理念、成立浦东法院"诉调对接中心自贸区商事争议解决分中心"、完善"三级四层"多元纠纷化解体系的努力成效显现,通过诉前的专业化调解、人民调解和诉中的委托调解、法官调解,实现了涉自贸试验区矛盾纠纷便捷、高效化解。

第三节 其他两级人民法院保障上海自贸试验区的文件解析

面对上海自贸试验区这一国家战略的提出,法院提供司法保障也应是具有整体性和立体性的。浦东法院和上海一中院在司法服务与保障方面所取得的一系列成果与突破,与上级法院的支持和领导密不可分。因此,在重点介绍浦东法院和上海一中院的司法保障经验之后,对于我国四级法院体系中其他两级人民法院对上海自贸试验区保障政策的解析,有助于我们从整体上把握上海自贸试验区司法保障的来龙去脉。本节主要以司法解释、规范性文件的发布时间为序,选取上海市高级人民法院和最高人民法院在不同时期发布的保障意见。其中,上海市高级人民法院于 2014 年 5 月发布的《上海法院服务保障中国(上海)自由贸易试验区建设的意见》是上海市法院系统为自贸试验区吹响的司法保障"集结号";而最高人民法院2016年12月发布《关于为自由贸易试验区建设提供司法保障的意见》则在充分总结上海市各级法院司法保障经验的基础上,将其推广、辐射至我国其他的自贸试验区。

一、《上海法院服务保障中国(上海)自由贸易试验区建设的意见》

上海自贸试验区自2013年9月挂牌成立以来,上海三级法院积极应对,为自贸试验区建设提供了强有力的司法服务与保障。其中,关于浦东法院和上海一中院的情况前文已述,而2014年5月上海市第二中级人民法院(以下简称"上海二中院")发布的《关于适用〈中国(上海)自由贸易试验区仲裁规则〉仲裁案件司法审查和执行的若干意见》主要是针对上海自贸试验区仲裁制度的创新提供的司法保障方案,将在后续章节中重点介绍,在此不予赘述。2014年5月,上海市高级人民法院作为上海市法院系统的"领头羊",在充分研究的基础上发布了《上海法院服务保障中国(上海)自由贸易试验区建设的意见》(以下简称《上海法院保障意见》),从上海市法院系统整体司法保障的角度对处于初创时期的自贸试验区提供强有力的支持。

从总体意义上讲,《上海法院保障意见》立足于中共十八届三中全会全面深化改革的决策部署与上海自贸试验区的总体目标和要求,提出"深刻领会自贸试验区建设的战略意义,增强为自贸试验区建设提供强有力司法保障的大局意识和责任意识"。其中,在"充分认识自贸试验区建设战略意义"方面,《上海法院保障意见》要求:"紧紧围绕国家战略,全面把握自贸试验区建设对人民法院工作提出的新要求和新任务,努力为建设具有国际水准的自贸试验区,提供强有力的司法保障和优质高效的法律服务。"在"切实增强进取意识、机遇意识和责任意识"方面,《上海法院保障意见》提出:"按照率先建立符合国际化、法治化要求的跨境投资和贸易规则体系,着力培育国际化、法治化营商环境的要求,全面发挥司法职能作用。加强前瞻性思考,积极主动研究与自贸试验区相关的法律、法规和政策调整中出现的新情况、新问题,健全完善适应服务保障自贸试验区建设需要的各项工作机制,让中外当事人在每一个司法案件中都感受到公平正义。"上述总体要求体现出上海市法院系统对自贸试验区"法治化、国际化、市场化"三项主要需求的回应,其后具体工作的开展也紧紧围绕这三项主要需求。

（一）更新司法理念，回应自贸试验区对司法保障的新要求

第一，上海自贸试验区应是一个法治之区，法治化的目标既要求立法机关处理好立法引领与制度创新之间的关系，也要求法院处理好司法保障与先行先试之间的关系。在上海市各级法院如何进一步强化法治理念的问题上，《上海法院保障意见》特别强调，要在依法公正的基础上，体认市场规律，发挥司法对经济行为的引导能力。[1]

第二，上海自贸试验区应是一个高度国际化的示范区。从《总体方案》中即可看出，无论是中央对于上海自贸试验区的功能定位，还是上海自贸试验区涉及的各项制度革新内容，无不与国际化的要求息息相关。国际化的要求在强调制度、立法对标国际标准的同时，也要求法院作为内国的争议解决机构与国际司法的普遍性规律衔接，向世界展示中国法院互惠平等、公平正义的面貌。鉴于此，《上海法院保障意见》对如何拓展国际视野提出了具体要求，特别强调司法对于国内外市场主体平等保护的原则，突出法院在涉外案件中正确行使管辖权、准确适用法律的职责。[2]

第三，上海自由贸易试验区应是一个充分体现市场化规律的自由区。在中国特色社会主义市场经济的建设过程中，自由市场体系不完善、政府干预市场过度的现象仍有待转变。因此，上海自贸试验区的目标之一便在于简化政府职能，释放市场活力。为实现司法进一步尊重市场规律的要求，《上海法院保障意见》强调，在市场经济语境下，司法应充分尊重商事惯例和意思自治，同时要依法维护和监督行政机关的市场监管措施。[3]

---

[1] 《上海法院保障意见》第3条规定："……秉持依法办事、独立审判、公开透明、程序正当、平等保护、公正裁判的法治理念，明晰市场交易规则，依法维护交易行为效力，规范市场交易秩序，引导市场预期，促进诚实守信，发挥司法对投资、贸易等行为的评价、示范和导向作用。"

[2] 《上海法院保障意见》第4条规定："……借鉴国际有益经验，强化投资和贸易权益保障，促进各类市场主体公平竞争。依法行使涉外案件的司法管辖权，准确适用法律、我国缔结或参加的国际条约、国际商事交易惯例，努力为国际化营商环境提供优质的法治保障。"

[3] 《上海法院保障意见》第5条规定："……加深对市场经济规律的认识，坚决维护市场在资源配置中的决定性作用，充分尊重市场主体意思自治、商事交易惯例和规则，保障交易自由和安全，支持市场创新。依法监督和支持行政机关以法治思维和法治方式加强市场监管，推进社会治理创新。"

(二)深化司法改革,探索可复制、可推广的司法保障经验

第一,积极稳妥地推进司法体制改革。上海市法院系统既要探索中国第一个自贸试验区的司法保障与服务经验,也是中国司法体制改革的先行者,因此司法体制改革是服务自贸试验区建设的题中之义。[1] 在上海自贸试验区后续的司法实践中,浦东法院自贸区法庭和自贸区知识产权法庭以及上海一中院自贸区专项合议庭的顺利运行,已经为自贸试验区的集中管辖机制开辟了一条前进之道。

第二,探索审判权力运行机制改革。上海自贸试验区要想打造法治化、国际化的营商环境,不仅仅需要前置的制度创新和政府监管体制改革,也需要法院及时、有效地提供便捷、高效、公正的司法救济。为了达成上述目标,需要在审判组织优化、司法责任制落实以及审判专业化水平等方面有一个全面的提升。《上海法院保障意见》对于上述方面的提升提出了细化要求。[2]

第三,打造适应自贸试验区建设要求的法官队伍。审判专业化的实现除了要有良好的制度保障外,法官的职业素养、专业能力也将起到至关重要的作用。为了应对自贸试验区可能出现的新类型、跨领域、跨国境案件的审判需求,《上海法院保障意见》从"加强人才培养、优化人才结构"和"加强学习培训、提升司法能力"两个维度提出了具体措施。[3]

第四,完善司法配套服务保障体系。上海市法院系统在突出自贸试验区审判

---

[1] 《上海法院保障意见》第6条规定:"……加强自贸试验区审判机构建设,研究推行与自贸试验区相关的投资、贸易、金融及知识产权等案件的集中管辖机制,提升诉讼便利化水平,不断完善执行工作的快速反应和联动机制,确保相关纠纷得到公正、专业、高效的解决。"

[2] 《上海法院保障意见》第7条规定:"……科学设置审判组织,进一步优化司法职权配置,合理界定各类审判组织的职权范围;完善主审法官、合议庭办案责任制,让审理者裁判、由裁判者负责;健全专业化审判机制,对涉自贸试验区案件实行专项管理,建立案件信息报告分析、分级指导监督等制度,全力提升审判专业化水平。"

[3] 《上海法院保障意见》第19条规定:"……推进队伍正规化、职业化、专业化建设,选拔培养一批既精通国内外法律,又熟悉经济和通行投资贸易规则惯例,且具有国际化视野、丰富审判经验和较强审判能力的专家型、复合型法官,有效担当起自贸试验区的司法重任。"

第20条规定:"……优化知识结构,探索法官多岗位、跨部门学习锻炼机制,加强对国家宏观经济政策、国际投资和贸易等经济、金融知识的培训,增进对国际商事交易惯例和新型交易业态等相关知识的学习,培养适应自贸试验区司法需求的审判人才。"

职能的同时,也在司法公开、政策研判、多元争议解决机制等领域作出了有益探索。《上海法院保障意见》主要从"全面推进司法公开""不断拓展司法职能"和"大力推动自贸试验区纠纷解决机制的健全和完善"三个方面提出了要求。[1]

(三)专注法律适用,应对自贸试验区法治变革的新问题

第一,全面对接上海自贸试验区投资贸易领域的新发展。由于上海自贸试验区大幅度地扩大了投资、贸易、金融、航运领域的对外开放,因此必然导致司法需要及时适应法律法规变动,同步跟进商事规则演变。例如,国际投资领域中负面清单的运用、国际贸易领域中贸易发展方式的转变、国际金融领域中服务方式与功能的创新、国际航运领域中开放措施与能级的提升,这些制度性变革对自贸试验区审判中的法律适用问题提出了新挑战。有鉴于此,《上海法院保障意见》从充分发挥审判职能的角度,分别对四大领域的法律适用提出了总体性要求。[2]

---

[1]《上海法院保障意见》第8条规定:"……全面加强自贸试验区审判工作信息化平台建设,及时全面公开审判流程、裁判文书、执行信息,通过网络庭审直播、发布典型案例信息等方式,增进公众对自贸试验区审判工作的了解、信赖和监督。"
第9条规定:"……加强涉自贸试验区案件的司法统计分析,建立相关纠纷动向和风险预警机制,运用审判白皮书、司法建议等方式,积极为自贸试验区的产业发展、制度创新、政府决策、立法完善建言献策。"
第10条规定:"……加强和改进商事仲裁裁决的司法审查工作,依法保障和鼓励自贸试验区商事仲裁制度创新,促进具有国际水准和公信力的商事仲裁体系形成;加强与行业协会、商会以及其他合法商事调解组织调解工作的衔接,力争使涉自贸试验区纠纷得到高效、便捷、经济的解决。"
[2]《上海法院保障意见》第12条规定:"依法保障和促进投资领域扩大开放。根据负面清单管理模式、商事登记制度和境外投资管理方式改革的要求,深入研究涉金融服务、航运服务、商贸服务、专业服务、文化服务以及社会服务等扩大开放领域民商事纠纷的法律适用问题,准确适用法律、法规及有关法律、法规调整实施的决定,依法维护中外投资者合法权益。"
第13条规定:"依法保障和促进贸易发展方式转变。高度重视涉服务贸易、国际大宗商品和资源交易、对外文化贸易、跨境电子商务、外包业务、离岸业务及国际贸易结算等案件的审理,加强对贸易新型业态相关法律问题的研究,支持创新发展,促进公平竞争,努力为推动贸易转型升级、提升我国在全球贸易价值链中地位营造良好的法治环境。"
第14条规定:"依法保障和促进金融领域开放创新。全力支持金融制度创新,增强金融服务功能。加强对中外各类金融机构合规经营活动的司法保护,依法保障合规跨境金融交易活动。稳妥审理涉及金融创新的各类金融纠纷案件,支持和鼓励先行先试,有效防范金融风险。"
第15条规定:"依法保障和促进提升国际航运能级。充分发挥海事专业化审判制度优势,切实增强海事审判的服务意识和工作前瞻性。加强对航运金融、国际船舶运输、国际船舶管理、国际航运经纪、航运运价指数衍生品交易、船舶登记及国际航空运输等航运业务创新发展过程中法律适用问题的调研,通过公正高效审判,规范航运市场活动,支持和保障自贸试验区航运枢纽功能建设。"

第二，发挥司法保护知识产权的主导作用。上海自贸试验区的发展是上海建设具有全球影响力的科创中心的重要一环，因此从司法角度为科技创新保驾护航也是维护自贸试验区营商环境的关键事项。[1]

第三，依法支持加快政府职能转变。诚如盛勇强所言："自贸试验区在加快推进政府职能转变的过程中，亟须加强与改革措施相配套的公法性法律法规及相应司法解释的适用研究。一方面自贸试验区建立负面清单管理模式，调整外资三法及相应行政法规和地方性法规的实施还仅限于直接规范相应行政审批的规定，相关既有配套法律法规的调整还有一个过程。另一方面随着监管理念和模式的创新，需要加快形成与国际通行的贸易、投资规则相衔接的基本制度框架，进一步明确相应行政监管行为的法律依据。"[2]因此，在涉自贸试验区案件的审判中，法院既要注意到政府监管方式、职能转变对行政审判带来的直接影响，也要注意到这一改变对于民商事、涉外案件的审判形成的联动效应。[3]

第四，注重发挥刑事司法维护市场经济秩序的职能作用。上海自贸试验区民事、行政法律的变动对刑事法律的适用也会引起连锁反应，因此如何在刑事法律适用变革的基础上有效发挥刑事司法的市场维护功能，需要法院持续关注。正如2014年时任上海一中院刑一庭庭长周强所言："与自贸区率先建立的负面清单管理模式相契合，自贸区内刑事司法理念亦应率先转变，由重视惩罚向更加重视保护权利、自由方向转变，更加侧重于保护经济活动参与主体的权利、自由，更加倡

---

[1]《上海法院保障意见》第16条规定："……依法运用民事、行政和刑事司法保护措施，加大知识产权司法保护力度，降低维权成本，提高侵权代价。充分保护知识产权人的合法权益，发挥知识产权激励创新的重要作用，激发创新活力，形成尊重知识、崇尚创新、诚信守法、公平竞争的良好市场环境，促进创新驱动发展、经济转型升级。"

[2] 盛勇强：《为自贸试验区建设提供优质司法保障和服务》，载《人民法院报》2013年12月18日第5版。

[3]《上海法院保障意见》第17条规定："……通过依法履行行政审判职责，支持自贸试验区深化行政管理体制改革，加快政府职能转变，改革创新政府管理方式，促进与国际高标准投资和贸易规则体系相适应的行政管理体系的建立。通过公正审理涉及行政审批模式转变、信息公开和市场监管执法等各类行政案件，监督和支持行政机关依法行政，统筹发挥行政审判与民、商事审判的联动作用，努力为营造与自贸试验区建设要求相匹配的依法行政环境提供司法保障。"

导刑法的谦抑化。"[1]在这一问题上,《上海法院保障意见》从宽严相济角度进行了规范,[2]为自贸试验区内的刑事司法导向提供了指引。

二、《最高人民法院关于为自由贸易试验区建设提供司法保障的意见》

如果说《上海法院保障意见》是上海自贸试验区设立之初司法保障的设想与方向,那么《最高人民法院关于为自由贸易试验区建设提供司法保障的意见》(以下简称《最高法院保障意见》)是在总结我国自贸试验区总体司法保障经验基础上的又一次总结。从最高人民法院出台这一司法解释的时间背景来看,2016年,我国自贸试验区已经扩容为"1+3+X"模式。在这一背景下,各自贸试验区的制度创新经验需要在互通有无的基础上实现基本统一。《人民法院报》记者发文指出,《最高法院保障意见》紧密围绕推动"司法工作人员更新观念,树立正确的大局意识"[3]"坚持法治先行,把握正确的执法尺度"[4]"坚持改革理念,促进自贸试验区制度创

---

[1] 转引自张娜、凌捷、陆文奕:《推进司法保障 把脉法律适用——中国(上海)自由贸易试验区制度建设与司法保障研讨会综述》,载《人民法院报》2014年5月14日第7版。

[2]《上海法院保障意见》第18条规定:"……依法严厉惩处生产、销售伪劣商品、商业贿赂、侵犯知识产权、侵犯财产等犯罪活动。依照与自贸试验区深化改革、扩大开放相关的法律规定,慎重处理涉及洗钱、走私、破坏金融管理秩序、妨害公司企业管理秩序、扰乱市场秩序的刑事案件。加强与相关职能部门的沟通、协作,注重维护自贸试验区经济秩序和社会稳定。"

[3]《最高法院保障意见》第1条规定:"深刻认识自贸试验区建设的重大意义。自贸试验区是我国改革开放的试验田,是我国构建开放型经济新体制的重要窗口。自贸试验区的建设,对完善我国经济体制机制是有力的推动,在法律实施方面有重大影响。各级人民法院应当积极做好司法应对,从全面推进依法治国的高度树立大局意识,严格依法办事,公正、高效审理各类涉自贸试验区的案件,平等保护中外当事人合法权利,为自贸试验区的建设提供优质高效的司法保障。"

[4]《最高法院保障意见》第2条第1款规定:"依法保障自贸试验区建设的制度创新。自贸试验区的建设肩负着为我国全面深化改革和扩大开放探索新途径、积累新经验的历史使命,也是对凡属重大改革都要于法有据的中央决策的积极尝试。各级人民法院应探索为自贸试验区提供司法保障的改革举措,同时,要确保这些改革举措的探索在法律框架内进行。在准确适用法律的基础上,注重及时调整裁判尺度,积极支持政府职能转变,尊重合同当事人的意思自治,维护交易安全。"

新"[1]三个主要指导方针,旨在发挥最高人民法院的业务指导作用,统一认识,更新审判理念,以实际举措支持自贸试验区内实施的各项改革措施,解决涉自贸试验区司法实践中迫切需要解决的、带有普遍性的问题。[2]《最高法院保障意见》第一部分的内容主要是制定该司法解释的三个主要指导方针,其具体的经验总结主要反映在以下三大方面:

（一）充分发挥审判职能作用,为促进自贸试验区健康发展提供司法保障

《最高法院保障意见》第二部分主要是对法院的自贸试验区审判实践的归纳,以及对刑事、民事、行政等方面审判职能的要求。在刑事审判方面,《最高法院保障意见》在梳理自贸试验区内常见犯罪类型并提出严厉打击、惩治的要求外,特别强调在自贸试验区实行公司注册资金认缴资本制的背景下,要区别认定相关犯罪的罪与非罪的界限。[3]

民事审判领域的内容比较丰富,《最高法院保障意见》第 4 条先对自贸试验区内劳动保护、消费者权益保护和生态环境保护的基本精神作了强调,[4]然后对自贸试验区涉及"民宅商用""一址多照"、因贴牌加工和平行进口引发的知识产权侵

---

[1]《最高法院保障意见》第 2 条第 2 款规定:"积极参与自贸试验区的治理体系和治理能力现代化建设。在自贸试验区进行的政府职能转变、投资领域开放、贸易发展方式转变、金融领域开放创新、完善法治保障等各项工作中,各级人民法院要结合自身的司法实践,积极配合各项改革措施的实施,主动完善工作机制,创新工作方法,为营造公正、公开、透明的法治环境和法治化、国际化、便利化的营商环境做出积极贡献。"

[2] 参见曹雅静:《为促进自贸试验区健康发展提供司法保障》,载《人民法院报》2017 年 1 月 10 日第 1 版。

[3]《最高法院保障意见》第 3 条规定:"积极行使刑事审判职能,依法打击涉自贸试验区的刑事犯罪。打击破坏自贸试验区建设、滥用自贸试验区特殊市场监管条件进行的犯罪,维护自贸试验区社会稳定及市场秩序。重视解决侵犯知识产权跨境犯罪问题。依法惩治涉自贸试验区的走私、非法集资、逃汇、洗钱等犯罪行为。同时注意区分虚报注册资本罪、虚假出资罪、抽逃出资罪以及非法经营罪的罪与非罪的界限。"

[4]《最高法院保障意见》第 4 条第 1 款规定:"加强涉自贸试验区的民事审判工作,依法保护当事人的民事权益。加强劳动保护,正确处理用人单位与劳动者的劳动争议,促进自贸试验区内企业用工制度的健康发展。保护消费者权益,维护消费者个人信息的安全,严格对服务领域合同格式条款的审查,惩治利用虚假广告侵害消费者的行为。保护生态环境,积极审理有关机关和组织对损害社会公共利益或者具有重大风险的污染环境、破坏生态行为提起的诉讼。"

权以及海事审判等领域中的具体问题作了指引。[1]

在行政审判领域,《最高法院保障意见》第 5 条明确了三项基本立场,以促进自贸试验区法治建设的完善:一是明确法院依法支持自贸试验区行政体制转变的立场;二是严格依据自贸试验区负面清单制度判定合同效力与履行的立场;三是立足司法对行政的能动性作用,适时提出司法建议的立场。[2]

(二)依法支持自贸试验区企业的创新做法,鼓励其探索新的经营模式

全国自贸试验区的蓬勃发展,带来了区内企业经营业态和运营方式的加速升级。对于这些自贸试验区内的企业创新领域,立法并未给出明确的态度并予以指引,这就要求法院在司法活动中进行适度的引导,以维护自贸试验区内的企业创新。

《最高法院保障意见》从依法支持企业创新、维护商事交易当事人意思自治的大原则出发,针对自贸试验区内融资租赁和跨境电子商务两大领域作出规定。针

---

[1]《最高法院保障意见》第 4 条第 2 款规定:"正确处理在自贸试验区较为常见的'民宅商用''一址多照'问题。正确理解和适用《中华人民共和国物权法》第七十七条规定的将住宅改变为经营性用房的限制条件,保障人民群众正常的生活秩序。对多个公司使用同一地址作为住所地登记的,在审理相关案件时要注意是否存在财产混同、人格混同等情况,依法维护债权人利益。"

第 3 款规定:"加强对自贸试验区内知识产权的司法保护。鼓励自主创新,提高侵权成本。完善有关加工贸易的司法政策,促进加工贸易的转型升级。准确区分正常的贴牌加工行为与加工方擅自加工、超范围超数量加工及销售产品的行为。妥善处理商标产品的平行进口问题,合理平衡消费者权益、商标权人利益和国家贸易政策。鼓励以知识产权为标的的投资行为,推动商业模式创新,简化维权程序,提升维权质效。鼓励知识产权质押融资活动,促进知识产权的流转利用。"

第 4 款规定:"加强海事审判。规范航运市场建设,支持自贸试验区航运服务业开放、提升国际航运服务能级和增强国际航运服务功能。关注与船舶登记制度改革及其他与航运有关的新类型案件,研究新型海事法律关系的法律适用和专门管辖问题。及时通过典型案件的审理确认有关规则,引导行业行为,促进行业发展。"

[2]《最高法院保障意见》第 5 条规定:"积极行使行政审判职能,支持和监督政府在自贸试验区依法行政。支持和监督市场监管部门创新服务模式,依法行政。以审判活动促进和规范政府信息公开。通过外商投资项目备案的企业,其签订的合同违反自贸试验区行业准入要求,导致事实上或法律上不能履行,当事人请求继续履行的,人民法院不予支持。对在案件审理过程中发现的与自贸试验区市场规则有关的制度缺陷及行政行为不规范等问题,人民法院应及时向行政管理部门反馈意见,或者提出司法建议,促进自贸试验区法治建设的完善。"

对融资租赁这一自贸试验区重点发展的行业,一方面,《最高法院保障意见》注意到融资租赁行业的国际性,强调在国际性融资租赁合同领域尊重合同当事人的意思自治;[1]另一方面,支持融资租赁业的发展需要,尽力减少行政手段对合同效力的干扰,明确对于需要行政审判或者登记的合同不应轻易认定为无效。[2]

关于支持自贸试验区发展跨境电子商务服务的部分,《最高法院保障意见》第7条对两方面的问题作了规定。第一方面的问题是,对于消费者与跨境电商企业之间订立的合同,究竟属于买卖合同抑或委托合同?在实践过程中,这一合同的定性问题对于消费者权益保护的影响很大。例如,产品出现瑕疵问题,在成立买卖合同关系时,消费者有权向跨境电商企业索赔;而在成立委托合同时,则一般只能向境外的供货商提出索赔。《最高法院保障意见》从两个方面作了提示:一是就跨境电商企业而言,如果其交付的产品属于"批量进口、分批销售",那么在消费者主张构成买卖合同时应予以支持;二是从合同约定的角度而言,如果合同约定"消费者个人承担关税和邮寄风险",那么符合委托合同的表征。第二方面的问题是,由于跨境电子商务涉及的合同往往具有网络化、格式化的特点,因而当合同中存在仲裁条款时,有可能与传统仲裁协议的要件不符,也有可能产生对消费者权益的侵害。因此,《最高法院保障意见》采取了比较务实的做法,规定对于此类仲裁条款,电商企业应专门提示,消费者同意的,可以认定双方达成了仲裁合意。

(三) 重视自贸试验区的特点,探索审判程序的改革与创新

对于自贸试验区的审判制度改革,包括上海在内的各地自贸试验区法院均作了不少有益的探索,因此《最高法院保障意见》在这一部分主要针对四个方面的既有经验作了规定:

---

[1] 在法律适用的问题上,《涉外民事关系法律适用法》第41条规定:"当事人可以协议选择合同适用的法律。当事人没有选择的,适用履行义务最能体现该合同特征的一方当事人经常居所地法律或者其他与该合同有最密切联系的法律。"在管辖权选择的问题上,《最高人民法院关于适用〈中华人民共和国民事诉讼法〉的解释》第531条第1款规定:"涉外合同或者其他财产权益纠纷的当事人,可以书面协议选择被告住所地、合同履行地、合同签订地、原告住所地、标的物所在地、侵权行为地等与争议有实际联系地点的外国法院管辖。"

[2]《最高法院保障意见》第6条规定:"鼓励自贸试验区内融资租赁业的创新发展。积极支持自贸试验区内的融资租赁企业在核准的经营范围内依法开展融资业务。充分尊重中外当事人对融资租赁合同纠纷有关管辖和法律适用的约定。正确认定融资租赁合同效力,不应仅以未履行相关程序等事由认定融资租赁合同无效。"

第一，完善司法审查、司法确认制度，支持自贸试验区的多元化纠纷解决机制。一方面，《最高法院保障意见》肯定多元化纠纷解决机制的解纷功能，鼓励在自贸试验区内开展司法与仲裁、调解等机制的联动；另一方面，提出加强自贸试验区内法院机构及审判组织建设，鼓励基层法院设立专门的自贸试验区法庭（如浦东法院自贸区法庭）或合议庭（如深圳市南山区人民法院设立专门的审判团队），同时倡导各级法院形成符合各自地域特点的审判机制（如上海一中院自贸区案件专项合议庭、深圳市前海合作区人民法院）。[1]

第二，正确认定仲裁协议效力，规范仲裁案件的司法审查。《最高法院保障意见》借鉴了上海一中院审理的"西门子国际贸易（上海）有限公司诉上海黄金置地有限公司申请承认与执行外国仲裁裁决案"这一典型案例，对于仲裁协议的"涉外性"事项，结合自贸试验区的实践予以适度放开，同时强调在国际商事仲裁中应贯彻"禁止反言"的原则。[2] 除此之外，针对国内仲裁实务界和理论界要求放开"临时仲裁"的呼声，《最高法院保障意见》考虑到自贸试验区先行先试的特点，将其限制在自贸试验区的企业之间并规定了"三特定"的条件。[3]

第三，探索审判程序创新，公正高效审理涉自贸试验区案件。《最高法院保障

---

[1] 《最高法院保障意见》第8条规定："……鼓励运用仲裁、调解等多元化机制解决自贸试验区民商事纠纷，进一步探索和完善诉讼与非诉讼相衔接的矛盾纠纷解决机制。支持仲裁机构、人民调解委员会、商事和行业调解组织的创新发展，为多元化解决自贸试验区民商事纠纷提供司法便利。加强自贸试验区内法院机构及审判组织建设。自贸试验区所在地基层人民法院可以根据受理案件的数量、种类、性质等实际情况设立专门的法庭或合议庭，审理涉自贸试验区的案件，积累审判经验，统一裁判尺度。鼓励各级人民法院在总结审判经验的基础上形成符合地域特点的审判机制。"

[2] 《最高法院保障意见》第9条第1款规定："……在自贸试验区内注册的外商独资企业相互之间约定商事争议提交域外仲裁的，不应仅以其争议不具有涉外因素为由认定相关仲裁协议无效。"

第2款规定："一方或者双方均为在自贸试验区内注册的外商投资企业，约定将商事争议提交域外仲裁，发生纠纷后，当事人将争议提交域外仲裁，相关裁决作出后，其又以仲裁协议无效为由主张拒绝承认、认可或执行的，人民法院不予支持；另一方当事人在仲裁程序中未对仲裁协议效力提出异议，相关裁决作出后，又以有关争议不具有涉外因素为由主张仲裁协议无效，并以此主张拒绝承认、认可或执行的，人民法院不予支持。"

[3] 《最高法院保障意见》第9条第3款规定："在自贸试验区内注册的企业相互之间约定在内地特定地点、按照特定仲裁规则、由特定人员对有关争议进行仲裁的，可以认定该仲裁协议有效。人民法院认为该仲裁协议无效的，应报请上一级法院进行审查。上级法院同意下级法院意见的，应将其审查意见层报最高人民法院，待最高人民法院答复后作出裁定。"

意见》第 10 条对于选任人民陪审员、适用简易程序以及送达诉讼文书三方面问题提出了切实的意见。就人民陪审员制度的改革而言,2015 年 4 月 24 日通过的《全国人民代表大会常务委员会关于授权在部分地区开展人民陪审员制度改革试点工作的决定》授权最高人民法院进行改革试点,广东省、福建省等地法院均已试行任命港澳台人民陪审员参与案件审理。[1]《最高法院保障意见》将该项试点向自贸试验区延伸。[2] 就简易程序的适用问题,《最高法院保障意见》适用《民事诉讼法》第 157 条的规定,针对涉自贸试验区的涉外、涉港澳台一审民商事案件,明确在满足一定条件的情况下可适用简易程序。[3] 针对自贸试验区普遍存在的企业"区内注册、区外经营"导致的法院送达难问题,《最高法院保障意见》充分借鉴上海、广州等地法院的实践经验,规定了三种有效送达的方式。[4]

第四,建立合理的外国法查明机制。所谓外国法查明,是指法院在涉外案件中援引相关法律中的冲突规范而应当适用外国法为准据法时,对于该外国法进行查找和解释的过程。由于自贸试验区具有较高的国际化程度,因此法院在审理涉外案件时,经常会涉及适用外国法的问题,而能否正确查明外国法关系到自贸试验区涉外案件的审理质量。虽然《涉外民事关系法律适用法》确立了我国外国法查明的一般方式,但是在实践中仍然需要法院依据实际情况,适用新型查明方式。因此,《最高法院保障意见》除了再次明确上述法律规定的内容外,对外国法查明

---

[1] 参见张勇健、刘敬东、奚向阳、杨兴业:《〈关于为自由贸易试验区建设提供司法保障的意见〉的理解与适用》,载《人民法院报》2017 年 1 月 18 日第 5 版。

[2]《最高法院保障意见》第 10 条第 1 款规定:"……管辖自贸试验区内一审民商事案件的人民法院,在审理涉自贸试验区案件时,当事人一方或双方为港澳台民事主体的,可以探索选任港澳台居民作为人民陪审员参加合议庭。"

[3]《最高法院保障意见》第 10 条第 2 款规定:"人民法院审理涉自贸试验区的涉外、涉港澳台一审民商事案件,事实简单、法律关系明确的,可以探索适用简易程序。"

[4]《最高法院保障意见》第 10 条第 3 款规定:"……对在自贸试验区内注册的法人和其他组织,以其注册地为人民法院诉讼文书的送达地址,可以邮寄送达。境外民事主体在自贸试验区设立企业或办事处作为业务代办人的,可以向其业务代办人送达。境外民事主体概括指定其分支机构工作人员或者境内律师事务所律师作为特定时间、特定区域或者特定业务的诉讼代理人的,可以向其送达诉讼文书。"

途径进行了新的探索。[1]

三、《上海法院服务保障中国(上海)自由贸易试验区建设审判白皮书(2013—2018)》

2018 年是上海自贸试验区建设的第五年。10 月 15 日,上海市高级人民法院发布《上海法院服务保障中国(上海)自由贸易试验区建设审判白皮书(2013—2018)》,包括《上海法院服务保障中国(上海)自由贸易试验区建设工作情况通报(2013—2018)》和《上海法院服务保障中国(上海)自由贸易试验区建设典型案例(2013—2018)》。[2] 这份白皮书明确提出,在上海自贸试验区改革不断向纵深推进的过程中,如何发挥好司法职能作用,为这项国家战略提供有力的司法服务和保障,既是上海市各级法院必须承担的职责使命,也是上海市各级法院面临的新课题、新任务。2013—2018 年,上海市各级法院紧紧围绕工作大局,主动作为,积极探索,以司法体制改革为契机,立足执法办案第一要务,不断更新审判理念、创新审判机制、延伸审判职能,着力推进上海自贸试验区国际化、法治化、便利化营商环境建设,支持保障上海自贸试验区探索推进制度创新和市场创新,为上海自贸试验区建设发展提供良好的司法服务和有力的司法保障。

---

[1] 《最高法院保障意见》第 11 条规定:"……人民法院审理的涉自贸试验区的涉外民商事案件,当事人约定适用外国法律,在人民法院指定的合理期限内无正当理由未提供该外国法律或者该国法律没有规定的,适用中华人民共和国法律;人民法院了解查明途径的,可以告知当事人。当事人不能提供、按照我国参加的国际条约规定的途径亦不能查明的外国法律,可在一审开庭审理之前由当事人共同指定专家提供。根据冲突法规范应当适用外国法的,人民法院应当依职权查明外国法。"值得一提的是,在委托中外法律专家进行外国法查明的途径探索中,上海市各级法院进行了主动的尝试。2014 年 12 月 23 日,上海市高级人民法院与华东政法大学签订了《外国法查明专项协议》。参见《上海高院通报上海法院服务保障自贸区建设经验》,https://www.chinacourt.org/article/detail/2014/12/id/1524588.shtml,访问日期:2018 年 9 月 7 日。

[2] 参见《〈上海法院服务保障中国(上海)自由贸易试验区建设审判白皮书〉发布》,http://www.pudong.gov.cn/shpd/news/20181017/006001_d655d78c-0909-4f02-b853-5d8fc56d8796.htm,访问日期:2018 年 10 月 21 日。

(一) 发挥审判职能,有力保障上海自贸试验区建设发展

1. 涉上海自贸试验区案件审理概况

(1) 全面完成审判任务

2013年9月至2018年8月,上海市各级法院共受理涉上海自贸试验区案件271606件(其中,浦东法院受理152305件);审(执)结涉上海自贸试验区案件265909件(其中,浦东法院审结、执结148919件)。上海市各级法院牢固树立审判精品意识,把审理好涉上海自贸试验区案件作为打造上海法治化营商环境和提升中国司法形象的重要抓手,精心审理了一批具有国际、国内影响力的典型案件。通过对涉上海自贸试验区纠纷案件作出及时公正裁判,合理引导市场预期,尤其针对民商事法律关系"涉外因素"的认定、创新型企业未注册商标在先使用、自贸试验区商业保理创新业务等法律空白,通过裁判方式有效维护上海自贸试验区市场交易秩序和安全,明晰多项符合自贸试验区发展方向的市场规则,树立了中国司法的国际公信力。

(2) 案件审判质效良好

2013—2018年,上海市各级法院涉上海自贸试验区案件的审判质效数据指标始终保持良性运行。上海市各级法院审理涉上海自贸试验区案件的审限内结案率达到99.75%;一审服判息诉率达到98.48%;民商事调撤率达到41.04%;案件实际执行率达到78.39%,剔除无财产可供执行案件,有财产可供执行案件法定期限内实际执结率达到91.46%。通过公正高效审理和执行每一起涉上海自贸试验区案件,上海市法院系统有力保障了上海自贸试验区的建设发展。

2. 涉上海自贸试验区案件立审执情况分析

(1) 案件受理情况

2013年9月至2018年8月,上海市各级法院共受理涉上海自贸试验区案件271606件,其中一审案件227751件,占83.85%;二审案件3396件,占1.25%;执行案件38204件,占14.07%;申诉、再审等其他程序案件2255件,占0.83%。从收案类型看,刑事案件4436件,民商事案件228934件,行政案件32件,执行案件38204件。在民商事案件中,投资贸易类商事案件11873件,金融商事案件135368件,知识产权案件11231件,海事海商案件1137件,劳动争议案件4042件,普通民事案件65283件。(见图4-13)

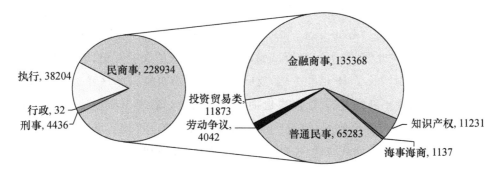

图 4-13　2013—2018 年上海市各级法院涉上海自贸试验区案件受理情况

（2）案件审结情况

2013 年 9 月至 2018 年 8 月，上海市各级法院共审结涉上海自贸试验区案件 228965 件。其中，一审案件 223704 件，占 97.7%，一审案件调撤率为 41%；二审案件 3160 件，占 1.38%，二审案件调撤率为 13.61%；申诉、再审等其他程序案件 2101 件，占 0.92%。

（3）案件执行情况

2013 年 9 月至 2018 年 8 月，上海市各级法院共受理涉上海自贸试验区执行案件 38204 件，执结 36944 件。其中，执结金融商事案件 11466 件、投资贸易类商事案件 5271 件、知识产权案件 256 件、劳动争议案件 469 件、海事海商案件 255 件、刑事案件 628 件、普通民事案件 18598 件。在强制执行过程中，对被执行人采取司法拘留、限制高消费、限制出入境等强制措施 6549 人次，对 18463 名失信被执行人实施了信用惩戒。

3. 涉上海自贸试验区案件总体特点

（1）案件数量与上海自贸试验区司法需求同步增长

2013 年 9 月至 2018 年 8 月，上海市各级法院受理的涉上海自贸试验区案件数量和民商事案件涉案标的额分别为：2013 年 9 月至 2014 年 8 月，2402 件、30.15 亿元；2014 年 9 月至 2015 年 8 月，19716 件、179.37 亿元；2015 年 9 月至 2016 年 8 月，80444 件、403.07 亿元；2016 年 9 月至 2017 年 8 月，95826 件、387.26 亿元；2017 年 9 月至 2018 年 8 月，73218 件、624.04 亿元。（见图 4-14）从上述收案数量和涉案标的额的增长趋势看，前三年收案增长速度明显高于后两年。这与前三年上海自贸试验区扩区以及市场改革创新较密集，许多市场规则和新的交易模式需要得到司法确认有关。以 2015 年 4 月上海自贸试验区扩区前后的数据为例，2013

年9月至2015年4月,全市法院涉上海自贸试验区案件数量和民商事案件涉案标的额分别为6031件、78.69亿元;2015年5月至2016年11月,分别为116631件、633.51亿元。在此期间,上海自贸试验区的地域面积扩大了3倍,收案数量和涉案标的额则分别增长了18倍和7倍,反映出随着上海自贸试验区建设发展提速,区内市场活跃度不断提高,司法需求也随之大幅增长。后两个年度涉上海自贸试验区案件数量增长幅度放缓,第五年度的收案数量还有所回落,反映出随着上海自贸试验区法治化营商环境建设成效显现,司法裁判规则明晰,市场秩序稳定。

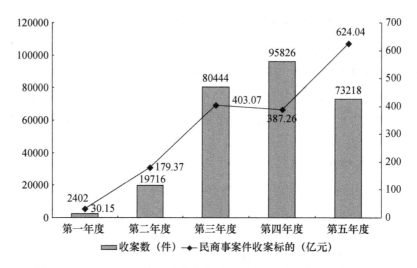

图4-14　2013—2018年上海市各级法院涉上海自贸试验区案件收案
数量和民商事案件涉案标的额情况

(2) 收案结构反映出上海自贸试验区市场创新发展需求

涉上海自贸试验区案件的主要类型为金融商事纠纷、投资贸易纠纷和知识产权纠纷。2013—2018年,金融商事纠纷的收案数量分别为121件、7734件、43079件、47640件、36794件,在涉上海自贸试验区收案总数中的占比分别为5.04%、39.23%、53.55%、49.72%、50.25%。这反映出上海自贸试验区金融创新发展力度大,司法需求效应凸显。2013—2018年,投资贸易类案件的收案数量分别为234件、1311件、3276件、3619件、3433件,呈稳定增长态势,其中涉跨境电子商务、跨境债权债务转让、新型服务合同等新类型纠纷不断出现。这反映出上海自贸试验区不断放宽投资范围、推进贸易便利化和发展新产业等措施给市场主体的司法需求带来的影响。2013—2018年,知识产权纠纷案件的收案数量分别为8

件、498件、2699件、3619件、4407件,也呈持续快速增长态势。这反映出上海自贸试验区和上海科创中心建设双向联动不断深化,市场主体寻求知识产权司法保护的需求较为迫切。(见图4-15)

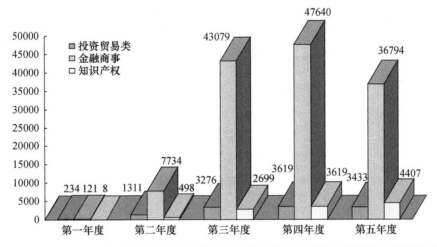

4-15 2013—2018年上海市各级法院涉上海自贸试验区主要案件类型的收案数量情况

(3) 案件类型与片区产业类型关联度高

上海自贸试验区扩区后,随着保税区片区、陆家嘴金融片区、金桥开发片区和张江高科技片区等四大片区核心功能的集聚效应和产业定位不断成熟,纠纷类型与各片区产业发展的关联度日益明显。其中,浦东法院受理的大部分涉上海自贸试验区金融商事案件集中在陆家嘴金融片区,大部分涉上海自贸试验区知识产权案件集中在张江高科技片区,而保税区片区和金桥开发片区所涉案件类型主要是与出口加工有关的买卖、仓储、承揽等贸易合同以及国际物流、金融信息、咨询管理等服务合同纠纷。

(4) 涉上海自贸试验区案件溢出效应渐显

上海自贸试验区成立之初,主要由浦东法院、上海一中院、上海海事法院、上海市高级人民法院等辖区三级法院负责审理大部分涉上海自贸试验区案件。在第一年度,仅有217件涉上海自贸试验区案件由本市的其他法院受理,占比仅为9.03%。此后,由于上海自贸试验区的市场溢出效应,本市其他法院受理的涉上海自贸试验区案件数量和占比逐年增加,分别为:第二年度,4949件、25.1%;第三年度,33505件、41.65%;第四年度,40646件、42.42%;第五年度,32132件、

43.89%。这反映出上海自贸试验区内企业在区外从事经营活动的活跃度高,市场溢出效应明显。(见图4-16)

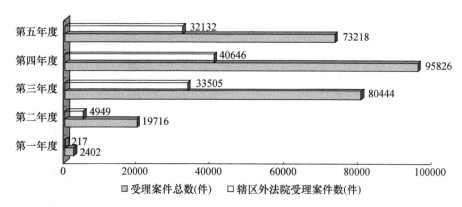

图 4-16 2013—2018年上海市各级法院涉上海自贸试验区案件溢出情况

(5) 涉外商事纠纷案件类型新颖多样

2013—2018年,涉上海自贸试验区的涉外、涉港澳台案件收案1729件,结案1548件。此类案件呈现出以下四个方面的特点:

第一,金融商事、投资贸易、海事海商、知识产权等多种纠纷类型并存,反映出上海自贸试验区国际化程度高,外商参与投资领域广。

第二,涉外金融借款纠纷、融资租赁纠纷的数量增长较快,反映出相关涉外市场主体由于扩大经营、生产投入等原因对跨境融资的需求不断增长。

第三,涉外投资贸易纠纷类型多样,演出合同、建筑设计、安保服务、法律服务等涉及新业态的纠纷增多,反映出涉外市场主体在更广领域、更深层次参与上海自贸试验区投资贸易活动,上海自贸试验区推动投资开放和贸易便利化成效显现。

第四,涉外商投资企业内部治理引发的纠纷增多,如股东、高管损害公司利益责任纠纷以及因高管股权激励而引发的纠纷等数量增加。此外,在自贸试验区外商投资负面清单、公司资本认缴制改革等一系列制度改革的探索和推进过程中,涉及企业因报批、报备等手续转换引发的股权代持、股权转让、债转股协议、协议控制等有关合同效力或合同履行的纠纷频发。

(二) 创新审判体制机制,提供全新的司法服务保障

建设上海自贸试验区是我国全面深化改革和扩大开放的新探索、新尝试。

2013—2018年,面对上海自贸试验区陆续推出的负面清单、准入前国民待遇、"法无授权不可为、法定职责必须为"等全新理念和实践,上海市法院系统不断更新司法审判理念,创新审判体制机制,及时出台相应的司法服务和保障措施,努力为上海自贸试验区建设发展营造良好的司法环境。

1. 创新审判理念和制度规范,积极回应上海自贸试验区建设发展的需要

(1) 创新审判理念,引领上海自贸试验区司法保障工作

第一,确立了法治化理念。上海市各级法院秉持依法办事、独立审判、公开透明、程序正当的理念,依法维护交易安全,规范市场交易秩序,助力上海自贸试验区率先打造诚信法治的市场体系。

第二,确立了国际化理念。上海市各级法院依法正确适用外国法律、国际条约和公约,正确行使涉外商事司法管辖权,平等保护中外当事人的合法权益,努力回应上海自贸试验区内的全球投资者和贸易商在市场准入、权利保护、市场监管、风险防控等方面的司法需求。

第三,确立了市场化理念。上海市各级法院尊重市场规律,尊重市场主体的意思自治、商事交易惯例和规则,保障交易自由与安全,支持市场创新,维护上海自贸试验区统一开放、竞争有序的市场体系。

(2) 创新制度规范,建立健全上海自贸试验区司法保障机制

上海自贸试验区设立之初,上海市高级人民法院就主动作为,积极探索,及时制定了《上海法院保障意见》,全方位、系统性地为全市法院服务保障上海自贸试验区工作明确理念、统领方向。上海一中院、上海二中院、上海海事法院、浦东法院则分别从统一法律适用、支持保障仲裁机制创新、创新完善审判机制等角度,各自出台了专门服务保障上海自贸试验区建设发展的司法文件。比如,上海一中院制定了《审判指引(试行)》,并根据审判工作实际和上海自贸试验区发展情况,及时对其进行了修订完善。上海海事法院围绕促进提升上海自贸试验区航运服务能级,研究制定了《上海海事法院关于强化海事司法职能,服务保障国家战略的工作意见》《上海海事法院服务上海国际航运中心建设的工作意见》等。

2. 创新审判体制和工作机制,积极回应建设法治化营商环境的需要

(1) 建立符合上海自贸试验区特点的专业化审判体系

上海自贸试验区成立之初,上海市高级人民法院就主动谋划,及时设立了浦东法院自贸区法庭。为满足上海自贸试验区扩区后的司法需求,2015年4月7

日、4月27日,浦东法院自贸区知识产权法庭、上海海事法院自贸区法庭先后成立,分别对涉上海自贸试验区的民商事案件、知识产权案件以及海事海商案件实行相对集中审理。[1] 上海一中院、二中院等设立了专项合议庭,依法集中审理属于中级人民法院管辖的涉上海自贸试验区一、二审案件;对于疑难复杂案件,由院、庭领导担任审判长。上海市法院系统加强对涉上海自贸试验区仲裁案件的司法审查,推动涉上海自贸试验区案件的法律适用统一,形成了符合上海自贸试验区特点的专业化审判体系。

(2) 建立确保公正高效审判的工作机制

第一,浦东法院自贸区法庭率先推进以审判权为核心、以审判管理权和审判监督权为保障的审判权力运行机制改革,探索法官主导下的审判团队工作模式,按照1∶1∶1的比例配置法官、法官助理和书记员,有效夯实公正司法的队伍基础。2018年1月至8月,自贸区法庭的结案率达到了115.7%。

第二,上海市法院系统针对涉上海自贸试验区投资贸易、金融类案件新颖性高、专业性强的特点,实行了跨审判专业调配法官组成合议庭的工作机制,并引入国际金融、保险、海关及国际贸易等领域专家担任陪审员,充分发挥法官法律思维与相关专家技术专业思维的优势合力,确保公正高效审理好每一起涉上海自贸试验区案件。[2]

第三,选任陪执员参与执行工作。上海一中院制定了《关于涉上海自贸试验区执行案件聘请陪执员参与执行的实施预案》,聘请陪执员,规范陪执员参与执行案件的程序,深化执行公开,增加了涉上海自贸试验区案件执行工作的透明度。

(3) 建立上海自贸试验区司法保障专门工作机构

为保障上海自贸试验区司法保障工作协调有序开展,上海一中院组建了专门工作机构,即上海自贸试验区司法问题应对小组和上海自贸试验区司法问题研究小组,定期召开工作会议,研判涉上海自贸试验区的司法问题,指导协调该院涉上海自贸试验区案件的审判工作。该院还成立了"商事ADR领导小组"和"商事

---

[1] 参见陈萌、潘云波、陈树森、贺幸、彭浩:《全力打造自贸试验区卓越的司法环境——上海法院服务保障上海自贸试验区建设五年以来的主要做法与经验》,载《人民法院报》2018年11月8日第5版。

[2] 同上。

ADR 研究小组",集全院之力,强化对商事多元化纠纷解决机制的研究。

(4) 加强涉上海自贸试验区法治调研

在最高人民法院民四庭的直接指导和支持下,上海一中院、上海财经大学等单位共同合作,截至 2018 年,已连续举办五届"中国自由贸易区司法论坛",在全国司法理论界和实务界引起热烈反响。2014 年年初,上海一中院与上海财经大学共同成立"自由贸易区司法研究中心"。双方共同组织开展了多项自贸试验区法律适用课题研究,联合出版了《自由贸易区司法评论》《自由贸易区法律适用》《自由贸易法治评论》等涉自贸试验区司法研究公开出版物。2018 年 4 月,上海一中院编撰的《中国(上海)自由贸易试验区法律适用精要》正式出版。这是全国法院首部由一线法官撰写的涉上海自贸试验区案件法律适用书籍,系统梳理和分析了涉上海自贸试验区案件的各类法律问题。上海一中院、海事法院、浦东法院还定期向社会公开发布《自贸区司法保障白皮书》《自贸区审判工作白皮书》,系统总结司法服务保障上海自贸试验区各方面工作,并通报相关典型案例。

3. 创新完善涉外审判机制,积极回应建设国际化营商环境的需要

(1) 依法积极行使涉外司法管辖权

在审理涉上海自贸试验区的涉外案件过程中,上海市各级法院严格遵守《民事诉讼法》对于法院司法管辖权的规定,在出现"不方便法院"等让渡管辖权情形时,严格审查各项条件与标准。上海市法院系统尤其注重当事人采取公司注册在境外而实际管理、经营活动在境内的规避情形,通过审查境内外主体实质利害关系的方式,维护我国的司法主权。

(2) 建立健全外国法查明机制

"外国法查明难"是一项长期困扰涉外司法实务的难题。在现有查明机制"失灵"的背景下,上海市高级人民法院通过委托华东政法大学外国法查明研究中心的方式,建立了委托查明外国法的专项工作机制。该工作机制已经得到较好运用,为上海市各级法院涉外商事案件准确查明、适用外国法提供了来自高校、科研院所的有力支持。例如,杨浦区法院委托查明并适用香港特别行政区法律,审结了一起股权纠纷;浦东法院委托查明并适用瑞士楚格州法律,顺利审结了一起长达三年的国际买卖合同纠纷,均取得了良好效果。

(3) 运用信息化等技术手段,提升涉外司法服务水平

上海一中院在整合电子平台资源的基础上,积极推行涉上海自贸试验区案件

法律文书电子送达工作机制,提高了开庭传票的送达率和当事人到庭率。上海海事法院通过试行诉讼代理概括性授权委托司法认可机制,积极破解境外主体委托手续认证成本高昂、效率低下的问题;通过微信多方视频通话功能当庭进行跨国连线,探索破解境外证据审查认证难的问题。浦东法院建立完善了自贸区法庭中英文互联网网站,为当事人提供双语诉讼服务和司法信息公开,更好地满足了上海自贸试验区内全球投资者和贸易商的诉讼需求,提高了涉上海自贸试验区司法服务的国际化水平。

4. 创新完善多元化纠纷解决机制,积极回应建设便利化营商环境的需要

(1) 积极支持上海自贸试验区仲裁制度创新

《进一步深化中国(上海)自由贸易区改革开放方案》提出,要"优化自贸试验区仲裁规则……加快打造面向全球的亚太仲裁中心"。上海二中院通过制定规范性司法文件的方式,对上海自贸试验区内商事仲裁的全新变革及时作出司法回应。上海一中院努力提升对仲裁裁决的司法审查水平,以更好应对涉上海自贸试验区国际仲裁纠纷。2015年,上海一中院审结了"西门子国际贸易(上海)有限公司诉上海黄金置地有限公司申请承认与执行外国仲裁裁决案",该案入选最高人民法院第二批涉"一带一路"建设十大典型案例。该案确立的裁判规则被《最高人民法院关于为自由贸易试验区建设提供司法保障的意见》采纳。

(2) 建立"开放式"的委托调解机制

2013—2018年,浦东法院自贸区法庭委托并正式进入调解程序的案件有1757件,成功调解1046件,涉案标的额达9.33亿元;委托调解纠纷的调解成功率达59.5%,案件平均处理周期仅为29天。上海市各级法院引入上海经贸商事调解中心、上海市国际贸易促进会、中证中小投资者服务中心、上海市保险合同纠纷人民调解委员会等参与调解涉上海自贸试验区案件。上海海事法院在委托海事仲裁机构调解的基础上,进一步与上海经贸商事调解中心建立了特邀调解协议关系,拓宽了海事纠纷诉调对接的工作平台。

(3) 构建商事多元化纠纷解决机制

2017年5月,上海一中院在深化商事ADR研究、总结商事诉调对接经验的基础上,制定出台了《上海市第一中级人民法院商事多元化纠纷解决机制实施细则》。该实施细则以充分发挥商事ADR在化解商事金融纠纷方面的积极作用为目标,致力于为涉上海自贸试验区案件当事人提供多元、便捷、高效的纠纷解决服

务,进一步提升了涉上海自贸试验区司法服务保障能力。

5. 司法与行政良性互动,积极回应自贸试验区提升事中事后监管能力的需要

(1) 积极建言献策,推动政府职能转变

在突出执法办案第一要务的基础上,上海市各级法院积极发挥司法的能动性作用,通过定期发布白皮书、完成调研课题、编撰专业著述的方式,及时反映自贸试验区各个司法工作领域的动向。例如,上海海事法院发布了中英文双语版的《涉自贸区海事审判情况通报》,上海市主要领导对此予以充分肯定,批示要求有关行政职能部门组织专题研究,完善管理机制。浦东法院在上海自贸试验区成立不久,集全院之力撰写的《上海自贸试验区法庭为自贸试验区发展提供司法保障的情况与建议》得到了最高人民法院领导的批示肯定。

(2) 加强合作共建,推动市场诚信和风险防范

上海自贸试验区放松事前监管的改革需要以加强事中事后诚信体系建设作为保障。上海市各级法院通过与上海自贸试验区管委会、工商登记机构等单位建立持续长效沟通机制的方式,以司法大数据支持自贸试验区诚信体系建设。同时,上海市各级法院通过类案评估、分析的方式,对上海自贸试验区已经发生或具有发生危险的各类风险及时研判,并通过专业化司法建议的方式报送相关部门,得到市、区政府和上海自贸试验区管委会的重视。例如,《中国(上海)自由贸易试验区大宗商品现货市场交易管理规则(试行)》就吸纳了浦东法院提出的相关建议。

(3) 加强互动交流,助力自贸试验区航运建设发展

2017年3月7日,上海海事法院、上海市律师协会等22家单位集体签署《中国(上海)自由贸易试验区航运法治建设公约》,各方表示将共同致力于为上海自贸试验区建设提供政策研究、法律咨询、纠纷化解等法律服务,规范航运市场秩序,营造公正、便捷、优质的航运法治营商环境。围绕深化上海自贸试验区与上海国际金融中心、国际航运中心联动,上海海事法院联合上海市租赁行业协会等单位,召开了"一带一路"背景下关于船舶融资租赁合同涉诉若干法律问题研讨会,旨在促进船舶融资租赁在上海自贸试验区内繁荣发展;承办中国审判理论研究会海事海商审判理论专业委员会学术研讨会,围绕自贸区建设与海商法发展、海事纠纷解决和新类型法律问题展开研讨,努力拓展思路、破解难题。

(三) 进一步发挥司法职能，护航上海自贸试验区改革发展

2018 年是改革开放 40 周年，也是上海自贸试验区成立 5 周年。上海市各级法院深入学习领会习近平总书记对上海自贸试验区建设的重要指示精神，积极贯彻党中央、国务院以及上海市委关于全面深化上海自贸试验区改革开放的意见精神，全面落实最高人民法院关于司法服务保障自贸试验区建设的工作意见，切实增强历史责任感和使命感，在总结经验的基础上，进一步深化司法体制改革，进一步创新审判体制机制，更好地发挥司法审判职能作用，力争为上海自贸试验区改革创新发展做出新贡献。

1. 充分认识持续深化上海自贸试验区建设对司法提出的新要求

(1) 打造新一轮全面开放新高地对司法提出的新要求

上海自贸试验区是改革开放的"试验田"，持续深化自贸试验区改革是上海进一步扩大开放的重要方面，上海自贸试验区市场开放的范围、领域、层次、方式将进一步拓展。这就要求司法服务保障必须找准工作着力点，有效回应自贸试验区市场创新发展和市场主体的迫切需求，突出司法预案的前瞻性、司法效能的及时性和针对性，特别是要秉持依法办事、独立审判、程序正当、公开透明的理念，遵循法治思维和法治方式，推动上海自贸试验区改革和探索在法律框架内进行；要充分发挥司法对投资、贸易、金融等行为的评价、导向作用，助力上海自贸试验区率先打造诚信法治的市场体系。

(2) 加大优化营商环境建设力度对司法提出的新要求

根据上海市委、市政府的既定部署，上海自贸试验区改革发展在优化营商环境上也将先行先试，对标国际最高标准、最高水平，依托"三区一堡"建设，以进口博览会的举办为契机，在优化营商环境上全力打造自贸试验区速度、打响自贸试验区品牌。这就要求司法及时跟进，致力于打造公平公正、透明高效、稳定可预期的法治化营商环境，以满足国内外投资者以及各类市场主体在保护交易效率、安全等方面的多元化司法需求；坚决维护市场在资源配置中的决定性作用，维护上海自贸试验区统一开放、竞争有序的市场体系。

(3) 上海自贸试验区迈向国际化步伐提速对司法提出的新要求

当前，我国正在加快建设开放型经济新体制，上海自贸试验区迈向国际化步伐也正在提速。在这个过程中，良好的法治环境成为重要的软实力，而提供公正

高效、公开透明的司法服务和保障是其中的核心要素之一。上海市法院系统将提高站位,正确把握公正司法与国家战略实施的内在联系,拓展国际视野,依法正确适用外国法律、国际条约和公约,正确行使涉外案件司法管辖权,积极参与全球法治规则的形成,推动建立与国际通行规则相衔接的投资贸易制度体系,不断提高中国司法的国际竞争力。

2. 进一步发挥审判职能作用,为上海自贸试验区健康发展营造良好司法环境

(1) 充分发挥刑事司法维护市场秩序稳定的职能作用

依法严厉惩处涉上海自贸试验区的走私、逃汇、洗钱、非法集资、跨境侵犯知识产权等犯罪行为,惩治破坏上海自贸试验区建设、滥用自贸试验区特殊市场监管条件的各种刑事犯罪,依法维护好上海自贸试验区的市场秩序和社会稳定。

(2) 加强涉上海自贸试验区民事审判工作

依法妥善审理用人单位和劳动者之间的劳动争议,加强劳动者合法权益保护,促进上海自贸试验区内企业用工制度健康发展;依法妥善处理上海自贸试验区内"民宅商用""一址多照"等问题,切实保障好人民群众的正常生活秩序。

(3) 保障和促进投资及贸易经营模式创新

根据负面清单管理模式、商事登记制度和境外投资管理方式改革的要求,依法妥善审理涉上海自贸试验区融资租赁、跨境电子商务服务等领域纠纷,加强对贸易新型业态相关法律问题的研究,支持和鼓励商业经营模式创新,促进公平竞争,努力为推动扩大开放、贸易转型升级营造良好法治环境。

(4) 发挥司法保护知识产权的主导作用

依法运用民事、行政和刑事司法保护措施,依法适用侵犯知识产权的惩罚性赔偿法律规定,进一步提高侵权代价,降低维权成本;依法妥善处理平行进口、贴牌加工等进出口货物商标保护问题,充分保护知识产权人的合法权益,为上海自贸试验区形成尊重知识、崇尚创新的良好市场环境提供司法保障。

(5) 保障和提升国际航运服务能级

充分发挥海事专业化审判优势,规范航运市场建设,支持上海自贸试验区航运服务业开放,提升国际航运服务能级,增强国际航运服务功能;依法审理好以海运为主的多区段全程运输(物流)案件,妥善解决国际船舶管理、国际航运经纪等领域矛盾纠纷,加强对国际海运欺诈的识别与应对,有效维护和平衡国际贸易、航

运、金融产业链上各方主体及要素的合法权益,通过海事审判职能发挥引导行业行为,促进行业发展。

(6)全力支持金融制度创新

加强对中外各类金融机构合规经营活动的司法保护,依法保障合规跨境金融交易活动;积极稳妥审理涉及人民币跨境使用等涉及金融创新的纠纷案件,在支持上海自贸试验区先行先试的同时,注重防范金融风险。

(7)依法支持加快政府职能转变

通过依法履行行政审判职责,支持上海自贸试验区深化行政管理体制改革,加快政府职能转变,改革创新政府管理方式,努力为营造与上海自贸试验区建设要求相匹配的依法行政环境提供司法保障。

3. 进一步创新司法体制机制,积累可复制、可推广的司法服务保障经验

(1)加强涉上海自贸试验区审判专业化建设

推进与上海自贸试验区相关的投资、贸易、金融商事及知识产权、海事海商等案件的集中管辖、集中审理机制健全完善,持续探索专业化审判庭、合议庭以及新型审判团队机制建设,促进涉上海自贸试验区案件的集中、专业、高效审理,切实提升诉讼便利化水平。

(2)完善民商事纠纷多元化解决机制

依法鼓励运用仲裁、调解等多元化机制解决好涉上海自贸试验区民商事纠纷,依法支持仲裁机构、人民调解委员会、商事和行业调解组织创新发展,有效满足上海自贸试验区民商事纠纷解决的多元化需求;探索构建调解、仲裁、诉讼有机衔接的纠纷解决平台,进一步优化涉外商事纠纷解决机制,努力为中外当事人提供优质、高效、便捷的纠纷解决服务。

(3)推进涉上海自贸试验区案件司法公开

加强上海自贸试验区审判工作的信息化平台建设,及时、全面公开审判流程、裁判文书、执行信息;通过"上海法院庭审公开网"进行庭审直播、发布典型案例、发布审判白皮书等方式,增进社会公众对上海自贸试验区审判工作的了解、监督和信赖。

(4)创新涉上海自贸试验区案件的审判工作方式

妥善处理上海自贸试验区企业"区内注册、区外经营"所带来的送达难等诉讼问题;在涉上海自贸试验区一审案件中,针对当事人一方或者双方为港澳台民事

主体的,探索选任港澳台居民作为人民陪审员参加合议庭,并针对事实简单、法律关系明确的,探索适用简易程序,提升案件审理的民主化水平和诉讼效率。

4. 进一步推动适法统一与司法能力建设,着力提升涉上海自贸试验区司法服务保障水平

(1) 加强涉上海自贸试验区法律适用新问题的实务研究

继续办好"中国自由贸易区司法论坛";有效发挥上海高级人民法院主办的上海司法智库学会的功能,认真研判自贸试验区发展的新方向,积极开展对上海自贸试验区先行先试涉及的新领域、新模式、新业态以及相关法律法规调整带来的新问题的总结分析,形成可复制、可推广的审判经验。

(2) 加强对涉上海自贸试验区案件的业务指导

加强上海三级法院之间就涉上海自贸试验区案件的沟通协调,健全完善对相关类案的专项审判管理制度;上级法院加大审判业务指导力度,通过规范专业法官会议、加强审判质效讲评、发布典型案例等方式,强化法律适用统一,提高司法裁判的质量和水平。

(3) 加强涉上海自贸试验区审判队伍建设

按照服务保障上海自贸试验区改革发展的实际需要,进一步配齐配强相关审判庭、合议庭的审判力量,选拔培养一批外语能力强、既精通国内法又熟悉国际商事通行规则和贸易惯例的复合型法官人才,为涉上海自贸试验区审判提供有力的人才保障;加强对涉上海自贸试验区案件审判法官的业务培训,特别是加强对有关国家宏观经济政策、国际投资和贸易等经济、金融知识的培训,优化法官知识结构,拓宽法官视野;推动法官跨部门、多岗位学习锻炼,在实践锻炼中提高法官的实际工作能力。

第五章
上海自贸试验区民事案件的司法保障

在总体回顾上海自贸试验区成立以来各级法院的服务保障制度与政策性文件之后，对涉自贸试验区的各种不同类型案件进行深入分析是接下去几章的主要目的。在案件类型的分类依据上，我们主要依据上海市浦东新区人民法院（以下简称"浦东法院"）、上海市第一中级人民法院（以下简称"上海一中院"）在历年来的司法统计中的基本立场，结合各种不同类型案件的复杂程度，将其分为涉自贸试验区民事案件、投资贸易类商事案件、金融商事案件、知识产权案件、刑事案件、行政案件、涉外案件七大类型，以实证与理论相结合的方式展现上海自贸试验区各类主要案件的司法保障全貌。以本章为例，主要专注于上海自贸试验区民事案件的审判现状，涵盖涉自贸试验区普通民事案件与劳动争议案件两大类型。在论述方向上，本章力图展现三个维度：一是以历年来浦东法院、上海一中院的司法统计尤其是白皮书为依据，从整体与历史的角度反映涉自贸试验区民事案件的基本特点；二是以历年来各级法院以及相关著述中公布的典型案例为切入点，反映涉自贸试验区民事案件的类案特点、难点以及人民法院在审判实务中的创新点；三是结合上述两点实证性的内容，从理论的视角归纳、总结涉自贸试验区民事案件中法律适用的变动逻辑与依据，并对未来可能出现的案件动向与应对策略作适度的展望。

第一节　上海自贸试验区民事案件审判概况

根据相关的司法统计分类,上海自贸试验区的民事案件可以分为普通民事案件与劳动争议案件两个子项,而其下又可因案由之不同而有具体类型。本章之所以将普通民事案件和劳动争议案件合而论之,主要是考虑以下三点原因:其一,从整体的案由性质来看,尽管劳动争议案件因其法律性质的特殊性和争议数量的巨大性而占据一定的独立地位,但是从司法审判的实践来看,将劳动争议案件归入笼统的民事案件并无逻辑上或法律关系上之不妥。其二,从上海自贸试验区的制度创新来看,对于投资贸易类商事案件、金融案件乃至行政、刑事案件的影响具有一定的颠覆性,在法律适用问题上必须有所变化与调整。对于普通民事与劳动争议案件而言,上海自贸试验区本身的影响要大于自贸试验区制度创新的影响,如因自贸试验区的设立而导致的产业集聚、公司大规模设立的经济现象,而这种经济现象必然带来自贸试验区内房地产升值、企业租赁房屋需求增长以及劳动力聚集等后果。因此,在普通民事案件与劳动争议案件方面,多为对自贸试验区设立本身带来的经济后果的回应,两者具有共性。其三,从与其他类案比较的角度来看,普遍民事案件与劳动争议案件具有共性。正是因为普通民事与劳动争议案件受到上海自贸试验区具体制度创新的影响不大,所以在司法实践中带有自贸试验区特色的问题与典型案例就较少,将两者合而论之也有篇章体例合理性之考虑。不过,上述考虑主要是从体例编排的角度入手,在本章的具体论述中,仍将普通民事案件与劳动争议案件"分而治之",以避免混乱。

一、涉自贸试验区普通民事案件的基本特点

依据2018年10月15日上海市高级人民法院发布的《上海法院服务保障中国(上海)自由贸易试验区建设审判白皮书(2013—2018)》的统计,2013年9月至2018年8月,上海市各级法院共受理涉上海自贸试验区普通民事案件65283件,涉案标的额281.98亿元。其中,一审收案63744件,审结62047件,主要案件类型为服务合同纠纷、机动车交通事故责任纠纷、供用气合同纠纷、租赁合同纠纷、居间合同纠纷等。(见表5-1)二审收案712件,审结673件。

表 5-1　普通民事案件的主要类型及数量

类型	数量（件）
服务合同纠纷	26982
机动车交通事故责任纠纷	24753
供用气合同纠纷	1504
租赁合同纠纷	1475
居间合同纠纷	1401

另依据2018年5月30日上海一中院和浦东法院联合发布的《自贸区司法保障白皮书》的统计，截至2018年4月，浦东法院共受理涉自贸试验区普通民事案件8642件，案件主要类型为机动车交通事故责任纠纷、物业服务及有线电视服务合同纠纷、买卖合同纠纷、房屋租赁及买卖合同纠纷等，共审结涉自贸试验区普通民事案件8549件。上海一中院共受理涉自贸试验区普通民事案件604件，其中一审案件19件，二审案件577件，申诉案件4件，管辖及其他案件4件。数量位居前五的案由分别是房屋拆迁安置补偿合同纠纷（147件）、买卖合同纠纷（124件）、机动车交通事故责任纠纷（38件）、房屋租赁合同纠纷（32件）、房屋买卖合同纠纷（20件），共审结案件580件。

结合历年的司法统计数据，涉自贸试验区普通民事案件主要有三个方面的特点：

第一，交通事故责任纠纷、物业服务合同纠纷等集团化诉讼占比高，涉诉主体集中。涉诉保险公司、物业服务公司、有线电视服务公司等服务企业皆注册于自贸试验区内，相关纠纷总数占比达54.6%。此类纠纷虽然单案标的不大，但是由于交通安全、公共服务等因素涉及公众的日常生活和企业的日常经营，因此与自贸试验区整体环境优化关系密切。

第二，不动产租赁、买卖类纠纷数量变化受市场及政策影响大。2013—2018年，与上海自贸试验区内商事交易活跃度增长态势相呼应，区内企业及个人的房屋买卖和租赁合同纠纷、土地租赁合同纠纷数量均呈现前三年逐年递增、后两年趋于平稳的态势。其中，与酒店服务业相关的纠纷标的大，法律关系复杂，在一定程度上反映出区内投资置业的热度及方向。

第三，与互联网有关的人身、财产权纠纷频现。随着信息技术的快速发展和自贸区内"互联网＋"战略的实施，与互联网有关的民事行为日益普遍，随之产生的涉自贸试验区网络购物合同纠纷、利用网络手段侵犯名誉权纠纷等与互联网有关的合同、侵权类纠纷持续出现且逐年增长。

二、涉自贸试验区劳动争议案件的基本特点

依据《上海法院服务保障中国（上海）自由贸易试验区建设审判白皮书（2013—2018）》的统计，2013年9月至2018年8月，上海市各级法院受理涉上海自贸试验区劳动争议案件4042件。其中，一审收案3554件，审结3402件，主要案件类型为劳动合同纠纷、劳动争议、社会保险纠纷、福利待遇纠纷、人事争议等。（见表5-2）二审收案385件，审结322件。

表5-2 劳动争议案件的主要类型及数量

类型	数量（件）
劳动合同纠纷	3246
劳动争议	63
社会保险纠纷	63
福利待遇纠纷	26
人事争议	4

另依据上海一中院和浦东法院联合发布的《自贸区司法保障白皮书》的统计，截至2018年4月，浦东法院共受理涉自贸试验区劳动争议案件3542件，其中劳动合同纠纷占比最大，其他主要类型为追索劳动报酬纠纷、劳务派遣合同纠纷、经济补偿金纠纷、竞业限制纠纷等；共审结涉自贸试验区劳动争议案件2826件。上海一中院共受理涉自贸试验区劳动争议案件332件，其中一审案件50件，二审案件278件，管辖案件4件。数量位居前五的案由分别是劳动合同纠纷（194件）、申请撤销仲裁裁决（50件）、追索劳动报酬纠纷（40件）、经济补偿金纠纷（16件）、劳务派遣合同纠纷（12件），共审结案件284件。

结合历年的司法统计数据，涉自贸试验区劳动争议案件主要有四个方面的特点：

第一，涉诉企业类型多元且行业特征明显。在自贸试验区扩区前，劳动争议案件主要发生于保税区片区内从事对外贸易和物流服务业的企业。扩区后，随着张江、金桥、陆家嘴片区的划入，涉诉企业类型更加多元，遍布电子产品、工程机械、生物医药、医疗器械、汽车及零部件制造等诸多领域。其中，受"互联网＋"背

景下创业热潮的影响,涉网络科技、信息咨询类企业或公司的案件数量增幅明显,而且相关企业中小微企业居多,反映其不规范用工问题多发。从涉自贸试验区劳动争议案件的审判情况来看,涉诉企业设立初期的管理有待进一步规范。以服务业为主的第三产业以及投资、保险、经纪等行业所涉纠纷均占一定比例,涉诉行业特征凸显。

第二,涉诉企业的一些不规范用工问题相对集中。例如,违法约定工作时间、考勤记录和加班审批手续不完善、单方解除劳动合同事由未经充分说明和举证、解除劳动合同程序不合法等。法院通过审理相关个案、发送司法建议等方式及时进行纠正、引导。

第三,涉诉劳动者中,高管和高级技术人员较多,诉求大多与绩效薪酬、年终奖、服务期、竞业限制等内容有关。通过法院对此类案件的公正裁判,既能有力保护高管、高级技术人员的劳动权益,也有助于为自贸试验区企业创造良好的用工环境。

第四,涉诉案件审理难度较高,调撤率较低。一方面,自贸试验区制度创新吸引了大量企业在区内注册,但是部分区内企业出于成本等因素考虑,将实际经营地设在用工成本较低的地区,致使劳动合同履行地与用人单位所在地不一致的情况较为突出。另一方面,自贸试验区劳动争议案件所涉用人单位中,外资企业、知名企业较多,涉及核心岗位、商业秘密、高额薪酬的比例较高,往往出现涉诉标的额高、争议事项多、案件事实复杂的情形,涉诉劳动者维权意识成熟,维权行为对企业经营影响较大,导致案件审理难度大,调撤率较低。[1]

第二节 上海自贸试验区普通民事案件的案例集解

上海自贸试验区的普通民事案件在全部涉自贸试验区案件中所占的比例较高。以2016年4月上海一中院公布的白皮书的统计数据为例,从上海自贸试验区成立以来上海一中院受理涉自贸试验区案件的案由分布来看,75%以上为与合同有关的纠纷,其中买卖合同纠纷(占比18.6%)和房屋拆迁安置补偿合同纠纷(占

---

[1] 参见《上海市第一中级人民法院、上海市浦东新区人民法院自贸区司法保障白皮书(2013年9月—2018年4月)》。

比 18.3%)占据收案数量的前两位。[1] 诚如前述,这种高占比的状态固然可以说明上海自贸试验区独特的区域优势和制度吸引力,但是由于自贸试验区在普通民事法律领域并未进行突破,因此从法院案件审理、法律适用的角度而言缺乏创新的法制基础。鉴于此,以下将上海自贸试验区普通民事案件分为合同类与侵权类两部分,并结合历年来各级法院公布的六个典型案例予以展示。

一、涉自贸试验区合同类典型案例分析

在涉自贸试验区案件的统计中,各种合同类的纠纷当属首位。因此,此处首先需要说明的是,本部分所涉的合同类纠纷或典型案例仅为传统意义上的民事合同类纠纷,投资贸易类金融、商事等领域的合同案件不在本部分涉及。与自贸试验区外的合同案件相比,涉自贸试验区合同案件审判活动并不具有特殊性。因此,法院在处理涉自贸试验区合同案件时,一方面要依据我国《合同法》的基本规则,平等对待区内区外的当事人与案件;另一方面要有一定的政策区别性,对自贸试验区企业的缔约能力、无名合同的解释、诚实信用原则的应用等问题予以特别关注。[2]

(一)涉自贸试验区房地产买卖合同案件

在全部涉自贸试验区普通民事案件中,房地产案件占相当大的比例,而且往往呈现涉案金额较高的特点。依据浦东法院发布的《涉自贸试验区审判工作白皮书》的阶段性统计,2013 年 11 月至 2016 年 10 月,浦东法院共受理涉自贸试验区房地产纠纷 1003 件,其中房屋租赁合同纠纷 499 件,房屋买卖合同纠纷 411 件,建设工程合同纠纷 42 件,其他 51 件。房屋买卖案件在自贸试验区成立之初增幅明显,后逐渐趋缓。受整体房地产市场影响,近年来,自贸试验区内房地产价格同比稳步上升,案件标的也随之增加,而且案件法律关系日益复杂,如一房二卖、抵押与买卖交叉的案件不断涌现,甚至出现了房屋买卖与公司股权纠纷交织等新类型案件。本部分选取了"上海浦东新区城市建设动拆迁有限公司诉上海百艺珠宝有

---

[1] 参见《上海市第一中级人民法院自贸区司法保障白皮书(2013 年 9 月—2016 年 4 月)》。

[2] 参见陈立斌主编:《中国(上海)自由贸易试验区法律适用精要》,人民出版社 2018 年版,第 121—130 页。

限公司等房屋买卖合同纠纷案"[1]作为典型案例进行分析。

1. 案情简介

2013年9月,上海浦东新区城市建设动拆迁有限公司(以下简称"城建公司")与上海百艺珠宝有限公司(以下简称"百艺珠宝")签订《房地产转让协议书》,约定:百艺珠宝向城建公司转让系争房地产,总价款为12700万元;由于涉案房地产存在被司法查封的情形,故由城建公司向查封法院直接支付全部的执行款项,以保证撤销查封及后续交易过户手续顺利进行。同日,五名保证人向城建公司出具《不可撤销的担保书》。其后,城建公司依约为百艺珠宝代偿法院执行款而支付了购房款共计5000余万元。但是,百艺珠宝未履行合同义务。城建公司遂起诉,请求法院判令百艺珠宝履行系争房地产的过户、交房义务,并支付违约金,且五名保证人承担连带责任。

2. 裁判精要

一审中,浦东法院判决:百艺珠宝消除系争房地产商的抵押权,并履行相应的过户、交房义务,城建公司在系争房地产过户、交付后支付购房余款。百艺珠宝还应支付逾期过户及交房的违约金(按总房价的日万分之五计算),且五名保证人对前述违约金的付款义务承担连带责任。

二审中,上海一中院认为,本案的主要争议焦点是:第一,城建公司与百艺珠宝之间是房屋买卖关系还是借款关系,以及该法律关系是否有效;第二,百艺珠宝是否存在违约行为。

关于争议焦点一,法院认为,城建公司与百艺珠宝之间签订《房地产转让协议书》是双方意思自治行为,约定内容符合房屋买卖合同的构成要件,可以认为双方之间存在房屋买卖合同关系。百艺珠宝无证据证明该协议实为借款协议。该协议合法有效,双方均应恪守。法院支持城建公司要求百艺珠宝继续履行合同的诉讼请求。

关于争议点二,法院认为,本案系争《房地产转让协议书》签订后,城建公司按照约定的时间履行了支付部分购房款的义务,而百艺珠宝没有按约履行配合城建公司办理房地产过户手续以及交付房屋的义务。现有证据不能证明百艺珠宝在

---

[1] (2014)沪一中民二(民)终字第2616号,选取自《上海市第一中级人民法院自贸区司法保障白皮书(2013年9月—2016年4月)》。

协议约定的应履行义务期限内有积极偿还借款消除抵押权、配合城建公司办理房地产过户手续以及交付房屋的主观意愿或行为。因此,百艺珠宝未履行协议约定的配合城建公司办理房地产过户手续以及交房的义务,构成违约,应当承担违约责任。

关于违约责任的承担方式,协议约定:百艺珠宝违约时,城建公司可要求继续履行合同,百艺珠宝按总房价的日万分之五承担违约责任。百艺珠宝认为,以总房价为计算违约金的基数,与城建公司违约按未付款项的日万分之五承担违约责任的约定不对等、不公平。法院认为,合同当事人可以对违约责任的承担方式以及违约金的计算方法作出约定,本案当事人在《房地产转让协议书》中对任何一方违约应承担的违约责任所作的约定合法,且城建公司作为承担付款义务方如果违约按"未付款项"计付违约金,百艺珠宝作为承担出让房地产权利及交房义务方如果违约按"总房价"计付违约金,如此计算违约金的方法亦属合理。

3. 典型意义

本案系上海一中院受理的首例标的过亿元的涉自贸试验区房地产纠纷案件,涉及的法律问题较多,包括协议的性质、效力,协议履行的可能性,违约金约定的合理性,违约金起算时间等。本案系争房地产为自贸试验区内的人才公寓,尚有知名企业员工百余人长期居住,权属的变更、房屋的用途涉及多方利益。正确处理自贸试验区内的房地产纠纷,对维护自贸试验区内企业的经营秩序与交易安全具有重要意义。随着市场经济不断发展,房地产价格不断上涨,自贸试验区周边的房地产价格也呈现强劲涨势,自贸试验区内频繁出现一方违约引起的房地产纠纷。在房屋买卖违约案件中,一般的审判模式为:先认定房屋买卖合同是否有效,再决定违约责任的分配问题。从案件裁判来看,本案的裁判并没有出现突破性的新规则,遵循以往此类案件的裁判规则,其中心为诚实信用原则。法院首先通过对双方当事人提交证据的审查,准确判明房地产买卖的法律关系,维护合同诚信原则和契约严守规则。

对于违约金的认定问题,本案裁判认为合同当事人可以对违约责任的承担方式及违约金的计算方法作出约定,本案当事人在《房地产转让协议书》中对任何一方违约应承担的违约责任所作的约定,皆系双方当事人真实意思表示,正是贯彻意思自治原则的体现。该案裁判不仅为自贸试验区内主体进行房地产交易提供了规范性指导,还对此后法院处理类案提供了有益的借鉴,为维护自贸试验区房地产市场秩序发挥了积极作用。上海一中院依法作出公正裁判,避免了可能引发的社会矛盾,实现了法律效果与社会效果的有机统一。

(二) 涉自贸试验区房屋租赁合同案件

在涉房屋租赁合同案件中,由于自贸试验区的创新概念效应和集聚效应吸引了大量企业在自贸试验区内注册、经营,区内房屋租赁需求大幅增加,房屋租赁案件随之递增并保持高位运行,其中关于租赁合同备案对合同效力的影响以及因企业定制物业产生的纠纷较为集中。[1] 同时,由于上海自贸试验区设立前以及设立后的一段时间内房屋租金标准有较大的变化,因此时常出现合同一方违约性解约而导致的诸如合同解除、违约责任、损害赔偿等一系列争议。本部分选取了"上海浦东发展(集团)有限公司诉上海邦策投资管理有限公司房屋租赁合同纠纷案"[2]作为典型案例进行分析。

1. 案情简介

2013 年 6 月,上海浦东发展(集团)有限公司(住所地在上海自贸试验区,以下简称"浦发集团")与上海邦策投资管理有限公司(以下简称"邦策公司")签订《房屋租赁合同》,约定浦发集团将系争房屋出租给邦策公司使用等相关事宜。2014 年 3 月,邦策公司向浦发集团发送《关于出具同意转租函的申请》,载明邦策公司拟按照合同约定的业态进行转租并开展前期招商工作。2015 年 3 月,浦发集团向邦策公司发送《同意函》,同意邦策公司将部分物业转给案外人进行品牌连锁酒店经营。2016 年 7 月,浦发集团向邦策公司寄送《纠正违约行为通知函》,认为邦策公司在履约过程中存在违约行为。2016 年 8 月,浦发集团发出《解除合同通知》,认为邦策公司的违约行为已经具备解除合同的条件,遂通知邦策公司解除《房屋租赁合同》。后浦发集团起诉,请求法院判令确认租赁合同解除,邦策公司向其返还房屋,并支付租金、违约金、逾期支付违约金和占有使用费共计 403 万元。

---

[1] 参见杨满云等:《自贸区框架下的房地产法律问题研究》,载汤黎明、郑少华主编:《自由贸易区法律适用(第一辑)》,法律出版社 2014 年版,第 211—214 页。
[2] 一审案号:(2016)沪 0115 民初 62278 号,二审案号:(2017)沪 01 民终 12597 号,选取自《上海市第一中级人民法院、上海市浦东新区人民法院自贸区司法保障白皮书(2013 年 9 月—2018 年 4 月)》。

2. 裁判精要

一审中,浦东法院认为,浦发集团主张的解约理由均不成立。但是,邦策公司未按约定支付租金,应支付相应的逾期支付违约金。法院遂判决邦策公司支付浦发集团逾期支付租金的违约金4万余元,驳回浦发集团的其余诉讼请求。

上海一中院二审判决认为,本案主要争议焦点为浦发集团是否具有合同解除权以及邦策公司逾期支付租金的违约金的标准。首先,浦发集团主张的解约理由均不成立,不享有合同解除权。理由在于:第一,关于邦策公司欠付租金、违约金的问题。邦策公司的确存在逾期支付租金的情形,但是该公司在收到浦发集团通知函后愿意积极解决违约金问题,并非拒不纠正违约行为。浦发集团首次主张违约金系在《纠正违约行为通知函》中提出,邦策公司对数额提出异议属于协商,并非对合同主要义务的拒绝履行。第二,关于未按约定提供工程项目图纸、房屋存在安全隐患的问题。房屋租赁合同中关于工程图纸的约定并非关键性条款,不妨碍合同的正常履行。双方在合同中并未明确交付图纸的种类、名称及数量,邦策公司已交付部分施工图纸,确为积极履行其合同义务。租赁房屋已取得消防安全检查合格证,关于其是否应报批审核属于行政管理范畴,并非本案审理范围,无法以此证明涉案工程项目存在安全隐患。第三,关于擅自转租的问题。浦发集团已书面回复同意邦策公司按照合同规定的业态进行转租。现相关七家商户均未超出浦发集团已许可的业态范围,可见邦策公司并不存在擅自转租的违约情形。其次,关于邦策公司逾期支付租金的违约金的标准,邦策公司于一审期间主张违约金的标准过高,一审法院根据双方履行合同的实际情况,对违约金数额酌情调整,合法合理。故上海一中院判决驳回上诉,维持原判。

3. 典型意义

自2013年房产新政出台以来,上海房地产市场异常火爆,涉房地产案件量持续处于高位。随着上海自贸试验区改革开放的全面深化,自贸试验区内房屋买卖、租赁价格大幅上升,随之产生的房产类纠纷不断增多。在上海一中院2017—2018年受理的涉自贸试验区房地产纠纷案件中,房屋租赁合同纠纷数量位居第一(占37.52%)。因此,妥善处理此类纠纷案件,对构建自贸试验区良好的营商环境较为重要。

本案涉案房产的租赁面积总计6000余平方米,租赁期间长达15年,双方投入巨大,涉及多方利益。本案所涉法律问题集中体现了涉自贸试验区房屋租赁合同案件的特质,涉及合同单方解除权、交付物瑕疵认定、主体权利义务等多个法律问题。本案准确把握了此类案件典型问题的审理依据与裁判规则。在房屋瑕疵问题和转租事实合法性的认定方面,两级法院均从事实出发,否定了一方当事人违法解约的理据。在违约事实与解约理由的关联性方面,法院的判决一方面认定了另一方当事人存在轻微的违约情形,另一方面也从当事人的违约程度、是否存在补正行为以及违约的主观恶意程度等方面强调租赁合同解除的根本性,这对于维护自贸试验区内稳定的房屋使用秩序意义深远。

(三) 涉自贸试验区消费者买卖合同案件

上海自贸试验区成立后,大量的国外知名销售公司在自贸试验区内设立分支机构,并以该分支机构为中心向自贸试验区区内或区外进口、销售产品。在商品进口、销售达到一个新高度的同时,如何保护中国消费者的合法权益成为司法保障的又一重要任务。尤其是对于《中华人民共和国消费者权益保护法》(以下简称《消费者权益保护法》)中规定的惩罚性赔偿的运用,成为法院惩戒不合格商品销售者、维护自贸试验区市场秩序的重要利器。本部分选取了"唐雪华诉惠氏(上海)贸易有限公司、上海联家超市有限公司等买卖合同纠纷案"[1]作为典型案例进行分析。

1. 案情简介

唐雪华在上海联家超市有限公司(以下简称"联家超市")古北店购买了"惠氏启赋学龄前儿童配方奶粉(阶段4)"36罐,原产国爱尔兰。该产品中国总经销商为惠氏(上海)贸易有限公司(以下简称"惠氏公司"),产品"营养成分表"中标示每100克(g)产品包含:"维生素 K33.8μg;生物素 9.0μg;锌 4.50mg;牛磺酸 22.5mg;叶黄素 90.1μg……"在与唐雪华的另案诉讼中,惠氏公司委托上海市质量监督检验技术研究院对涉案产品进行检测,《检验报告》载明本案讼争的五种营养强化剂含量分别为:"维生素 K173.1μg/100g;生物素 20μg/100g;锌 7.78mg/100g;牛磺酸 24.9mg/100g;叶黄素 118μg/100g。"《预包装食品营养标签通则》(GB 28050—2011)中"能量和营养成分含量的允许误差范围"规定,维生素(不包

---

[1] (2016)沪01民终9804号,选取自《上海市第一中级人民法院自贸区司法保障白皮书(2016年4月—2017年4月)》。

括维生素 D、维生素 A)以及强化的其他营养成分的允许误差范围为"≥80％标示值"。后唐雪华以联家超市、联家超市古北店、惠氏公司构成欺诈为由,提起本案诉讼,请求法院判令:(1) 联家超市及联家超市古北店承担退货责任,退还全部货款;(2) 联家超市、联家超市古北店、惠氏公司赔偿三倍货款。

2. 裁判精要

一审中浦东法院认为,涉案奶粉中数种营养强化剂含量的实测值远远超出标示值,部分营养强化剂的实测含量甚至达到标识含量的两倍以上,误差范围显然超出了因生产过程、货架期衰减或检测方法不同造成的合理范围。对于奶粉而言,营养强化剂含量系重要信息,将影响消费者的购买行为以及对相关营养元素摄入量的控制。涉案产品标签中就部分营养强化剂含量所作的错误告知,将会给消费者造成误导,构成欺诈,故法院支持唐雪华要求联家超市退货并赔偿三倍货款的请求;惠氏公司并非买卖合同相对方,故法院驳回唐雪华对其的诉讼请求。

二审中,上海一中院认为,食品营养标签是消费者了解预包装食品的营养组成和特征的来源,也是消费者按自己健康需要选择食品的根据,消费者在消费过程中享有知悉其所购食品真实情况的权利。涉案产品营养标签中的虚假信息内容已实际误导消费者的消费选择,经营者应对由此所产生的后果承担责任。食品营养成分含量应以具体数值标示,数值应通过原料计算或产品检测获得。《预包装食品营养标签通则》中有关允许误差范围为"≥80％标示值"的规定,系为了保证食品质量,防止生产企业虚标营养强化剂含量,并不能就此理解为"涉案产品营养成分的误差范围只要符合该规定的标示值,其营养标签中的营养素含量可不按实际含量而随意标注"。据此,上海一中院判决驳回上诉,维持原判。

3. 典型意义

我国 1993 年颁布的《消费者权益保护法》首次引入惩罚性赔偿,并且该法在 2013 年对惩罚性赔偿制度进行了修正。1993 年《消费者权益保护法》第 49 条规定了"退一赔一"的内容,对于该条中惩罚性赔偿的适用,在司法实践中需要满足三项要件:一是保护的对象必须是《消费者权益保护法》意义上的"消费者"[1];二是经营者提供商品、服务时有欺诈行为;三是消费者购买、使用商品或接受服务时

---

[1] 《消费者权益保护法》第 2 条规定:"消费者为生活消费需要购买、使用商品或者接受服务,其权益受本法保护;本法未作规定的,受其他有关法律、法规保护。"

受到损害。

进入21世纪以来,我国产品责任事件特别是食品安全事故频发,三聚氰胺奶粉、瘦肉精、地沟油、染色馒头、毒生姜等众多事件连续发生,制假、贩假行为屡禁不止,各行业潜规则不断浮出水面,在给消费者权益造成严重损害的同时,也严重打击了消费者的消费信心。为进一步强化对消费者合法权益的保护,2013年修正后的《消费者权益保护法》通过大幅提高惩罚性赔偿的上限,将原先"退一赔一"的规定改变为"退一赔三",大大提高了对不法欺诈行为的威慑力。[1]

本案涉案产品的中国总经销商惠氏公司系注册在自贸试验区内的法人。虽然涉案产品属于原装进口的食品,但是也应当符合我国食品安全国家标准,并符合我国关于消费者权益保护的其他法律法规。本案中,法院将进口食品中营养标签标注的营养素含量与实测值显著不一致的情形认定为欺诈行为,明确销售方向消费者承担"退一赔三"的责任,有利于净化进口食品市场,对于食品进口环节审查义务的界定和法律责任的承担有典型意义。当然,由于适用上述《消费者权益保护法》规定的请求权仅仅为合同请求权,因此非买卖合同的相对方无须承担连带责任。

二、涉自贸试验区侵权类典型案例分析

相较于合同类案件,涉上海自贸试验区侵权类案件在数量上并未有明显增长。其中,传统意义上的道路交通事故案件占了很大一部分比例,这些案件与区外案件的处理方式并无二致,因而不具有特殊意义。但是,在对涉自贸试验区侵权类案件的统计过程中,我们也发现了关于自然人个人信息保护、第三人侵害债权等较为前沿、争议较大的案件,因此本部分主要围绕这些侵犯特别权益的案件进行分析介绍。

(一)涉自贸试验区侵犯个人信息案件

进入信息时代,电信科技发展迅速,同时也带来了一系列的社会问题,垃圾信

---

[1]《消费者权益保护法》第55条第1款规定:"经营者提供商品或者服务有欺诈行为的,应当按照消费者的要求增加赔偿其受到的损失,增加赔偿的金额为消费者购买商品的价款或者接受服务的费用的三倍;增加赔偿的金额不足五百元的,为五百元。法律另有规定的,依照其规定。"

息的泛滥就是其中之一。现代人的手机号码一旦被公布或者泄露,往往会带来令人不厌其烦的垃圾信息,其中包括一些运营商的通知消息、一些商家的打折促销信息以及广告信息,还有一些违法诈骗的信息,从而可能引发侵犯个人信息的纠纷。但是,广告类垃圾短信是否侵犯了用户的合法权益这一问题在实践中还存在着很大的争议。本部分选取了"刘春泉诉中国工商银行股份有限公司上海市分行侵权责任纠纷案"[1]作为典型案例进行分析。

1. 案情简介

2011年6月3日,刘春泉向中国工商银行股份有限公司上海市分行(以下简称"工行上海分行")申领信用卡一张,相应的领用合约第5条约定:"甲方(申领人)同意乙方可通过短信或电子邮件方式向其发送与牡丹信用卡有关的信息,乙方保留终止发送的权利。"自2013年6月起,工行上海分行使用"95588"短信号码向刘春泉发送多条关于"牡丹卡倾情回馈""满赠信息""购车促销活动"等的短信息。2013年10月31日,刘春泉向"95588"发送短信,内容为:"根据全国人大关于网络信息安全的决定,你行发送商业信息属于垃圾信息,应立即停止发送,否则需依法承担责任。"同日,"95588"回复短信,要求刘春泉拨打其服务热线或者前往营业网点进行反映。此后,刘春泉又分别于2014年3月12日、5月4日再次要求"95588"停止发送垃圾短信,"95588"均回复短信表示歉意,但是仍然要求刘春泉拨打其服务热线或者前往营业网点进行反映。刘春泉遂起诉,请求法院判令工行上海分行停止侵害、赔礼道歉,并赔偿其公证费、律师费及其他损失5万元。刘春泉提起本案诉讼后,工行上海分行停止向刘春泉发送商业性短信息。

2. 裁判精要

一审中,浦东法院认为,手机号码应属于一般人格权的保护范围,对其应当合理使用;未经明示同意或请求,被告不得利用其所掌握的手机号码向持卡人发送商业性短信息。本案中,原告并未明确表示愿意接受商业性短信息,在接收后亦已明确表示拒绝,被告应当在原告提出异议后立即停止向其发送;被告超出合理限度利用其掌握的原告手机号码向其发送商业性短信息,被告的行为侵犯了原告个人信息受保护的权利,应承担侵犯一般人格权的法律责任。但是,原告未能举

---

[1] (2015)沪一中民六(商)终字第107号,选取自《上海市第一中级人民法院自贸区司法保障白皮书(2013年9月—2016年4月)》。

证证明其财产受到实际损失,被告的行为也未对原告造成严重精神损害,难以支持原告的其他赔偿请求。最终,一审判决被告向原告支付公证费 1000 元并赔礼道歉。

二审中,上海一中院认为,本案的争议焦点为:工行上海分行发送系争电子信息的行为是否构成侵权,而认定是否构成侵权应以此种行为是否具有过错并侵害刘春泉的民事权益为依据。就工行上海分行是否具有相应过错,发送系争电子信息具有相应的合同依据,虽有瑕疵,但不能据此认定工行上海分行存在相应的过错。刘春泉在领用合约成立并实际履行四个月之后才提出相关主张,工行上海分行有理由相信其属于以默示方式表达同意的意思表示。此后,刘春泉虽明确表示拒绝接受此类信息,但其拒绝行为属于对合同约定的变更。鉴于刘春泉并未依照工行上海分行的指示办理相应手续,其变更合同的意思表示尚未送达工行上海分行,相应的变更行为并未完成。虽未提供更加快捷的合同变更方式,行为不当,但工行上海分行继续发送系争电子信息的行为并无过错,不足以构成侵权法框架内的过错。

就刘春泉的民事权益是否受到侵害,刘春泉主张工行上海分行发送系争电子信息的行为占用其移动设备内存,构成对其财产性权利的侵害。法院认为这种简短、微小的短信息对移动设备并不可能构成价值上的贬损,且原告可自行消除,并未构成对其财产性权利的侵害,也无金额上的计算依据,缺乏实际必要。同时,该行为对刘春泉的隐私空间和个人信息受保护的权利造成的影响较为微小,损害程度亦极轻。综上,难以认定工行上海分行对刘春泉的财产性权利或非财产性权利造成了侵害后果。最终,上海一中院判决撤销一审的民事判决,驳回了上诉人(原审原告)的全部诉讼请求。

3. 典型意义

消费者诉垃圾信息发送方,本案尚属首次,一审判决较为偏向消费者;而二审法院在综合考虑了消费者权益和企业应当承担的有限法律责任的基础上,确立了此类案件的首个判例。本案涉及的理论问题与典型意义有二:

第一,原告诉请中涉及的个人信息是否属于一般人格权的范畴?在本案判决生效之日,我国尚未对自然人个人信息的民事权益之性质予以明确,故原告诉请的依据为《消费者权益保护法》第 29 条以及《全国人民代表大会常务委员会关于加强网络信息保护的决定》第 7 条的规定。[1] 本案两级法院的判决均将其明确为一般人格权,使得本案成为国内首例根据《消费者权益保护法》和《全国人民代表大会常务委员会关于加强网络信息保护的决定》进行个人信息保护的案件,也为个人信息保护开启了一个示范的窗口。[2]

第二,如何平衡公民个人信息保护与企业正当经营的利害关系?如何把握一般侵权行为中的"过错"与"损害"两项构成要件?诚如上海一中院在本案判决中所指出的,工行上海分行在履行系争领用合约的过程中虽有前述瑕疵,但类似具有轻微瑕疵的行为广泛存在于社会生活之中,尤其在商业活动中更为多见,如均要求相关行为人承担侵权法律责任,不仅缺乏现实意义,亦将使民事主体限于动辄犯法的境地,属不当加重民事主体的义务,实有不妥。本案中,工行上海分行的行为虽有不当,但其程度极其轻微,在法律层面要求其对此种行为承担侵权责任亦过于严苛。因此,本案的判决结果体现了既保护消费者权益也保护服务提供商利益,促进市场的良性循环发展,改善上海自贸试验区经营经商环境的宗旨,对今后涉自贸试验区的同类案件的审理具有积极意义。

(二)涉自贸试验区第三人侵害债权案件

上海自贸试验区所产生的"虹吸效应",使得在涉自贸试验区公司类案件的审理过程中,出现了需要同时考虑适用《公司法》和《中华人民共和国侵权责任法》(以下简称《侵权责任法》)的特殊类型案件。一方面,针对股东与其持股的公司在同一业务中竞争并损害公司利益的,《公司法》一直未能作出明确规定。另一方面,我国法律虽然没有明文规定第三人侵害债权制度,但是在司法实践中无可避

---

〔1〕《消费者权益保护法》第 29 条规定:"经营者收集、使用消费者个人信息,应当遵循合法、正当、必要的原则,明示收集、使用信息的目的、方式和范围,并经消费者同意。经营者收集、使用消费者个人信息,应当公开其收集、使用规则,不得违反法律、法规的规定和双方的约定收集、使用信息。"

《全国人民代表大会常务委员会关于加强网络信息保护的决定》第 7 条规定:"任何组织和个人未经电子信息接收者同意或者请求,或者电子信息接收者明确表示拒绝的,不得向其固定电话、移动电话或者个人电子邮箱发送商业性电子信息。"

〔2〕《民法总则》第 111 条规定:"自然人的个人信息受法律保护。任何组织和个人需要获取他人个人信息的,应当依法取得并确保信息安全,不得非法收集、使用、加工、传输他人个人信息,不得非法买卖、提供或者公开他人个人信息。"

免地出现了许多第三人侵害债权的情形。在涉自贸试验区的侵权类案件中,"四川中邦仁和科技有限公司与蔡某某、上海驰铁电子科技发展有限公司损害公司利益责任纠纷案"[1]便是典型。

1. 案情简介

2013年5月14日,上海亿铁科技发展有限公司(甲方,以下简称"亿铁公司")与蔡某某(乙方)签订《协议书》,其内容为:"乙方应协助并确保甲方或目标公司与成都铁路局或相关代表公司就《火车票自助服务终端销售代理合同》进行商务谈判,并于2013年6月30日签订合同。甲方拟在乙方完成约定工作后在四川成都设立子公司(目标公司),聘请乙方为总经理,月工资为10000元。为激励乙方,甲方将赠予乙方目标公司15%的股权,并办理相应的工商登记手续。乙方承诺在任职期间未经甲方许可,不与其他方经营与目标公司相同领域业务。"其后,蔡某某利用其在铁路系统的"资源"协助中邦公司(亿铁公司设立的子公司)与西南旅铁签订了火车票自助销售的《合作协议》,并约定:西南旅铁在双方合作期和合作区域内原则上不与第三方进行等同或类似的合作,蔡某某由此获赠中邦公司15%的股权。2014年4月9日,原告中邦公司召开股东会议并形成股东会决议和章程修正案,对股东义务予以重申和明确:"除经代表二分之一以上表决权股东同意,各股东不得自营、投资、与他人合作或为他人经营与公司同类业务;不得谋取属于公司的商业机会;不得从事损害公司利益的活动。"

2013年,被告上海驰铁电子科技发展有限公司(以下简称"驰铁公司")在上海自贸试验区注册成立。2014年,企业信用信息公示系统显示被告蔡某某是驰铁公司的投资人。随后,被告驰铁公司在重庆和成都安装了12台铁路旅客自助售票机。在售票机销售商的产品安装验收单上,驰铁公司的联系人为蔡某某。2014年7月,原告中邦公司向浦东法院提起诉讼,认为被告蔡某某明知原告对与西南旅铁的业务合作拥有排他性权利,却帮助被告驰铁公司经营与原告中邦公司相同的业务,安排非属于中邦公司的设备介入中邦公司的业务,该行为属于不正当竞争,恶意侵犯原告公司的利益,违反了《公司法》[2]第20条、第149条和第150条的规定。因此,原告要求被告蔡某某和驰铁公司停止同业竞争业务的继续进行,并赔

---

[1] (2014)浦民二(商)初字第2509号,选取自《上海市浦东新区人民法院涉自贸试验区审判工作白皮书(2014年)》。

[2] 本案涉及的《公司法》为2005年《公司法》。

偿原告中邦公司经济损失和预期经营利益损失。

2. 裁判精要

浦东法院认为,本案的争议焦点之一是公司股东是否能与公司同业竞争的问题。原告称其起诉的法律依据是《公司法》第 20 条第 2 款、第 149 条和第 150 条。第一,《公司法》第 20 条第 2 款规定,公司股东滥用股东权利给公司或者其他股东造成损失的,应当依法承担赔偿责任。股东滥用股东权利中的"股东权利",一般指股东行使《公司法》赋予的享有资产收益、参与重大决策和选择管理者的权利,而本案原告诉称的被告蔡某某滥用的权利实际上是其在铁路系统的"资源",故原告称按照《公司法》第 20 条第 2 款追究被告蔡某某的侵权责任,十分牵强。第二,根据《公司法》第 149 条,董事和高级管理人员违反忠实义务所得的收入应当归公司所有。参照原告起诉的事实,被告蔡某某不是原告的董事和高级管理人员,原告也未主张相关收入的归入权,因此不能适用《公司法》第 149 条。第三,《公司法》第 150 条规定,董事、监事、高级管理人员执行公司职务时违反法律、行政法规或者公司章程的规定,给公司造成损失的,应当承担赔偿责任。虽然蔡某某曾是原告的监事,但是原告诉称的事实显然不在监事执行公司职务的范围内,所以也不能适用《公司法》第 150 条。原告诉称的股东同业竞争尚未为我国《公司法》所规制。换句话说,被告蔡某某并无与原告不竞争的法定义务。

但是,被告蔡某某的义务来自其与亿铁公司的《协议书》,蔡某某以其在铁路系统的"资源"安排原告与西南铁旅签订《合作协议》,亿铁公司给予被告蔡某某 15% 的股权作为对价,同时被告蔡某某承诺不与原告中邦公司同业竞争。原告中邦公司的原章程中并无股东不得同业竞争的条款,在 2014 年 4 月 9 日召开的股东会上增加了股东不得同业竞争的条款。因此,被告蔡某某在 2014 年 4 月 9 日之前负有不与原告同业竞争的合同法上的义务,之后负有公司章程上的义务。被告蔡某某帮助被告驰铁公司在成都铁路局购买并安装 12 台站外自助售票机,违反了其与亿铁公司的合同义务。此后,被告蔡某某入股被告驰铁公司,违反了其在中邦公司章程上的义务。但是,被告驰铁公司与原告既无不竞争的法定义务,也无合同义务,故原告以《公司法》为法律理由追究两被告的侵权责任,并不契合。

原告基于与西南铁旅的《合作协议》而取得的独家合作经营权,在本质上是一种债权,其权利的行使依赖于西南铁旅对协议的遵守,一般只能对抗权利的相对人。我国《侵权责任法》将保护对象概括为民事权益,既包括生命权和物权等绝对权,也涵盖了合法债权的相对权。由于债权并不具有绝对权的公示性和排他性,第三人并不知悉,因此一般不适宜由《侵权责任法》保护。但是,如果第三人明知相对权的存在,仍恶意侵犯他人的债权,则应当承担侵权责任,即所谓的"第三人侵害债权"。本案被告蔡某某明知原告独家合作经营权的存在,仍不惜违反不竞争的合同义务,协助被告驰铁公司将购置的自助售票机接入成都铁路局自助售票系统,构成对原告独家合作经营权的侵害。被告驰铁公司接受被告蔡某某入股,明知原告独家合作经营权的存在,仍利用蔡某某的"资源"进行业务合作,同样构成对原告独家合作经营权的侵害。两被告构成共同侵权。

3. 典型意义

上海自贸试验区率先改革商事登记制度,降低企业准入门槛,激发了投资者的投资热情,同一市场主体为多家企业股东的情形较多存在,其中不乏股东帮助一公司与另一公司形成同业竞争而损害公司利益的情形,并由此产生纠纷。我国《公司法》对股东同业竞争问题未作出规制,且由于《公司法》调整范围的局限性,不能对公司外的同业竞争主体进行约束,因此对此类不当行为未有明确的法律制约。法院对本案的审理本着保障公平竞争市场秩序的司法理念,从《侵权责任法》保护的对象和公司受损利益的债权性质入手,依第三人侵害债权责任,对司法规制股东同业竞争作出了积极的探索。

（1）股东同业竞争问题

关于公司董事、监事、高级管理人员以及股东同业竞争损害公司利益,《公司法》中的相关规定分别是第20条第2款、第149条和第150条。本案判决中明确指出这三个条款分别针对的是不同的情况:第20条第2款为公司股东滥用股东权利给公司或者其他股东造成损失的,应当依法承担赔偿责任;第149条为董事和高级管理人员违反忠实义务所得的收入应当归公司所有;第150条为董事、监事、高级管理人员执行公司职务时违反法律、行政法规或者公司章程的规定,给公司造成损失的,应当承担赔偿责任。因此,判决明确,从条款本身的字面意思来看,《公司法》并未明确规定股东与其所持股的公司在同一业务中竞争违反了法律上的义务,即公司股东并无与公司不同业竞争的法定强制义务。换言之,如果仅仅从公司法的角度看,公司股东可以从事与公司业务重合或近似的业务。正因为《公司法》并未对股东同业竞争问题作出规制,并且由于《公司法》调整范围的限制,不能对公司以外的同业竞争主体进行约束,所以对此类问题一直未有明确的法律制约；而在商事活动中，则普遍将同业竞争禁止义务作为一种民事义务在劳动合同或补充协议中加以确定。

(2) 独家合作经营权的权利性质

独家合作经营权作为一种基于双方合意订立合作销售合同而取得的权利，在本质上属于一种债权，而并非物权。它符合债权的诸多特征。首先，独家合作经营权是一种需要请求他人（债务人）为一定行为的权利，反映财产权益的流转关系；而物权反映的则是财产权益的归属和利用关系。其次，独家合作经营权也是一种财产上的请求权，是相对权，一方当事人（债权人）只能向另一方当事人（债务人）主张权利，而不得向债务人以外的第三人主张权利。也就是说，作为债权的独家合作经营权的权利主体和义务主体都是特定的；而物权的权利主体是特定的，义务主体是不特定的。最后，在法律关系的效力上，债的关系具有平等性和相容性，而物权关系具有优先性和排他性。独家合作经营权作为一种特殊形式的合作经营权，根据合同的约定，只能在同一标的物上成立一种权利；而一般的合作经营权则可以在同一标的物上成立内容相同的数个权利，并且权利之间是平等的，在效力上不存在优先性和排他性。

(3) 第三人侵害债权问题

第三人侵害债权是一个比较新颖的理论问题。传统债法理论强调债的相对性，认为如果债权人、债务人之外的第三人侵害债权债务关系，则应当由债务人向债权人承担相关责任，与第三人无涉。但是，现代民法制度已经逐渐突破上述观念，认为在第三人恶意侵害债权人债权的情形下，可以成立侵权责任，以更好地维护债之关系。在我国，虽然立法并没有明文规定第三人侵害债权制度，但是立法上存在空白并不意味着司法实践中类似的纠纷不存在。本案的判决明确指出，如果第三人明知相对权的存在，仍恶意侵犯他人的债权，则应当承担侵权责任。但是，判决最后指出，股东同业竞争尚不是《公司法》规制的侵权行为，股东同业竞争在某些情况下会侵害公司的民事权益，可以按照《侵权责任法》对公司进行保护。但是，如果这种民事权益属于债权性质，则其保护的强度并不如对绝对权的保护。这样的判决表明浦东法院不囿于传统观念的束缚，同时又在现行法律框架内灵活地解释法律。

(三) 涉自贸试验区财产保全损害赔偿案件

随着上海自贸试验区的制度优势逐渐显现，自贸试验区内的民商事案件呈现激增现象,而在这些案件的审理过程中,涉及财产保全的申请占了相当大的比例。当保全申请人出现保全错误时,依据 2017 年《民事诉讼法》第 105 条的规定:"申请有错误的,申请人应当赔偿被申请人因保全所遭受的损失。"对于此种责任承担的请求权基础,一般认为应当适用一般侵权责任的构成要件进行判断,而如何在审判实践中认定保全申请人的过错则是一个难题。本部分选取了"科思创聚合物(中国)有限公司诉上海昊海化工有限公司因申请诉中财产保全损害责任纠纷案"[1]作为典型案例进行分析。

1. 案情简介

2014 年 1 月 2 日,科思创聚合物(中国)有限公司(以下简称"科思创公司")因买卖合同纠纷起诉上海昊海化工有限公司(以下简称"昊海公司")及其关联公司上海昊洋化工有限公司(以下简称"昊洋公司")。科思创公司主张:2012 年,昊洋公司与昊海公司作为共同买方与科思创公司签订《供应和返利协议》以及《返利协议的补充协议》。2012 年 6 月 12 日,昊海公司向科思创公司出具担保书,对昊洋公司 2012 年 6 月 15 日至 2013 年 6 月 14 日期间购买产品产生的所有债务承担 6000 万元的连带保证责任。2013 年 6 月 24 日,昊海公司又向科思创公司发送了 2013 年担保书的电子邮件,对昊洋公司 2013 年 6 月 15 日至 2014 年 6 月 14 日期间购买产品产生的所有债务承担连带保证责任。后该电子邮件经司法鉴定无法确认真实性。科思创公司请求法院判决昊洋公司和昊海公司支付应付货款 52251904.03 元、利息 698519.28 元,解除三方的《供应和返利协议》以及《返利协议的补充协议》。科思创公司在起诉的同时还向一审法院申请对昊海公司和昊洋公司的银行存款 52950423.31 元或其相应价值财产进行诉讼保全,并提供了 15885126 元的现金担保。保全结果为:一、二审期间共冻结昊海公司开户银行账户中的 1092367.57 元,查封三处房产。后该买卖合同纠纷的生效判决中,昊海公司仅承担 379500 元货款及利息的连带清偿责任。昊海公司据此主张科思创公司申请财产保全错误,因公司账户被冻结,三处房产被查封,导致昊海公司无法从银行取得贷款用于投资土地,遂起诉要求科思创公司向其支付被冻结银行钱款的存贷利息差以及昊海公司的土地预期收益损失,共计 3000 万元。

---

[1] 一审案号:(2016)沪 0115 民初 6821 号,二审案号:(2017)沪 01 民终 12390 号,选取自《上海市第一中级人民法院、上海市浦东新区人民法院自贸区司法保障白皮书(2013 年 9 月—2018 年 4 月)》。

2. 裁判精要

一审法院认为,判断申请人因错误申请财产保全是否应承担赔偿责任,不仅要以申请人的诉讼请求是否为法院所支持为事实基础,而且还要着重考虑申请人在申请保全时是否具有故意或重大过失的主观过错。首先,科思创公司申请财产保全的金额明显超出了生效判决所支持的金额。其次,科思创公司在明知昊海公司并未拖欠货款的情况下仍起诉昊海公司,显有过错。最后,科思创公司起诉昊海公司承担连带保证责任的唯一证据是经鉴定无法确认真实性的电子邮件,主观上具有重大过失。故科思创公司申请诉中财产保全有错误,从而导致昊海公司资信受损,无法从银行取得贷款用于投资土地,丧失了预期收益的机会。一审法院综合考量科思创公司的过错程度、买卖合同纠纷生效判决所支持的科思创公司诉请金额、科思创公司申请财产保全金额以及提供的担保金额、涉案土地使用权评估咨询报告等因素,判决科思创公司赔偿昊海公司 1000 万元损失。

上海一中院二审判决认为,要认定科思创公司在买卖合同纠纷中申请财产保全有错误,则首先应当认定科思创公司提起该起诉讼并申请财产保全的行为在主观上存在过错。在买卖合同纠纷诉讼中,科思创公司将昊海公司及昊洋公司列为共同被告,有相应的合同依据,系正常诉讼行为。科思创公司亦就其诉请进行了举证,不能仅因电子邮件证据的真实性无法确定就认定其主观上具有过错。科思创公司在买卖合同纠纷中的诉请未获法院全部支持,系因举证不力导致,不能因此认定科思创公司申请财产保全具有主观过错。据此,科思创公司申请财产保全并无过错,故对昊海公司因诉中财产保全而丧失的预期损失不予认定。上海一中院判决撤销原审判决,驳回昊海公司原审的全部诉讼请求。

3. 典型意义

财产保全损害责任纠纷案件中,现行法律及司法解释并未明确规定何为"保全错误"。司法实务中,多从一般侵权行为的角度进行审查认定,其中对申请人主观过错的认定争议最大。通常,不会因申请保全(诉讼未决)时申请人对权利的判断与法院最终判决的权利的内容、数额、对象、范围之间存在差距而认定其有过错。在当前更好地为自贸试验区建设提供公正高效的司法服务与保障的大背景下,财产保全错误赔偿案件作为财产保全制度的附属与矫正救济途径,对申请人在申请保全时是否存在过错应综合各方面因素予以考量,不应对申请人设定过于严格的过错认定标准。法院审理时,应在申请人的诉讼权利保护、权利滥用限制和被申请人的合法权益维护之间进行合理平衡。本案二审判决从主体、权利基础以及超额保全三个角度展开分析，指出不能因申请人败诉或申请保全金额高于判决所支持的金额就当然认定申请人有过错，对今后当事人正确行使诉讼权利具有较强的法律引导作用，对同类案件的审理具有一定指导意义。

第三节　上海自贸试验区劳动争议案件的案例集解

由于上海自贸试验区的集聚效应，各类企业的集中化注册、经营情况导致上海自贸试验区内的劳动争议案件频发，这也考验着现行自贸试验区劳动关系的法律协调机制。从自贸试验区劳动法律制度的完善角度，不少学者、法官从多个方面进行呼吁。比如，有专家从《中华人民共和国劳动合同法》（以下简称《劳动合同法》）中的集体协商机制入手，[1]认为在打造市场化、国际化、法治化的自贸试验区这一总体目标的定位下，应当加强与重视工会组建，发挥政府的协调促进作用，同时从法律制度层面切实完善自贸试验区的集体协商程序、集体协商处理机制并强化集体协商的法律责任。[2] 也有专家从自贸试验区企业的实际特点入手，认为在自贸试验区中应当鼓励采取更为灵活、弹性的特殊工时制度，简化特殊工时制度审批的步骤并降低审批门槛，以便给予劳动力市场更大的自由度。[3] 就工时制度而言，上海自贸试验区在司法实践中也出现了因对自贸试验区管委会作出的其他工时工作制审批决定不服而提起的行政诉讼案件。[4]

---

[1] 根据《劳动合同法》的规定，集体协商是指职工一方代表与企业一方代表就工资调整、工作时间、休息休假、劳动安全卫生、保险福利、女职工权益保护等事项开展平等协商的行为。参见王剑平、倪鑫：《关于完善自贸区集体协商制度的思考和建议》，载陈立斌主编：《自由贸易区司法评论（第一辑）》，法律出版社2014年版，第22页。

[2] 参见王凤岩等：《自贸区集体协商制度的适用和改革——基于实证调研的结论》，载汤黎明、郑少华主编：《自由贸易区法律适用（第一辑）》，法律出版社2014年版，第31—35页。

[3] 所谓特殊工时制度，是相对于标准工作时间而言的，是指在一定时间内，在一定限制下，劳动者的工作时间和休息休假不再按照标准工作时间样态执行，而是根据企业所在行业特点或实际需要作其他安排。《中华人民共和国劳动法》（以下简称《劳动法》）第39条规定："企业因生产特点不能实行本法第三十六条、第三十八条规定的，经劳动行政部门批准，可以实行其他工作和休息办法。"1994年劳动部发布的《关于企业实行不定时工作制和综合计算工时工作制的审批办法》确定了特殊工作时间的两种形式：不定时工作时间和综合计算工作时间。

[4] 如"钱小梅诉自贸区管委会其他工时工作制审批决定案"，(2016)沪01行终252号。

就民事案件中的劳动争议案件而言,按照自贸试验区两级法院的分类方式,一般将劳动争议案件首先区分为劳动合同纠纷、社会保险纠纷和福利待遇纠纷三种。其中,劳动合同纠纷案件占了绝大部分,在这一大案由项下,又可以具体分为劳务派遣合同纠纷、经济补偿金纠纷、追索劳动报酬纠纷、确认劳动关系纠纷、竞业限制纠纷等单一诉求纠纷,以及因多种请求权聚合而产生的复合型劳动合同纠纷。[1] 2013—2018年,上海自贸试验区相关法院发布的白皮书中公布的涉自贸试验区劳动争议典型案件共计五个,其中两个分别涉及劳务派遣合同纠纷、竞业限制纠纷,而其他三个均是涉及用人单位单方解除劳动合同的有效性以及法律责任方面的案件。

一、涉自贸试验区劳动合同解除类典型案例分析

在上海自贸试验区的劳动争议案件中,因用人单位单方解除劳动合同而引发的争议占了相当大的比例。一方面,劳动合同的解除对劳动者的影响极大,故《劳动合同法》等法律法规对于用人单位单方解除劳动合同的条件作出了较为详细的规定。审判实践中,需要严格把握用人单位单方解除劳动合同的要件,以尽力维护自贸试验区内劳动者的合法权益。另一方面,用人单位的自主用工权利也需要司法予以适度保护与平衡。自贸试验区内的经济变动幅度较大,企业需要在瞬息万变的市场中及时调整经营策略与用工计划。对于不能胜任本职工作、有严重违反公司规章制度等问题的员工,企业需要按照法定程序进行解约。上海自贸试验区的司法实践正是通过一系列典型案例的指引,帮助用人单位合法行使解释劳动合同的权利。

(一)用人单位解除劳动合同的举证责任

在用人单位单方解除劳动合同的案件中,不论其解约依据是《劳动法》还是《劳动合同法》,均存在着举证责任的分配以及证明标准的确定问题。鉴于用人单位与劳动者特殊的隶属关系,劳动者处于相对弱势地位,故法律将举证责任分配给用人单位。司法实践中,如果用人单位不能对解除劳动关系提供合理有效的证

---

[1] 分类标准参考《上海市浦东新区人民法院涉自贸试验区审判工作白皮书(2014年)》《上海市浦东新区人民法院涉自贸试验区审判工作白皮书(2013年11月—2016年10月)》。

据,那么该用人单位就是违法解除劳动合同,必须承担赔偿责任。本部分选取了"秦某某诉赛默飞世尔科技(中国)有限公司劳动合同纠纷案"[1],旨在体现自贸试验区司法实践中保障劳动者权益的目的,平衡用人单位的自主经营权与劳动者权益之间的冲突,通过司法对用人单位单方面调职行为的合法性和合理性进行严格审查,防止用人单位的权利滥用。

1. 案情简介

秦某某原系赛默飞世尔科技(中国)有限公司(以下简称"赛飞公司")员工,劳动合同约定:秦某某担任大区销售经理,公司实行每天工作8小时,平均每周工作不超过40小时的工时制度。2014年3月7日,赛飞公司向秦某某发出转岗通知,将其工作岗位调整为新医院项目经理,工作性质为销售人员。秦某某于2014年3月20日左右到岗,该岗位只有秦某某一人,办公场所位于赛飞公司新金桥路27号办公区,该办公区一楼入口处于2014年1月28日左右安装了进出闸机系统。

2014年6月11日,赛飞公司向秦某某发出解除劳动合同通知,称:"……工作态度极差……工作均未按要求办理……经常处于无故旷工缺勤状态……严重违反了企业的规章制度……解除与你的劳动合同……"秦某某遂提出仲裁申请,要求赛飞公司恢复与其的劳动关系,并按照每月30000元的标准支付工资。后秦某某不服仲裁裁决,诉至法院。

2. 裁判精要

一审中,浦东法院判决认为,赛飞公司以秦某某不接受公司正常的工作安排以及经常无故旷工缺勤为由解除双方的劳动合同,应对上述解除事由的存在承担举证责任,但是赛飞公司举证不能证明自身主张,故判定其解除行为违法;同时,相关岗位目前并未安排新人接替,存在恢复劳动关系的可能性,故判决恢复双方的劳动关系,且赛飞公司应支付秦某某相应期间的工资。

二审中,上海一中院判决认为,本案的争议焦点主要是:赛飞公司解除与秦某某的劳动合同是否符合法律规定?秦某某原岗位即新医院项目经理一职是否已由他人担任?第一,赛飞公司以秦某某未定期提交工作报告、不接受公司工作安排以及经常处于无故旷工缺勤状态为由解除双方的劳动关系。赛飞公司应当就

---

[1] (2015)沪一中民三(民)终字第689号,选取自《上海市第一中级人民法院自贸区司法保障白皮书(2013年9月—2016年4月)》。

此承担举证责任,但是它在原审中作为证据提供的电子邮件均系打印件,不符合证据的形式要件,其他证据亦不足以证明赛飞公司的相关主张,且二审中赛飞公司亦未进一步提供相应的证据。因此,赛飞公司系违法解除合同。第二,赛飞公司于二审中提供的证据已经形成比较完整的证据链,能够证明秦某某的原岗位已经由他人担任,双方的劳动合同无法继续履行。上海一中院改判:撤销原判决;赛飞公司向秦某某支付违法解除劳动合同的赔偿金。

3. **典型意义**

通常情况下,在劳动关系存续期间,若劳动者存在长期旷工、迟到早退、不遵守公司管理制度等行为,则用人单位因劳动者过错而单方解除劳动合同,属于过错性解除。用人单位可依照《劳动合同法》第39条的规定与劳动者解除劳动合同。用人单位单方解除劳动合同,如果无证据证明劳动者违反有效的公司规章制度,或者劳动者违反规章制度未达到规章制度中列明的严重违反制度的情形,该解除行为会被认定为违法解除。本案作为自贸试验区内典型的劳动争议案件,法院在审理过程中并没有要求用人单位提供公司规章制度,而是直接要求其提供劳动者违反公司规章制度的证据。本案中,由于用人单位赛飞公司没有完成举证责任,不能证明其属于合法解除劳动合同,因此需要承担违法解除合同的赔偿责任。

作为自贸试验区内典型的劳动争议案件,如果用人单位不能对解除劳动合同提供合理有效的证据,那么该用人单位就是违法解除劳动合同。本案的判决对维护自贸试验区内企业人力资源管理的自主权以及劳动者的合法权益具有重要意义。自贸试验区的发展离不开人才队伍的建设,而规范的劳动关系会让有知识、有技术、有创新的人才来到或留在自贸试验区,为自贸试验区的发展贡献力量。所以,本案的判决不仅仅对自贸试验区劳动争议案件的审理具有参考价值,也能为规范自贸试验区内的劳动关系提供经验,为自贸试验区内的人才队伍建设奠定基础。

(二)用人单位因异地用工解除劳动合同的效力

在上海自贸试验区的劳动力市场实践中,异地用工是比较常见的现象。所谓自贸试验区内的"异地用工",一般是指注册在自贸试验区内的用人单位与劳动者签订劳动合同,但是依据劳动合同的约定,劳动者的实际劳动地点位于自贸试验区以外的地方。这种异地用工现象有其一定的合理合法性。由于上海自贸试区并不禁止自贸试验区的注册企业进行区外经营,因此不少自贸试验区内的企业考虑到用工成本,会将部分劳动者派往区外从事劳动活动,这样的做法符合企业降低成本的趋利倾向。但是,在司法实践中,劳动法具有"属地性"的特性,国家层面和地方层面就相同问题可能有不同的规定,而不同地方对法律的理解和实践也存在较大差异。[1] 如果允许自贸试验区企业随意变更、调换岗位和用工地点,便会对劳动者的合同预期和工作权益造成巨大的影响。本部分选取了"液化空气(中国)投资有限公司诉张劲松劳动合同纠纷案"[2],旨在反映自贸试验区司法实践中对用人单位以异地用工为由行使解除权时的严格适法立场。

1. 案情简介

张劲松系液化空气(中国)投资有限公司(以下简称"液化空气公司")员工,双方已签订无固定期限劳动合同。2016年3月,液化空气公司向张劲松发送转岗通知邮件,附件罗列了液化空气福州有限公司岗位名称为机械工程师等17种共计47个工作岗位,工作地点均为福州。双方未达成一致,后液化空气公司向张劲松发送附两种解除合同方案的解除合同通知书。

2016年4月,液化空气公司与张劲松就劳动合同解除问题召开沟通会。后液化空气公司以电子邮件及快递邮寄方式再次向张劲松发送岗位选择告知书,可以提供的岗位有:机械工程师—动设备,工作地点为福州。同月30日,液化空气公司出具通知书,载明:根据之前与您的多次沟通,公司未能就变更劳动合同内容与您达成一致。鉴于此,依据《劳动合同法》相关规定,公司将自2016年4月30日起解除与您的劳动合同。张劲松遂提起仲裁申请,要求液化空气公司支付相应的违法解除劳动合同赔偿金、年休假折算工资、加班工资等。后液化空气公司不服仲裁裁决,诉至法院,请求法院判令液化空气公司无须支付张劲松违法解除劳动合同赔偿金、2015年和2016年的年休假折算工资。

2. 裁判结果

一审中,浦东法院认为,液化空气公司未就签订的劳动合同内容变更与张劲松进行协商,且在电子邮件中并未就变更劳动合同予以明确,对于协商变更劳动

---

[1] 参见陈立斌主编:《中国(上海)自由贸易试验区法律适用精要》,人民出版社2018年版,第247页。

[2] (2016)沪01民终13951号,选取自《上海市第一中级人民法院自贸区司法保障白皮书(2016年4月—2017年4月)》。

合同内容并未尽到审慎沟通义务,属于违法解除劳动合同。故浦东法院判决液化空气公司支付张劲松违法解除劳动合同赔偿金的相应差额。

上海一中院认为,本案的争议焦点为液化空气公司的解除行为是否符合《劳动合同法》第40条第3项规定的客观情况发生重大变化,致使劳动合同无法履行,经用人单位与劳动者协商,未能就变更劳动合同内容达成协议的情形。液化空气公司提供给张劲松的系其关联企业液化空气福州有限公司下属的工作岗位,并非本公司下属的工作岗位,在遭张劲松拒绝的情况下,该行为不属于就双方签订的劳动合同内容变更进行协商。双方签订的劳动合同约定张劲松的工作地点为上海,而液化空气公司提供给张劲松的工作岗位的工作地点位于福州,且在电子邮件中亦未就变更劳动合同予以明确。因此,液化空气公司的上述行为并不符合《劳动合同法》第40条第3项的规定,原审法院确认液化空气公司属于违法解除与张劲松的劳动合同,并无不妥。故上海一中院判决驳回上诉,维持原判。

3. 典型意义

《劳动合同法》第40条第3项在尊重用人单位的用工自主和调整权利的基础上,强调用人单位做出变更劳动地点等行为必须符合情势变更的情形,并且应合法履行与劳动者的协商义务,否则即构成违法解除劳动合同。[1] 这就意味着,用人单位用工自主权的行使必须符合法律规定和合同约定,不得扩大适用甚至滥用。用人单位以行使用工自主权为名违反劳动合同约定,侵犯劳动者合法权益的,劳动者可以提出解除合同并要求用人单位支付经济补偿金。[2]

部分自贸试验区内的企业发展不稳定所造成的人员结构调整,以及部分因政策红利入驻自贸试验区的企业出于降低用工成本之目的而不断转向异地用工,都将可能引发以改变工作地点为主的劳动合同变更。工作地点的变更因涉及劳动者生活地点、生活方式、工作成本等,会影响劳动者的切身利益。本案明确了调整工作岗位至用人单位异地关联企业不属于就用人单位与劳动者双方签订的原劳

---

[1]《劳动合同法》第40条第3项规定:"有下列情形之一的,用人单位提前三十日以书面形式通知劳动者本人或者额外支付劳动者一个月工资后,可以解除劳动合同:……(三)劳动合同订立时所依据的客观情况发生重大变化,致使劳动合同无法履行,经用人单位与劳动者协商,未能就变更劳动合同内容达成协议的。"

[2] 参见刘德权主编:《最高人民法院司法观点集成(民商事卷续)》,人民法院出版社2009年版,第868页。

动合同进行协商的情形。在这种情况下,用人单位单方解除劳动合同的行为不符合《劳动合同法》第 40 条第 3 项的规定,属于违法解除劳动合同。这在一定程度上规制了自贸试验区内的企业因人员调整需要而随意变更劳动者工作地点或以不合理调整工作岗位实施变相裁员的行为,保障了劳动者权益,对同类案件具有一定借鉴意义。

(三) 用人单位解除劳动合同的程序性要件

上海自贸试验区内的大量企业拥有比较完善的内部规章制度,不少企业通过制定《员工手册》、内部管理制度等方式将企业的员工管理制度固化。当劳动者出现《劳动合同法》规定的在试用期间被证明不符合录用条件、严重违反用人单位的规章制度、不能胜任工作等事项时,这些企业内部的规章制度能够有效地成为用人单位解除劳动合同的实体性依据。但是,相较而言,企业在实施内部管理制度时,往往只关注劳动者对相关制度的违反事实,而在确认、通知、告知等程序性事项上则存在着疏漏,认为程序性事项的疏忽不会导致违法解除劳动合同的认定。本部分选取了"上海宝安物业管理有限公司诉柏佳琪劳动合同纠纷案"[1],旨在说明用人单位单方解除劳动合同必须同时满足实体性与程序性要件。

1. 案情简介

柏佳琪于 2014 年 9 月 15 日进入上海宝安物业管理有限公司(住所地在上海自贸试验区,以下简称"宝安公司")工作,双方签订了期限自 2014 年 9 月 15 日至 2017 年 12 月 31 日的劳动合同,约定柏佳琪在宝安公司工程部门担任电工职务。2016 年 3 月 1 日,宝安公司向柏佳琪发出《解除劳动合同通知书》,载明因其在职期间严重违反公司规章制度,依据《劳动合同法》第 39 条第 2 项的规定,于 2016 年 3 月 1 日解除劳动合同。该公司制定的《员工手册》第 7.2 条"处分方式"中载明:"凡违反 A 类过失中的任一行为者,将被书面警告,如员工在此后三个月内再次违反 A 类过失中的行为者,将作为 B 类过失处理。凡违反 B 类过失中的任一行为者,将被严重警告,如员工在此后三个月内再次违反 A 类过失或者 B 类过失中的任一行为的,将视违纪过失行为轻重,予以罚款并按 C 类过失处理,并开具退工

---

[1] 一审案号:(2016)沪 0115 民初 53109 号,二审案号:(2016)沪 01 民终 13596 号,选取自《上海市第一中级人民法院、上海市浦东新区人民法院自贸区司法保障白皮书(2013 年 9 月—2018 年 4 月)》。

单。凡违反 C 类过失中的任一行为者,均属严重违反劳动纪律,即予以违纪解除劳动合同,并开具退工单。"《员工手册》第 7.3 条"纪律处分"中载明:"(1) A 类过错(书面警告)……17) 无故不服从工作安排……(2) B 类过错(严重警告)……9) 不服从工作安排,公开顶撞上司;在紧急情况下不服从所指派的工作,或消极怠工……"双方发生争议,且均不服劳动争议仲裁裁决,先后向法院提起诉讼。宝安公司请求法院判令公司无须向柏佳琪支付违法解除劳动合同赔偿金以及未休年休假折薪。柏佳琪辩称宝安公司系违法解除劳动合同,应支付赔偿金,并请求法院判令宝安公司支付未休年休假折薪、因公培训等费用。

2. 裁判精要

一审中,浦东法院判决认为,用人单位在解除劳动合同时应严格遵守实体性及程序性规范。本案中,宝安公司系以柏佳琪严重违反公司规章制度为由解除劳动合同,其主要依据为柏佳琪签字确认的三份《违纪通知单》。根据《员工手册》的规定,宝安公司对于员工违反不同种类的过失行为,给予的处分方式存在期限性、累计式特征,有着严格的程序性要求。宝安公司针对柏佳琪之前存在的违纪行为,在当时并未给予处分的情形下,于 2016 年 3 月 1 日一次性开具了三份《违纪通知单》,并在当日即解除劳动合同。宝安公司的行为不仅在程序上剥夺了柏佳琪申辩、改正的机会,而且有违《员工手册》中的处分方式,在程序上显然欠缺合理性,宝安公司解除与柏佳琪的劳动合同存在不当之处。故浦东法院判决宝安公司向柏佳琪支付违法解除劳动合同赔偿金 9000 元、培训费用 340 元。二审法院判决驳回上诉,维持原判。

3. 典型意义

解除劳动合同系对员工最严厉的一种处罚方式。实践中,不少用人单位为了适用该条对员工进行管理,往往制定十分详细的规章制度。这些规章制度在合理、合法的前提下,应当作为劳动合同的补充,从而构成约束劳动者劳动纪律、评判用人单位解除劳动合同的基本依据。

但是,用人单位在解除劳动合同时应充分谨慎行事,严格遵守实体性及程序性规则,避免对劳动者的合法权益造成不正当损害。本案中,用人单位制定了较为严格的员工违反劳动纪律时的分级处理程序,符合这一原则的要求,应予鼓励。但是,在实际处理中,用人单位没有遵守自己制定的规章制度,一次性连续实施违纪惩处。对此,法院根据用人单位《员工手册》所确立的员工管理及处罚的方式和程序,认定用人单位的处分欠缺合理性,既为劳动者的合法权益提供了有力的司法保障,也通过裁判明确了用人单位制定的合法规章制度不仅能够作为劳动纪律约束员工,同时也构成对用人单位自身行为的规范,特别是保护劳动者权益、限制用人单位自身权利的规则,更应当被严格遵守。本案的裁判既有助于引导用人单位强化规范管理,尊重和保障劳动者权益,也可以指导劳动者依照法律和用人单位合法合理的规章制度维护自身权益,对上海自贸试验区创造良好的营商环境、保护劳动者及用人单位的合法权益都具有积极意义。

二、涉自贸试验区劳务派遣协议类典型案例分析

劳务派遣是随着现代企业用工需求日益多元化而出现的一种非正规用工形式。"劳务派遣,是由派遣机构与派遣员工签订劳动合同,然后向用工单位派出该员工,使其在用工单位的工作场所内劳动,接受用工单位的指挥、监督,以完成劳动力与生产资料相结合的一种特殊用工方式。"[1]劳务派遣作为一项制度的"舶来品",在国外主要体现为灵活性的劳动供给、减少用工企业的交易成本以及专业化的劳动力提供等优势。[2] 就我国立法而言,2007年实施的《劳动合同法》以及2008年实施的《劳动合同法实施条例》均以专章或专节的方式对劳务派遣进行了立法规范,而2012年修正《劳动合同法》的过程中,也重点聚焦劳务派遣制度的修改工作。虽然针对劳务派遣的立法屡有精进,但是学界对于立法之批判颇为犀利。有学者认为,现行《劳动合同法》强调对于劳务派遣"三性"的规制过于僵化。[3] 也有学者指出,在劳务派遣"同工同酬"问题上立法与实践的鸿沟是该制度

---

[1] 董保华:《论劳务派遣立法中的思维定势》,载《苏州大学学报(哲学社会科学版)》2013年第3期,第50页。

[2] 参见李雄:《我国劳务派遣制度改革的误区与矫正》,载《法学家》2014年第3期,第34—35页。

[3] 《劳动合同法》第66条规定:"劳动合同用工是我国的企业基本用工形式。劳务派遣用工是补充形式,只能在临时性、辅助性或者替代性的工作岗位上实施。前款规定的临时性工作岗位是指存续时间不超过六个月的岗位;辅助性工作岗位是指为主营业务岗位提供服务的非主营业务岗位;替代性工作岗位是指用工单位的劳动者因脱产学习、休假等原因无法工作的一定期间内,可以由其他劳动者替代工作的岗位。用工单位应当严格控制劳务派遣用工数量,不得超过其用工总量的一定比例,具体比例由国务院劳动行政部门规定。"参见董保华:《劳务派遣的题中应有之义——论劳务派遣超常发展的"堵"与"疏"》,载《探索与争鸣》2012年第8期,第38—39页。

被滥用的根本缘由。[1] 当然,面对上述现实问题,除了立法本身存在不足之外,城乡分割的用工体制、部分企业的二元用工机制以及执法机制薄弱等方面的原因也是不容忽视的。[2]

上述问题虽并非专属于上海自贸试验区,但自贸试验区的集聚效应使得区内对非正规劳动方式的需求与日俱增。需要明确的是,"劳务派遣"与"劳务派遣协定"并非同一语义。因为在劳务派遣法律关系中,存在三方主体:劳务派遣单位、被派遣劳动者、用工单位,其中被派遣劳动者与劳务派遣单位存在劳动关系,而与用工单位无劳动关系;劳务派遣协议则是在劳务派遣单位与用工单位之间订立的。通常情况下,劳务派遣单位作为用人单位,应当对劳动者承担雇主的责任;而劳务派遣单位与用工单位之间的合同纠纷则被归类于劳务派遣协议争议。劳务派遣协议虽为两方契约,但在合同条款中会出现大量涉及劳动者权益的内容,因而具有很强的涉他性,而这些涉他义务如何在合同主体之间负担是现行司法实践中的一大难点。"上海正东人力资源有限公司与上海群志光电有限公司劳务派遣合同纠纷案"[3]为劳务派遣协议的解释原则提供了典型判例。

(一)案情简介

上海正东人力资源有限公司(以下简称"正东公司")为劳务派遣单位,上海群志光电有限公司(以下简称"群志公司")为用工单位,双方于2008年前已建立劳务派遣合同关系。正东公司根据群志公司的需求派遣劳动者,群志公司按每人每月25元的标准支付派遣服务费,按每人每月15元的标准支付风险金。但是,双方对单位为派遣劳动者缴存住房公积金的费用由谁负担没有作出约定。双方的劳

---

[1]《劳动合同法》第63条规定:"被派遣劳动者享有与用工单位的劳动者同工同酬的权利。用工单位应当按照同工同酬原则,对被派遣劳动者与本单位同类岗位的劳动者实行相同的劳动报酬分配办法。用工单位无同类岗位劳动者的,参照用工单位所在地相同或者相近岗位劳动者的劳动报酬确定。劳务派遣单位与被派遣劳动者订立的劳动合同和与用工单位订立的劳务派遣协议,载明或者约定的向被派遣劳动者支付的劳动报酬应当符合前款规定。"参见涂永前:《劳务派遣制被滥用的缘由及法律规制》,载《政法论坛》2013年第1期,第179—180页。

[2] 参见谢增毅:《劳务派遣规制失灵的原因与出路》,载《环球法律评论》2015年第1期,第109—113页。

[3]（2013）浦民二(商)初字第3876号,选取自《上海市浦东新区人民法院涉自贸试验区审判工作白皮书(2014年)》。

务派遣合同关系于2012年年底结束。在此期间,双方均未缴存被派遣劳动者的住房公积金。从2013年起,多位被派遣劳动者先后向上海市公积金管理中心投诉,该中心向正东公司发送《督促缴存住房公积金通知书》,要求正东公司为多位被派遣劳动者办理住房公积金手续,补缴年限均在被派遣劳动者被派遣至群志公司处工作期间。正东公司为被派遣劳动者补缴每人100多元至200多元不等的住房公积金后认为,该笔款项应由群志公司承担,遂诉请法院判决群志公司偿付该笔款项。

(二)裁判精要

一审中,浦东法院判决认为,根据《劳动法》《住房公积金管理条例》的相关规定,劳务派遣单位是为被派遣劳动者办理住房公积金缴存的责任主体,但是不能推定被派遣劳动者的住房公积金缴存费用即由劳务派遣单位承担。劳务派遣单位与用工单位未对被派遣劳动者的住房公积金缴存费用的负担作出约定,不能达成补充协议,也未形成交易习惯,故本案应基于《合同法》的"公平原则"确定系争费用的承担主体。其一,正东公司为群志公司提供劳务派遣所获得的报酬远低于为被派遣劳动者补缴的住房公积金金额。其二,被派遣劳动者劳动所创造的价值由群志公司直接获得,根据"谁受益,谁负担"原则,为职工缴存住房公积金是企业用工必然存在的成本,由用工单位承担较为合理。故浦东法院判决系争费用由群志公司承担。具体判决如下:第一,被告群志公司于判决生效10日内偿付原告正东公司为被派遣劳动者补缴的住房公积金38712元,并以38712元为本金,按照中国人民银行规定的金融机构同期同类贷款基准利率偿付原告自2013年9月2日起至实际支付之日止的利息。第二,被告群志公司于判决生效之日起10日内偿付原告正东公司为被派遣劳动者蔡云霞等人补缴的住房公积金27978元。

(三)典型意义

本案涉及自贸试验区内非常重要的一个环节:劳务派遣与用工关系,而劳务派遣单位与用工单位在劳务派遣协议中对于住房公积金费用最终由谁负担不予约定的现象在上海自贸试验区内较为普遍。因此,只有合理规范劳务派遣单位、用工单位、被派遣劳动者之间的关系,才能营造自贸试验区内良好的劳动力市场氛围,形成规范的、法治化的劳动关系。

本案属于自贸试验区内典型的劳务派遣纠纷。依据《住房公积金管理条例》的规定，单位应为在职职工缴存住房公积金，此处规定的"单位"应理解为和劳动者建立劳动关系的单位。在劳务派遣中，由于与被派遣劳动者签订劳动合同的单位是劳务派遣单位而非用人单位，因此劳务派遣单位应是办理住房公积金缴存的责任主体。本案判决的最大意义在于，区分了办理住房公积金缴存的责任主体和民事权利义务的负担主体，明确了在劳务派遣单位与用工单位未对被派遣劳动者的住房公积金缴存费用的负担作出约定时，适用合同法上的"公平原则"，综合考虑劳务派遣服务报酬的合理性和劳动者付出劳动的受益者，确定义务承担主体为用工单位。被派遣劳动者为被告提供劳动，劳动所创造的价值由被告直接获得，原告不参与分享劳动者所创造的价值。根据"谁受益，谁负担"的原则，为职工缴存住房公积金是企业用工必然存在的成本，由用工单位承担，较为公平与合理。[1]

展望未来，对于此类案件当前存在的问题，可以从以下两个方面进行完善：其一，最高人民法院可以作出司法解释，将劳务派遣中住房公积金缴存纠纷的性质予以确定，以便将来劳动者在主张劳动权益时不再手足无措。其二，应当修订《住房公积金管理条例》以维护职工的合法权益，并规定职工与单位签订劳动合同时，应当明确单位有按照规定给职工缴存住房公积金的义务。此外，针对大量出现的劳务派遣用工问题，应当规定劳务派遣单位与接受以劳务派遣形式用工的单位在劳务派遣协议中约定被派遣劳动者的住房公积金缴存事宜，并规定没有约定或约定不明时应当如何处理。

三、涉自贸试验区竞业限制类典型案例分析

劳动合同中的竞业限制，又称"竞业禁止"，是指"用人单位在劳动合同或者保密协议中，与本单位的高级管理人员、高级技术人员和其他负有保密义务的劳动者约定，在劳动合同解除或者终止后的一定期限内，不得到与本单位生产或者经营同类产品、从事同类业务有竞争关系的其他用人单位任职，也不得自己开业生

---

[1] 参见张斌主编：《浦东法院服务保障上海自贸试验区的探索与实践》，法律出版社2016年版，第147—148页。

产或者经营同类产品、从事同类业务"[1]。有关竞业限制,《公司法》《中华人民共和国合伙企业法》(以下简称《合伙企业法》)以及《劳动法》均有规定,《劳动合同法》进行了相对具体的规定。[2]

2013年,《最高人民法院关于审理劳动争议案件适用法律若干问题的解释(四)》通过。该司法解释重点针对实践中的竞业限制类型案件进行了较为详尽的规定。即便如此,上海自贸试验区的司法实践中仍反映出以下问题:一是竞业限制主体的标准是否仅限于《劳动合同法》规定的用人单位的高级管理人员、高级技术人员和其他负有保密义务的人员,尤其是对于这些人员的界定标准问题值得讨论;二是对于竞业行为的判定,尤其是对于通过股权代持、夫妻合营等新型方式从事的行为的认定;三是在竞争关系的认定方面,如何判断行业与地域相互结合的问题;四是对于违反竞业限制协议时违约金的认定,即如何通过平衡用人单位的商业利益和劳动者的工作自由权利之方式,达成司法裁量之调整。本部分选取了"泛亚汽车技术中心有限公司诉罗某竞业限制纠纷案"[3]作为典型案例进行分析,以窥一斑而知全豹。

(一) 案情简介

罗某于2004年7月1日进入泛亚汽车技术中心有限公司(以下简称"泛亚公

---

[1] 最高人民法院民事审判第一庭编著:《最高人民法院〈劳动争议司法解释(四)〉理解与适用》,人民法院出版社2013年版,第125页。

[2] 《劳动合同法》第23条规定:"用人单位与劳动者可以在劳动合同中约定保守用人单位的商业秘密和与知识产权相关的保密事项。对负有保密义务的劳动者,用人单位可以在劳动合同或者保密协议中与劳动者约定竞业限制条款,并约定在解除或者终止劳动合同后,在竞业限制期限内按月给予劳动者经济补偿。劳动者违反竞业限制约定的,应当按照约定向用人单位支付违约金。"

第24条规定:"竞业限制的人员限于用人单位的高级管理人员、高级技术人员和其他负有保密义务的人员。竞业限制的范围、地域、期限由用人单位与劳动者约定,竞业限制的约定不得违反法律、法规的规定。在解除或者终止劳动合同后,前款规定的人员到与本单位生产或者经营同类产品、从事同类业务的有竞争关系的其他用人单位,或者自己开业生产或者经营同类产品、从事同类业务的竞业限制期限,不得超过二年。"

[3] 一审案号:(2017)沪0115民初34472,二审案号:(2017)沪01民终9789号,选取自《上海市第一中级人民法院、上海市浦东新区人民法院自贸区司法保障白皮书(2013年9月—2018年4月)》。

司")工作。泛亚公司营业执照登记的经营范围为：提供汽车开发商业性服务，为上汽通用汽车有限公司（系泛亚公司的关联公司，住所地在上海自贸试验区）开发下一代产品，对上汽通用汽车有限公司的国产化提供协助等。2008年4月9日，双方签订《保密及竞业限制协议》，约定罗某担任尺寸工程师、竞业限制期限、竞业限制义务、竞业限制补偿金、违反竞业限制的责任等。2015年3月至12月期间，罗某的固定工资为19500元/月。罗某最后工作至2016年6月3日。同时，双方签订《补充协议》，对经济补偿金计算标准、竞业限制义务进行变更和补充。双方约定，竞业限制的补偿金标准为罗某离职前上一公历年度固定十二薪酬（税前）的18%；如罗某违约，除应当向泛亚公司返还已支付相关期间的经济补偿金以外，还应当支付违约金，违约金的数额为经济补偿金标准的四倍。当日，泛亚公司发出《保密及竞业限制协议履行告知书》。2016年6月6日，罗某进入案外人上海蔚来汽车有限公司（以下简称"蔚来公司"）工作，担任尺寸工程高级经理。蔚来公司营业执照登记的经营范围为：新能源汽车整车及相关零部件的技术业务，汽车零部件的批发和佣金代理，相关设备和技术的进出口业。2016年10月28日，泛亚公司告知罗某已严重违反竞业限制义务，要求其立即辞去现任一切职务并承担违约责任。后泛亚公司提起劳动仲裁，要求罗某返还竞业限制补偿金、支付竞业限制违约金等。双方均不服劳动争议仲裁裁决，先后向法院提起诉讼。泛亚公司请求判令罗某退回已支付的竞业限制补偿金12088.60元，并支付竞业限制违约金166752元，继续履行《保密及竞业限制协议》至2017年6月3日。罗某不同意泛亚公司的全部诉请，请求判令其无须向泛亚公司支付竞业限制违约金，也无须履行《保密及竞业限制协议》。

（二）裁判精要

一审中，浦东法院判决认为，双方签订的竞业限制相关协议系双方真实意思表示，合法有效。罗某从泛亚公司离职后，即进入同属汽车行业且经营范围存在重合的蔚来公司工作，已违反约定的竞业限制义务，故应承担违约责任，返还已领取的补偿金并支付违约金。违约金按约定核定为166752元，但是考虑到泛亚公司支付的竞业限制补偿金数额过低，酌情调整为12万元。浦东法院遂判决罗某返还泛亚公司竞业限制补偿金1.2万元，支付泛亚公司竞业限制违约金12万元，罗某无须继续履行《保密及竞业限制协议》及《补充协议》。

二审中,上海一中院判决认为,上述竞业限制协议合法有效,应予恪守。根据所查明事实,罗某已违反离职竞业限制义务,应按约返还补偿金并支付违约金。虽然本案中双方约定的违约金为补偿金的四倍,二者存在计算上的关联,但是在性质上并不存在直接联系。补偿金系对限制劳动者择业权而进行的补偿,用以消弭再就业被限制的不便利性及填平工资性收入可能遭受的损失;违约金系劳动者因自身违约所应承担的责任,旨在保护用人单位的商业秘密,将可能遭受的损失进行固定。一审法院仅以补偿金过低为由调整违约金,难称得当。但是,鉴于泛亚公司于二审中撤回上诉,故上海一中院判决驳回上诉,维持原判。

(三) 典型意义

自贸试验区内的企业及其关联企业多为具有高新技术或自主知识产权的企业。保护好商业秘密是此类企业维系市场竞争力的有效途径。同时,劳动者的劳动自由权是宪法保障的基本人权。因此,竞业限制纠纷案件审理的难点就在于,如何在用人单位商业秘密的保护与劳动者择业权的行使之间进行平衡,协调得当各类法益,既保障自贸试验区的良好营商环境,又不阻碍优质劳动力等生产要素的有序流动。

竞业限制协议如经认定属双方真实意思表示,从诚实信用角度出发,应予恪守。除非出现显失公平的情形,相关条款不宜任意调整。本案所涉法律问题集中体现了涉自贸试验区竞业限制纠纷案件的特质,诠释了补偿金与违约金的不同立法目的,为同类案件的审理提供了参考。虽然对于违反竞业限制协议之事实未有过多疑难的认定,但是本案突出了劳动者违反竞业禁止协议时有关违约金的合理性调整问题。一审判决仅仅依据竞业限制补偿金的标准进行判断,进而下调违约金的标准,未免过于机械与武断。二审判决之价值在于,充分考虑到了此类案件中用人单位的举证困难程度,除却用人单位自身损失这一因素外,同时考虑了用人单位支付的经济补偿金数额、劳动者在用人单位的工作年限、劳动者的职务、劳动者的主观过错程度以及给用人单位造成的损害等因素,综合考虑、认定违约金的调整问题,具有相当大的推广意义。

第六章
上海自贸试验区投资贸易类商事案件的司法保障

与普通民事案件不同,上海自贸试验区内的商事案件受到制度变动的影响十分显著,在全部的商事案件类型中尤以投资贸易类商事案件为重点。因此,自贸试验区投资贸易政策与法律的变化必然要求法院在适用法律时应时而变。在上海自贸试验区先行先试的探索中,投资贸易领域的制度创新不可或缺,它是自贸试验区外资负面清单管理、扩大开放领域、转变贸易发展方式、完善法制保障的重点领域,也是自贸试验区打造国际化、法治化营商环境,促进贸易和投资便利化的重要环节。顺应这种自贸试验区特有的投资贸易环境变化,法院在涉自贸试验区投资贸易类商事案件的审判过程中,既要注意因区内区外法律不一致而导致的法律适用问题,也要注重统一适法,从而使得此类案件的判决产生复制、推广的"溢出效应"。因此,本章立足于自贸试验区投资贸易类商事纠纷的复杂性和特殊性,在呈现投资贸易制度变动对司法保障提出挑战的同时,通过一系列典型案例的解析,体现上海市浦东新区人民法院(以下简称"浦东法院")与上海市第一中级人民法院(以下简称"上海一中院")的司法应对经验。

第一节 上海自贸试验区投资贸易类商事案件审判概况

在上海自贸试验区成立以来的司法实践中,投资贸易类商事纠纷一直处于增长态势。案件体量的增长反映出自贸试验区市场主体趋于旺盛的司法需求,而自贸试验区贸易方式的转型发展则带来了此类纠纷类型的持续变化,形成了自贸试验区特有的案件结构类型。从具体的问题来看,自贸试验区运行过程中产生的外资准入开放、商事登记改革和贸易方式转变这"三驾马车"是司法保障进程中所遇到的主要议题,也是自贸试验区商事审判实践中必须克服的法律适用难题。

一、涉自贸试验区投资贸易类商事案件的基本特点

依据 2018 年 10 月 15 日上海市高级人民法院发布的《上海法院服务保障中国(上海)自由贸易试验区建设审判白皮书(2013—2018)》的统计,2013 年 9 月至 2018 年 8 月,上海法院共受理涉上海自贸试验区投资贸易类商事案件 11873 件,涉案标的额 464.78 亿元,涉及仓储运输、设备制造、纺织服装、化工食品、医疗器械、投资咨询、教育文化等多个产业领域。其中,一审收案 10479 件,结案 9774 件,主要类型为买卖合同纠纷、服务合同纠纷、借款合同纠纷、承揽合同纠纷、委托合同纠纷等。(见表 6-1)二审收案 1023 件,结案 971 件。

表 6-1　投资贸易类商事案件的主要类型及数量

类型	数量(件)
买卖合同纠纷	3014
服务合同纠纷	1895
借款合同纠纷	1333
承揽合同纠纷	522
委托合同纠纷	406

另依据 2018 年 5 月 30 日上海一中院和浦东法院联合发布的《自贸区司法保障白皮书》的统计,截至 2018 年 4 月,浦东法院共受理涉自贸试验区投资贸易类商事案件 6758 件,涉诉产业广泛,交易环节多元,纠纷类型涵盖三大贸易类型以及与公司投资经营相关的各类纠纷,共审结涉自贸试验区投资贸易类商事案件 5859 件。上海一中院共受理涉自贸试验区投资贸易试验商事案件 813 件,其中一审案件 92 件,二审案件 719 件,管辖及其他案件 2 件。数量位居前五的案由分别是买卖合同纠纷(310 件)、服务合同纠纷(44 件)、股权转让纠纷(37 件)、民间借贷纠纷(34 件)、承揽合同纠纷(23 件),共审结案件 755 件。

结合历年的司法统计数据,涉自贸试验区投资贸易类商事案件主要有五个方

面的特点：

第一，三大贸易样态趋向多样化、精细化，交易过程电子化趋势明显。在纠纷所涉交易内容上，传统的货物贸易、服务贸易和加工贸易的占比有所下降，服务领域向金融信息服务、企业品牌策划、管理咨询服务、财务会计服务、新媒体服务等类型拓展，以互联网为媒介的新类型案件不断涌现，并呈现出新颖性、复杂性、涉众性的特点，且大量交易过程由传统的线下往来转向通过线上平台进行，如邮件往来拟定协议、传真往来签订合同、通过支付宝和微信等支付平台交付钱款等。

第二，与公司、股东有关的纠纷比重明显上升。随着自贸试验区内企业数量的增长，与企业经营相关的股权转让纠纷、公司决议效力纠纷、知情权纠纷、股东资格确认纠纷、损害公司利益责任纠纷等案件数量上升，反映了自贸试验区内投资活跃度上升、营商环境优化的同时，公司内部治理需要进一步完善。损害公司利益责任纠纷、损害股东利益责任纠纷数量亦成倍增长，反映了公司高管群体管理问题逐渐暴露，自贸试验区内企业经营风险有内化趋势。新设的认缴资本制企业处于初创期，大多缺少实有资产，加大了履约风险和债权人权益兑现难度，容易因对外融资无法归还或无法履约而引发纠纷。

第三，借贷类纠纷频发，委托投资理财纠纷涉诉主体集中、涉众性强。借贷类及委托投资理财纠纷案件的数量持续上升，涉及的利益方数量众多、性质复杂，相关业务跨上海多个行政区乃至国内多个省份。这既反映了上海自贸试验区发展对流动资本吸引力的提升，市场主体的理财需求与理财积极性空前高涨，理财观念不断更新，也凸显了在自贸试验区新政从"适应期"向"平稳期"过渡期间，区内资本的高速流动带来纠纷频发，市场信用体系以及配套监管机制有待进一步完善。此外，非金融机构融资纠纷的增长，既反映出市场主体的市场参与意愿高，希望通过尽可能多的资金流转方式分享改革利好，也反映出部分企业通过银行或非银行类金融机构获得融资的途径受限。这些企业旺盛的资金需求转至非金融机构，但是普遍存在约定利息过高以及缔约及资金交付形式不够规范等情况，导致相关风险加大，极易引发纠纷。

第四，公司解散、破产清算类案件逐年增加。涉自贸试验区公司解散纠纷、清算责任纠纷、申请破产清算类案件的数量逐年增加。随着自贸试验区营商环境逐步转入平稳发展期，经营不善的公司经过市场优胜劣汰，通过破产清算退出竞争，是市场作用的应有之义。通过司法途径进行破产清算也是市场主体的经营权益之一,凸显出司法服务保障自贸试验区市场主体合法权益更加全面,区内市场主体的法律意识逐步提升。

第五,涉外特征明显,涉国际知名企业及大标的商事案件多发。2013—2018年,在浦东法院受理的投资贸易类商事案件中,标的额在 100 万元以上的为 1259 件,在 1000 万元以上的为 236 件。这些案件中涉及多个国际知名企业和品牌,涉外特征明显,如当事人系境外企业在自贸试验区内设立的子公司、合同文本系参照国际公约拟定、当事人选择适用外国法、争议标的物存放于境外等,表明在自贸试验区营商环境优化的背景下,境外企业区内市场活动愈发活跃,但是也存在商事合同条款不完善等问题,导致在重大商事交易中发生争议并涉诉。涉外民商事案件涉及的交易形式往往较为复杂且专业性强,审理中可能面临如何认定境外形成的证据、如何在遵守国内法律法规的同时尊重相关国际交易惯例等较为疑难的问题。随着自贸试验区开放领域的进一步扩大、各类跨境贸易的发展以及各项改革与开放措施的逐步落实,区内市场主体和交易过程中的涉外因素将进一步凸显,涉外案件的复杂性也将进一步显现,对相应的司法保障工作提出了更高的要求。[1]

二、涉自贸试验区投资贸易纠纷的司法挑战

在全面回顾了上海自贸试验区投资贸易类商事案件的司法统计之后,有针对性地分析重点领域的司法需求是接下来的重点。不难看到,涉自贸试验区投资贸易类商事案件的上述五个方面的特点,对于法院司法保障而言,主要提出了三个方面的挑战:一是伴随着外资准入制度的全面转变,带来了自贸试验区外资管理法制的全面变化,也促进了商事登记制度的转变,这两方面法律规定的变动直接影响了法院处理投资类、公司类商事案件时的法律适用;二是虽然外贸领域以便利化为核心的制度要求对自贸试验区司法审判中的法律适用并没有造成直接的影响,但是自贸试验区贸易方式的转型在实践中对整个司法保障提出了新的要求;三是国际化因素在整个投资贸易纠纷中所占的权重逐步提升,这是上海自贸试验区发展的题中之义,大量涉外案件的涌入需要审理涉外案件的法官同时具备

---

[1] 参见《上海市第一中级人民法院、上海市浦东新区人民法院自贸区司法保障白皮书(2013 年 9 月—2018 年 4 月)》。

国际法与国内法的双重思维,在判定涉外案件管辖权、法律选择、外国法院判决以及仲裁裁决的承认与执行这些传统的国际私法问题上有新突破,在境外证据认定、外国法的查明、国际惯例的运用等具体制度运用方面有新探索。鉴于后文将开辟专章对上海自贸试验区涉外案件中的外资国籍认定、外国法查明以及外国仲裁裁决的承认与执行等方面的问题进行论述,为免重复,本章对涉及上述问题的理论分析与案件解析不再赘述。

(一)外资准入开放的司法需求

市场准入,是指"东道国赋予外国投资者的货物、劳务与资本进入本国市场的权利与划定的范围,对此各国都享有完整而独立的管辖权"[1]。依据国际投资法的通说,"在外资立法上,通常把外国投资活动划分为外资建立之前和外资建立之后两大阶段,即外资准入阶段和外资经营阶段。纵观国际投资法的发展历史,发达国家历来注重本国投资进入东道国之后的待遇和保护问题,而外资准入则被视为纯属东道国国内立法上的管理事项。也就是说,东道国有权从本国的利益出发,自行决定是否准许外资进入以及准许外资进入的领域和条件"[2]。上述两个不同的阶段,以市场准入为界限,一般也可以称为"外资准入前阶段"和"外资准入后阶段"。在外资准入后阶段,随着以WTO为代表的多边贸易体系的建立,各国基本都给予外资国民待遇,我国亦然。但是,就外资准入前阶段而言,各国依据本国的经济政策和外资开放的需求,在其国内法中都作出了相关的限制。各国对外资准入的管制主要体现在两个方面:一是各国都规定了禁止或限制外资进入的领域;二是各国一般都规定了外资准入的资格条件,包括东道国对外国投资领域的开放程度、投资比例以及根据特定的经济和社会标准对外资准入设置审查与批准制度等。[3]

在上海自贸试验区设立之前,我国的外资准入制度主要体现在两个方面:其一,在外资准入的领域与条件方面,我国通过由国务院、国家发改委、商务部等定

---

[1] 李可桢等:《上海自由贸易区背景下的外资准入制度》,载汤黎明、郑少华主编:《自由贸易区法律适用(第一辑)》,法律出版社2014年版,第169页。

[2] 徐崇利:《外资准入的晚近发展趋势与我国的立法实践》,载《中国法学》1996年第5期,第67页。

[3] 参见徐泉:《略论外资准入与投资自由化》,载《现代法学》2003年第2期,第147页。

期发布《指导外商投资方向的规定》《外商投资产业指导目录》等法律法规,将外商投资的行业区分为鼓励、允许、限制与禁止四个大类,采取的是"法无授权不可为"的正面清单模式;其二,在外资准入的主体与程序方面,通过《外资企业法》《中外合作经营企业法》《中外合资经营企业法》等外资法律及配套法规,我国明确了以核准制为原则的外资直接投资审查制度。

　　为顺应投资自由化的国际趋势,对标国际投资准入标准,在上海自贸试验区成立之前,国务院在《中国(上海)自由贸易试验区总体方案》(以下简称《总体方案》)中便提出了"借鉴国际通行规则,对外商投资试行准入前国民待遇",其中的主要任务是探索建立负面清单管理模式。"'负面清单'作为现代市场经济的一种经济理念和管理模式,是目前国际通行的一种外商投资管理办法,最早出现在20世纪90年代的国际贸易协定之中。其典型特征就在于'非禁即入',即通过否定性列表的方式表明外商投资者禁止进入的领域,在清单之外,各类市场主体均可依法平等进入。"[1]通过负面清单管理模式进行外资准入管理的最大优势在于,它拓展了东道国政府对外资准入的开放领域,在限制政府权力的同时,充分体现了私法自治的精神。[2]围绕《总体方案》提出的要求,上海自贸试验区成立后,在外资准入领域的立法中主要进行了两大方面的改革:一是践行外资准入由正面清单模式转向负面清单模式。上海市人民政府分别于2013年、2014年两次公布《中国(上海)自由贸易试验区外商投资准入特别管理措施(负面清单)》;2015年之后,由于自由贸易试验区战略的推广,改为由国家发改委、商务部统一按年度发布《自由贸易试验区外商投资准入特别管理措施(负面清单)》的方式。二是对于处于负面清单之外的外商投资领域,由核准制改为备案制管理。[3]以上两大措施的具体推进,保障了上海自贸试验区外资准入领域的持续改革与发展。但是,与此同时,在

---

　　[1] 张红显:《负面清单管理模式的法治之维》,载《法学评论》2015年第2期,第69页。

　　[2] 参见王利明:《负面清单管理模式与私法自治》,载《中国法学》2014年第5期,第26—40页。

　　[3] 自2013年10月1日施行的《中国(上海)自由贸易试验区管理办法》第11条(负面清单管理模式)规定:"自贸试验区实行外商投资准入前国民待遇,实施外商投资准入特别管理措施(负面清单)管理模式。对外商投资准入特别管理措施(负面清单)之外的领域,按照内外资一致的原则,将外商投资项目由核准制改为备案制,但国务院规定对国内投资项目保留核准的除外;将外商投资企业合同章程审批改为备案管理。自贸试验区外商投资准入特别管理措施(负面清单),由市政府公布。外商投资项目和外商投资企业备案办法,由市政府制定。"

涉及外资领域的纠纷时，法院在具体案件的法律适用过程中面临着巨大的挑战。

1. 负面清单的法律性质问题

关于负面清单的法律性质问题，在上海自贸试验区第一份负面清单公布之后即引发了学界的热议，讨论的焦点集中于负面清单究竟是否属于我国《立法法》框架内的"法律"。赞成者认为"负面清单实质是一个立法行为，因为负面清单所列举的事项是一国在投资领域中的禁止事项，是一国在投资领域中所作的类似于法律保留的情形。"[1]反对者则认为"试验区负面清单作为由上海市人民政府发布的规章性规范性文件，不符合我国法的形式标准，也不属于授权立法，不具有完全独立的法律地位，不是司法裁判的依据。"[2]我们比较同意赞成者的观点，依据《立法法》的相关观点，法律文件的制发主体应当成为判断该文件是否属于"法律"及其位阶的基本依据。按照这种基本的判断标准，上海自贸试验区成立后，前两年的自贸试验区负面清单系由上海市人民政府依法制定公布，其法律性质应为地方政府规章；而此后的自贸试验区负面清单乃由国家发改委和商务部制定公布，其法律性质应被认为是部门规章。但是，反对者也提供了一个尖锐的角度，那就是无论负面清单被定性为规章还是规章性、规范性文件，它是否应当成为涉自贸试验区投资类商事案件的裁判依据？现有的负面清单采取"法无禁止即可为"的思路，但是如同有些专家法官所担心的，如果某一行业或涉及某一行业的交易行为不属于自贸试验区负面清单中列举的措施或部门，那么在商事审判中是否可以初步认定就是合法有效的行为？[3] 从民商事审判的法律渊源角度看，《民法总则》第10条规定："处理民事纠纷，应当依照法律；法律没有规定的，可以适用习惯，但是不得违背公序良俗。"从该条文来看，此处的"法律"似应当解释为包含规章在内的广义的"法律"，即负面清单可以作为民商事纠纷的裁判依据。但是，就法律行为有效性的判断依据而言，我国现行的法律与司法解释明确将规章排除在合同无效的

---

[1] 张淑芳：《负面清单管理模式的法治精神解读》，载《政治与法律》2014年第2期，第14页。

[2] 申海平：《上海自贸区负面清单的法律地位及其调整》，载《东方法学》2014年第5期，第142页。

[3] 参见陈立斌主编：《中国（上海）自由贸易试验区法律适用精要》，人民出版社2018年版，第204—205页。

判定依据之外。[1] 导致这一问题的主要原因看似在于负面清单的法律位阶问题，实质上依旧是在审判实践中时常遇到的法律与政策冲突如何处理的难题。

2. 备案制带来的投资行为效力判断问题

我国外资立法在很长一段时间贯彻的是核准制，即外商投资企业的设立与变更等事项必须经过我国外商投资审批机关的批准。但是，关于该行政批准行为对于外商投资合同行为的效力影响问题，在司法实践中经过了一系列的变化。在2010年之前，司法实践中一般将未经批准的外商投资合同行为认定为无效。这种认定方式具有一定的法律依据。[2] 但是，2010年通过的《最高人民法院关于审理外商投资企业纠纷案件若干问题的规定（一）》将上述无效的司法认定改变为未生效的合同行为。[3] 这样的规定加强了外资法与同位阶、不同位阶法律的协调性，体现了与其他部门法的良性互动。[4]

在上海自贸试验区设立后，依据前述负面清单制度的实质内容，在自贸试验区负面清单以外的领域，按照内外资一致的原则实施管理，外商投资企业的设立与变更等事项由核准制改为备案制。这种外资管理制度的改变带来了涉自贸试验区案件中投资类协议之效力判断方面的"二分法"，即法院在审理此类案件时，如遇到外商投资合同未经批准或者备案的情形，应当依据裁判时有效的自贸试验区负面清单，判断合同所涉领域是否属于负面清单限制的领域。如属于负面清单限制的领域，则仍应采取核准制的思路，依据《最高人民法院关于审理外商投资企

---

[1] 1999年《最高人民法院关于适用〈中华人民共和国合同法〉若干问题的解释（一）》第4条规定："合同法实施以后，人民法院确认合同无效，应当以全国人大及其常委会制定的法律和国务院制定的行政法规为依据，不得以地方性法规、行政规章为依据。"

[2] 例如，2001年《中外合资经营企业法实施条例》第20条规定："合营一方向第三者转让其全部或者部分股权的，须经合营他方同意，并报审批机构批准，向登记管理机构办理变更登记手续。合营一方转让其全部或者部分股权时，合营他方有优先购买权。合营一方向第三者转让股权的条件，不得比向合营他方转让的条件优惠。违反上述规定的，其转让无效。"

[3] 2010年《最高人民法院关于审理外商投资企业纠纷案件若干问题的规定（一）》第1条规定："当事人在外商投资企业设立、变更等过程中订立的合同，依法律、行政法规的规定应当经外商投资企业审批机关批准后才生效的，自批准之日起生效；未经批准的，人民法院应当认定该合同未生效。当事人请求确认该合同无效的，人民法院不予支持。前款所述合同因未经批准而被认定未生效的，不影响合同中当事人履行报批义务条款及因该报批义务而设定的相关条款的效力。"

[4] 参见许凯：《我国外资法律的最新发展与困境解析——评〈最高人民法院关于审理外商投资企业纠纷案件若干问题的规定（一）〉》，载《西部法律评论》2011年第2期，第102页。

业纠纷案件若干问题的规定（一）》判定该合同属于未生效；如属于负面清单以外的领域，那么一般应当采取备案制的思路，即是否完成备案并非合同的生效条件，并且在当事人未明确将备案作为合同生效条件的情况下，认定合同有效。[1]

3. 区域与时际冲突导致的法律适用问题

上海自贸试验区特有的投资制度创新形成了该领域区内区外法制不一的情形，即自贸试验区内的企业应当适用自贸试验区所实施的准入前国民待遇和负面清单制度，而区外的企业仍适用相关法律规定的正面清单和核准制。因此，法院在处理涉自贸试验区投资、公司类案件的过程中，需要持续贯彻"二分法"的思路，即首先应当对当事人主体资格进行审查，进而对区内区外两种当事人分别适用不同的外资准入制度。尤其是在民事行为能力、合同效力、法律适用等领域，这样的区分做法需要法官对区内区外法制的差异熟练掌握。

除了区内区外法制不同造成的审判困难以外，上海自贸试验区相关法律制度的创立、修改、更新等还会引发在法律适用问题上的时际冲突现象。一方面，上海自贸试验区成立前后的外资管理制度发生骤变，导致实践中出现外资企业相关协议的签订、履行跨越自贸试验区的设立节点，从而发生新旧法律的冲突问题。[2]

---

[1] 如上海市高级人民法院在《上海法院服务保障中国（上海）自由贸易试验区建设审判白皮书（2013—2018）》中公布的"上海国君创投隆旭投资管理中心诉谭守盛、城市名人资产经营有限公司、南京城市名人投资管理有限公司、浙江饭店有限责任公司股权转让纠纷案"，案号：（2016）沪0115民初42528号。本案中，争议的焦点是2016年4月28日原被告双方签订的股权《回购协议书》的效力问题。被告辩称目标公司是外商投资企业，股权转让行为应当在外资审批部门批准后才生效。但是，法院认为，2016年修订后的《中外合资经营企业法》明确规定，不涉及国家规定实施准入特别管理措施的，对相关审批事项适用备案管理。本案中，城市名人酒店管理（中国）股份有限公司的经营范围并不涉及国家规定实施准入的特别管理措施，故被告有关《回购协议书》未生效的意见不具备事实和法律依据。本案的处理顺应了自贸试验区外商投资负面清单管理和审批制改备案制改革的要求，体现了司法裁判对自贸试验区扩大投资领域开放的支持，深化了公司自治的理念，适应了国际自由贸易的趋势，更有利于营造良好的市场环境，突显市场的主体地位。

[2] 例如，依照自贸试验区《外商投资企业变更备案告知单》，股权转让只需向自贸试验区管委会备案，无须审批就已生效。这一变化引发了浦东法院受理的一起股东知情权纠纷。原告在自贸试验区设立前转让股权，但是合同未经审批而尚未生效。自贸试验区设立后，原股权转让合同是否生效，原告是否具有被告公司的股东身份、是否可以行使股东知情权，以及外商投资企业股权转让备案性质、备案制度溯及力等法律问题。参见包蕾、吴琦、徐劲草：《自贸试验区投资贸易领域的纠纷特点及司法应对——以浦东法院受理的456件涉自贸试验区投资贸易纠纷为样本》，载陈立斌主编：《自由贸易区司法评论（第二辑）》，法律出版社2015年版，第55页。

另一方面,即便在上海自贸试验区成立之后,其中的法律制度也并非一成不变,尤其是负面清单以年度为单位的更新与"瘦身",这需要法院在处理此类案件时灵活运用新法优于旧法、特别法优于一般法以及法不溯及既往等冲突调整原则。

(二) 国际投资争议解决的司法需求

所谓的国际投资争议,从广义上讲,包括各种国际投资在各种主体之间发生的争议。根据争议当事人的不同,国际投资争议可分为国家之间的投资争议、国家与他国私人投资者之间的投资争议、不同国籍私人投资者之间的投资争议。[1] 上海自贸试验区内的国际投资争议主要指后两种类型,即不同国籍投资者之间的私人投资争议以及外国投资者与我国相关政府部门之间的投资争议。对于前者而言,自贸试验区目前的争议解决方式比较多元化,存在诉讼、仲裁以及其他多元争议解决机制。就法院而言,除了在商事诉讼中平等适法、平等保护投资者权益以外,还承担着商事仲裁的司法支持与审查责任。在这方面,自贸试验区的司法实践已经积累了较为丰富的经验。也有学者在上海自贸试验区设立之初提出建议,认为在先行先试的自贸试验区应当思考在国际私人投资争议解决方面的新突破。如在法律适用领域,能否突破现有"三资企业"合同一律适用中国法的单边冲突规范,[2] 进而考虑在自贸试验区的案件中有条件地适用外国法、国际条约与国际惯例?另外,鉴于自贸试验区大力发展、支持国际商事仲裁的趋势,司法审查对于临时仲裁、友好仲裁等国际通行仲裁形式可否予以肯定?[3] 对这些问题的回答虽有待时间检验,但的确给自贸试验区的司法保障提出了持续不断的新话题。

对于上海自贸试验区所涉及的外国投资者与东道国政府之间的投资争议,更加需要予以梳理。此类争议的特殊性主要来自三方面:一是争议主体并非平等主体,国家乃是国际法之主体,而外国投资者则是国内法之主体;二是争议涉及的事项比较特殊,此类争议往往是因为东道国政府采取国有化、征收或外汇管制、干预

---

〔1〕 参见丁伟主编:《经济全球化与中国外资立法完善》,法律出版社 2004 年版,第 517 页。

〔2〕 《合同法》第 126 条第 2 款规定:"在中华人民共和国境内履行的中外合资经营企业合同、中外合作经营企业合同、中外合作勘探开发自然资源合同,适用中华人民共和国法律。"

〔3〕 参见陈力:《上海自贸区投资争端解决机制的构建与创新》,载《东方法学》2014 年第 3 期,第 100 页。

企业经营等行政管理行为而引发的;三是争议解决方式除了传统国内法上的协商、调解、诉讼与仲裁外,还有各国之间通过签订双多边投资协定所约定的争议解决方式。就我国而言,在对外签订的众多双边投资协定中,规定了协商、东道国当地司法或行政救济以及国际仲裁三种方式,具体的规定不尽相同。在多边投资条约领域,我国1993年加入《解决国家与他国国民之间投资争议公约》(又称《华盛顿公约》)。依据该公约的规定和我国作出的保留,我国有条件地允许提交该公约设立的"解决投资争议国际中心"(ICSID)进行仲裁解决。[1]

对于上海自贸试验区而言,涉及外国投资者与东道国政府之间的投资争议主要是由于自贸试验区的主管机关(主要是管委会)行使管理和监督职能而产生的。有学者将自贸试验区内的此种争议又分为两类:一类与发生在我国境内的一般外国投资者与东道国的争端性质相同,主要涉及我国在与其他国家签订的双边投资协定项下承诺的对外资保护的实体义务,其解决途径取决于特定双边投资协定的规定。此类争议虽发生在自贸试验区内,但其实与区外之同类案件并无二致。另一类则是与自贸试验区实行准入前国民待遇和负面清单管理模式直接相关的争议,即由于自贸试验区独特的外资政策引发的外国投资者与我国政府之间的投资争议,此乃自贸试验区所特有的争议类型。[2] 对于后一类争议,由于我国对外签订的所有双边投资协定中均未对任何国家承诺实行准入前国民待遇和负面清单管理模式,即我国并不对任何国家承担双边性的条约义务,因此此类自贸试验区特有的纠纷不受我国对外签订的双边投资协定的规制。在多边投资协定领域,由于我国加入《华盛顿公约》时已经作出保留,即只在征收和国有化的补偿数额方面接受 ICSID 的仲裁管辖,后一类争议显然不属于保留之范畴。[3] 因此,针对上海自贸试验区特有的、因负面清单所引发的外国投资者与我国政府之间的投资争议,我国并不承担任何国际法上的条约义务,此类争议应当按照我国国内法中的

---

〔1〕 参见余劲松主编:《国际投资法(第三版)》,法律出版社 2007 年版,第 345—346 页。

〔2〕 参见陈力:《上海自贸区投资争端解决机制的构建与创新》,载《东方法学》2014 年第 3 期,第 100 页。

〔3〕 参见任明艳:《中国(上海)自由贸易试验区投资争端解决机制的探索》,载陈立斌主编:《自由贸易区司法评论(第二辑)》,法律出版社 2015 年版,第 63—64 页。

行政复议与行政诉讼程序解决。[1]

(三) 商事登记改革的司法需求

如有学者所言:"商事登记是由两方实施但牵涉多方利益的法律行为。……因此,商事登记制度具有双重目标,既要保障私权,又要实现公法控制,需要平衡国家、登记申请人、第三人等多方主体的利益诉求。"[2]上海自贸试验区成立伊始,商事登记改革的试点即行展开。2013年9月公布的《国家工商行政管理总局关于支持中国(上海)自由贸易试验区建设的若干意见》吹响了自贸试验区商事登记改革的号角。2013年12月《公司法》的修正为此项改革制度在国家基本法律的层面奠定了基础。[3]通过数年的改革,上海自贸试验区在商事登记制度上形成了以下主要成果:一是实行公司注册资本的认缴登记制,除了法律、行政法规规定采取注册资本实缴制的公司之外,在公司注册登记时,仅对公司股东(发起人)自主约定的认缴出资额、出资方式、出资期限等进行登记,不再登记公司的实收资本。二是放宽公司注册资本的登记条件,除法律、行政法规对公司注册资本规定最低限额的以外,取消有限责任公司最低注册资本的限制,也不再对股东首次出资的金额、比例、方式、期限进行限制。三是取消企业年检制度,改为企业年度报告公示制度,企业年报由企业自行申报并经信用信息公示系统向社会公众开放,同时配合企业

---

[1] 《中国(上海)自由贸易试验区管理办法》第36条规定:"当事人对管委会或者有关部门的具体行政行为不服的,可以依照《中华人民共和国行政复议法》或者《中华人民共和国行政诉讼法》的规定,申请行政复议或者提起行政诉讼。"

[2] 赵旭东:《商事登记的制度价值与法律功能》,载《中国工商管理研究》2013年第6期,第11页。

[3] 依据相关统计,上海自贸试验区成立后,涉及商事登记制度改革的法律和规范性文件还有:2013年10月1日起实施的上海市工商行政管理局《关于中国(上海)自由贸易试验区内企业登记管理的规定》、2014年2月7日国务院印发的《注册资本登记制度改革方案》、2014年3月3日上海市工商行政管理局印发的《中国(上海)自由贸易试验区企业年度报告公示办法(试行)》、2014年3月3日上海市工商行政管理局印发的《中国(上海)自由贸易试验区企业经营异常名录管理办法(试行)》、2014年9月2日国家工商行政管理总局发布的《工商总局关于贯彻落实〈企业信息公示暂行条例〉有关问题的通知》、自2014年10月1日起施行的《企业信息公示暂行条例》和《企业经营异常名录管理暂行办法》等。参见王玉婷:《自贸区商事制度改革及其配套措施研究》,载汤黎明、郑少华主编:《自由贸易区法律适用(第三辑)》,法律出版社2016年版,第347—348页。

经营异常名录制度进行事中事后监管。四是实行"先照后证"登记制,除法律、行政法规、国务院决定规定的企业登记前置许可事项外,自贸试验区内企业向工商部门申请登记、取得营业执照后即可开展一般性的经营活动;需要从事非前置性许可经营项目的,可在领取营业执照并取得许可证或者批准文件后从事相关经营活动。自贸试验区的商事登记改革有效地激活了市场主体的能动性与灵活性,在贯彻简政放权的改革思路下,极大地减轻了自贸试验区的商事主体的登记负担。但是,与此同时,商事登记改革也带来了因事前监管放松而产生的法律风险,导致了自贸试验区内公司类商事案件的井喷,在审判实践中产生了众多的适法难点。

1. 认缴资本制下股东责任的认定

由于自贸试验区不再对公司设立的注册资本规定下限,也不要求公司设立时必须实缴资本,因此不少投资者对于认缴资本制作了误读。个别投资者认为在认缴资本制下可以随意认缴注册资本,并且数额越大越好,却忽视了公司股东应在认缴注册资本的范围内对公司债务承担责任,因此在新设公司时认缴与公司规模和发展不相匹配的巨额注册资本,从而可能在公司资不抵债需要追究股东责任时给债权人的权利实现带来风险。实际上,认缴资本制并不意味着股东不需要对公司的注册资本金承担出资义务,当公司的对外债务无法清偿时,股东(发起人)仍需要在认缴资本的金额范围内承担补充赔偿的责任。[1]

2. 恶意利用认缴资本制时的债权人利益保护

自贸试验区注册登记制度改革实现了从资本信用到资产信用的转变,公司的偿债能力不再取决于其注册资本额。但是,部分公众对这一转变缺乏清晰认知,对企业经营规模、信用能力的认识仍停留在根据企业注册资本进行判断的传统观念上,从而影响了对交易风险的准确判断。部分投资者往往利用注册登记制度转型时期公众的认知误区,采取认缴高额注册资本的方式,造成企业信用虚高,从而使得交易相对人产生法定资本制下的误解而进行交易,对债权人利益造成侵害。

---

[1] 2017年通过的《上海市第一中级人民法院涉中国(上海)自由贸易试验区案件审判指引》(以下简称"2017年《审判指引》")第24条规定:"自贸试验区内注册的公司的股东未能按照公司章程规定的时间和数额缴纳出资的,或者缴纳之后又抽逃出资的,公司可以要求其在合理的期限内补缴或返还出资,股东未能在合理期限内履行的,公司或者其他股东可以提起诉讼要求该股东承担补足出资或返还出资的责任。公司债权人可以请求该股东在其未出资本息或抽逃出资本息范围内对公司债务不能清偿的部分承担补充赔偿责任。"

与此同时,在资本尚未到位的情况下,自贸试验区内企业的财产查控难度较大,给诉讼保全、财产执行带来困难。面对此种案件,在自贸试验区的司法实践中,除了采取刑事制裁措施以外,在民商案件中要积极探索公司人格否认制度,以"刺破公司面纱"的方式将公司的债务承担人拓展至恶意的股东与发起人。

3. 企业年度报告的公信力维护

2013年9月30日,上海市工商行政管理局印发《关于中国(上海)自由贸易试验区内企业登记管理的规定》,规定自当年10月1日起开始试行企业年度报告公示制度和企业经营异常名录管理制度。从行政管理的角度出发,自贸试验区内企业出现未按规定期限公示年度报告等情况的,登记机关有权将其纳入经营异常名录并予以公示;企业有违法行为、申报不实、隐瞒真实情况或者虚假承诺的,将面临被纳入不良信用体系等行政处罚。但是,在民商事法律关系中,如自贸试验区内企业申报了隐瞒真实情况、虚构企业良好经营状态等的不实年报,相对人因信赖该年报的真实性而进行交易,最终因企业出现资不抵债、破产清算等情形而导致相对人损失的,企业应当如何承担责任?

针对上述责任承担问题,上海一中院2017年《审判指引》第23条规定:"自贸试验区内注册的公司如果在年度报告中进行虚假记载、误导性陈述或者存在重大遗漏、隐瞒公司真实情况等导致交易对方遭受损失的,则公司及相关人员应当承担民事责任。"该条首先明确的是,在因公司年报失实导致相对人损失的情况下,发布不实年报的公司应当承担责任,这种责任可以是基于合同的违约责任,也可以是侵权责任。[1]但是,除了公司承担责任之外,该条中"相关人员"的范围究竟为何,不甚清楚。事实上,当出现前述案件时,涉案公司往往已经出现清偿能力的欠缺,因而"相关人员"的范围与责任承担条件对于债权人而言利益攸关。在这一问题上,有两种观点:第一种观点来自上海一中院对于该条的释义,将"相关人员"的范围有条件地扩展至"公司实际控制人、董事、监事与高级管理人员",认为"公司实际控制人、董事与高级管理人员等应当切实履行信息披露的相关职责;公司监事对公司董事、高级管理人员履行信息披露职责的行为进行监督,关注公司信息披露情况,发现信息披露存在违法违规问题的,应当进行调查并提出处理建

---

[1] 2014年3月3日上海市工商行政管理局印发的《中国(上海)自由贸易试验区企业年度报告公示办法(试行)》第8条规定,因信息错误、遗漏引起的法律责任由企业承担。

议"[1]。第二种观点来自专业法官,认为此处的"相关人员"应当指称两类主体:第一,公司股东在特殊情况下应当对公司债务承担连带责任,请求权基础是《公司法》第 20 条[2]规定的公司人格否认制度;第二,如年报不实是由会计师事务所等中介机构出具的审计报告不实导致的,那么中介机构需要依据合同向公司承担责任,也应当在过错推定的基础上向第三人承担侵权责任。[3] 至于"公司实际控制人、董事、监事与高级管理人员",在现行《公司法》中仅规定其违反法定义务时需要向公司承担损害赔偿责任,并没有对公司以外的第三人承担连带责任的规定,[4]因此不能被归入"相关人员"的范围之中。[5] 我们赞同第二种观点,因为公司人格否认制度一般只涉及公司股东对公司债务承担连带责任的问题,在《公司法》等上位法缺乏规定的情况下,司法实践中不能随意突破公司有限责任的原则,所以对"相关人员"的界定应当采取谨慎的限缩解释方法。

4."先照后证"带来的合同效力判定路径

上海自贸试验区"先照后证"的改革旨在通过证照分离的方式,简化公司登记

---

[1] 陈立斌主编:《自由贸易区司法评论(第一辑)》,法律出版社 2014 年版,第 216 页。

[2] 《公司法》第 20 条规定:"公司股东应当遵守法律、行政法规和公司章程,依法行使股东权利,不得滥用股东权利损害公司或者其他股东的利益;不得滥用公司法人独立地位和股东有限责任损害公司债权人的利益。公司股东滥用股东权利给公司或者其他股东造成损失的,应当依法承担赔偿责任。公司股东滥用公司法人独立地位和股东有限责任,逃避债务,严重损害公司债权人利益的,应当对公司债务承担连带责任。"

[3] 2007 年《最高人民法院关于审理涉及会计师事务所在审计业务活动中民事侵权赔偿案件的若干规定》第 4 条规定:"会计师事务所因在审计业务活动中对外出具不实报告给利害关系人造成损失的,应当承担侵权赔偿责任,但其能够证明自己没有过错的除外。会计师事务所在证明自己没有过错时,可以向人民法院提交与该案件相关的执业准则、规则以及审计工作底稿等。"

[4] 《公司法》第 21 条规定:"公司的控股股东、实际控制人、董事、监事、高级管理人员不得利用其关联关系损害公司利益。违反前款规定,给公司造成损失的,应当承担赔偿责任。"

第 147 条规定:"董事、监事、高级管理人员应当遵守法律、行政法规和公司章程,对公司负有忠实义务和勤勉义务。董事、监事、高级管理人员不得利用职权收受贿赂或者其他非法收入,不得侵占公司的财产。"

第 149 条规定:"董事、监事、高级管理人员执行公司职务时违反法律、行政法规或者公司章程的规定,给公司造成损失的,应当承担赔偿责任。"

[5] 参见吴慧琼:《企业年度报告公示制度与企业经营异常名录管理制度的相关问题研究》,载陈立斌主编:《自由贸易区司法评论(第一辑)》,法律出版社 2014 年版,第 133—135 页。

程序与条件,从而加快市场主体的设立效率。但是,"先照后证"的实施对于传统的公司权利能力与行为能力制度提出了挑战。在传统的"先证后照"思路下,公司的权利能力与行为能力在获得营业执照时同时取得且范围相同;而在自贸试验区"先照后证"的制度转变下,公司因先行取得营业执照而获得了权利能力,但是也因为未获取相关许可证,行为能力受限。因此,在自贸试验区公司出现"有照无证"的情况下,对其对外从事的经营行为的效力如何认定缺乏明确规定。[1] 我们认为,虽然不少专业法官均注意到了上述问题,上海一中院发布的2017年《审判指引》也有专条[2]予以引导,但是在理论上与实务中仍有梳理之必要。

首先,在"有照无证"的情形下,公司并非没有民事行为能力,只不过是尚未获得特殊行业的行为能力,因此对于公司超越行为能力范围的合同效力,应当遵循合同法中的区别对待原则,不应一律认定为无效。[3] 其次,对于超越行为能力已经违反法律、行政法规中的强制性规定的情形,要对强制性规定的性质进行区别,只有违反效力性强制性规定方才影响合同效力,而违反管理性强制性规定则不影响合同效力。[4] 最后,应当适度采取合同效力补正的原则,即便交易发生时公司未取得相关许可证,使得合同违反效力性强制性规定而应被认定为无效,如果涉案公司在一审辩论终结之前得以获取相关许可证,合同也不应被认定为无效。

(四) 贸易方式转变的司法需求

自《总体方案》将促进贸易便利化列为上海自贸试验区的主要目标以来,以贸易便利化为中心的自贸试验区改革持续深化。自贸试验区贸易便利化的制度安

---

[1] 参见任明艳:《中国(上海)自由贸易试验区注册登记制度改革对公司法适用之影响》,载陈立斌主编:《自由贸易区司法评论(第一辑)》,法律出版社2014年版,第138—139页。

[2] 2017年《审判指引》第15条规定:"自贸试验区内的企业在取得营业执照后具有缔约的权利能力,根据我国法律规定需取得相关业务许可的,自许可之后具有相应的行为能力。未能取得相应业务许可而订立需取得许可的合同,应区别情况审慎处理。"

[3] 1999年《最高人民法院关于适用〈中华人民共和国合同法〉若干问题的解释(一)》第10条规定:"当事人超越经营范围订立合同,人民法院不因此认定合同无效。但违反国家限制经营、特许经营以及法律、行政法规禁止经营规定的除外。"

[4] 2017年《审判指引》第17条规定:"在认定合同效力时,应根据合同交易的类型、法律、行政法规的立法目的和行为的严重程度,区分管理性强制性规定和效力性强制性规定。仅违反管理性强制性规定的,不影响合同效力。"

排,主要对标的是国际自由贸易园区货物进出自由的"境内关外"高效、安全、便捷的海关监管制度,立足于通关便利化、货物状态分类监管、企业分类监管以及区港一体运作四项制度的改革。[1] 货物贸易便利化措施的逐渐推进对涉自贸试验区贸易类案件形成了三大类影响:一是贸易方式在维持传统的货物贸易、加工贸易的同时,在自贸试验区负面清单逐年"减负"的背景下,服务类贸易激增,出现了一系列新型的服务贸易合同案件;二是国际贸易在自贸试验区中占据主导地位,因此跨国性质的涉外案件需要法官提高对国际贸易实务、贸易术语以及贸易惯例等因素的熟练度;三是在瞬息万变的贸易领域,因为交易环境、交易环节以及相关规则的变动而带来的市场主体不适应的情况比较明显,需要司法及时发现、披露并矫正规则变动带来的不利影响。以浦东法院自贸区法庭2013—2016年的统计为例,在市场交易领域反映出以下三方面的司法需求:

1. 规则意识尚不适应蓬勃发展的市场环境

保税区是上海自贸试验区的"前身"之一,虽然其存在时间较长,但是相对陈旧的规则无法适应日新月异的国际贸易实践,因而基于这种惯性思维而形成的既有交易规则、交易习惯便产生与自贸试验区新要求之间的不匹配状态,一定程度上影响了交易安全,加大了交易风险。以保税货物的仓储交易为例,2013—2016年,浦东法院自贸区法庭共受理仓储合同纠纷11件,其中8件涉嫌利用自贸试验区进口货物进境备案清单漏洞、保税仓库经营不规范等进行交易欺诈而引发,总标的额达7720万元。这反映出仓储交易方的不规范行为,如进口货物进境备案清单由报关人员随意填写,仅标注运送的仓库,缺乏货物权利人的明确指向;仓储方出具的货权凭证不具备仓单背书功能,货权转移后以更换货权凭证的方式体现,无法显示货权转移的连续性;仓储方在收到货权转移通知时,疏于向货主核实真伪。就此,自贸区法庭以"专报"形式对相关问题进行了梳理,并建议相关部门规范货物流转过程以及完善备案单据以消除漏洞,引起浦东新区及自贸试验区管委会相关领导重视,相关建议为《中国(上海)自由贸易试验区大宗商品现货市场交易管理规则(试行)》所采纳。

---

[1] 参见刘晓红、贺小勇主编:《中国(上海)自由贸易试验区法治建设蓝皮书》,北京大学出版社2016年版,第64—65页。

2. 诚信意识尚不符合法治化营商环境的要求

在自贸试验区货物贸易和服务贸易纠纷之中,由于诚信意识缺失导致违反合同义务是较常见的原因。由于合同相对方地位的差别,此类违约行为又可以具体区分为买受人或服务相对人违约与出卖人或服务提供人违约两种类型。其中,买受人或服务相对人一般存在自有资金有限、规模较小的特点,因此在经营不善或者资金链紧张时,往往会采取违背诚信的违约行为。2013—2016年,在买卖合同纠纷和服务合同纠纷中,买受人或服务相对人故意延误乃至拒绝付款引发纠纷的比例分别为60%和80%左右。

另外,部分新设企业利用公众对认缴资本制的误解恶意融资,存在引发群体性诉讼的风险。自贸区法庭曾经在3个月内连续受理了5起涉及自贸试验区新设金融信息公司对外融资引发的民间借贷类案件,出借人数量众多,而区内新设认缴资本制企业下落不明,既无实缴资本也无有效财产线索,财产查控困难,存在群体性诉讼风险。

3. 证据意识尚难达到安全高效的交易水准

在传统的交易过程中,合同的缔结、履行等行为往往通过可识别、可固定的纸质或书面方式确定。但是,自贸试验区内的贸易实践有所不同。由于新型交流方式的使用,以及对交易便捷、效率原则的追求,在交易过程中,当事方往往选择更加便利的传真、E-mail、QQ、短信、微信等作为收发订单、履行合同、进行贸易清算的方式。然而,当交易出现纠纷,需要通过法院诉讼解决时,上述证据往往在真实性、关联性的认定方面存在不足。加上当事人证据意识淡薄,相关的电子证据往往在形式与实质要件上存在瑕疵,甚至出现前后案件矛盾的情形。例如,审判中曾出现当事人在一个案件中否认相关电子证据的真实性,却在另一个案件中以相同材料作为己方证据起诉的情况。

在货物贸易纠纷中,就货物质量存在争议的比例约为20%,而成功进行司法鉴定的案件极少。这主要是因为在自贸试验区内,在作为贸易重要环节的仓储、运输等环节,当事方缺乏证据保全意识。例如,在一起案件中,因运输中对已经发生货损的货物未作货损状态固定即进行二次移动,使货损发生的原因、货损状态及时间等均无法判定,最后经法官多次组织现场查看、释明和调解后,才以调解方式结案。

在服务贸易纠纷中,就服务质量存在争议的比例约为15%。由于服务无形,因此需要相关书面的文件、单据等材料予以固定,而服务方往往无法提供能够被采信的有效证据,比如现场单未经对方签署确认,也没有现场照片、视频等予以佐证,致使其主张无法得到支持。[1]

第二节 上海自贸试验区贸易类案件的案例集解

以 2016 年 4 月上海一中院公布的《自贸区司法保障白皮书》的统计数据为例,2013—2016 年,上海自贸试验区投资贸易类案件的总体占比不高,但是在审判实践中涉及的问题较为突出:一是案件类型多样,且所涉案件类型与片区分布具有较强的关联性。案件涵盖了仓储合同纠纷、买卖合同纠纷、委托合同纠纷、服务合同纠纷、运输合同纠纷、加工承揽合同纠纷等,涉案类型较广。从分布区域看,仓储、买卖、运输及加工承揽合同纠纷案件主要集中在保税区片区和金桥开发片区,这与这些区域内物流、仓储企业多的特征紧密相关。二是由初期的以内资企业涉讼案件为主逐步转变为以涉外投资贸易纠纷为主。自贸试验区专项合议庭设立之初受理的案件绝大多数是内资企业之间的纠纷,自贸试验区成立之后,外资企业大量设立。尤其是在自贸试验区扩区之后,涉诉外商投资企业的占比大幅提高。三是涉外商事纠纷的审理难度大。随着自贸试验区内相关市场主体在跨境贸易领域参与度的增强,"上海一中院受理的自贸区涉外案件也明显增多。审理过程中发现,这些涉外案件在送达以及涉小语种的诉讼文件翻译等方面存在不同程度的困难,影响案件审理的进度"。[2]在贸易类典型案例的选择方面,以下将区分货物贸易与服务贸易两大主要类型,并结合 2013—2016 年各类白皮书中公布的典型案例予以展示。[3]

---

[1] 参见包蕾、吴琦、徐劲草:《自贸试验区投资贸易领域的纠纷特点及司法应对——以浦东法院受理的 456 件涉自贸试验区投资贸易纠纷为样本》,载陈立斌主编:《自由贸易区司法评论(第二辑)》,法律出版社 2015 年版,第 56—57 页。

[2] 陈立斌:《上海自贸区的司法三环节》,载《人民司法(应用)》2016 年第 16 期,第 9 页。

[3] 参见《上海市第一中级人民法院自贸区司法保障白皮书(2013 年 9 月—2016 年 4 月)》。

一、涉自贸试验区货物贸易类典型案例分析

货物贸易类案件以国际性的货物买卖合同纠纷最为典型。事实上,此类纠纷在上海自贸试验区成立之前即已成为审判实践中的"常客"。自贸试验区成立后,国际货物贸易受到自贸试验区的政策红利影响而呈现井喷态势,使得此类纠纷在数量与审判难度上的增长趋势明显。另外,随着自贸试验区扩大各类开放领域,发展各类跨境贸易,从中央到地方的各项创新措施渐次落地,区内市场主体和交易过程中的涉外因素进一步凸显,自贸试验区国际贸易类案件的复杂性不断显现。从典型案例的分析中,我们可以看出两个主要情况:一是传统的国际货物买卖合同在法律适用的问题上需要有所突破,主要涉及在一方违约的情形下,守约方行使合同解除权后,如何就已交付货物进行跨境返还的问题;二是在国际贸易纠纷案件中,"因当事人签署的合同文本或系境外形成,或以外文形式呈现,或争议标的物在境外,致使对于与合同履行相关的证据审查带来一定难度"[1],需要结合现有证据认定规则进行一定的完善。

(一)涉自贸试验区国际货物买卖的退货方式

国际货物买卖合同纠纷是自贸试验区的主要商事纠纷类型之一。在国际货物买卖中,货物出运境外后,因质量问题构成卖方根本性违约,境外买方行使合同解除权并提出退货主张的,由于货物再进口的操作程序复杂,即便当事人双方因质量问题同意退货,通常也不会采用退货的纠纷处理方式。"美国西茉莉公司与南京舜鑫进出口贸易有限公司国际货物买卖合同纠纷案"[2]改变了传统的审判路径,该案的遵循当事人意思自治原则,适用国际贸易术语确定退货方式,具有突破性,为类似的国际货物买卖合同纠纷的解决提供了新思路。

1. 案情简介

美国西茉莉公司于2011年4月16日、6月3日向南京舜鑫进出口贸易有限公司(以下简称"南京舜鑫公司")采购两款运动鞋,明确鞋子大底不得吐酸、白色材料不得变黄以及需符合美国消费品安全法案的要求。南京舜鑫公司先后于同

---

[1] 陈立斌:《上海自贸区的司法三环节》,载《人民司法(应用)》2016年第16期,第9页。
[2] (2014)浦民二(商)初字第S1099号,选取自《上海市浦东新区人民法院涉自贸试验区审判工作白皮书(2014年)》。

年 8 月 29 日、11 月 15 日装箱发货,共 8400 双鞋子。出货前,美国西茉莉公司驻厂质检人员对两款鞋子进行检验,确认鞋子虽有一些表面瑕疵,但总体合格。鞋子运抵美国后,美国西茉莉公司发现鞋子存在大底溢色、颜色迁移、帮面起皱等质量问题,在美国市场无法销售。2012 年 6 月,美国西茉莉公司委托鉴定机构对存放于其仓库的系争鞋子进行抽样检验,检验报告载明:每双鞋子均有两个或两个以上不同程度的质量问题。美国西茉莉公司起诉,请求解除合同、退货、南京舜鑫公司承担美国境内运费和仓储费等损失以及不再支付货款 79317.20 美元。

2. 裁判精要

浦东法院判决认为,本案的争议焦点在于:(1) 被告销售给原告的系争鞋子质量是否不符合质量要求,致使合同目的不能实现;(2) 原告质检人员出货前验货合格是否应视为原告已认可被告提供的货物质量;(3) 原告能否行使合同解除权并主张退货;(4) 被告如果构成违约,应当承担损失赔偿的范围。

关于争议焦点一,法院认为,原、被告双方在系争鞋子订单上已对鞋子质量作出约定。被告应当向原告交付符合约定质量要求的货物。根据原、被告往来邮件以及出货时的检验报告确定,系争鞋子虽然出货时检验总体合格,但是出货时已存在颜色迁移、溢胶等问题。可见,系争货物确实存有质量瑕疵,与双方约定的质量要求不符。法院支持原告的观点,确认被告交付原告的系争鞋子存在质量瑕疵,不符合双方约定的质量要求,且该质量瑕疵已经影响到系争鞋子在美国的销售,致使合同目的不能实现。

关于争议焦点二,法院认为,系争鞋子从生产厂家旭升公司出货时已经原告质检人员检验且检验结果为合格是事实,但是不能认为原告已经认可被告提供的货物质量,而应根据系争鞋子出现的质量瑕疵在出货检验时是否能够被直接发现作出判断。从被告的表述可以看出,相关鞋款的质量问题可能要在出货一段时间后才会显现。因此,系争鞋子的质量瑕疵不是出货时即已完全出现并可被发现的表面瑕疵,运至美国后原告才发现货物出现质量问题存在合理性,出货检验合格不等于货物质量合格。虽然原告质检人员在生产厂家对系争货物在出货前作了检验,但是不能因此免除被告作为货物出卖方承担的物的瑕疵担保责任。

关于争议焦点三,法院认为,被告向原告交付的系争鞋子质量不符合约定,构成违约。[1]原、被告对违约责任没有约定,原告现行使合同解除权于法有据,因此法院支持原告解除合同的诉讼请求。

关于争议焦点四,法院认为,被告已构成违约,应当承担相应的违约责任。

综上,法院判决认为,南京舜鑫公司交付美国西茉莉公司的系争鞋子不符合双方约定的质量要求,且该质量瑕疵已经影响到系争鞋子在美国的销售,致使合同目的不能实现。虽然美国西茉莉公司驻厂质检人员对系争鞋子在出货前作出表面检验并认定为总体合格,但是不能因此免除南京舜鑫公司作为货物出卖方承担的物的瑕疵担保责任,南京舜鑫公司构成根本性违约。在征询双方当事人退货意愿以及综合考虑跨境退货可行性的情况下,法院判决解除双方的买卖合同,美国西茉莉公司以国际贸易术语FOB洛杉矶(洛杉矶港船上交货)方式向南京舜鑫公司退回系争鞋子,南京舜鑫公司赔偿运费、仓储费损失;美国西茉莉公司以FOB洛杉矶方式交付退货后,无须支付货款。

3. 典型意义

在国际货物买卖纠纷中,因货物质量问题而导致买受人退货的纠纷比较常见,买受人一般会提出解除合同、退回货物、返还价款并要求出卖人承担违约责任的请求。在确因标的物质量问题而导致解约的前提下,法院判决双方承担返还责任是常态。但是,由于国际货物买卖的当事人往往分处两国,判令退货会导致实际执行困难,因此即使一方当事人的行为被法院认定为根本性违约,一般也不采取退货的方式,而是通过其他更为便捷的方式让其承担违约责任。本案中,法院根据当事人的诉讼请求,采取退货的方式解决纠纷,并以国际贸易术语确定退货方式,是尊重当事人意思自治原则的体现,具有创新性与典型意义。

(二) 涉自贸试验区境外证据的认定标准

在涉外民商事诉讼案件中,时常涉及当事人提交的证据系形成于境外的情形,因而产生对境外证据的真实性与合法性的判断问题。对于当事人提供的在我

---

[1]《合同法》第111条规定:"质量不符合约定的,应当按照当事人的约定承担违约责任。对违约责任没有约定或者约定不明确,依照本法第61条的规定仍不能确定的,受损害方根据标的的性质以及损失的大小,可以合理选择要求对方承担修理、更换、重作、退货、减少价款或者报酬等违约责任。"

第148条规定:"因标的物质量不符合质量要求,致使不能实现合同目的的,买受人可以拒绝接受标的物或者解除合同。……"

国境外形成的证据,根据 2001 年《最高人民法院关于民事诉讼证据的若干规定》第 11 条的规定,应当履行公证与认证两项证明手续。[1] 正是基于该条司法解释,司法实践中,一般对我国领域外形成的证据从严把握,即凡是证据来自我国领域外的,都应当履行公证、认证手续。[2] 但是,随着时间的推移,民事证据的类型趋于多样化,一律以公证、认证这样的形式性要件作为承认境外证据真实性与合法性的标准,会使涉外民商事审判活动变得过于机械。因此,不少法院开始探索实质性的境外证据认定方式,"上海容宇服装有限公司诉金宝洋行有限公司国际货物买卖合同纠纷案"[3]即为其例。

1. 案情简介

金宝洋行有限公司(以下简称"金宝洋行")受案外人康廷宝(上海)贸易有限公司委托,代理境外公司 BAG 集团(系美国公司)与上海容宇服装有限公司(以下简称"容宇公司")洽谈服装进口事宜。2010 年 7 月 27 日至 2011 年 4 月 19 日,容宇公司多次以海运或空运的方式向 BAG 集团发送服装,所开具的发票记载买方为 BAG 集团。2011 年 2 月 25 日金宝洋行转发给容宇公司的电子邮件显示,客户名称为 BAG 集团,供应商为容宇公司。容宇公司于 2011 年 4 月 11 日从金宝洋行收到货款 19293.07 美元,后未再收到货款。容宇公司遂以其与金宝洋行之间存在买卖合同关系、金宝洋行拖欠货款为由提起诉讼。金宝洋行辩称其仅系 BAG 集团的代理人,容宇公司系直接与 BAG 集团发生买卖合同关系;容宇公司曾就相关货款以 BAG 集团为被告向美国某法院提起过诉讼,后又申请撤诉。金宝洋行非系美国诉讼案件的当事人,故无法就我国领域外调取的美国法院的立案材料办理相应的认证手续,但是这些证据足以证明容宇公司对买方系 BAG 集团是明知并确认的。

---

[1] 2001 年《最高人民法院关于民事诉讼证据的若干规定》第 11 条规定:"当事人向人民法院提供的证据系在中华人民共和国领域外形成的,该证据应当经所在国公证机关予以证明,并经中华人民共和国驻该国使领馆予以认证,或者履行中华人民共和国与该所在国订立的有关条约中规定的证明手续。当事人向人民法院提供的证据是在香港、澳门、台湾地区形成的,应当履行相关的证明手续。"

[2] 参见杜涛:《国际私法原理》,复旦大学出版社 2014 年版,第 416 页。

[3] (2015)沪一中民四(商)终字第 S47 号,选取自《上海市第一中级人民法院自贸区司法保障白皮书(2013 年 9 月—2016 年 4 月)》。

2. 裁判精要

一审法院认定容宇公司提供的证据足以证明其与金宝洋行之间存在货物买卖合同关系,判决金宝洋行向容宇公司支付货款和逾期付款利息。

二审中,上海一中院认为,本案的争议焦点为上诉人与被上诉人间是否直接建立买卖法律关系。当事人间是否建立特定法律关系,应依当事人相应的真实意思表示为首要认定依据。现被上诉人既于本案诉讼之前已在境外向案外人BAG集团主张相关权利,且其在境外主张的债权数额与本案涉案金额一致,相应订单所记载内容亦与本案相关订单一致。在该境外诉讼活动中,被上诉人已明确表示其系与BAG集团发生本案系争买卖合同关系,故应认定被上诉人在提起本案诉讼之前的意思表示为与BAG集团建立与本案债务相关的买卖合同关系。被上诉人并未举证证明其提起境外诉讼时存在导致其认识错误的法定事由,亦未能举证证明其与上诉人间就有关本案债务建立新的法律关系曾达成合意,则其在本案中主张与上诉人间构成系争买卖法律关系与其此前的意思表示不符,法院不予支持。

上海一中院认为,金宝洋行提交的容宇公司起诉BAG集团的美国法院立案文件虽因客观原因无法办理认证手续,但因上述证据来源于外国官方网站,其内容表明容宇公司曾在美国以买卖合同为由起诉BAG集团,要求BAG集团支付货款,诉请的货款金额与本案诉请金额一致,所称的买卖货物亦为服装,该证据与金宝洋行提交的双方往来电子邮件以及容宇公司开具的发票能够相互印证,故对其真实性法院予以确认。上海一中院据此认定容宇公司在系争国际货物买卖合同中的交易相对方是BAG集团,容宇公司无权要求金宝洋行承担该合同项下义务。上海一中院依法改判:撤销原审判决;驳回容宇公司全部诉讼请求。

3. 典型意义

我国2012年《民事诉讼法》将电子数据作为一种新增的民事诉讼证据,顺应了互联网时代民事证据电子化的新趋势。就电子证据本身而言,虽然它如同视听资料一样具有直观性和客观性,但是与传统的证据形式相比,在保存方式上需要借助一定的电子介质。[1] 对于电子介质的证据认定问题,最高人民法院在2012

---

[1] 参见沈德咏主编:《最高人民法院〈民事诉讼法司法解释〉理解与适用》,人民法院出版社2015年版,第381页。

年《民事诉讼法》实施后发布司法解释,明确其适用电子数据的规定。[1]

本案审理所采用的境外电子证据的认定规则对自贸试验区涉外商事案件的审理具有较强的指导意义。在境外形成的证据,原则上应当依照《最高人民法院关于民事诉讼证据的若干规定》第11条的规定进行公证、认证。但是,有关境外证据认证的强制性要求与证据"三性"(合法性、真实性、关联性)的司法认定之间的关系,其实一直受到学界的质疑与诟病。有不少学者提出应当改革境外证据强制性认证的固有做法,因为表面上看,这似乎有助于规范境外证据形式的合法性,实际上却无助于对境外证据真实性和关联性的认定。由此,司法实践中出现了以认证代替质证,片面地以是否进行领事认证作为确认证据资格或证据采信依据的现象,导致我国涉外案件中出现境外证据认定不科学、当事人举证负担重等问题。[2] 本案的价值在于,法院对于境外电子证据并没有机械性地要求其具备认证要件,而是从案件的实际情况出发,一方面考虑到当事人通过认证方式的可能性;另一方面使对境外证据真实性的认定回归证据本身,认定证据来源于境外官方网站,且相应证据的真实性经由其他证据或者通过其他手段可以相互印证的,即使该电子证据未办理公证、认证手续,亦应推定其真实有效,法院可以采纳作为定案依据,除非有相反证据予以推翻。

二、涉自贸试验区服务贸易类典型案例分析

与货物贸易、加工贸易这两种传统的贸易形式相比,上海自贸试验区内服务贸易的业态趋向多样化、精细化,贸易内容向金融信息、企业品牌策划以及管理咨询服务等类型拓展,其中以电商平台为媒介的电子商务活动尤为突出。随着互联网的普及和发展,电子商务活动已经成为常态化市场活动。网络具有无纸化、虚拟化、技术化等特点,网络交易平台服务商与入驻商家、消费者绝大多数会采用在线订立点击式合同的方式确立双方的权利义务关系。关于如何认定这类合同的

---

[1] 2015年《最高人民法院关于适用〈中华人民共和国民事诉讼法〉的解释》第116条规定:"电子数据是指通过电子邮件、电子数据交换、网上聊天记录、博客、微博客、手机短信、电子签名、域名等形成或者存储在电子介质中的信息。存储在电子介质中的录音资料和影像资料,适用电子数据的规定。"

[2] 参见袁发强、魏文博:《域外证据领事认证的合理性质疑》,载《武大国际法评论》2017年第6期,第145页。

性质,"深圳市幸福久久珠宝有限公司与纽海电子商务(上海)有限公司网络服务合同纠纷案"[1]是一个很好的指导,在此基础上适用《合同法》,能有效提高审理类似案件的效率。

(一)案情简介

本案系深圳市幸福久久珠宝有限公司(以下简称"幸福久久公司")与纽海电子商务(上海)有限公司(以下简称"纽海公司")关于网络合同的纠纷。幸福久久公司在纽海公司经营的网站"1号店"(www.yhd.com)开设网店,并签订《1号店网络交易平台服务合作协议》,协议中有如下规定:为保障消费者权益,幸福久久公司需缴付消费者权益保证金,如遇顾客投诉,经纽海公司根据国家法律法规和"1号店"网站规则判断后,将直接扣除保证金的部分或全部,用于先行赔付;若幸福久久公司违反协议约定,纽海公司有权进行包括但不限于关闭店铺、冻结账号、冻结资金、终止合作、要求支付赔偿金等措施。同时,在纽海公司的《1号店网站规则》中载明,"1号店"网站有权对用户行为及应适用的规则进行单方认定,并据此处理。

2014年3月,幸福久久公司在其网店发布商品信息时,误将价值4000元的钻石价格标为1000元。在幸福久久公司发布该商品后的15分钟内,共有67个订单以该价格拍下商品并完成付款。随后,幸福久久公司发现发布价格有误,将该价格修改为定金,并且未进行发货处理。交易顾客据此向"1号店"投诉。但是,幸福久久公司称这些订单都属于不公平交易,不同意发货,并将报案进行处理。报案后,公安部门告知幸福久久公司该案属于民事合同纠纷,自己无权处理。纽海公司未得到公安部门回执,而按照"1号店"迟延发货的规则,需按货款的30%,最低20元、最高200元的标准对买家予以赔偿。因此,纽海公司按每笔交易200元补偿顾客,让顾客主动取消订单,并在幸福久久公司提交的保证金中予以扣除。幸福久久公司对此表示不服,其法定代表人与纽海公司售后经理发生争执。2014年3月25日,纽海公司向幸福久久公司下达了冻结店铺999天的通知。幸福久久公司起诉至法院,要求纽海公司赔偿经济损失1003592.23元。

---

[1] 2014浦民二(商)初字第2270号,选取自《上海市浦东新区人民法院涉自贸试验区审判工作白皮书(2014年)》。

(二) 裁判精要

浦东法院认为,本案系网络服务合同纠纷,应适用我国《合同法》的有关规定解决本案纠纷。本案的主要争议焦点在于,被告对原告的处理是否合法或符合合同约定。

幸福久久公司、纽海公司双方达成了幸福久久公司在纽海公司的"1号店"网站上开设店铺销售商品的网络服务协议,属于平等市场主体之间的民事合同,应适用我国《合同法》的有关规定。幸福久久公司因误标价格并不予发货,被顾客投诉至网络交易平台服务提供商纽海公司。纽海公司从幸福久久公司提交的保证金中按每笔交易 200 元扣除以补偿顾客,以及冻结店铺等措施,仍是对民事纠纷的处理,而不是执法机关的行政处罚,符合双方所签订的《1号店网络交易平台服务合作协议》中关于双方权利义务的约定,并不存在违法行为。法院判决驳回了幸福久久公司的赔偿请求。

(三) 典型意义

上海一中院发布的 2017 年《审判指引》第 16 条"合同效力的认定"规定,对于涉自贸试验区的合同纠纷,应严格遵守《合同法》第 52 条的规定,审慎认定合同的效力。在本案中,"1号店"属于上海自贸试验区内的电商平台,为其他企业的网络交易提供平台和服务,它与合作公司间均订立相关协议或合同,属于网络合同形式。同时,"1号店"制定了一系列有效管理平台入驻商户、维持平台运营管理的规则,这些规则属于网络服务合同的组成部分,对入驻商户有法律约束力。在本案中,上海一中院对原、被告双方网络合同效力的认定是适用《合同法》的基础。

同时,2017 年《审判指引》规定,自贸试验区司法工作应秉承审判质量与效率统一原则,"审理涉自贸试验区案件,坚持兼顾审判质量与效率的原则。在确保审判质量的同时不断提高涉自贸试验区案件的诉讼效率,努力使当事人及时实现权益。"本案的判决结果是对网络交易平台内部纠纷解决机制的肯定,为之后处理此类案件提供了指导和参考,提高了网络交易纠纷的处理效率。"1号店"作为电商平台对被告作出的处罚行为,其实质是"1号店"作为独立的第三方对发生在被告和消费者之间的纠纷作出调解。网络交易平台对发生在平台上的纠纷进行的前期处理有利于减轻法院的审判压力,但是其调解结论不具有法律效力,如乙方不服调解结论,仍可诉诸法律,以获得具有法律效力的裁决。[1]

第三节　上海自贸试验区公司类案件的案例集解

公司作为自贸试验区投资贸易纠纷的主要主体,不仅在对外交易的过程中可能成为诉讼案件的当事方,而且在其内部事项的争议方面,自贸试验区的司法实践中累积的经验也不在少数。从类案分析的角度而言,这一类型的案件主要有两大特点:一是伴随着上海自贸试验区的设立与发展,公司登记制度改革、注册资本制度变动以及外资管理模式转型带来了新旧法律之间的冲突,因此在审判实践中出现了适法方面的选择性难题,也出现了适用新法造成的衔接性问题;二是在现有法律规则基本明确的情况下,上海自贸试验区内的审判实践中频繁出现需要解释、扩充、限缩既有法律规则的情形,需要法院把握好法律规则的稳定性与灵活性之间的矛盾关系。有鉴于此,本部分选取的四个典型案例恰好反映了自贸试验区公司类案件的特色,贯穿公司从设立到清算的全生命周期。

一、涉自贸试验区股东出资责任案件典型案例分析

2014年《公司法》的大修将公司注册资本实缴登记制变更为认缴登记制,改变了对股东出资期限的限制,同时也造成一些公司股东的误解。一些公司股东认为,如果公司解散或破产时还未完全缴纳出资,那么就无须继续缴纳出资了。另有一些公司股东认为,如果公司解散时现存资产足够清偿全部债务,那么也无须继续履行出资义务了。公司解散时必须经历的清算阶段,其实质是了结公司既存的各种财产法律关系。因此,公司解散后应对公司所有财产进行清算,其中既应当包括公司现有资产,也应当包括公司对外债权。未缴纳或未完全缴纳出资的公司股东的清偿责任往往是司法实践中的争议点。此处以"上海丰鼎益环保科技有限公司诉上海真子琴环保科技有限公司股东出资纠纷案"[2]为典型,反映自贸试验区内公司股东出资责任的具体司法判断。

---

[1] 参见张斌主编:《浦东法院服务保障上海自贸试验区的探索与实践》,法律出版社2016年版,第138—141页。

[2] (2015)沪一中民六(商)终字第595号,选取自《上海市第一中级人民法院自贸区司法保障白皮书(2013年9月—2016年4月)》。

（一）案情简介

2010年4月，上海丰鼎益环保科技有限公司（以下简称"丰鼎益公司"）由白雪凤、东莞丰裕电机有限公司、上海真子琴环保科技有限公司（以下简称"真子琴公司"）共同发起设立，注册资金300万元。丰鼎益公司章程规定，真子琴公司认缴注册资本为120万元，2010年4月16日前，真子琴公司应出资24万元；2010年12月31日前，真子琴公司应出资36万元；2011年5月31日前，真子琴公司应出资60万元。2011年5月19日，丰鼎益公司召开股东会，形成了解散公司和成立清算组的决议。2013年9月22日，法院依申请裁定受理丰鼎益公司强制清算一案，并指定了某律所为清算管理人。根据审计报告和工商登记资料，截至法院受理该强制清算案时，丰鼎益公司只收到各股东第一期出资，实收资本仅60万元。丰鼎益公司仍有240万元注册资金尚未到位，其中真子琴公司有96万元注册资金未到位。丰鼎益公司遂起诉要求真子琴公司补缴注册资金96万元。

（二）裁判精要

一审法院认为丰鼎益公司于2011年5月19日形成的解散公司决议并不具有减资效力，判决真子琴公司向丰鼎益公司缴付出资96万元。

二审中，上海一中院判决认为，公司解散后应对公司所有财产进行清算，其中既包括公司现有资产，亦包括公司对外债权，公司股东尚未缴纳的出资是公司对股东所享有的债权。根据《最高人民法院关于适用〈中华人民共和国公司法〉若干问题的规定（二）》的相关规定，公司解散时，缴纳期限尚未届满的出资亦应被纳入清算财产，故真子琴公司的出资期限在股东会决议解散公司时无论是否已经届满，均应在公司解散清算时依法补缴相应的出资。自2014年3月1日起实施的第三次修正后的《公司法》虽将公司注册资本由实缴登记制变更为认缴登记制，但并未免除股东按期足额缴纳出资以及在公司清算时补足出资的义务。真子琴公司主张解散决议形成时尚未缴纳的出资即应被视为对公司的减资，于法有悖。故真子琴公司仍应向丰鼎益公司交付出资96万元。上海一中院判决：驳回上诉，维持原判。

（三）典型意义

所谓的公司股东出资责任，主要分为两种情形：一种是股东怠于履行公司出资义务时对于公司承担的出资补足责任,另一种是股东未履行公司出资义务时对于公司债权人应当承担的责任。本案属于上述两种情形的结合。《公司法》第28条第1款规定:"股东应当按期足额缴纳公司章程中规定的各自所认缴的出资额。……"2008年《最高人民法院关于适用〈中华人民共和国公司法〉若干问题的规定(二)》第22条则阐明了股东出资责任的法理基础与请求权基础,即公司股东未缴纳的出资是公司对股东所享有的债权,应当依法被纳入公司清算财产的范围内。[1]

公司注册资本由实缴制向认缴制的转变,对于公司股东的权利义务以及公司债权人的保护等的影响问题,在司法实践中产生了诸多争议。本案判决明确在认缴制下公司股东出资责任并未被免除,并对公司股东在公司解散清算过程中是否应补缴公司解散决议作出时出资期限尚未届满的出资问题予以厘清。在以往案件判决的基础上,本案判决严格依照《公司法》和最高人民法院司法解释的规定,再次确认了股东出资义务不因公司解散与否、公司经营状况如何、其他股东抽逃出资与否而发生改变和灭失,在清算之前,未履行足额出资义务的股东都应当补足出资,对自贸试验区内登记注册的大量企业的投资者具有较强的法律引导作用。

二、涉自贸试验区公司决议效力确认典型案例分析

由于上海自贸试验区的集聚效应,各类涉自贸试验区公司决议效力确认的案件激增。所谓的公司决议瑕疵诉讼,是指"公司决议存在内容或程序上的瑕疵时,利害关系人因对公司决议效力持有异议而向法院提起的诉讼"[2]。公司内部的股东会、董事会决议本在公司自治的范畴之内,法院作为国家司法机关不应过多予以干涉。但是,在极端不合理的事态发生之时,司法应当如何介入公司自治的范畴值得思考。本部分选取了"上海君客商务咨询有限公司、上海朗弘投资管理有

---

[1] 2008年《最高人民法院关于适用〈中华人民共和国公司法〉若干问题的规定(二)》第22条规定:"公司解散时,股东尚未缴纳的出资均应作为清算财产。股东尚未缴纳的出资,包括到期应缴未缴的出资,以及依照公司法第二十六条和第八十条的规定分期缴纳尚未届满缴纳期限的出资。公司财产不足以清偿债务时,债权人主张未缴出资股东,以及公司设立时的其他股东或者发起人在未缴出资范围内对公司债务承担连带清偿责任的,人民法院应依法予以支持。"

[2] 王林清:《公司纠纷裁判思路与规范释解(第二版)》,法律出版社2017年版,第859页。

限公司诉上海自贸区咖啡交易中心有限公司及第三人上海皓听企业发展有限公司公司决议效力确认纠纷案"[1]作为典型案例进行分析。

(一) 案情简介

2015年3月26日,上海君客商务咨询有限公司(以下简称"君客公司")、上海朗弘投资管理有限公司(以下简称"朗弘公司")与上海皓听企业发展有限公司(以下简称"皓听公司")三方共同投资设立上海自贸区咖啡交易中心有限公司(住所地在上海自贸试验区,以下简称"咖啡交易公司"),注册资金为3000万元。其中,君客公司和朗弘公司分别认缴出资450万元和300万元,持有15%和10%的股份。皓听公司认缴出资2250万元,持有75%的股份。咖啡交易公司的公司章程约定,皓听公司和朗弘公司的出资时间均为营业执照签发之日起10年内,君客公司的出资时间为营业执照签发之日起5年内。2016年4月25日,咖啡交易公司召开股东会,在君客公司和朗弘公司不同意的情况下,作出决议:全体股东认缴的出资自会议召开之日起30日内实际出资到位。2016年7月19日,君客公司和朗弘公司分别向咖啡交易公司支付了6万元和4万元。2016年9月18日,咖啡交易公司召开股东临时会议,会议以2/3以上表决权的股东通过决议,解除君客公司和朗弘公司的股东资格。2016年9月21日,君客公司和朗弘公司分别向咖啡交易公司汇入444万元和296万元。2016年10月17日,咖啡交易公司向君客公司和朗弘公司退还了上述款项。

君客公司和朗弘公司遂诉至法院,主张皓听公司自公司成立以来的实际运营情况和财务状况完全不透明以及未公布出资到位,并在此基础上利用绝对控股的地位强行通过了解除君客公司和朗弘公司股东资格的股东会决议,违反了法律的规定,请求确认两份股东会决议无效。

(二) 裁判精要

一审中,浦东法院判决认为,咖啡交易公司成立时,明确约定了认缴出资的出资年限。现在无证据显示咖啡交易公司因经营或者其他需要,需要在短期内实缴

---

[1] 一审案号:(2017)沪0115民初9219号,二审案号:(2017)沪01民终10122号,选取自《上海市第一中级人民法院、上海市浦东新区人民法院自贸区司法保障白皮书(2013年9月—2018年4月)》。

出资。咖啡交易公司通过的决议要求一个月内完成出资,不合常理。从事后君客公司和朗弘公司补足出资来看,两者不存在故意不出资的恶意。故咖啡交易公司的两份股东会决议系皓听公司利用大股东地位,损害君客公司和朗弘公司权益的行为,应当无效。浦东法院遂判决确认上述两份股东会决议无效。二审法院判决驳回上诉,维持原判。

(三)典型意义

随着我国公司法制度的日臻完善,公司内部决议对于股东权益造成损害时的救济是一个引人关注的话题。为此,《公司法》第22条确立了公司决议无效与可撤销制度。[1] 这一规定固然在法律层面解决了公司决议的异议程序问题,却因过于原则化而导致公司决议无效或者可撤销制度在实践中面临着困境。

本案系公司大股东利用绝对控股地位,恶意损害中小股东权益的典型案例。在公司运营过程中,资本多数决原则导致出资占公司多数的大股东控制和把持公司,中小股东的决策参与权、经营管理权等权利弱化情况显著,时常出现大股东通过貌似合规的手段将中小股东排除在公司的决策层和管理层之外的情形。[2] 所以,中小股东权益保护机制的完善对于公司全体股东权益实质平等,构建合理高效的现代公司治理结构,促进公司稳定、协调和健康发展作用重大。更重要的是,上海自贸试验区建设、"五个中心"建设等重大战略实施已进入关键时期,全面深化改革、加快创新发展迫切需要良好的营商环境。本案的判决充分体现了法律对公司中小股东权益保护的重视程度,对完善自贸试验区整体营商环境,促进涉自贸试验区现代企业制度优化具有重要意义。

三、涉自贸试验区股权转让典型案例分析

上海自贸试验区成立后,外资管理模式发生了巨大转变。在外资企业设立、

---

[1]《公司法》第22条规定:"公司股东会或者股东大会、董事会的决议内容违反法律、行政法规的无效。股东会或者股东大会、董事会的会议召集程序、表决方式违反法律、行政法规或者公司章程,或者决议内容违反公司章程的,股东可以自决议作出之日起六十日内,请求人民法院撤销。……"

[2]《公司法》第20条规定:"公司股东应当遵守法律、行政法规和公司章程,依法行使股东权利,不得滥用股东权利损害公司或者其他股东的利益;不得滥用公司法人独立地位和股东有限责任损害公司债权人的利益。……"

变更、注销等实际案件中,极易产生自贸试验区成立前后外资法律的时际冲突,其中因外资股权转让而引发的合同效力、解除、损害赔偿等问题特别突出。在外资核准制的原有制度安排下,外资股权转让合同在未履行相关的报批手续时虽不会直接导致不成立或者无效,但也会因法定条件不达致而导致合同未生效,此时会产生报批义务的履行问题。然而,在上海自贸试验区成立后以备案制为主导的制度基础上,报批因制度更改和对象消失而无从谈起。在此背景下,对股权转让合同的效力应当如何判断?备案制是否得以继续成为合同的法定生效要件?当事人怠于履行备案义务可否构成合同的法定解除事由?上述问题皆为自贸试验区股权转让类案件之特例。本部分选取了"万谷某某诉广川某某、上海广万东建筑设计咨询有限公司股权转让纠纷案"[1]作为典型案例进行分析。

(一)案情简介

上海广万东建筑设计咨询有限公司(住所地在上海自贸试验区,以下简称"广万东公司")成立于 2002 年,是广川某某设立的外商独资企业,投资总额与注册资本均为 1.2 万美元。该公司章程第 14 条规定,公司注册资本的增加、转让,须报原审批机关批准,并向工商行政管理机关办理变更登记手续。2003 年年底,广川某某与万谷某某达成股权转让协议,内容包括:广川某某将占广万东公司注册资本 1/3 的股权转让给万谷某某,万谷某某成为广万东公司的隐名股东,该部分股份名义上仍由广川某某持有,转让款为 4000 美元。万谷某某于 2004 年支付了该笔转让款。2007 年,广万东公司通过章程修正案,将投资总额与注册资本均变更为 20 万美元,其中增资部分 18.80 万美元系以税后利润转增。2010 年 5 月 5 日,广万东公司向万谷某某出具股东出资证明书,载明万谷某某原始出资 4000 美元,并于 2007 年 8 月以未分配利润增资至 66666.66 美元,占公司注册资本的 1/3;万谷某某为公司的隐名股东,以广川某某的名义向公司出资,享有股东权利,并承担相应的股东义务。

因万谷某某要求将其变更为显名股东并办理相应的变更登记手续,但是广川某某和广万东公司一直不予配合,万谷某某于 2014 年 5 月 19 日提起另案诉讼,请

---

[1] 一审案号:(2015)浦民二(商)初字第 S2854 号,二审案号:(2016)沪 01 民终 12680 号,选取自《上海市第一中级人民法院、上海市浦东新区人民法院自贸区司法保障白皮书(2013 年 9 月—2018 年 4 月)》。

求判令广川某某、广万东公司共同向外商投资审批机关履行上述股权转让的报批义务。上海一中院(2015)沪一中民四(商)终字第S159号判决支持万谷某某的诉请,但是广川某某、广万东公司未履行该生效判决。现万谷某某提起本案诉讼,请求法院判令解除其与广川某某的股权转让合同,且广川某某向其返还转让款、赔偿损失等。

(二)裁判精要

一审中,浦东法院认为,本案应适用《最高人民法院关于审理外商投资企业纠纷案件若干问题的规定(一)》第6条的规定,赔偿损失的范围可以包括股权的差价损失、股权收益及其他合理损失。[1] 故法院判决解除股权转让协议,广川某某返还万谷某某转让款4000美元,并赔偿其股权损失人民币2564278.44元。

二审中,上海一中院判决认为,国务院于2016年颁布《国务院关于在自由贸易试验区暂时调整有关行政法规、国务院文件和经国务院批准的部门规章规定的决定》,决定在上海自贸试验区内对《外资企业法实施细则》第22条关于"外资企业注册资本的增加、转让,须经审批机关批准"的规定予以调整,暂时停止实施外资企业注册资本减少、增加、转让审批,改为备案管理。因此,万谷某某与广川某某之间的股权转让协议现已不存在效力上的瑕疵。广万东公司章程虽有相关审批条款,但公司章程本系股东间契约,股东自可以其意思表示予以变更。国务院上述决定发布后,实际亦无对这种股权转让行为予以审批的机构,该条款实际无法履行,故该章程中上述约定并不影响系争协议的效力。股权转让协议的合同目的系股权的转移和股东资格的获得,现各方当事人对于万谷某某已取得相应股东资格并无异议,故在该协议效力并无瑕疵的情形下,应认定合同目的已实现,不存在解除协议的事实基础。法院遂撤销一审判决中关于解除合同的判决项,但是对

---

[1] 2010年《最高人民法院关于审理外商投资企业纠纷案件若干问题的规定(一)》第6条规定:"外商投资企业股权转让合同成立后,转让方和外商投资企业不履行报批义务的,受让方以转让方为被告、以外商投资企业为第三人提起诉讼,请求转让方与外商投资企业在一定期限内共同履行报批义务的,人民法院应予支持。受让方同时请求在转让方和外商投资企业于生效判决确定的期限内不履行报批义务时自行报批的,人民法院应予支持。转让方和外商投资企业拒不根据人民法院生效判决确定的期限履行报批义务,受让方另行起诉,请求解除合同并赔偿损失的,人民法院应予支持。赔偿损失的范围可以包括股权的差价损失、股权收益及其他合理损失。"

于万谷某某主动退出广万东公司后的权益补偿问题,维持一审的其他判决项。

(三) 典型意义

在核准制的背景下,外资股权转让合同如因报批义务人怠于履行报批义务,便会导致合同未生效的不确定状态,这对于守约的转让方而言会造成股东资格认定、合同效力确认等方面的巨大不确定性。因此,2010年最高人民法院的司法解释专门针对这种情形进行规定,其主要的司法导向是赋予守约的转让方请求继续履行的请求权,以及在报批义务人仍不履行报批义务情形下的法定解除权利,以尽力消除外资股权转让合同的不确定状态。[1]

简政放权、改革外商投资管理模式,是创新自贸试验区对外开放模式的重要举措。本案即涉及自贸试验区负面清单管理模式下相关行政审批要求变化后,外资企业股权转让协议的效力认定问题。本案的特殊性在于,争议发生之前曾有生效判决认定系争股权转让事宜——因未向审批机关报批,相应的股权转让协议尚未生效,法院判令转让方履行相应的股权转让报批手续,但转让方并未履行该项判决义务。之后,国务院陆续调整了《外资企业法实施细则》等行政法规和部门规章中关于行政审批的规定。至本案审理时,在上海自贸试验区内负面清单之外的领域,外资企业注册资本的增减、转让已由审批制改为备案管理制。因此,原系争股权转让协议的效力已无瑕疵。本案裁判根据自贸试验区内关于外资企业股权转让的新规定,明确认定原系争股权转让协议合法有效,受让方可依法取得相关股权,无须再适用《最高人民法院关于审理外商投资企业纠纷案件若干问题的规定(一)》第6条第2款的规定。该项裁判规则的确立,是基于自贸试验区内法律适用的特殊性,是对调整后的自贸试验区行政法规的典型适用。

四、涉自贸试验区公司清算责任典型案例分析

上海自贸试验区内大量的中小型企业在快速发展的同时,又因经营不善而无法存续下去。在公司注销之后的清算阶段,由于种种原因,很多公司未能完成法定的清算义务即导致清算程序强制终结。这不仅给妥善、规范、有序地处理企业

---

[1] 关于对2010年《最高人民法院关于审理外商投资企业纠纷案件若干问题的规定(一)》第6条的具体理解,参见万鄂湘主编:《最高人民法院〈关于审理外商投资企业纠纷案件若干问题的规定(一)〉条文理解与适用》,中国法制出版社2011年版,第81—88页。

退出市场造成较大困扰,而且使得一部分债权人的合法权益得不到保障,因此正确处理此类问题将有利于今后同类案件的顺利解决。虽然我国《民法总则》《公司法》以及相关的司法解释对公司清算责任有着比较明确的指引,但是自贸试验区的司法实践仍对这一领域的特殊问题提出了新的考问。"华宝信托有限责任公司诉陈某某等股东损害公司债权人利益责任纠纷案"[1]是在公司清算责任认定方面的新类型。

(一) 案情简介

经法院生效判决确定,华宝信托有限责任公司(以下简称"华宝公司")对债务人上海锦亭餐饮有限公司(以下简称"锦亭公司")享有250万元借款债权。对上述债权,锦亭公司未能清偿。锦亭公司系中外合资企业,工商登记股东为上海小亭实业有限公司(以下简称"小亭公司")和香港华宁集团有限公司(以下简称"香港华宁公司")。香港华宁公司委派其法定代表人陈某某担任锦亭公司的董事长。2006年6月,经法院生效裁定认定,香港华宁公司的主体并不存在。2012年,华宝公司向法院申请对锦亭公司进行清算。同年9月,法院以锦亭公司的清算义务人未及时依法清算导致公司财产、账册等重要文件和公司人员下落不明,造成公司无法清算为由,裁定终结强制清算程序。华宝公司为实现其债权,起诉要求小亭公司、陈某某对锦亭公司未清偿的债务承担赔偿责任。

(二) 裁判精要

一审法院判决,小亭公司、陈某某对锦亭公司所欠华宝公司的未清偿款项承担连带清偿责任。

二审中,上海一中院认为,根据《公司法》及相关司法解释的规定,对华宝公司的债权损失需承担赔偿责任的主体应是对锦亭公司负有清算义务的人。本案中,锦亭公司系中外合资经营企业,其登记的外方股东为香港华宁公司,故香港华宁公司是依法负有清算义务的责任主体。然而,经法院生效裁定认定,香港华宁公司的主体并不存在。在此情况下,陈某某作为香港华宁公司资料的签字确认人以

---

[1] (2015)沪一中民六(商)终字第S410号,选取自《上海市第一中级人民法院自贸区司法保障白皮书(2013年9月—2016年4月)》。

及香港华宁公司的法定代表人,对香港华宁公司主体不存在的事实以及提交材料的虚假性应当是明知的,且对此负有过错。同时,陈某某又是香港华宁公司委派的锦亭公司的法定代表人,故香港华宁公司对锦亭公司的清算责任依法应由陈某某承担。上海一中院判决:驳回上诉,维持原判。

(三)典型意义

法人解散后,应当依法及时进行清算,如因法人的清算义务人未依法及时清算导致公司财产、账册等重要文件和公司人员下落不明,则清算义务人应当承担相应的责任。清算义务人,是指"基于其与法人之间存在的特定法律关系而在法人解散时对法人负有依法组织清算义务,并在法人未及时清算给相关权利人造成损害时依法承担相应责任的民事主体"[1]。有关公司清算义务人对公司债权人的责任承担问题,最早体现于2008年《最高人民法院关于适用〈中华人民共和国公司法〉若干问题的规定(二)》的相关规定之中。2017年《民法总则》施行后,将这一制度的适用范围扩大至法人,规定法人的清算义务人因怠于履行清算义务造成法人债权人损害的,应当承担相关的民事责任。[2]

本案是典型的作为债务人的锦亭公司无法履行清算义务导致清算程序强制终结的案例,债权人(华宝公司)为了实现其债权,起诉要求债务人的两名法人股东(小亭公司和香港华宁公司)对债务人未清偿的债务承担赔偿责任。债权人华宝公司系注册在自贸试验区内的法人,本案的焦点问题在于公司清算义务人以外的主体在特殊情形下是否需要对公司的债权人承担连带责任。本案被告之一陈某某从表面上看并不是债务人的清算义务人,也不具有债务人的股东身份,而经法院生效裁定认定,香港华宁公司的主体并不存在,因此如果机械套用《公司法》的字面意思,则会产生锦亭公司没有外方股东承担相应责任的结果,华宝公司的债权将得不到有效保护。

---

[1] 沈德咏主编:《〈中华人民共和国民法总则〉条文理解与适用》,人民法院出版社2017年版,第525页。

[2] 《民法总则》第70条规定:"法人解散的,除合并或者分立的情形外,清算义务人应当及时组成清算组进行清算。法人的董事、理事等执行机构或者决策机构的成员为清算义务人。法律、行政法规另有规定的,依照其规定。清算义务人未及时履行清算义务,造成损害的,应当承担民事责任;主管机关或者利害关系人可以申请人民法院指定有关人员组成清算组进行清算。"

上海一中院在无明确法律规定的情况下,为了切实保护债权人的利益,防止责任人逃避责任,创造性地根据具体情况认定陈某某对锦亭公司外方股东主体不存在的结果负有过错,在主观上存在恶意,故判令其承担公司损害债权人利益的连带责任。这对正确处理一些债务人恶意逃避债务的纠纷具有重大指导意义。本案所涉法律问题集中体现了涉自贸试验区公司债权债务争议案件的特质,不仅对自贸试验区内相关股东损害公司债权人利益案件的审理具有极大参考价值,也为今后同类型案件的审理提供了指导。

第七章
上海自贸试验区金融商事案件的司法保障

"深化金融领域的开放创新"是上海自贸试验区设立之初国务院在《中国（上海）自由贸易试验区总体方案》（以下简称《总体方案》）中规定的五项"主要任务和措施"之一，也是上海自贸试验区制度改革的核心。设立以来，在国务院、中国人民银行、商务部、银监会、证监会、保监会、国家外汇管理局和上海市人民政府等中央与地方机构的共同努力下，上海自贸试验区的金融创新主要聚焦于多元化制度框架形成、自由贸易账户体系、人民币跨境使用、资本项目可兑换、国际金融平台、外汇管理创新、金融服务业进一步开放、金融监管与风险防范机制等八个方面，并取得了一系列阶段性的开放成果。在上海自贸试验区推进全面性、渐进性、审慎性金融创新与开放的同时，由这些利好政策所引发的金融风险与新类型纠纷也在不同程度上对法院的金融审判工作提出了新的要求。因此，本章立足于自贸试验区金融商事案件的总体性挑战与审判实践，将法院受理的涉自贸试验区金融商事案件分为金融借款、融资租赁、保险、证券以及其他新型金融交易形式五个主要类型，并结合2013—2018年上海市浦东新区人民法院（以下简称"浦东法院"）、上海市第一中级人民法院（以下简称"上海一中院"）发布的白皮书，以期呈现上海自贸试验区金融商事案件司法保障工作的全貌。

第一节　上海自贸试验区金融商事案件审判概况

"竹外桃花三两枝,春江水暖鸭先知",上海自贸试验区金融改革与创新一经启动,国内外大批金融与类金融机构便热情高涨,纷纷在自贸试验区内设立分支机构,这种金融机构的持续集聚效应导致涉自贸试验区金融商事案件的数量呈现骤增趋势。相关司法统计数据说明,尽管传统的金融类纠纷案件仍占很大比例,但是这些纠纷类型因为自贸试验区金融法制的变动而产生了众多新的法律适用与解释问题。同时,随着金融市场开放政策的逐渐升温,传统的银行业、保险业、证券业也不断地实现交易形式的更新与迭代,新型的融资租赁、保理、信托、金融衍生品交易等更是花样翻新,互联网金融模式的开发也为司法保障提供了新兴的话题。机遇也是挑战,上海自贸试验区的金融商事审判始终与金融创新一并前行,在司法保障的进程中既要维护金融创新与契约自由,也要贯彻不同时期自贸试验区的金融监管政策,以司法之力切实保障金融消费者的合法权益。

一、涉自贸试验区金融商事案件的基本特点

依据2018年10月15日上海市高级人民法院发布的《上海法院服务保障中国(上海)自由贸易试验区建设审判白皮书(2013—2018)》的统计,2013年9月至2018年8月,上海市各级法院共受理涉上海自贸试验区金融商事案件135368件,涉案标的额802.17亿元。其中,一审收案134404件,审结133214件,主要案件类型为银行卡纠纷、金融借款合同纠纷、证券欺诈责任纠纷、财产保险合同纠纷、融资租赁合同纠纷等。(见表7-1)二审收案224件,审结191件。

表7-1　金融商事案件主要类型

类型	数量(件)
银行卡纠纷	101247
金融借款合同纠纷	24853
证券欺诈责任纠纷	2277
财产保险合同纠纷	1958
融资租赁合同纠纷	1343

另依据2018年5月30日上海一中院和浦东法院联合发布的《自贸区司法保

障白皮书》的统计,截至2018年4月,浦东法院共受理涉自贸试验区金融商事案件52198件,案件主要类型为信用卡、金融借款、融资租赁、保险、保理、委托理财等纠纷,共审结涉自贸试验区金融商事案件51145件。上海一中院共受理涉自贸试验区金融商事案件2467件,其中一审案件2241件,二审案件226件。数量位居前五的案由分别是证券虚假陈述责任纠纷(2110件)、融资租赁合同纠纷(97件)、金融借款合同纠纷(94件)、财产保险合同纠纷(18件)、票据追索权纠纷(14件),共审结案件2318件。

结合历年的司法统计表明,涉自贸试验区金融商事案件主要有五个方面的特点:

第一,纠纷总体体量大,体现出自贸试验区内金融机构集聚效应显著。2013—2018年,金融商事案件数量井喷式增长。一方面,由于自贸试验区扩区,改革创新举措的辐射面不断扩展,金融商事交易高度活跃,同时金融市场创新过程中引发的新类型法律问题不断涌现,因此案件数量和案件审理难度都在加大,司法需求数量明显增多。另一方面,以陆家嘴金融片区为代表的金融核心功能区聚集了大量金融机构及其主要分支机构,因此涉自贸试验区金融商事案件占全部金融商事案件的比例始终较高。

第二,信用卡、金融借款等金融借贷类案件占比大,反映了自贸试验区内资金需求旺盛。由于消费贷款、信用卡催收等集团性案件数量庞大,因此涉自贸试验区金融商事纠纷中的金融借款纠纷、信用卡纠纷占比很大。同时,受产业结构调整、互联网金融产品类型和交易渠道发展迅速等因素影响,借款人违约纠纷数量较大,反映出区内与金融创新发展相关的经营风险预防有待加强。

第三,准金融机构融资纠纷数量快速增长。在自贸试验区金融体制改革等一系列政策与措施的刺激下,区内金融服务业进一步扩大开放,开展融资租赁、小额贷款、保理等业务的准金融机构数量及其业务量也快速增长。其中,融资租赁公司新增主体数量变化尤为显著,但由于其发展速度远快于相应制度的配套程度以及交易主体风险意识的革新速度,导致相关案件数量随之增长。

第四,互联网背景下的投资理财、网络贷款等涉众性纠纷频发。随着自贸试验区互联网金融业务持续发展以及普惠金融逐步推行,投资理财门槛更低,交易更加便捷。但是,由于部分金融创新领域并无成熟模式可循,相关法律法规亦尚未完全建立,资本的逐利性促使部分金融交易主体的风险意识突破规则界限,继而引发金融投资理财类案件数量快速上升。在涉案主体中,金融信息服务公司、股权投资基金公司、资产管理公司数量增多,且涉案人数众多、金额较大,并有部分案件涉嫌集资诈骗、非法吸收公众存款等犯罪,社会整体影响较大,易引发效仿性群体诉讼。

第五,证券市场监管加强,涉证券类纠纷数量随之增加。上海一中院受理的涉自贸试验区金融纠纷案件中,证券类纠纷案件占比高达91%,且呈现收案数量长期稳增的趋势。其中,最为集中的案件类型为证券虚假陈述责任纠纷案件,大多数案件的原告是因同一虚假陈述事实对相同的被告提起诉讼,体现了证券市场投资者特别是中小投资者的维权意识逐渐增强。此外,证券虚假陈述纠纷案件涉案被告的范围较之以往有所扩大,从上市公司作为单一被告转变为以上市公司、上市公司高管、实际控制人以及会计师事务所等中介机构为共同被告,对证券市场的影响度显著提升。[1]

二、涉自贸试验区金融商事纠纷的司法挑战

毋庸置疑,上海自贸试验区的金融开放与创新是整个自贸试验区战略的重中之重,它不仅承担着为我国金融制度改革先行先试的重任,还受到国际社会的广泛关注。同时,庞大的涉自贸试验区金融商事类纠纷对于整个自贸试验区的金融审判工作提出了严峻的考验,案件数量的激增、涉及利益的深远以及对各类专业化极强的金融术语的理解都令金融商事法官们压力倍增。具体而言,由于金融涉及一国之根本利益,因而在审判活动中如何动态地把握国家金融法制与政策的变动,合理平衡鼓励金融创新与金融风险防范的关系,需要法官们在具体案件中体认各项金融创新的实质。同时,由于上海自贸试验区已经出现的传统业务迭代、新型金融交易方式翻新的发展态势,在各类交易结构、交易框架日趋复杂的背景下,作为金融交易末端的金融消费者极易成为违规交易的受害人,因此如何平衡金融机构利益与金融消费者利益保护的问题,也成为自贸试验区审判实践中的一大难点。

---

〔1〕 参见《上海市第一中级人民法院、上海市浦东新区人民法院自贸区司法保障白皮书(2013年9月—2018年4月)》。

(一) 金融开放与监管法制的适法定位

从我国金融监管立法的整体性特点来看,法律与行政法规层面的变动不大,一般均是通过中央金融监管部委发布规范性文件的方式进行的。上海自贸试验区的金融开放与监管制度也不例外。在《总体方案》出台之后,银监会、证监会、保监会、中国人民银行在2013年相继出台了支持上海自贸试验区建设的规范性文件。[1] 在其后的时间里,上海自贸试验区金融制度的改革都是采取由中央金融监管部委发布规范性文件的方式进行的。[2] 采取这种方式的好处在于,中央金融监管部委的规范性文件发布程序较为简单,可以对上海自贸试验区以及其他国内外的金融环境变动作出及时的调整与反馈,符合自贸试验区先行先试、应时而变、适时而动的改革规律。但是,此种立法方式也对涉自贸试验区金融商事案件的审判提出了适法难题。由于金融商事案件本质上仍是平等主体之间的民商事纠纷,而自贸试验区所涉及的金融开放与监管的规范性文件存在行政规制与法律效力低的特点,因而能否在审判实践中援用上述金融规范性文件将直接影响到对金融交易效力以及损失分摊等焦点问题的判断。

针对这一适法定位问题,首先必须明确上海自贸试验区金融规范性文件的法律性质与效力等级。有学者在自贸试验区成立之初便提出,由于管制的部门规章的修改或废止程序相对容易,因此我国涉及金融开放创新方面的管制主要以部门规章为主。[3] 另有学者提出,不应当笼统地将金融监管的法律规则认定为部门规章,而应当根据官方网站的区分标准,将金融规范性文件和部门规章区分开来,前者是金融监管机构的抽象行政行为,且不是民商法的渊源,而后者则构成民商法

---

[1] 例如,《银监会关于中国(上海)自由贸易试验区银行业监管有关问题的通知》《资本市场支持促进中国(上海)自由贸易试验区若干政策措施》《保监会支持中国(上海)自由贸易试验区建设有关事项的通知》《关于金融支持中国(上海)自由贸易试验区建设的意见》等。

[2] 值得注意的是,2018年3月17日,第十三届全国人民代表大会第一次会议通过《第十三届全国人民代表大会第一次会议关于国务院机构改革方案的决定》。根据该方案,不再保留银监会、保监会,组建中国银行保险监督管理委员会,作为国务院直属事业单位。根据这一改革方案,中央金融监管机构由原先的"一行三会"变为"一行两会",反映了我国金融监管从分业监管向混业监管的转变趋势。

[3] 参见贺小勇:《中国(上海)自由贸易试验区金融开放创新的法制保障》,载《法学》2013年第12期,第116—117页。

的渊源。[1] 我们认为,不论如何具体识别自贸试验区金融开放与监管的法律规则,它在《立法法》意义上至多具有规章效力是不争的事实,而如欲将较低位阶的公法性规范纳入涉自贸试验区金融商事案件的审判依据,需要为其寻找法理上的支撑依据。

在适法路径的选择方面,应该区分确认金融交易行为和交易行为责任两方面的争议焦点问题。在金融交易行为的效力判断问题上,无论是1999年《合同法》还是2017年《民法总则》,均存在民商事法律行为违反法律、行政法规的强制性规定属无效的规定。1999年《最高人民法院关于适用〈中华人民共和国合同法〉若干问题的解释(一)》第4条[2]的规定明确将规章这类低位阶法律排除在影响合同效力的强制性规定之外,更谈不上金融规范性文件的适用。但是,依照这一规定推理,自贸试验区内一些监管性的金融规章不仅无法起到监管的实际效果,还会引发法院与监管机构之间的矛盾。有鉴于此,我们认为,不应当拘泥于所谓"强制性规定"的适法思路,而应当探究可能适用的金融规章背后的立法目的,从社会公共利益的角度切入。《合同法》第52条第4项规定,"损害社会公共利益"的合同无效。金融安全当然属于我国的社会公共利益,而对这种利益的维护是通过金融监管防范具体风险的方式。因此,涉及金融风险防范的监管规章虽然效力层次较低,但是其背后所反映的立法目的应当可以与社会公共利益挂钩。当然,在选择此路径时,有两点需要注意:其一,在判断金融交易合同效力的过程中,必须防止金融规章判定的"泛公共利益化"。司法必须谨慎鉴别金融规章的规范性目的。一个较为明确的方向是,参考2009年《最高人民法院关于适用〈中华人民共和国合同法〉若干问题的解释(二)》第14条[3]的规定,将金融监管类规范区分为效力性规范与管理性规范,这样可以将大多数行政管理性规范排除出社会公共利益的考量范畴,尽力维护自贸试验区的金融创新与契约自由。其二,在裁判文书的撰写方面,根据上述逻辑,法院在审判涉自贸试验区金融商事案件时,一旦涉及交易

---

[1] 参见贾希凌、艾德雨:《金融规范性文件司法适用法问题研究》,载陈立斌主编:《自由贸易区司法评论(第一辑)》,法律出版社2014年版,第117—118页。

[2] 1999年《最高人民法院关于适用〈中华人民共和国合同法〉若干问题的解释(一)》第4条规定:"合同法实施以后,人民法院确认合同无效,应当以全国人大及其常委会制定的法律和国务院制定的行政法规为依据,不得以地方性法规、行政规章为依据。"

[3] 2009年《最高人民法院关于适用〈中华人民共和国合同法〉若干问题的解释(二)》第14条规定:"合同法第五十二条第(五)项规定的'强制性规定',是指效力性强制性规定。"

行为与监管规章中的效力性强制性规定相抵触,应当援用《合同法》第52条第4项的规定,不宜直接援用具体的规章内容,但应当在说理部分对其关联性予以阐明。

相较于金融交易无效这个争议点,在有效交易中,有关责任承担的适法问题比较容易解决。在这一领域,对"法律"的解释相对宽泛。例如,《民法总则》第10条前半句规定"处理民事纠纷,应当依照法律",其中并未对"法律"进行限缩解释,因此在理论上可以包含规章。据此,有专家法官指出:"对于行政监管部门制定的各项监管法规、规章或者规范性文件,在具体认定相关金融机构的民事责任时,应当予以参考。"[1]不过,此处仍需注意的是,不少金融监管的规范性文件并不属于规章的范畴,因此在案件审理中应当对不同规范的效力采取"参考"而非一概援引的思路。这一点在《上海市第一中级人民法院涉中国(上海)自由贸易试验区案件审判指引》中也有所体现。[2]

(二) 金融制度创新的法律风险

上海自贸试验区的金融制度创新主要聚焦于金融市场利率市场化、人民币资本项目可兑换、人民币跨境使用等重要方面,2013年国务院发布的《总体方案》明确规定在风险可控前提下可以在这些方面先行先试。在自贸试验区的金融创新探索中,围绕上述改革的主要任务,中央金融监管部门和上海市协同用力,持续推进自贸试验区金融改革的稳步、有序进行。从金融监管事权来看,我国金融监管职责在2018年3月17日前一直由中央层面的"一行三会"承担。在上海自贸试验区成立后,中国人民银行、证监会、保监会、银监会、国家外汇管理局等部门先后出台了一批支持自贸试验区金融创新的政策性规定,这些规定为规范金融创新制度提供了政策依据。同时,地方也积极配合,上海市通过制定地方性条例等方式予以支持。自2014年8月1日起施行的《中国(上海)自由贸易试验区条例》对金融服务设专章以8条进行规定,内容主要涉及人民币资本项目可兑换、金融市场利

---

[1] 杨路:《法治化视野下的金融创新与金融审判》,载《中国审判》2013年第2期,第65页。

[2] 2017年《上海市第一中级人民法院涉中国(上海)自由贸易试验区案件审判指引》第28条规定:"在审理涉自贸试验区金融案件时,除依据法律、法规、规章外,可以参照中国人民银行、中国银行业监督管理委员会、中国证券监督管理委员会、中国保险监督管理委员会等金融监管机构出台的涉及自贸试验区金融领域的相关规范性文件。"

率市场化、人民币跨境使用和外汇管理改革等方面。我们在梳理、总结这些自贸试验区特有的金融制度创新的同时,也必须注意到这些制度的变动对于自贸试验区内金融市场可能带来的风险。如同《总体方案》所提出的,金融创新必须坚持风险可控的前提。法院虽然并非金融监管部门,但是在长期的涉自贸试验区金融商事案件的审判活动中,对于金融创新已经产生以及可能产生的法律风险有所体认,这些法律风险应当引起司法机关与金融监管部门的重视。

1. 金融市场利率市场化的法律风险

我国从1996年开始进行利率市场化改革,本着"先贷款后存款、先大额后小额、先农村后城市、先外币后本币"的改革顺序,目前已经实现了银行间利率的市场化以及国内贷款利率和存款利率的有条件浮动,并实现了外币存贷款利率的市场化。[1] 上海自贸试验区成立后,2013年12月2日,《中国人民银行关于金融支持中国(上海)自由贸易试验区建设的意见》发布。根据该意见中提到的利率市场化的三个目标,"外币利率市场化涉及外币存款,本币市场化涉及大额存单,而利率市场化最核心的内容还是人民币存款利率市场化"[2]。2014年2月25日,中国人民银行上海总部出台《关于在中国(上海)自由贸易试验区放开小额外币存款利率上限的通知》。这一通知放开了自贸试验区内300万美元以下的小额外币存款利率上限,率先实现了外币存款利率完全市场化。放开小额外币存款利率上限,利率市场化改革平稳试水,这一改革成果也得到了上海市地方立法的肯定。[3]

那么,自贸试验区金融利率市场化改革会对金融机构以及其他主体产生何种影响?又会衍生出多少法律风险需要法院予以应对?有研究报告指出:"现有的放开小额外币存款上限对于市场的影响有限,但作为人民币利率市场化的现行措施,利率市场化使得银行必须面对资金成本被抬高的现实,这也倒逼银行通过结

---

[1] 参见罗素梅、周光友:《上海自贸区金融开放、资本流动与利率市场化》,载《上海经济研究》2015年第1期,第29页。

[2] 裴长洪、付彩芳:《上海国际金融中心建设与自贸区金融改革》,载《国际经贸探索》2014年第11期,第14页。

[3] 《中国(上海)自由贸易试验区条例》第29条规定:"在自贸试验区推进利率市场化体系建设,完善自由贸易账户本外币资金利率市场化定价监测机制,区内符合条件的金融机构可以优先发行大额可转让存单,放开区内外币存款利率上限。"

构调整实现资金收支匹配,未来客户的选择必然要向银行议价能力较强的方向发展。"[1]也有学者从宏观与微观两个层面对自贸试验区金融市场利率市场化的风险进行了评估,认为在宏观上,利率市场化有可能导致金融调控不利、套利风险增加、出现泡沫经济现象以及资金监管难度加大四大风险。随着这四大风险点的展开,自贸试验区内的银行会出现因存贷款利差减少而收益减少,进而可能转向高风险领域的投资。利率市场化对自贸试验区内相关企业的影响显然更大,未来甚至可能出现金融机构和相关企业破产的法律风险。[2]对法院而言,因自贸试验区金融市场利率市场化所带来的宏观性风险,可能通过传导机制以大批量的违约之诉甚至金融机构和企业破产的案件形式到达。

不过,自贸试验区内利率市场化给法院的适法带来的最大挑战应来自实践中借贷类案件的利率计算标准问题。我国民商事审判中一般依据借贷市场关于主体类型的划分方式,将借贷类案件区分为金融机构借贷与民间借贷两种类型。在金融机构借贷领域,"我国正规金融市场的贷款利率,正处于一个变革时期,经历了从国家统一贷款利率,到依据国家基准利率上下限浮动利率,再到2004年取消贷款利率浮动上限,2013年取消浮动下限的变迁过程"[3]。在上海自贸试验区进一步实现利率市场化的背景下,在金融借款案件中,对应当如何认定借贷利率存在争议,司法实践中通常采取的"中国人民银行同期贷款利率"恐怕已经不合时宜。但是,如果完全践行当事方议定利率的处理方式,也有可能产生利益失衡的风险。针对"中国人民银行同期贷款利率"逐渐弱化的趋势,有专业法官提出了两阶段调整的建议:第一阶段,将利率参考标准变更为"商业银行同期同档利率",商业银行可考虑确定为五大银行,同期同档利率可参考同业拆借利率;第二阶段,顺应利率市场化的推进,上调"四倍利率"的标准至更高水平,直至条件成熟时取消。[4]

在民间借贷的利率控制方面,依据1991年《最高人民法院关于人民法院审理

---

[1] 赵泽等:《上海自贸区内银行业务研究——兼论区内现有金融规则》,载汤黎明、郑少华主编:《自由贸易区法律适用(第一辑)》,法律出版社2014年版,第12页。

[2] 参见李茁:《上海自贸区利率市场化风险分析与建议》,载《经济研究参考》2015年第67期,第61—63页。

[3] 杜万华主编:《最高人民法院民间借贷司法解释理解与适用》,人民法院出版社2015年版,第460页。

[4] 参见陈丽、王潇:《涉中国(上海)自贸试验区商事(金融)纠纷的司法应对》,载陈立斌主编:《自由贸易区司法评论(第二辑)》,法律出版社2015年版,第113—114页。

借贷案件的若干意见》第 6 条的规定,最高不得超过银行同类贷款利率的四倍。[1]这种将民间借贷的最高利率与银行同类贷款利率相挂钩的做法呈现出浮动性的特点。但是,如果在自贸试验区内完全推行利率市场化,那么民间借贷最高利率的计算将因缺失计取标准而在案件审理过程中陷入无所适从的困境。不过,2015年《最高人民法院关于审理民间借贷案件适用法律若干问题的规定》很好地预防了此种风险,将原有的民间借贷浮动性利率计算方法改为固定利率的控制方式,并将固定利率区分为 24% 和 36% 予以保护。[2]但是,与此同时,固定最高利率的做法也可能因过于刚性而无法完全反映借贷市场的实际情况。尤其是在利率市场化的背景下,如果出现金融机构贷款利率大幅度上升的趋势,而民间借贷利率始终受到固定上限的限制,将可能催生其他不利的法律风险。因此,在利率市场化这一改革机制的推动下,应当考虑结合浮动机制与固定利率两种认定方式,合理规制民间借贷中的利率风险。

2. 人民币资本项目可兑换的法律风险

1996 年国务院发布的《外汇管理条例》是我国外汇制度改革的一个历史标杆,我国的外汇管理制度由此从人民币基本不可兑换,逐步过渡为人民币在经常项下完全可兑换、在资本项下部分可兑换。[3]上海自贸试验区成立后,为了进一步深化投融资便利,推动资本项目可兑换,《中国人民银行关于金融支持中国(上海)自由贸易试验区建设的意见》第 3 条明确规定了"探索投融资汇兑便利"的五项具体举措,包括促进企业跨境直接投资便利化、便利个人跨境投资、稳步开放资本市场、促进对外融资便利化和提供多样化风险对冲手段。在这五项具体举措的指引下,上海自贸试验区的人民币资本项目可兑换与外汇制度改革全面铺开。其一,在上海市地方立法层面,《中国(上海)自由贸易试验区条例》第 27 条通过规定金融宏观审慎原则、跨境投融资汇兑便利、金融风险对冲管理等内容,将中国人民银

---

[1] 1991 年《最高人民法院关于人民法院审理借贷案件的若干意见》第 6 条规定:"民间借贷的利率可以适当高于银行的利率,各地人民法院可根据本地区的实际情况具体掌握,但最高不得超过银行同类贷款利率的四倍(包含利率本数)。超出此限度的,超出部分的利息不予保护。"

[2] 2015 年《最高人民法院关于审理民间借贷案件适用法律若干问题的规定》第 26 条规定:"借贷双方约定的利率未超过年利率 24%,出借人请求借款人按照约定的利率支付利息的,人民法院应予支持。借贷双方约定的利率超过年利率 36%,超过部分的利息约定无效。借款人请求出借人返还已支付的超过年利率 36% 部分的利息的,人民法院应予支持。"

[3] 参见王传丽主编:《国际贸易法(第三版)》,法律出版社 2005 年版,第 270 页。

行有关资本项目可兑换的政策性规定转化为地方立法。[1]其二,国家外汇管理局上海分局分别于 2014 年 2 月和 2015 年 12 月发布了《支持中国(上海)自由贸易试验区建设外汇管理实施细则》《进一步推进中国(上海)自由贸易试验区外汇管理改革试点实施细则》,放宽对外债权债务管理,改进跨国公司外汇资金集中运营管理,完善结售汇管理,允许区内企业(不含金融机构)外债资金实行意愿结汇;进一步简化经常项下外汇收支手续,便利银行开展大宗商品衍生品的柜台交易。这些措施极大地便利了对外的贸易投资。其三,上海自贸试验区通过推进"分类别、有管理"的资本项目可兑换,建立了资本项目可兑换的操作模式。所谓"分类别",就是只对实体经济有迫切需要的部分实行可兑换。所谓"有管理",就是对可兑换的部分资本项目,也不搞放任自由,而是继续实施必要的宏观和微观审慎管理。从 2014 年 2 月开始,自贸试验区企业可以从境外融入人民币资金。2015 年 2 月,自贸试验区建立了以资本约束机制为核心的宏观审慎和本外币一体化的境外融资制度,上调了经济主体从境外融资的杠杆率,企业和金融机构可以在宏观审慎框架下自主从境外借入人民币或外币资金。此外,对于资金流出兑换,主要集中于对外直接投资(包括私募股权投资)方面兑换的便利化。

上海自贸试验区实施的外汇制度改革以及人民币资本项目的可兑换是代表我国整体外汇开放的风向标,但在金融改革的整体内容和顺序方面,理论界本身有不同的主张。在国内金融改革、金融项目开放和资本市场开放的顺序问题上,向来存在全面推进的激进式路径和按顺序开放的渐进式路径两种对立观点。[2]因此,面对资本项目兑换这个"牵一发而动全身"的改革目标,稍有不慎即有可能

---

[1] 《中国(上海)自由贸易试验区条例》第 27 条规定:"自贸试验区跨境资金流动按照金融宏观审慎原则实施管理。简化自贸试验区跨境直接投资汇兑手续,自贸试验区跨境直接投资与前置核准脱钩,直接向银行办理所涉及的跨境收付、汇兑业务。各类区内主体可以按照规定开展相关的跨境投融资汇兑业务。区内个人可以按照规定,办理经常项下跨境人民币收付业务,开展包括证券投资在内的各类跨境投资。区内个体工商户可以根据业务需要,向其境外经营主体提供跨境贷款。区内金融机构和企业可以按照规定,进入证券和期货交易场所进行投资和交易。区内企业的境外母公司可以按照规定,在境内资本市场发行人民币债券。区内企业可以按照规定,开展境外证券投资以及衍生品投资业务。区内企业、非银行金融机构以及其他经济组织可以按照规定,从境外融入本外币资金,在区内或者境外开展风险对冲管理。"

[2] 参见赵大平:《人民币资本项目开放模型及其在上海自贸区的实践》,载《世界经济研究》2015 年第 6 期,第 43—44 页。

成为不法分子套利、洗钱甚至从事恐怖活动的工具。因此,监管部门对上述事项高度重视,[1]而法院也应当从刑事预防和惩治的角度对此予以关注。同时,自贸试验区人民币资本项目自由汇兑必须建立在"风险可控"的法制基础之上,除监管部门的资金预警机制之外,必须建立金融风险应急机制,保留临时性的资本管制权利,防范金融危机的发生。[2] 我们在此处之所以强调金融风险防控制度的法制化,是因为在外国投资法领域,资本能否进行自由汇兑是影响外国投资者收益的重要方面。一国实施的开放性汇兑政策一旦收紧,外国投资者便可能在东道国提出行政诉讼,甚至依据双多边条约的规定,将此种争议提交国际投资仲裁机构解决。因此,无论上海自贸试验区人民币资本项目可兑换的进程是进是退,都必须坚持法治引领的原则,以防止国内、国际可能产生的投资贸易类纠纷。

3. 跨境投融资开放的法律风险

促进人民币跨境使用是实现人民币国际化的重要手段,也是上海自贸试验区金融改革与创新的关键方面。在自贸试验区人民币跨境使用的实践中,中国人民银行按照"分类别、有管理"的模式,进一步简化自由贸易试验区经常项下和直接投资项下人民币跨境使用业务流程,稳步推进人民币境外借款、跨境双向人民币资金池等创新业务,各项跨境人民币业务快速发展。[3]《中国(上海)自由贸易试验区条例》也紧密结合国务院发布的《总体方案》和中国人民银行支持自贸试验区人民币跨境使用政策的要求,对跨境双向人民币资金业务、经常项下跨境人民币

---

[1] 2014年2月27日,《中国人民银行上海总部关于切实做好中国(上海)自由贸易试验区反洗钱和反恐怖融资工作的通知》发布,明确反洗钱和反恐怖融资工作的重要意义,落实各项反洗钱和反恐怖融资制度措施,加强反洗钱和反恐怖融资工作的组织领导。

[2] 参见贺小勇:《上海自贸试验区法治深化亟需解决的法律问题》,载《东方法学》2017年第1期,第139—140页。

[3] 《中国人民银行关于金融支持中国(上海)自由贸易试验区建设的意见》之"四、扩大人民币跨境使用"规定:"(十三)上海地区银行业金融机构可在'了解你的客户''了解你的业务'和'尽职审查'三原则基础上,凭区内机构(出口货物贸易人民币结算企业重点监管名单内的企业除外)和个人提交的收付款指令,直接办理经常项下、直接投资的跨境人民币结算业务。(十四)上海地区银行业金融机构可与区内持有《支付业务许可证》且许可业务范围包括互联网支付的支付机构合作,按照支付机构有关管理政策,为跨境电子商务(货物贸易或服务贸易)提供人民币结算服务。(十五)区内金融机构和企业可从境外借用人民币资金,借用的人民币资金不得用于投资有价证券、衍生产品,不得用于委托贷款。(十六)区内企业可根据自身经营需要,开展集团内双向人民币资金池业务,为其境内外关联企业提供经常项下集中收付业务。"

集中收付业务等具体开放措施进行了规定。[1] 随着自贸试验区人民币跨境使用改革的逐步推进，境内境外原本相对独立的投融资市场被持续打通，在充分实现跨境投融资开放与便利化的同时，也对自贸试验区内传统的金融行业、金融机构、金融交易方式提出了挑战。

以自贸试验区的证券市场为例，按照证监会的相关文件，自贸试验区内将允许境内外证券市场双向投资、境外公司发行人民币债券以及进行金融衍生品的交易等。这些成熟市场制度的引进，不但将引发投资者的投资热情，也必然将进一步促进我国证券市场的开放、扩张和完善。[2] 在证券市场开放的同时，必须关注其中可能出现的新类型法律风险和司法保障需求。一方面，为了吸引投资者，自贸试验区内的证券业不再拘泥于传统的证券产品与服务，各类新型的证券产品与服务层出不穷。由于证券产品与服务的购买基本通过合同方式，因此在这一领域会出现大量的无名合同。面对这些合同的效力等问题，法官需要具备更多专业化的金融知识，这对于金融审判的专业化程度挑战巨大。另一方面，由于我国投资中介机构的发展并不规范，因此证券投资者对于投资风险的识别与把握本就不足，而随着"沪港通"等证券投资通道的开启，在激发投资者投资热情的同时，也扩大了投资风险。

再以跨境双向人民币资金池为例，虽然对于何谓"跨境双向人民币资金池"并无明确的立法定义，但是在中国人民银行支持上海自贸试验区建设的规范性文件中已有涉及。[3] 依据现有文件对"跨境双向人民币资金池"的定义，它在司法实践

---

[1]《中国（上海）自由贸易试验区条例》第28条规定："根据中国人民银行有关规定，国家出台的各项鼓励和支持扩大人民币跨境使用的政策措施，均适用于自贸试验区。简化自贸试验区经常项下以及直接投资项下人民币跨境使用。区内金融机构和企业可以从境外借入人民币资金。区内企业可以根据自身经营需要，开展跨境双向人民币资金池以及经常项下跨境人民币集中收付业务。上海地区银行业金融机构可以与符合条件的支付机构合作，提供跨境电子商务的人民币结算服务。"

[2] 参见汤黎明：《上海自贸区对金融行业未来发展的影响及其司法应对》，载陈立斌主编：《自由贸易区司法评论（第一辑）》，法律出版社2014年版，第90页。

[3] 2014年《中国人民银行上海总部关于支持中国（上海）自由贸易试验区扩大人民币跨境使用的通知》第5条规定："（一）区内企业可根据自身经营和管理需要，开展集团内跨境双向人民币资金池业务。集团指包括区内企业（含财务公司）在内的，以资本关系为主要联结纽带，由母公司、子公司、参股公司等存在投资性关联关系成员共同组成的跨国集团公司。跨境双向人民币资金池业务指集团境内外成员企业之间的双向资金归集业务，属于企业集团内部的经营性融资活动。……"

中主要体现为跨国公司内部不同独立公司的法人之间出现的人民币资金借贷关系。有专业法官将因此种跨境资金池而引发的司法挑战归为三类：一是跨境资金池协议未经监管部门备案，或者未依据《公司法》由董事会或股东会、股东大会决议时的效力问题；二是跨境资金池协议导致公司因出借资金而无法满足资本维持原则时，公司对外部债权人的利益保护问题；三是对于处于资金池内的企业管理层而言，可能因不当加入资金池而对公司或公司债权人承担民事责任、行政责任甚至刑事责任的问题。[1]

(三) 金融业态开放的司法规制

上海自贸试验区金融业态的开放趋势主要源于金融市场和金融服务的开放度。2015年中国人民银行联合上海市人民政府及其他金融监管部委联合发布的《进一步推进中国(上海)自由贸易试验区金融开放创新试点 加快上海国际金融中心建设方案》(简称"金改40条")明确了开放自贸试验区金融服务业的基本立场。[2] 在具体的自贸试验区实践中，依据上海市人民政府发展研究中心课题组的统计，2013—2016年，自贸试验区金融市场和金融服务的开放度主要体现在面向国际的金融交易平台建设稳步推进与金融服务业对内对外开放积极推进两个方面。[3] 正是由于上述金融市场的创新鼓励政策，自贸试验区的金融迭代活力不断涌现，除了传统的银行、保险、证券领域开发新产品、探索新业务之外，信托、保理、

---

[1] 参见陈立斌主编：《中国(上海)自由贸易试验区法律适用精要》，人民出版社2018年版，第337—342页。

[2] "金改40条"第四部分"不断扩大金融服务业对内对外开放"明确规定："探索市场准入负面清单制度，开展相关改革试点工作。对接国际高标准经贸规则，探索金融服务业对外资实行准入前国民待遇加负面清单管理模式。推动金融服务业对符合条件的民营资本和外资机构扩大开放。"

[3] 在"面向国际的金融交易平台建设稳步推进"方面，黄金国际板功能得到拓展，"黄金沪港通"启动。上海黄金交易所推出"上海金"集中定价交易机制，形成"上海金"人民币基准价交易。上海国际能源交易中心首个交易品种原油期货已获批准。上海保险交易所正式运营，成为全国首家国家级、创新型保险要素市场。在"金融服务业对内对外开放积极推进"方面，银监会积极支持中外资银行业金融机构入区经营，证监会、保监会也积极推动证券、期货、保险机构在区内集聚发展。多家民营金融机构已落户区内。参见上海市人民政府发展研究中心课题组：《中国(上海)自由贸易试验区建设三年成效、经验与建议》，载《科学发展》2016年第10期，第44页。

融资租赁以及各种金融衍生品的交易更是蓬勃发展。在这些金融新业态的扩张式发展过程中,由于既有法律规定的滞后性,时常出现需要法院在审判具体金融商事案件时援用商事惯例补充法律渊源或者解释法律的情形,还会产生自贸试验区先行先试的金融创新与原有的法律规定、适法路径产生冲突的情况,这些司法规制的难点以融资租赁类案件为典型。

在上海自贸试验区的实际运作过程中,各金融监管部门通过对融资租赁业降低准入门槛、放宽经营范围、鼓励跨境租赁、促进融资便利等一系列政策突破,使得融资租赁业在自贸试验区渐成吸引投资者开挖的"富矿"。伴随着自贸试验区融资租赁企业的增多以及内外融资租赁业务的开展,融资租赁类案件在涉自贸试验区金融商事类案件中占比上升,审判过程中的适法难题也随之增多。关于具体类案的分析将在后文详细展开,此处仅对适法与制度回应予以探讨。

1. 自贸试验区创新与国内立法的协调

与自贸试验区融资租赁业创新政策发展不相称的是,我国的融资租赁法制一直滞后于融资租赁行业的发展,至今缺乏专门针对融资租赁的单行立法。涉及融资租赁的法律框架主要可以区分为公法与私法两个层面。[1] 对我国融资租赁法律制度进行梳理不难看出,这一体系存在着三个方面的缺陷与不足:一是融资租赁的监管立法采取按部门分散立法的模式,这种模式使得针对内资、外资和金融租赁三种类型的融资租赁适用不同的监管法规,在不同程度上导致了不必要的立法缺漏、重复和冲突。尤其是在自贸试验区逐步降低行业准入门槛,内外资融资租赁业基本实现国民待遇的背景下,分散立法的模式应当有所改变。二是融资租赁的立法层次较低,这主要体现在管理性的部门法规之中。这些公法性的法规在融资租赁案件的审判过程中,除了对合同效力判断尚能发挥一定作用外,对其余

---

[1] 在公法层面,主要有:商务部 2013 年 9 月公布的《融资租赁企业监督管理办法》,规范融资租赁企业的经营行为和监管事项;商务部 2005 年 2 月公布的《外商投资租赁业管理办法》,规范外商投资融资租赁公司的准入审批和监管事项;银监会 2014 年 3 月公布的《金融租赁公司管理办法》,规范金融租赁公司的准入审批和监管事项;商务部、国家税务总局 2004 年 10 月发布的《关于从事融资租赁业务有关问题的通知》和 2006 年 4 月发布的《关于加强内资融资租赁试点监管工作的通知》,明确内资试点融资租赁企业的准入条件和监管事项;财政部 2018 年修订印发的《企业会计准则第 21 号——租赁》,规范融资租赁的会计核算和相关信息披露。另外,还有一些关于税收的规定。在私法层面,主要有:《合同法》第十四章"融资租赁合同",以及 2014 年 2 月公布的《最高人民法院关于审理融资租赁合同纠纷案件适用法律问题的解释》。

的争议基本无法适用。三是我国融资租赁法制至今仍沿袭以管理为主的思路,而非将融资租赁作为商行为予以保护和规范。[1] 这导致长期的审判实践中适用的仅有《合同法》中的寥寥几条,根本无法适应当事人众多、法律关系复杂、处理方式特殊的融资租赁司法实践。虽然最高人民法院2014年公布的司法解释积极回应了我国融资租赁业的司法诉求,但是自贸试验区融资租赁业的发展仍然提出了不少全新的适法问题,亟待立法与司法部门进行回应。

2. 融资租赁国内法与国际法的衔接

融资租赁是一个国际化水平较高的行业,尤其是在自贸试验区放宽外资准入的背景下,涉自贸试验区融资租赁案件不免会涉及国际公约、国际商事惯例的适用。从国际法层面看,关于国际融资租赁的规范主要有:(1) 1988年5月由55个国家在加拿大渥太华召开的外交会议上通过的《国际融资租赁公约》,该公约虽因批准国不足而尚未生效,但是其内容对于国际融资租赁实践具有重要的指引和示范作用;(2) 国际统一私法协会2008年12月通过《租赁示范法》,成为国际商事惯例的重要载体;(3) 2001年至2012年,国际统一私法协会先后与其他相关国际组织一起通过了涉及移动设备国际融资租赁的"一公约、三个议定书"[2]。

不难看出,相较于我国滞后的融资租赁立法,国际性融资租赁法制日臻完善,尤其是私法领域的规范十分完善。因此,从自贸试验区对标国际高标准的要求入手,我国的国内立法应当尽早与国际接轨,涉外融资租赁案件的司法保障也应当与国际通行的规则相一致。更为重要的是,我国是《开普敦公约》和《航空器议定书》的缔约国,它们已于2009年6月对我国生效。但是,正如有学者所评价的,"《开普敦公约》对于动产融资交易所采取的立法方法和制度安排,与我国法律之间的差异较大,尤其是相关动产(担保)权利的成立、效力、登记、优先顺位和实行等方面的实体法规则更是不同"[3]。因此,在涉自贸试验区融资租赁案件的审判

---

[1] 参见曾大鹏:《融资租赁法制创新的体系化思考》,载《法学》2014年第9期,第117页。

[2] 《移动设备国际利益公约》(简称《开普敦公约》)、《移动设备国际利益公约关于航空器设备特定问题的议定书》(简称《航空器议定书》)、《移动设备国际利益公约关于铁路车辆设备特定问题的议定书》(简称《铁路车辆议定书》)、《移动设备国际利益公约关于空间资产设备特定问题的议定书》(简称《空间资产议定书》)。

[3] 高圣平:《中国融资租赁法制:权利再造与制度重塑——以〈开普敦公约〉及相关议定书为参照》,载《中国人民大学学报》2014年第1期,第83页。

过程中,必须正确区分涉外案件与纯国内案件,并做好国内法与国际法相关规则的对接研究以及在司法实践中的协调适用。

3. 动产登记制度构建与出租人利益保护

租赁物所有权与使用权相分离是融资租赁的一大特点。根据《中华人民共和国物权法》(以下简称《物权法》)的规定,有形动产以占有为物权公示的要件,对于船舶、航空器和机动车等特殊动产,登记只是作为对抗要件。融资租赁物因承租人占有而在客观上形成其享有物权的假象。由于融资租赁物没有法定的登记机关和公示程序,实践中租赁物下落不明以及承租人擅自向第三人转让、抵押租赁物,是当前融资租赁案件审理中较为常见的情形。

为了解决上述情形下对出租人利益的保护问题,2014年2月,《最高人民法院关于审理融资租赁合同纠纷案件适用法律问题的解释》公布,该解释第9条对出租人的物权保护问题给予积极的回应。[1] 从另一个角度看,该规定其实是司法机关对于缺乏全国统一的动产登记制度的无奈应对,并且存在与公示公信的基本原则相抵触的可能。鉴于此,为了规范以自贸试验区为代表的融资租赁市场交易秩序,国内不少学者持续呼吁建立融资租赁登记制度,具体框架包括建立统一的动产登记机关、采取登记对抗主义、登记内容与登记事项应当简单明了、单方申请主义和形式审查等。[2]

(四) 金融投资者保护的司法应对

金融商事案件的司法保障对象表现为由宏观到微观、由机构到个人的分层次、多样化和不对称的特点。从宏观角度看,依法维护自贸试验区金融秩序的稳

---

[1] 《最高人民法院关于审理融资租赁合同纠纷案件适用法律问题的解释》第9条规定:"承租人或者租赁物的实际使用人,未经出租人同意转让租赁物或者在租赁物上设立其他物权,第三人依据物权法第一百零六条的规定取得租赁物的所有权或者其他物权,出租人主张第三人物权权利不成立的,人民法院不予支持,但有下列情形之一的除外:(一)出租人已在租赁物的显著位置作出标识,第三人在与承租人交易时知道或者应当知道该物为租赁物的;(二)出租人授权承租人将租赁物抵押给出租人并在登记机关依法办理抵押权登记的;(三)第三人与承租人交易时,未按照法律、行政法规、行业或者地区主管部门的规定在相应机构进行融资租赁交易查询的;(四)出租人有证据证明第三人知道或者应当知道交易标的物为租赁物的其他情形。"

[2] 参见高圣平:《融资租赁登记制度研究》,载南京师范大学法学院《金陵法律评论》编辑部编:《金陵法律评论》(2006年秋季卷),法律出版社2006年版,第142—145页。

定不仅仅是监管机关的主业与主责,也是法院审理金融案件的首要原则。[1] 从微观角度看,金融商事案件可从主体角度区分为金融机构(包括类金融机构,下同)之间的案件以及金融机构与投资者之间的案件。其中,金融机构作为金融创新任务的主要承载者,其合法的行为与权益应当成为法院支持的对象。但是,更为重要的是主要以自然人身份出现的金融投资者和金融消费者的保障问题。由于此类主体在与金融机构磋商、缔约和履约的过程中,天然地在谈判地位、博弈能力、专业能力和风险抵御能力方面处于劣势,因此在面对复杂的金融产品设计和长链条式的风险传导机制时极易成为不法行为的受害者,需要法院在审理涉金融投资者和金融消费者的案件中采取区分方式进行保护。

在如何采取区分方式保护的问题上,自贸试验区的司法实践主要采取增加金融机构在合同磋商、缔约时的披露、告知和评估义务的方式,违反上述义务的金融机构应对投资者的不当损失承担赔偿责任。[2] 另一个关于法律适用的问题是:金融投资者权益保护能否适用《消费者权益保护法》? 2013年《消费者权益保护法》修正时虽然加入金融消费者的含义,但是对金融消费者的定义和适用范围不甚明确,实践中容易引发争议。不过,2016年发布的《中国人民银行金融消费者权益保护实施办法》解决了这一问题,该办法对于金融消费者的定义和适用范围作了明确的界定。[3] 鉴于此,对于自贸试验区内银行等机构的金融理财产品,相关的投

---

[1] 2017年《上海市第一中级人民法院涉中国(上海)自由贸易试验区案件审判指引》第27条第1款规定:"依法支持金融制度创新,审慎审理涉及金融创新的各类金融纠纷案件,尊重当事人意思自治和国际惯例,保护金融消费者的合法权益,维护金融市场安全和交易效率。"

[2] 2017年《上海市第一中级人民法院涉中国(上海)自由贸易试验区案件审判指引》第35条规定:"自贸试验区内金融机构或专业从事金融服务、贸易的法人在与客户缔约过程中,应当就其所提供金融产品或金融服务的性质、特点、业绩、风险等主要信息向客户进行如实、全面的披露。违反该项义务造成客户损失的,应当承担相应的赔偿责任。"

第36条规定:"自贸试验区内金融机构或专业从事金融服务、贸易的法人在与客户缔约过程中,应当基于其所提供金融产品或金融服务的风险程度,对客户的风险承受能力进行相应的评估。金融机构或其他法人向客户提供明显超出其风险承受能力的产品或服务的,应就客户所遭受的损失承担相应的赔偿责任。"

[3] 《中国人民银行金融消费者权益保护实施办法》第2条规定:"在中华人民共和国境内依法设立的为金融消费者提供金融产品和服务的银行业金融机构,提供跨市场、跨行业交叉性金融产品和服务的其他金融机构以及非银行支付机构(本办法统称金融机构)适用本办法。本办法所称金融消费者是指购买、使用金融机构提供的金融产品和服务的自然人。"

资者符合《消费者权益保护法》中关于金融消费者的定义。因此,上述机构在自贸试验区内设计、销售理财产品的过程中,如果未能完全履行说明义务、投资者教育义务、妥善保管义务等义务,将可能承担相应的民事责任。[1]

上述审判要旨的提出是以将金融投资者、金融消费者直接作为合同一方或者案件当事人为模型的。在不少金融案件的审理过程中,也会出现因金融风险传导机制而导致非合同一方或者非案件当事人成为间接受害者的情形,这更应引起法院的关注。以"银信合作"(银行和信托公司合作)模式中的担保案例为例,在此种模式下,银行在贷款额度用尽的情况下找到信托公司为其客户提供资金,信托公司通过发售信托产品给投资人的方式募集资金,而后将募集资金借给借款人。实践中,由于信托公司对于银行客户的资信不了解,为保护信托产品投资者的资金安全,银行往往会出具承诺函,承诺如借款人无法归还借款,由银行承担担保责任或者无条件受让信托公司债权责任。但是,当借款人到期无力清偿时,银行往往以银监会规定银行不得对外提供担保的强制性规定为由主张承诺无效。面对此类案件,法院传统的审判思路是:以担保违反强制性规定为由认定承诺无效,进而令银行和信托公司各自承担无效的法律后果。针对此种审判思路,有学者在责任分摊的问题上特别提出,此类案件的涉案主体表面上为借款企业、银行和信托公司,实际上,信托产品的购买者因远离信托产品而成为最弱势的群体,银行则是最了解借款企业、最熟悉市场运作和监管规章的市场主体。因此,如果判定承诺函无效,且银行不承担责任或者只承担轻微的责任,则过错与责任显属错配。从保护金融消费者的角度而言,最优的裁判思路应该是:判决承诺函无效,同时判令银行承担合同无效的责任,甚至可以判令其承担与承诺函有效近乎相同的责任。[2]

除了在涉自贸试验区金融商事类案件的审判中运用直接的保护性规则和间接的保护性理念之外,构建法院与金融监管机构之间的联动机制也能够及时反映金融投资者保护的现状。虽然法院与金融监管机构在维护金融市场秩序、保护中小投资者利益的价值取向上具有同一性,但是由于两者所具有的功能、视角和地位不同,有时会处于失配的尴尬境地。比如,自贸试验区的金融改革规则虽为市

---

[1] 参见汤黎明:《上海自贸区对金融行业未来发展的影响及其司法应对》,载陈立斌主编:《自由贸易区司法评论(第一辑)》,法律出版社 2014 年版,第 89 页。

[2] 参见毛玲玲:《论金融创新与金融审判》,载《学术月刊》2014 年第 5 期,第 100—101 页。

场主体一体遵循，但囿于其法律效力较低的特质，有可能产生与上位法相冲突的情况。此时，审判机关可能依据上位法的规定而作出与金融改革规则相反的法律评价，这显然会造成司法机关与行政机关之间的冲突。事实上，金融监管机构的监管规则往往带有一定的试错性，需要结合实践的情况予以调整，而法院在审判过程中发现的问题恰好可以司法建议的形式为金融监管机关的规则完善添砖加瓦。就审判机关与金融监管机构的联动机制而言，其主要事项可归纳为三类，即审判机关认为金融监管机构应予监管的事项，金融监管机构与审判机关之间就同一事实产生分歧的事项，以及金融监管机构与审判机关认为需要相互沟通的其他事项。在联动机制的形式问题上，可在现有司法建议的基础上，采取以长期信息沟通机制为主并辅以临时会议的方式。[1]

第二节　上海自贸试验区金融借款案件的案例集解

所谓金融借款案件，一般指以银行等获得吸收公众存款法定许可的金融机构为出借人，向社会不特定公众（主要是公司法人）发放贷款的案件。由于上海自贸试验区内金融活力的释放，金融借款案件一直处于高发态势，主要有三方面的特点：一是金融借款案件往往伴随着多样化的担保形式，除了传统意义上的保证、抵押、动产质押等担保形式外，还有权利质押的方式。这些担保方式的有效性以及实现方式有待司法考察。二是部分金融借款案件虽在法院民商事案由中予以列明，但实质上是采取保理等方式实现的借款和融资，需要通过有别于金融借款的案件审判思路进行处理（涉及该部分的案例不在本节中介绍）。三是部分金融借款案件涉及对自贸试验区特有政策的解读。比如，在利率市场化的主导原则下，法院对于涉自贸试验区金融借款案件中贷款利率的干预问题。鉴于上述三方面的特点，本节选取了涉自贸试验区金融借款案件中的两个典型案例，以窥全豹。

一、应收账款质权的实现方式

权利质权是一种约定担保物权方式，是指为担保债务的履行，债务人或者第

---

〔1〕 参见汤黎明、单素华、金成：《自贸区金融审判司法保障体系问题研究》，载陈立斌主编：《自由贸易区司法评论（第二辑）》，法律出版社2015年版，第104—105页。

三人将法律允许之权利出质给债权人,若债务人不履行到期债务,或者发生当事人约定的实现质权的情形,债权人有权就该动产优先受偿的担保物权。《物权法》对于权利质权的客体规定得比较广泛,既包括物权、债权,也包括股权等成员权。[1] 其中,应收账款作为质权的客体即以普通债权为质权的对象,此类质权的成立采取登记生效主义。[2] 此类权利质权具有其本身的特点,那就是作为权利客体的债权一般会处于变动之中,在权利设立时与权利实现时存在差异。这就产生了质权人实现应收账款质权时,其实现债权之数额究竟应以哪一个时间点的债权额为标准的问题。针对这一疑难问题,本部分选取了"永亨银行(中国)有限公司上海分行诉桐乡市世贸中心置业有限公司、桐乡世贸中心有限公司、卢某某金融借款合同纠纷案"[3],该案判决为应收账款质权的实现方式提供了很好的审判路径。

(一) 案情简介

2010年5月25日,永亨银行(中国)有限公司上海分行(以下简称"永亨银行")与桐乡市世贸中心置业有限公司(以下简称"世贸置业")签订《公司人民币贷款合同》,约定由前者向后者提供不超过4000万元的贷款额度。同日,永亨银行和桐乡世贸中心有限公司(以下简称"世贸中心")签订《不动产抵押和保证合同》,约定世贸中心以自有不动产及相应的土地使用权作为抵押物为世贸置业的债务提供担保,并办理了抵押登记;永亨银行作为质权人,世贸中心及世贸置业作为出质人,签订了《应收账款质押和保证合同》,约定将前述抵押物第三层部分商铺和餐饮区的应收租金、二楼西区部分商铺的应收租金质押给永亨银行,并办理了质押登记。卢某某亦于同日向永亨银行出具《担保函》,同意以连带责任的方式对永亨银行向世贸置业发放的任何贷款提供担保。2010年6月3日,永亨银行将贷款

---

[1] 《物权法》第223条规定:"债务人或者第三人有权处分的下列权利可以出质:(一) 汇票、支票、本票;(二) 债券、存款单;(三) 仓单、提单;(四) 可以转让的基金份额、股权;(五) 可以转让的注册商标专用权、专利权、著作权等知识产权中的财产权;(六) 应收账款;(七) 法律、行政法规规定可以出质的其他财产权利。"

[2] 《物权法》第228条第1款规定:"以应收账款出质的,当事人应当订立书面合同。质权自信贷征信机构办理出质登记时设立。"

[3] (2015)沪一中民六(商)初字第S385号,选取自《上海市第一中级人民法院自贸区司法保障白皮书(2013年9月—2016年4月)》。

汇入世贸置业的账户。但是,世贸置业2015年9月6日未能按约履行当期还款义务,永亨银行遂宣布所有已发贷款立即到期,并提起本案诉讼。庭审中,永亨银行自认并未将系争应收账款出质的事实通知出质人的债务人,出质人的债务人也从未将租金支付到质押合同指定的收款账户。

(二)裁判精要

上海一中院认为,本案两份《应收账款质押和保证合同》签订后,永亨银行均在中国人民银行征信中心作了登记,故可依法取得合同项下的质权,但应收账款出质应当通知出质人的债务人,否则对出质人的债务人不发生效力;出质人的债务人因不知出质事实已经履行的债务部分,应收账款质权随之消灭。故永亨银行仅就出质人的债务人知晓出质事实时尚未履行的租金享有优先受偿权。世贸中心、卢某某作为保证人均应承担相应的法律责任。上海一中院据此作出相应的判决。

(三)典型意义

《物权法》明确规定应收账款可以质押,但对于可质押应收账款的范围以及质权实现方式均未作出明确规定,审判实践中对此产生诸多争议。就可质押应收账款的范围而言,《物权法》没有具体规定。目前,金融机构普遍采用以未来不动产租金收益质押的融资模式。未来不动产租金收益虽然不能在某个时间一次性清偿,但是其基于不动产租赁合同或其他方式而产生的对未来租金收益的可期待性是确实存在的,且租金债权的实现也具有法律依据。针对此类案件,法院主要审查当事人对于该不动产租金收益是否具有可期待性,若具有可期待性,则该收益可以作为应收账款出质。因此,在本案中,法院针对金融机构普遍采用的以未来不动产租金收益质押的融资模式,判决明确以未来不动产租金收益质押的,只要对该不动产租金收益具有合理可期待性,其收益就可以作为特定的财产权利予以出质。在以未来不动产租金收益质押案件的审理中,因出质人的债务人(承租人)数量众多且具有变动性,法院无须追加出质人的债务人参加诉讼,并需在裁决中明确债权人在主债权范围内就应收租金享有优先受偿权。

就应收账款质权的实现路径而言,《物权法》仅规定了应收账款作为债权质权的设立条件(需要订立书面合同和办理出质登记),并未规定应收账款质权如何实现。目前,学理上普遍认为,债权质权的设立和行使适用关于债权转让的法律规定,即《合同法》第 79—83 条的规定。当出质人不履行到期债务或者出现约定的情形时,质权人即可行使其债权质权。但是,若债权质权的设立未通知出质人的债务人,则该质权对债务人不发生效力。以本案为例,若应收账款出质事项并未通知世贸中心第三层部分商铺和餐饮区的租客,则租客在不知晓的情况下对世贸中心支付租金的行为有效。在本案的判决中,上海一中院在法律规定处于空白状态的情况下,根据《物权法》对债权质权的肯定态度,结合上述理论通说,明确通知的效力,判定永亨银行仅能就出质人的债务人知晓出质事实时尚未履行的部分享有优先受偿权。这一判决促促质权人积极地监督出质人通知其债务人,同时又避免了出质人的债务人的清偿行为出现不确定状态,维护了交易秩序。

二、金融借款利率的司法限制

如前文所言,上海自贸试验区利率市场化的改革会对民间借贷的高利控制问题发出诘问。但是,对于金融借款利率而言,是否需要进行司法限制、如何确定限制标准,仍然是值得深究的议题。2015 年 10 月,中国人民银行全面放开了对金融机构贷款利率的限制。但是,这种贷款利率市场化的政策导向并不意味着自贸试验区内的金融借款利率将完全不受司法管制。事实上,假如完全放开金融借款的利率,会导致金融机构过于追求高利息而最终影响整个自贸试验区的金融秩序。本部分选取了"渣打银行(中国)有限公司上海分行诉万某某金融借款合同纠纷案"[1],该案不仅表明了司法对金融借贷利率合理控制的立场,更重要的是从法律适用角度阐释了金融借贷与民间借贷的共性和区别。

(一)案情简介

2012 年 10 月 13 日,万某某向渣打银行(中国)有限公司上海分行(以下简称"渣打银行上海分行")申请贷款,用途为装修。根据其申请,渣打银行上海分行于同年 10 月 18 日划款 174500 元,贷款期限为 60 个月,贷款月利率为 1.65%,还款方式为按月等额本息还款,每月应还本息为 4603.79 元。双方贷款在合同中约

---

[1] (2016)沪 01 民终 11384 号,选取自《上海市第一中级人民法院自贸区司法保障白皮书(2016 年 4 月—2017 年 4 月)》。

定,借款人没有按约清偿到期应付贷款本金、利息、复利或任何到期应付款项的,该等逾期款项自到期应付之日起至全部清偿之日止按原贷款利率的130%计收罚息。万某某于2014年6月开始出现未足额还款的情形。渣打银行上海分行诉至法院,请求判令万某某支付贷款本金、利息、逾期利息及催收费等。对于逾期利息,渣打银行上海分行要求万某某按照月利率2.145%偿还。

(二) 裁判精要

一审法院认为,万某某自2014年6月起未按照约定按时归还借款本息,已构成违约,其后虽有补偿行为或其账户内某一时间点上有余额,但均不产生具有溯及力的消灭先前违约事实的法律效果。双方合同约定逾期利率按借款利率上浮30%计算,于法不悖,但到期日之后的正常利息不应再继续收取。

上海一中院认为,对于逾期利息,根据《最高人民法院关于人民法院审理借贷案件的若干意见》第6条的规定,民间借贷的利率可以适当高于银行的利率,但最高不得超过银行同类贷款利率的四倍(包含利率本数);超出此限度的,超出部分的利息不予保护。《最高人民法院关于审理民间借贷案件适用法律若干问题的规定》第26条、第29条亦对民间借贷的借款利率、逾期利率作出限定,约定年利率超出24%的,法院不予支持。虽然金融机构发放贷款并不适用上述规定,但是相较于民间借贷,金融机构的贷款利率应受到更为严格的限制。第一,虽然中国人民银行已全面放开对金融机构贷款利率的限制,并未规定金融机构贷款利率的上下限,而是交由金融机构自主确定,但是此举旨在推进利率市场化改革,通过市场竞争提高金融机构的经营能力和服务水平,促进金融资源的优化配置。也就是说,放开金融机构贷款利率上限的目的绝非放任金融机构牟取高利。第二,法律之所以介入民事主体之间的合同约定,限制民间借贷的利率,一方面是出于资金优化配置的考量,防止资金脱离实体经济;另一方面则是为了限制高利行为,防范社会危机。通常意义上,借款年利率在24%以上即为高利。金融机构与从事民间借贷行为的自然人、法人和其他组织同为平等的民事主体,从事借款等民事活动亦应当遵循公平原则,不得损害社会公共利益,扰乱社会经济秩序。第三,金融机构贷款风险低于民间借贷。从资金来源上看,金融机构是法律认可的吸收公众存款的机构,其用于贷款的资金来源较为稳定。从风险管控上看,金融机构除了收取高额利息外,尚有其他措施保障借款人履行还款义务,如事前严格审查借款人资质,事后将违约信息上报至征信系统等。贷款利率的定价与其风险密切相关。就此而言,金融机构的贷款利率不应高于民间借贷。再者,本案所涉贷款虽为无抵押贷款,渣打银行上海分行面临较高风险,但万某某贷款的用途为装修。对于消费型信贷,商业银行作为经监管部门批准设立、担负经济调节职责的金融企业,亦不应当收取过高利息。综合以上分析,法院认为,渣打银行上海分行与万某某关于逾期利率的约定过高,应调整为按本案借款月利率 1.65% 上浮 20%,即 1.98% 计算。

(三) 典型意义

本案涉及在推动自贸试验区利率市场化改革的背景下,如何规范金融机构贷款利率的问题。银行是目前我国法律认可的唯一可吸收公众存款并发放信用贷款的金融机构,同时担负着国家经济调节的社会职责。虽然中国人民银行已于 2015 年 10 月全面放开对金融机构贷款利率的限制,但是监管部门允许利率市场化并未排除对金融机构不合理放贷利率(包括期内利息和逾期利息)的司法审查和适当干预。本案运用法律解释学的相关方法,在充分阐明金融机构的职责、功能以及利率市场化意义的基础上,通过分析民间借贷与金融机构贷款的异同,阐释了商业银行关于高额借贷利率约定的不合理性,并参照民间借贷利率予以调整,确定了金融机构贷款利息不应高于民间借贷利率合法上限的司法原则,对在自贸试验区内进一步推进利率市场化改革具有较强的法律引导价值。

第三节 上海自贸试验区融资租赁合同案件的案例集解

融资租赁是国际上仅次于银行信贷的第二大融资方式。上海自贸试验区成立后,融资租赁业务呈快速发展的态势。例如,允许融资租赁公司从事保理业务,在自贸试验区内设立项目子公司开展境内外融资租赁服务等,使融资租赁成为区内最热门的产业之一,受到境内外投资者的广泛关注。[1] 自贸试验区内的融资租

---

[1] 参见姚竞燕、徐文进:《融资租赁出租人强势地位的表征与衡平——以上海自贸区内融资租赁业的制度规范为视角》,载陈立斌主编:《自由贸易区司法评论(第二辑)》,法律出版社 2015 年版,第 76 页。

赁合同案件主要可以区分为国际性融资租赁合同纠纷和国内融资租赁合同纠纷两种类型,而两种纠纷的区分标准构成了司法实践中的首要难点。融资租赁交易具有"两个合同,三方当事人"的主要特点,对于出租人、承租人、出卖人之间的法律关系是否均可以被归为融资租赁合同案件,理论界与实务界观点不一。狭义说认为,融资租赁中虽然涉及三方当事人和两个相关联的交易合同,但各方当事人和合同在交易中的地位与作用是不同的。供应商在整个交易中的作用是供应货物并承担作为货物卖方的责任,不涉及作为融资核心特征的融资、货物租赁及租金方面的关系、租赁权的保护以及租期结束后租赁物处理等问题,故仅仅处于融资租赁合同的辅助与补充地位,而融资租赁合同中主要涉及的还是出租人与承租人之间的关系。因此,依据《国际融资租赁公约》的立场,应当根据出租人与承租人之间的关系判断是否具有国际性。[1] 广义说则依据我国《合同法》的规定认为:"在一项融资租赁交易中,由于租赁物一般是由承租人自行选定的,出卖人应当向承租人履行约定义务,承租人亦有因延迟交付、租赁物瑕疵而产生的对出卖人的追诉权,从而使出卖人与承租人之间的法律关系成为融资租赁法律关系的重要组成部分。出卖人在融资租赁交易中不但在事实上,而且在法律上必然成为这项交易的当事人。"[2] 我们认为,上述两种看似对立的观点其实存在相互协调的余地。[3] 一方面,从我国《合同法》对于融资租赁的定义入手,主要还是从出租人与承租人之间的权利义务角度对融资租赁合同作出界定。因此,以国内立法为识别依据,融资租赁合同应当符合狭义说的认识,这一点为2014年2月公布的《最高人民法院关于审理融资租赁合同纠纷案件适用法律问题的解释》所认同。[4] 但是,

---

[1] 《国际融资租赁公约》第3条规定:"本公约适用于出租人与承租人的营业地在不同国家的情形。"参见程卫东:《国际融资租赁法律问题研究》,法律出版社2002年版,第15—17页。

[2] 《合同法》第237条规定:"融资租赁合同是出租人根据承租人对出卖人、租赁物的选择,向出卖人购买租赁物,提供给承租人使用,承租人支付租金的合同。"参见凌捷:《上海自贸区融资租赁法规范接轨与创新的法律思考》,载陈立斌主编:《自由贸易区司法评论(第一辑)》,法律出版社2014年版,第163页。

[3] 参见潘拥军等:《涉自贸区融资租赁合同纠纷相关法律问题研究》,载汤黎明、郑少华主编:《自由贸易区法律适用(第三辑)》,法律出版社2016年版,第293页。

[4] 参见雷继平、原爽、李志刚:《交易实践与司法回应:融资租赁合同若干法律问题——〈最高人民法院关于审理融资租赁合同纠纷案件适用法律问题的解释〉解读》,载《法律适用》2014年第4期,第34—35页。

另一方面,广义说的观点关注的对象是"融资租赁交易",最高人民法院的上述司法解释亦认可其本质上是由融资租赁合同和买卖合同构成的,所以所谓的"国际融资租赁"应当采取广义说主张的方式进行,这也符合我国既往司法实践的立场。[1]

与涉自贸试验区国际融资租赁合同案件关注定义的视角不同,涉自贸试验区国内融资租赁合同案件主要关注的是实体法上的问题。对于我国的融资租赁法制,前文已有详述,其中对一些带有体系性的顶层设计问题也有所反映。因此,本部分主要聚焦于反映在融资租赁案件审理中自贸试验区的司法机关对立法与司法解释的诠释与运用。

一、承租人违约时出租人选择权的行使

在融资租赁合同纠纷中,承租人最常见的违约方式是未能按期支付租金。在出租人与承租人签订的融资租赁合同中,往往约定在承租人违约时,出租人有权选择行使一项或多项权利。包括解除合同、收回租赁物、要求承租人立即支付全部或者部分租金等。因此,不少出租人因承租人违约而起诉时,往往既请求法院判令解除合同、收回租赁物,又请求法院判令承租人支付全部未付租金。根据《合同法》第248条的规定,承租人违约,"出租人可以要求支付全部租金;也可以解除合同、收回租赁物"。因此,出租人同时主张承租人"支付全部租金"和"解除合同、收回租赁物"是否与《合同法》第248条相违背,成为实践中的争议焦点。"万丰融资租赁有限公司与宜昌金太源工贸集团有限公司融资租赁合同纠纷案"[2]便是对出租人合法行使选择权的司法判定。

(一) 案情简介

万丰融资租赁有限公司(以下简称"万丰公司")与宜昌金太源工贸集团有限

---

[1] 1990年《最高人民法院关于中国东方租赁有限公司诉河南登封少林出租旅游公司等融资租赁合同纠纷一案的复函》指出:"国际融资租赁由国际货物买卖合同和国内租赁合同两部分组成,其标的物主要是各种设备、交通工具。在租赁期间,所有权属于出租方,承租方对租赁物具有使用权,但不得对租赁物进行处分,并按合同规定的期限和币种支付租金。"

[2] (2014)浦民六(商)初字第1664号,选取自《上海市浦东新区人民法院涉自贸试验区审判工作白皮书(2014年)》。

公司(以下简称"金太源公司")于 2013 年 4 月 9 日签订《融资租赁合同》。万丰公司以 5000 万元向金太源公司购买中密度板备料工段等设备后再出租给金太源公司使用,租赁期限 3 年,总租金 56973198.51 元,分 36 期支付。金太源公司在支付了保证金以及第 1 期至第 5 期租金后,自 2013 年 9 月 20 日起未再按约支付相应租金。金太源公司于 2013 年 12 月 2 日收到万丰公司的《催收函》后仍未支付租金。根据双方《融资租赁合同》第 5.2.1 条关于违约事项及违约责任的约定,"承租人出现违约事项,出租人有权要求立即解除合同,承租人以已到期租金(本金和利息)、未到期租金本金、回购价款、违约金等出租人应收款的总金额(如有保证金,该总金额扣除保证金)购回租赁物"。万丰公司认为金太源公司构成违约,诉请法院判决解除合同,金太源公司按合同约定支付租赁物回购款。

(二) 裁判精要

浦东法院判决认为,当事人可就融资租赁合同解除条件、解除后租赁物的归属以及违约责任等作出约定。本案被告金太源公司未按合同约定的期限和金额支付租金,构成违约,符合本案《融资租赁合同》约定的解除条件,经原告催告后至今仍不支付。原告由此可以行使合同解除权,并依双方约定要求被告承担违约责任。现原告在主张解除合同的同时要求被告金太源公司按约定价款购回租赁物,系依据《融资租赁合同》第 5.2.1 条的约定主张权利,其所主张的应付租金属于原告解除合同后被告金太源公司购回租赁物应付价款的构成,性质上不同于继续履行《融资租赁合同》应付的租金,与《合同法》第 248 条"承租人经催告后在合理期限内仍不支付租金的,出租人可以要求支付全部租金;也可以解除合同,收回租赁物"的规定并不相悖。故原告请求解除融资租赁合同,要求被告金太源公司按应付租金、已到期租金的逾期罚息、复利及名义出让金额等原告应收款项购回租赁物,符合《融资租赁合同》的约定,本院应予支持。最后,法院判决解除合同,金太源公司向万丰公司支付租赁物回购款,该款项支付后,租赁物归金太源公司所有。

(三) 典型意义

1. 售后回租合同的法律性质分析

售后回租交易将出卖人与承租人归于一体,改变了传统融资租赁中三方当事人的基本构造,弱化了传统融资租赁以融物代替融资的特征,使融资目的更为突显。因此,关于售后回租合同是否属于融资租赁合同,存在很大争议。《最高人民法院关于审理融资租赁合同纠纷案件适用法律问题的解释》有条件地认可了售后回租的合法性。[1] 但是,当司法实践中出现名义上为售后回租,实际上为借款合同的情况时,不能一味地认定其为融资租赁合同。这些情形具体包括:"没有真实、明确的租赁物,售后回租合同中对租赁物低值高买、租赁物上设有权利负担,致使出租人无法取得所有权或无法实现租赁物的担保功能;出租人没有完成取得租赁物所有权的相关手续等。"[2] 结合本案,法院审查万丰公司与金太源公司签订的《融资租赁合同》,从合同项下的租赁物"密度板备料工段等设备"是否真实存在、是否已经转移所有权以及租赁物的价值与租金是否构成对应关系等方面,具体确定本案中涉及售后回租型的《融资租赁合同》是否属于真正的融资租赁合同。

2. 承租人逾期支付租金时出租人的选择权

本案的争议焦点是,原告基于合同约定诉请法院解除合同,要求被告以约定的金额购回租赁物而不要求返还租赁物的主张有无合同及法律依据,即原告的诉请是否与《合同法》第248条规定的承租人逾期支付租金时出租人的选择权相违背。从《合同法》第248条的规定可知,当承租人不履行支付租金的义务时,出租人享有两种救济方式:一种是要求承租人支付全部租金;另一种是解除合同,收回租赁物。

如果对《合同法》第248条单纯从语法角度分析,只规定"可以……也可以……",似乎能够得出两种救济方式可以同时请求的结论,因为该条为当事人提供的是选择,且没有明确禁止两种救济方式的同时适用。但是,这两种救济方式本质上是冲突的,只能二选一适用,不能仅仅从语法的角度就认为可以同时适用。要求承租人支付全部租金的救济方式本质上是继续履行合同,救济的基础就是合同继续存在。解除合同、收回租赁物的救济方式则是以解除合同为目的,根本无法与继续履行合同并存。因此,《合同法》第248条规定的救济方式不能同时请求,只能

---

[1]《最高人民法院关于审理融资租赁合同纠纷案件适用法律问题的解释》第2条规定:"承租人将其自有物出卖给出租人,再通过融资租赁合同将租赁物从出租人处租回的,人民法院不应仅以承租人和出卖人系同一人为由认定不构成融资租赁法律关系。"

[2] 宋晓明、刘竹梅、原爽:《〈关于审理融资租赁合同纠纷案件适用法律问题的解释〉的理解与适用》,载《人民司法》2014年第7期,第30页。

选择适用。[1]

回归案件本身,当事人约定的租赁物回购款并不等同于要求承租人支付全部租金这一救济方式。回购款本质上是当事人就解除合同、收回租赁物这一救济方式的进一步约定,体现的是在出租人行使解除合同这一权利后对租赁物的一种处置方式,即双方通过约定租赁物回购款的方式,让承租人从解除合同后的出租人手中购回租赁物。因此,出租人所主张的全部应付租金属于解除合同后承租人回购租赁物应付价格的构成,性质上不同于继续履行租赁合同应付的租金,与《合同法》第248条的规定并不相悖。本案的典型意义在于,遵循了"法无禁止即可为"的法治理念和"尊重当事人意思自治"的商事裁判理念,明确了当事人在合同中对出租人行使解除权时要求承租人支付全部租金回购租赁物而不要求返还租赁物的约定于法不悖,对上海自贸试验区租赁市场主体的经营行为作出了评价指引,也促进了其后浦东法院受理的类似纠纷的调解解决。[2]

二、出租人解约后的法律效果

由《合同法》第248条可知,当承租人逾期支付租金时,出租人可以在要求承租人支付全部租金和解除合同、收回租赁物这两种救济方式中选择一种。若出租人选择了解除合同、收回租赁物这一救济方式,并且同时提出损害赔偿,则对损害赔偿是否应当支持?如果支持,则损害赔偿的范围应当如何界定?损害赔偿与返还租赁物的请求属于何种关系?本部分选取了"招银金融租赁有限公司诉中冶纸业银河有限公司融资租赁合同纠纷案"[3],聚焦于自贸试验区中时常涉及的在融资租赁合同因承租人违约导致出租人解约的情况下,如何处理返还租赁物与损害赔偿责任之间的关系问题。

---

[1]《最高人民法院关于审理融资租赁合同纠纷案件适用法律问题的解释》第21条第1款规定:"出租人既请求支付合同约定的全部未付租金又请求解除融资租赁合同的,人民法院应告知其依照合同法第二百四十八条的规定作出选择。"关于对该条文的解释,参见江必新主编:《融资租赁合同纠纷》,法律出版社2014年版,第113—115页。

[2] 参见张斌主编:《浦东法院服务保障上海自贸试验区的探索与实践》,法律出版社2016年版,第112页。

[3] (2013)沪一中民六(商)初字第26号,选取自《上海市第一中级人民法院自贸区司法保障白皮书(2013年9月—2016年4月)》。

(一) 案情简介

2013年4月24日,招银金融租赁有限公司(以下简称"招银租赁")和中冶纸业银河有限公司(以下简称"中冶纸业")签订《融资租赁合同》一份,约定:中冶纸业将其所有的造纸设备以 119220181.24 元转让给招银租赁,招银租赁再将该设备回租给中冶纸业使用。上述合同签订后,招银租赁按约向中冶纸业支付了融资款,但中冶纸业支付了首期租金后再未付款。招银租赁遂起诉要求解除合同,取回租赁物,并要求中冶纸业支付租金、违约金和赔偿损失。在案件审理中,双方当事人对租赁物的残值产生较大争议。经法院释明,招银租赁表示对于收回的租赁物,同意与中冶纸业协议折价或者付诸司法拍卖、变卖,所得的价款用于冲抵中冶纸业应支付的租金、损害赔偿金和违约金,冲抵后不足部分要求中冶纸业继续清偿,超过部分归中冶纸业所有。

(二) 裁判精要

上海一中院认为,涉案《融资租赁合同》中明确约定,中冶纸业逾期60日或累计满90日未按约定支付租金,则视为根本违约,招银租赁有权提前终止合同。现已查明,中冶纸业2013年7月27日的应付租金已经逾期超过60日,满足上述约定的终止条件。招银租赁另诉请取回租赁物,并要求中冶纸业支付已到期租金,按未到期租金的数额赔偿其损失、支付违约金,以及将租赁物变价后冲抵中冶纸业应付的各项款项,具有相应的事实及法律依据,应予以支持。上海一中院依法作出相应的判决。

(三) 典型意义

1. 融资租赁合同解除的法律后果

我国《合同法》中的"融资租赁合同"一章未对融资租赁合同解除的法律后果进行规定。就本案而言,被告(中冶纸业)支付了首期租金和保证金后再未付款,原告起诉请求解除合同是合理正当的。[1] 关于合同解除后的法律后果，司法解释允许出租人在承租人违约解除合同时主张损害赔偿和收回租赁物的权利。因此，本案中，原告诉请"被告支付原告到期和未到期租金。未到期的租金作为合同解除后原告所受的损失进行主张"以及"被告向原告返还租赁设备，处置变价款用于抵充上述第二项诉请的款项"于法有据。[2]

2. 租赁物价值与赔偿损失之间的抵偿关系

对于违约情况下损失的计取标准，我国的合同法理论和立法一向秉持"预期利益赔偿"原则。[3] 根据该项赔偿原则来看融资租赁合同，在不考虑租赁物的前提下，若承租人逾期支付租金，则出租人的损失包括承租人的全部未付租金以及其他费用，因为这些就是合同正常履行情况下出租人能够获得的合同利益。但是，需要注意的是，由于租赁物本身具有较高的价值且归出租人所有，出租人若解除合同，既能获得全部未付租金以及其他费用，又能取回租赁物，即出租人因承租人的违约而获得过高的利益。这就与"赔偿出租人的损失应以弥补出租人的可得利益损失为限"相违背了。因此，司法解释明确了取回的租赁物价值应与出租人的损失进行抵扣，以避免出租人因主张赔偿而获得额外利益。[4]

3. 租赁物价值的确定

在融资租赁合同纠纷中，长期困扰司法实践的一个问题是：在承租人违约的

---

[1]《最高人民法院关于审理融资租赁合同纠纷案件适用法律问题的解释》第12条规定："有下列情形之一，出租人请求解除融资租赁合同的，人民法院应予支持：……（二）承租人未按照合同约定的期限和数额支付租金，符合合同约定的解除条件，经出租人催告后在合理期限内仍不支付的；（三）合同对于欠付租金解除合同的情形没有明确约定，但承租人欠付租金达到两期以上，或者数额达到全部租金百分之十五以上，经出租人催告后在合理期限内仍不支付的；……"

[2]《最高人民法院关于审理融资租赁合同纠纷案件适用法律问题的解释》第22条第1款规定："出租人依照本解释第十二条的规定请求解除融资租赁合同，同时请求收回租赁物并赔偿损失的，人民法院应予支持。"

[3]《合同法》第113条第1款规定："当事人一方不履行合同义务或者履行合同义务不符合约定，给对方造成损失的，损失赔偿应当相当于因违约所造成的损失，包括合同履行后可以获得的利益，但不得超过违反合同一方订立合同时预见到或者应当预见到的因违反合同可能造成的损失。"

[4]《最高人民法院关于审理融资租赁合同纠纷案件适用法律问题的解释》第22条第2款规定："前款规定的损失赔偿范围为承租人全部未付租金及其他费用与收回租赁物价值的差额。合同约定租赁期间届满后租赁物归出租人所有的，损失赔偿范围还应包括融资租赁合同到期后租赁物的残值。"

情况下,对于出租人要求按合同约定取回租赁物的诉请如何妥善处理?通常情况下,在案件审理过程中,法院会指定第三方对租赁物残值进行评估,然后将该评估价值直接从赔偿金额中予以扣除。[1] 但是,该处理方式存在诸多弊端,如审理时间延长、诉讼中的评估价与实际取回或处置时的价值存在重大差异、处置产生的费用在判决时无法确定等。本案中,上海一中院尝试了新的裁判方式:在向当事人进行释明后,参照适用借款合同纠纷中对抵押担保物的处理方式,即在审理过程中不对租赁物进行评估,而是在判决主文中明确双方可就此协商折价、拍卖、变卖,并以所得价款冲抵相应的债务,不足部分由承租人继续清偿,超过部分归承租人所有。此种裁决方式既避免了上述弊端,也符合司法解释规定的精神,同时有效保障了当事人的合法权益,对自贸试验区内类似融资租赁纠纷的审理具有一定的借鉴意义,为自贸试验区内融资租赁产业发展提供了有力的司法保障。

第四节　上海自贸试验区保险案件的案例集解

保险业是现代金融行业的重要支柱,也是上海自贸试验区金融改革的重点行业之一。上海自贸试验区成立伊始,当时的保监会就发布了《保监会支持中国(上海)自由贸易试验区建设主要举措》,其中包括八项支持自贸试验区保险业发展的措施,称为"保八条"。按照相关规定,保险公司、保险中介机构和保险资产管理公司属于外商限制性投资行业,在此范围以外,外商可以在自贸试验区内设立一般的商业保险公司。[2] 随着自贸试验区内保险业的不断创新发展,因为区内外销售保险产品或提供保险服务而产生的各类保险合同纠纷与日俱增,无论是财产保险类还是人身保险类案件,均反映出对现有司法保障体系的全新要求。从类案分析的角度看,涉自贸试验区保险案件主要有三个方面的特点:第一,保险合同类疑难案件主要集中于保险消费者与保险公司之间,集中体现在互联网环境下保险合同

---

〔1〕《最高人民法院关于审理融资租赁合同纠纷案件适用法律问题的解释》第23条规定:"诉讼期间承租人与出租人对租赁物的价值有争议的,人民法院可以按照融资租赁合同的约定确定租赁物价值;融资租赁合同未约定或者约定不明的,可以参照融资租赁合同约定的租赁物折旧以及合同到期后租赁物的残值确定租赁物价值。承租人或者出租人认为依前款确定的价值严重偏离租赁物实际价值的,可以请求人民法院委托有资质的机构评估或者拍卖确定。"

〔2〕参见冯张美:《涉自贸区保险合同纠纷司法管辖权规则探析》,载郑少华主编:《自由贸易法治评论(第一辑)》,法律出版社2014年版,第93页。

的缔结以及格式条款的告知义务等所引发的条款效力问题上;第二,在财产保险和责任保险中,保险公司履行给付保险金义务后提起的代位求偿案件比较典型,其中夹杂着"代驾""顺风车"等新型业态下的司法诠释;第三,由于自贸试验区内涉外保险业务的开展,各种航运保险、离岸保险以及新的保险产品在带来行业新契机的同时,也使得各类涉外保险纠纷频频发生,导致司法实践中法律适用的难度加大。结合审判实践中映射的这些特点,以下将结合典型案例予以介绍。

一、涉自贸试验区保险合同类典型案例分析

涉自贸试验区保险合同类纠纷主要发生在保险公司与保险消费者之间,主要原因是在保险事故发生后,合同双方对缔约时保险合同的条款、专业术语的认知,尤其是对保险公司免责条款的告知意见不一。如有的调研报告所指出的,订约时,因义务履行主体对保险专业知识和义务履行程度把握不对称,如就是否履行如实告知义务、是否准确认定"重要事实"、是否履行信息披露义务等缺乏标准使用的共识,在保险事故发生后易产生争议。此类争议在一般保险诉讼中的比例本就偏高。在上海自贸试验区内外,保险行业规则和制度差异更明显,且可能超越了合同条款本身的解释。区外消费者选择区内保险公司投保,出现对契约义务理解有别或因制度掌握不足而产生争议的情形更为普遍。[1] 从涉自贸试验区的典型案例来看,对于互联网环境下保险合同缔结时保险公司法定义务的履行标准问题,需要法院在审判业务中予以重点关注。

(一)网销模式下保险人条款交付义务的认定

从学理上看,保险合同是典型的双务、有偿、射幸和格式契约。由于保险公司与投保人之间专业、信息、认知的不对称,极易产生保险公司通过格式条款侵害投保人、被保险人和受益人权益的情形。《中华人民共和国保险法》(以下简称《保险法》)对保险公司所提供格式条款设置了专门的条件。[2] 根据相关规定,要使所提供的格式条款成为保险合同的内容,保险人首先必须履行条款的交付义务,否则

---

[1] 参见冯张美等:《涉自贸区内保险合同纠纷的特点及解决方案》,载汤黎明、郑少华主编:《自由贸易区法律适用(第一辑)》,法律出版社2014年版,第138—139页。

[2]《保险法》第17条第1款规定:"订立保险合同,采用保险人提供的格式条款的,保险人向投保人提供的投保单应当附格式条款,保险人应当向投保人说明合同的内容。"

此类条款不能约束保险消费者。这种条款交付义务在线下销售保险产品时比较容易识别。但是,在自贸试验区网络销售保险产品盛行的背景下,判断保险人是否履行条款交付义务存在一定的难度。浦东法院审理的"邬某某诉美亚财产保险有限公司上海分公司人身保险合同纠纷案"[1]对于这一问题提供了很好的司法指引。

1. 案情简介

原告在第三人北京悠哉公司网站上购买旅游产品时,同时也向被告投保了意外伤害保险。2013年1月14日,被告签发《美亚个人综合旅游保障计划》保险单,保险计划为东南亚旅游保险计划,保险合同生效日为2013年1月18日,满期日为2013年1月26日,被保险人之一为原告。保险项目有意外身故、烧伤及残疾保障(保险金额为200000元)、医药补偿(保险金额为50000元)。2013年1月23日,在泰国,因海浪大,快艇座位上没有配备安全带,导致原告从座位上摔落。原告随即被送往当地医院治疗,诊断为L1腰椎压缩性骨折。

就侵权纠纷,原告已另案起诉了第三人北京悠哉公司。经上海市闵行区人民法院委托鉴定,原告腰部活动度损失10%以上(<25%),参照《道路交通事故受伤人员伤残评定》之规定,评定为十级伤残。在(2014)闵民一(民)初字第1794号民事判决书中,上海市闵行区人民法院判决根据各方过错比例应由原告自行承担24441.68元,北京悠哉公司承担9766.73元。该案判决已经生效,原告已经获得该案判决的所有款项。

被告于2015年1月29日向原告发出了拒赔通知,该通知载明拒赔的原因是:"您本次向我公司申请的医药费及旅行损失费已经过法院判决由旅行社承担,实际并无医药费和旅行费方面的损失。且根据您的司法鉴定书,腰部活动度损失10%以上(<25%),在保险合同《残疾程度与保险金给付比例表》中没有对应的残疾程度项目,故此次的索赔申请未能获赔。"2015年5月26日,原告诉至浦东法院。

2. 裁判精要

浦东法院判决认为,本案的焦点问题有三个:

其一,本案的事故是否属于意外保险事故?被告及第三人认为,依据上海市

---

[1] (2015)浦民六(商)初字第5327号。

闵行区人民法院的判决,既然构成了侵权责任,那就不是意外事故。浦东法院认为,侵权损害赔偿关系与保险赔偿关系属于不同的法律关系,即使按照被告提供的保险条款上对"意外事故"的释义,即意外事故是指因遭遇外来的、突发的、非本意的、非疾病的、不可预见的客观事件,并以此为直接且单独原因导致其身体伤害、残疾或身故,原告在乘坐快艇时因风浪大而从座位上摔落,仍属于意外事故的范畴。原告可以就损失同时向保险公司和侵权人主张权利,二者并不冲突。被告应当承担给付意外伤残保险金的责任。

其二,被告是否交付了涉案保险条款?根据《保险法》第17条的规定,保险人在订立保险合同时,应附格式条款。交付保险条款并非基于投保人的要求才由保险人履行的被动义务,而应当是保险人主动、积极履行的合同义务。本案中,原告在第三人北京悠哉公司的网站上购买涉案保险时,只有在点击相应保险产品链接后才出现保险产品介绍,再次点击产品介绍才会弹出保险条款供投保人阅读,实际上类似于保险人根据投保人的请求提供格式条款。有鉴于此,若原告未点击相应保险产品介绍的链接,亦不影响原告直接购买保险产品。因此,原告在投保时,在第三人提供的网络中,被告并未主动向投保人出示保险条款,故法院认定被告未交付涉案保险条款,涉案保险条款对原告没有约束力。

其三,在保险条款未交付的情况下,被告的保险责任应如何确定?就意外伤残赔偿金额,原告主张按照交通事故赔偿标准,即按十级伤残计算为95420元。被告则认为原告的伤情在保险合同约定的《残疾程度与保险金给付比例表》中没有对应的残疾程度项目,不予赔付。浦东法院判决认为,第一,因被告未交付保险条款,故该条款中载明的《残疾程度与保险金给付比例表》不应适用于本案。第二,原告所依据的道路交通事故人身损害赔偿标准是侵权行为人承担相应责任的标准,本案中原、被告双方系保险合同关系,被告并非侵权人,原告虽未收到保险单及保险条款,但其提供的行程单上已经载明了保险项目及保险金额,被告承担保险赔偿责任的标准应与道路交通事故中侵权行为人的标准不同。故原告要求按照道路交通事故人身损害赔偿标准计算残疾赔偿金缺乏依据,法院难以支持。在保险合同关系中,一般根据被保险人的残疾之严重程度,按照相应的比例支付意外伤残保险金。本案中,原告的残疾之严重程度,按照《道路交通事故受伤人员伤残评定》的标准构成十级伤残,故法院酌定被告按照10%的比例支付原告意外伤残保险金20000元。关于医疗费2101.70元,因保险条款未交付原告,相应的行程单亦未明确此为补偿型医疗保险,故应视为非补偿型医疗保险,被告应全额赔付医疗费 2101.70 元。

3. 典型意义

本案针对的是典型的网络销售保险产品,所涉及的主要问题是保险人在网销模式下,如何依照《保险法》第 17 条的规定,合法履行保险合同中格式条款的交付义务。本案判决的最大意义表现在两个方面:

其一,明确了互联网保险与传统保险并无本质上的区别,互联网手段的介入并不能成为弱化保险人法定义务的理由。也就是说,互联网保险并未改变投保人与保险人之间基于订立保险合同而产生法律关系这一事实。通过互联网订立的保险合同仍由《保险法》《合同法》等相关法律进行调整,保险人在互联网销售中应满足传统保险对其履行条款交付义务的要求。

其二,对网络环境下保险条款的交付标准进行了细化,并且作出了保险人必须主动交付而非被动交付保险条款的司法判定。本案中,由于保险公司采取了在网络环境下需要投保人点击相应网络链接才会弹出保险条款的模式,因而被法院认定为被动交付保险条款而不产生拘束力。当然,本案虽以保险公司败诉的结果告终,但实际上也是司法对自贸试验区保险公司在网销模式下的合法合规提出的良好建议。比如,保险公司要改进网页设置,将条款页面设置为购买保险的"必由之路",主动交付保险条款,规范互联网保险产品的销售流程,从而有利于保险消费者明确其权利义务,维护自身合法权益。[1]

(二) 网销模式下保险人免责条款提示说明义务的认定

在保险人与投保人缔结保险合同时,保险人除了要履行保险条款的提示义务之外,对于保险合同中涉及免除保险人保险责任的条款,还应依法履行提示说明义务,否则会导致免责条款无效的后果。[2] 然而,在互联网销售保险产品的模式

---

[1] 参见张斌主编:《浦东法院服务保障上海自贸试验区的探索与实践》,法律出版社 2016 年版,第 127 页。

[2] 《保险法》第 17 条第 2 款规定:"对保险合同中免除保险人责任的条款,保险人在订立合同时应当在投保单、保险单或者其他保险凭证上作出足以引起投保人注意的提示,并对该条款的内容以书面或者口头形式向投保人作出明确说明;未作提示或者明确说明的,该条款不产生效力。"

下,由于保险合同的缔结过程全部在网络环境下完成,而相关免责条款的操作亦处于网络环境之下,因此如何认定保险人的提示说明义务就会产生争议。本部分选取了"李某某等诉史带财产保险股份有限公司意外伤害保险合同纠纷案"[1],以期明确网销模式下保险人免责条款提示说明义务的司法认定标准。

1. 案情简介

原告李某某等四人系被保险人吴某某的父母及妻儿,吴某某生前系无锡三工自动化设备有限公司(以下简称"无锡三工")员工,受该公司委派于2014年3月29日赴泰国工作。无锡三工为吴某某在网站上购买了史带财产保险股份有限公司(以下简称"史带保险公司")的保险,保险期间为2014年4月2日到2015年4月1日,含意外事故、残疾保额、身故运返保额、亲属慰问探访保额、雇主慰问探访保额等。2014年7月1日,吴某某在泰国因发生交通事故而死亡。史带保险公司在接到报案后,没有派人赴泰国,也没有就吴某某后事的处理与其家属取得联系。2014年7月9日,李某某等人赴泰国处理吴某某的后事,并就这期间产生的费用向保险公司索赔。史带保险公司以合同约定"未经救援机构批准并安排发生的费用,保险人不承担赔偿责任"为由,拒赔身故运返保险金等费用,遂涉诉。李某某等请求法院判令史带保险公司支付身故运返保险金、雇主慰问探访费用保险金、保险金利息等。

2. 裁判精要

一审法院认为,保险人提供的证据网页截图与本案保单的成立并无关联性,不能证明当时的投保过程,从而无法证明投保时网页上是否存在系争保险免责条款、被保险人是否注意到该条款以及保险人是否将该条款告知过投保人。保险人提供的网页截图亦无法证明其尽到了提示说明义务。因此,即使保险人抗辩的"未经救援机构批准并安排发生的费用,保险人不承担赔偿责任"的保险免责条款存在,亦不能产生法律约束力。

上海一中院认为,就双方诉争的保险免责条款,在被保险人一方未能提供与保险人不同的保险合同文本予以反驳的情况下,对保险人提供的保险条款应予采信。然而,在网络投保的情况下,保险人仍需按照《保险法》的规定,对免责条款履

---

[1] (2016)沪01民终1470号,选取自《上海市第一中级人民法院自贸区司法保障白皮书(2016年4月—2017年4月)》。

行提示说明义务。本案中,从保险人提供的网页截图及保险条款可以看出,保险人只是在投保流程的设置上于投保声明栏内概括告知相关事项,并要求投保人在确认并支付之前必须勾选"了解责任免除在内的保险条款内容",并未采用特殊字体、颜色或者符号等特别标识对相关免责条款进行提示。故二审法院认定,上述保险条款中关于"未经救援机构批准并安排的费用,保险人不承担赔偿责任"的约定不产生法律约束力。

3. 典型意义

随着互联网技术的快速发展,金融机构借助互联网平台,不断创新发展其提供金融产品或金融服务的方式。与传统交易模式相比,互联网金融在降低经营成本、高效、便捷地为客户提供服务的同时,亦面临着一些法律风险。本案就是一起因通过网络订立的保险合同而引发的纠纷,其中涉及网络投保时保险条款内容的确定、保险免责条款的提示说明义务如何履行等法律问题。在网络投保的过程中,合同缔结的全过程需要依靠网络数据的交换,这种方式在体现快捷优势的同时,也使得保险人履行《保险法》所规定的保险条款的交付义务、免责条款的提示及明确说明义务等在形式上变得与传统的面对面协商过程完全不同。本案明确了网络投保时保险条款内容的确定方式以及保险人如何履行免责条款提示说明义务等新型问题,对规范自贸试验区内互联网保险业务的发展具有较强的法律引导价值。

(三) 网络拼车下保险人营运性质免责条款的认定

在保险法理论中,保险人收取的保费和承担的保险责任以投保人投保时保险标的的正常风险作为评估因素。因此,假如在保险合同成立后,保险标的的危险明显增加,而被保险人怠于履行通知义务,那么保险人对于因危险增加而造成的保险事故不承担保险责任。[1] 在以车辆为保险标的的财产保险中,车辆的用途往往是保险人据以计算保费和承担保险责任的基础,因而保险公司往往会对非营运

---

[1]《保险法》第52条规定:"在合同有效期内,保险标的的危险程度显著增加的,被保险人应当按照合同约定及时通知保险人,保险人可以按照合同约定增加保险费或者解除合同。保险人解除合同的,应当将已收取的保险费,按照合同约定扣除自保险责任开始之日起至合同解除之日止应收的部分后,退还投保人。被保险人未履行前款规定的通知义务的,因保险标的的危险程度显著增加而发生的保险事故,保险人不承担赔偿保险金的责任。"

车辆转为营运用途的情形规定免责条款。然而,在现今技术发展日新月异的背景下,各种网约车模式和平台层出不穷,尤其是网络拼车方式的出现导致车辆的使用方式出现模糊状态。本部分选取了"杨某某诉长安责任保险股份有限公司上海市分公司财产保险合同纠纷案"[1],将网络拼车性质的认定与保险人危险增加免责条款的运用关系予以呈现。

1. 案情简介

杨某某为其所拥有的轿车向长安责任保险股份有限公司上海市分公司(住所地在上海自贸试验区,以下简称"长安保险上海市分公司")投保了交强险和商业险,被保险人为杨某某,保单上载明使用性质为"非营业个人"。其中,商业险基本条款类别为"机动车辆保险家用车车险条款"。杨某某之子杨易于上班途中驾驶上述车辆,并使用嘀嗒拼车平台"1+1拼车模式"接受拼车订单,搭载了两名拼车乘客,在行驶过程中与案外人周华建驾驶的车辆发生碰撞。《道路交通事故认定书》载明杨易负全责。长安保险上海市分公司认为拼车有营运性质,明显增加了车辆的危险程度,对此杨某某没有通知长安保险上海市分公司,保险公司有权拒赔。杨某某遂诉至法院,请求判令长安保险上海市分公司赔付车辆修理费、牵引费及评估费。

2. 裁判精要

一审法院认为,涉案合乘行为不属于营运行为,长安保险上海市分公司也无证据证明杨某某的车辆从事网络拼车活动导致车辆的危险程度显著增加,长安保险上海市分公司的拒赔理由不成立,应按约予以理赔。法院遂判决长安保险上海市分公司赔付杨某某车辆修理费、评估费、牵引费合计44060元。

上海一中院二审认为,《家庭自用汽车损失保险条款》第37条对营业运输作出了明确释义。结合本案,只有杨易是以牟利为目的,利用涉案车辆从事旅客运输时,方可视为营业运输。杨易系利用嘀嗒拼车平台从事网络拼车,从行车路线的设定、乘客的选择以及乘车费用的计算等方面,均可反映这种拼车方式是以分摊部分出行成本为目的的,与按照乘客需求选择行车路线,以牟利为目的的网约车有所区别。事故发生当日,杨易系在上班途中,所搭载的乘客亦是由嘀嗒拼车

---

[1] 一审案号:(2016)沪0115民初81545,二审案号:(2017)沪01民终6503号,选取自《上海市第一中级人民法院、上海市浦东新区人民法院自贸区司法保障白皮书(2013年9月—2018年4月)》。

平台根据其上下班地址及时间匹配的顺路订单,经匹配的订单路线并未超过杨易住址与单位之间路线的合理范围,其实际取得的收入亦由嘀嗒拼车平台计算得出,且明显低于营利性收费标准。据此,在未有证据证明嘀嗒拼车平台实际运作方式与其宣称的拼车规则相悖的情况下,杨易利用该拼车平台搭载乘客的行为,应认定为在上下班途中为出行线路相同的人提供有偿合乘服务之行为,而非以牟利为目的从事旅客运输的营运行为。该行为既未超越家庭自用汽车损失险的保险范围,亦未显著增加车辆的危险程度,长安保险上海市分公司的拒赔理由不成立。法院遂判决驳回上诉,维持原判。

3. 典型意义

"互联网+"思维正在改写市场竞争的格局,推动传统产业的创新和转型。网络拼车(私人小客车合乘,也称"顺风车")正是互联网共享经济理念下发展起来的新型出行模式,具体是指由合乘服务提供者(车主)在网络上先行发布出行信息,再由合乘者(乘客)选择驾驶员及车辆合乘出行。与网约车类似,网络拼车也属于"大众创业、万众创新"背景下的新兴事物,但由于处在法律法规的"模糊地带",难以直接套用传统交通运输行业、保险业的思维和模式。本案即涉及保险纠纷中,以家庭自用名义投保的车辆从事网络拼车行为是否改变了车辆的使用性质,导致保险标的的危险程度显著增加的问题。本案裁判结合行车路线的设定、乘客的选择以及乘车费用的计算等因素,认定拼车模式的主要目的在于分摊出行成本,与以牟利为目的的网约车存在本质区别。该行为既未超越家庭自用汽车损失险的保险范围,亦未显著增加车辆的危险程度,故保险人应当承担相应的保险责任。本案准确界定了拼车行为的性质,考虑了网络拼车系商业模式创新的产物,体现了合理保护创新的司法理念,对自贸试验区新兴业态的发展给予充分的支持。

二、涉自贸试验区保险人代位求偿类典型案例分析

保险人的代位求偿制度是我国《保险法》在财产保险类合同中的一项非常特别的平衡权益安排。[1] 这项制度源于民法中的代位清偿制度,在性质上属于法定

---

[1] 《保险法》第60条第1款规定:"因第三者对保险标的的损害而造成保险事故的,保险人自向被保险人赔偿保险金之日起,在赔偿金额范围内代位行使被保险人对第三者请求赔偿的权利。"

的债权转让,其主要目的在于维护保险人利益,禁止被保险人双重获利,以及制裁侵权人的行为。由于自贸试验区内各类财产保险的蓬勃发展,当出现第三者对保险标的的损害时,保险公司往往采取先向被保险人承担保险责任,在取得代位求偿权后,再行向侵权人主张权利。当然,在代位求偿权的取得以及侵权人的免责事由等方面,自贸试验区的司法实践为完善这一制度提供了很多助益,通过典型案例的剖析可以看出其中的端倪。

(一)保险人对有偿代驾人的代位求偿权

随着"酒驾入法"力度的不断增强,民众普遍建立起"喝酒不开车"的法制意识,这种意识的普及催生了有偿代驾行业的兴起。但假如代驾司机在驾驶过程中导致驾驶车辆受损,受损车辆的承保公司在支付对应保险金后便会依据《保险法》第60条第1款,向代驾司机及其所在公司提出代位求偿请求。在此种情形下,保险人的请求是否会得到法院的支持?代驾司机有关自身非《保险法》第60条第1款中规定的"第三者"的抗辩理由是否会得到法院的支持?浦东法院审理的"中国大地财产保险股份有限公司营业部诉陈某某、上海安师傅汽车驾驶服务有限公司保险人代位求偿纠纷案"[1]对于上述问题作了有力的司法回应。

1. 案情简介

2014年7月,原告中国大地财产保险股份有限公司营业部签发了标的车沪GE××××的保单一份,被保险人为陶某,险种含家庭自用汽车损失保险。2014年12月8日,第三人钱某(被保险人陶某的父亲)驾驶被保险车辆外出就餐,因酒后无法驾驶,联系了被告上海安师傅汽车驾驶服务有限公司(简称"安师傅驾驶服务公司")。被告安师傅驾驶服务公司派了两名代驾师傅,其中由被告陈某某驾驶被保险车辆。在代驾过程中,被保险车辆撞到护栏,造成车损及路基损失。交通警察支队出具的交通事故责任认定书认定被告陈某某承担全部责任。车辆经过定损后,原告向被保险人陶某进行了赔付。其后,原告以安师傅驾驶服务公司和涉案代驾司机陈某某为共同被告,向法院提起代位求偿诉讼。

2. 裁判精要

法院判决认为,有偿代驾人作为"被保险人允许的合法驾驶人"驾驶投保车辆

---

[1] 一审案号:(2015)浦民六(商)初字第5375号,二审案号:(2016)沪01民终5966号。

造成车辆损失,车辆损失保险将其纳入保险责任范围,保险公司基于此向被保险人支付保险金后,有权向有偿代驾人行使代位求偿权。

首先,被保险人可以向代驾人求偿,原告作为保险人存在可代位求偿的基础权利。《保险法》第60条规定的"第三者"应指保险人和被保险人以外的第三方。本案代驾人作为"第三者"在提供有偿代驾服务过程中发生事故造成投保车辆损失,并对此负全责。代驾人对车辆所有人即被保险人陶某的财产构成侵权,陶某享有向其请求赔偿的权利,即本案存在可代位求偿的基础权利。

其次,代驾人不具有"被保险人"的法律地位。第一,保险合同对"被保险人允许的合法驾驶人"的法律地位未作约定,不能由此推定"被保险人允许的合法驾驶人"具有被保险人的法律地位。第二,机动车交通事故责任强制保险系法定强制第三者责任险,突破了合同的相对性,具有特殊性,不应扩大适用于本案的车损财产险。第三,代驾人对投保车辆不具有本案车辆损失保险的保险利益。本案中,车辆损失保险的保险利益系被保险人陶某基于其对涉案车辆即保险标的的所有权而享有的经济利益,代驾人显然不具有该等经济利益,即他不具有本案所针对的车辆损失保险的保险利益,因此不能取得被保险人的法律地位。[1]

再次,代驾人不属于法定不允许追偿的对象。《保险法》第62条规定:"……保险人不得对被保险人的家庭成员或者其组成人员行使代位请求赔偿的权利。"法律之所以作此限制,系因被保险人的家庭成员或其组成人员与被保险人对保险标的在经济上具有一定程度的共同利益。这种利益的一致性使得保险人向其追偿时减损了被保险人从保险金中获取的补偿,使保险对于被保险人的保障功能发生较大减损,有损于保险补偿原则。本案中,代驾人显然不属于被保险人的家庭成员,也不是被保险人的组成人员。再者,从立法目的来看,代驾人与被保险人对涉案车辆显然不具有上述程度利益的一致性,他们仅存在代驾服务合同关系,保险人向代驾人追偿显然不会影响被保险人从车损保险金中获取的损失补偿,无损本案车损险对被保险人的保障,不符合《保险法》第62条规定的立法目的。因此,代驾人不应被纳入该条规定的范围。

---

[1]《保险法》第12规定:"……财产保险的被保险人在保险事故发生时,对保险标的应当具有保险利益。……被保险人是指其财产或人身受保险合同保障,享有保险金请求权的人。投保人可以为被保险人。保险利益是指投保人或者被保险人对保险标的具有的法律上承认的利益。"

最后，认可保险人的代位求偿权，允许车辆的保险人在赔偿被保险人损失后向代驾公司追偿，有助于推动代驾公司对代驾司机资质的严格审查和对代驾行为的约束，促进代驾行业的健康有序发展。再者，与亲友之间无偿借用不同，代驾公司提供的代驾服务系有偿服务，收取对价，以营利为目的，属于经营行为，由经营者自担经营风险更符合社会责任的公正分配。同时，该经营风险亦可以通过另行购买相应保险如代驾责任险予以分摊，从而获得保障。

3. 典型意义

本案属于因有偿代驾造成保险标的损害时保险人代位求偿权的行使问题，主要涉及车辆保险人对于造成车辆损坏的代驾公司是否能够主张代位求偿权的问题。由于涉案车辆保险合同中明确将"被保险人允许的合法驾驶人"造成的保险事故纳入保险人的承保范围，因此从表面上看，保险人不得对"被保险人允许的合法驾驶人"再行主张代位求偿的权利。但是，本案判决的意义就在于，明确了"被保险人允许的合法驾驶人"依托条款约定仅取得被纳入承保风险范围的地位，能否取得对抗保险人追偿权的地位尚需从三方面予以考量，即是否取得保险利益、是否属于法定限制追偿对象、是否纯粹为被保险人之利益。在车辆损失险中，有偿代驾人既未取得保险利益，亦不属于法定限制追偿对象，"有偿性"又打破了其与被保险人利益的一致性，故保险人有权向其追偿。[1] 两级法院判决通过鞭辟入里的分析，既依法维护了保险公司合法的代位求偿权，也对有偿代驾行业发出了风险提示，有助于其进行行业风险的控制与完善。

(二) 保险人代位求偿权的行使条件

一般情况下，保险人行使代位求偿权的条件是其已向被保险人支付保险金，这属于保险人正常履行保险合同中约定义务的情况。但是，在某些情况下，由于保险合同缔结时保险人的疏忽使得投保人投错保险险种，以致最终因被保险人不具有保险法上的保险利益而导致保险合同无效。此时，保险人需要承担缔约过失责任。问题是，保险人承担缔约过失责任之后，是否仍可依据《保险法》第60条的规定取得对致害第三者的代位求偿权利？这一问题涉及代位求偿制度的立法目

---

[1] 参见张斌主编：《浦东法院服务保障上海自贸试验区的探索与实践》，法律出版社2016年版，第102页。

的诠释。本部分选取了"永安财产保险股份有限公司上海分公司诉上海双业物流有限公司保险人代位求偿权纠纷案"作为典型。[1]

1. 案情简介

2014 年 3 月,上海申夏物流有限公司(以下简称"申夏公司")与上海双业物流有限公司(以下简称"双业公司")签订货运单,委托双业公司承运发电机保护测控装置和馈线保护测控装置(以下简称"涉案货物")6 箱,从上海运至厦门。双业公司将涉案货物转交厦门某物流公司实际承运,由于运输不当,涉案货物途中全部被烧毁。就涉案货物,申夏公司与永安财产保险股份有限公司上海分公司(住所地在上海自贸试验区,以下简称"永安公司")订立了货物运输保险合同。事故发生后,申夏公司向货主赔偿后,向永安公司提起诉讼,索赔保险金。法院生效判决认为,该保险性质为财产损失险,申夏公司对涉案货物并无相关物上权利,不能依据货物运输保险请求赔偿保险金。但是,永安公司在合同订立过程中存在过错,应对申夏公司就保险合同的合理期待利益受损承担相应的赔偿责任。故法院判决永安公司按扣除合同约定的免赔额后的货物损失金额向申夏公司赔偿。永安公司向申夏公司赔偿后,依保险人代位求偿权起诉双业公司,要求双业公司赔偿保险理赔金及相应的利息损失。

2. 裁判精要

一审法院认为,双业公司未能按照约定将涉案货物送至收货人处,并导致涉案货物全部被烧毁,其行为已属违约,应当承担相应的民事责任。永安公司作为保险人在向被保险人申夏公司赔偿后,可以选择依据运输合同关系提起代位求偿诉讼。故法院判决双业公司赔偿永安公司 402981.30 元。

二审中,上海一中院认为,首先,被保险人申夏公司已经通过另案诉讼的方式向保险人永安公司主张了缔约过失赔偿,它还可以依据运输合同向双业公司主张违约损害赔偿。赋予永安公司代位求偿权既可以避免申夏公司双重获利,也可以避免双业公司逃避民事责任,符合保险代位制度的立法目的。其次,与一般合同缔约过失责任不同,由于永安公司的缔约过失,申夏公司仅仅是通过保险合同分散风险的目的落空,即与第三人订立保险合同的机会丧失,事故及其损害则是由

---

[1] 一审案号:(2016)沪 0116 民初 10202 号,二审案号:(2017)沪 01 民终 4810 号,选取自《上海市第一中级人民法院、上海市浦东新区人民法院自贸区司法保障白皮书(2013 年 9 月—2018 年 4 月)》。

于双业公司而非永安公司的缔约过失造成的。就赔偿范围而言,由于事故已经发生,仅仅赔偿申夏公司的固有利益即退还保费并不足以弥补损失,故另案生效判决判令永安公司因缔约过失赔偿申夏公司相应的损失,赔偿范围为涉案货物损失金额扣除免赔额。也就是说,如保险合同有效,因保险事故发生,申夏公司应获得保险金额。在此情形下,若不认可永安公司享有代位求偿权,则有失公允。最后,从各当事方利益关系的平衡来看,永安公司主张代位求偿权是基于双业公司对保险标的造成损害而对申夏公司负有损害赔偿义务,赋予永安公司代位求偿权并未对双业公司的利益产生不利影响,因为双业公司是事故的终局责任人。对永安公司而言,由于它已经向申夏公司支付了生效判决确定的赔偿款,行使代位求偿权也并未使其额外获益。同时,保险人从对保险事故负有赔偿责任的第三者处获得赔偿,从而平复损失,也可以增强保险人的偿付能力。故法院判决驳回上诉,维持原判。

3. 典型意义

上海自贸试验区成立以来,政策叠加的综合优势从释放保险需求、优化保险供给、深化保险创新等各个方面推动了区内保险业的发展。但是,目前保险市场也存在保险产品品种不全、业务员展业不规范等问题。本案即涉及在由于保险人的原因导致投保人错投险种、保险利益与保险险种不匹配的情况下,保险人承担缔约过失责任后是否可以主张代位求偿权的问题。就本案而言,保险人基于保险合同关系承担的是缔约过失责任,并非保险责任。对于保险人承担责任后是否可以向第三人主张代位求偿权,法律并未明确规定,审判实践中亦存在争议。

本案裁判结合保险代位制度的立法目的、合同缔约过失责任的特点以及各方当事人利益平衡等因素,明确了保险人在该情况下享有代位求偿权。该裁判思路符合保险法原理,在保险合同关系上,能够有效解决被保险人保险利益与保险险种不匹配的问题,保护被保险人的合法权益;在被保险人与第三人合同关系上,也能防止被保险人双重获利,同时避免第三人逃避民事责任,符合保险代位制度的立法目的和公平原则。这一裁判规则有利于促进保险行业的规范经营,对同类案件具有指导意义。

三、涉自贸试验区的涉外保险类典型案例分析

由于上海自贸试验区在国际贸易和航运领域的开放,与国际贸易有关的保险

业务随之激增,导致在自贸试验区的司法实践中出现了大量的涉外保险类案件。由于我国司法实践中对于涉外性的认定一般采用"三要素"说,因此判断保险类案件是否具有涉外性的标准主要两种:一是主体涉外。最为典型的是保险合同的保险人、投保人或者被保险人一方的国籍、经常居所地位于境外的情形。还有一种比较特殊的情形是,保险合同的当事人均不具有涉外因素,但由于造成保险事故的第三方的国籍、经常居所地具有涉外因素,从而导致在保险人行使代位求偿权的案件中出现涉外因素。二是法律事实涉外。在国际贸易的货物运输过程中,虽然保险人、被保险人、承运人等主体均不涉外,但保险事故的发生地点位于境外,由此引发的保险合同类、代位求偿类案件通常也被认定具有涉外因素。

一旦保险类案件被认定具有涉外因素,案件审理过程就必然涉及法律适用的问题。由于后文将对自贸试验区涉外案件进行专章探讨,因而涉及法律适用的案例在此不予赘述。本部分仅介绍一种特别的法律适用情况,即涉及我国《保险法》第7条强制性规定的适用问题。[1] 从《保险法》第7条的立法本意来看,它主要是为了保护我国境内的保险市场和保险公司的交易量。自贸试验区金融市场的开放为境外保险公司和境内的企业提供了新的选择空间,一方面,境外保险公司依据自贸试验区持续"瘦身"的负面清单,可以通过在自贸试验区内设立分支机构的形式开展境内业务。另一方面,我国境内的企业在国际贸易过程中也可能有向境外保险公司投保的需求。上述两种情形下缔结的保险合同是否会因抵触《保险法》第7条而导致无效的后果,从而影响自贸试验区保险业的开放态势?"苏黎世保险股份有限公司(爱尔兰)瑞典分公司诉上海厚谊俊捷国际物流发展股份有限公司保险人代位求偿权纠纷案"[2]是对上述适法问题的准确回应。

(一)案情简介

经华轮威尔森物流股份有限公司(系瑞典公司,以下简称"威尔森瑞典公司")投保,2011年9月23日,苏黎世保险股份有限公司(爱尔兰)瑞典分公司(以下简称"苏黎世保险公司")签发《保险单》,载明:保单持有人为威尔森瑞典公司,被保

---

[1] 《保险法》第7条规定:"在中华人民共和国境内的法人和其他组织需要办理境内保险的,应当向中华人民共和国境内的保险公司投保。"

[2] 一审案号:(2015)浦民六(商)初字第S9316号,二审案号:(2017)沪01民终5718号,选取自《上海法院服务保障中国(上海)自由贸易试验区建设审判白皮书(2013—2018)》。

险人为威尔森瑞典公司、华轮——威尔森(中国)物流有限公司(以下简称"威尔森中国公司")、广州中晟华轮威尔森物流有限公司(以下简称"广州中晟公司")等;保险范围包括"按照强制适用的运输法律、公约或者普遍使用以及普遍接受的条件签订标准合同下产生,对于运输到全世界的货物(运输)责任,以及根据苏黎世核准的专门合同,包括捷豹路虎合同所引起的货物责任"。

2010年8月17日,案外人捷豹路虎公司与威尔森中国公司签订《中国整车配送协议》,约定从车辆在指定的仓库被接管装上卡车起,到交付给全国范围内的捷豹路虎公司的零售商止,车辆处于威尔森中国公司照看、保管和控制的整个期间,威尔森中国公司对车辆损失负责和担责。2011年3月25日,广州中晟公司与上海厚谊俊捷国际物流发展股份有限公司(以下简称"厚谊俊捷公司")签订《运输协议》,约定由厚谊俊捷公司作为新组装客车的运输服务提供商,对车辆处于厚谊俊捷公司保管、照料和控制下所产生的损失承担责任。威尔森中国公司委托广州中晟公司运输涉案十台进口捷豹路虎车辆,广州中晟公司又委托厚谊俊捷公司运输。2011年8月16日,涉案车辆在自上海运往西安的途中发生火灾。事故发生后,苏黎世保险公司就部分车辆进行了理赔。2013年8月16日,苏黎世保险公司与厚谊俊捷公司就代位求偿事宜签订《和解协议》。但是,《和解协议》签订后,厚谊俊捷公司主张,苏黎世保险公司没有提供文件证明其有合法的赔偿请求权,故不再履行协议。双方协商未果,故涉诉。

(二) 裁判精要

一审中,浦东法院认为,苏黎世保险公司是否具有合法的赔偿请求权,应从涉案保单是否属于我国《保险法》第7条规制的范围与保险人代位求偿权的求偿基础两个方面分析。第一,对于我国《保险法》第7条的规定,应从办理保险的主体是否属于境内主体与需要办理的保险是否属于境内保险两个方面进行把握。从办理保险的主体看,涉案保险的投保人及保单持有人、保费支付人均是威尔森瑞典公司,应认为实际办理涉案保险的系外国法人,而非我国境内的法人和其他组织。从需要办理的保险看,根据保单所载明的保险范围可见,涉案保险的保险范围并非单纯针对我国境内的保险标的,而是针对被保险人在约定的特别地域外的全世界的货物运输责任。如将货物的国际运输作整体性的投保,即使该国际运输涉及我国境内的运输,亦不宜认定该项保险属于我国境内保险。因此,本案所涉保险业务并不属于我国《保险法》第 7 条规制的范围。第二,保险人代位求偿权的取得在性质上属于法定债权请求权的让与,保险人代位权的对象是原属被保险人的请求权。因此,保险人代位求偿权案件中审查的重点是造成保险事故的第三者与被保险人之间的法律关系。本案中,被保险人广州中晟公司与厚谊俊捷公司之间签订了《运输协议》,构成运输合同法律关系。厚谊俊捷公司根据法律规定及合同约定负有向广州中晟公司赔偿的责任。苏黎世保险公司向广州中晟公司进行理赔后,即享有在赔偿金额范围内代位行使被保险人即广州中晟公司对厚谊俊捷公司请求赔偿的权利。据此,浦东法院判决厚谊俊捷公司向苏黎世保险公司支付赔偿款及相应利息。

一审判决作出后,厚谊俊捷公司提起上诉,后被上诉法院驳回。

(三) 典型意义

由于进出口政策优惠,上海自贸试验区内进出口业务的数量不断增加。由于进出口业务往往需要长途运输,货主或承运人出于防范意外风险的考虑,大多会选择购买国际货物运输保险,导致上海自贸试验区内涉及国际货物运输类保险案件易发、多发。本案就是一起典型的涉外保险人代位求偿权纠纷案件。本案裁判明确了境内投保原则的适用条件,即从办理保险的主体是否属于境内主体与需要办理的保险是否属于境内保险两个方面进行考虑。同时,对于保险合同主体的认定不应仅限于形式上的判断,也要关注合同的实际履行,如保单的持有、保费的给付等内容。此外,本案进一步明确了代位求偿权系法定权利,且不得超过保险人给付的保险金以及第三人应承担的赔偿责任。本案的审理对于理解境内外投保限制的区分原则以及规范国际货物运输保险的理赔起到了积极的示范作用,彰显了上海市各级法院在审理涉自贸试验区案件中秉持对境内外主体平等保护的理念,努力营造良好的国际化、法治化环境,有利于吸引境外投资,促进国际贸易稳步发展。

第五节 上海自贸试验区证券商事案件的案例集解

在上海自贸试验区资本市场的开放过程中,证券业的发展无疑起到举足轻重的作用,可以被视为自贸试验区经济前进和金融开放的"晴雨表"。有研究者对上海自贸试验区成立以来证券业的发展进行了总结,将自贸试验区证券业的发展成果归纳为三点:一是股市融资功能初步发挥;二是以证券公司为主体的要素集聚效应明显;三是上市公司的区域集聚效应明显。[1] 也有研究者在上海自贸试验区设立之初就预言:"上海自贸试验区的建立会提高国际、国内资本在区内的流通、交换速率,更多的跨境资本交易、金融交易将对我国原有的法律体系带来一定程度的冲击,也将会引发一系列新的金融法律关系和资本市场的诉讼案例,这都需要在法律适用环节有提前的预测和相关制度的设计。"[2] 从上海自贸试验区的司法实践来看,涉自贸试验区证券商事类案件并未反映出与区外同类案件的明显区别。但是,由于自贸试验区的集聚效应,由区内证券商事类案件所引申出来的侵权、合同责任等法律适用问题具有一定的前沿意义。

一、证券内幕交易的民事责任承担

内幕交易,一般是指掌握未公开、对证券交易价格有重大影响的信息的人,以获取利益或减少损失为目的,利用该信息从事证券交易活动,或者建议他人从事证券交易活动,或者泄露该信息而使他人从事证券交易活动的行为。就内幕交易民事责任的主体,有专业法官指出在内幕交易行为进行的同时,善意从事同类证券相反买卖行为,且持续持有该证券至信息公开后的人有权请求赔偿;责任主体是 2014 年修正的《中华人民共和国证券法》(以下简称《证券法》)第 74 条和第 76 条所规定的内幕信息的知情人和非法获取内幕信息的人,以及直接从这些人处获取内幕信息的人。[3] 不过,我国传统上主要依靠行政处罚和刑事制裁的方式规制内幕交易行为。因此,有学者经过调研统计后感叹:"内幕交易民事诉讼是我国证券法制的短板。尽管《中华人民共和国证券法》(以下简称《证券法》)第 74—75 条明确禁止内幕交易,并对内幕信息和内幕人的范围进行了界定,第 76 条第 3 款还

---

[1] 参见朱元甲、刘坤、杨利峰:《自贸试验区证券业发展思考与建议》,载《银行家》2017 年第 8 期,第 77 页。

[2] 张玮等:《上海自贸区内证券行业发展的前景与问题分析》,载汤黎明、郑少华主编:《自由贸易区法律适用(第一辑)》,法律出版社 2014 年版,第 256 页。

[3] 参见盛宏观:《自贸区内证券内幕交易民事责任制度设计初探》,载陈立斌主编:《自由贸易区司法评论(第一辑)》,法律出版社 2014 年版,第 171 页。

规定了内幕交易的民事责任,但其法律实效并不理想。"[1]不过,这种判断因上海自贸试验区的司法审判而有所改观。上海一中院审理的"郭某某诉光大证券股份有限公司、上海证券交易所、中国金融期货交易所股份有限公司期货内幕交易责任纠纷案"[2]不仅明确了从事内幕交易主体的民事责任,也为证券交易所民事责任的认定与豁免提供了司法意见。该案被上海一中院2017年发布的白皮书和上海市高级人民法院2018年发布的《上海法院服务保障中国(上海)自由贸易试验区建设审判白皮书(2013—2018)》同时收录,其重要性可见一斑。

(一) 案情简介

2013年8月16日11时05分,光大证券股份有限公司(以下简称"光大证券公司")在进行交易型开放式指数基金(以下简称"ETF")申赎套利交易时,因程序错误,其所使用的策略交易系统以234亿元的巨量资金申购股票,实际成交72.7亿元。当天下午开市后,光大证券公司在未进行信息披露的情况下卖空股指期货、卖出ETF以对冲风险。同年11月,证监会对光大证券公司作出行政处罚决定,认定其相关行为构成内幕交易,并作出没收违法所得及罚款共计5.2亿元的处罚决定。郭某某认为,光大证券公司上述行为导致当日股指期货市场涨跌幅异常波荡,应对其同日进行的股指期货交易损失承担侵权赔偿责任。上海证券交易所(以下简称"上交所")、中国金融期货交易所股份有限公司(以下简称"中金所")在明知光大证券公司出现异常交易及内幕交易的情况下,未及时发布提示性或警示性公告,亦未适当履行监管职责,且有误导之嫌,故应与光大证券公司共同承担赔偿责任。郭某某遂提起诉讼,请求法院判令:(1) 光大证券公司赔偿其交易损失

---

[1] 邢会强:《内幕交易惩罚性赔偿制度的构造原理与现实选择》,载《中国社会科学》2018年第4期,第89页。2014年《证券法》第76条规定:"证券交易内幕信息的知情人和非法获取内幕信息的人,在内幕信息公开前,不得买卖该公司的证券,或者泄露该信息,或者建议他人买卖该证券。持有或者通过协议、其他安排与他人共同持有公司百分之五以上股份的自然人、法人、其他组织收购上市公司的股份,本法另有规定的,适用其规定。内幕交易行为给投资者造成损失的,行为人应当依法承担赔偿责任。"《证券法》于2019年第二次修订后,该条变更为第53条,具体内容有所调整。

[2] (2013)沪一中民六(商)初字第30号,选取自《上海市第一中级人民法院自贸区司法保障白皮书(2016年4月—2017年4月)》《上海法院服务保障中国(上海)自由贸易试验区建设审判白皮书(2013—2018)》。

24900元;(2)光大证券公司、上交所、中金所共同赔偿其交易损失19800元。

(二)裁判精要

上海一中院认为,证监会的行政处罚及相关行政诉讼的生效判决可以作为本案的定案依据,光大证券公司相关行为构成内幕交易。郭某某在内幕交易时间段内进行交易,且其主要交易方向与光大证券公司内幕交易方向相反,推定存在因果关系,相关交易损失应由光大证券公司承担。

上交所、中金所作为证券、期货交易市场的自律管理组织,除了依照章程行使自律管理职责外,还具有为集中交易提供保障、发布信息的法定义务,并被赋予在法定条件下对特定市场主体采取单方、强制性、不利益措施的权力。光大证券公司实施内幕交易行为时,上交所、中金所尚无从知晓其行为原因及性质,亦无权对证券市场主体的该类行为是否违规作出认定,更无发布相关信息的事实基础。至于应否对光大证券公司的错单交易采取临时停市、限制交易等措施,则应由上交所、中金所结合当时市场具体状况,以合理合法为原则,以维护市场整体秩序及交易公平为目的自行决定,并非在市场出现异常时即必然立即采取。从当日交易情形来看,光大证券公司错单交易后,市场已在短时间内恢复正常,不存在之后另行临时停市的必要;光大证券公司之后采取的内幕交易行为,在数量及金额上亦未达到限制交易的法定条件,上交所、中金所未采取郭某某所主张的紧急处置措施,应属合理,并未影响证券市场秩序及交易公平。据此,若交易所在行使其法定自律监管职权时,行为程序正当、目的合法,且不具有主观故意,则交易所不应对投资者的损失承担民事赔偿责任。据此,上海一中院作出一审判决,判令光大证券公司赔偿郭某某相应损失,驳回郭某某其余诉讼请求。

一审判决作出后,各方当事人均未上诉,一审判决已生效。

(三)典型意义

本案争议主要集中在交易所的法律地位、监管职责的范围和性质以及交易所承担民事责任的法律原则等问题上。其中,对于交易所监管职责的性质以及交易所是否应就其监管行为承担民事责任的问题,理论界和实务界长期存在争议,我国《证券法》及其他相关法律法规对此亦未予以明确。本案根据我国《证券法》及《期货交易管理条例》的相关规定,认定上交所、中金所的法律性质为证券自律管理组织,交易所行使法定管理职权的自主决定权系保障其充分履行监管职责的前提基础。

在阐明了资本市场的市场逻辑、法律逻辑以及监管逻辑的前提下,本案确立了交易所民事责任相对豁免原则,即若交易所行为的程序正当、目的合法,且不具有主观故意,则交易所不应因其自主决定的监管行为而承担民事法律责任。本案明确了交易所承担民事赔偿责任的司法审查原则,为维护证券市场的良好秩序提供了司法保障。

二、上市公司信息披露文件的证据效力

上市公司是证券市场的重要主体。我国《公司法》第 120 条规定:"本法所称上市公司,是指其股票在证券交易所上市交易的股份有限公司。"上市公司在公开市场募集发行股票,使得社会不特定公众或成为其股东,或与之经济有关。因此,为了保障社会不特定投资者的利益,我国《公司法》《证券法》等法律、行政法规在不同程度上都规定了上市公司的信息披露制度。[1] 上市公司假如出现虚假信息披露之情形,必须承担相应的法律责任,此不待言。但是,假如上市公司的信息披露文件作为民商事诉讼中的证据,其证据资格和证明效力如何? 这一问题在司法实践中被作为上市公司信息披露文件的公信力问题。针对这一问题,本部分选取了"优信拍(北京)信息科技有限公司诉上海睿鸶资产管理合伙企业(有限合伙)、浙江步森服饰股份有限公司、北京非凡领驭投资管理有限公司合同纠纷案"[2]作为典型案例。

(一) 案情简介

2016 年 4 月 25 日,上海睿鸶资产管理合伙企业(有限合伙)(住所地在上海自贸试验区,以下简称"睿鸶合伙")与重组方优信拍(北京)信息科技有限公司(以下简称"优信拍公司")签订《合作意向书》一份,其中约定:甲方(即睿鸶合伙)为在深

---

[1] 证监会 2007 年发布的《上市公司信息披露管理办法》第 5 条规定:"信息披露文件主要包括招股说明书、募集说明书、上市公告书、定期报告和临时报告等。"

[2] 一审案号:(2016)沪 0115 民初 67646 号,二审案号:(2017)沪 01 民终 11190 号,选取自《上海市第一中级人民法院、上海市浦东新区人民法院自贸区司法保障白皮书(2013 年 9 月—2018 年 4 月)》。

圳证券交易所上市的浙江步森服饰股份有限公司(以下简称"步森公司")第一大股东,乙方(即优信拍公司)与甲方、步森公司及相关方拟进行一项重大资产重组项目的合作,包括但不限于步森公司以发行股份的方式购买乙方股权等方式。如发生下述任一情形,本次交易终止:"3.2.1 甲方与乙方协商一致可以书面方式终止本次交易;……3.2.3 中国证监会或证券交易所对本次交易提出异议或明确反对,导致本次交易无法完成……乙方一次性向甲方支付人民币 1000 万元,作为本次交易的保证金。甲方同意,如发生本意向书第 3.2.1 条至第 3.2.3 条项下约定的情形,甲方应向乙方一次性全额退还保证金。如未发生上述情形,乙方单方面终止本次交易的,甲方有权拒不退还保证金。"

《合作意向书》签订后,优信拍公司向睿鸶合伙支付了保证金 1000 万元。2016 年 7 月 12 日,优信拍公司发送主题为"重组方案拟终止"的电子邮件至睿鸶合伙,邮件载明:"资产重组过程中,中国证监会拟定修改《上市公司重大资产重组管理办法》(以下简称'管理办法'),并于近日公开发布了管理办法修改征求意见稿。由于管理办法的修订时间表尚不确定,且具体规则的修改将对重组方案的可行性造成重大影响,故优信拍公司与步森公司协商一致,拟终止实施重组方案。"当日,睿鸶合伙通过微信将该电子邮件的内容转发给步森公司,但在微信中删除了原电子邮件中"优信拍公司与步森公司协商一致"的字样。2016 年 7 月 14 日,步森公司发布《浙江步森服饰股份有限公司关于终止重大资产重组暨公司股票复牌的公告》,该公告显示:"近期,因国内证券市场环境、政策等客观情况发生了较大变化,公司及相关各方认为继续推进本次重大资产重组条件不够成熟……经各方讨论协商达成一致,公司拟终止筹划本次重大资产重组,公司股票恢复交易。"2016 年 8 月,优信拍公司要求睿鸶合伙返还保证金 1000 万元无果,遂诉至法院,请求判令睿鸶合伙返还优信拍公司保证金 1000 万元,步森公司、北京非凡领驭投资管理有限公司(以下简称"非凡领驭公司")承担连带清偿责任。

(二)裁判精要

一审法院认为,优信拍公司与睿鸶合伙签订的《合作意向书》合法有效。根据《合作意向书》的约定,双方终止交易需以书面方式协商一致。现无证据证明睿鸶合伙、优信拍公司就终止交易达成书面一致意见。同时,涉案交易并未提交监管部门审核,不存在因监管原因导致交易无法完成的情况。故优信拍公司要求睿鸶合伙返还保证金1000万元,缺乏事实和法律依据,法院判决驳回优信拍公司的全部诉讼请求。

二审中,上海一中院认为,双方是否协商一致终止交易以及交易终止的原因是本案的争议焦点。步森公司公告以及财务顾问的核查意见中均未反映出优信拍公司存在单方终止交易的违约行为。根据上市公司信息披露真实、准确、完整的原则,应认定步森公司公告中关于"各方讨论协商达成一致"的表述真实反映了客观情况,是指包括睿鸷合伙、优信拍公司在内的重组相关方协商一致;公告中关于"近期,因证券市场环境、政策等客观情况发生了较大变化……拟终止筹划本次重大资产重组"的表述是对交易终止原因及过程的真实、准确、完整的记载。据此,根据合同约定,优信拍公司要求睿鸷合伙返还保证金的条件成立。此外,因非凡领驭公司在2016年8月23日前系睿鸷合伙的执行事务合伙人,优信拍公司主张其对睿鸷合伙返还保证金承担连带责任的诉讼请求,符合《合伙企业法》第67条的规定。上海一中院遂改判睿鸷合伙返还优信拍公司保证金1000万元,非凡领驭公司对此承担连带清偿责任,驳回优信拍公司其余诉讼请求。

(三)典型意义

上市公司信息披露关系到社会公众对上市公司的信赖以及证券市场的交易安全和秩序。根据《证券法》规定的公开、公平、公正的交易原则,上市公司信息公开应当真实、准确、完整。因此,审判实践中,对于上市公司的公告不能作为普通的证据看待,公告的内容具有很强的证明力。在没有相反的证据证明公告存在虚假记载、误导性陈述或者重大遗漏的情况下,应当推定公告的内容真实反映客观现实。

本案正是根据步森公司公告的内容,认定其控股股东睿鸷合伙与优信拍公司重组交易终止的原因及过程。当前,上海自贸试验区建设进入关键时期,全面深化改革、加快创新发展迫切需要良好的营商环境。本案二审裁判认可上市公司公告的证明力,合理推定交易主体的客观表示即为真实意思,对充分维护商事交易的安全具有示范意义。

第六节　上海自贸试验区其他
金融交易类案件的案例集解

在上海自贸试验区不断推动金融开放的过程中，传统的银行、证券、保险"三驾马车"的地位虽然没有根本性的变化，但是其开展的业务随着国际化竞争程度的加深而不断推陈出新。此外，其他形式的金融类交易也逐渐显露，这可以从法院的司法保障工作中得以彰显。鉴于此，在前文专门针对涉自贸试验区金融借款、融资租赁、保险、证券类案件进行分析的基础上，本节选取了信托、保理和金融衍生品交易三种金融交易类案件作为分析重点，旨在表明上海自贸试验区金融交易工具、手段的多样化形态，以及这些金融交易类案件在涉上海自贸试验区司法保障中的主要问题。

一、上海自贸试验区保理案件典型案例分析

保理一般分为银行保理和商业保理。银行保理更加侧重于融资，而商业保理则是现代保理业的发展方向。[1] 按照学界的分析，保理的本质是债权融资，最大特色在于运用对融资企业的资产负债管理以实现债权保全，再结合债权让与和债权担保等制度，确保收回融资。[2] 但是，到目前为止，保理作为金融融资的新生产品缺乏相应的行业标准，并且国内目前针对保理业务尚无专项立法，因此司法实践中关于国内商业保理纠纷的法律适用问题存在诸多争议和疑问。

保理是以应收账款的转让为核心内容的金融交易行为，相关案件的审判难点主要是围绕着应收账款转让这一核心问题展开的。比如，针对未来债权是否具有可转让性的问题，学界与实务界存在很大的争议。现有的通说一般采取折中说，或称为"有限制允许说"。多数学者认为，对于保理这种有着独特商事惯例的业

---

[1] 2014年上海自贸试验区管委会发布的《中国（上海）自由贸易试验区商业保理业务管理暂行办法》第2条规定："本办法所称的商业保理业务是指供应商与保理商通过签订保理协议，供应商将现在或将来的应收账款转让给保理商，从而获取融资，或获得保理商提供的分户账管理、账款催收、坏账担保等服务。……"

[2] 参见许多奇：《保理融资的本质特色及其法律规制》，载《中南财经政法大学学报》2004年第2期，第80—81页。

务,对其未来应收账款转让的有效性应采取比较宽容的态度。[1] 也有学者建议将未来应收账款区分为有基础关系和无基础关系,其中有基础关系的未来债权因具有确定性而应当有效,无基础关系的未来债权才是讨论的对象。[2] 无论学理上讨论的标准如何,都应该以能够适用于实务审判且具有可行性与可操作性为标准。在上海自贸试验区的司法实践中,围绕着未来应收账款对保理合同的影响这一议题,产生了诸多司法审判的新规则与新解释。本部分选取了两个典型案例,第一个是"交通银行股份有限公司诉上海上体产业发展有限公司等金融借款合同纠纷案"[3],该案主要明确了保理合同受让债权所依据的基础合同的真实性不影响保理合同的效力;第二个是在上海一中院2017年白皮书与上海市高级人民法院《上海法院服务保障中国(上海)自由贸易试验区建设审判白皮书(2013—2018)》中均被列为典型案例的"卡得万利商业保理(上海)有限公司诉福建省佳兴农业有限公司、陈某某商业保理合同纠纷案"[4],该案的主旨是将合理可期待性与确定性作为未来债权可否转让的司法认定标准。

(一)保理合同与基础合同的独立性

1. 案情简介

2014年1月13日,上海约宁实业发展有限公司(以下简称"上海约宁公司")与上海上体产业发展有限公司(以下简称"上体产业公司")签订《工业品买卖合同》,约定上体产业公司向上海约宁公司购买金额总计3454.5万元的基础油。2014年2月12日,交通银行股份有限公司(以下简称"交通银行")与上海约宁公司签订《保理合同》,上海约宁公司以该《工业品买卖合同》项下的应收账款向交通银行申请保理融资等业务,保理融资额为2000万元,保理融资有效期自2014年2

---

[1] 参见黄斌:《国际保理业务中应收账款债权让与的法律分析》,载《清华法学》2006年第2期,第138—140页。

[2] 参见郑佳敏:《商业保理中应收账款让与之相关问题探析》,载《时代法学》2018年第1期,第85页。

[3] (2016)沪01民终1759号,选取自《上海市第一中级人民法院自贸区司法保障白皮书(2016年4月—2017年4月)》。

[4] (2015)沪一中民六(商)终字第640号,选取自《上海市第一中级人民法院自贸区司法保障白皮书(2013年9月—2016年4月)》《上海法院服务保障中国(上海)自由贸易试验区建设审判白皮书(2013—2018)》。

月12日至2014年8月12日。安徽海孚润滑油有限公司(以下简称"安徽海孚公司")、辽宁海孚润滑油有限公司(以下简称"辽宁海孚公司")、叶某为上述《保理合同》提供保证担保。2014年2月12日,上海约宁公司向上体产业公司发出《应收账款债权转让通知书》,告知上体产业公司已将总额为3454.5万元、到期日为2014年8月2日的应收账款债权以保理方式转让给交通银行。上体产业公司向上海约宁公司出具《买方确认意见书》,表示同意就相关账款转让所作出的各项安排和约定,并于应收账款到期日支付通知书所载明的应收账款。

2014年8月2日,上体产业公司未按期支付应收账款。同年8月12日保理融资到期前,上海约宁公司向交通银行支付了97250元,保理余额19902750元至今未支付。故交通银行诉至法院,请求判令上体产业公司归还应收账款3454.5万元,上海约宁公司对上体产业公司未还款部分在本金19902750元范围内承担回购责任,并要求叶某、安徽海孚公司、辽宁海孚公司承担保证责任等。

2. 裁判精要

一审法院认为,根据基础合同的性质和效力、发票真伪、货款支付、生产经营情况等,交通银行提供的证据足以证明《保理合同》项下系争应收账款的存在,故对交通银行要求上体产业公司支付欠款的诉请应予支持,安徽海孚公司、辽宁海孚公司和叶某均签署了保证合同,故应承担连带保证责任。一审法院作出判决后,上体产业公司提起上诉称:上体产业公司与上海约宁公司之间的《工业品买卖合同》为虚假合同,涉案《保理合同》因不存在真实基础关系,应认定为无效,故请求撤销原判,改判驳回交通银行原审诉请。

二审中,上海一中院认为,就《工业品买卖合同》之真实性与《保理合同》效力关系而言,综合各方当事人的陈述及证据来看:首先,上海约宁公司具有油品买卖的贸易基础和生产条件,上体产业公司就《工业品买卖合同》亦支付了部分货款;其次,上海约宁公司开具给上体产业公司的总计金额3454.5万元的增值税发票被认证抵扣;最后,上体产业公司出具了《买方确认意见书》,同意应收账款转让的各项安排和约定等,故应认定上海约宁公司和上体产业公司之间的买卖关系真实。退言之,即使系争买卖关系确为虚假,在交通银行并不知情且无恶意的情形下,亦仅由交通银行一方享有对保理合同的撤销权,上海约宁公司和上体产业公司均无权主张保理无效。在有追索权的保理合同关系中,上体产业公司作为债务人,负有首先向交通银行支付该应收账款的义务;在其支付的应收账款不足以偿还债务时,交通银行有权按合同约定向上海约宁公司行使追索权。故法院判决驳回上诉,维持原判。

3. 典型意义

本案涉及在保理业务引发的纠纷中,被转让债权所涉基础交易合同的真实性是否影响保理合同法律关系的效力问题。银行保理的法律本质是通过债权转让进行融资,即保理申请人以转让其应收账款债权为对价换取商业银行的保理融资等金融服务。在保理法律关系中,保理合同虽然依据所转让应收账款之基础交易合同签订,但是保理合同本身具有相对独立性,保理融资申请人与其债务人之间的基础交易合同真实与否并不必然影响保理合同的效力。根据我国《合同法》第54条的规定,一方以欺诈的手段,使对方在违背真实意思的情况下订立的合同,被欺诈方享有撤销权。也就是说,被欺诈方依法享有选择权,既可行使撤销权,亦可要求欺诈方按约履行合同。因此,在保理融资申请人与其债务人虚构基础交易合同的情况下,若保理机构对此并不知情,则保理合同在被撤销之前依法有效。本案确立了保理合同与被转让债权所依据之基础交易合同的效力关系原则,对自贸试验区内保理业务的规范发展具有较强的法律引导价值。[1]

(二) 未来可转让债权的合理可期待性与确定性

1. 案情简介

卡得万利商业保理(上海)有限公司(以下简称"卡得万利公司")与福建省佳兴农业有限公司(以下简称"佳兴公司")于2014年11月12日签订《商业保理申请及协议书》和《商业保理确认书》,其中记载佳兴公司在合同签订前3个月的经营收入总额为4095861元。双方约定,佳兴公司向卡得万利公司转让其合同签订后POS机上形成的所有应收账款及其收款权利,获得临时应急资金,合同到期日为2015年3月10日,卡得万利公司承购账款总额为2293292元,融资对价款为538000元;保理手续费为每月2%,总计32280元。双方同时约定,佳兴公司的还款方式为每日固定偿还6184元,每月最低还款需达到179333元,逾期偿还则按融资对价款的5‰每日计付违约金。卡得万利公司于2015年1月14日在中国人民

---

[1] 参见王涛、鲍陆文英:《银行保理合同的效力认定与责任分配》,载《人民司法(案例)》2017年第17期,第69—71页。

银行征信中心就系争被转让应收账款进行了登记,载明转让财产为佳兴公司从2014年12月8日至2015年3月7日经营期间内通过银联商务POS机产生的所有应收刷卡交易额。卡得万利公司在约定的538000元融资对价款中扣除保理手续费32280元及中国人民银行登记费100元后,于2014年12月8日向佳兴公司支付融资对价款505620元。后因佳兴公司未能按期偿付,卡得万利公司遂诉至法院。法院经审理查明,卡得万利公司未对佳兴公司的经营状况进行过核实,《商业保理确认书》中记载的佳兴公司融资前的经营数额均为虚构。

2. 裁判精要

浦东法院认为,涉案《商业保理申请及协议书》《商业保理确认书》系当事人真实意思的表示,内容不违反法律、行政法规的强制性规定,合法有效,遂判决佳兴公司向卡得万利公司偿付融资对价款并支付相应违约金,且陈某某对此承担连带清偿责任。

上海一中院认为,商业保理法律关系中,可转让的未来债权应具有合理可期待性与确定性。本案中,佳兴公司在保理合同签订时确认的经营状况并非属实,卡得万利公司亦未对此进行必要核实,仅依据佳兴公司虚构的经营状况不足以对本案所涉未来债权产生合理期待,且此种非确定性的未来债权不具备债权转让之法律基础,故双方的法律关系不符合商业保理的基本法律特征。此外,双方约定每日定额归还欠款的还款方式使得佳兴公司除承担出让债权的合同义务外,还需通过每日还款弥补卡得万利公司因受让债权未实际发生所致损失,由此被转让债权的相应信用风险并未转移,这亦不符合商业保理法律关系的特征。据此,上海一中院认定佳兴公司和卡得万利公司之间依法不成立商业保理法律关系,而实际构成借款法律关系。根据相关法律规定,从事商业保理业务的企业不得发放信用贷款,故本案当事人之间的借款法律关系无效。上海一中院据此作出终审判决:撤销原判,改判佳兴公司向卡得万利公司返还借款本金并支付相应利息。

3. 典型意义

保理是以债权转让为基础的新型融资模式,其精髓在于预期财产收益提前变现,使企业日益增多的应收账款类债权利用成为可能,可以大幅提高资产的流动性,在满足中小企业资金需求方面具有明显的优势。

商业保理在上海自贸试验区内迅猛发展,本案涉及商业保理中未来债权的可转让性问题。在保理业务中,虽然保理商从债权人处受让应收账款是整个交易的中心,但是由于应收账款在转让前属于债权人与债务人,因此两者之间的基础合同是成立保理的前提。我国现有法律法规对未来债权的转让并无明确规定,因此在实践中产生诸多争议。本案结合商业保理的国际惯例及《上海市商业保理试点暂行办法》,确定了以未来债权是否具有合理可期待性与确定性作为判断其是否属于可转让应收账款债权范畴的裁判原则,并对以未来债权转让进行融资的新型商业保理模式的法律边界进行了详尽阐述。这一裁判原则有利于遏止市场的不合理投机行为,降低金融风险,对上海自贸试验区内商业保理业务的规范、有序发展具有较强的法律引导价值。

二、上海自贸试验区信托案件典型案例分析

信托是一种"舶来品",信托关系的建立主要依据的是委托人与受托人之间的信托合同,而信托受益人则依据信托合同的约定享有相应的经济利益。[1] 上海自贸试验区成立后,信托业迎来了新的发展契机,信托公司纷纷入驻自贸试验区并开发出形式多样的信托产品。随着信托财产种类的不断拓展,因信托合同而引发的争议也频频发生,考验着法官对于信托机理的理解以及信托法律的运用。本部分以"上海红枫国际妇儿医院有限公司诉华宝信托有限责任公司、第三人上海大新华投资管理有限公司营业信托合同纠纷案"[2]为例,解析涉自贸试验区信托案件的审判思路。

(一) 案情简介

2012年5月,华宝信托有限责任公司(住所地在上海自贸试验区,以下简称"华宝信托")与上海大新华投资管理有限公司(以下简称"大新华公司")签订合作协议,设定一信托计划,信托计划项下资金受让大新华公司所持49342100股爱建股份股票对应的收益权。同月,上海红枫国际妇儿医院有限公司(以下简称"红枫

---

[1] 《中华人民共和国信托法》第2条规定:"本法所称信托,是指委托人基于对受托人的信任,将其财产权委托给受托人,由受托人按委托人的意愿以自己的名义,为受益人的利益或者特定目的,进行管理或者处分的行为。"

[2] 一审案号:(2016)沪0115民初43694号,二审案号:(2017)沪01民终10069号,选取自《上海市第一中级人民法院、上海市浦东新区人民法院自贸区司法保障白皮书(2013年9月—2018年4月)》。

医院")与华宝信托签订《信托合同》,约定红枫医院出资认购550万股爱建股份股票对应的收益权,并对信托利益的计算、信托费用的范围等作了约定。之后,红枫医院依约将认购款5016万元付入华宝信托指定账户。2015年6月8日,信托计划所涉爱建股份股票锁定期满。华宝信托根据红枫医院的指令,要求大新华公司将标的股票变现,并及时将变现收益划付到信托财产专户。当天,红枫医院认购的收益权所涉550万股爱建股份股票全部抛出变现,变现均价为每股28.39元,变现股票成交总金额为156145000元。2015年6月15日,华宝信托发行的全部信托计划所涉49342100股爱建股份股票全部卖出变现。

2015年6月19日,华宝信托与红枫医院签订《信托合同补充协议3》(以下简称《补充协议3》),对《信托合同》条款进行了修改,修改内容包括:将原合同中"标的股票变现金额"改为"标的股票的税后变现金额",相应地增加"变现待缴所得税"一项作为待扣除项,该待缴所得税的税率为25%;同时,约定从标的股票变现金额中留存大约25%,暂放于大新华公司的证券交易资金账户,由受益人大会另行表决确定。对于标的股票变现金额中的其余部分,华宝信托分两次向受益人进行了分配,红枫医院共计收到分配金额127245006.28元。2015年8月,包括红枫医院在内的各受益人要求大新华公司就税收问题作出安排。各受益人签署《协议书》一份,承诺后期税务机关如要求大新华公司抛售变现股票须补缴所得税的,各受益人按各自所得收益承担补缴义务。但是,大新华公司未签署该《协议书》。2016年5月27日,包括红枫医院在内的全体受益人向华宝信托发出指令,要求将《信托合同》项下全部信托收益于2016年5月30日24:00前全额划付至各受益人指定的信托利益账户,华宝信托未履行。2016年6月1日,国家税务局上海市浦东新区税务局自监管账户扣划税款223825181.75元。因税款争议,红枫医院起诉华宝信托,以大新华公司缴纳的企业所得税应为信托收益款为由,要求撤销《补充协议3》,华宝信托支付信托收益款及违约金、律师费等。

(二)裁判精要

一审法院认为,《信托合同》约定信托利益系"股票收益权结算金额扣除信托费用",即股票变现资金扣除费用(佣金、印花税、过户费)以及大新华公司分成后的剩余部分。《补充协议3》中第一次出现了"该信托单元变现待缴所得税"概念,红枫医院认为该待缴所得税系红枫医院应当缴纳的企业所得税,华宝信托则认为该待缴所得税系大新华公司应当缴纳的企业所得税。对此,《补充协议3》仅约定股票变现后所取得收益需要缴纳所得税,但并未约定该所得税应由谁缴纳。同时,结合后文"若最终应缴纳税款超出该公式计算结果的,则该等超出部分的税款由红枫医院自行承担、另行缴纳"的表述来看,此处"该信托单元变现待缴所得税"应指红枫医院应当缴纳的企业所得税,故本案中尚有未分配的信托利益存在。华宝证券未遵照受益人的指令将信托收益予以分配,构成违约。关于华宝信托有关税收的抗辩不属于本案审理范围。本案系营业信托纠纷,信托合同的双方系红枫医院和华宝信托,争议的焦点应为华宝信托是否全面适当履行了信托合同项下的义务。税务机关回函中明确了其向大新华公司征税需满足三个条件,即股票登记在大新华公司名下,存于大新华公司设立的证券账户中,同时大新华公司对该笔股票业务进行了会计处理。由于大新华公司并非信托合同当事人,故大新华公司的纳税行为在本案中不作处理。一审判决华宝信托赔偿红枫医院信托收益款26380725.40元。

二审中,上海一中院认为,首先,税务机关系依据企业所得税相关法律法规,认定大新华公司出售系争股票所得应当计入其当年纳税所得额,故大新华公司应缴纳该项所得税。《信托合同》明确约定信托计划的对象是大新华公司持有的系争股票的收益权,其中包括股权变现价值,因此红枫医院作为信托投资人,其获得的信托收益不应高于大新华公司因售出系争股票而可能获得的利益。因此,因履行上述纳税义务而产生的经济上的不利益,是大新华公司实现系争股票收益权的必然代价,也应作为信托财产的必要组成部分,由信托财产负担。其次,系争《信托合同》明确约定,信托财产管理、运用或处分过程中发生的税费由信托财产承担。这里的"税费"应当包括系争股票变现过程中依法产生的各种税款和费用。最后,2015年8月,红枫医院签署的《协议书》也明确,如果税务机关要求大新华公司对系争股票售出款补缴所得税,则红枫医院按其所得承担补缴相关所得税的义务。虽然该《协议书》并无大新华公司的签章,但是仍可以反映红枫医院的真实意思,即愿意承担大新华公司因出售系争股票而缴纳的企业所得税。法院遂判决撤销原判,驳回红枫医院的全部诉讼请求。

(三) 典型意义

随着上海自贸试验区金融改革的不断深化,信托业作为金融市场的重要组成部分,在自贸试验区内的规模持续增长。但是,由于相关法律制度并不完善,近年来,信托公司涉诉纠纷有所增加。本案即涉及因税费承担而引发的信托收益范围的认定问题。本案中,当事人通过设立信托的方式,将限售股票将来变现的价值纳入信托财产范围,从而使信托委托人名义上虽不持有标的股票,但实质上获得了标的股票的财产性权能,控制了标的股票将来的变现方式和变现价值。

本案裁判认为,在目前并无法律法规禁止限售股票收益权转让的情况下,这一交易安排合法有效。在此基础上,信托计划的受益人应当在信托收益范围内主张收益。以第三人所持股票收益权设定信托,且将股票变现价值纳入信托收益范围的,第三人出售股票所得款项须依法缴纳的税款属于信托财产不可分割的组成部分,应当在信托收益分配时予以扣除。该裁判规则充分考虑了股票收益权的性质、信托财产的独立性以及该信托安排的商业实质,明确了股票收益权信托收益的范围,对委托人可得信托利益的界定符合商事交易自主经营、自负盈亏、自担风险的原则,对自贸试验区信托业的风险防范和规范发展具有指导意义。

第八章
上海自贸试验区知识产权案件的司法保障

建立上海自贸试验区是我国为顺应全球经济发展趋势而采取的重要措施。但是,在发展过程中,上海自贸试验区内转运货物的知识产权边境执法、定牌加工、平行进口等相关问题日益突出。因此,如何在大力推进上海自贸试验区发展的同时,兼顾可能涉及的转运货物的知识产权保护,以及如何采取相应措施解决定牌加工、平行进口等问题,成为当下亟待解决的问题。有鉴于此,本章将从上述三大问题的理论、立法与实践情况入手,针对上海自贸试验区的实际情况提出相关的司法建议,同时也将结合自贸试验区知识产权案件的具体统计与典型案例分析,展现涉自贸试验区知识产权案件的整体脉络。

第一节 上海自贸试验区转运货物的
知识产权边境执法问题

上海自贸试验区设立之初,在航空运输和海运领域便获得了国家层面的鼓励和支持,这使得自贸试验区的货物转运业务蓬勃发展。[1] 在转运货物过程中,上

---

[1]《中国(上海)自由贸易试验区条例》第23条第2项规定:"自贸试验区支持国际中转、集拼、分拨业务以及集装箱转运业务和航空货邮国际中转业务发展。符合条件的航运企业可以在国内沿海港口与上海港之间从事外贸进出口集装箱沿海捎带业务。"

海自贸试验区扮演的是通道的角色。作为通道本身,自贸试验区理当是无害的,但转运货物的知识产权边境执法问题也随之而来。

在实践中,转运方式多种多样,有的是纯粹转运,有的是直接过境转运,还有的转运虽已进入我国境内,但尚未通过海关进入国内市场。在上述情况下,若侵犯了权利人在我国的知识产权,对于相关货物,海关是否都应当采取措施加以控制,以及应当在何种情况下、采取何种手段予以保护,这些都是值得思考的问题。实现贸易自由与知识产权边境执法保护的平衡,对纠纷的解决尤为重要。

若认为转运货物的知识产权可以受到海关等执法机构的边境执法保护,那么在边境执法的具体实施过程中,又应当如何界定海关等执法机构的职权范围?是由权利人申请启动转运货物的边境执法程序,还是由海关依职权启动程序,又或者二者均可启动程序?同时,为平衡便利贸易与打击违法活动,应当明确它们分别要达到何种程度,以及在证据满足何种条件时才能启动程序。

一、转运货物知识产权边境执法问题的争议

由于上海自贸试验区实行"一线放开、二线安全高效管住"的海关监管制度,为了便利国际贸易,吸引国际企业入驻,海关对自贸试验区内货物的监管往往采取宽松态度。正是基于此,越来越多的假冒者利用自贸试验区的过境与转运便利为其侵犯知识产权行为提供便利,如果不加以打击,自贸试验区将逐渐成为知识产权保护的"法外之地"。国际商会在 2013 年 5 月发布的《对自贸试验区的监控:平衡便利和监控以打击在各国自贸试验区的非法贸易报告》中指出:"越来越多的不法分子滥用自贸试验区海关监管的软化实施犯罪行为,包括一些有组织的犯罪网络有可能利用自贸试验区实施假冒产品的制造、流通和销售行为。"[1]

自贸试验区的宗旨在于促进贸易的便利化、自由化,而知识产权保护要求保障权利的专有性与排他性,二者具有天然的矛盾。解决问题的关键在于如何实现二者的平衡。目前,鉴于我国现行法和参加的国际条约对转运货物的执法问题尚未作出明确规定,以及转运货物边境执法、司法案件先例的缺失,海关在转运货物

---

[1] Controlling the Zone: Balancing Facilitation and Control to Combat Illicit Trade in the World's Free Trade Zones (2013), https://iccwbo.org/publication/controlling-the-zone-balancing-facilitation-and-control-to-combat-illicit-trade-in-the-worlds-free-trade-zones-2013/, last visited on Oct. 18, 2018.

知识产权边境执法过程中以及法院在涉及转运货物的侵权认定上将会面临两个主要问题：第一，海关能否对转运货物采取执法措施？第二，海关对转运货物进行执法应当采取什么认定标准？

二、转运货物知识产权边境执法问题分析

（一）转运货物知识产权边境执法的法律依据

《中华人民共和国海关法》（以下简称《海关法》）对广义的"转运货物"作了具体的区分：以相关货物运入、通过和运出我国境内所经由的运输方式和交通工具的不同作为标准，将本质上具有相同特征的货物区分为过境货物、转运货物、通运货物。[1] 但是，在整部《海关法》中，"过境、转运和通运货物"往往又是并列出现的。因此，这种区分不免有细分过度之嫌，并且没有现实意义。[2] 此处所称"转运货物"是广义上的，包括过境、转运和通运货物。

《海关法》第23条属于该法第三章"进出境货物"的内容，这表明第23条规定的"过境、转运和通运货物"都属于《海关法》规定的进出境货物。[3] 第44条第1款更是明确规定："海关依照法律、行政法规的规定，对与进出境货物有关的知识产权实施保护。"据此，我国海关似乎有权对转运货物进行边境执法。但是，《海关法》第34条仅仅指出保税区由海关实施监管，并没有明确自贸试验区是否由海关按照国家有关规定实施监管。[4] 《中华人民共和国知识产权海关保护条例》（以下简称《知识产权海关保护条例》）作为《海关法》的下位法，对于知识产权的边境执法作出了更为具体的规定。根据该条例第2条，我国海关能够实施知识产权边境保护措施的对象为"进出口"货物。那么，按照转运货物"入境但尚未进口"的特

---

[1] 《海关法》第100条规定："……过境、转运和通运货物，是指由境外启运、通过中国境内继续运往境外的货物。其中，通过境内陆路运输的，称过境货物；在境内设立海关的地点换装运输工具，而不通过境内陆路运输的，称转运货物；由船舶、航空器载运进境并由原装运输工具载运出境的，称通运货物。"

[2] 参见蒋圣力：《论国际中转集拼业务中的过境货物知识产权海关保护——兼论欧盟知识产权海关执法带来的思考和启示》，载《海关与经贸研究》2015年第1期，第90页。

[3] 《海关法》第23条规定："进口货物自进境起到办结海关手续止，出口货物自向海关申报起到出境止，过境、转运和通运货物自进境起到出境止，应当接受海关监管。"

[4] 《海关法》第34条规定："经国务院批准在中华人民共和国境内设立的保税区等海关特殊监管区域，由海关按照国家有关规定实施监管。"

点,它自然就不应当被归在"进出口"货物的序列之中。[1] 因此,根据现行立法,我国海关无权对自贸试验区内的转运货物实施边境执法。

从国际法的角度看,《与贸易有关的知识产权协定》(以下简称"TRIPS 协定")对转运货物采取具体措施的规定主要集中在第 51 条到第 60 条。根据 TRIPS 协定第 51 条的规定,在进口环节实施边境措施是各成员应当履行的条约义务,而在出口环节是任意选择性义务。至于转运货物的环节,TRIPS 协定并未作出规定。这表明,各成员无义务对转运货物采取中止放行程序,但也没有明文禁止成员对转运货物采取边境措施。WTO 总理事会于 2005 年 12 月修改 TRIPS 协定,以解决专利药品强制许可只能供应境内市场的问题。这意味着,满足一定条件而生产的仿制药品是可以免于过境措施管理的。[2] 根据 TRIPS 协定规定的地域性原则,各成员仅有权对发生在自己境内的行为实施知识产权保护,而转运货物的生产、销售、使用等行为往往发生在出口国和进口国。由于转运货物不进入过境国市场,不会对过境国市场造成竞争,没有市场利益的分割,也就不构成知识产权侵权。因此,原则上,过境国不能对转运货物实施知识产权边境措施。[3] 此外,虽然我国是《京都公约》的成员国,但是《京都公约》并没有规定成员国负有对转运货物进行边境执法的强制义务。通过对这些国际条约的分析可知,我国似乎没有义务对侵权转运货物进行边境执法。

自贸试验区虽处于"境内关外"的特殊区域,但也仅仅指的是"关税法实施的区域之外",即自贸试验区内虽然享有进口关税的免除和某些有别于其他国内区域的通关与税收便利,但是绝大部分海关法律制度与其他国内法律制度在自贸试验区内仍然是适用的。[4] 因此,为了应对自贸试验区内知识产权侵权的发展态

---

[1]《知识产权海关保护条例》第 2 条规定:"本条例所称知识产权海关保护,是指海关对与进出口货物有关并受中华人民共和国法律、行政法规保护的商标专用权、著作权和与著作权有关的权利、专利权(以下统称知识产权)实施的保护。"

[2] TRIPS 协定修改补充的第 31 条之一规定:"第 31 条(f)款项下出口成员的义务不适用于为药品生产目的所必需的范围内授予的强制许可,以及出口至根据本协定附件第二款确定的术语所说的合格进口成员。"

[3] 参见杨鸿、高田甜:《过境货物的知识产权边境措施:TRIPS 协定下的合规性问题》,载《亚太经济》2013 年第 4 期,第 47 页。

[4] 参见朱秋沅:《特殊区域内知识产权边境侵权规制问题比较研究——兼驳"特殊监管区域处于境内关外"的误解》,载《上海海关学院学报》2012 年第 4 期,第 66 页。

势,中国海关对自贸试验区内的转运货物应当具有监管的权力,这既是维护国家主权的需要,也是为了与相关国际公约和其他国家的海关立法保持一致。

(二)转运货物知识产权边境执法的域外实践

我国现行立法对发生在自贸试验区内的侵权转运货物能否进行边境执法尚未作出规定,实践中又缺乏先例,在此情况下,海关应该如何判断是否对转运货物实施监管?美国和欧盟的实践或许能够给我们一些启示。

从成文法的角度看,美国的海关法、知识产权法和《美国联邦法规汇编》等均未就转运货物规定海关是否具有执法权力。但是,在涉及美国对外贸易区内知识产权的侵权案件中,美国法院通过一系列判例确立了对转运货物的海关执法制度。法院通过对《兰哈姆法》中的"在商业活动中使用""进口"作出扩大解释,认为转运货物在美国进行转运即属于在商业活动中使用或者进口,从而将转运货物纳入《兰哈姆法》的调整范围之中。据此,美国海关有权对转运货物实施监管并采取执法措施。

就欧盟而言,欧盟及其成员国法院在不同的历史时期对于转运货物的海关边境执法权力有过不同的观点。但是,欧盟法院最后对该问题作出了回应与澄清,统一了对该问题的认定标准。在2005年的"Class International BV案"和2006年的"Montex案"中,欧盟法院明确指出:"转运货物如果没有进入转运国领域的打算,仅仅是在其领土范围内纯粹转运,那么便不能对其采取边境执法措施。"[1]之后,英国法院和比利时法院在审理案件过程中对转运货物的侵权认定问题产生了疑问,于是两国法院向欧盟法院提出咨询。欧盟法院在2011年对两案进行了合并审理。通过这两起案件,欧盟法院驳斥了之前的认定原则并指出:"如果仅仅证明转运货物存在进入欧盟成员国销售的风险,那么其本身并不能被认定为构成侵权,因为这种情况下的转运货物并没有在欧盟境内市场进行销售或者流通。如需对转运货物实施海关边境执法措施,则必须以相关货物存在进入成员国市场的实质可能性为前提。"[2]

2012年2月1日欧盟委员会发布的《对于过境货物特别是药品的知识产权海

---

[1] 转引自王迁:《上海自贸区转运货物的知识产权边境执法问题研究》,载《东方法学》2015年第4期,第43页。

[2] Joined Cases C-446/09 and C-495/09, 1 Dec. 2011, European Court Reports 2011.

关执法指南》(以下简称《指南》)更是对这一原则进行了确认。[1]《指南》确定了上文提到的"进入市场可能性"原则,并在此基础上进行了细化规定,总体上包括三个方面:第一,《指南》对何谓欧盟境内的转运货物作了界定,强调转运货物必须在欧盟成员国之内实施转运行为,该货物的来源国和目的国则必须在欧盟成员国以外,至于采用何种运输方式与工具,在所不问。第二,《指南》明确了以权利人主张为基本原则,并且只有当权利人证明转运货物存在进入欧盟市场的"实质可能性"时,海关才可以采取相应的执法措施。[2] 第三,《指南》也不排除海关主动采取措施的可能性。但是,与前述标准类似,海关必须确有合理理由认为转运货物存在进入欧盟市场的"实质可能性",并且确有理由怀疑这构成知识产权侵权的证据。[3]

通过对美国和欧盟就转运货物侵犯知识产权进行边境执法的原则进行对比,我们不难发现,依据美国的处理原则,海关可以不加区分地对所有转运货物实施边境执法措施。这一做法实际上突破了知识产权的地域性原则,过分扩大了知识产权的保护范围,存在违反对外贸易区促进贸易便利化、自由化这一宗旨的嫌疑。欧盟法院以转运货物是否存在进入过境国市场的实质性风险作为区分标准,只对有限的一部分转运货物采取执法措施,尽最大可能在促进贸易与知识产权保护之间寻求平衡,这一做法值得我国借鉴。

三、上海自贸试验区转运货物知识产权边境执法问题的建议

首先,我国现行《海关法》《知识产权海关保护条例》等法律法规并未明确

---

[1] See European Commission, Guidelines of the European Commission Concerning the Enforcement by EU Customs Authorities of Intellectual Property Rights with Regard to Goods, in Particular Medicines, in Transit Through the EU, 2012.

[2] 这些证据包括:侵权人在将货物转运到欧盟关境之前就已经存在针对欧盟市场的商业行为,或者从单据(如使用说明书)或有关货物的往来函件上可明显看出该货物计划转向欧盟市场,或者涉嫌以欺诈的方式转向欧盟市场。参见王春蕊:《欧盟发布"过境货物知识产权海关执法指南"》,载《中国海关》2012年第6期,第42—43页。

[3] 这些迹象包括:转运国海关要求申报货物的目的地而没有申报的;海关法规要求提供货物制造商或托运人的名称、地址而没有提供准确或可信赖信息的;不配合海关当局工作的;或者从单据或货物的来往信函中发现有关货物可能面向欧盟市场销售的。参见王春蕊:《欧盟发布"过境货物知识产权海关执法指南"》,载《中国海关》2012年第6期,第42—43页。

授权海关对自贸试验区进行边境执法，我们认为这是导致我国海关对自贸试验区内的转运货物进行执法时无法可依的症结所在。为了弥补上述立法上的漏洞，从源头上解决问题，我国应对《海关法》《知识产权海关保护条例》的相应条文进行修订完善。《海关法》作为调整我国海关管理活动的法律，应当在条文中明确自贸试验区的法律地位，明确海关对自贸试验区的监管权限，从而为自贸试验区内转运货物的知识产权边境执法提供可能。具体而言，应在该法第 34 条的适用范围中增加"自由贸易试验区"的内容。[1] 至于作为下位法的《知识产权海关保护条例》，该条例第 2 条仅授权海关对"进出口货物"进行知识产权边境执法，"转运货物"显然不属于"进出口"。因此，应对《知识产权海关保护条例》第 2 条进行修订，将转运货物明确规定为海关的执法对象，从而与《海关法》第 23 条相呼应。[2]

其次，对于上海自贸试验区内的转运货物，在认定海关是否有权实施知识产权执法措施的问题上，应当分"两步走"。第一步是认定是否存在侵权的可能性，认定的依据应当是我国有效的法律法规。第二步是在认定涉嫌侵权的基础上，借鉴欧盟"进入市场可能性"原则，判断涉案货物是否存在进入我国境内销售的实质性可能。这一判定方式不仅仅适用于海关执法，假如权利人认为转运货物侵犯了其享有的知识产权而向法院提起诉讼，法院也应当以上述的标准判断权利人的主张是否成立。

具体而言，欧盟委员会发布的《指南》不仅对"进入市场可能性"原则作出了明文规定，还对权利人如何证明"实质可能性"以及海关在何种情况下可以依职权启动程序作出规定。我国可以借鉴欧盟的做法，将启动程序分为依当事人申请和海

---

[1] 将《海关法》第 34 条修改为（下划线部分为增加的内容）："经国务院批准在中华人民共和国境内设立的保税区、<u>自由贸易试验区</u>等海关特殊监管区域，由海关按照国家有关规定实施监管。"

[2] 将《知识产权海关保护条例》第 2 条修改为（下划线部分为增加的第 2 款）："本条例所称知识产权海关保护，是指海关对与进出境货物有关并受中华人民共和国法律、行政法规保护的商标专用权、著作权和与著作权有关的权利、专利权（以下统称知识产权）实施的保护。<u>本条例所称进出境货物，包括进出口货物与转运货物。</u>"

关依职权实施两种方式,并分别细化证明内容与证明标准。[1] 值得注意的是,在启动调查程序时,海关采取的临时措施可能对涉案货物造成损害,因此有必要借助担保制度,通知权利人提供相应的担保。在权利人依法提供担保后,海关根据权利人的申请对涉嫌侵权货物实施边境执法措施。也就是说,海关依职权启动程序也必须基于权利人的申请和担保。这样的设置与我国《知识产权海关保护条例》第16条对进出口货物依职权启动执法程序的规定相一致,也与欧盟的做法相一致。[2]

最后,必须注意的是,知识产权毕竟是一种私权,在转运货物的知识产权保护上,权利人应更多地采取积极主动的态度,主动搜集查找相关证据,要求海关进行边境执法,而不是一味地依赖公权力的介入。同时,从行政执法资源的角度看,海关依职权执法这种方式不仅耗时费力,而且容易产生行政权力对私权利的不当干预。因此,海关知识产权保护的重点仍然在于一般的进出口货物,对转运货物动用过多的执法资源不利于本国的知识产权保护。针对转运货物的知识产权海关边境执法应以依申请保护模式为主,以依职权保护模式为辅。

第二节 上海自贸试验区定牌加工的商标侵权问题

上海自贸试验区的地理位置优越,是商品主要集散口之一,有关集装业务的

---

[1] 建议规定:当权利人举证证明转运货物存在进入中国市场的实质可能性时,海关依申请可以采取执法措施。这些证据包括:侵权人在将货物转运到中国境内之前就已经存在针对中国市场的商业行为;或者从单据(如使用说明书)或有关货物的往来函件上可以明显看出该货物计划转向中国市场;或者涉嫌以欺诈的方式转向中国市场;或其他足以使海关认定转运货物具有进入中国市场的实质可能性的情形。

海关若发现转运货物有流入中国市场的迹象,并有合理理由怀疑转运货物构成知识产权侵权,也可以主动采取执法措施。这些迹象包括:海关要求申报货物的目的地而没有申报的;海关法规要求提供货物制造商或托运人的名称、地址而没有提供准确或可信赖信息的;不配合海关工作的;或者从单据或货物的往来信函中发现有关货物可能面向中国市场销售的。

[2] 《知识产权海关保护条例》第16条规定:"海关发现进出口货物有侵犯备案知识产权嫌疑的,应当立即书面通知知识产权权利人。知识产权权利人自通知送达之日起3个工作日内依照本条例第十三条的规定提出申请,并依照本条例第十四条的规定提供担保的,海关应当扣留侵权嫌疑货物,书面通知知识产权权利人,并将海关扣留凭单送达收货人或者发货人。知识产权权利人逾期未提出申请或者未提供担保的,海关不得扣留货物。"

涉诉案件原本数量就多,加之国家政策的扶持,自贸试验区内发生的定牌加工纠纷更是呈持续增长态势。[1] 随着现代工业体系分工的细化,商标权利人往往自己不生产产品,而是采取委托加工即俗称"代工"的方式,由受托人按照委托人的指示完成产品加工并交付给委托人。在这种模式下,产品的最终销售由委托人自行完成,受托人往往只完成委托加工的行为,不涉及销售行为。

一、定牌加工构成商标侵权的定性争议

从本质上讲,定牌加工的商标侵权行为的认定并不会因发生在上海自贸试验区区内或者区外而有所区别。所以,调整境内区外定牌加工行为的法律规则应对自贸试验区内的相同行为同等适用。但是,基于区内相对宽松的监管政策,定牌加工在区内的表现形式更为复杂。同时,对于定牌加工行为是否构成商标侵权行为,一直以来都存在着争议。

对于上述问题,目前在学界有两种观点:一种观点主张定牌加工构成商标侵权行为。理由包括:第一,根据《中华人民共和国商标法》(以下简称《商标法》)的规定,只要行为人客观上存在使用商标的行为即构成商标侵权,而涉外定牌加工存在使用商标的行为,所以构成商标侵权。[2] 第二,商标权具有地域性。委托人虽然在其所在国或销售国享有合法有效的商标权,但是在我国境内并没有相关权利,因而涉外定牌加工侵犯了我国商标权人的合法利益,理应构成商标侵权。[3] 另一种观点则主张定牌加工不构成商标侵权行为。理由包括:第一,涉外定牌加工的商品全部交付给定作方,并不在我国境内销售,不存在使相关公众对商品来

---

[1] 定牌加工,是指在来料加工、来样加工和来件装配业务中,由委托方提供商标,受托方将其提供的商标印在所加工的产品上,并将加工后的产品全部返还给委托方,受托方不负责对外销售的生产组织方式。参见福建省高级人民法院民三庭:《涉外定牌加工中商标侵权的认定》,载《人民法院报》2009年1月22日第5版。

[2] 《商标法》第57条规定:"有下列行为之一的,均属侵犯注册商标专用权:(一)未经商标注册人的许可,在同一种商品上使用与其注册商标相同的商标的;(二)未经注册商标人的许可,在同一种商品上使用与其注册商标近似的商标,或者在类似商品上使用与其注册商标相同或者近似的商标,容易导致混淆的;……"

[3] 参见曾亦栋:《论涉外定牌加工商标侵权问题的海关处理》,载《海关与经贸研究》2015年第3期,第83页;沈强:《涉外定牌加工中的商标侵权问题——对我国〈商标法〉第五十二条第(一)项的理解与适用》,载《国际商务研究》2009年第5期,第57页。

源产生混淆、误认的可能性。第二,定牌加工实质上是《合同法》所指的加工承揽的合同关系,承揽人在定牌加工商品上定贴商标的行为不应被认定为商标法意义上的使用行为。[1]

在司法实践中,也存在着认为定牌加工构成商标侵权和不构成商标侵权的不同观点。在我国最早对定牌加工侵权纠纷作出判决的"美国耐克国际有限公司诉浙江省嘉兴市银兴制衣厂等商标侵权纠纷案"中,一审和二审均依据商标的地域性,即委托方西班牙塞得体育公司仅在西班牙境内对涉案商标拥有使用权,而在中国的管辖领域内应保护原告对商标享有的相关权益,故判决委托方与加工方构成共同侵权。[2]

在"江苏通力达贸易有限公司与南通吉祥实业有限公司侵害商标权纠纷案"中,法院认为定牌加工行为不存在使相关公众对被诉侵权产品与原告的产品产生混淆或误认的可能性,并认为商标应当具有有效识别商品来源的功能。但是,涉案产品上的商标并不能实际发挥上述功能。鉴于此,法院最终判决被告的行为并不构成商标使用行为,进而认定定牌加工行为不构成商标侵权行为。[3]

在"鳄鱼恤有限公司诉台山利富服装有限公司侵害商标权纠纷案"中,法院的观点出现了变化。法院提出,在认定定牌加工是否构成商标侵权这一问题上,不应一概认定为侵权或不侵权,而应区别案件的具体情况,综合考量诸多因素,包括:商品或服务的类别和近似程度、加工方是否尽到合理审查义务、加工的产品是否全部出口交付给境外的委托方、加工方是否有逃避法律责任的情况等。[4]

正是因为存在这种莫衷一是的情况,本节以下将针对理论界和司法实践中存在的争议,探讨下列问题:第一,定牌加工行为与商标使用行为的关系;第二,"混淆"在定牌加工商标侵权认定中的地位;第三,加工方在定牌加工时应当尽到的义务;第四,法院认定定牌加工是否构成商标侵权应当考虑的因素。探讨以上问题的目的在于,综合判断自贸试验区内定牌加工是否构成商标侵权行为,并提出司法保障方面的建议。

---

[1] 参见黄晖、冯超:《定牌加工商标侵权问题辨析》,载《电子知识产权》2013年第6期,第43页。

[2] 参见广东省深圳市中级人民法院(2001)深中法知产初字第55号民事判决书。

[3] 参见上海知识产权法院(2014)浦民三(知)初字第737号民事判决书。

[4] 参见广东省高级人民法院(2011)粤高法民三终字第467号民事判决书。

二、定牌加工与商标侵权的关系分析

对商标的使用是否构成商标法意义上的"使用",不仅是商标形成商誉而得以存续的必要条件,也是判断他人对商标的利用是否构成商标侵权的关键因素。在2013年《商标法》修改之前,2001年《商标法》就已经规定,侵犯商标专用权的前提是"使用"与注册商标相同或者近似的标识,但是并没有对何为"使用"进行定义。2002年公布的《中华人民共和国商标法实施条例》(以下简称《商标法实施条例》)对此也仅是采取了列举式的规定。[1] 2013年《商标法》出台后,其第48条针对商标使用作出了新的规定,增加了"用于识别商品来源的行为"这一内容。[2] "用于识别商品来源的行为"总结了商标使用行为的本质特征,也进一步限制了使用行为的范围,回答了商标使用是否必须体现商品来源这一疑问。

在定牌加工中,受托方的关键行为是按照委托方的要求将商标贴加于产品上。就性质而言,该行为属于产品加工行为的一部分,且加工方并不销售加工产品,加工方在完成产品生产后需全部返回定作方,再由定作方对外销售。由此可知,受托方实施的定牌加工行为存在于商品进入流通环节之前,其使用商标的行为不可能使商标产生识别的功能。[3] 真正的商标使用人应当是后续对商品进行销售的委托方,受托方的行为一般不宜被认定为"使用"行为。[4]

从2001年《商标法》及其司法解释将"混淆可能性"仅作为判断商品或服务类

---

[1] 2002年《商标法实施条例》第3条规定:"商标法和本条例所称商标的使用,包括将商标用于商品、商品包装或者容器以及商品交易文书上,或者将商标用于广告宣传、展览以及其他商业活动中。"

[2] 2013年《商标法》第48条规定:"本法所称商标的使用,是指将商标用于商品、商品包装或者容器以及商品交易文书上,或者将商标用于广告宣传、展览以及其他商业活动中,用于识别商品来源的行为。"

[3] 参见梅竹:《涉外贴牌加工行为的商标侵权认定》,载《天津法学》2016年第2期,第63页。

[4] 例如,在"浦江亚环锁业有限公司与莱斯防盗产品国际有限公司侵害商标权纠纷再审案"中,最高人民法院认为,定牌加工行为在中国境内仅属物理贴附行为,为委托人在其享有商标专用权的区域内使用其商标提供了必要的技术性条件,在中国境内并不具有识别商品来源的功能。因此,受托人在委托加工产品上贴附的标志既不具有区分所加工商品来源的意义,也不具有实现识别该商品来源的功能,不具有商标的属性,亦不能被认定为商标法意义上的使用行为。参见中华人民共和国最高人民法院(2014)民提字第38号。

似以及商标类似的要件,而非商标侵权的要件可知,[1]我国对商标侵权认定采"二元结构"模式。具体来看,假如出现在相同商品上使用相同商标的行为,则不以"混淆可能性"为要件,直接认定构成商标侵权;对于在相同商品上使用近似商标或在类似商品上使用相同商标的行为,关于何谓"类似"或者"近似"的问题,引入"混淆可能性",但是仅适用于对商品或服务类似以及商标相似的判断。[2] 此后,2013年《商标法》对2001年《商标法》规定的商标侵权行为作出修改,进行了更加详尽的列举。2013年《商标法》第57条将2001年《商标法》第52条第1项拆分为两种行为,并且完全参考了此前的"二元结构"模式,对"混淆可能性"要件进行了分类处理。[3]

但是,2013年《商标法》并没有明文规定"混淆可能性"是否属于在同一种商品上使用与其注册商标相同的商标这一侵权行为的构成要件,需要进一步进行学理探讨。首先,根据体系解释,"混淆可能性"是商标侵权行为成立的必备要素。2013年《商标法》第57条之所以在第2项特别增加"混淆"作为侵权认定的构成要件,第1项却无类似规定,是因为在"类似商标"或"近似商标"这种主观判断性强的情况下要特别注意混淆产生的可能性,所以加以强调。与之相反,"相同产品"

---

〔1〕 2002年《最高人民法院关于审理商标民事纠纷案件适用法律若干问题的解释》第9条规定:"商标法第五十二条第(一)项规定的商标相同,是指被控侵权的商标与原告的注册商标相比较,二者在视觉上基本无差别。商标法第五十二条第(一)项规定的商标近似,是指被控侵权的商标与原告的注册商标相比较,其文字的字形、读音、含义或者图形的构图及颜色,或者其各要素组合后的整体结构相似,或者其立体形状、颜色组合近似,易使相关公众对商品的来源产生误认或者认为其来源与原告注册商标的商品有特定的联系。"
第11条规定:"商标法第五十二条第(一)项规定的类似商品,是指在功能、用途、生产部门、销售渠道、消费对象等方面相同,或者相关公众一般认为其存在特定联系、容易造成混淆的商品。类似服务,是指服务的目的、内容、方式、对象等方面相同,或者相关公众一般认为存在特定联系、容易造成混淆的服务。商品与服务类似,是指商品和服务之间存在特定联系,容易使相关公众混淆。"
〔2〕 2009年《最高人民法院关于当前经济形势下知识产权审判服务大局若干问题的意见》第6条规定:"……未经商标注册人许可,在同一种商品上使用与其注册商标相同的商标的,除构成正当合理使用的情形外,认定侵权行为时不需要考虑混淆因素。……"
〔3〕 2013年《商标法》第57条规定:"有下列行为之一的,均属侵犯注册商标专用权:(一)未经商标注册人的许可,在同一种商品上使用与其注册商标相同的商标的;(二)未经商标注册人的许可,在同一种商品上使用与其注册商标近似的商标,或者在类似商品上使用与其注册商标相同或者近似的商标,容易导致混淆的;……"

或"相同商标"在认定上具有客观性,立法推定在此种情况下会产生混淆的后果。但是,当事人也可以通过举证方式,提出在上述情形下不存在"混淆可能性"。其次,全国人大常委会法工委编写的《中华人民共和国商标法释义》明确指出:"在同一种商品上使用与其注册商标相同的商标构成侵权的后果是混淆商品出处,误导消费者,损害商标注册人的合法权益和消费者的利益。"[1]最后,传统的认定商标侵权行为的理论基础为混淆理论。正如上文所提到的,商标的本质功能在于识别商品或者服务的来源,若他人对商标的使用不会造成消费者的混淆,就不会影响商标指示商品和服务来源的功能,自然不能构成《商标法》所规定的商标侵权行为。

此外,在认定是否可能发生"混淆"时,应当结合地域要素考虑,即从商品销售的地域性和商标权人所拥有商标权的地域范围角度探讨产生混淆的可能性。自贸试验区内加工方生产的定牌加工商品并非由其进行销售,也不销往国内,而是由定作方销售至其享有合法商标权的区域。加工方的行为并不会导致我国境内的消费者对该商标所标识的商品产生混淆,亦不会对我国境内的商标权人造成损害。因此,不应当认定该行为构成商标侵权行为。

三、上海自贸试验区定牌加工商标侵权的司法认定建议

正如上文分析的那样,如果受托方只是完成单纯的定牌加工行为,那么这一行为不属于商标使用行为,并且没有造成混淆的可能性,因此不直接构成商标侵权行为。但是,自贸试验区内定牌加工贸易在实践中的表现形式较为复杂,既可能有传统的定牌加工出口,也可能有纯粹的成品定牌出口或组件拼装后的定牌出口。侵权者有可能利用自贸试验区内相对宽松的监管政策,大肆从事知识产权侵权行为。[2] 所以,平衡合法的涉外定牌加工贸易活动的开展与维护我国商标权人的利益是司法保障的关键点。对此,我们提出以下三点建议:

第一,法院对定牌加工行为进行综合判断。单纯的定牌加工行为虽不构成商标侵权行为,但在商标侵权认定问题上还应结合委托方的商标权利状况、使用情形以及受托方在承揽定做服务时的注意义务,综合判断受托方是否可能构成帮助

---

[1] 参见郎胜主编:《中华人民共和国商标法释义》,法律出版社2013年版,第108页。
[2] 参见陈立斌主编:《中国(上海)自由贸易试验区法律适用精要》,人民出版社2018年版,第133页。

侵权,从而平衡我国商标权人与其他各方的合法利益。[1] 同时,法院在认定受托方是否履行合理注意义务时,应当对举证责任进行合理分配。结合国际贸易的贸易自由原则以及我国商标权人的合法利益,站在平衡多方利益的角度,将是否履行合理注意义务的举证责任分配给对此提出异议的商标权人。

第二,建立定牌加工报备制度。虽然定牌加工行为并非侵犯商标权行为,但是在境内的商标权人向海关提出申请后,海关往往会对定牌加工的货物进行扣押。海关对该特定货物进行调查通常需要 50 天左右,即便最后认定该行为属于定牌加工行为而不侵犯商标权,进行定牌加工的中小企业也会因此遭受重大的损失。所以,可以建立事前审查机制,即企业在进行定牌加工之前,可以持商标权利人的授权委托书以及其他能够证明其所加工产品商标权的完整性的材料,向海关或知识产权行政部门进行报备。海关或知识产权行政部门在发现定牌加工行为有可能侵犯他人权利的情况下,可以要求加工企业进一步提供说明,证明其加工行为的合法性。通过事前审查,给予定牌加工方初步的许可,使得商标权人之后提出侵权申请需承担一定的举证责任,从而避免加工方因恶意申请或者明显缺乏事实证据的申请而遭受损失。

第三,建立海关、知识产权行政部门以及司法机关三方合作机制。在执法过程中,海关和知识产权行政部门是单独行动的,分别履行其职责。然而,在定牌加工商标侵权问题上,知识产权行政部门较海关而言具有更多的理论和实践经验。因此,两者可以通过信息共享以及联合执法机制提高自贸试验区内定牌加工问题审查和认定的效率。但是,执法与司法属于两个环节,在实践中可能出现海关认定定牌加工行为侵犯他人权利而司法机关认定该行为不违法或者相反的情形,从而导致行政与司法之间的矛盾。为了避免矛盾的产生,可以建立海关、知识产权行政部门以及司法机关之间的合作机制,如通过设立认定具体的定牌加工行为是否构成侵权的法律委员会或技术委员会,强化三方之间的合作。

---

[1] 法院在定牌加工商标侵权纠纷案件的审判实践中,应注重审查以下四个方面的内容,以判断定牌加工产品是否构成侵权:(1)审查商标注册情况,即境外委托方在产品销往国是否享有商标权或其使用许可;(2)审查商标使用情况,即定牌加工产品上标注的商标是否严格按照该商标在境外注册的内容及核准类别使用;(3)审查产品销售情况,即定牌加工产品是否全部销往委托方享有权利的地域;(4)审查加工企业的注意义务履行情况,即加工方是否切实审查核实了委托方的商标权证明文件。参见陈立斌主编:《中国(上海)自由贸易试验区法律适用精要》,人民出版社 2018 年版,第 134 页。

第三节　上海自贸试验区的平行进口问题

为了紧跟经济全球化的发展趋势,促进贸易投资自由化,建立国际化社会,上海自贸试验区实施"境内关外"的监管模式,对货物进口的监管较为宽松。但是,随着货物入区的便利化,以及自贸试验区的跨境贸易电子商务服务平台和保税展示交易平台的发展,有人从中发现商机,利用价格差牟利。平行进口就是经济全球化发展不平衡的产物。"平行进口一般是指未经相关知识产权权利人授权的进口商,将由权利人自己或经其同意在其他国家或地区投放市场的产品,向知识产权人或独占许可人所在国家或地区的进口。"[1]平行进口的产品应当是在他国拥有合法来源,而在进口国未经知识产权权利人授权生产和销售的产品。平行进口通常表现为:知识产权权利人或者经其授权的他人将出口进入其他国家或地区市场的低价产品,直接向其本人所在的国家或地区的市场反向销售。

一、平行进口的合法性争议

为适应建立国际高水平投资和服务贸易体系的需要,自贸试验区实施"境内关外",即所谓"一线放开、二线管住"的监管模式。随着境外货物进入自贸试验区的极大便利化,以及品牌商品在境内外客观存在的巨大价差,自贸试验区允许货物凭进口舱单直接入区的方式可能引发商品平行进口现象的出现。平行进口现象实质上是全球化背景下贸易自由与知识产权地域性之间存在冲突的产物。各国对此态度不一。我国各界对该问题也存在争议,理论上主要有两种观点,分别是同意国际权利用尽原则的允许平行进口和同意国内权利用尽原则的不允许平行进口。

专利领域的平行进口在我国现有法律框架下是被允许的。2008年修正的《中华人民共和国专利法》(以下简称《专利法》)明确平行进口在专利产品领域是合法行为。[2]从现实而言,专利产品的平行进口也应是被允许的。我国作为发展中国

---

〔1〕 王春燕:《平行进口的含义特点表现形式》,载《中国知识产权报》2002年12月20日第2版。

〔2〕 2008年《专利法》第69条规定:"有下列情形之一的,不视为侵犯专利权:(一)专利产品或者依照专利方法直接获得的产品,由专利权人或者经其许可的单位、个人售出后,使用、许诺销售、销售、进口该产品的;……"

家,虽然制造能力较之以往有较大提升,但是一些核心部件仍然依靠进口。允许平行进口符合我国国情,并且价格较低的专利产品进入中国市场可以防止专利权人的权利滥用,也有利于消费者从中作出最优选择。

著作权领域的平行进口行为是否合法,向来不是进口商和消费者最为关注的问题。对于进口商而言,关键在于出版物进入自贸试验区后能否进行正常的后续传播、销售,从而获得利益。根据我国 2016 年《出版管理条例》第五章"出版物的进口"的规定,国家严格管控出版物的进口和发行行为,必须由符合资质的专门经营单位进口,进口单位需要对进口出版物的内容进行审查;省级以上人民政府也可以直接对出版物的内容进行审查,对于不符合规定的,有关出版行政部门可以禁止进口该特定出版物。我国出版行政主管部门对进口出版物的严格要求缘于出版物不同于其他产品的实用功能,对其意识形态层面的传播力必须加以明确管控,否则极容易损害国家利益。即便进口行为发生在整体政策环境较宽松的自贸试验区,也应当严格遵循相关规定。2018 年 10 月 15 日发布的《中国(上海)自由贸易试验区跨境服务贸易特别管理措施(负面清单)(2018 年)》第 86—89 项列明新闻出版等与著作权相关的事项,并为此类事项设置了须经有关部门批准等特别管理措施。

回顾过往的司法实践,自贸试验区内平行进口的主要纠纷发生在商标领域。相比于专利权和著作权,商标权因商业性使用而在保护范围和程度上有很强的弹性,判断其是否受到保护、保护的强度大小离不开具体的政策环境、经济背景和社会环境。因此,《商标法》不周延的特点更加明显,无法穷尽对商标权的保护或限制,在对具体个案进行利益调整上存在诸多争议。平行进口在《商标法》中没有明确的规定,基于现实状况的复杂性,司法实践中处理结果也不尽相同。例如,1999 年"联合利华香皂案"作为国内第一起限制商标平行进口的案件,为禁止商标平行进口提供了先例。但是,该案判决实际上回避了对商标平行进口应采取何种原则的问题。[1] 2001 年"ANGE 牌服装案"中,法院认为被告的产品交易行为正当、进口手续完善,消费者未对产品来源产生混淆,不构成不正当竞争行为。但是,该案判决实际上并未正面回应商标平行进口的合法性问题。2009 年"米其林轮胎案"

---

[1] 参见(1999)穗中法知初字第 82 号民事判决书。

中,法院则默认了商标权国际权利用尽原则,认可平行进口。[1] 对于商标平行进口是否合法,最高人民法院未曾以司法解释或复函方式予以回应,这也是我们在下文主要分析解决的争议。

二、平行进口合法性的法理分析

第一,对于一个争议或问题的分析,应当建立在充分了解该争议或问题的基础上。商标产品的平行进口,是指在国际货物买卖中,一国进口商在某商标权或商标使用权已在本国受保护的情况下,未经本国商标权利人许可,将从国外购得的同一商标的商品输入本国的行为。[2] 其主要特点可以总结为:涉及两个以上国家或地区知识产权地域性保护问题;所涉商品的生产、销售、出口均是合法的;行为人对商标权无权处分;在所涉商品上使用商标的行为未经国内商标权利人许可。从理论上而言,行为人对合法生产、销售的产品享有的财产所有权应当受到保护,经销商的合法经营权和正当竞争行为也应当受到保护,因此前述权利和商标专用权产生冲突,难以取舍。这也是商标产品平行进口问题的争议无法得到明确回应的原因之一。

第二,对于自贸试验区内商标产品平行进口的行为是否应当允许,应当结合自贸试验区的设立初衷、政策环境和各方利益等因素对行为的性质进行考量,以个案判断的方式解决纠纷。实际上,自贸试验区内平行进口行为大都发生于商标领域,尤其是随着国际贸易新业态的产生,在便利进口的同时也容易导致争议产生。从当前自贸试验区的功能设置和政策导向来看,商标领域的平行进口行为本身是受到允许的。跨境贸易电子商务平台和保税展示交易平台的推广是为了加快国际贸易流通,其最大特色在于进口手续便利以及费用降低。自贸试验区建立此类平台的目的在于发挥"贸易、投资便利化"的功能。可以说,自贸试验区鼓励支持跨境贸易电子商务平台的设立也间接反映了其对于商标领域的平行进口原则上表示同意。除此之外,自贸试验区在政策的制定上也反映出其对于平行进口的态度。2015年1月7日,上海市商务委员会等五部委发布《关于在中国(上海)自由贸易试验区开展平行进口汽车试点的通知》,规定平行进口汽车可以在自贸

---

[1] 参见(2009)长中民三初字第0072号民事判决书。
[2] 参见郭丽华:《试析商标平行进口》,载《财经理论与实践》2002年第5期,第124页。

试验区设立销售点,进行自由贸易。该通知的发布,是我国第一次正面以政府文件的形式表明自贸试验区内平行进口汽车销售的合法性,这似乎也昭示着"灰色市场"得以阳光化。

除此之外,近几年法院的审判也倾向于适用国际权利用尽原则,认为平行进口商从不同国家的价格差中获取利益,是一种正当的竞争手段;阻止使用相同商标的正品的行为是一种权利滥用,是对自由贸易和自由竞争的限制。从上海自贸试验区的司法实践来看,法院倾向于适用"商标权利一次用尽"原则处理平行进口问题,即对于经商标权人许可或以其他方式合法投放市场的商品,他人在购买之后无须经商标权人许可就可以将带有商标的商品再次售出或以其他方式提供给公众。[1]

综上所述,在我国鼓励国际贸易自由和自贸试验区设立了诸多优惠政策的背景下,商标产品平行进口行为一般是被允许的。但是,实践中的司法保障应当从我国国情出发,结合具体法律规定、法律原则和个案情况,综合考虑国家利益、社会公众利益和商标权人利益的平衡,作出合法合理的裁判,从而实现法律效果和社会效果的统一,体现法治精髓。

三、上海自贸试验区平行进口司法认定的建议

司法实践证明,"只要通过理性的努力,法学家们便能塑造出一部作为最高立法智慧而由法官机械地运用的完美无缺的法典"[2]几乎是无法实现的。司法行为不是为了简单执行法律法规,而应当以定分止争为目的,讲究社会效能,以社会的公平正义为司法绩效的衡量标准。平行进口的司法审判问题实质上就是各方利

---

[1] 例如,在浦东法院自贸区法庭审理的首例因平行进口引发的侵害商标权纠纷案中,原告是商标"森田藥粧"在中国大陆地区网络销售的独占许可销售权人,起诉广东壹号大药房连锁有限公司(以下简称"壹号大药房")在"1号店"网站上销售标识为该商标的面膜商品侵犯其在中国大陆地区的商标专用权。壹号大药房辩称该商标的注册人森田百货有限公司授权给森田药妆有限公司,森田药妆有限公司授权给深圳思萨投资有限公司,而后深圳思萨投资有限公司授权给青岛金欣尚健康用品有限公司。涉案面膜是原告从青岛金欣尚健康用品有限公司采购而来。自贸区法庭经审理后认为,经由正规渠道售出的森田药妆面膜再次销售时无须商标权人的再次许可,由于原告无证据证明壹号大药房在"1号店"中有售假行为,故驳回原告的诉讼请求。参见(2014)浦民三(知)初字第772号民事判决书。

[2] 转引自周赟:《司法能动性与司法能动主义》,载《政法论坛》2011年第1期,第80页。

益的相互博弈,包括进口国与输入国、商标权人与商标产品的所有权人、商事行为主体与消费者。法院在处理自贸试验区平行进口问题时,应当以维护国家利益为核心,兼顾消费者利益和商标权人利益。平行进口问题较为复杂,法院应当对这一问题进行分类规制。不同领域的平行进口问题关注的重点不尽相同,处理规则也有差异,因此不应将国际权利用尽原则"一刀切"地适用于所有类型的案件,而应具体问题具体分析。

法院在处理涉及专利权的平行进口问题时,应在国际权利用尽原则和默示许可原则之间选择适用。默示许可原则的优势在于,如果存在默示许可的行为,那么专利产品的平行进口行为即为合法,权利人在许可的前提下无法阻止平行进口行为;如果不存在默示许可的行为,那么平行进口行为将被禁止。默示许可原则考虑到权利人的主观意愿,充分发挥资源原则。这样,法官对案件的处理也会更加灵活,可以避免国际权利用尽原则引起的负面影响,尤其是在阻碍国内权利人的商业积极性方面。但是,默示许可原则的适用也要考虑到商事行为习惯,考虑到主体之间是否有合同约定,考虑到进口产品的定价是否会对国内产品的知识产权功能造成实际影响,从而在整体上作出最有利于多方利益主体的裁判。

自贸试验区内涉及商标权的平行进口争议在多次审判活动中,渐渐形成较为明确的解决纠纷的思路。在处理商标领域的平行进口问题时,有两项基本的原则值得参考借鉴:一是不得导致消费者对商品来源发生混淆;二是不得导致商标权人的商誉不合理受损。如果有关货物的状态或质量在进入市场后有所改变或受损,则不应允许此类货物的平行进口。在自贸试验区的地域范围之内,考虑到其特殊地位,如果商品在入境时清楚标明了真实来源,商品质量与状态在境内外基本相同,则应当允许平行进口。审判应以国际权利用尽原则为基本原则,同时对例外情况要特别关注。第一种例外情形是具有实质性差异的产品进口。实质性差异表现在很多方面,如气味、成分、规格、外包装等。倘若实质性差异损害产品的识别功能,那么在此情形下,进口行为应当受到阻止。第二种例外情形是假平行进口。所谓的假平行进口,是指作为平行进口对象的进口产品本身未经商标专有权人或其他权利人许可,或者该产品未先行出口至其他国家、地区的市场,此类产品不具备合法来源。假平行进口行为与平行进口行为在本质上存在明显区别,可能存在假冒仿冒等侵权违法行为,同样会损害消费者权益。因此,我们认为,法院在审理此类案件时,应当对进口产品的来源进行严格审查,杜绝假冒仿冒行为对商标权人和相关消费者的侵害,不局限于商品进口行为本身是否应当被允许。第三种例外情形是平行进口商的不正当竞争行为。国内商标权人为了营造良好的商誉,在当地市场投入大量的广告宣传,进行优质的售后服务。此时,进口商"搭便车",无偿利用他人独立的商标信誉,是对市场良好竞争秩序的破坏,应当予以禁止,否则会导致权利人对于后期产品的销售服务产生抵触情绪。

涉及著作权的平行进口问题的处理思路其实与其他领域并无太大区别,对于著作权作品的进口同样应当分类别处理。对于图书,经国家出版行政主管部门允许的图书应当允许平行进口。在国际文化交流过程中,图书扮演着重要角色,对其全面禁止不利于外国优秀文化作品、思想在我国传播,不利于民众汲取知识,站在前人的肩膀上继续创造。对于音像作品,早期音像市场略显混乱,同一进口商会将音像作品以不同载体授权国内不同受让人。经由相关行政主管部门整改,我国音像市场趋于规整。但是,许可类音像制品的权利人仍然因平行进口行为导致利益受损。此时,从利益平衡的角度切入,被许可的音像制品权利人的请求应当得到法院的承认,即对此类平行进口行为应当予以禁止。对于法院而言,问题分析、利益判断十分重要。

我国学界在知识产权侵权的归责原则和损害赔偿规则两个方面存在较大分歧,平行进口问题中的侵权亦然。然而,不论适用何种归责原则,在涉及利益平衡时,诚信原则应当发挥重要作用。平行进口商、权利人同属商事主体,在商事行为中应当遵循诚实信用原则,各自承担维护市场秩序的责任。因此,法院在审判时应当审查主体行为是否违背诚实信用原则,作出合法合理的判决。知识产权侵权案件必须采取利益平衡的审判方式,法官在这种方式面前应当适度把握,若对知识产权的保护不顾及国家实情要求,则会造成权利滥用,损害国家利益。利益平衡要符合立法目的。法院在解决具体问题时,无论采用何种法律解释方法,都不应当脱离立法目的。例如,在商标领域,裁判必须符合商标法保护消费者利益、商标权人利益和维护公平竞争的理念。利益平衡同样应以利益最大化为标准,以裁判合理为最终追求,为了一个利益去限制另一个利益必须建立在充分正当的理由之上,要在适当必要时给予相应补偿。

总之,法院在处理自贸试验区平行进口纠纷时,应当以维护国家利益为核心,兼顾知识产权权利人和公众的利益,具体案件具体分析,明确自贸试验区承载的重大任务,努力实现贸易自由化、便利化和产权保护之间的平衡,从而为自贸试验区的建设和进一步深入发展提供助力。

第四节 上海自贸试验区知识产权案件审判概况

本节在回顾上海自贸试验区成立以来,各级法院审判各类知识产权案件的基础上,结合上海市第一中级人民法院(以下简称"上海一中院")、上海市浦东新区人民法院(以下简称"浦东法院")公布的白皮书以及上海市高级人民法院发布的《上海法院服务保障中国(上海)自由贸易试验区建设典型案例(2013—2018)》中有关知识产权的案件,分析涉自贸试验区知识产权案件的基本特点。除此以外,我们以历年来各级法院以及相关文件中公布的典型案例为切入点,总结涉自贸试验区知识产权案件以及各级法院在审判实务中的创新点,展望未来可能发生的案件,并提出应对策略。

一、上海自贸试验区知识产权案件的基本特点

依据 2018 年 10 月 15 日上海市高级人民法院发布的《上海法院服务保障中国(上海)自由贸易试验区建设审判白皮书(2013—2018)》的统计,从 2013 年 9 月至 2018 年 8 月,上海市各级法院共受理涉上海自贸试验区案件 271606 件,其中知识产权案件 11231 件,占 4.14%,涉案标的额达 27.77 亿元。一审共受理知识产权案件 10663 件,审结 10411 件,案件的主要类型为著作权权属、侵权纠纷,商标权权属、侵权纠纷,著作权合同纠纷,专利权权属、侵权纠纷,不正当竞争纠纷等。(见表 8-1)在著作权权属、侵权纠纷中,侵害作品信息网络传播权纠纷共 8052 件,占所有一审涉自贸试验区知识产权案件的 77.34%。二审共受理知识产权案件 545 件,审结 505 件。

表 8-1 知识产权案件的主要类型及数量

类型	数量(件)
著作权权属、侵权纠纷	9880
商标权权属、侵权纠纷	157
著作权合同纠纷	97
专利权权属、侵权纠纷	80
不正当竞争纠纷	70

另依据 2018 年 5 月 30 日上海一中院和浦东法院联合发布的《自贸区司法保

障白皮书》的统计，截至2018年4月，浦东法院共受理涉自贸试验区知识产权民事案件9779件，其中著作权权属、侵权纠纷占92.93%，其他主要类型为商标权权属、侵权纠纷，不正当竞争纠纷，知识产权合同纠纷等；共审结涉自贸试验区知识产权民事案件9196件。上海一中院共受理涉自贸试验区知识产权案件16件（均已审结），其中一审案件8件，二审案件8件，数量位居前三的案由分别是侵害实用新型专利权纠纷（8件）、侵害商标权纠纷（5件）、确认不侵害商标权纠纷（2件）。

结合历年的司法统计数据，涉自贸试验区知识产权案件主要有三个方面的特点：

第一，新类型知识产权案件频发。在加快建设自贸试验区的背景下，市场主体技术创新的活跃程度增强，新型知识产权纠纷层出不穷。2013—2018年，浦东法院受理和审结了一大批"首例"知识产权案件，如全国首例电竞游戏赛事直播不正当竞争纠纷案、全国首例涉网购助手不正当竞争纠纷案、全国首例同人作品著作权及不正当竞争纠纷案、全国首例涉电商平台不正当竞争诉前禁令案、全国首例将角色扮演类网络游戏认定为类电影作品进行整体保护的案件等，为自贸试验区知识产权创新提供了有力保障。

第二，案件专业化程度增高。随着"互联网＋"建设的加快推进，自贸试验区内的文化创意产业、在线电子商务、网络服务提供等领域快速发展，由此也引发了大量"互联网＋"知识产权案件。在这些案件中，法律问题与互联网技术相互交织，事实认定、法律适用有赖于法官对新技术的了解和掌握，审理难度较大。

第三，涉知名企业、品牌知识产权诉讼较多。浦东法院审理的涉自贸试验区知识产权案件中，涉及迪士尼、养乐多、捷豹路虎、天猫、银联、暴雪等知名企业，涉及LV、Burberry、Michael Kors、New Balance、Uber、HP、曼秀雷敦、雀巢、贵州茅台、多乐士等知名品牌。此类案件的社会影响较大、公众关注度高，法院的公正审判为这些企业、品牌的知识产权保护提供了有力支持。[1]

二、上海自贸试验区知识产权案件的案例集解

以2018年公布的《上海市第一中级人民法院、上海市浦东新区人民法院自贸

---

[1] 参见《上海市第一中级人民法院、上海市浦东新区人民法院自贸区司法保障白皮书（2013年9月—2018年4月）》。

区司法保障白皮书(2013年9月—2018年4月)》为例,自2013年9月至2018年4月,上海自贸试验区内的知识产权案件逐年增高,每年的受理数量分别为8件、498件、2699件、3619件、4407件,呈持续快速增长态势。这反映出上海自贸试验区和上海科创中心建设双向联动不断深化,市场主体寻求知识产权司法保护的需求较为迫切。诚如上文所言,建立上海自贸试验区是我国为顺应全球经济发展趋势采取的重要措施。但是,在建设过程中,除了上海自贸试验区内转运货物的知识产权边境执法、定牌加工、平行进口等相关问题日益突出外,知识产权案件往往涉及知名企业、品牌,同时体现出知识产权纠纷与新型技术紧密结合的特点。所以,法官在审判时应当对新型技术有一定程度的了解,如此方有利于解决事实问题与法律问题。以下内容是根据近年来上海市各级法院公布的白皮书和"知识产权十大典型案件"整理而成的,希望能对法官未来审理相关案件提供参考。

(一)涉自贸试验区著作权侵权纠纷案件

在著作权纠纷中,如何正确适用"思想与表达二分法"一直存在争议。尤其是在如今这个高速发展的时代,时代的进步推动产业的发展。对于新生产业,如文化创意产业,其中所涉及的著作权思想与表达的区分未有定论,法院各自探索认定规则。当美术作品实质性相似认定与商业标识侵权相结合时,案件就变得更为复杂。本部分选取的"迪士尼企业公司、皮克斯诉厦门蓝火焰影视动漫有限公司、北京基点影视文化传媒有限公司、上海聚力传媒技术有限公司著作权侵权及不正当竞争纠纷案"[1]即为其中之典型。

1. 案情简介

迪士尼企业公司(以下简称"迪士尼公司")与其子公司皮克斯是知名动画电影作品《赛车总动员》(Cars)、《赛车总动员2》(Cars 2)的著作权人。2015年7月,由厦门蓝火焰影视动漫有限公司(以下简称"蓝火焰公司")制作、北京基点影视文化传媒有限公司(以下简称"基点公司")发行的动画电影《汽车人总动员》在国内上映。上海聚力传媒技术有限公司(住所地在上海自贸试验区,以下简称"聚力公

---

[1] 一审案号:(2015)浦民三(知)初字第1896号,二审案号:(2017)沪73民终54号,选取自《上海市第一中级人民法院、上海市浦东新区人民法院自贸区司法保障白皮书(2013年9月—2018年4月)》。

司")通过信息网络传播《汽车人总动员》。迪士尼公司及皮克斯诉至法院,主张《汽车人总动员》中的主要汽车动画形象"K1"及"K2"剽窃了《赛车总动员》《赛车总动员2》中"闪电麦坤"及"法兰斯高"的形象,侵犯其著作权,且"赛车总动员"构成知名商品特有名称,而"汽车人总动员"与其极度近似,会导致相关公众产生误认,构成擅自使用知名商品特有名称,因此请求判令蓝火焰公司等停止侵权,赔偿经济损失及合理费用400万元。蓝火焰公司等辩称电影《汽车人总动员》中的动画形象是独立创作的,没有剽窃迪士尼公司及皮克斯电影的动画形象,不构成实质性相似。电影取名"汽车人总动员"并无不当,"汽车人"和"赛车"的含义不同,"总动员"是常见词汇,市面上大量电影取名均含有"总动员",它们无攀附迪士尼公司、皮克斯的商誉或进行不正当竞争的意图。

2. 裁判精要

浦东法院认为,简单的设计思路作为思想不应被垄断,应当允许合理的参考与借鉴。但是,当多重的设计组合充分展示出拟人化的独有特征后,这种设计的组合不再属于不受保护的思想,而进入独创性表达的范畴。《赛车总动员》系列电影中的动画形象"闪电麦坤"及"法兰斯高"是在现实赛车样式的基础上进行了拟人化设计,构成独创性表达,属于美术作品。《汽车人总动员》中的动画形象"K1"及"K2"与"闪电麦坤"及"法兰斯高"的形象达到实质性相似,构成著作权侵权。涉案电影名称经过权利人的使用,已经能够发挥区别商品来源的作用,可以认定为有一定影响的商业标识。《赛车总动员》系列电影取得了较高的票房收入,被媒体广泛报道,属于《中华人民共和国反不正当竞争法》(以下简称《反不正当竞争法》)规定的"知名商品"。《赛车总动员》这一电影名称已经能够发挥区别商品来源的作用,属于知名商品特有名称。《汽车人总动员》电影海报中的"人"字被轮胎图案遮挡,电影名称的视觉效果成为《汽车总动员》,易导致相关公众的误认,构成不正当竞争。法院遂判决蓝火焰公司等停止侵权;蓝火焰公司赔偿经济损失100万元,基点公司对其中的80万元承担连带赔偿责任;蓝火焰公司和基点公司赔偿合理开支353188元。二审法院判决驳回上诉,维持原判。

3. 典型意义

迪士尼公司和皮克斯是涉案卡通形象的制作者,均为国际知名的动画制作公司。本案受理时恰逢迪士尼在浦东开园,受到广泛的社会关注。案件涉及对动画形象美术作品实质性相似的判断以及商业标识侵权的认定问题。当多重的设计组合充分展示出拟人化的独有特征后,就属于著作权保护的范畴。在判断某一商业标识是否受《反不正当竞争法》保护时,要考虑电影市场的特殊性,不应过分强调宣传的持续时间或放映的持续时间等因素,而应考察电影投入市场前后的宣传情况、所获得的票房成绩、相关公众的评价以及是否具有持续的影响力等因素。本案判决为文化创意产业动画形象版权保护中思想与表达的区分提供了指引,也体现了法院对中外当事人合法权利的平等保护。中央电视台新闻频道《法治在线》栏目对本案做了专题报道。本案还获得了"2017年度中国版权行业十大热点案例""2017年上海知识产权十大典型案件"等多项荣誉。

(二)涉自贸试验区发明专利权纠纷案件

将侵犯专利权的行为诉诸法院不一定会胜诉,即使胜诉,也不一定能得到较好的执行。甚至存在法院作出生效判决并执行后,侵权人仍再次恶意侵犯专利权的情形。在此种情形下,侵权人明显没有受到足够的惩罚,对专利权人的知识产权保护力度不足,不利于企业建立良好的创新氛围。法院应当在一定范围内行使其自由裁量权,防止恶意侵权人再犯。本部分选取了"史陶比尔里昂公司诉上海超诚电子科技有限公司侵害发明专利权纠纷案"[1]作为典型案例进行分析。

1. 案情简介

史陶比尔里昂公司拥有一项名称为"开口机构可动竖钩的选择方法和装置以及提花型织机"的发明专利(专利号ZL97117466.0),申请日为1997年8月5日。2013年9月,史陶比尔里昂公司向上海超诚电子科技有限公司(以下简称"上海超诚公司")购买了5个型号为SZT002-M5K的节能型提花机组件,单价为85元。经比对,该被控侵权产品落入涉案专利权的保护范围。被控侵权产品包装盒上有上海超诚公司的企业信息。上海超诚公司网站的"购物商城"一栏还登载了史陶比尔里昂公司电子提花机配件M5系列商品的信息。另外,上海超诚公司曾于2011年因生产、销售、许诺销售侵害涉案专利权的产品被法院判令停止侵权,赔偿经济损失15万元。现史陶比尔里昂公司起诉请求判令上海超诚公司立即停止侵权,赔偿经济损失100万元及合理费用28225元。

---

[1] (2015)沪高民三(知)终字第24号,选取自《上海市第一中级人民法院自贸区司法保障白皮书(2013年9月—2016年4月)》。

2. 裁判精要

上海一中院认为,被控侵权产品落入涉案专利权的保护范围,上海超诚公司未经史陶比尔里昂公司许可,擅自制造、销售、在网站上许诺销售侵权产品,应当承担停止侵权、赔偿经济损失的民事责任。考虑到上海超诚公司此前已有侵犯涉案专利权的行为,在法院判决执行后,再次实施侵权行为,足见其侵权恶意明显、侵权情节严重,再综合考量涉案专利性质、被告经营规模、侵权持续时间等因素,上海一中院判决:上海超诚公司立即停止侵权,并赔偿史陶比尔里昂公司经济损失25万元及合理费用2万元。

3. 典型意义

本案系上海一中院实施《上海市第一中级人民法院涉中国(上海)自由贸易试验区案件审判指引(试行)》以来,充分发挥司法保护知识产权的主导作用,提高侵权代价,加强知识产权保护的一起典型案例。本案中,被告过去曾因侵害原告专利权被判令停止侵权、赔偿损失,判决已经执行。两年后,被告却故伎重演,再次以相同方式侵害了原告的同一专利权。尽管该产品单价不足百元,但是考虑到专利技术在产品获利中的贡献率大,被告自己宣传的经营规模较大,且被告反复侵权,恶意明显,故上海一中院将本案判赔金额调整至27万元。本案有力制裁了自贸试验区内侵害知识产权的行为,有助于自贸试验区知识产权营商环境的净化,对于激发企业创新活力,推动企业专注自主研发、实施创新驱动发展战略,从而以点带面,建设具有全球影响力的科技创新中心具有示范意义。

(三) 涉自贸试验区诉前停止侵害知识产权纠纷案件

《民事诉讼法》第100—101条规定了诉讼保全制度,2001年颁布的《最高人民法院关于对诉前停止侵犯专利权行为适用法律问题的若干规定》以及《商标法》《中华人民共和国著作权法》(以下简称《著作权法》)也有类似规定。但是,在实践中,法院往往不轻易裁定诉前行为保全,对涉及电子商务平台不正当竞争更是难以确定审查规则。本部分选取了"浙江淘宝网络有限公司与上海载和网络科技有限公司、载信软件(上海)有限公司申请诉前停止侵害知识产权纠纷案"[1],该案突

---

[1] (2016)沪73民辖终12号,选取自上海市高级人民法院《上海法院服务保障中国(上海)自由贸易试验区建设审判白皮书(2013——2018)》。

破性地确立了审理诉前行为保全的审判规则,为解决类似诉前行为保全提供了依据。

1. 案情简介

申请人浙江淘宝网络有限公司(以下简称"淘宝公司")是"淘宝网"的经营者。被申请人上海载和网络科技有限公司(以下简称"载和公司")系"帮5买"网站经营者。被申请人载信软件(上海)有限公司(以下简称"载信公司")系"帮5淘"插件的开发者。"帮5买"网站提供"帮5淘"插件的下载。用户安装该插件后,使用IE、百度等主流浏览器在"淘宝网"购物时,该插件会在"淘宝网"页面嵌入"帮5买"网站的广告栏和搜索栏,并在购物页面的标价附近嵌入"现金立减"等链接,点击后则跳转到"帮5买"网站完成交易。淘宝公司以载和公司、载信公司构成不正当竞争,不及时制止可能对其造成不可弥补的损失为由,向法院提出诉前行为保全申请,请求法院责令载和公司、载信公司停止继续以"帮5淘"网页插件的形式对申请人实施不正当竞争。

2. 裁判精要

浦东法院认为,"淘宝网"与"帮5买"网站均为购物网站,具有直接竞争关系。载和公司的行为涉嫌不正当地利用"淘宝网"的知名度和用户基础,有可能构成不正当竞争。"淘宝网"的交易量巨大,且"双11"购物狂欢节即将到来,若不及时制止上述行为,可能对申请人淘宝公司的竞争优势、市场份额造成难以弥补的损害。根据申请人淘宝公司提供的证据材料,可初步证明"帮5淘"插件的发行者为被申请人载信公司。法院遂裁定载和公司、载信公司立即停止将"帮5淘"网页插件嵌入申请人淘宝公司"淘宝网"网页的行为。

上述裁定作出后,载和公司、载信公司不服,向浦东法院提出复议申请,要求撤销前述民事裁定。浦东法院组织双方当事人进行听证,在充分听取双方意见后,作出了驳回复议申请,维持原裁定的决定。

3. 典型意义

本案是全国首例涉电子商务平台不正当竞争诉前行为保全案件。本案中,法院基于《民事诉讼法》及知识产权法的规定,严格把握不正当竞争纠纷诉前行为保全的审查要件:一是申请人具有胜诉可能性;二是不采取保全措施会对申请人造成难以弥补的损害;三是采取保全措施不会损害社会公共利益。根据上述要件审查,初步证据显示"帮5淘"插件确实占用了"淘宝网"的用户资源,降低了"淘宝网"培养已久的用户黏性,具有构成不正当竞争的可能。同时,诉讼时临近"双11"购物狂欢节,"淘宝网"每年在此期间的交易量均极其庞大,潜在的客户资源、需求量集聚,若不及时采取行为保全措施,极有可能给"淘宝网"造成巨大损失。在结合双方纠纷属私权纠纷,不涉及他人利益、公共利益等多种因素的考量下,法院在"双11"购物狂欢节前依法作出诉前行为保全裁定,取消了"帮5买"网站在"淘宝网"上的嵌入设置,避免了损失的进一步扩大。本案的处理有效控制了知识产权侵权的损害度,体现了知识产权司法救济的及时性和有效性,充分展示了网络交易背景下知识产权的保护力度,有利于净化网络市场环境,营造良好的网络竞争秩序。

第九章
上海自贸试验区刑事案件的司法保障

  上海自贸试验区的成立无疑会对我国经济发展起到巨大的推动作用，同时对我国法治建设进程的影响也不可小觑。不过，这种推动和影响是在自贸试验区建设的先行先试性和法律适用的滞后调整性之间不断平衡而渐次发展的，并非一蹴而就的。就目前而言，自贸试验区内的法律变动主要产生于行政法律领域，而基于公法领域的传导性，刑事法律领域受到的影响也是极其鲜明与强烈的。刑法是维持社会秩序的"最后一道屏障"，在鼓励创新、倡导自由开放的自贸试验区中，不能仅仅通过刑法惩治一切违背和破坏社会经济秩序的行为。刑法在自贸试验区中的适用应当保持其谦抑性的特点，侧重于服务经济的顺畅自由发展，而非规制一切违法行为。

  不可否认的是，自贸试验区负面清单制度的实施以及伴随而来的相关行政法律法规的调整，导致自贸试验区内的刑法适用出现了不少与区外不一致的情形。甚至可以说，某些罪名在自贸试验区内已经失去了适用的空间和存在的意义。例如，在自贸试验区诸多金融创新政策施行和部分行政法规暂停实施的背景下，我国刑法中的抽逃出资罪、逃汇罪、骗购外汇罪、非法经营罪等罪名均在不同程度上受到自贸试验区建设的影响。因此，如何在自贸试验区这个全新的领域适用刑法是亟待解决的问题。

  有鉴于此，本章立足于自贸试验区刑事案件的复杂性和特殊性，以上海市高级人民法院、上海市第一中级人民法院(以下简称"上海一中院")和上海市浦东新区人民法院(以下简称"浦东法院")历年发布的白皮书和典型案例为研究对象,结合刑法理论探讨自贸试验区如何准确、合理进行刑法适用,以期更好地服务于自贸试验区的建设,促进自贸试验区的健康和谐发展。

第一节　上海自贸试验区刑事案件审判概况

从2018年10月15日上海市高级人民法院发布的《上海法院服务保障中国(上海)自由贸易试验区建设审判白皮书(2013—2018)》的统计数据来看,2013年9月至2018年8月,上海市各级法院共受理涉上海自贸试验区案件271606件,其中浦东法院受理152305件;审(执)结涉上海自贸试验区案件265909件,其中浦东法院审结、执结148919件。由此可见,上海自贸试验区内纠纷频发。本节旨在通过历年的司法统计,归纳涉自贸试验区刑事案件的主要类型和基本特点。在鼓励创新、倡导自由的自贸试验区内,刑法中的诸多理念均需转变。例如,法定犯的认定与适用均需结合自贸试验区的特殊背景作出转变。同时,自贸试验区内新型的负面清单管理模式与刑法的罪刑法定原则之间不可避免地产生了一定的冲突,如何协调这种冲突,以及区内行为、跨区行为如何适用刑法,也成为我们必须直面与解决的问题。

一、涉自贸试验区刑事案件的基本特点

刑事案件的发生率虽没有民商事案件的发生率高,但由于自贸试验区的创新性与独特性,自贸试验区的刑事案件类型往往呈现出多样化的特点。以历年来上海市高级人民法院、上海一中院和浦东法院的司法统计及白皮书为依据,归纳历年来自贸试验区内刑事犯罪的特点及高发案件,可以一览上海自贸试验区刑事案件审判概况。

依据《上海法院服务保障中国(上海)自由贸易试验区建设审判白皮书(2013—2018)》的统计,2013年9月至2018年8月,上海市各级法院共受理涉上海自贸试验区刑事案件4436件,审结4436件。其中,一审收案3960件,审结3960件,主要案件类型为信用卡诈骗罪、职务侵占罪、合同诈骗罪、非法吸收公众存款罪、非法经营罪等(见表9-1);二审收案452件,审结452件。以全部审判程

序为统计范围,判处三年有期徒刑及以下的占 79.64%,判处三年以上(不含三年)有期徒刑的占 17.24%,免予刑事处罚的 117 人。

表 9-1 刑事案件的主要类型及数量

类型	数量(件)
信用卡诈骗罪	2674
职务侵占罪	281
合同诈骗罪	279
非法吸收公众存款罪	277
非法经营罪	223

结合历年来的司法统计,涉自贸试验区刑事案件主要有三个方面的特点:

第一,传统刑事案件逐年减少,金融类案件持续增多。在不考虑 2017 年涉自贸试验区刑事案件统计口径调整(除注册地与案发地外,新增案情关联因素)的前提下,传统多发刑事案件共 102 件,占比仅为 5.92%,反映了自贸试验区内治安秩序良好,区域发展安定有序。信用卡诈骗案件高发,占比 77.79%,居刑事案件类型之首,这与多家银行信用卡机构地处自贸试验区内,导致该类案件相对集中有关。非法经营及非法吸收公众存款类犯罪占比增加,反映了对自贸试验区内无资质贸易、融资行为的打击力度增大,此举有力维护了正常的营商、融资环境。

第二,犯罪类型多样化,与自贸试验区改革相关的新型案件偶有发生。涉自贸试验区犯罪类型多样化,并出现逃汇案件、金融凭证诈骗案件、侵犯公民个人信息案件等新型案件,反映出自贸试验区内存在利用投资贸易便利化渠道实施犯罪的现象,但总体数量较少,风险可控。

第三,犯罪主体以自然人为主,单位犯罪占比低。涉自贸试验区刑事案件共涉及自然人 3567 名,但涉及单位仅 17 家,表明对自贸试验区内企业经营的监管总体运转良好,区内开放性经济体系风险管控效果良好,市场秩序的繁荣稳定得到有效维护。[1]

---

[1] 参见《上海市第一中级人民法院、上海市浦东新区人民法院自贸区司法保障白皮书(2013 年 9 月—2018 年 4 月)》。

二、自贸试验区内刑法适用的理念与原则

(一) 法定犯的理念转变

在刑法中,基于社会伦理与刑法的关系,可以将犯罪划分为法定犯和自然犯。自贸试验区的成立与发展,在为我国鼓励创新型经济增长开辟新的市场环境的同时,对我国与经济、行政相关的各种法律法规也相应地产生了一系列重大影响。特别是我国刑法中有关经济类犯罪等法定犯的认定与适用,需要结合自贸试验区特殊的经济环境以及与此相对应的制度和运作模式,作出相应的补充解释或特殊规定。自贸试验区的成立,不仅是全球经济贸易一体化的必然要求,也是创新经济发展的应有之义。

自贸试验区的成立与发展,对刑法中法定犯的理念会产生影响。法定犯,即行政犯,是指行为人实施的犯罪性质不能通过社会伦理直接进行判断,由于它是"违反行政法规中的禁止性规定,并由行政法规中的刑事法规所规定的犯罪"[1]。法定犯实质上是基于行政性的需要设立的一种现代化犯罪,它的反社会性较弱,主要是因为违反经济性、行政性法律法规达到了一定的严重程度,所以成为刑法所规制的行为。由此可见,法定犯最明显的特征就在于它的双重违法性和变易性。因此,我们认为,应该基于自贸试验区适用所制定的管理规则以及根据其运作模式而制定的有关法律法规,对自贸试验区中的法定犯进行认定。法定犯的双重违法性表明,它在违反经济类、行政类法律法规的前提下才构成相应的犯罪行为。因此,应重点关注自贸试验区内的法律法规对适用于普通地区的经济类、行政类法律法规作出相应改变的情形。也就是说,若自贸试验区内的法律法规明确否定将某些经济、行政行为认定为违反某类经济性、行政性法律法规的行为,或者自贸试验区的法律法规对此作了变更性规定,那么这类行为就根本不存在双重违法性,即直接丧失作为法定犯要求的违反经济类、行政类法律法规的前提条件,根本不可能构成法定犯,而属于"可为"行为。

基于自贸试验区的特殊环境,法定犯的理念在适用过程中必须尽快作出转变。法定犯之所以具有极强的变易性,是因为它对伦理道德和公序良俗的违反不

---

[1] 刘宪权:《自贸区建设中刑法适用不可回避的"四大关系"》,载《政法论坛》2014年第5期,第151页。

够明显,它的社会危害性会随着国家相关政策或形势变更发生极大的改变。比如,我国曾规定投机倒把罪。但是,随着改革开放和市场经济的运行,此罪名于1997年被取消。法定犯的性质、内容并非固定不变的,而是会随着国家相应政策或法律法规的改变而改变。随着自贸试验区的成立与发展,会有大量的法律法规随之发生修改和调整,以便于适应自贸试验区这一特殊的经济环境。正如前文所述,考虑到法定犯具有双重违法性的特征要求,自贸试验区的法律法规发生改变,必然会对自贸试验区内的刑法适用产生重大影响。因此,必须着重关注自贸试验区出台的管理规定及运作制度,充分解读自贸试验区出台的负面清单制度,充分了解自贸试验区特设的一系列法律法规,分析自贸试验区内制度的改变,明确对于在自贸试验区内欠缺行政违法性的行为,不得再以刑法中的法定犯定罪处罚。

(二) 负面清单与罪刑法定原则

围绕着上海自贸试验区建设的总体目标,借鉴国际通行规则,2013年,国务院印发《中国(上海)自由贸易试验区总体方案》(以下简称《总体方案》),明确提出建设自贸试验区以负面清单为核心的投资准入管理体制,即负面清单制度。自贸试验区负面清单制度的建立,是我国进行改革开放经济创新的一项重大突破性规则,对于进一步开放投资领域、吸引外商投资具有极其重要的意义。负面清单制度体现的"法无禁止即可为"的法学基本理念,在一定程度上契合了刑法中罪刑法定原则的基本内涵,那便是强调"法无明文规定不为罪,法无明文规定不处罚"的基本内容。

负面清单制度的实质,其实是对外资禁止或限制进入的投资领域的明示,它的功能在于以反向规定的方式改变以往"非许勿入"的正面清单立场,以契合透明度原则的方式划分出外国投资与投资者享受国民待遇的例外情形,同时更大程度地反映准入前国民待遇的适用场域。由此可知,自贸试验区的负面清单制度体现了"法无禁止即可为"的法治精神。刑法中的罪刑法定原则,主要是指无论何种行为,都必须依据刑法的规定定罪量刑。罪刑法定原则原本是为了防止封建社会的罪刑擅断而作出的原则性规定,它强调通过法律的明确规定公开告知人们法律所禁止的行为,从而在司法上达到保障人权和限制公权力滥用的目的。罪刑法定原则的设立就是为了限制公权力的肆意扩张,尤其是为了防止司法权的恣意扩大而过度侵害公民的合法权益。就此而言,无论是负面清单管理模式,还是罪刑法定原则,两者均在一定程度上体现了"限制权力,保障自由"的精神。因此,负面清单制度所强调的"可为"与罪刑法定原则所侧重的"不为罪,不处罚"在一定程度上有异曲同工之妙。[1]

负面清单制度与罪刑法定原则在一定程度上有契合之处。自贸试验区作为开放试点,将原先普遍适用的正面清单制度改为负面清单制度,这是一项具有革命性突破的措施,将外商投资的范围由必须在法定的领域、产业转变为只要法律没有明文禁止便可随意进入任意领域、产业,扩大了外商可投资的范围,赋予外商更多的投资自由。从法学角度讲,这是从原来的"法无明文规定不可为"理念转变为"法无禁止即可为"理念。近些年来,我国刑法的重刑化程度有所缓解,越来越注重对个人基本权利的保障,由原本的偏重于对社会利益的保护向保护社会和保障人权并重转变。由此可知,负面清单制度和罪刑法定原则在一定程度上都体现了保障自由的精神。我们认为,在贸易转型升级、深化金融领域开放、创新监管服务模式的自贸试验区内,必须树立正确的刑法意识。基于负面清单制度,自贸试验区内刑法的适用政策与理念应作根本性的转变。因此,对于自贸试验区内法定犯认定中第一层次的行政违法性,应由原先的只有符合相关经济类、行政类法律法规所规定的行为才不构成犯罪,转变为只要不实施经济类、行政类法律法规所禁止的行为,就不构成行政违法性,更不会成立犯罪。从某种意义上说,刑法就像是行为的"黑名单",只要不实施刑法所禁止的行为,就不会构成犯罪并被定罪处罚。由此可见,负面清单制度下自贸试验区的刑法适用发生的转变完全符合罪刑法定原则的基本要求,体现了罪刑法定原则所呈现的有利于被害人的根本精神,是对罪刑法定原则在经济领域适用所作的因地制宜的诠释。

三、自贸试验区内刑法适用的特殊性

(一)自贸试验区内刑法适用特殊性与刑法普遍适用性的关系

一方面,自贸试验区建设必然要求有相应的法律法规的出台与实行,而其特殊的经济环境势必会与现行法律法规产生矛盾与冲突。因此,大量的法律法规需尽快完成调整与修改,以解决自贸试验区经济创新发展、改革稳步进行的法律适

---

[1] 参见刘宪权:《自贸区建设中刑法适用不可回避的"四大关系"》,载《政法论坛》2014年第5期,第151页。

用问题。正是这些法律法规的调整,使得部门立法制度本身产生变动效应,对刑法的适用也或多或少产生了连带效果。如前文所述,自贸试验区内法定犯的认定因行政违法性的丧失而不再成立犯罪,因而使得原先可以一体适用的刑法在自贸试验区内出现了适用难题。

另一方面,《中华人民共和国刑法》(以下简称《刑法》)作为社会保障的"最后一道屏障",由全国人民代表大会通过,由国家主席发布,其效力应适用于中华人民共和国除港澳台之外的整个领土范围内,即具有普遍的适用性。从属地主义角度观察,自贸试验区当然属于刑法普遍适用的领域。可是,自贸试验区内施行特殊的经济类、行政类法律法规,区内原本由刑法所规制的法定犯因此而缺乏行政违法性的构成要件,不再构成相关法定犯罪名。这突破了刑法普遍适用原则下对于法定犯的认定,使得刑法中的部分法定犯在自贸试验区内很可能无法构成犯罪。由此可见,自贸试验区内的刑法适用呈现出一种特殊状态:特殊法律法规的施行使得原本刑法所规制的行为不再符合法定犯的构成要件,因而导致相关罪名在自贸试验区内无法继续适用,这与刑法的普遍适用性不可避免地产生冲突与矛盾。综上所述,我们认为,自贸试验区内刑法适用的特殊性是必然存在且不可避免的。

(二) 协调自贸试验区内刑法适用特殊性与刑法普遍适用性冲突的路径

通过之前的法理分析可以看出,在自贸试验区改革与创新的不断推动下,为进一步吸引外商投资、扩大开放领域,自贸试验区内的法律法规必然会随之发生改变。与之相应,会有越来越多原本可能构成法定犯的行为因丧失行政违法性而被免于刑法规制,刑法适用在自贸试验区内的特殊性与普遍适用性之间的矛盾与冲突必然会越来越大。但是,刑法适用的普遍性原则上也不能被完全否认。因此,我们需要找到一些既适合自贸试验区发展趋势又不影响刑法普遍适用性的路径,以缓和自贸试验区内刑法适用特殊性与刑法适用普遍性之间的矛盾与冲突。

1. 通过颁布相应的刑法修正案予以缓和

当现行《刑法》的部分条文不再适应社会发展的需求时,就需要通过全国人民代表大会以刑法修正案的形式,对其中过时的或不适应发展需要的条款进行删除、修改或补充。自 1997 年《刑法》生效后,我国已先后颁布 10 个刑法修正案,分别对不合时宜或随着社会发展新出现的具有严重社会危害性的行为进行删除或补充,并对一些条款的内容进行修改,以适应当前社会、经济与法制发展的需要。刑法修正案是对刑法条文的具体修正,与现行《刑法》具有同等的法律效力。因此,适时地通过颁布刑法修正案的方式对刑法在自贸试验区内适用的特殊性进行规定,应当成为立法层面深度缓和法律冲突的最佳方案。

自贸试验区作为我国经济改革与发展的前沿阵地,为我国经济转型升级提供了良好的发展环境,它的存在与发展必然会对我国各个方面的建设产生重要影响。随着经济的深入发展,刑法中的部分罪名已然丧失当初的立法目的和立法精神,不再具有由刑法规制的必要性,或者虽仍具有一定的可适用性,但规制的行为方式已发生重大变化,出现立法当时不存在的新的行为手段等,当下的适用性严重减弱,已无法满足当前社会发展的需要。在自贸试验区内,对于以经济类、行政类为主的法定犯罪名必须进行相应的删除、调整或补充,否则会严重遏制我国当前经济改革与发展的速度和力度。因此,我们认为,完全可以通过颁布相关的刑法修正案,废除已丧失现实必要性的罪名,调整相关罪名的犯罪构成要件,使其适应自贸试验区内发生的行为。

2. 通过出台相关的立法解释予以缓和

立法解释,是指由国家立法机关对刑法规范条文本身所作的解释。它与刑法规范具有相同的普遍约束力,用于进一步阐明刑法条文本身的含义,也可以在不违背刑法基本原则的情况下对法条作一定程度的补充或修改。有鉴于此,在保障刑事立法完整性和严肃性的前提下,如不考虑修法方式,也可以通过出台立法解释的方式缓和适法矛盾。

由前文所述可知,自贸试验区的成立与发展必然会使得大量的经济类、行政类法律法规发生改变,导致相当一部分法定犯因缺乏相应的犯罪构成要件而不再构成犯罪。我们认为,为了保障自贸试验区的稳定发展,应充分考虑到自贸试验区所主张的政策理念,通过出台相关的立法解释,对自贸试验区内因经济运作模式和管理制度的革新而造成的部分刑法罪名丧失现实适用性的情况进行调节。具体而言,可以针对自贸试验区的特殊环境,对某些罪名的适用条件作出补充或修改,或者重新明确刑法相关条文的界限,重新定义某些罪名,进而使其能适用于自贸试验区内的犯罪。

3. 通过发布相关的司法解释予以缓和

司法解释,是指国家司法机关在审判和检察工作中就刑法规范的具体应用问题所作的解释。随着自贸试验区的发展,越来越多的经济类、行政类法律法规会发生改变,会出现越来越多通常情况下被认定为犯罪的行为因发生在自贸试验区内,符合自贸试验区内的法律规范及政策制度,却不符合犯罪构成要件的要求,从而不应被追究刑事责任的现象。同时,自贸试验区作为我国对外开放的试点,本身就是为了突破发展瓶颈,为经济改革提速所实施的重点工程,必然会放宽经济政策。因此,一些在自贸试验区外具有严重的社会危害性的犯罪行为在自贸试验区内可能不再具有严重的社会危害性这一特征。所以,对于自贸试验区内的合法行为,如果因其违反刑法的普遍适用性而对其加以定罪量刑,显然不符合自贸试验区创新与改革的政策理念,也背离了刑法罪刑相当的基本原则。对此,在修法和立法解释无法实现时,最高人民法院、最高人民检察院可以考虑通过发布司法解释的方式,在为自贸试验区提供司法保障的同时,阐明自贸试验区刑事司法的理念与规则的调整方案。

我们认为,对于同一行为,可以在参照通常条件下的刑法适用规则的基础上,考虑自贸试验区内特殊的政策理念,以及相关法律规范的立法初衷,通过司法解释,让国家司法机关在审判与检察工作中对发生在自贸试验区内的相应行为作出修改或补充。对于自贸试验区外认定的犯罪行为,主要是法定犯现象,若完全违背自贸试验区经济开放、创新发展的理念,则不符合自贸试验区内所实施的经济类、行政类法律法规的规定,缺乏构成法定犯的行政违法性这一前提,也就不应认定为犯罪;对于在自贸试验区内也具有严重的社会危害性,只是相较于自贸试验区外没那么严重的行为,仍将其作为犯罪处理,但在量刑方面要减轻幅度;对于因自贸试验区给予的特殊经济条件而产生的新的危害行为,也应通过司法解释将其纳入犯罪行为之中。这样,既能保证刑法的普遍适用性,也能照顾到自贸试验区内刑法适用的特殊性,从而缓和两者之间的冲突与矛盾,使自贸试验区得到更好的发展。

四、跨区行为区内外刑法适用的标准

自贸试验区的成立与发展,不仅会带来自贸试验区内刑法适用特殊性与刑法适用普遍性之间的矛盾与冲突,还会带来跨区行为区内外刑法适用的冲突问题。跨区行为的问题主要涉及刑法的空间效力范围。刑法的适用范围实际上可以区分为刑法的属地效力和属人效力两个层面,前者是指一个国家的刑法在何种领域内得以适用,后者则是指刑法对于何种主体可以适用。如前文所述,随着自贸试验区内相关经济类、行政类法律法规的改变,新的经济运作模式和管理制度导致一部分罪名在自贸试验区内丧失刑事规制的可能性。自贸试验区作为我国对外开放的试点,经济贸易范围扩及全球,这样对于跨越自贸试验区内外的行为之刑法适用问题就成为法律学者们争议和讨论的问题之一。

自贸试验区内外的刑法适用是否不同?对于跨区行为应该如何适用刑法?特别是有关跨区的共同犯罪问题,应该如何对共犯进行定罪量刑?由于经济与贸易交往具有流动性、连续性的特点,一个经济贸易行为可能跨越自贸试验区内外,且有多人参与实施。若某行为在自贸试验区内不构成犯罪,而在自贸试验区外又构成犯罪,自贸试验区内的行为人被认定不构成犯罪,那么区外的行为人能被认定为构成犯罪吗?显然,这是不可以的。

我们认为,若为适应自贸试验区发展需求而修改的相关经济类、行政类法律法规只在自贸试验区内有效,那么相关法定犯的犯罪构成也只在自贸试验区内发生改变,而判断法定犯双重违法性中的行政违法性应以自贸试验区内的法律法规为依据。这种跨区行为的刑法适用冲突是不可避免的。我国对于刑法空间效力的适用采取行为、结果择一原则,即只要犯罪行为或结果有一项发生在我国境内,就应当将之认定为在我国犯罪。一些经济贸易行为的实施和结果分别发生在自贸试验区内外。对于此类行为的刑法适用,应当以自贸试验区内的刑法适用为基准,这是符合空间效力原则的。此外,存在多个跨区行为时,应当以主行为地的刑法适用作为入罪的依据。对于跨区的共同犯罪问题,考虑到此类行为利用了自贸试验区的特殊性,应当将其看作一个整体,通常以自贸试验区内的刑法适用作为认定犯罪的依据,但是要顾及主犯因素,若主犯的主要犯罪行为发生在自贸试验区外,则应当以自贸试验区外的刑法适用为依据。

第二节　上海自贸试验区刑事案件的法律适用

不可否认,自贸试验区施行的各类金融创新政策促进了区内经济的迅猛发展,同时也加剧了一些犯罪现象的产生。如何避免犯罪现象的出现、如何处理相关刑事案件以及如何适用相关刑事法律成为我们必须研究的课题。在自贸试验区的特殊背景下,行政监管方式由以事前监管为主向注重事中事后监管转变,使得与之相关的刑事法律,尤其是刑法中法定犯的罪名,在自贸试验区内将或多或少地失去适用空间。因此,自贸试验区刑事案件的法律适用已然成为一大难题。本节专门针对在自贸试验区法律适用过程中存在特殊性的妨害对公司、企业的管理秩序犯罪,走私犯罪,外汇犯罪,非法经营罪四类罪名进行分析,并提出修正适用的建议。

一、妨害对公司、企业的管理秩序犯罪的法律适用

在上海自贸试验区设立之初,公司资本制的改革进行了全面的试点,其核心是充分释放公司与市场活力,以认缴资本制为中心,提升公司资本的有效利用度,加快自贸试验区市场的流动性。[1] 伴随着公司资本制在自贸试验区的先行先试,原先基于法定资本制或折中资本制的虚报注册资本罪和虚假出资、抽逃出资罪在自贸试验区内基本失去了适用的意义。不过,在 2013 年《公司法》修正后,认缴资本制在全国范围内得到适用,随之而来的刑法变动情况也具有普遍适用的意义,不再属于自贸试验区特有的刑法适用问题。因此,此处仅对妨害对公司、企业的管理秩序犯罪中的违规披露、不披露重要信息罪的修正适用问题进行探讨。

违规披露、不披露重要信息罪是《刑法修正案(六)》对《刑法》第 161 条作出修改后的罪名,是指依法负有信息披露义务的公司、企业向股东和社会公众提供虚假的或者隐瞒重要事实的财务会计报告,或者对依法应当披露的其他重要信息不按照规定披露,严重损害股东或者其他人利益,或者有其他严重情节的行为。自贸试验区的设立衍生出更多的金融创新产品,而金融创新产品的增多必然会挑战现有的金融管理秩序。自贸试验区内的金融贸易改革对违规披露、不披露重要信息罪的影响主要体现在以下三个方面:

第一,关于犯罪主体的确定。首先,需要确定金融创新主体是否能成为违规披露、不披露重要信息罪的犯罪主体。信息披露有利于保障投资市场的投资者权

---

[1] 为进一步改善国内的投资环境,激发公司制企业的新活力,国家工商行政管理总局针对上海自贸试验区在公司工商登记方面推出了九条政策,诸如"试行注册资本认缴登记制""取消有限责任公司最低注册资本制""不限制公司设立时全体股东(发起人)的首次出资额及比例""不限制公司全体股东(发起人)的货币出资金额占注册资本的比例""不再规定公司股东(发起人)缴足出资的期限"等。

益。自贸试验区设立后衍生出的金融创新产品,其责任主体是否属于"依法负有信息披露义务的公司、企业",需要以法律法规的明文规定为准作出具体认定。比如,银监会和中国人民银行2008年发布的《关于小额贷款公司试点的指导意见》明确将小额贷款公司定位于企业法人,但是并未明确其金融机构的属性。按此规定,小额贷款公司从事资产证券化业务的,是否受有关金融监管部门发布的信息披露监管制度约束的问题有待研究。因此,"负有信息披露义务的公司、企业的范围应当以法律、法规的明文规定为准。金融管理法律、法规没有规定有关公司、企业的信息披露义务,不能构成本罪的主体。金融创新主体信息披露义务规范的缺失,应通过完善立法来解决。"[1]其次,金融交易过程极其复杂,尤其是交易过程中产生的数据和信息更为庞杂,在如此大量的信息中认定哪些信息属于"依法应当披露的其他重要信息"对司法工作人员而言并非易事。最后,《刑法》条文所规定的"有其他严重情节的"行为并不明确,易造成刑事司法标准的不统一。

第二,有关欺诈增资情形的刑法认定。公司资本的健康运行要求资本信息必须保持真实。《公司法》在修改中将注册资本登记制度由实缴制改为认缴制,取消了验资程序,但是并没有免除股东的出资义务,仍然要求保持股东出资的真实性,而且公司运营过程中仍然存在增资的环节。虚假出资、增资的行为不仅对公司运营不利,还损害了股东、发起人、债权人的利益。对于依据相关法律要求,经由市场主体信用信息公示体系公示的信息,公司应当如实披露。公司运营中欺诈增资并予以公示的行为属于虚假披露公司信息的行为,侵害了债权人和社会公众的权益,理应被认定为违规披露、不披露重要信息罪,受到刑法制裁。[2]根据相关司法解释的规定,当公司、企业欺诈增资达到当期披露的资本总额30%以上时,就应当予以立案追诉。[3]

第三,有关违法减资情形的刑法认定。根据《公司法》第177条的规定,公司需要减少注册资本时,必须编制资产负债表及财产清单,在程序上还应当通知债

---

[1] 上海市人民检察院自贸区检察工作调研课题组:《对五类犯罪刑法适用有影响》,载《检察日报》2015年1月2日第3版。

[2] 同上。

[3] 参见2010年《最高人民检察院 公安部关于公安机关管辖的刑事案件立案追诉标准的规定(二)》第6条。

权人和在报纸上公告。[1] 违法减资的行为同样损害了股东、发起人、债权人的利益,故对于减少注册资本,未按照《公司法》的规定履行相应的信息披露义务,情节严重的,亦应当认定为违规披露、不披露重要信息罪。

二、走私犯罪的法律适用

上海自贸试验区成立之后,推出了一系列的创新制度,如在海关监管问题上,将监管区域缩小,对自贸试验区基本不实施海关干预。在监管方式、监管区域变动的同时,相应的刑法适用也产生了一定的变化。"部分犯罪完全可能会因自贸区内制度的创新而在区内产生刑法适用的困难甚至失去刑法适用的空间,部分犯罪也会因自贸试验区的便利条件而呈现出新的态势等。"[2]在自贸试验区成立之后的一段时间内,走私犯罪的手法不断"推陈出新",如何认定涉自贸试验区单位走私犯罪是我们首先需要面对的问题。

(一)单位走私犯罪的认定

依据现行法律规定,涉自贸试验区单位走私犯罪是指"涉嫌走私犯罪行为和犯罪结果有一项发生在自贸区内,或者涉嫌走私犯罪单位注册于自贸区内"[3]的犯罪。在自贸试验区成立之后,对单位走私犯罪的认定出现了一定的困难。根据既有司法解释的规定,如果单位是以实施犯罪为主要活动,那么不能按照单位犯罪认定。[4] 具体到自贸试验区范围内,如何量化"主要活动",是否必须超过50%或者达到90%的水准,需重新加以分析与认定。

---

[1] 《公司法》第177条规定:"公司需要减少注册资本时,必须编制资产负债表及财产清单。公司应当自作出减少注册资本决议之日起十日内通知债权人,并于三十日内在报纸上公告。债权人自接到通知书之日起三十日内,未接到通知书之日自公告之日起四十五日内,有权要求公司清偿债务或者提供相应的担保。"

[2] 刘宪权:《中国(上海)自由贸易试验区成立对刑法适用之影响》,载《法学》2013年第12期,第130页。

[3] "自贸区走私犯罪问题研究"课题组:《自贸区走私犯罪问题研究》,载《海关与经贸研究》2015年第1期,第8—9页。

[4] 1999年6月25日发布的《最高人民法院关于审理单位犯罪案件具体应用法律有关问题的解释》第2条规定:"……公司、企业、事业单位设立后,以实施犯罪为主要活动的,不以单位犯罪论处。"

单位犯罪,一般是指"公司、企业、事业单位、机关、团体以单位名义实施的按照刑法规定应当承担刑事责任的危害社会的行为"[1]。"单位犯罪"和"自然人犯罪"是两个相对的概念。对于同一罪名,单位犯罪与自然人犯罪也存在显著的差异,主要体现在以下两个方面:

第一,自然人入罪的门槛低于单位犯罪的要求。在经济犯罪中,刑法对于单位犯罪的要求比较严格。一般而言,单位犯罪的定罪数额起点高于自然人犯罪,可达到自然人犯罪的定罪数额的2—5倍。因此,自然人犯罪相对于单位犯罪更容易入罪,即《刑法》对自然人犯罪的规制相对于单位犯罪更加严格。

第二,对于同一罪名,自然人犯罪的法定刑一般低于单位犯罪中直接责任人员的法定刑。以走私普通货物、物品罪为例,自然人犯罪主体的入罪标准为10万元,单位犯罪的入罪标准为20万元,单位犯罪的定罪数额起点为自然人犯罪的两倍。[2] 同时,依据我国《刑法》第153条的规定不难看出,刑法对于单位犯罪中对主管人员和直接责任人员的处罚轻于自然人犯罪中对自然人的处罚。

在这方面,自贸试验区的特殊性体现为实行认缴登记制与"一线放开、二线高效管住"等创新制度。这些制度的推广与实施,推动了自贸试验区经济的迅速增长;同时,也降低了社会犯罪成本,使得犯罪分子有可乘之机,易滋生更多犯罪。因此,在推广新型制度的同时,也应严厉打击走私等违法犯罪行为,为自贸试验区的发展提供稳定有序的经济环境。在这种特殊的经济背景下,认定自贸试验区走私犯罪时应注意区分该犯罪行为属于单位犯罪还是单位设立后以实施犯罪为主要活动的犯罪。我们认为,在处理这类案件时,应当以公司业务作为主要的审查对象,充分衡量涉案公司犯罪次数和犯罪数额两个主要因素,综合认定是否构成单位犯罪。只要公司进出口业务的活动次数中有一半以上属于违法犯罪活动,且公司偷逃税款总额达到案发时应缴税款总额的70%,就应认定为相应的自然人犯罪,不成立单位犯罪。

---

[1] 刘宪权主编:《刑法学(第四版)》,上海人民出版社2016年版,第140页。
[2] 2014年《最高人民法院 最高人民检察院关于办理走私刑事案件适用法律若干问题的解释》第16条规定:"走私普通货物、物品,偷逃应缴税额在十万元以上不满五十万元的,应当认定为刑法第一百五十三条第一款规定的'偷逃应缴税额较大';……"第24条规定:"……单位犯走私普通货物、物品罪,偷逃应缴税额在二十万元以上不满一百万元的,应当依照刑法第一百五十三条第二款的规定,对单位判处罚金,并对其直接负责的主管人员和其他直接责任人员,处三年以下有期徒刑或者拘役;……"

(二) 走私罪共同犯罪的认定

自贸试验区内外的走私犯罪在认定上虽没有很大的差异,但应将涉自贸试验区走私罪共同犯罪根据自贸试验区的"境外关外"分为自贸试验区内共同犯罪和跨自贸试验区共同犯罪,同时应对这两种情形的"着手"标准进行分析与确定,从而便于认定涉自贸试验区走私罪共同犯罪的停止形态。

1. 自贸试验区内共同犯罪的认定

走私罪在自贸试验区外较为常见,在自贸试验区内也屡见不鲜,其中共同犯罪的情况亦属常态。[1] 自贸试验区内外的走私罪共同犯罪在认定上并没有很大的差异,均要求犯罪主体主观上有共同走私的故意,客观上实施了提供贷款、资金、账号、发票、证明,或者提供运输、保管、邮寄或者其他方便走私的行为。同时,还应注意《刑法》第156条以及相关司法解释对走私罪共同犯罪的补充适用。

跨自贸试验区走私罪共同犯罪根据其行为方式,可以分为进口型走私犯罪和出口型走私犯罪两种,下文将分别对两种类型的走私罪共同犯罪进行阐述。

(1) 进口型走私犯罪的认定

进口型走私犯罪,是指自贸试验区外的犯罪主体为走私货物而与自贸试验区内的主体通谋,"区内主体与海外供货商签订买卖合同,货物到港后,区内主体凭借舱单信息向海关申请提货,以瞒报、谎报货物品种、规格、数量等手段向海关作虚假的纳税申报,逃避海关监管"[2]。对于该类型犯罪的认定应当严格遵循刑法和其他规范文件的规定。总体而言,自贸试验区内外犯罪主体应当具有共同走私的故意,并且实施了走私或者帮助走私的客观行为。[3]

---

[1] 《刑法》第25条规定:"共同犯罪是指二人以上共同故意犯罪。……"

[2] "自贸区走私犯罪问题研究"课题组:《自贸区走私犯罪问题研究》,载《海关与经贸研究》2015年第1期,第13页。

[3] 《刑法》第156条规定:"与走私罪犯通谋,为其提供贷款、资金、帐号、发票、证明,或者为其提供运输、保管、邮寄或者其他方便的,以走私罪的共犯论处。"最高人民法院、最高人民检察院、海关总署发布的《关于办理走私刑事案件适用法律若干问题的意见》第15条:"通谋是指犯罪行为人之间事先或者事中形成的共同的走私故意。下列情形可以认定为通谋:(一)对明知他人从事走私活动而同意为其提供贷款、资金、账号、发票、证明、海关单证,提供运输、保管、邮寄或者其他方便的;……"此二处"帐号""账号"的用法尊重原文,本书在进行一般表述时用"账号"。

自贸试验区海关监管的一大特点在于"一线放开",这在一定程度上方便了企业的进出口,同时也为从事走私犯罪提供了契机,因此需要防止自贸试验区外的企业在区内设立关联企业。区外的企业以区内的企业之名义与海外供货商进行买卖活动,最终货物销往自贸试验区内,区内的企业往往会在进行纳税申报时故意低报进口价格,偷逃应缴税款。

(2) 出口型走私犯罪的认定

出口型走私犯罪的行为模式大致如下:自贸试验区外的主体为逃避海关监管,采取绕关、瞒关等方式将需要征收税款的货物销往境外。构成出口型走私罪共同犯罪同样要求区内和区外犯罪主体相互通谋,有犯意联络,区外的犯罪主体首先将虚假的出口许可证提交给区内主体,以便于区内主体进行虚假纳税申报,申报完毕后再将区外的货物运往区内,由区内的主体进行保管。

2. 自贸试验区对自然人和单位共同走私犯罪"特殊数额"的处理

由前述司法解释中关于具体定罪数额的规定不难看出,自然人和单位走私普通货物、物品罪的入罪门槛是不同的,自然人为10万元,单位为20万元。在自然人和单位共同犯罪的情况下,对于犯罪数额在10万元至20万元之间的情形,法律并没有作出相关规定,此时会出现法律适用的困难。对于这样的问题,我们认为,不能将自然人和单位看作整体一并处理,而应当将自然人和单位分别处理。具体而言,对于自然人按照自然人犯罪的标准处理,即成立犯罪,以走私普通货物、物品罪处罚;而对于单位则按照单位犯罪的标准处理,不以犯罪论处,只需给予相应的行政处罚即可。具体理由如下:

第一,对于自然人与单位共同走私犯罪,刑法采取不同的量刑数额标准符合刑法理论中共同犯罪的基本原理。也许有人会提出这样的观点,即自然人和单位已经构成了共同犯罪,应将自然人和单位进行整体评价,因此量刑数额也应相同。尽管自然人和单位主观上具有共同故意,客观上共同实施了犯罪行为,但是该犯意和行为针对的仅仅是犯罪本身,而不是自然人和单位。走私犯罪属于典型的逐利性犯罪,如果从利益归属的角度分析,自然人和单位都有各自的利益,并没有形成一个整体,具有极强的可分性。因此,完全可以将自然人和单位分开评价。在走私犯罪入罪数额的认定中,利益归属才是决定性的标准之一。对共同走私犯罪中的自然人和单位采用不同的起刑点和量刑数额标准,适用不同的法定刑,是完全符合刑法原理的。[1]

第二,对于自然人和单位共同走私犯罪,刑法采取不同的量刑数额标准符合罪责刑相适应原则。罪责刑相适应原则的基本含义是,刑罚的轻重必须与犯罪的轻重相适应,不能重罪轻判,也不能轻罪重判。应该看到,在相同的犯罪中,因案件不同而完全可能出现犯罪情节不尽相同的情况,且这些不同的犯罪情节恰恰表现了行为的社会危害程度不同。为此,在对犯罪行为裁量刑罚时,必须充分考虑具体的刑罚裁量与犯罪情节之间的适应问题,以真正实现罪刑相当原则。[2] 自然人和单位共同犯罪中必然同时包含自然人和单位的特征,但是二者的社会危害程度并不完全相同。因此,对于自然人,按照自然人犯走私罪的标准定罪处罚;对于单位,按照单位犯走私罪的标准定罪处罚,不仅不矛盾,反而契合了罪责刑相适应原则。

(三)走私犯罪停止形态的认定

走私犯罪与其他犯罪一样,存在着预备、中止、未遂、既遂的犯罪停止形态。对于自贸试验区内走私犯罪停止形态的认定,首先应当理解自贸试验区的新型海关监管制度,即"一线放开、二线安全高效管住"。在这种新型海关监管制度下,由于国境线和关境线出现了分离的状态,因此产生了对于走私犯罪是否构罪和处于何种犯罪停止形态的问题。

1. 自贸试验区内走私犯罪停止形态认定的困境

在"一线放开、二线安全高效管住"的监管制度下,自贸试验区内对走私犯罪停止形态的认定仅仅存在"犯罪既遂"一种形态。理由如下:第一,若行为人从境外进入自贸试验区的范围内被海关抓获,由于此时行为人尚未进行报关,货物仍然处于保税状态,因此不能认定为走私犯罪行为,只能进行相应的行政处罚。[3] 第二,一旦行为人实施申报关税的行为,在"二线"的监管中被海关抓获,即构成走私罪既遂。但是,按照上述理解,行为人在自贸试验区内走私犯罪的停止形态只

---

[1] 参见"自贸区走私犯罪问题研究"课题组:《自贸区走私犯罪问题研究》,载《海关与经贸研究》2015年第1期,第13页;刘宪权:《金融犯罪刑法学新论》,上海人民出版社2014年版,第107页。

[2] 参见刘宪权主编:《刑法学(第四版)》,上海人民出版社2016年版,第41页。

[3] 参见陈晖:《走私犯罪论》,法律出版社2002年版,第99—112页。

有无罪和犯罪既遂两种形态,这显然是违反刑法理论的。同时,大量应当被认定为走私犯罪的行为被认定为无罪,也不利于海关打击自贸试验区内的走私犯罪,更不利于自贸试验区内形成稳定的金融秩序。

2. 自贸试验区内走私犯罪停止形态的认定标准

基于上述刑法适用的困境,我们必须反思现有法律、司法解释中对于走私案件既遂行为的认定标准。[1] 事实上,现有的认定标准是建立在不区分一线二线的监管思路之上的,这样的既遂标准并不能完全适用于自贸试验区内的走私犯罪。因此,对于自贸试验区内走私犯罪停止形态的认定标准应当重新确定。"着手"是区分犯罪预备与犯罪未遂的一个重要标志,判断犯罪停止形态首先需要判断的是行为人是否已经"着手"犯罪。我们认为,是否"着手"应当从行为是否使刑法所保护的犯罪客体面临具有现实危险性的侵害或威胁的角度认定。例如,投毒杀人犯只要把毒品放在被害人要吃的食物里,就应当认定为故意杀人罪的"着手"。同样,在自贸试验区内走私犯罪中,也应按照这种标准进行判断。但是,由于自贸试验区的新政策与新制度,在认定"着手"时不能"一刀切",应当根据犯罪的行为类型进行认定。

首先,在行为人利用"先进区,后报关"这一政策,通过相关虚报手段实施走私犯罪时,应当分两种情形对"着手"加以判断:第一,行为人在进区前已经准备好虚假备案清单,并在货物运入自贸试验区时使用,且在递交虚假备案清单时对刑法所保护的海关监管秩序已经造成了现实紧迫的危险。在这种情形下,行为人递交虚假备案清单的行为应认定为走私罪的"着手",而之前准备虚假备案清单的行为应认定为犯罪预备。若行为人在递交虚假备案清单后、申报行为实施完毕前因意志以外的因素被海关抓获,则成立走私犯罪的未遂。若行为人递交虚假备案清单后并成功进行申报,则成立走私犯罪的既遂。第二,行为人在进区前并未准备虚假备案清单,在货物运入自贸试验区时使用的是真实的备案清单,在货物进入自贸试验区后为偷逃关税而准备虚假报关单进行申报。行为人在进区前并未对海关监管秩序造成现实紧迫的危险,在货物进入自贸试验区后为偷逃关税而准备虚

---

[1] 2014年《最高人民法院 最高人民检察院关于办理走私刑事案件适用法律若干问题的解释》第23条规定:"实施走私犯罪,具有下列情形之一的,应当认定为犯罪既遂:(一)在海关监管现场被查获的;(二)以虚假申报方式走私,申报行为实施完毕的;(三)以保税货物或者特定减税、免税进口的货物、物品为对象走私,在境内销售的,或者申请核销行为实施完毕的。"

假报关单的行为只是为后续的虚假报关行为"准备工具、制造条件",应认定为走私犯罪的预备。行为人之后虚假的纳税申报行为才属于走私犯罪的"着手"。[1]

其次,在"区内自行运输"的政策下,对犯罪"着手"的认定也有所不同。"区内自行运输"指的是"自贸区内的企业,可以使用经海关备案的自有车辆或委托取得相关运输资质的境内运输企业车辆,在自贸区之间自行结转货物"[2]。这种"自行结转货物"为走私犯罪提供了便利条件。在区内运输时,货物仍然处于海关的监管中,但是与自贸试验区内的监管并不相同。我们可以"动态"与"静态"对两种监管状态进行区分:"动态"监管指的是贴有海关封条的车辆在自贸试验区之间自行结转货物受到的海关监管;"静态"监管指的是货物在自贸试验区内受到的海关监管。二者偷逃税款的差别在于,前者通过偷换货物的方式进行走私。我们认为,行为人在解封海关封条的时候已经对海关的正常监管秩序产生了现实紧迫的危险,解封后偷换货物则构成犯罪既遂。但是,在同等情况下,若行为人在解封后、偷换货物完成前因意志以外的因素被海关抓获,则应认定为犯罪未遂。

最后,在"批次进出,集中申报"的政策下,对犯罪"着手"也应重新确定标准。"批次进出,集中申报"的政策,是指为了实现贸易方式的便利化目标,在自贸试验区内实行"多票一报"。在这种便利申报制度之下,区外的企业可以将货物分批次运往自贸试验区,不需要对每批次货物分别申报,只需要在规定期限内集中办理报关手续即可。该政策提高了自贸试验区进出货物的效率,同时也容易导致相关企业在规定期限内不办理报关手续。目前,相关法律对这种方式并没有进行规制。我们认为,对于企业在规定期限内不办理报关手续的走私行为,可以采取"经催告后合理期限内仍不办理"的标准进行处理。[3]

---

[1] 参见"自贸区走私犯罪问题研究"课题组:《自贸区走私犯罪问题研究》,载《海关与经贸研究》2015年第1期,第8页。

[2] 同上。

[3] 具体可以类比2010年《最高人民检察院、公安部关于公安机关管辖的刑事案件立案追诉标准的规定(二)》第54条关于信用卡诈骗案中"恶意透支"的规定:"本条规定的'恶意透支',是指持卡人以非法占有为目的,超过规定限额或者规定期限透支,并且经发卡银行两次催收后超过三个月仍不归还的。""若行为人在规定期限内未办理海关报关手续的,经过两次催收后超过一定期限(可定为一个月)仍不归还的,应将其行为认定为'偷逃应缴税款',对行为人按相应的走私犯罪处理,由于此时货物已经运出,因此应认定为走私犯罪的既遂。"参见"自贸区走私犯罪问题研究"课题组:《自贸区走私犯罪问题研究》,载《海关与经贸研究》2015年第1期,第8页。

总之，自贸试验区内走私罪共同犯罪的共犯形态的认定应当以实行犯的形态作为标准加以判断。虽然就具体认定标准和类型而言，现有的司法解释尚未及时调整，但是以"着手"这一关键标准作为切入点，并参考、类比相关司法解释的规定，可以对自贸试验区内走私犯罪停止形态进行适度的定位。[1]

三、外汇犯罪的法律适用

（一）自贸试验区外汇管制的变化与影响

一直以来，我国对外汇实行高度管制的政策。例如，2008年修订的《外汇管理条例》对外汇监管制度作了系统性规定，《刑法》第190条规定了逃汇罪等。外汇管制在一定程度上稳定了外汇的管理秩序，降低了对外开放中的金融风险。严格的外汇管制要求在进出口环节，外汇与人民币的兑换都需要经过央行结算。为加速资金流转，提高人民币在国际贸易中的竞争力，上海自贸试验区内对外汇管理制度进行了创新，积极推进外汇与人民币的自由兑换，正成为这一政策的"试验田"。在新制度的推动下，我们完全可以预想，在自贸试验区内将会实现外汇与人民币的自由兑换。

---

[1] 走私罪共同犯罪停止形态可以归纳为以下几种类型："（1）行为人实施走私行为，在海关监管现场被查获的或者将虚假的纳税申报行为实施完毕，对行为人以及其他共犯应当认定为走私犯罪的犯罪既遂；（2）行为人以真实的备案清单备案，进入自贸区后实施伪造、变造票据的行为，如果行为人在实施伪造、变造行为过程中或者伪造、变造单据后尚未报关时，被海关缉私人员查获的，对行为人以及其他共犯应当认定为走私犯罪的犯罪预备；（3）行为人以真实的备案清单备案，进入自贸区后实施伪造、变造票据的行为，然后以虚假的单据向海关报关，在报关行为实施完毕之前被查获的，对行为人以及其他共犯应当认定为走私犯罪的犯罪未遂；（4）行为人以虚假的备案清单备案，在报关行为实施完毕之前被查获的，对行为人以及其他共犯应当认定为走私犯罪的犯罪未遂；（5）行为人以真实的备案清单备案，进入自贸区后，伪造、变造报关所需的单据，然后主动放弃实施走私行为的，对行为人应当认定为走私犯罪准备阶段的犯罪中止，对其他共犯应当认定为走私犯罪的犯罪预备；（6）行为人以虚假的备案清单备案，在报关行为实施完毕之前自动放弃实施走私行为的，对行为人应当认定为走私犯罪实行阶段的犯罪中止，对其他共犯应当认定为走私犯罪的犯罪未遂；（7）行为人以真实的备案清单备案，进入自贸区后，伪造、变造报关所需的单据，后经各共同犯罪人同意主动放弃实施走私行为的，则对全部共同犯罪人应当认定为走私犯罪准备阶段的犯罪中止；（8）行为人以虚假的备案清单备案，在报关行为实施完毕之前，经各共同犯罪人同意主动放弃实施走私行为的，则对全部共同犯罪人应当认定为走私犯罪实行阶段的犯罪中止。"参见"自贸区走私犯罪问题研究"课题组：《自贸区走私犯罪问题研究》，载《海关与经贸研究》2015年第1期，第14—15页。

(二) 对适用逃汇罪和骗购外汇罪的影响

外汇与人民币的自由兑换将分别对在自贸试验区内适用逃汇罪和骗购外汇罪产生重大的影响。

第一,逃汇罪将会在自贸试验区内失去适用的空间。依据《刑法》第190条的规定,成立逃汇罪的前提是将外汇存放境外或者将境内的外汇非法转移到境外,均处在外汇管制条件下。[1] 在自贸试验区内的新型外汇管理制度下,国有公司、企业或者其他国有单位完全可以携带外汇自由出入国境,根本不会存在非法存放或转移到境外的问题,因此原先的逃汇行为在自贸试验区内不再构成犯罪。

第二,骗购外汇行为在自贸试验区内很难发生。根据现行《刑法》的规定,骗购外汇罪建立在外汇管制和外汇非完全自由兑换的基础上,此时行为人可能为了逃避监管、规避法律,实施伪造单据、重复使用单据等不法行为,对国家的外汇管理秩序造成损害。[2] 在自贸试验区内的新型外汇管理制度下,外汇与人民币可以自由兑换。由于行为人完全可以通过自贸试验区规定的合法形式取得外汇,因此实施伪造单据、重复使用单据等不法行为的主观目的很难成立,骗购外汇行为也就不再具备发生的基础了。

四、非法经营罪的法律适用

(一) 认定理念的转变

改革开放以来,我国的市场经济实现了飞速发展。但是,我国在开放的同时

---

[1] 《刑法》第190条规定:"公司、企业或者其他单位,违反国家规定,擅自将外汇存放境外,或者将境内的外汇非法转移到境外,数额较大的,对单位判处逃汇数额百分之五以上百分之三十以下罚金,并对其直接负责的主管人员和其他直接责任人员处五年以下有期徒刑或者拘役;数额巨大或者有其他严重情节的,对单位判处逃汇数额百分之五以上百分之三十以下罚金,并对其直接负责的主管人员和其他直接责任人员处五年以上有期徒刑。"

[2] 依据1998年12月29日公布的《全国人民代表大会常务委员会关于惩治骗购外汇、逃汇和非法买卖外汇犯罪的决定》的规定,骗购外汇罪,是指违反国家外汇管理法规,使用伪造、变造的海关签发的报关单、进口证明、外汇管理部门核准件等凭证和单据,或者重复使用海关签发的报关单、进口证明、外汇管理部门核准件等凭证和单据,或者以其他方式骗购外汇,数额较大的行为。

并没有无限降低市场准入的门槛,对行业经营的市场准入一直实行高度管制的政策。《刑法》第225条规定的非法经营罪便是最好的验证。"非法经营罪,将那些未经许可经营法律、行政法规规定的专营、专卖物品或者具体限制买卖的物品的行为,买卖进出口许可证、进出口原产地证明和其他法律、行政法规规定的经营许可证或者批准文件的行为,以及未经国家有关主管部门批准非法经营证券、期货或者保险业务等严重扰乱市场秩序的非法经营行为,纳入刑事打击的范畴。"[1]大部分行业的市场准入均需经过相关行政部门的审批,未经许可或批准,不得进入相关行业,即"法无授权即禁止",否则视为非法经营并追究刑事责任。

但是,根据《总体方案》提出的探索建立负面清单管理模式的要求,我们可以看出负面清单体现的是"法无禁止即可为"的理念,只要是负面清单中没有列明的行业,均可以自由经营,无须经过相关的行政许可或批准;同时,负面清单之外的领域也将由核准制改为备案制。在这种市场管理模式的根本转变之下,非法经营罪所根植的监管制度发生了变化,并且该罪的认定也受到巨大的冲击。非法经营罪属于刑法理论中的"法定犯"。不难发现,"未经许可""未经国家有关主管部门批准"等内容是非法经营罪必不可少的构成要件。按照负面清单管理模式的要求,清单以外的领域属于经济主体可以自由投资的领域,相应的管理方式也改为备案制。备案制的广泛应用意味着需要国家许可或批准的投资领域大大减少,也说明在自贸试验区内非法经营罪的适用范围随之缩小。

放眼世界,大多数国家都未设置非法经营罪。但是,在我国,很长一段时间内,非法经营罪被作为"口袋罪"而泛滥适用。原先很多不应受到刑法规制的合法行为被认定为非法经营罪。甚至在2017年,"内蒙古农民收购玉米案"因一审法院判被告犯非法经营罪而引起很大的舆论关注,还被收入"2017年度人民法院十大刑事案件"。在自贸试验区内鼓励创新的背景之下,非法经营罪不仅不应扩张适用,反而应受到一定程度的限制。原因在于,国家在规制市场经济正常秩序时,主要应当通过民事、行政的手段予以介入,刑事手段应当尽量减少,以保持国家公权力对于自由市场的最低干预。自贸试验区的改革方向更加说明了上述治理道路的正确性。我们认为,应当严守刑法的谦抑性和辅助性原则,转而以行政监管、

---

[1] 刘宪权:《中国(上海)自由贸易试验区成立对刑法适用之影响》,载《法学》2013年第12期,第134页。

民事诉讼的途径取代刑罚。

(二)金融监管改革对非法经营罪适用的影响

正如前文所述,自贸试验区负面清单管理模式的建立及其内涵,即从原先的"法无明文规定不可为"转变为"法无禁止即可为",的确使得非法经营罪的构成要件受到较大影响。这是从行政犯的认定受制于国家法律法规变更的角度进行考量的。然而,上述结论并不全面,原因在于自贸试验区负面清单针对的是外国投资和外国投资者。《刑法》第6条规定:"凡在中华人民共和国领域内犯罪的,除法律有特别规定的以外,都适用本法。……包括犯罪的行为或者结果有一项发生在中华人民共和国领域内的,就认为是在中华人民共和国领域内犯罪。"该条文体现的是我国的属地管辖原则,即外国人在自贸试验区内未经许可实施非法经营行为的,如果构成犯罪,就应受到我国刑法的处罚。因此,对于国内的投资者而言,非法经营罪并未受到负面清单管理模式的影响。以经营烟草为例,无论负面清单是否将烟草列为禁止或者限制的项目,对国内投资者而言,无论在区内还是在区外,均应遵守国家有关烟草管理的规定。

由于负面清单管理模式对非法经营罪适用的以上影响,司法实务部门在认定非法经营罪时也遇到一定的阻力。我们认为,在认定自贸试验区内非法经营罪的时候,应当紧紧抓住非法经营罪"二次违法性"的特点,对非法经营的行为进行双重评价。第一,判断该行为是否符合国家法律规定,即应当充分了解自贸试验区内的法律法规。第二,根据《刑法》条文判断该行为是否符合非法经营罪的构成要件,以及是否达到情节严重的程度。只有当二者同时满足时,才可以认定该行为构成非法经营罪并进行入罪处罚。

第三节 上海自贸试验区刑事案件的案例集解

从2016年4月上海一中院发布的白皮书的统计数据来看,上海自贸试验区的刑事案件基本上都是经济类犯罪,其中又以走私犯罪、逃汇罪、诈骗罪为主。综合来看,这类案件主要体现出以下三大特点:一是涉案金额巨大。自贸试验区经济贸易活动标的额往往较大,由此引发的偷逃税款和外汇、金融诈骗案件的涉案金额也呈现出数额巨大的特点。如上海一中院2015年审理的"波驷贸易(上海)有限公司、尼某、陈某逃汇案"和2014年审理的"泰格实业(上海)有限公司、王某某等人走私普通货物案"两起自贸试验区经济犯罪案件,涉案金额均在千万元以上,给国家、社会和个人造成的经济损失较普通案件更大。二是利用自贸试验区政策便利实施犯罪,作案手法隐蔽。自贸试验区为实现贸易的便利化、国际化目标,分步骤推出了众多金融优惠的政策和措施,客观上加大了金融监管的难度,也给了不法分子利用自贸试验区优惠政策实施犯罪的空间,如通过伪报品名、低报价格、少报数量等手段走私货物。三是国际化犯罪趋势明显,案件敏感度高。涉自贸试验区刑事案件通常发生在国际贸易过程中,如上文提及的上海一中院审理的两起案件,分别涉及与他国的转口贸易和货物进出口。此类案件的审理直接关系到国际贸易发展,需要审慎研判,做好法律适用工作。[1] 综上可知,上海自贸试验区刑事案件具有不同于普通刑事案件的特点。在此基础上,以下我们将选取上海自贸试验区发生的走私普通货物罪、合同诈骗罪、逃汇罪等典型刑事案件进行详细深入的分析,以进一步透视上海自贸试验区刑事案件的现状。

一、涉自贸试验区走私类犯罪典型案例分析

"一线放开、二线管住"的监管模式在自贸试验区海关监管中是不可忽视的新亮点,而新的监管模式对走私犯罪的影响也将是深远的。本部分选取了"泰格实业(上海)有限公司、王某某等人走私普通货物案"[2]作为典型案例进行分析。

(一)案情简介

2007年2月,被告单位泰格实业(上海)有限公司(以下简称"泰格公司")的投资人、原总经理王某某在该公司进口皮革助剂、制革机械设备零件等货物过程中,决定低报价格以走私进口,并指使员工制作低于实际成交价格的发票、合同等向海关申报。2011年4月,王某某转让泰格公司股权并辞去公司职务,但仍实际控制公司,并要求公司继续采用上述低价报关的方法走私进口货物,直至案发。

---

〔1〕 参见《上海市第一中级人民法院自贸区司法保障白皮书(2013年9月—2016年4月)》。

〔2〕 (2014)沪一中刑初字第122号,选取自《上海市第一中级人民法院自贸区司法保障白皮书(2013年9月—2016年4月)》、上海市高级人民法院《上海法院服务保障中国(上海)自由贸易试验区建设审判白皮书(2013—2018)》。

2008年1月至2010年3月,被告人曹某受王某某指使制作上述虚假单证。此后,曹某将该方法传授给继任者被告人刘某,由刘某继续采用相同方法向海关申报。经核定,泰格公司、王某某走私进口上述货物共计728票,偷逃应缴税额1866万余元;曹某、刘某分别参与偷逃应缴税额675万余元和746万余元。2013年4月1日,被告人曹某、刘某在接受侦查机关调查时,如实供述了上述走私事实。当日,被告人王某某被抓获归案。案发后,泰格公司退缴税款900万元。

(二) 裁判精要

上海一中院认为,被告人王某某作为被告单位泰格公司直接负责的主管人员,被告人曹某、刘某分别作为泰格公司其他直接责任人员,在该公司进口货物过程中,违反海关法规,逃避海关监管,采用低报价格的方法进口货物,共计偷逃税款1866万余元,其中曹某、刘某分别参与偷逃税款675万余元、746万余元。他们的行为均已构成走私普通货物罪,且情节特别严重。公诉机关指控的犯罪事实和罪名成立,依法予以支持。

被告人王某某系被告单位泰格公司的投资人,在该公司走私犯罪中起决策作用,且系非法利益的直接获益人。依据《刑法》第26条的规定,即"组织、领导犯罪集团进行犯罪活动的或者在共同犯罪中起主要作用的,是主犯",被告人王某某系该案的主犯。被告人曹某、刘某受指使制作虚假单证,在该公司走私犯罪中处于从属地位,且未直接获取非法利益,系从犯,依据《刑法》第27条的规定,应当从轻、减轻处罚或者免除处罚。在接受侦查机关调查时,曹某、刘某如实供述了上述走私事实,具有自首情节。案发后,泰格公司主动退缴部分偷逃税款,国家税款损失得到部分挽回。

王某某被逮捕后如实供述所犯罪行,可认定具有坦白情节。但是,泰格公司和王某某不具有自首情节。第一,依据相关司法解释的规定,王某某系被侦查机关抓获到案,且到案之初否认实施走私犯罪行为,被逮捕后才如实交代,不能认定为自首。[1] 第二,单位犯罪案件中,成立单位自首必须是单位集体决定或者负责人、主管人员决定,而曹某、刘某系被告单位其他直接责任人员,不能代表

---

[1] 2009年《最高人民法院 最高人民检察院关于办理职务犯罪案件认定自首、立功等量刑情节若干问题的意见》规定:"没有自动投案,在办案机关调查谈话、讯问、采取调查措施或者强制措施期间,犯罪分子如实交代办案机关掌握的线索所针对的事实的,不能认定为自首。"

被告单位的意志,也未经被告单位直接负责的主管人员授权投案自首,故曹某、刘某二人的自首不能及于被告单位。[1] 第三,王某某主动交代其离职后实施走私犯罪的相关事实与侦查机关掌握的系同种罪行。

上海一中院判决:被告单位泰格公司犯走私普通货物罪,判处罚金1870万元;被告人王某某犯走私普通货物罪,判处有期徒刑十年;被告人曹某犯走私普通货物罪,判处有期徒刑三年,缓刑三年;被告人刘某犯走私普通货物罪,判处有期徒刑三年,缓刑三年;走私违法所得予以追缴。

一审判决后,被告均未上诉,一审判决已生效。

(三) 典型意义

本案是自贸试验区成立以来,上海一中院审理的首起涉自贸试验区走私案件,在审查证据、适用法律等方面对此后同类案件具有示范引领作用。本案系一起以低报价格、伪造单证方式走私的典型案件。由于实践中以此种方法走私普通货物的现象不在少数,因此本案对于其他同类案件的审理也具有一定的参考作用。本案涉及走私案件中自首的认定、主从犯的区分以及从宽情节的把握等疑难、争议问题,在适用法律方面具有一定的难度。上海一中院严格依照刑法规定,结合各被告人具体的犯罪表现,对各被告人的定罪与量刑作了全面细致的认定,并通过裁判文书予以展示,取得了良好的法律效果和社会效果。

二、涉自贸试验区合同诈骗类犯罪典型案例分析

上海自贸试验区的成立在带来贸易便利、促进资金融通的同时,无疑也使各类诈骗分子有机可乘。相对于其他犯罪,金融诈骗犯罪的犯罪门槛极低,诈骗的方式层出不穷。犯罪分子将犯罪行为包装成看上去非常正规的行为,使得诈骗类犯罪在自贸试验区中屡见不鲜。本部分选取了"潍坊国建高创科技有限公司、陈

---

[1] 2009年《最高人民法院 最高人民检察院关于办理职务犯罪案件认定自首、立功等量刑情节若干问题的意见》规定:"单位犯罪案件中,单位集体决定或者单位负责人决定而自动投案,如实交代单位犯罪事实的,或者单位直接负责的主管人员自动投案,如实交代单位犯罪事实的,应当认定为单位自首。单位自首的,直接负责的主管人员和直接责任人员未自动投案,但如实交代自己知道的犯罪事实的,可以视为自首;拒不交代自己知道的犯罪事实或者逃避法律追究的,不应当认定为自首。单位没有自首,直接责任人员自动投案并如实交代自己知道的犯罪事实的,对该直接责任人员应当认定为自首。"

某某、赵某某等合同诈骗案"作为典型案例进行分析。[1]

(一) 案情简介

被告单位潍坊国建高创科技有限公司(以下简称"潍坊国建")于 2010 年 2 月 8 日注册成立。被告人陈某某于 2012 年 6 月 12 日成为潍坊国建法定代表人。同时,陈某某亦控制山东雷奇电器有限公司(以下简称"山东雷奇")、山东国弘能源科技有限公司(以下简称"山东国弘")、青岛国建节能科技有限公司(以下简称"青岛国建")等企业。被告人赵某某系潍坊国建财务总监。

被告人陈某某为在青岛承接建筑节能项目,于 2014 年成立了青岛国建作为被告单位潍坊国建的项目公司。但是,青岛国建无资金及资产。同一时期,潍坊国建出现资金短缺,无法维持正常运转,且拖欠大量外债。同年 4 月至 10 月,陈某某伙同被告人赵某某将伪造的相关项目合同、政府部门回执及他项土地权利证明等虚假材料提供给被害单位远东国际租赁有限公司(以下简称"远东公司"),谎称潍坊国建取得了青岛市政府推广的既有建筑节能改造项目,从而骗取远东公司的信任,并以该项目的回款及相应的房产作为担保向远东公司"借款"。同年 10 月 15 日,潍坊国建与上海银行浦东分行、远东公司签订了《上海银行人民币单位委托贷款借款合同》及《补充协议》,由远东公司委托上海银行浦东分行向潍坊国建发放贷款 5700 万元。同月 27 日,潍坊国建和远东公司签订了《应收账款质押合同》《应收账款质押登记协议》《资金支付监管协议》《抵押协议》和《保证协议》等。同年 11 月 6 日,潍坊国建骗得远东公司 5700 万元,上述资金中除 714 万元被用于支付远东公司管理费等费用外,余款被用于为山东雷奇归还贷款,提取现金,划转给马某某等数十个自然人,划款至山东共达投资有限公司、潍坊市万里汽车贸易有限公司等数十家公司,造成远东公司实际损失 4986 万元。上海市人民检察院第一分院指控被告单位潍坊国建、被告人陈某某和赵某某的行为均构成合同诈骗罪。

---

[1] (2016)沪 01 刑初 43 号,选取自《上海市第一中级人民法院自贸区司法保障白皮书(2016 年 4 月—2017 年 4 月)》、上海市高级人民法院《上海法院服务保障中国(上海)自由贸易试验区建设审判白皮书(2013—2018)》。

(二) 裁判精要

上海一中院认为,被告单位潍坊国建和公司直接负责的主管人员被告人陈某某、其他直接责任人员被告人赵某某,以非法占有为目的,通过作为的欺骗方式,欺骗远东公司并取得远东公司的信任,使远东公司产生了错误认识,相信其有能力按时履行还款义务,从而和被告公司签订了合同,并基于该错误认识自主处分了自己的财物。在签订、履行合同过程中,三被告骗取远东公司4986万元,其行为均触犯了《刑法》第224条、第231条之规定,已构成合同诈骗罪,且数额特别巨大。法院遂判决:(1)被告单位潍坊国建犯合同诈骗罪,判处罚金400万元;(2)被告人陈某某犯合同诈骗罪,判处有期徒刑十五年,剥夺政治权利四年,并处罚金100万元;(3)被告人赵某某犯合同诈骗罪,判处有期徒刑九年,剥夺政治权利三年,并处罚金50万元;(4)追缴被告单位潍坊国建违法所得4986万元,不足部分责令继续退赔。上述款项发还被害单位远东公司。一审判决后,三被告均上诉。二审法院裁定驳回上诉,维持原判。

(三) 典型意义

本案被告单位潍坊国建注册地系上海自贸试验区陆家嘴金融贸易区。被告单位潍坊国建在与被害单位远东公司签订委托贷款借款合同过程中,通过购买、制作伪造的投资项目合同和抵押、保证、质押等担保协议,取得被害单位信任,骗取巨额钱款。本案犯罪手法较为典型,对企业日常资金、贸易往来中的风险防控具有较高的法律警示价值。同时,也需注意,普通诈骗罪与合同诈骗罪是一般法条与特殊法条的关系,两者发生竞合时,优先适用特殊法条。两者的不同之处在于,诈骗行为是否采取签订、缔结合同的方式以及是否发生在履行合同过程中。合同诈骗罪是以非法占有为目的,在签订、履行合同过程中,使用欺诈手段,骗取对方当事人财物,且数额较大的行为。被告单位在主观上有非法占有远东公司财物的目的,且在签订合同时就已产生。被告单位虽然向远东公司支付了部分管理费用,但是并未履行合同的核心义务,即没有还款的意愿,也没有及时履行还款义务,因此合同诈骗罪成立。上海市各级法院通过依法审判,对假借合同订立、履行等合法形式骗取他人财产、牟取暴利的合同诈骗犯罪予以严厉打击,对维护上海自贸试验区良好市场交易秩序与市场主体合法权益提供了有力的司法保障。

三、涉自贸试验区逃汇罪典型案例分析

在我国,严惩外汇类犯罪有着极其特殊的背景。改革开放以来,我国一直积极推进外币与人民币的自由兑换。上海自由贸易区是这一政策的"试验田",创新了外汇管理制度,一定程度上提高了外汇与人民币的流通程度,但是逃汇罪也由此变得更容易发生。本部分选取了"上海昊祥动力机械有限公司、王某某逃汇案"和"波驷贸易(上海)有限公司、尼某、陈某逃汇案"作为典型案例进行分析。

(一)"上海昊祥动力机械有限公司、王某某逃汇案"[1]

1. 案情简介

上海昊祥动力机械有限公司(以下简称"昊祥公司")在上海自贸试验区注册登记。2013年3月,被告人王某某在经营昊祥公司期间,获知转口贸易外汇融资中存在融息差,遂以虚构转口贸易背景且支付保证金的方式,向交通银行上海浦东新区支行(以下简称"交通银行")提供虚假业务资料,申请付款保函业务共计6笔,金额累计6259.36万美元。在交通银行向汇丰银行(香港)开具付款保函之后,由汇丰银行(香港)为境外贴现行将远期票据本金即期支付给王某某控制的三家境外收款公司账户。之后,三家境外收款公司将收到的外汇又以转口贸易收汇形式电汇至昊祥公司账户。

2. 裁判精要

浦东法院认为,根据我国《外汇管理条例》和《货物贸易外汇管理指引》,企业贸易外汇收支包括转口贸易项下收付汇,昊祥公司以转口贸易名义从境外收汇以及向境外付汇,属于我国外汇收支范围,受我国外汇管理制度的规制以及《刑法》逃汇罪规定的约束。银行办理付款保函业务必须基于真实的贸易背景,付款保函业务没有真实的贸易时,票据到期后必然由境内银行根据境外银行的索偿要求,通过保函履约的方式垫款对外支付。因此,尽管此节事实中的向境外支付外汇系在本案案发之后,但是不影响对逃汇性质的认定。逃汇罪为破坏金融管理秩序犯罪,是单位犯罪,本罪的主体为特殊主体,只能为公司,且主观上只能为故意。侵

---

[1] 一审案号:(2014)浦刑初字第2299号,二审案号:(2015)沪一中刑终字第285号,选取自《上海市第一中级人民法院、上海市浦东新区人民法院自贸区司法保障白皮书(2013年9月—2018年4月)》。

害的客体为国家外汇管理制度。被告在得知转口贸易外汇融资中存在融息差后，向银行提供了虚假的业务材料，申请付款保函业务，是为了谋取非法利益，逃避国家外汇监管。被告在主观上有逃避国家外汇监管的故意，客观上实施的行为符合逃汇罪"违反国家规定，……将境内的外汇非法转移到境外，数额较大"的客观要件，且在客观上造成了我国转口贸易额在外汇统计上的虚增，扰乱了我国的外汇管理秩序。法院遂判决昊祥公司、王某某犯逃汇罪，并作出相应处罚。二审法院裁定驳回上诉，维持原判。

3. 典型意义

上海自贸试验区的扩大开放，加速了金融融资与贸易自由化的进程，但是并不意味着外汇收付不受管制。本案是较为典型、复杂的涉自贸试验区逃汇案件。本案判决明确转口贸易项下收付汇受我国外汇管理制度的规制，且明确向境外支付外汇的时间并不影响对逃汇性质的认定，对打击犯罪分子借助贸易自由环境，利用外汇收付非法牟利的违法犯罪行为具有重要作用；同时，对规范我国外汇管理秩序，维护正常的自贸试验区营商环境具有较强的指导价值。以法律特别是刑法的惩罚效果为保障和警示，既能促进经营者合法合规经营，推动经济发展，也符合我国设立自贸试验区的初衷，有助于营造安全稳定的社会环境、公平正义的法治环境和优质高效的服务环境。

(二)"波驷贸易(上海)有限公司、尼某、陈某逃汇案"[1]

1. 案情简介

波驷贸易(上海)有限公司(以下简称"波驷上海公司")系在上海自贸试验区注册登记的有限责任公司。2012年2月至11月，波驷上海公司的实际控制人尼某在经营该公司期间，向中国建设银行、中信银行提交该公司与香港国际有限公司等境外公司签订的工程船等售货合同、发票等材料，收取外汇资金，后又向上述银行提交该公司与英国财富资源有限公司等境外公司签订的购货合同、发票、虚假提单等材料。波驷上海公司总经理陈某根据尼某的指令将上述以转口贸易名义收取的外汇资金付汇至英国财富资源有限公司等境外公司的离岸账户，涉及资

---

[1] 一审案号：(2014)浦刑初字第5741号，二审案号：(2015)沪一中刑终字第1956号，选取自《上海市浦东新区人民法院涉自贸试验区审判工作白皮书(2015年)》、上海市高级人民法院《上海法院服务保障中国(上海)自由贸易试验区建设审判白皮书(2013—2018)》。

金 11 笔,共 10815027.43 美元。

2. 裁判精要

法院认为,根据我国《外汇管理条例》及《货物贸易外汇管理指引》,企业贸易外汇收支包括转口贸易项下收付汇,波驷上海公司以转口贸易名义从境外收汇以及向境外付汇,属于我国外汇收支范围,无论实际操作中先收后支还是先支后收,均受我国外汇管理制度的规制以及《刑法》逃汇罪的约束。波驷上海公司以转口贸易名义付汇所依据的提单虚假,付汇缺乏真实存在的转口贸易,其行为符合逃汇罪"违反国家规定,……将境内的外汇非法转移到境外,数额较大"的客观要件,且在客观上造成了我国转口贸易额在外汇统计上的虚增,扰乱了我国的外汇管理秩序。法院遂判决波驷上海公司犯逃汇罪,并作出相应处罚。一审判决后,部分被告提出上诉。二审裁定驳回上述,维持原判。

3. 典型意义

本案系上海自贸试验区成立后首例涉外刑事案件。上海自贸试验区扩大开放、推进金融创新、促进贸易自由化,但是并不意味着外汇收付均不受管制。随着经济社会的不断发展,加强外汇管理的重要意义从最初的保证国家外汇储备、维持国际收支平衡等方面逐步向提高金融监管水平、保障人民币汇率稳定、保证国家经济的安全运行等方面侧重。司法实践中,对于涉案行为是否系逃汇行为、逃汇行为仅仅是行政违法还是已经构成刑事犯罪等问题,在认定上往往存在困惑和疑难。本案是较为典型、复杂的涉自贸试验区逃汇案件,判决明确了两个焦点问题:一是自贸试验区转口贸易项下收付汇受我国外汇管理制度的规制;二是被告单位赖以实现收付汇的转口贸易背景无法被证明系真实存在。因此,判决从涉案金额、行为的客观方面、社会危害性程度等角度予以综合评价,对打击犯罪分子利用境内外外汇管制差异实施犯罪行为具有重要作用,有效地维护了我国外汇管理制度以及金融秩序的稳定健康发展。[1]

---

[1] 参见张斌主编:《浦东法院服务保障上海自贸试验区的探索与实践》,法律出版社2016年版,第194—198页。

第十章
上海自贸试验区行政案件的司法保障

"深化行政审批制度改革,加快转变政府职能,全面提升事中、事后监管水平"是2013年国务院发布的《中国(上海)自由贸易试验区总体方案》(以下简称《总体方案》)的原则性要求,其本意在于要求上海自贸试验区担负起我国在新时期加快转变政府职能、积极推进服务业扩大开放和外商投资管理体制改革的重要使命。[1] 针对这一重要的改革方向,上海市地方立法积极响应,在提出政府职能转

---

[1] 《总体方案》提出的"主要任务和措施"中,第一部分即为"加快政府职能转变"的总要求,其中有关"深化行政管理体制改革"的任务项下明确提出:"加快转变政府职能,改革创新政府管理方式,按照国际化、法治化的要求,积极探索建立与国际高标准投资和贸易规则体系相适应的行政管理体系,推进政府管理由注重事先审批转为注重事中、事后监管。建立一口受理、综合审批和高效运作的服务模式,完善信息网络平台,实现不同部门的协同管理机制。建立行业信息跟踪、监管和归集的综合性评估机制,加强对试验区内企业在区外经营活动全过程的跟踪、管理和监督。建立集中统一的市场监管综合执法体系,在质量技术监督、食品药品监管、知识产权、工商、税务等管理领域,实现高效监管,积极鼓励社会力量参与市场监管。提高行政透明度,完善体现投资者参与、符合国际规则的信息公开机制。完善投资者权益有效保障机制,实现各类投资主体的公平竞争,允许符合条件的外国投资者自由转移其投资收益。建立知识产权纠纷调解、援助等解决机制。"

变要求的同时,突出自贸试验区建设的国际化、市场化和法治化目标。[1] 因此,首先,本章将探究自贸试验区内行政机构职能转变对行政裁判造成的影响,并在此基础上以受案范围、被诉行政机关以及举证责任为视角,深入分析自贸试验区行政司法裁判对于原有行政诉讼制度的突破性适用。其次,本章将通过考察近些年来自贸试验区内发生的行政诉讼案件,从一个更加宏观的角度对自贸试验区行政案件的司法保障展开分析论述。

第一节 政府职能转变对行政案件审判的挑战

法治化既是自贸试验区改革的目标,也是确保国际化和市场化的手段。自贸试验区司法保障研究,尤其是行政审判的研究,能够为自贸试验区实现法治化提供必要的理论基础。在加快政府职能转变和深化行政管理体制改革的过程中,作为对政府行为进行司法监督的行政审判,其有效程度直接关系到政府是否能够严格依法行政,甚至会直接影响自贸试验区政府职能转变和行政管理体制改革目标的实现。

一、上海自贸试验区政府职能的转变要点

《总体方案》的原则性要求促使上海自贸试验区担负起我国在新时期加快转变政府职能、推进服务业扩大开放和外商投资管理体制改革的重要使命。也正是基于此,上海自贸试验区率先在以下四个方面作出改变,努力营造更优越的市场营商环境:(1)以负面清单代替指导目录,扩大外商投资范围;(2)以行政备案制度代替行政审批制度,改变权力监督模式;(3)加强服务型政府建设,推动市场化建设;(4)简化行政机关机构设置,提高行政办事效率。

---

[1]《中国(上海)自由贸易试验区条例》第3条规定:"推进自贸试验区建设应当围绕国家战略要求和上海国际金融中心、国际贸易中心、国际航运中心、国际经济中心建设,按照先行先试、风险可控、分步推进、逐步完善的原则,将扩大开放与体制改革相结合,将培育功能与政策创新相结合,加快转变政府职能,建立与国际投资、贸易通行规则相衔接的基本制度体系和监管模式,培育国际化、市场化、法治化的营商环境,建设具有国际水准的投资贸易便利、监管高效便捷、法治环境规范的自由贸易试验区。"

(一) 以负面清单规范政府职责范围

负面清单的本质在于"法无规定即可为",即避免以公权力的判断代替私主体的意思自治。负面清单管理模式通常被认为是东道国引入外商投资的一种重要方式,也是外商考量当地营商环境的一项重要指标,对于我国加快政府职能转变、改善企业营商环境具有重要意义。负面清单管理模式要求政府在市场主体准入方面弱化政府管理职能,将政府的行政权力规范在"清单"之中。因此,这种管理模式对于政府职能的明晰与限制起着十分重要的作用。

从上海自贸试验区成立以来历年发布的负面清单中可以看出,对外商投资的负面清单管理模式是一种"非列入即开放"的模式。与传统的正面清单管理模式相比,负面清单对行政管理的挑战巨大。[1] 以往,我国基于国家和社会公共安全,通常以准入指导目录的模式管理外商投资,如《外商投资产业指导目录(2011年修订)》列出了鼓励、限制和禁止外商投资的产业目录,而如今自贸试验区内的行政机关则采用核准制对外商投资进行行政审批,实质上扩大了外商可以投资的领域。

但是,与此同时,在正面清单管理模式转变为负面清单管理模式之后,除了公共管理、社会保障和社会组织、国际组织两个行业、门类不适用负面清单,依然适用核准制之外,其余均在设立和变更时采"非列入即开放"的负面清单模式。据此可言,此举使得备案制在上海自贸试验区的投资领域广泛地替代核准制,进而引发了行政机构的此类备案行为是否应当被纳入司法审查范围的争议。

(二) 以行政备案制度改变权力监督模式

《全国人民代表大会常务委员会关于授权国务院在中国(上海)自由贸易试验区暂时调整有关法律规定的行政审批的决定》将一系列行政审批事项在上海自贸试验区内取消,统一改成备案管理。[2] 同时,上海市工商行政管理局制定规范性

---

[1] 参见孙元欣、吉莉、周任远:《上海自由贸易试验区负面清单(2013版)及其改进》,载《外国经济与管理》2014年第3期,第74页。

[2] 在自贸试验区内,原先政府审批的内容包括:外资企业设立、分立、合并、经营期限或者其他重要事项变更;中外合资经营企业设立、延长经营期限、解散;中外合作经营企业设立,协议、合同、章程重大变更,转让合作企业合同权利、义务,委托他人经营管理,延长合作期限。

文件,取消自贸试验区内外商投资广告企业的项目审批和设立分支机构的审批,改为备案制。[1]另外,部分行政许可条件由严变宽。例如,根据交通运输部的规定,在自贸试验区设立的外商投资比例超过49%的中外合资、合作企业,可以经营进出口中国港口的国际船舶运输业务;在自贸试验区设立的外商独资企业也可以经营国际船舶管理业务。[2]

在监管模式创新的要求下,行政机关首先不能忽略监管的核心理念"依规监管、合理监管",要重点推进形成行政监管、行业自律、社会监督、公众参与的综合监管体系。[3]"依规监管、合理监管"是自贸试验区法治化的基本要求,具体表现为:其一,行政机关需按照法律规定对私主体进行行政作为或行政不作为,且不得违反比例原则;其二,制定限制私主体的规范性文件应当遵循公正、合理程序;其三,自贸试验区监管制度创新要严格执行法治原则,遵守法定程序。[4]当然,监管制度的改革不可能一蹴而就,在制度转变的过程中遇到的实际困难也不会少。比如,从自贸试验区设立后运行状况的调研情况来看,自贸试验区内的部分行政机关由于缺乏管理经验,对于备案持严谨态度,以最保守的方式应对法律法规的模糊状态。[5]

针对上述问题,自贸试验区行政权力监督模式需要明确以下改进方向:其一,在自贸试验区内放开准入门槛不等于取消监管,在进行监管创新时必须考虑丰富制度供给,应当注意吸收国外类似自贸试验区监管的成熟经验或国际通行惯例,重视将有效的非正式规则以立法的形式予以确认。其二,为了降低监管制度运行成本,行政机关应当充分激励自贸试验区内私主体维护优良法治环境的积极性,

---

[1] 参见上海市工商行政管理局2013年9月30日发布的《关于中国(上海)自由贸易试验区内企业登记管理的规定》。

[2] 参见交通运输部2014年1月27日发布的《关于中国(上海)自由贸易试验区试行扩大国际船舶运输和国际船舶管理业务外商投资比例实施办法》。

[3] 参见刘水林:《中国(上海)自由贸易试验区的监管法律制度设计》,载《法学》2013年第11期,第116页。

[4] 《中国(上海)自由贸易试验区条例》第52条第1款规定:"本市制定有关自贸试验区的地方性法规、政府规章、规范性文件,应当主动公开草案内容,征求社会公众、相关行业组织和企业等方面的意见;通过并公布后,应当对社会各意见的处理情况作出说明;在公布和实施之间,应当预留合理期限,作为实施准备期。但因紧急情况等原因需要立即制定和施行的除外。"

[5] 在上海市司法系统对上海自贸试验区进行调研的过程中,研究人员发现由于投资者与行政机关对备案制的理解有差异,投资者往往很难只去一次行政机关就顺利备案。

将网络技术等新型信息化技术与行政监管手段相结合。其三,监管制度创新要与行政主体的组织创新相适应。自贸试验区管委会作为负责、领导、管理区内行政管理工作的主要机构,对其组织架构、职权配置、人员配比等因素的基本考量必然成为监管制度创新中的基础因素,也容易引发自贸试验区管委会是否可以作为行政审判被告的争议。

(三) 以服务型政府建设弱化行政监管职能

《总体方案》要求上海自贸试验区弱化事前监管,以"备案制"代替"审批制",以达到在推进市场化的同时,政府逐步承担起更多积极性服务功能的目标,从而加强服务政府建设,进一步维护社会公共利益。对于公共服务的理解,不同学者的诠释虽有所不同,但大多围绕以下三点展开:第一,此类服务不宜由市场直接提供;第二,此类服务具有消费的非竞争性和非排他性;[1]第三,此类服务是为社会所需求的服务。

因此,要在自贸试验区内给予私主体充分的意思自治空间,并且让市场成为私主体行动的主要依据,政府除了要明确自身行为的界限、增加严格规制的透明度之外,还要充分保障私主体存在和发展的基本条件,即政府能够为企业、社会提供经济性公共服务、最紧迫的社会性公共产品和公共服务,并为社会提供制度性的公共服务。[2]因此,在自贸试验区内,政府除了要尽自己最大努力提供公共服务之外,还要创造条件让市场主体为自贸试验区提供经济性和社会性服务。我们通过对上海自贸试验区已出台的一系列规范性文件的考察发现,上海自贸试验区建设与服务型政府建设的关联已然十分密切。[3]例如,国家质量监督检验检疫总局针对上海自贸试验区的特殊情况,颁布规范性文件,要求上海自贸试验区不断

---

[1] 竞争性,是指公共物品是提供给一切消费者的,无法在消费者之间进行分割。非排他性,是指一种公共物品可以同时供一个以上的人消费,任何人对某种公共物品的消费都不排斥其他人对这种物品的消费,也不会减少其他人由此而获得的满足。

[2] 参见张文礼、吴光芸:《论服务型政府与公共服务的有效供给》,载《兰州大学学报(社会科学版)》2007年第3期,第97页。

[3] 仅在《中国(上海)自由贸易试验区条例》的正文中,"服务"一词就出现了36次,足见自贸试验区在政府服务和服务业开放上的重视程度。

强化政府服务功能。[1] 同时,上海市工商行政管理局要求自贸试验区内的登记机关在企业管理方面更加注重服务,统一接收申请人向各职能部门提交的申请材料,统一送达相关证照及文书。[2]

(四)以简化行政机构设置提升行政执法效率

上海自贸试验区内行政机关的设置和精简是在行政组织机构层面的一次试验。在自贸试验区内实施"大部门制",不仅是为了将职能相近、业务和管理有交叉的事项交由同一部门进行管理,也是为了应对自贸试验区的特殊性,将几乎所有涉及地方事权的事项交由同一部门管理。自贸试验区内行政机关的转变是对行政人员调整、配合机制创新、权力整合合理化、权力监督多元化的试验;同时,精简的行政机构是更快提高行政效率和政府服务职能的组织基础。

因此,精简行政机构是自贸试验区内行政机关设立的一大特点。根据《中国(上海)自由贸易试验区管理办法》的规定,自贸试验区管委会系自贸试验区内的管理机构,而具体的行政管理工作由两类机构负责:第一类是综合执法机构,负责集中行使城市管理领域、文化领域的行政处罚权,以及与行政处罚权有关的行政强制措施权和行政检察权。[3] 第二类是海关、检验检疫、海事、工商、质监、税务、公安等部门设立的自贸试验区办事机构,依法履行自贸试验区有关监管和行政管理职责。从上述规定来看,一方面,综合执法机构所负责的行政管理工作的范围非常广泛,将区外分别交由十几个部门行使的职能进行了整合,此举有利于提高执法效率,降低部门之间的协调成本;另一方面,涉及第二类管理职能的驻区机构并没有变化,这体现了专业性的特点,同时也保证了国家事权和地方事权不被混同,有利于分别立法。

---

[1] 参见 2013 年 9 月 27 日发布的《国家质量监督检验检疫总局关于支持中国(上海)自由贸易试验区建设的意见》。

[2] 上海市工商行政管理局 2013 年 9 月 30 日发布的《关于中国(上海)自由贸易试验区内企业登记管理的规定》第 12 条规定:"申请人可以根据需要,通过电子数据交换或者现场的方式申报企业登记、外商投资企业审批(备案)、组织机构代码证办理和税务登记。登记机关统一接收申请人向各职能部门提交的申请材料,统一送达相关证照及文书。"

[3] 综合执法机构集中行使原本由本市规划、国土、建设、住房保障房屋管理、环境保护、民防、人力资源社会保障、知识产权、食品药品监管、统计部门依据法律、法规和规章行使的行政处罚权,以及与行政处罚权有关的行政强制措施权和行政检查权。

与此同时,自贸试验区内一些行政管理机构也发生了变更。例如,根据国家外汇管理局上海分局的规定,将直接投资项下外汇登记及变更登记下放银行办理。[1] 行政管理机构职能的变更与调整,在反映自贸试验区行政体制转变的同时,也对自贸试验区行政审判产生了巨大的冲击。

二、政府职能转变对自贸试验区行政审判的影响

自贸试验区行政机关职能转变在促使一系列新型的行政行为形成的同时,产生了一系列派出机构,对行政审判产生了如下影响:

(一)对行政审判中确定被告主体资格的影响

根据相关规定,上海自贸试验区管委会为市政府派出机构,统筹管理和协调自贸试验区有关行政事务,履行相关职责,集中行使有关行政审批权和行政处罚权。同时,自贸试验区已建立统一受理、综合审批、不同部门协同管理机制,并建立统一的市场监管综合执法体系。另外,自贸试验区内仍然存在一些按照分工履行行政职责的市、区级人民政府及其下属的传统管理部门。一旦出现行政诉讼,案件审理将主要集中在自贸试验区执法部门与传统执法部门之间、协同管理的不同部门之间以及相关的"条"与"块"之间,因此界定好各个机构的法律性质、确定承担责任的适格被告已然成为法院行政审判必须解决的重要问题。

例如,上海市工商行政管理局要求区内工商部门在统一接收工商、自贸试验

---

[1] 2015年12月17日发布的《国家外汇管理局上海市分局关于印发〈进一步推进中国(上海)自由贸易试验区外汇管理改革试点实施细则〉的通知》附件1《进一步推进中国(上海)自由贸易试验区外汇管理改革试点实施细则》第10条规定:"区内企业外债资金按照意愿结汇方式办理结汇手续,结汇所得人民币资金划入对应开立的人民币专用存款账户(资本项目—结汇待支付账户),经银行审核交易的合规性、真实性后直接支付。结汇资金不得直接或间接用于企业经营范围之外或国家法律法规禁止的支出。银行应当留存充分证明其交易真实、合法的相关文件和单证等5年备查。区内企业及开户银行应及时准确地报送结汇和支付数据至外汇局相关业务信息系统。银行应参照《国家外汇管理局关于发布〈金融机构外汇业务数据采集规范(1.0版)〉的通知》(汇发〔2014〕18号)的要求报送人民币专用存款账户的开关户及收支余信息,人民币专用存款账户的账户性质代码为2113,账户性质名称为'资本项目—结汇待支付账户'。银行应参照《国家外汇管理局关于发布〈金融机构外汇业务数据采集规范(1.0版)〉的通知》(汇发〔2014〕18号)的要求,通过境内收付款凭证,报送人民币专用存款账户与其他境内人民币账户之间的收付款信息。"

区管委会、质量技监和税务部门的申请材料后,通过部门间后台流转完成审批或备案流程,再由"一口受理"窗口统一向申请人发放各类审批结果文书或证照。若工商部门在窗口接收材料后,质量技监或税务等其他部门在后续的办理过程中未批准行政相对人的申请或者作出相应的许可,行政相对人提起行政复议或者行政诉讼,则应当以工商部门还是具体的行政部门作为复议对象或者诉讼被告?又如,国家外汇管理局上海市分局要求在区内将部分外汇管理部门的职责转由银行行使,这类规范性文件是否构成行政职能的委托仍然有待考察。

(二) 对行政审判中法律适用审查的影响

法院审理行政案件时,首先需要对被诉行政行为的合法性进行全面的审查。根据《中华人民共和国行政诉讼法》(以下简称《行政诉讼法》)的规定,法院审理行政案件,以法律和行政法规、地方性法规为依据,并参照规章。同时,《行政诉讼法》还规定,当事人在对行政行为提起诉讼时,可以一并请求对相关规范性文件进行审查。法院经审查认为相关规范性文件不合法的,不作为认定行政行为合法的依据。

目前,适用于上海自贸试验区的法律规定层级较多,既有全国人大常委会、国务院的通知、决定,也有地方政府的规章、决定,还有国家各部委针对自贸试验区出台的政策文件。在自贸试验区内暂停实施的法律法规大多只涉及外商投资领域,这可能造成外商投资领域外的立法产生层级冲突。[1] 同时,大量涉及自贸试验区管理的规范性文件成为自贸试验区内政府实施行政行为的依据。为推进自贸试验区的改革创新,这些规范性文件的部分规定已经突破了现行行政管理规

---

[1] 上海市工商行政管理局2013年9月30日发布的《关于中国(上海)自由贸易试验区内企业登记管理的规定》改变了《公司法》规定的公司设立的条件。该规定第6条规定:"除法律、行政法规、国务院决定对特定行业注册资本最低限额另有规定的外,取消有限责任公司最低注册资本3万元、一人有限责任公司最低注册资本10万元、股份有限公司最低注册资本500万元的规定;取消公司设立时全体股东(发起人)的首次出资额及比例的规定;取消公司全体股东(发起人)的货币出资金额占注册资本比例的规定;取消公司股东(发起人)缴足出资期限的规定。"这一规定与当时的《公司法》相冲突。2013年12月28日,第十二届全国人大常委会第六次会议通过了《全国人民代表大会常务委员会关于修改〈中华人民共和国海洋环境保护法〉等七部法律的决定》,其中包括对《公司法》作出的12处修改。虽然修改后的《公司法》解决了这一冲突问题,但是类似的法律冲突在其他领域依然有出现的可能。

定,这也对法院在涉自贸试验区行政案件的法律适用以及规范性文件的审查上提出了更高的要求。

(三)对特定类型行政诉讼数量的影响

其一,在负面清单管理模式下,对外商投资准入特别管理措施之外的领域,将会按照内外资一致的原则,将外商投资项目由核准制改为备案制。此举将导致行政审批事项大幅减少,而一旦经营过程中因自贸试验区内企业之侵害而遭受损失,受侵害方在追索不成时有可能以自贸试验区内的行政机关履行审批职责或者备案审核不严格为由,主张行政机关的行政不作为损害了其合法权益。

其二,为进一步拓宽金融、证券、文化市场的对外开放,自贸试验区内开放了相关管制措施,新增了部分行政许可事项。此类行政许可事项的审批时限较短,对自贸试验区内外相关行政机关的行政管理能力提出了较高的要求,可能导致相关行政争议增多。例如,根据相关规定,在上海自贸试验区内设立合资、合作、独资经营的演出经纪机构提出申请的,上海市文化主管部门须在20日内作出决定。[1]

其三,因政府承诺提供服务而产生的给付行政争议可能增多。自贸试验区内各行政主体在简政放权、营造良好营商环境的同时,积极建设服务型政府,因此各部门采取的各项制度、措施等均以便捷、高效为要求,并通过文件等形式进行信息公开。但是,在具体行政管理过程中,由于行政资源有限以及"运动式"执法活动的存在,行政相对人是否可以行政机关未遵守相关规定或者未履行相关承诺提供相应服务提起行政诉讼,以及法院应该如何作出具体的裁判,都有待进一步研究和考察。

(四)对将行政机关的备案行为纳入司法审查的影响

根据上海自贸试验区的相关规定,在负面清单之外,备案制是政府的一种重要行政管理方式。但是,对于"备案"这一法律概念的理解,在行政审判实践中一直存在争议。比如,《立法法》中有对相关立法公布后备案的规定,国务院发布的

---

[1] 参见2013年9月29日发布的《文化部关于实施中国(上海)自由贸易试验区文化市场管理政策的通知》。

《物业管理条例》中有对业主委员会备案的规定,还有很多法律法规有关备案的规定。但是,这些法律法规中所使用的"备案",其法律性质和法律后果是不尽相同的。因此,如何把握自贸试验区内行政机关备案行为的性质,确定备案行为的可诉性和审查标准,亦是行政审判中的难点问题。

现有的一般判断标准为,在行政管理活动中,一般的文件备案属于行政机关的监督行为,对公民、法人或者其他组织的权利义务不产生实际影响,不具有可诉性,应当不属于行政诉讼的受案范围。但是,若此类备案行为涉及备案申请人办理其他行政审批手续,则会对申请人的相关权利造成损害,对其与行政机关之间的权利义务关系产生影响,具备行政许可的特征和实质要素,理应具有可诉性,当属行政诉讼的受案范围。[1]

第二节 上海自贸试验区行政案件审判的司法应对

与其他领域的案件审理情况类似,上海自贸试验区行政案件审判工作伴随着自贸试验区的制度推演,不断出现新的问题和案件。因此,本节将从受案范围、行政主体以及举证责任分配三个角度对上海自贸试验区行政案件审判展开分析,通过法规范分析以及个案研究的方式,论述针对自贸试验区的新型行政诉讼案件,法院是如何具体适用法律予以应对的。

一、涉自贸试验区行政审判的受案范围

受案范围是启动行政诉讼的关键。因此,首先,我们将从法规范的角度出发,研究自贸试验区内哪些领域的行政争议更具有冲突性。其次,我们将从个案角度出发,分析法院在具体行政裁判中如何判定行政机关作出的某一特定行为是否应被纳入司法审查的范围之内。

---

[1]《中国(上海)自由贸易试验区境外投资项目备案管理办法》《中国(上海)自由贸易试验区外商投资项目备案管理办法》等规定,若无相应的备案材料或意见,则无法向相应的商务、外汇管理、海关、税务等部门办理相关手续,或无法办理规划、用地、环境评价、建设等审批手续,或无法申请使用政府补助、转贷、贴息等优惠政策。

(一) 以自贸试验区规范性文件为考察对象的理论研究

根据《总体方案》《中国(上海)自由贸易试验区条例》的相关规定,自贸试验区内行政管理体制的改革,大幅减少了传统的行政管理纠纷,但是新的管理体制模式也导致大量新型的行政管理纠纷出现。虽然目前尚未出现大量的涉自贸试验区行政案件,但是从自贸试验区建设过程中的行政纠纷来看,新型的行政纠纷已然成为法院审理的主流案件。今后,随着自贸试验区改革方案的进一步深化落实,新型行政争议将成为区内行政类案件的主要类型。

其一,以负面清单管理为核心的投资管理类行政争议。负面清单管理模式是一种"非列入即开放"的模式。就负面清单管理引发的行政争议而言,一方面,因负面清单的文义界定会引发市场准入类诉讼。以2015年国务院办公厅印发的《自由贸易试验区外商投资准入特别管理措施(负面清单)》为例,与2014年版上海自贸试验区负面清单相比,它取消了六十多项限制,进一步扩大了开放的力度。相应地,这也有效减少和避免了以往"准入指导目录"管理模式下引起的行政管理纠纷。当然,负面清单在明确特别准入范围的同时,仍不可避免地对其文义理解有裁量的空间。如清单中对投资"限制"的表述,每一类"限制"的语义范围不尽相同,若不作进一步的界定,就使得清单的明确性降低,由此会引发因对清单所列项目的理解不同而产生应否纳入行政审批范围的行政争议。另一方面,因备案行政行为而引发的行政争议也会随之增多。自贸试验区在负面清单之外,通过核准制改备案制,放开了企业进入的条件。备案管理也是一种行政管理方式,政府对此存在从宽或从严的不同裁量。因政府的备案行为对当事人的权利义务产生影响时,也会引发相关的行政诉讼。[1]

其二,因以贸易便利化为重点的贸易监管而产生的行政争议。自贸试验区基于强化服务职能、提高行政效率的承诺,出台了一系列以便捷、高效为要求的制度

---

[1] 有学者对自贸试验区内行政备案行为的类型进行了归纳,提出若按照行政管理领域进行划分,可将备案行为分为:投资管理领域的备案行为、建设管理领域的备案行为、工商领域的备案行为、海关领域的备案行为、检验检疫领域的备案行为;若按照备案内容划分,可将备案行为分为:行为备案、文件备案、特定企业备案、特定人员备案。参见丁晓华:《涉自贸试验区备案行为司法审查问题研究——聚焦"负面清单"外的投资领域》,载《政治与法律》2014年第2期,第20页。

措施,积极推进贸易监管制度创新。例如,推进国际贸易"单一窗口"等贸易便利化措施,建立高效率的船舶登记流程等。这些规定也是政府承诺的服务内容,关系着行政相对人的信赖利益。若行政相对人认为行政主体未遵守相关承诺,则也会引发行政诉讼。

其三,金融服务、税收管理等方面产生的行政争议。2015年国务院印发的《进一步深化中国(上海)自由贸易试验区改革开放方案》在深入推进金融制度创新方面,要求"具体方案由人民银行会同有关部门和上海市人民政府另行报批"。金融管理、税收核查审批制度必然与行政相对人的权利义务密切相关,自然会产生与监管、审批及处罚相关的行政诉讼。

其四,因行政权的行使而产生的行政争议。首先,行政权的行使问题不仅是传统管理体制模式下接受司法审查的重点行政争议,在自贸试验区的新型管理体制模式下同样存在这类问题。事实上,相对于负面清单中特别准入范围的明确性,政府如何实施事中事后监督以及承担相应的法律责任显得比较模糊。实践中,相关经营主体利益遭受损害,有受害人以自贸试验区内政府机关未进行相应的监管为由而提起要求其履行法定职责之诉。其次,自贸试验区在推动信息公开制度创新,提高行政透明度上加大了力度,充分保护行政相对人的知情权和监督权。主要措施包括:主动公开自贸试验区相关管理规定;全流程公开办事程序;加强社会信用体系应用,强化政府信用信息公开;完善企业年度报告公示和经营异常名录制度,依法将相关抽查结果向社会公示。自贸试验区要求公开的信息内容甚至已超过《中华人民共和国政府信息公开条例》规定的范围,凸显了自贸试验区内行政管理方式的公开、透明与高效。自贸试验区作为经济体制改革的"排头兵",是很多研究机构、地方行政机关热切关注的目标,它们为了深入研究和学习自贸试验区建设实践,要求公开自贸试验区建设的相关文件,更使自贸试验区信息公开的行政实践大大增加。随之而来的,便是公开与否、公开范围以及公开内容方面的争议增多。最后,集中行使行政处罚权等制裁性行政权力,也必然会受到公众质疑。基于自贸试验区自身的特点,其行政执法更多集中在对涉及外资的国家安全审查、依法开展反垄断调查和执法监督管理等活动的过程中,这也必然会带来该领域的涉行政监督、处罚类诉讼。

其五,服务型政府不履行承诺类行政争议。自贸试验区内各行政主体目前采取的各项制度、措施等都以便捷、高效为要求,并通过文件等各种形式公之于众。

大部分承诺都属于帮助、服务性行政承诺和时效性行政承诺。例如,检验检疫中推进的"一次申报、一次查验、一次放行",工商机关规定的"一口受理"等,都是政府承诺的服务内容。政府承诺可以被理解为给付性行政行为,即向社会的特定或不特定的对象承诺,在某些条件下(包括时间、地点、行为),政府在其职权范围内会为一定行为或允许对方为一定行为。政府承诺是行政行为,其中既有具体行政行为,也有抽象行政行为。目前,在自贸试验区法律、法规、规章及政策性文件中,存在着大量涉及政府承诺的内容。这些政府承诺会成为私主体未来行为的依据,也会直接影响私主体信任政府承诺后的未来机会和信赖利益。对于直接创设权利和义务的政府承诺,法律上通常认为其具有可诉性,如行政合同。但是,有些政府承诺不会直接创设权利义务,仅以概括性语言赋予相对人一定的便利。这些政府承诺具有较强的不确定性,往往需要以未来某些条件的达致或者不达致作为实现的基础。所以,在条件成就时政府承诺的履行有可能与行政相对人的预期不符。为了维护自身利益,行政相对人如果认为行政主体未遵守相关规定,未履行承诺,就有可能提起行政诉讼。政府承诺往往是根据某一特定时期的环境作出的,大多不会附有"落日条款"以规定承诺的期限。在我国行政规范性文件审查机制还未建立的情况下,很多政府承诺在作出之初由于符合各方利益而能够得到良好的执行,但是随着时间的推移,有可能不符合当地的发展需求。在此种情况发生时,行政机关往往既不撤销承诺,也不履行承诺。这样,可能造成行政相对人对行政机关提起行政诉讼。自贸试验区建设以吸引投资为指向,制定了大量的承诺性文件和规范。随着自贸试验区改革不断深入,若这些承诺应当兑现而未兑现,就会对行政相对人的权益造成影响,行政相对人会因此而主张其信赖利益受损。

其六,行政诉讼法律适用中的法律冲突可能引发行政争议。"按照现行的法律规定,我国的内外贸法律体系是两套系统,即调整内贸(内资)与调整外贸(外资)的法律系统是区隔的。在自贸试验区中,就必须首先打破这种区隔,即实施内外贸规则一体化。因此,作为调整内外贸的两套法律系统必须一体化。"[1]目前,在自贸试验区内暂停实施的法律法规大多只涉及外商投资领域,而涉及自贸试验区的地方法规和地方政府规章对自贸试验区的规定又是比较全面的,这就可能造

---

[1] 郑少华:《中国(上海)自由贸易试验区的司法试验》,载《法学》2013年第12期,第143页。

成外商投资领域外的地方立法产生层级冲突。同时，为了实现自贸试验区的法治化目标，区内所有的政府行为都要于法有据，这就要求在自贸试验区建设初期出台大量的支持自贸试验区的各类立法。虽然立法者会尽量避免与上位法发生冲突，但是在如此短的时间内难以完全避免法律冲突。

自贸试验区内的法院在行政审判中适用的法律渊源包括法律、行政法规、地方性法规、规章，其中以法律、行政法规、地方性法规为依据，以规章为参照。"参照"是指法院在审理行政案件时可以参考，也可以依照规章的有关规定进行裁判。行政机关在执法过程中适用的法律以规章为主，大量支撑自贸试验区的规章以下的规范性文件是自贸试验区管委会作出行政行为的主要依据，而自贸试验区内的法院进行行政审判所依据的主要是法律、法规。在存在法律冲突的情况下，依据的不同会导致行政机关和司法机关对同一行政行为作出不同的判断。在由于行政相对人和行政机关对于各自行为的法律效果预期不同而发生的行政诉讼中，在不违背层级冲突解决原则的前提下，法院可能在审判上显得保守，这就会引发自贸试验区行政权与司法权的隐性冲突。

（二）以自贸试验区典型案例为考察对象的实证分析

自上海自贸试验区成立以来，行政案件的数量一直较少，没有足够的行政案例可供研究。但是，我们通过分析为数不多的行政案例发现，在自贸试验区的司法裁判中，行政案件的受案范围不仅包括传统的诸如行政处罚、行政审批之类的行政行为，而且包括自贸试验区所特有的备案行为。例如，在"刘某诉中国（上海）自由贸易试验区市场监督管理局、第三人上海辰皇商贸有限公司要求履行法定职责案"[1]中，刘某主张中国（上海）自由贸易试验区市场监督管理局（以下简称"自贸试验区市监局"）未依法实施变更备案侵害了其合法权益。我们通过研究发现，虽然该案涉诉行政行为是行政机关的行政不作为，但是其实质与行政机关的备案行为有关，即对自贸试验区市监局是否应当实施变更备案行为进行司法审查。

1. 案情简介

第三人上海辰皇商贸有限公司（以下简称"辰皇公司"）于 2013 年 11 月在上海

---

[1] 一审案号：(2016)沪 0115 行初 837 号，二审案号：(2017)沪 01 行终 156 号，选取自《上海市第一中级人民法院、上海市浦东新区人民法院自贸试验区司法保障白皮书（2013 年 9 月—2018 年 4 月）》。

自贸试验区设立登记,登记信息显示法定代表人为张某某,监事为刘某。2016年5月12日,刘某向辰皇公司及其法定代表人张某某通过邮寄方式提出"监事辞职书",要求辞去监事一职,并要求辰皇公司在收到其辞职书后尽快在工商登记系统中变更监事信息。2016年8月6日,刘某委托律师通过《新闻晨报》发布"律师授权声明",声明其已经向辰皇公司提出辞职并要求辰皇公司办理监事变更备案。

2016年8月9日,刘某通过律师向自贸试验区市监局发出律师函,表明其已经向辰皇公司提出辞职,依据《中华人民共和国公司登记管理条例》的相关规定,辰皇公司应当就公司监事发生变动的情况向自贸试验区市监局进行备案。但是,辰皇公司怠于履行自己的义务。刘某希望自贸试验区市监局依法责令辰皇公司限期办理变更登记。2016年9月21日,刘某再次就上述事项向自贸试验区市监局发出律师函,希望自贸试验区市监局依法行使职权。自贸试验区市监局经调查认为,只有在得到辰皇公司的法定代表人确认公司监事是否发生变动后,才能够责令该公司办理监事变更备案。但是,自贸试验区市监局通过各种形式均无法联系到辰皇公司,故无法满足刘某的要求。刘某诉至法院,请求判令自贸试验区市监局依法履行职责,责令辰皇公司限期进行监事变更备案。

2. 裁判精要

上海市浦东新区人民法院(以下简称"浦东法院")认为,本案的争议焦点在于监事刘某单方面提出辞职是否构成辰皇公司登记事项发生变更,进而确定自贸试验区市监局是否有敦促辰皇公司限期进行变更登记的职权。公司监事的委派和变更属于公司自治管理的范围,应由公司依据相关法律及公司章程确定。本案中,辰皇公司的公司章程明确规定非由职工代表担任的监事的变更应由股东作出书面决定,而刘某仅是单方面提出辞职,自贸试验区市监局在无法联系到辰皇公司唯一股东即法定代表人张某某,无法得到张某某确认的情况下,无法判定辰皇公司是否已经发生了监事变动,更无法责令辰皇公司限期进行监事变更备案。刘某的诉讼请求缺乏事实根据与法律依据。据此,浦东法院判决驳回刘某的诉讼请求。二审法院判决驳回上诉,维持原判。

3. 典型意义

市场化是自贸试验区建设的基本理念,也是自贸试验区建设努力达致的目标。放活市场,简政放权,形成事后监管新模式,也是自贸试验区制度创新的重要理念。在这一背景下,公司监事的变更应遵循公司章程的明确规定,行政机关应减少对公司内部管理的干预,充分保障公司自治的权利,保证公司经营的积极性与活力。本案中,公司章程明确规定非由职工代表担任的监事的变更应由股东作出书面决定,自贸试验区市监局在无法确认辰皇公司是否已经发生了监事变动的情况下,未责令辰皇公司限期进行监事变更备案,于法不悖。本案的判决结果体现了法院依法监督和支持自贸试验区相关行政机关依法行政的原则,肯定了自贸试验区行政机关对市场监管的合法举措,在支持和保障自贸试验区监管制度创新方面有积极的意义。

二、涉自贸试验区行政诉讼的行政主体

为适应自贸试验区推动经济改革、改善国际化营商环境之需要,上海市从管理的实效性与现实性出发,成立了自贸试验区管委会,综合行使各项行政权力,以更加集中的方式进行自贸试验区改革。但是,自贸试验区管委会的法律属性尚有待分析,自贸试验区的行政主体地位还未明确。通过研究自贸试验区的行政主体之法律地位,有助于权责统一,明确权力主体的职责及权限,推动自贸试验区改革的法治化进程。

(一) 自贸试验区管委会的行政职权分析

《中国(上海)自由贸易试验区贸易管理办法》第4条第1款规定:"本市成立中国(上海)自由贸易试验区管理委员会(以下简称'管委会')。……"该办法同时将自贸试验区管委会确定为上海市政府派出机构,具体落实自贸试验区改革试点任务,统筹管理和协调自贸试验区有关行政事务。《中国(上海)自由贸易试验区条例》第8条也有类似规定。管委会作为我国经济体制改革过程中的重要管理机制,具有较长的历史发展沿革。有学者指出:"'管委会',主要是指组织中执行某项管理职能的组织机构。它不仅是作为组织机构,而且作为管理机构的一种重要的组织形式,已经被广泛用于政府、社会、企业管理的重要方面。……上海自由贸易区管理体制是行政主导型,通过政府的派出机构——管委会形式进行运作。成立'管委会'的目的是基于这些经济特区功能的特殊性和单一性,与属地政府功能的一般性和多元性区别开来,赋予'管委会'在国土规划、经济、市政等领域中部分的行政管理权,以便有效管理区内的行政实务,而其他主要的社会职能由所属政

府承担。"[1]

上海自贸试验区管委会在设立之初,依据上海市地方性条例的规定,在不同的领域承担着不同的行政职责。[2] 但是,在此后的运作过程中,以管委会为中心的自贸试验区行政管理体制受到越来越多的质疑。2018年,上海市人大启动《中国(上海)自由贸易试验区条例》的修订调研工作,其中对于上海自贸试验区管理体制的梳理成为重点关注目标。在前期调研的过程中,这部分反映出三大主要问题:一是鉴于自贸试验区作为功能区、示范区的性质,它有别于《宪法》《立法法》等法律规定的行政区。因此,市政府派出机构的定性会令管委会欠缺独立行政管理主体资格,"尴尬"实施具体行政行为和抽象行政行为。二是在对外关系上,自贸试验区管委会与浦东新区政府都不是党委机关,并且部分行政管理职权重合。事实上,2015年扩区之后,自贸试验区管委会极少单独发文或盖章,而多是以浦东新区政府的名义进行。三是在对内关系方面,扩区后的上海自贸试验区形成三级管理架构。其中,新设立的四个片区属于非特殊监管区域,如陆家嘴管理局等机构以浦东新区政府派出机构的身份进行运作。同时,属上下级关系的上海自贸试验区管委会与保税区(五个片区之一)管理局都拥有相同的行政管理者身份,即上海市政府派出机构。因此,有关海关特殊监管区域与非特殊监管区域之间的关系问题,以及作为非特殊监管区域的四个片区管理局之间的合作沟通等问题比较突出。

---

[1] 王丽英:《论中国(上海)自由贸易试验区管委会的法律地位》,载《海关与经贸研究》2015年第6期,第96页。

[2] 根据《中国(上海)自由贸易试验区条例》第8条第1款,自贸试验区管委会为市政府派出机构,具体履行下列职责:(1)负责组织实施自贸试验区发展规划和政策,制定有关行政管理制度;(2)负责自贸试验区内投资、贸易、金融服务、规划国土、建设、人力资源、统计、市政、交通、房屋等行政管理工作;(3)领导工商、质检、税务、公安等部门在区内的行政管理工作,协调金融、海关、检验检疫、海事、边检等部门在区内的行政管理工作;(4)组织实施自贸试验区信用管理和监督信息共享工作,依法履行国家安全审查、反垄断审查有关职责;(5)统筹指导区内产业布局和开发建设活动,协调推进重大投资项目建设;(6)发布公共信息,为企业和相关机构提供指导、咨询和服务;(7)履行市政府赋予的其他职责。该条第2款规定:"市人民政府在自贸试验区建立综合审批、相对集中行政处罚的体制和机制,由管委会集中行使本市有关行政审批权和行政处罚权。管委会实施行政审批和行政处罚的具体事项,由市人民政府确定并公布。"另外,该条例第11条规定:"管委会、驻区机构应当公布依法行使的行政审批权、行政处罚权和相关行政权力的清单及运行流程。发生调整的,应当及时更新。"

(二) 行政诉讼中主体地位审查的一般原则

按照通说与司法实践,行政诉讼被告必须具备法律责任能力,能够以自己的名义对外承担责任。依据《中国(上海)自由贸易试验区条例》中将部分事项的行政审批与行政处罚权确定由自贸试验区管委会集中行使的规定,自贸试验区管委会在相应的行政审批与行政处罚中应当具有行政诉讼被告资格。另外,海关、检验检疫、海事、边检、工商、质检、税务、公安等部门作为自贸试验区工作机构,即驻区机构,在执行全国人大及其常委会、国务院及其部委的立法时,涉及行政审批或备案的管理职能,当然具有行政诉讼被告资格。

综上所述,有时难以通过行政主体来确定诉讼被告,因为管委会与驻区机构的职责难免存在交叉重叠。于此,应当通过判断具体行政行为(审批行为或备案行为)由谁作出,确定行政诉讼被告主体。即可能管委会与驻区机构都具有同一项职责,具体行政行为由谁作出,谁即为行政诉讼被告主体。另外,应当严格区分行政委托与法律法规授权。只有法律法规所授权的组织才具有行政诉讼被告的主体资格,以授权之名行委托之实者,其实质上仍是行政委托关系,仍应当以委托方为行政诉讼被告主体。

(三) 自贸试验区行政诉讼主体审查的实践突破

目前,涉自贸试验区的案件由中国(上海)自由贸易试验区法庭(以下简称"自贸区法庭")和上海市第一中级人民法院(以下简称"上海一中院")管辖,确定被告资格和受案范围是涉自贸试验区行政争议审理的基础。在被告资格方面,可以分为三种情况:第一,自贸试验区管委会以自己名义作出行政行为的,自贸试验区管委会为适格被告;第二,自贸试验区管委会下属的人力资源局等职能部门在对行政相对人作出行政行为后,行政相对人认为权益受损而提起行政诉讼的,应当以具体的职能部门为被告;第三,如因海关、检验检疫、海事、边检等部门在区内的行政管理工作发生争议,则行政诉讼应当以设立区内办事机构的行政机关为被告。

除此以外,如果某行政机关自行发文授权其他组织实施行政行为,则应根据其授权是否符合法律规定判断其是否具有被告主体资格。[1] 实际上,规章授权的组织也具有被告资格。[2] 但是,有学者认为:"这并不意味着规章授权一定是合法的,是否合法,要根据具体情况判定,例如应根据所授权力的性质、被授予权力组织的性质等综合加以判断。"[3] 在自贸试验区内,由于地理范围和时间所限,行政管理授权的组织更具灵活性。为完善社会治理结构,充分发挥市场活力,一些社会组织也承担起行政管理职责。针对这种新的管理模式,我们认为,应当认可在法律法规授权的组织之外,行政机关依法将自身职权转让给相关组织的情况,可以在后者以自身名义独立行使职权时赋予其被告资格,以促使这些组织独立承担责任。

三、涉自贸试验区行政诉讼的举证责任分配

从诉讼法学的角度看,行政诉讼与民事诉讼、刑事诉讼的一大主要区别就是其在审判过程中关于举证责任分配的原则。与后两者"谁主张,谁举证"的举证方式不同,在行政诉讼中,主要采取的是举证责任倒置的方式,即由行政案件中的被告承担主要的举证责任。之所以如此规定,主要是因为行政机关与行政相对人并非处于同等举证能力范畴之内。为实现司法对行政机关的监督职责,保障行政机关依法、合理从事行政行为,将举证责任归于行政机关,完全体现了现代法治对于公权力的限制立场。

但是,被告负全部举证责任的行政诉讼举证模式也会面临诸多问题。尤其是在自贸试验区强化行政法治监管模式创新的背景下,传统的行政诉讼举证模式已经不能满足行政法治和经济发展的客观需要,因而涌现出一系列创新性的行政管理行为和新型的行政法律关系。在新形势、新业态的推动下,如果固守被告负全部举证责任的原则,则不仅会导致行政机关就某些问题举证不能,还可能导致行政机关疲于应诉,不利于简政放权和创新社会治理体制机制的全面展开。为此,

---

[1]《行政诉讼法》第26条第5款规定:"行政机关委托的组织所作的行政行为,委托的行政机关是被告。"

[2] 2000年《最高人民法院关于执行〈中华人民共和国行政诉讼法〉若干问题的解释》第20条第2款规定:"行政机关的内设机构或者派出机构在没有法律、法规或者规章授权的情况下,以自己的名义作出具体行政行为,当事人不服提起诉讼的,应当以该行政机关为被告。"

[3] 李洪雷:《中国行政诉讼制度发展的新路向》,载《行政法学研究》2013年第1期,第48页。

浦东法院和上海一中院结合自贸试验区的具体行政监管举措,在不违反上位法的前提下,创新举证责任分配机制,确保行政诉讼程序合理合法,以保障自贸试验区行政法治建设和简政放权工作的顺利进行。

(一)细化被告举证责任的范围和界限

在自贸试验区行政案件的审判中,既要明确被诉行政机关对其作出的行政行为的合法性承担举证责任,也不能无限制地加重行政机关的举证责任,而应当对此有适当的区分。比如,无论原告能否证明涉案行政行为存在违法性,均不得免除被告的举证责任。但是,在行政机关证明行政行为的合法性后,应当认为其已经尽到举证责任,其后就行政行为的合理性不应再要求行政机关举证。又如,对于涉及自贸试验区行政机关不作为的案件,行政机关不应承担主要的举证责任。但是,必须明确,行政机关对于行政相对人的申请如果作出拒绝作为的决定,这种拒绝作为不属于"不作为"的范畴,此时行政机关仍应当举证证明其拒绝作为行为的合法性。[1]

(二)明确第三人举证具有证明效力

自贸试验区经济行政领域的纠纷较多,往往涉及多方主体,这种错综复杂的法律关系也决定了行政行为的合法与否会直接影响多方利益。这时,行政诉讼判决的对外效力对第三人就显得尤其重要。但是,在行政机关负举证责任的单纯举证责任模式下,第三人可能因行政机关举证不能而陷入利益受损的尴尬境地。行政诉讼中的第三人与行政行为关系密切,行政案件的审理结果与第三人利益攸关。因此,在自贸试验区的行政审判中,除了要依法保护行政相对人的利益以外,也必须考虑与涉案行政行为有利害关系的第三人的权利保护问题,尤其要注重第三人提供证据时的证明效力问题。当然,针对这一问题,在我国的行政诉讼司法实践中,也有不同发展阶段。按照现行《行政诉讼法》以及有效司法解释的立场,应当适度赋予第三人举证能力及其证明效力。尤其是在行政机关怠于举证或举

---

[1] 这种情形在信息公开案件中尤为明显。例如,根据2010年《最高人民法院关于审理政府信息公开行政案件若干问题的规定》第5条的规定,被告拒绝提供或拒绝更正政府信息的,应当对拒绝的根据和理由进行举证。

证不能的情形下,若第三人的举证可以补足上述缺陷,法院应当予以准许。[1]

(三) 适当让原告负担举证责任

行政案件由被告承担举证责任的原则是否意味着原告完全不必承担举证责任?对于这一问题的回答实质上来自对于行政案件审判实践的反思。一方面,基于"举证之所在,败诉之所在"的原则,如举证责任由原告承担,则必然会加大其败诉的概率,与行政诉讼限制、监督公权力之本旨不符。另一方面,如完全不考虑原告举证的因素,而全凭行政机关举证,则有时会出现事实无法查明、损害难以确定等方面的审判困境。因此,如何处理好行政相对人权益保护与行政案件事实查明之间的矛盾,是包括自贸试验区在内的行政诉讼中的司法难点。[2]

鉴于某些立法上的语焉不详和自贸试验区自身的诉讼特点,自贸试验区内的

---

[1] 2002年《最高人民法院关于行政诉讼证据若干问题的规定》规定,第三人在诉讼程序中提供的、被告在行政程序中未作为具体行政行为依据的证据,不能作为认定被诉行政行为合法的依据。但是,2009年《最高人民法院关于审理行政许可案件若干问题的规定》改变了上述规定,认为被告无法提供证据的,第三人可以向法院提供或者申请法院调取。第三人提供或者申请法院调取的证据能够证明被诉行为合法的,法院应当判决驳回原告的诉讼请求。该规定在第三人提供证据的效力上有了重大跨越,且法院调取的证据也可用来证明行政行为的合法性,显示出法院对证据的认定更加注重以客观真实为导向,更加注重"实质法治"。这一思路在2014年《行政诉讼法》修正时再次得到体现,在被告负举证责任之后增加了但书条款,被告无法提供证据,视为没有证据。"但是,被诉行政行为涉及第三人合法权益,第三人提供证据除外。"因此,这是一种完全合法化的制度创新。参见李大勇:《行政诉讼证明责任分配:从被告举证到多元主体分担》,载《证据科学》2018年第3期,第267页。

[2] 1989年《行政诉讼法》规定被告负举证责任是一项原则,但是这并不意味着原告无须提供证据或者原告提不提供证据不重要。原告起诉应有诉讼请求和事实。若行政机关有证据,原告却无法提供,法院就要维持原行政行为。2000年《最高人民法院关于执行〈中华人民共和国行政诉讼法〉若干问题的解释》第一次规定了原告的举证责任。2002年《最高人民法院关于审理反倾销行政案件应用法律若干问题的规定》第8条也规定,"原告对其主张的事实有责任提供证据"。但是,2002年《最高人民法院关于行政诉讼证据若干问题的规定》又恢复了行政诉讼法上关于举证责任的用语"提供证据",而且这一提法最终被《行政诉讼法》修正时采纳。另外,2010年《最高人民法院关于审理政府信息公开行政案件若干问题的规定》规定,法院可要求原告对属自身生产、生活、科研特殊需要事由作出说明。此处,司法解释采用了"说明"这个词,而非"提供证据"。这些变化表明,最高人民法院在对于原告提供证据是种责任还是种权利、是举证责任还是证明责任的认识上是存在分歧的。参见李大勇:《行政诉讼证明责任分配:从被告举证到多元主体分担》,载《证据科学》2018年第3期,第267—268页。

法院应当积极拓展新的举证责任分配思路,以满足自贸试验区的行政法治要求。首先,原告对于符合行政诉讼起诉条件的内容应当承担举证责任。虽然行政诉讼以维护行政相对人的权益为出发点,但是原告不得任意提起行政诉讼,加重行政机关的讼累。与其他诉讼法的起诉要件相似,在行政案件立案和审判阶段,原告对于自身的主体资格、行政机关的行政行为以及该行政行为与自身的关联性和利害关系等基本事项承担举证责任,否则法院有权不受理案件或者驳回原告的起诉。其次,在行政不作为案件中,行政机关的作为义务往往基于两种方式产生:依职权和依申请。在依职权的情形下,原告一般没有举证义务。但是,在依申请的情形下,原告对于其曾向适格行政机关提出申请的事实,有必要承担举证责任,除非被告认可相关的申请事实。最后,在行政赔偿案件中,原告应就行政行为对其造成损害承担举证责任,而对行为与结果之间的因果关系不负举证责任。行政赔偿案件的实质是行政机关的违法行政行为导致原告遭受损害,因而可以参照民事侵权责任的举证方式。在行政违法行为与原告遭受损害的因果关系问题上,采取被告举证的方式,有利于维护原告的合法权益。但是,在违法行政行为对原告究竟产生何种程度的损害这一问题上,显然应当由原告进行举证,否则诉讼无法进行。总之,自贸试验区内的行政审判通过适度令原告承担举证责任的方式,改变既往"一刀切"的做法,最终还是回归到维护自贸试验区行政监管秩序、提升行政管理透明度等目标与宗旨之上。

第三节　上海自贸试验区行政案件审判概况

对行政审判实践进行全面的观察,是检验和审视当前自贸试验区行政体制是否能有效保障经济改革的"试金石",也是司法实践确保打造良好的营商环境,增强自贸试验区建设的韧性和活力之实效的一次考验。

一、涉自贸试验区行政案件的基本特点

截至 2018 年 8 月,浦东法院共受理涉自贸试验区行政案件 32 件,主要类型如表 10-1 所示,共审结 29 件。其中,一审收案 24 件,审结 21 件;二审收案 6 件,审

结 6 件。[1]

表 10-1　行政案件的主要类型及数量

类型	数量（件）
工商行政登记	11
行政其他	6
交通	2
技术监督	1
公安	1

被诉行政行为涉及工商、交通、技术监督等多个领域，反映出自贸试验区市场主体对于自贸试验区行政机关依法行政的司法需求。同时，自贸试验区的政府职能转型也促使区内行政审判在受案范围、被告资格以及举证责任等方面有了新的发展，形成了自贸试验区特有的案件结构类型。从具体的问题来看，自贸试验区运行过程中产生的备案行为的司法审查、商事登记改革和新型行政处罚行为是司法保障进程中遇到的主要问题，也是自贸试验区行政审判实践中必须克服的法律适用难题。

（一）总体案件数量较少

2013—2018年，法院受理的以自贸试验区行政管理机关为被告的行政案件总体数量较少，体现了自贸试验区相关行政管理机关在管理、服务区内企业时坚持依法履职，实现了政企良性互动。法院通过对典型案件的依法裁判，进一步监督自贸试验区行政机关依法行政，赢得了自贸试验区各方主体的充分认可。从行政审判的司法实践来看，司法权与行政权相互制约、相互促进，共同推动自贸试验区服务实体经济职能的最大化发展。在个案审判中，出现了被告浦东新区区委常委、副区长出庭应诉，来自上海市、区两级行政机关领导干部以及三级法院的法官代表旁听庭审的现象，反映了浦东新区乃至上海市对行政机关负责人出庭应诉工作的高度重视。行政机关负责人出庭应诉制度的完美实践充分体现了在行政管理体制机制改革的背景下，行政机关负责人对解决行政纠纷的重视，也表明了司

---

[1] 参见上海市高级人民法院《上海法院服务保障中国（上海）自由贸易试验区建设审判白皮书（2013—2018）》。

法保障行政权力服务实体经济的效用和结果。

(二) 工商登记纠纷占比大

浦东法院受理的 19 件涉自贸试验区行政案件中,工商行政登记案件有 9 件,约占 50%。在这类案件中,原告多因身份证被他人冒用而被登记为公司股东或监事,进而对被告作出的错误登记行为不服而提起行政诉讼,且涉案代理公司均存在未获得原告明确授权的违规代理行为。在自贸试验区建设过程中,简政放权、充分发挥市场活力的愿景十分强烈。以改审批制为备案制为代表的行政监管模式的转变,也势必会导致监管盲区和工作量激增情况下的疏漏。虽然自贸试验区建设选择了放松监管而强调开放的价值取向,但是并不意味着行政机关就可以撒手不管或任意而为。在全面"放管服"的体制改革背景下,行政机关仍应当将包含工商登记在内的多项监督管理职权落到实处,以确保行政权不因受纠纷的拖累而造成行政体制不畅、浪费行政资源等问题。

(三) 涉案企业经营异常占比较大,审理难度较大

在法院受理的工商行政登记案件中,涉案公司被列入企业经营异常名录的占多数。在审理过程中,无法直接联系到这些企业,导致诉讼送达和事实查明均存在较大困难。这表明进行企业经营异常公示能够有效提示经营风险,也反映了对经营异常企业的事中事后监管方式有待进一步完善。[1]

二、上海自贸试验区行政诉讼典型案例分析

在行政案件为数不多的情况下,个案尤其能够体现上海自贸试验区建设中的行政法治是否完善,行政法治推动自贸试验区建设事业的发展效果是否显著,以及行政纠纷化解的实际运行机制是否畅通。本部分选取了"骆某某诉上海市质量技术监督局自由贸易试验区分局不履行法定职责及不服上海市人民政府行政复

---

[1] 参见《上海市第一中级人民法院、上海市浦东新区人民法院自贸试验区司法保障白皮书(2013 年 9 月—2018 年 4 月)》。

议决定案"进行重点分析。[1]

(一) 案情简介

2014年12月24日,骆某某通过12365网上热线投诉,举报其在"1号店"网站购买的网店"楼兰蜜语"的200克/袋包装红枣短斤缺两,要求上海市质量技术监督局自由贸易试验区分局(以下简称"上海自贸试验区质监分局")进行调查并作出行政处罚。上海自贸试验区质监分局于2015年1月20日将该投诉移送"楼兰蜜语"网店开设者即涉案商品销售者武汉金绿果网络科技有限公司(以下简称"金绿果公司")所在地的武汉市质量技术监督局处理,并于同年2月9日向骆某某告知了相关移送情况。骆某某不服该告知,向上海市人民政府申请行政复议,复议维持了原具体行政行为。骆某某提起行政诉讼,请求判决确认上海自贸试验区质监分局未履行法定职责行为违法和上海市人民政府复议决定违法,并附带提出行政赔偿。

(二) 裁判精要

浦东法院认为,骆某某的投诉涉及商品销售者违反计量法律法规,涉案定量包装商品并非网络销售平台提供者的自营商品,系入驻商家金绿果公司直接从武汉发货配送并开具发票,故涉嫌实施计量违法行为的主体为金绿果公司,而该行为发生地在湖北省武汉市。根据《中华人民共和国计量法》(以下简称《计量法》)、《定量包装商品计量监督管理办法》的规定,县级以上地方质量技术监督部门对本行政区域内定量包装商品的计量工作实施监督管理;《中华人民共和国行政处罚法》(以下简称《行政处罚法》)、《质量技术监督行政处罚程序规定》亦规定,行政处罚案件应由违法行为发生地的行政机关管辖。因此,上海自贸试验区质监分局将金绿果公司涉嫌计量违法行为移送武汉市质监部门管辖处理,已依法履行了其法定职责;上海市人民政府所作复议决定也符合法律规定。综上,浦东法院作出一审判决,驳回了骆某某的全部诉讼请求。

一审判决作出后,骆某某提起上诉。上海市第三中级人民法院经审理作出终

---

[1] 一审案号:(2015)浦行初字第502号,二审案号:(2016)沪03行终20号,选取自《上海市浦东新区人民法院涉自贸试验区审判工作白皮书(2014年)》、上海市高级人民法院《上海法院服务保障中国(上海)自由贸易试验区建设审判白皮书(2013—2018)》。

审判决,驳回上诉,维持原判。

(三)典型意义

为响应国家"绿色、开放、全面、协调、可持续"的发展要求,上海自贸试验区建设以开放宽容、兼容并包的胸怀,容纳各类生产制造服务型企业的入驻,最大限度地谋求协同发展。这就使得自贸试验区内涌现了一大批新业态企业,这些企业在带来经济增长的同时,也对行政法治提出了明确而直接的挑战,监管任务空前艰巨。本案就是面对"互联网+"模式下的新业态企业,法院充分发挥司法能动性,应对管辖及责任认定的挑战性命题进行的一次大胆尝试。从综合分析的角度入手,本案的裁判主要体现了以下四个方面的司法理念与规则:

第一,通过对《行政处罚法》管辖规定的充分解释,寻找处罚管辖权的细分方案。行政处罚地域管辖又称"区域管辖",是指按违法行为发生地确定行政处罚机关的管辖,即同级人民政府及其所属部门根据违法行为发生地确定在行政处罚权上的分工与权限。但是,"违法行为发生地"的概念具有模糊性、不确定性,并不具有唯一指向。目前,在行政执法实践中,对违法行为发生地的理解主要有以下两种观点:"一种是广义的理解,认为违法行为发生地包括违法行为着手地、实施地、经过地、结果地,即包括了实施违法行为的各个阶段所经过的空间。另一种是狭义的理解,认为违法行为发生地仅指违法行为实施地,而不包括其他地方,特别是违法行为经过地不应属于违法行为发生地之列。"[1]行政处罚的核心要件是违法行为,其可罚性、适罚幅度、处罚效果等均以违法行为的发生、发展状态为基础。因此,认定违法行为发生地应围绕"违法行为"本身,在全面分析掌握违法行为发生、发展全过程的基础上,综合考虑违法行为的事实和性质,制止或防止违法行为的危害后果,实现对行政法律制度基本价值等的综合认定。[2]

在网络交易质量技术监管行政执法的过程中,由于网络交易的特点,"违法行

---

[1] 秦涛、张旭东:《论法治视野下网络违法经营案件的行政管辖权》,载《上海市经济管理干部学院学报》2016年第4期,第52页。

[2] 参见陈立斌主编:《中国(上海)自由贸易试验区法律适用精要》,人民出版社2018年版,第490页。

为发生地"的确定会遇到一些新的问题。[1]一方面，当传统理论以一定地域内实施的具有实质性载体的违法行为确定管辖权时，针对网络交易中存在的网络宣传、电子支付等虚拟行为，确定违法行为发生地的难度更大；另一方面，网络交易行为往往跨越地域限制，跨地区甚至跨国界的交易行为对行政监管的要求更高，因此不得不考虑行政监管的成本、效率、执法效果等问题。

本案中，法院在确定违法行为主体的基础上，围绕违法行为本身的发生地点、事实经过以及行政执法的依据和目的等，确定"违法行为发生地"为入驻商家所在地，显然并未违反现有的法律规定，且符合行政监管的一般原则：一是由违法行为发生地武汉市质量技术监督部门管辖，便于查清违法行为的事实和性质；二是有利于制止或防止危害结果的发生，从源头上进行监管。

第二，确立了以《网络交易管理办法》为参考的质量技术监管领域网络交易平台的行政责任。《民法通则》《合同法》《消费者权益保护法》《中华人民共和国产品责任法》等为网络交易的买卖合同当事人明确规定了民事法律责任，《中华人民共和国产品质量法》《计量法》《定量包装商品计量监督管理办法》等行政法律规范也为生产者、销售者设定了行政法律责任。但是，因为网络交易平台本身并非交易主体，它作为网络交易的平台提供方并不直接参与网络交易，所以关于网络交易主体的相关义务与责任不能适用于网络交易平台。明确网络交易平台在网络交易过程中承担何种法律责任，是认定并区分违法行为主体的前提条件。

关于网络交易平台行政法律责任的规定，目前在质量技术监管领域尚处于空白状态。在部门规章层面，国家工商行政管理总局于2014年1月26日颁布的《网络交易管理办法》对于第三方交易平台经营者的义务与责任有较为明确的规定。[2]《网络交易管理办法》虽非质量技术监管直接适用的法律规范，但在当前质量技术监管法律体系对网络交易平台监管之规定缺位的情况下，应作为质量技术监管部门改进、完善质量监管执法水平的重要参考。但是，在参照上述法律规范

---

[1] 根据《质量技术监督行政处罚程序规定》第7条的规定，质量技术监管行政处罚案件应由违法行为发生地的县级以上质量技术监督部门管辖。

[2] 《网络交易管理办法》第二章第二节对于第三方交易平台经营者的职责有特别规定：网络交易平台主要为交易双方或者多方提供网页空间、虚拟经营场所、交易规则、交易撮合、信息发布等服务，承担审查入驻商家身份、与入驻商家订立协议、明确商品和服务质量安全保障权利与义务、及时发现并采取措施制止平台内的违法行为等法律责任。

的基础上,不宜扩大网络交易平台所承担的法律责任,而应结合质量技术监管的特点,将网络交易平台所承担的法律责任限制于其对入驻商家进行资质审核,要求入驻商家提供真实名称、地址和有效联系方式等方面。

如前所述,网络交易平台虽不承担交易主体的法律责任,但作为消费者挑选商品或服务的平台,依据上述法律规范,它对登记在交易平台内的商家有一定的管理责任,如对商家资质、身份的审查,对违法行为的制止等。但是,网络交易平台并非完全不承担对于交易主体之作为的法律责任。如果网络交易平台在提供平台服务以外,自营某些产品并与买受人完成在线交易行为,那么网络交易平台就应当被识别为网络交易主体并承担相应责任。

本案中,上海自贸试验区质监分局认为"1号店"并未违反《计量法》《定量包装商品计量监督管理办法》等有关法律规定,且对"楼兰蜜语"入驻时经营者的真实名称、地址、有效联系方式、经营资质等事项已经履行了审慎审核义务;在原告投诉后,也能参与沟通协商,故认定其并未违反《计量法》等法律规范的规定。

第三,运用《行政诉讼法》关于受案范围规定的兜底条款和对行政主体职能审查的宽泛认定,体现了自贸试验区审判实践中充分贯彻监督行政机关依法行政和保护当事人合法权益的理念。

首先,法院在处理法律法规没有明文规定的诉权时,充分结合、运用《行政诉讼法》第2条的规定,在原告认为行政机关的具体行政行为侵犯其合法权益时,即便这种受案范围并未在《行政诉讼法》第12条中予以明示,也积极运用第12条第2款这一兜底条款,妥善处理涉自贸试验区的行政争议。[1] 当然,法院还应审慎对待《行政诉讼法》受案排除范围中列举的事项,结合具体个案,本着依法受理原则,开展受案审查工作。

其次,不以"被告不具有行政主体资格"作为不受理的原因,体现了法院对当事人诉权的维护。依据最高人民法院相关司法解释的规定,行政诉讼的原告对适格被告的确定承担诉讼责任,法院仅有变更提示的义务。但是,自贸试验区特殊的管理体制和监管制度的创新举措必然导致区内行政机关的设置、职权的分配以及相对集中的行政权力等与区外不一致,行政行为的相对人往往难以准确确定、

---

[1] 《行政诉讼法》第12条第2款规定:"除前款规定外,人民法院受理法律、法规规定可以提起诉讼的其他行政案件。"

识别适格的被告主体。基于上述自贸试验区的特殊性,在涉自贸试验区行政争议中,法院应当柔性化地理解司法解释的规定,必要时,应当依职权对涉案被告的主体身份进行审查,并向原告充分行使释明权和变更提示权,全面保障当事人诉权的行使。在涉及职权划分不清、职权交叉等问题的行政案件中,法院一般以名义机关作为被告。在涉及特殊行政法律关系如行政委托关系等问题时,法院允许行政相对人以所有相关的行政机关为被告,并在此后的审判过程中通过实质审查的方式确定责任主体。

最后,法院以司法的形式表明其要求行政机关必须严格遵循法定程序、准确地适用法律法规并参照规章的基本立场。前已述及,由于自贸试验区内的法律法规变动较大,并且不断出现新的规范性文件,因此法院在审理行政案件的过程中,除了必须严格按照法定程序规则进行审查外,在审查被诉具体行政行为时,还要确认其所依据规范性文件的适用性。"如经审查认为,被诉具体行政行为依据的这些规范性文件合法、有效并合理、适当的,应在认定被诉具体行政行为合法性时应承认其效力;如经审查认为这些规范性文件超越上位法的规定或全国人大和国务院的授权范围的,应在裁判理由中对其是否合法、有效、合理或适当进行评述,充分说明否定其适用效力的理由。"[1]

第四,充分发挥司法能动性,通过典型案例的整理,探索自贸试验区行政法治的新路径。浦东法院本着服务保障上海自贸试验区的探索与实践的宗旨,结合本案实践,提出了一系列完善网络交易质量技术监管的建议和意见。

一方面,针对管辖,主张确立以网络交易平台所在地管辖为原则、以违法行为人所在地管辖为例外的管辖制度。《网络交易管理办法》作为规范网络商品交易及有关服务,促进网络经济健康发展的专门性法律规范,在充分考虑网络交易行为跨区域性、违法行为发生地认定困难、便于违法行为事实查明等因素的基础上,确立了以第三方交易平台所在地管辖为原则、以违法行为人所在地管辖为例外的管辖制度,更有利于行政机关提升监管效能,推进网络交易依法规范、有序运行,

---

[1] 丁晓华:《涉自贸区行政行为对法院司法审查的新挑战》,载《上海政法学院学报(法治论丛)》2014年第1期,第143页。

促进网络交易市场健康有序发展。[1] 在当下"互联网+"经营模式不断发展壮大的情况下,产品质量监管部门应与时俱进,紧跟网络商品交易发展趋势和规律,加大对网络交易平台的监管力度,创新监管方法,通过约谈、走访等方式开展行政指导。

另一方面,建议明确质量技术监管中网络交易平台的行政法律责任。自 2015 年 10 月 1 日起实施的《中华人民共和国食品安全法》(以下简称《食品安全法》)在《网络交易管理办法》相关规定的基础之上,对网络食品交易平台的行政法律责任进一步予以明确。[2] 在质量技术监管领域,相关部门应参考相关领域的先行立法,结合质量技术监管领域的特殊性,围绕供应商资质、身份审核、商品准入、商品质量管控、合同规范、消费维权等内容,明确网络交易平台的行政法律责任,引导网络交易平台经营者健全完善交易规则和管理制度,探索制定规范网络交易平台经营管理指导意见,督促网络交易的健康有序发展。[3]

---

[1] 《网络交易管理办法》第 41 条第 1 款规定:"网络商品交易及有关服务违法行为由发生违法行为的经营者住所所在地县级以上工商行政管理部门管辖。对于其中通过第三方交易平台开展经营活动的经营者,其违法行为由第三方交易平台经营者住所地县级以上工商行政管理部门管辖。第三方交易平台经营者住所所在地县级以上工商行政管理部门管辖异地违法行为人有困难的,可以将违法行为人的违法情况移交违法行为人所在地县级以上工商行政管理部门处理。"

[2] 《食品安全法》规定,网络食品交易第三方平台提供者应当对入网食品经营者进行实名登记,明确其食品安全管理责任;依法应当取得许可证的,还应当审查其许可证;发现入网食品经营者有违反本法规定行为的,应当及时制止并立即报告所在地县级人民政府食品安全监督管理部门;发现严重违法行为的,应当立即停止提供网络交易平台服务。

[3] 参见张斌主编:《浦东法院服务保障上海自贸试验区的探索与实践》,法律出版社 2016 年版,第 95—98 页。

第十一章
上海自贸试验区涉外民商事案件的司法保障

  上海自贸试验区是我国改革开放的又一次新探索，以开放促进改革的基本立场使得上海自贸试验区成为与国际接轨的新窗口，各种类型的跨国、跨区域民商事交往频繁。自贸试验区的国际化进程也使得各类涉外民商事案件频发。因此，部分涉自贸试验区案件中体现出极强的国际性因素，使得法院在审判这类案件的过程中必须跳出国内法的固有框架，充分运用国际法中的各类规则、惯例和制度，为打造国际化、法治化的上海自贸试验区保驾护航。囿于司法统计归类因素，在历年来的涉上海自贸试验区司法保障白皮书中，均未以"涉外民商事案件"为类型进行统计，而是将涉外民商事案件依不同的法律关系归入普通民事案件、投资贸易类案件、金融商事类案件以及知识产权类案件，因此在统计数据上未见专门介绍。但是，在典型案例的展示部分，涉上海自贸试验区的涉外民商事案件的数量不在少数，并且这些典型案例涉及的问题广、内容新、意义大，少数案件对于我国涉外法制的未来发展具有里程碑意义。鉴于此，本章以上海自贸试验区涉外民商事典型案例为引导，在基本契合国际私法学科脉络的基础上，对涉外民商事法律关系的定性、法律适用、外国法查明以及国际商事仲裁裁决的承认与执行四大问题开展针对性的研究。

第一节　涉外民商事法律关系的定性

一项民商事法律关系是否具有"涉外性",既是国际私法研究问题的逻辑原点,也是法院适用国际法规则审理案件的基本标准。从理论上看,学界在给"国际私法"和"冲突法"作界定时,仍认为它们均是以涉外民事关系为调整对象的。或者说,它们都是以含有外国因素(foreign elements,通常称为"涉外因素")的民事关系作为自己调整对象的。[1] 从司法实践来看,只有法院依据相关的国内法规则将某类民商事案件归入涉外案件之后,有关国际民商事案件管辖权、法律适用、外国法院判决、外国仲裁裁决的承认与执行等涉外案件所特有的法律问题才会见于纸上。当然,有时对于民商事法律关系涉外性的判定不仅仅停留在法院受理诉讼案件之初,更有可能对当事人已经取得的域外裁判或者仲裁裁决的效力产生决定性的影响。因此,涉外案件的定性问题属于我国理论、立法与实务界关注的重点。

一、涉外因素认定的传统立场

(一)涉外因素认定的基本理论

"涉外因素"是一个与涉外民商事关系相关联的概念。在国际私法理论中,传统的涉外民事关系被定义为"只要是含有外国因素(foreign element)或是涉外因素(foreign-related element)的民事关系"[2],即只要民事关系的主体、民事关系的客体以及民事关系据以发生的法律事实这三者之一与外国有联系,就构成涉外民事关系。换句话说,就是要明确民事关系的构成要素是否与外国有联系。涉外民事关系中的涉外因素可以是单独的,即民事关系的主体、客体、内容三个要素中只有一个具有涉外因素;也可以是多元的,即三者都具有涉外因素。[3] 至于究竟什么是"涉外因素",目前国际上尚无统一的定义。这是由各国差异巨大的法律制度、法律沿革、历史文化,加之涉外因素本身固有的特殊性和复杂性所造成的。各国立法对涉外因素的界定从明示界定到默示界定,从原则性界定到具体性界定,

---

[1] 参见李双元:《国际私法(冲突法篇)(第三版)》,武汉大学出版社2016年版,第2页。
[2] 屈广清:《国际私法导论》,法律出版社2003年版,第3页。
[3] 参见齐湘泉主编:《涉外民事关系法律适用法》,人民出版社2003年版,第28页。

从成文规定到自由裁量皆有。在学界,争论也从未停止过,从界定涉外因素的必要性到界定涉外因素的原则和具体方式,再到涉外因素的具体定义,都是争论的焦点。

国外学者对涉外民事关系的理解存在着很大的差异。总的来说,在界定涉外因素方面,大陆法系国家往往要比英美法系国家更为具体和严格,更倾向于作具体性的、明示的界定,而非原则性的、默示的界定。[1] 在判定涉外民事关系的严格程度上,英美学者持宽泛标准。例如,英国学者莫里斯认为:"英格兰法中的冲突法是处理具有'外国因素'的案件的法律,而'外国因素'是指除英格兰法外,与某一法律体系的联系。"[2]

目前,我国并没有一个科学且统一的"涉外因素"概念。我国涉外民事关系的界定理论源自日本,后来向苏联学习,借用了其涉外民事关系界定理论。我国界定涉外民事关系的"法律关系三要素"理论可以说在很大程度上受隆茨的影响。但是,随着经济全球化的发展,涉外民商事关系大量产生且日益复杂多样,现行的认定标准已经开始阻碍司法实践中对涉外因素的认定。某个国内法院或其他纠纷解决机构在处理可能具有涉外因素的民商事案件时,第一步也是必须要考虑的是涉外因素的具体定义是什么,案件中的涉外联系是否构成国际私法上的涉外因素,案件中的民事关系是否会因此构成涉外民事关系等。但是,由于我国从前对"涉外因素"概念界定问题的不重视,加之"涉外因素"这一概念本身具有的复杂性和特殊性,以及我国现行的判定涉外因素的方式已经渐渐无法应对经济全球化背景下日益复杂的涉外民事关系,使得我们在判定涉外因素的司法实践中遇到了诸多困难。

(二)涉外因素的国内立法

清末以来,虽然我国开始了对于现代国际法理论的引入与学习,但是这种学习一直停留在学说引入层面,在立法层面始终没有对涉外民商事关系作出一般性界定。中华人民共和国成立后的数十年间,这一问题依旧没有得到全面解决,只是在个别部门法中就特定领域的涉外民事关系作过并不全面的界定。具

---

[1] 参见肖永平:《国际私法原理》,法律出版社2003年版,第2页。
[2] 〔英〕J.H.C.莫里斯主编:《戴西和莫里斯论冲突法》,李双元等译,中国大百科全书出版社1998年版,第34页。

体而言,一是1985年颁布的《中华人民共和国涉外经济合同法》第2条规定,涉外经济合同是"中华人民共和国的企业或者其他经济组织同外国的企业和其他经济组织或者个人之间订立的经济合同"。二是1986年我国加入《联合国国际货物销售合同公约》,该公约第1条第1款以营业地在不同国家为标准,对国际货物销售合同进行了界定。这便是我国在进入21世纪之前仅有的界定涉外民商事关系的两个立法规定。

立法长期缺位的事实与改革开放以来我国对外经济发展的变化不相符合,因此我国国际私法学界借助中国国际私法学会这个平台,不断地提出立法意见与建议。无论是对2002年《中华人民共和国民法(草案)》第九编"涉外民事关系的法律适用",还是其后《中华人民共和国涉外民事关系法律适用法》(以下简称《法律适用法》)的起草,我国国际私法学者均以不同的方式向立法机关提出建议,要求在总结既有法律关系"四要素说"(也可称为"法律关系三要素说","法律关系四要素说"是将主体涉外具体区分为国籍涉外与经常居所地涉外两个部分)的基础上,以中央立法的形式,全面规范涉外因素的认定标准。但是,在2010年出台的《法律适用法》中,立法机关从区分国内民事关系和涉外民事关系的必要性、以法律形式界定涉外民事关系的条件之充分性等角度考虑,依旧未将涉外因素认定规定于该法之中。[1] 该法颁布之后,在国际私法学界引起了一轮讨论热潮,不少学者在其文章中都表示对涉外民事关系界定的缺失是《法律适用法》的一大缺憾。

(三) 涉外因素的司法解释

与过度谨慎的立法相较,涉外因素的判断在司法实践中是无法回避的,也是法院处理涉外案件时面对的首要问题。因此,相对于长期付之阙如的国内立法,最高人民法院在总结各个时期涉外民商事审判经验的基础上,适时地采取司法解释的方式对涉外因素的认定进行规范。以《法律适用法》的出台为界,可以将改革开放以来我国在这一问题上的司法解释工作分为两个阶段:

前一阶段以1988年《最高人民法院关于贯彻执行〈中华人民共和国民法通

---

[1] 有关《法律适用法》的起草过程,参见齐宸:《涉外民事关系的界定与思考》,载《清华法学》2017年第2期,第194—197页。

则〉若干问题的意见》第178条[1]为起始,后续伴随着1992年《最高人民法院关于适用〈中华人民共和国民事诉讼法〉若干问题的意见》第304条[2]的规定。这两个条文分别从实体法与程序法两个视角对涉外因素进行了规范,但是它们对于涉外因素的界定方式是一致的,即均采取传统意义上的"法律关系三要素说",在处理方式上均采取无例外的列举方式。

后一阶段以《法律适用法》的出台为契机。由于该法未对涉外因素的认定进行规定,因而最高人民法院在充分结合新时期涉外司法审判实践的基础上,于2012年公布了《最高人民法院关于适用〈中华人民共和国涉外民事关系法律适用法〉若干问题的解释(一)》(以下简称《法律适用法司法解释(一)》)。在该司法解释第1条中,最高人民法院开宗明义地对涉外因素的司法认定标准予以表述,主要还是延续了固有的"法律关系三要素说"。[3] 2015年《最高人民法院关于适用〈中华人民共和国民事诉讼法〉的解释》采取了与《法律适用法司法解释(一)》完全相同的认定方式。[4]从上述条文表述可以看出,《法律适用法司法解释(一)》作为现今最为前沿的涉外民事领域的司法解释,对于涉外因素的认定方式与此前的司

---

[1] 1998年《最高人民法院关于贯彻执行〈中华人民共和国民法通则〉若干问题的意见(试行)》第178条规定:"凡民事关系的一方或者双方当事人是外国人、无国籍人、外国法人的;民事关系的标的物在外国领域的;产生、变更或者消灭民事权利义务的法律事实发生在外国的,均为涉外民事关系。……"

[2] 1992年《最高人民法院关于适用〈中华人民共和国民事诉讼法〉若干问题的意见》第304条规定:"当事人一方或双方是外国人、无国籍人、外国企业或组织,或者当事人之间民事法律关系的设立、变更、终止的法律事实发生在外国,或者诉讼标的物在外国的民事案件,为涉外民事案件。"

[3] 2012年《最高人民法院关于适用〈中华人民共和国涉外民事关系法律适用法〉若干问题的解释(一)》第1条规定:"民事关系具有下列情形之一的,人民法院可以认定为涉外民事关系:(一)当事人一方或双方是外国公民、外国法人或者其他组织、无国籍人;(二)当事人一方或双方的经常居所地在中华人民共和国领域外的;(三)标的物在中华人民共和国领域外的;(四)产生、变更或者消灭民事关系的法律事实发生在中华人民共和国领域外的;(五)可以认定为涉外民事关系的其他情形。"

[4] 2015年《最高人民法院关于适用〈中华人民共和国民事诉讼法〉的解释》第522条规定:"有下列情形之一,人民法院可以认定为涉外民事案件:(一)当事人一方或者双方是外国人、无国籍人、外国企业或者组织的;(二)当事人一方或者双方的经常居所地在中华人民共和国领域外的;(三)标的物在中华人民共和国领域外的;(四)产生、变更或者消灭民事关系的法律事实发生在中华人民共和国领域外的;(五)可以认定为涉外民事案件的其他情形。"

法解释一脉相承,主要是基于大陆法系传统立法的稳定性要求。但是,也有两点不同之处:其一,在选取涉外因素的具体主体标准上,《法律适用法司法解释(一)》在此前的司法解释仅强调单一国籍因素的基础上,增加了"经常居所地"这一复合因素,反映了新时期我国在涉外民事主体属人法领域的新动态。其二,改变了此前无例外的列举方式,增加了第5项规定,即"可以认定为涉外民事关系的其他情形"。在该司法解释出台时,最高人民法院并未就何为"可以认定为涉外民事关系的其他情形"给出指引性的意见,该项规定因其兜底性质而一度被忽略。但是,此后的司法实践证明,正是该项兜底式的规定为司法审判在涉外因素的认定方面增加了灵活性,通过赋予法官一定程度的自由裁量权的方式,实现了在涉外因素认定过程中规则与方法的融会贯通。[1] 值得重点提出的是,这一兜底条款第一次发挥其重要作用恰恰是在上海自贸试验区的涉外案件审理之中。

二、上海自贸试验区涉外民商事法律关系认定典型案例分析

如前所述,涉外民商事法律关系的定性问题不仅影响着我国法院受理案件时对涉外性的识别,也会对外国仲裁裁决在我国的承认与执行产生直接的影响。这种影响主要是由如下问题引发的:不具有涉外因素的案件是否允许在当事人约定仲裁的情况下提交外国商事仲裁机构进行仲裁处理?在此种情况下,当事人缔结的仲裁协议是否有效?如果答案是肯定的,那么基于这种仲裁协议所作出的外国仲裁裁决一般会得到我国法院的承认。如果答案是否定的,那么此类外国仲裁裁决会因仲裁协议无效而无法获得我国法院的认可。

针对上述问题,我国此前已有学者经过研究得出初步结论:第一,在我国现行立法中,无论是《中华人民共和国仲裁法》(以下简称《仲裁法》)、《民事诉讼法》还是《合同法》等实体法,均未对这一问题作出禁止性规定;第二,从学理的层面而言,我国仲裁理论研究者比较支持当事人的意思自治,偏向于认定此种情况下仲裁协议的有效性,肯定外国仲裁机构的管辖权;第三,从2015年之前最高人民法院及各地高院的规范性文件以及此前各地法院的案件审理情况角度分析,我国法

---

[1] 参见王小骄:《对涉外民事关系"涉外性"界定的再思考》,载《新疆大学学报(哲学·人文社会科学版)》2013年第4期,第55页。

院对无涉外因素约定域外仲裁的仲裁协议的效力持否定态度。[1] 由上述分析可见,这一问题尚处于理论界支持、司法界反对而立法存在空白的尴尬状态,这种状态的长期存在导致我国的司法实践无法适应国际商事交易现状以及国际商事仲裁的最新发展。

上海自贸试验区的设立为缓解上述困境提供了极好的"试验田"。2013年上海一中院审理的"西门子国际贸易(上海)有限公司诉上海黄金置地有限公司申请承认与执行外国仲裁裁决案"[2](以下简称"西门子诉黄金置地案")正反映了自贸试验区司法保障对于此前否定立场的柔性化修正。该案的重要性之所以被反复强调,不仅仅是因为其"涉自贸试验区第一起仲裁案"的身份,更是因为其裁定的内容对后续司法实践乃至未来的立法可能产生深远的影响。

(一)案情简介

上海黄金置地有限公司(以下简称"黄金置地公司")和西门子国际贸易(上海)有限公司(以下简称"上海西门子公司")均为注册在上海自贸试验区内的外商独资企业。2005年,双方签订了《货物供应合同》,约定上海西门子公司向黄金置地公司提供相应设备,且合同争议需提交新加坡国际仲裁中心进行仲裁解决。为履行上述合同,上海西门子公司从境外购买了合同项下的设备,先运至上海自贸试验区内,办理相关报关手续后,最终在黄金置地大厦工地履行了交货义务。

后因合同履行发生争议,黄金置地公司遂于2007年向新加坡国际仲裁中心申请仲裁,以上海西门子公司交付的设备存在质量问题为由,要求其承担违约责任。上海西门子公司则提出仲裁反请求,要求黄金置地公司支付尚欠的合同货款。仲裁庭于2011年作出裁决,驳回了黄金置地公司的全部仲裁请求,支持了上海西门子公司的反请求。上述仲裁裁决作出后,黄金置地公司仅部分履行了裁决项下的支付义务,故上海西门子公司向上海一中院申请承认并执行上述仲裁裁决。

---

[1] 参见顾维遐:《无涉外因素争议的域外仲裁问题》,载《中外法学》2018年第3期,第655—657页。

[2] (2013)沪一中民认(外仲)字第2号,选取自《上海市第一中级人民法院自贸区司法保障白皮书(2013年9月—2016年4月)》与上海市高级人民法院《上海法院服务保障中国(上海)自由贸易试验区建设审判白皮书(2013—2018)》。

(二) 裁判精要

上海一中院认为,本案系争合同表面上看并不具有典型的涉外因素。然而,纵观本案合同所涉的主体、履行特征等方面的实际情况,该合同与普通国内合同存在差异明显的独特性,可以认定合同关系为涉外民事法律关系。第一,本案合同所涉的主体均具有一定的涉外因素。上海西门子公司与黄金置地公司虽然都是中国法人,但是注册地均在上海自贸试验区内,且均为外商独资企业。此类主体与普通内资公司相比具有较为明显的涉外因素。第二,本案合同的履行具有涉外因素。合同项下的标的物设备虽然最终在境内工地完成交货义务,但是该设备系先从我国境外运至上海自贸试验区内进行保税监管,再根据合同履行需要适时办理清关完税手续后从区内流转到区外,至此货物进出口手续方才完成。故合同标的物的流转过程也具有一定的国际货物买卖特征,与一般的国内买卖合同纠纷具有较为明显的区别。综上,本案合同关系符合《法律适用法司法解释(一)》第1条第5项规定的"可以认定为涉外民事关系的其他情形",因此双方约定将合同争议提交新加坡国际仲裁中心进行仲裁解决的条款有效。据此,上海一中院裁定对新加坡国际仲裁中心的仲裁裁决的法律效力予以承认并执行。

(三) 典型意义

对标国际最高标准、尊重国际法律规则是上海自贸试验区设立之初的重要目标之一。在国际商事仲裁领域,"支持仲裁"是公认的商事纠纷解决原则。我国是1958年《纽约公约》的缔约国,法院有义务在审查国际商事仲裁裁决的案件中适用《纽约公约》的规定,践行中国义务,向世界展现中国司法的公正性。本案的典型意义在于,在自贸试验区的背景之下,面对仲裁协议有效性审查,法院打破以往关于涉外性的固有理解,通过适用司法解释中兜底条款的方式,准确体现"支持仲裁"的中国立场。

本案涉及两个中国法人在中国履行的买卖合同,以往的审判实践中一般认为此类合同并不具有涉外因素。法院在本案审理中充分注意到上海自贸试验区内贸易主体和贸易模式的特殊情况,在涉外因素方面作出了突破性的认定。一是关于合同主体。虽然合同双方都是中国法人,但都是注册于上海自贸试验区内的企业,且都是外商独资企业,与普通的内资企业在性质上有明显区别,应认定在主体上有涉外因素。二是关于贸易模式。本案所涉设备的交付流程是,在上海自贸试验区内办理进口清关手续后再流转到区外的过程,与国内交易有明显区别,应认定交货环节有涉外因素。法院在认定系争合同有涉外因素的基础上,确认仲裁条款有效,并对新加坡国际仲裁中心的裁决予以承认并执行。这一典型案例被评选为"中国仲裁在线"2015年十大有影响力的仲裁案例,并且被各级法院作为涉自贸试验区的典型案例。更为重要的是,本案的裁判要旨被2016年《最高人民法院关于为自由贸易试验区建设提供司法保障的意见》采纳,成为指导我国自贸试验区涉外仲裁裁决效力认定的司法标准。[1]

三、非典型性涉外民商事法律关系的司法认定

"西门子诉黄金置地案"固然是自贸试验区司法保障的一大亮点,但是相关评价并非都是肯定的。原因就在于,这一裁定并没有解决无涉外因素域外仲裁的有效性问题,而是通过对"涉外因素"的扩张解释回避了这一问题。因此,国内仲裁学界对这种回避的做法普遍感到失望,甚至有人提出:"《自贸区意见》非但没有正面回应学界及实务界对该问题的核心关切,反而有阻碍仲裁之嫌。"[2]对于上述诘问,我们有不同的意见。在现今强调多元争议解决机制的背景下,对于无涉外因素的域外仲裁可以考虑采取适度开放的态度,尤其是可以尝试在自贸试验区内先行先试,这一点应是未来的发展方向。问题在于,要将这一任务完全寄托于自贸试验区的法院去承载几乎是不可能的。一方面,这项内容本应为立法规制的对象,如果司法贸然转向,会有僭越之嫌。另一方面,自贸试验区作为我国的特殊区

---

〔1〕 2016年《最高人民法院关于为自由贸易试验区建设提供司法保障的意见》第9条规定:"……在自贸试验区内注册的外商独资企业相互之间约定商事争议提交域外仲裁的,不应仅以其争议不具有涉外因素为由认定相关仲裁协议无效。一方或者双方均为在自贸试验区内注册的外商投资企业,约定将商事争议提交域外仲裁,发生纠纷后,当事人将争议提交域外仲裁,相关裁决作出后,其又以仲裁协议无效为由主张拒绝承认、认可或执行的,人民法院不予支持;另一方当事人在仲裁程序中未对仲裁协议效力提出异议,相关裁决作出后,又以有关争议不具有涉外因素为由主张仲裁协议无效,并以此主张拒绝承认、认可或执行的,人民法院不予支持。……"

〔2〕 仇晟栋:《无涉外因素争议的域外仲裁协议效力研究》,载《北京仲裁》2017年第4期,第49页。此文中的《自贸区意见》是指2016年《最高人民法院关于为自由贸易试验区建设提供司法保障的意见》。

域,其本身的独特性和仲裁的全面性决定了涉自贸试验区的司法实践不可能以一己之力改变全国司法的统一认定标准。在现有立法尚未就无涉外因素域外仲裁的有效性问题作出明确回应的情况下,以上海一中院为代表的自贸试验区法院能够积极采取扩张涉外因素的解释方法,从而柔性化地解决适法矛盾,已经能够充分体现其支持仲裁、支持自贸试验区的基本立场。

因此,我们认为,与其在立法缺位的情况下讨论无涉外因素域外仲裁的有效性问题,不如关注如何合理扩大涉外因素的司法认定更有意义。"西门子诉黄金置地案"的核心意义在于,上海一中院通过合理解释《法律适用法司法解释(一)》第1条第5项"可以认定为涉外民事关系的其他情形"的方式,维护了国际商事仲裁的正当价值与利益。不过,必须警惕的是,由于这项规定的兜底性和模糊性,可能造成法官自由裁量权的滥用,从而导致在涉外因素认定方面出现混乱情形。所幸的是,在"西门子诉黄金置地案"之后,相继出现了一些解释《法律适用法司法解释(一)》第1条第5项的案件,可以为初步总结这项司法解释提供一定的助益。[1] 鉴于此,我们结合上海海事法院2017年审理的"美克斯海洋工程设备股份有限公司与上海佳船设备进出口有限公司等申请确认仲裁协议效力案"[2](以下简称"美克斯案"),将涉外因素的司法认定标准进行一定程度的归纳。

(一) 案情简介

2015年6月,申请人美克斯海洋工程设备股份有限公司与被申请人上海佳船设备进出口有限公司、江苏大津重工有限公司在中国签署《海上自升式工作平台船舶建造合同》,买方为申请人或其指定方,卖方为两被申请人。合同约定,标的船舶入美国船级社,主机等部件由卖方向国外采购,主机等设备应按照美国船级社特别检验的规则及规范建造。标的船舶应当遵守马绍尔群岛监管机构的法律

---

[1] 在"宁波新汇国际贸易有限公司与美康国际贸易发展有限公司申请撤销仲裁裁决案"中,新汇公司与美康公司皆为国内企业,合同标的物位于上海保税区。新会公司认为仲裁庭将无涉外因素的国内仲裁案件认定为涉外仲裁案件,错误地适用了涉外仲裁程序,要求撤销仲裁裁决。北京市第四中级人民法院认为,涉案合同均约定交货方式为在上海保税区现货交付,标的物位于上海保税区,按照海关管理制度,上海保税区内未清关货物属于未入境货物,故在本案具有涉外因素,据此适用涉外仲裁程序无误,裁定予以执行。参见(2015)四中民(商)特字第00152号裁定书。

[2] (2017)沪72民特181号之一裁定书。

法规。该船在交付和验收后的 30 日内,必须由买方在船旗国(马绍尔群岛)注册。合同项下买方应支付的款项,必须以美元形式支付。双方另约定,涉案合同应受英国法律管辖并解释,因该合同引发或与该合同相关的一切争议,均应根据伦敦海事仲裁委员会仲裁规则在伦敦仲裁裁决。双方同意本合同任一条款、条款任一部分的效力和含义均应受英国法律管辖和解释。

合同签订当日,各方又另行签署了备忘录,约定买方将于卖方交船前在中国境外成立下属的全资单船公司,将建造合同转让给该单船公司,并通知卖方将双方签订的建造合同中所有买方的权利和义务授权给该单船公司。

在合同的履行过程中,各方发生争议,两被申请人向伦敦海事仲裁委员会提起仲裁申请,而申请人则向上海海事法院申请确认仲裁协议无效,其理由为:涉案合同当事方均为中国境内法人,船舶建造在中国境内进行,与合同有关的法律事实均发生在中国境内,故该合同并不符合相关司法解释规定的涉外因素,所涉的仲裁条款应认定为无效。

(二)裁判精要

上海海事法院经审理后认为,本案主要围绕法律适用、涉案法律关系的定性以及涉案仲裁协议的效力等问题展开。最终,上海海事法院通过对两个主要问题的分析裁定涉案合同中的仲裁条款有效。

第一,涉案法律关系的定性问题,即涉案法律关系是否具有涉外因素的问题。首先,关于涉外因素的定性问题,根据《法律适用法》第 8 条的规定,应当适用法院地法律即中国的法律。其次,我国法律并未允许不具有涉外因素的合同当事人选择适用外国法律和提请外国仲裁机构仲裁。因此,涉案法律关系的定性将决定当事人是否有权选择涉案合同的适用法律,以及是否有权选择向中国仲裁机构以外的仲裁机构申请仲裁解决纠纷。最后,法院综合船舶建造合同及其备案录的事实,认为涉案合同为国际船舶建造合同。因为船舶的建造、交接、入级和加入船旗国等内容均与境外有多个连接点,尤其是加入马绍尔群岛船旗国须以在马绍尔群岛设立公司为前提条件。合同也明确约定,买方须在卖方交船前在境外成立单船公司,以接受涉案船舶。根据以上要素,足以认定涉案纠纷属于我国法律规定的"可以认定为涉外民事关系的其他情形",为涉外民事关系。

第二,仲裁协议的效力问题,即认定为涉外民事关系后仲裁协议的准据法确定问题。在这一问题上,应适用《法律适用法》第 18 条[1]的规定。本案中,当事人在涉案合同中对仲裁协议应适用的法律已有明确约定,且约定的伦敦海事仲裁委员会所在地亦位于英国,因此仲裁协议效力判断的准据法应为英国法。最后,上海海事法院以当事人一致认可的《英国 1996 年仲裁法》为准据法,认定仲裁协议有效。

(三)非典型性涉外因素的认定建议

通过上述两个典型案例的介绍不难看出,随着自贸试验区涉外案件数量的上升,法院在涉自贸试验区案件涉外因素的认定方面表现出更为开放的立场。基于此种司法认定的趋势,我们对于未来我国司法实践中对涉外因素,尤其是非典型性涉外因素的认定提出以下四点建议:

第一,《法律适用法司法解释(一)》第 1 条的认定方式值得肯定。司法解释采取列举加兜底的方式,既可以反映我国学界和司法界对涉外因素判断的传统立场,也可以使法院在面对纷繁复杂的非典型性案件时具有一定的能动性。同时,这种方式既照顾到了法律关系定性的稳定性,也可以充分发挥法官在具体案件中的自由裁量权。需要呼吁的是,上述司法解释的认定方式应当在未来修订《法律适用法》或制定国际私法典时予以纳入,以完善我国国际私法的立法体系。

第二,在司法实践中具体适用认定方式时,应采取检索式的顺序。法官首先应当遵从"法律关系四要素说"的规则,从法律关系主体的国籍、经常居所地、标的物所在地到法律事实的发生地逐一认定,防止因随意适用非典型性涉外因素的认定规则而导致本末倒置现象的出现。只有当"法律关系四要素"均不具有涉外因素时,法官才可检索兜底条款的适用性。

第三,谨慎适用兜底条款判定非典型性涉外因素。虽然自贸试验区的发展为我国在涉外司法实践中判定非典型性涉外因素提供了丰富的土壤,但是不能因为个案认定的突破就得出应当广泛适用兜底条款的结论。因此,审判实践中应注意兜底条款的适用仅为例外情况,即大多数此类案件应被识别为国内案件。假如出现有必要适用兜底条款的情形,必须建立在充分的事实依据之上,防止法律关系

---

[1]《法律适用法》第 18 条规定:"当事人可以协议选择仲裁协议适用的法律。当事人没有选择的,适用仲裁机构所在地法律或者仲裁地法律。"

的判定错误。

第四,对于非典型性涉外因素的判定,应从正反两个角度予以识别。从正面的角度看,《最高人民法院关于为自由贸易试验区建设提供司法保障的意见》明确了双方均注册于自贸试验区内的外商独资企业可以将商事争议提交域外仲裁,且对于一方或者双方均为在自贸试验区内注册的外商投资企业提出的仲裁实行"禁反言"原则。从"西门子诉黄金置地案"中可以看出,合同的履行过程是司法审判需要特别留意的地方,可以适当考虑合同标的物的来源与去向是否具有跨境因素。"美克斯案"反映的情况则更为综合和复杂,法院以合同的约定为基础,综合了船舶交付、过户、入级、加入船旗国等与涉案合同履行关键节点密切相关的事实情节,而并非拘泥于船舶在国内建造这个单一事实。从反面的角度看,在复杂案件的处理过程中,可能出现多种因素的交织,其中既有涉外因素,也有非涉外因素,因此需要紧密围绕涉案法律关系,将一些具有迷惑性的因素予以剔除。以"美克斯案"为例,该案争议的法律关系为船舶建造合同关系,因此其中涉及的前期设计、设备购买等情节不属于涉案法律关系的范畴,不能作为评判是否构成涉外船舶建造合同的依据。当然,非典型性涉外因素的判定并非存有定法,其本身还有赖于法官对案件整体事实和联系因素的归纳。

第二节 涉外民商事案件的法律适用

"法律适用"一词在纯粹的国内案件中,一般指法院在审理民商事案件时对于国内法中应当适用于案件的法律之援用、解释或说明。但是,在涉外民商事案件的审理过程中,"法律适用"有着特殊的含义,构成了涉外案件的特色,即在出现涉外民商事法律冲突的情况下,法院应当选择何种法律适用规范,以便寻找到应当适用的准据法的问题。如何解决这一问题是国际私法研究的中心。当然,除了平面意义上国家与国家或者不同地区之间的法律冲突外,有时在涉外案件的审判过程中,还会出现国际法与国内法的优先适用问题。这一问题虽然并不属于法律冲突的范畴,但是确实构成涉外案件中不可回避的法律适用问题。就上海自贸试验区的涉外民商事案件而言,由于中央层面的立法并未就法律适用问题在自贸试验区内作出特别的规定,因而原则上区内区外涉外民商事案件的法律适用规则是一致的。本节旨在回顾我国国际私法立法的基础上,就上海自贸试验区的一些典型案例进行介绍和探讨。

一、国际法与国内法的适用关系

在国际法或国际公法理论上,国际法与国内法的适用关系是一个源远流长的理论问题,向来有国际法优先说、国内法优先说和平行二元论三种传统观点。不过,我国国际法学界对这三种传统观点均予以批判,认为应当辩证地看待国际法与国内法的适用关系。[1] 但是,从法院的视角看,更加看重在涉外案件中以何种方式处理两者的关系,或者说如何处理国际法的适用问题。在其他国家的法制实践中,一般将两者的关系规定于宪法之中。遗憾的是,我国《宪法》虽几经修订,却始终未在基本法中对国际法在我国的适用问题作出明确规定。[2] 正因如此,我国涉外司法实践中涉及国际法适用问题时,法院必须首先检索国内法中的相关规定,具体适用可以分为以下两种方式:

(一) 依据国际法转化为国内法

这种适用方式是指国际法(主要是国际条约)在缔约国内并不具有直接适用的空间,必须经过缔约国立法机关转化为国内法后方可间接得到适用。从我国立法实践的角度讲,许多既有的国内法随着我国缔结或加入新的国际条约而进行了相应的修改。这方面的典型例证是,2001年"入世"后,我国立法机关依据WTO相关条约和《中华人民共和国加入议定书》的要求,大规模地修改本国法律。

这种方式在司法上表现为,法院在审理涉及国际法转化为国内法的案件时,应当具有不同的适法路径。首先,面对这种方式下的国际条约,法院不得直接在判决书中予以援引。比如,WTO条约就不得在国内民商事判决中作为援引依据。其次,在不得援引国际条约的情况下,法院在涉外案件中应当找到与国际条约直接对应的、转化为国内法的具体法律与条文,并将其作为裁判依据。最后,法院应该确立国际法间接适用的态度。在上述适法方式中,并非不适用国际条约,而是国际条约通过国内法的转化得到了间接适用,而法院通过直接援引转化后的国内法,践行了我国对国际法的遵守。

---

[1] 参见梁西主编:《国际法(修订第二版)》,武汉大学出版社2000年版,第15—19页。
[2] 参见王铁崖主编:《国际法》,法律出版社1995年版,第22—24页。

(二) 直接适用国际法

这种方式的含义更为简洁，即当国际法存在适用于某涉外民商事案件的可能时，法院应当直接将该国际法的内容作为裁判的法律依据，进而直接适用国际法。在立法模式上，这种直接适用国际法的方式又存在两种不同的表现形式：

第一种是在国内法中明确规定应直接适用国际条约。也就是说，无论国内法与国际条约的内容是否一致，均应直接适用国际条约。这种适用方式相当于将国际条约直接纳入一国的国内法体系之中，即它与国内法并无二致，因而可以直接予以适用。例如，当法院在涉外案件中遇到"对享有外交特权与豁免的外国人、外国组织或者国际组织提起的民事诉讼"，可以依据《民事诉讼法》第261条[1]的规定，直接援引我国1975年加入的《维也纳外交关系公约》和1979年加入的《维也纳领事关系公约》。

第二种在涉外民商事案件中的应用最为频繁，以我国1986年《民法通则》第142条和2017年《民事诉讼法》第260条为典型。[2] 上述两个条文奠定了我国涉外民商事诉讼在实体法与程序法两大部分适用国际法的基本立场，主要体现在两个方面：一是国际条约优先原则，即当我国国内法与我国缔结或者参加的国际条约有不同规定时，法院应当优先适用国际条约的规定。实践中，对1980年《联合国国际货物销售合同公约》、1990年《统一国际航空运输某些规则的公约》等的适用均采取这种方式。二是国际惯例的补充适用原则，即在民商事实体法领域，如国际条约与国内法均未作出规定，则国际惯例具有一定的补充适用余地。国际惯例的适用在司法实践中尤其集中于国际贸易中的运输、保险和支付领域。例如，

---

[1]《民事诉讼法》第261条规定："对享有外交特权与豁免的外国人、外国组织或者国际组织提起的民事诉讼，应当依照中华人民共和国有关法律和中华人民共和国缔结或者参加的国际条约的规定办理。"

[2] 1986年《民法通则》第142条规定："涉外民事关系的法律适用，依照本章的规定确定。中华人民共和国缔结或者参加的国际条约同中华人民共和国的民事法律有不同规定的，适用国际条约的规定，但中华人民共和国声明保留的条款除外。中华人民共和国法律和中华人民共和国缔结或者参加的国际条约没有规定的，可以适用国际惯例。"

《民事诉讼法》第260条规定："中华人民共和国缔结或者参加的国际条约同本法有不同规定的，适用该国际条约的规定，但中华人民共和国声明保留的条款除外。"

20世纪末,《最高人民法院公报》曾报道广州海事法院适用海洋运输国际惯例的案件;[1] 2005年《最高人民法院关于审理信用证纠纷案件若干问题的规定》确定了国际商会《跟单信用证统一惯例》的适用条件。[2]

二、我国国际私法的规范体系

在明确了国内法与国际法的适用关系后,涉外司法实践中还有一项重要的工作,即法律适用层面的国际性或区际性的平面法律冲突问题。调整这一法律问题的部门法为国际私法或冲突法。冲突法是指发生法律冲突的某一涉外国际民商事法律关系应适用何国实体法的法律准则。简单地说,冲突法就是解决法律冲突的法律适用规则,故又称"法律适用法"或"法律选择法"。[3] 除此之外,在涉外民商事诉讼中,还会存在因管辖权、国际司法协助、外国判决承认与执行等特殊问题而需要由国际私法规范予以调整的问题。国际私法作为一个西学东渐的"舶来品",真正传入我国是在清朝末期。据现有的资料分析,由英国人傅兰雅(John Fryer)翻译、上海江南制造局1889年出版发行的《各国交涉便法论》是近代以来输入我国的第一部国际私法著作。近代中国第一部国际私法成文法是1918年北洋政府颁布的《法律适用条例》,该条例共7章27条。[4] 1927年,南京国民政府颁令暂准援用。同年,南京国民政府司法部民事司还发布了《法律适用条例草案》,对《法律适用条例》作了一定程度的修订。[5]

中华人民共和国成立以后,外国列强在中华大地上的治外法权被彻底否定。与此同时,我国废除了包括《法律适用条例》在内的"六法全书"以及一些不平等的条约,开始建立社会主义法律体系。我国现代意义上的涉外民商事法律适用法实际上诞生于改革开放之后,基本成形于20世纪末期,在21世纪初完成了"升级换挡"。

---

[1] 参见邵沙平主编:《国际法》,中国人民大学出版社2007年版,第45页。

[2] 2005年《最高人民法院关于审理信用证纠纷案件若干问题的规定》第2条规定:"人民法院审理信用证纠纷案件时,当事人约定适用相关国际惯例或者其他规定的,从其约定;当事人没有约定的,适用国际商会《跟单信用证统一惯例》或者其他相关国际惯例。"

[3] 参见丁伟主编:《冲突法论(第二版)》,法律出版社2005年版,第1页。

[4] 关于《法律适用条例》的条文,详见于能模:《国际私法大纲》,商务印书馆1931年版,第249—254页。

[5] 关于《法律适用条例草案》的条文,详见翟楚编著:《国际私法纲要》,国立编译馆1945年版,第288—297页。

(一) 2000 年之前的涉外民商事法律适用法的规范体系

1978 年,我国正式开始了举世瞩目的改革开放,这给国际私法这一学科以新的时代动力。在这一阶段,国际私法的理论研究取得了巨大的成就,一系列科研成果极大地促进了我国的国际私法立法。[1] 在此后将近 20 年的国际私法立法进程中,我国国际私法的立法虽然起步很晚,但是起点很高,并且迅速打造出自身的规范体系和规范特点。有学者将 21 世纪之前我国国际私法立法的特点总结为以下六点:一是立法起步晚,起点高;二是国内立法体系多层次;三是立法模式不拘于单一形式;四是法律渊源多元化;五是司法判例突破了传统制度与理论的藩篱;六是司法解释扮演了举足轻重的角色。[2] 我们认为这一归纳较为妥当地反映了我国国际私法在这一时期的立法全貌,而正是这些特点构成了这一时期法院审理涉外案件时关于法律适用的基本轮廓。

第一,以专编专章制为特色的"基本法"。这一点主要体现于 1986 年《民法通则》第八章"涉外民事关系的法律适用"和 1991 年《民事诉讼法(试行)》第四编"涉外民事诉讼程序的特别规定",这两部法律在涉外民事法律适用与涉外民事诉讼程序方面有最为全面的规定。其中,1986 年《民法通则》第八章"涉外民事关系的法律适用"共计 9 条,从"国际法的适用""自然人民事行为能力""不动产物权""涉外合同""涉外侵权""结婚、离婚""涉外扶养""法定继承""公共秩序保留"等方面规定了涉外民事法律关系法律适用的基本规则。1991 年《民事诉讼法(试行)》第四编以 33 个条文,对涉外民商事诉讼涉及的管辖、送达、司法协助等事项予以详细的规定。

第二,以分散立法为主导的法律适用体系。与民事诉讼领域由 1991 年《民事诉讼法(试行)》第四编统一规范的方式不同,在涉外民商事法律适用的问题上,这一时期体现出以 1986 年《民法通则》第八章为中心的分散立法态势。主要原因有二:一是在 1986 年《民法通则》实施之前,有部分民事单行法中已经出现了调整涉外法律关系的冲突规范,以 1985 年公布的《中华人民共和国继承法》(以下简称

---

[1] 参见肖永平:《肖永平论冲突法》,武汉大学出版社 2002 年版,第 263—265 页。
[2] 参见丁伟:《中国国际私法和谐发展研究》,上海社会科学院出版社 2009 年版,第 3—13 页。

《继承法》）第 36 条[1]为典型；二是由于 1986 年《民法通则》只能对涉外民事关系进行调整，因此大量涉外商事领域的法律关系的调整需要借助于其他单行法相关规定的补充，这些单行法主要包括《合同法》《中华人民共和国票据法》（以下简称《票据法》)、《中华人民共和国民用航空法》（以下简称《民用航空法》)、《中华人民共和国海商法》（以下简称《海商法》）等。

第三，以司法解释为重要的补充性渊源。虽然这一时期我国国际私法的立法体系已经初步建立，但是囿于当时的立法环境和立法技术的限制，立法中仍存在不少空白、缺漏、滞后之处。面对这种立法不足，最高人民法院的司法解释在这一时期发挥了重要作用，其中最为主要的是 1988 年《最高人民法院关于贯彻执行〈中华人民共和国民法通则〉若干问题的意见》和 1992 年《最高人民法院关于适用〈中华人民共和国民事诉讼法〉若干问题的意见》。这些司法解释不但为法院处理涉外民商事案件提供了指南，也为我国国际私法立法的进一步发展和完善提供了经验，可以说从司法解释角度创造性地丰富和完善了我国国际私法法制和国际私法体系。因此，司法解释是我国国际私法的一个不可忽视的渊源，而有关国际私法的司法解释则是我国国际私法的重要组成部分。[2]

（二）2000 年之后以《法律适用法》为代表的规范体系

进入 21 世纪之后，我国国际私法立法的完善性和全球化趋势明显。2002 年 12 月 25 日，第九届全国人大常委会第三十一次会议分组审议了《中华人民共和国民法（草案）》，其中第九编"涉外民事关系的法律适用法"以专编的方式集中规定了涉外民事关系的法律适用制度。但是，这种"搭便车"的立法目的最终未能成功，原因就在于该草案并不是一份成熟的立法草案，与其说是民法典的编纂，不如说是民法汇编。[3] 鉴于该草案体系庞大，编纂工作复杂，审议难度大，2002 年初

---

[1] 1985 年《继承法》第 36 条规定："中国公民继承在中华人民共和国境外的遗产或者继承在中华人民共和国境内的外国人的遗产，动产适用被继承人住所地法律，不动产适用不动产所在地法律。外国人继承在中华人民共和国境内的遗产或者继承在中华人民共和国境外的中国公民的遗产，动产适用被继承人住所地法律，不动产适用不动产所在地法律。中华人民共和国与外国订有条约、协定的，按照条约、协定办理。"

[2] 参见黄进主编：《国际私法（第二版）》，法律出版社 2005 年版，第 121 页。

[3] 参见黄进：《中国涉外民事关系法律适用法的制定与完善》，载《政法论坛》2011 年第 3 期，第 9 页。

次审议后,全国人大常委会未再继续审议。

在第一阶段制定统一民法典的目的无法实现后,我国立法机关开始改用单独立法的方式,将《物权法》《侵权责任法》等比较成熟的部分以单行法的方式予以通过。与此同时,"按照第十一届全国人大常委会确定的立法规划,条件成熟时将提请审议《涉外民事关系法律适用法(草案)》,这一在中国国际私法法律体系中起支架作用的立法项目的启动,是继2002年12月第九届全国人大常委会第三十一次会议分组审议《中华人民共和国民法(草案)》后,我国国际私法立法的重大举措,将再度聚焦中国国际私法学界的目光,引发新一轮的研究中国国际私法立法的热潮"[1]。在《中华人民共和国涉外民事关系法律适用法(草案)》的形成过程中,不少国际私法的专家学者纷纷献计献策,而中国国际私法学会一直致力于草案的制定和修改。草案经过武汉、杭州、北京和三亚四次重要的会议修订,最终提交全国人大法工委。[2] 该草案经第十一届全国人大常委会第十六次会议第二次审议后,又作了部分内容的微调,最终在同年10月28日第十一届全国人大常委会第十七次会议上获得了通过,并自2011年4月1日起施行。以《法律适用法》为中心的立法体系,为我国21世纪国际私法的立法提供了全新的角度,也对之前的法律适用体系提出了新的适法要求。与之前的法律适用体系相较,在法院的适法路径上,应当注意"变"与"不变"。

第一,我国国际私法立法模式的基本特点没有改变。即便是《法律适用法》的出台,也未完全改变我国国际私法的适法规律。首先,原先以《民法通则》第八章为主体的基本构建虽转变为以《法律适用法》为主导的基本结构,但我国涉外民商事法律适用以分散立法为主导的基本特征并未改变。其次,在涉外民商事诉讼程序法领域,《民事诉讼法》第四编依旧占据绝对主导地位,不过是随着《民事诉讼法》的修订相应作出调整而已。最后,司法解释依旧发挥其固有的重要作用。不同之处在于,2012年发布的《法律适用法司法解释(一)》基本上在司法实践中取代了原有的司法解释,成为辅助法院处理涉外民商事案件的全新指导。

第二,《法律适用法》适度改变了既有的法律适用规范。此处,有两点需要注

---

[1] 丁伟:《论中国国际私法立法体系的和谐发展——制定〈涉外民事关系法律适用法〉引发的几点思考》,载《东方法学》2009年第4期,第3页。

[2] 参见杜新丽:《任重而道远——写在〈中华人民共和国涉外民事关系法律适用法〉颁布实施之际》,载《南阳师范学院学报(社会科学版)》2011年第8期,第10页。

意：一是《法律适用法》第 51 条规定："《中华人民共和国民法通则》第一百四十六条、第一百四十七条，《中华人民共和国继承法》第三十六条，与本法的规定不一致的，适用本法。"该规定说明，在涉外侵权和法定继承领域，《法律适用法》明示了"新法优于旧法"的原则。二是在《法律适用法》第 51 条之外的领域，实际上还是存在新法与旧法并存的情形，因而不能妄言《民法通则》第八章完全丧失适用的余地，具体的法律适用需要法院结合具体的涉外民商事案件进行处理。

三、上海自贸试验区涉外民商事案件法律适用典型案例分析

如前文所述，上海自贸试验区的涉外民商事案件在法律适用的依据方面与区外案件相较，并没有特别的法律规则。但是，上海自贸试验区内外资外贸领域的开放政策为涉外案件提供了滋生的土壤，在这些案件的法律适用问题上，出现了与区外案件不同的法律适用需求，也考验着自贸试验区司法保障攻坚克难的勇气。鉴于此，本部分选取了浦东法院审理的"中国太平洋财产保险股份有限公司苏州分公司诉德迅物流公司保险人代位求偿纠纷案"[1]作为典型案例，因为在该案的审判中既涉及中外法律冲突时的法律选择，也存在国际条约的优先适用问题，充分体现了自贸试验区国际化背景下法律适用的复杂性与混合性的特点。

（一）案情简介

2011 年 12 月 31 日，经博世（中国）投资有限公司投保，原告中国太平洋财产保险股份有限公司苏州分公司签发了货物运输保险单一份，保单号为 COPS-UZ110760。该份保单约定：保险类型为货物运输保险和国内转运保险；被保险人为附件中列明投保人及其有效管理控制下的所有公司以及子公司、联营公司及联属公司以及各自的子公司及承袭其权益的公司；保险人为原告；保险期限为 2012 年 1 月 1 日至 2012 年 12 月 31 日；保险范围为协会货运保险条款（空运）、路上运输货物保险条款（火车、卡车）一切险等；运输工具为海船驳船并/或卡车并/或火车并/或航空飞行器和与其相连接的路上运输工具和邮政包裹；每次运输赔偿限额为货物运输 10000000 元，国内转运 8300000 元；运输路线为全球范围内的进出口货物运输、中国境内的转运；免赔额为每次事故损失 5000 元。在该份保单的附

---

[1] （2015）浦民六（商）初字第 S1388 号民事判决书。

件中列明的被保险人中包括苏州博世公司。

2012年1月23日,罗伯特·博世公司(以下简称"博世公司")将一批货物交由被告德迅物流公司以航空运输方式从德国莱比锡市运至中国苏州市,收货人为苏州博世公司。该批货物为转向柱系统马达,数量为33托,重量为21664.5公斤,发票金额为212545.56美元。该批货物于2012年1月25日到达中国上海浦东国际机场(以下简称"浦东机场")后,由上海市浦东新区汽车运输有限公司七分公司(以下简称"浦东汽运七分公司")于1月26日运往机场海关监管区的中外运仓库。浦东汽运七分公司的一辆车牌号为沪B6×××的飞翼箱式卡车在将涉案货物从浦东机场运往机场海关监管区的途中,为了避让同向行驶的一辆摩托车,由于驾驶员操作失误,采取了紧急制动措施,车辆发生侧倾,导致该车内19托货物在撞击车侧门后掉落地面,造成货物受损。

2012年1月30日,苏州博世公司向被告发出索赔通知书,告知其涉案货物运输过程中发生货损的情况,明确原告保留确定货损细节和数量之后向被告提出索赔的权利,并要求被告立即着手调查此次事故,尽快书面回复。同时,苏州博世公司表示已有检验师被指派代表货方利益对货损进行检验,若被告希望联合检验,请尽快通知原告,以便作出必要的安排。2012年2月1日,被告回复苏州博世公司,表示其收到上述索赔通知书,建议原告将货损情况通知货物的货运保险人;若苏州博世公司向保险人索赔生效,保险人将会针对货损直接进行赔付,并且保险人会根据保险代位求偿权向责任各方进行追偿。同时,被告表示拒绝承担任何责任,并且告知其接受国际货运代理协会联合会(FIATA)规则并按该规则从事业务,该规则中列明了责任限额。

2012年1月30日,麦理伦公估上海分公司接受原告委托对涉案事故及货损情况等进行查勘。2012年9月20日,麦理伦公估上海分公司在涉案事故受损的货物中抽取4件马达,委托德凯检测认证(中国)有限公司进行检验。德凯检测认证(中国)有限公司经检验后出具《检验报告》(编号为DSHF125b0002-1-4),载明检验结果为:4件送检马达的外观和性能的测试都不同程度地表现出它们有可能无法正常使用。2012年12月8日,麦理伦公估上海分公司出具《首次及最终报告》,认为:涉案事故中受损的马达共计19托,数量为2736件,价值122374.71美元,按照事故发生当日的汇率(1美元=6.28403131元人民币)折合为769006.51元人民币,残值为59175.12元人民币;这些货物在此次事故中严重损毁,无法修复,应推定按照全损处理;原告应按照扣除残值后的价值即709831.39元人民币作为损失金额;因涉案保单约定免赔额为每次事故5000元人民币,故最终的赔偿金额应为704831.39元人民币。

2012年10月24日,原告基于苏州博世公司的理赔申请,向苏州博世公司支付了保险赔偿金704831.39元人民币。之后,原告向浦东法院起诉,理由为依据其依法取得的向被告请求赔偿的代位求偿权,被告应赔偿原告704831.39元人民币及相应利息损失。

(二) 裁判精要

浦东法院审理后首先认为,本案被告住所地位于德国,故本案系涉外保险代位求偿权纠纷。就本案涉外民事关系适用的法律,当事人未作出明示选择,《法律适用法》和其他法律亦没有规定,故应适用与该涉外民事关系有最密切联系的法律。涉案货物运输保险事故发生地位于中国境内,原告作为货物运输保险的保险人向作为货物运输承运人的被告代位行使赔偿请求权所依据的货物运输合同之运输目的地亦位于中国境内,故与本案涉外保险代位求偿法律关系有最密切联系的法律应为中国法律,据此确定本案争议的处理适用中国法律。

本案中,原告与案外人博世(中国)投资有限公司之间就涉案货物签订了货物运输保险合同,该合同系当事人的真实意思表示,且内容于法不悖,故合法有效。在保险合同的保险范围和保险期限内,涉案货物发生保险事故受损,原告作为保险人承担保险责任,向被保险人苏州博世公司支付相应保险赔偿金,符合合同约定。依据我国《保险法》的规定,原告支付赔偿保险金后即依法取得代位求偿权,即可在赔偿金额范围内行使被保险人对保险事故责任人请求赔偿的权利。[1] 现本案原告向被告主张保险代位求偿权所依据的是苏州博世公司与被告之间的货物运输合同关系。基于货物运输合同关系,被告作为涉案货物的承运人应对运输过程中货物的毁损承担赔偿责任。因此,原告现向被告行使保险代位求偿权,于法有据。

关于涉案货物损失的赔偿额,浦东法院认为,无论是我国《合同法》还是《民用航空法》,对于航空运输合同的损害赔偿额度计算均有明确规定,同时也规定了国

---

[1] 《保险法》第60条规定:"因第三者对保险标的的损害而造成保险事故的,保险人自向被保险人赔偿保险金之日起,在赔偿金额范围内行使被保险人对第三者请求赔偿的权利。"

际条约优先适用的原则。[1] 涉案货物运输出发地为德国,目的地为中国,属于国际航空运输,中国和德国均是《统一国际航空运输某些规则的公约》(1999年5月28日订立于蒙特利尔,以下简称《蒙特利尔公约》)的缔约国,且该公约已对两国生效。根据《蒙特利尔公约》第22条规定,在货物运输中造成毁灭、遗失、损坏或者延误的,承运人的责任以每公斤17特别提款权为限。2009年,国际民航组织对《蒙特利尔公约》第22条规定的责任限额数值进行修改,修改后每公斤货物的赔偿限额提高至19特别提款权。由此,本案应依据《蒙特利尔公约》规定的19特别提款权确定承运人的赔偿责任限额。本案中,按涉案运输货物33托的总重量为21664.5公斤计算,毁损货物19托的重量为12473.5公斤。经查,判决当日即2015年10月22日国际货币基金组织公布的特别提款权对美元的换算比例为1特别提款权=1.41283美元,中国国家外汇管理局公布的美元对人民币汇率为1美元=6.3497元人民币。据此,19特别提款权换算为人民币的数额为170.4499元人民币,涉案运输毁损货物12473.5公斤的法定赔偿限额为2126106.66元人民币。麦理伦公估上海分公司就涉案事故货损出具的《首次及最终报告》中确定货损金额为709831.39元人民币以及原告应赔偿金额为704831.39元人民币,原告依此向被保险人支付了保险赔偿金,并无不当,且该赔偿金额亦未超出法定的国际航空运输承运人的赔偿责任限额。故对原告在本案中要求被告赔偿货物损失704831.39元人民币的主张,本院予以支持。关于原告要求被告支付赔偿款利息的主张,本院认为,因《蒙特利尔公约》及中国相关法律对货物运输的货损赔偿均未规定可以主张赔偿款利息,保险人仅享有在赔偿金额范围内代位行使被保险人对责任人请求支付赔偿款的权利,故原告的该项主张缺乏法律依据,本院不予

---

[1]《合同法》第312条规定:"货物的毁损、灭失的赔偿额,当事人有约定的,按照其约定;没有约定或者约定不明确,依照本法第六十一条的规定仍不能确定的,按照交付或者应当交付时货物到达地的市场价格计算。法律、行政法规对赔偿额的计算方法和赔偿限额另有规定的,依照其规定。"

《民用航空法》第129条规定:"国际航空运输承运人的赔偿责任限额按照下列规定执行:……(二)对托运行李或者货物的赔偿责任限额,每公斤为17计算单位。……"第184条规定:"中华人民共和国缔结或者参加的国际条约同本法有不同规定的,适用国际条约的规定。"第213条规定:"本法所称计算单位,是指国际货币基金组织规定的特别提款权;其人民币数额为法院判决之日、仲裁机构裁决之日或者当事人协议之日,按照国家外汇主管机关规定的国际货币基金组织的特别提款权对人民币的换算办法计算得出的人民币数额。"

支持。

（三）典型意义

本案为财产保险人行使代位求偿权的案件，因保险事故发生在上海自贸试验区内，因此应被定性为自贸试验区涉外案件。本案的裁判集中体现了自贸区法庭的法官对于国际法掌握的熟练程度，对于涉外保险人代位求偿权案件的法律适用以及裁判规范具有以下三点意义：

第一，我国《法律适用法》并未将《海商法》《民用航空法》《票据法》等商事法律中既有的法律适用规定纳入其中。《法律适用法》也无法顾及所有的民事法律关系之解决，只是在第2条对其适用范围进行了规定。[1] 该条作为一项裁判适用规则，明确了处理涉外民事案件法律适用的三个递进层次：先寻找其他法律中对涉案法律适用有无特别规定。如果没有，接下来寻找《法律适用法》中有无对应的冲突规范。如果上述寻法均落空，那么接下来法官可以依据最密切联系原则适用法律。本案的裁判正是按照上述递进层次的规则进行的。由于我国《保险法》等特别法中并未就涉外保险人代位求偿权纠纷作出专门的法律适用规定，而《法律适用法》中也没有专门将该类法律关系纳入冲突规范的范围，因此本案最终判决按照《法律适用法》第2条第2款的规定，确定以最密切联系原则为法律适用的依据。

第二，本案就准据法选择中最密切联系原则的具体应用作了介绍，重点基于两个因素，确定中国为最密切联系地，即涉案货物运输保险事故发生地位于中国境内，原告作为货物运输保险的保险人向作为货物运输承运人的被告代位行使赔偿请求权所依据的货物运输合同之运输目的地亦位于中国境内。究其理由，承办法官认为："一般而言，保险人代位求偿权纠纷系由于第三人原因导致损害的发生，使其负有对被保险人承担因保险事故产生的侵权赔偿责任，而当保险人向被保险人承担赔偿义务后，其取得向第三人进行追偿的权利，故其基础关系在于第三人对被保险人的侵权行为。故在适用冲突规范的过程中，应将'范围'确定为侵权关系。根据《涉外民事关系法律适用法》的相关规定，本案中原、被告并无共同经常居住地，双方亦未对法律适用达成一致，故应以侵权行为地，包括侵权行为实

---

[1]《法律适用法》第2条规定："涉外民事关系适用的法律，依照本法确定。其他法律对涉外民事关系法律适用另有特别规定的，依照其规定。本法和其他法律对涉外民事关系法律适用没有规定的，适用与该涉外民事关系有最密切联系的法律。"

施地(保险事故发生地)和侵权结果发生地(涉案货物运输目的地)作为连接点确定准据法。"[1]

针对上述裁判观点,我们首先赞同对代位清偿制度机理的剖析,即保险人获得的代位求偿权并非源于其本身的求偿权利,而是经由满足法定要件后从被保险人处受让的对第三人的请求权,故对代位求偿权本身法律关系的搜寻应直接受制于被保险人对第三人请求权的基础,即在冲突规范"范围"的确定上应当以被保险人对第三人请求权的依据进行识别。但是,本案法官将"范围"一概锁定为侵权赔偿领域,似有不妥。以本案为例,国际承运人责任的请求权基础本身就容易出现请求权竞合的问题,即被保险人存在违约与侵权请求权的选择问题,此时如何行使请求权应当依据当事人的选择。本案的裁判文书中明确指出:"现本案原告向被告主张保险代位求偿权所依据的是苏州博世公司与被告之间的货物运输合同关系。基于货物运输合同关系,被告作为涉案货物的承运人应对运输过程中货物的毁损承担赔偿责任。"这一事实说明,本案保险人代位求偿权的基础性法律关系应为涉外货物运输合同关系,而非涉外侵权关系,因此其适用的依据应为《法律适用法》第41条关于涉外合同的法律适用规范,而非第44条涉外侵权的法律适用规范,对此不可不辩。依据第41条的规定,在当事人没有明示选择合同适用的法律的情况下,应当"适用履行义务最能体现该合同特征的一方当事人经常居所地法律或者其他与该合同有最密切联系的法律"。在国际货物运输合同关系中,承运人的履约行为显然最能体现该合同特征。在这个意义上,本案似应适用承运人即被告经常居所地法律即德国法。因此,本案判决的说明部分存在一定的瑕疵,对请求权基础的识别不当导致对法律适用结果的基本判断失当。不过,适用德国法也并非必然结论,因为法官仍可以从涉案货物运输合同的当事方、运输目的地、违约行为发生地等因素入手,判明中国法为"其他与该合同有最密切联系的法律"。

第三,本案判决对于航空运输承运人责任限额的判断,体现了我国立法中"国际条约优先"立场的司法应用。对于损害赔偿的限额问题,法院注意到我国《民用航空法》中"每公斤为17计算单位"与2009年《蒙特利尔公约》中"每公斤为19特

---

[1] 张斌主编:《浦东法院服务保障上海自贸试验区的探索与实践》,法律出版社2016年版,第125页。《法律适用法》第44条规定:"侵权责任,适用侵权行为地法律,但当事人有共同经常居所地的,适用共同经常居所地法律。侵权行为发生后,当事人协议选择适用法律的,按照其协议。"

别提款权"的规定不符,因此优先适用《蒙特利尔公约》的责任限额为判断标准。对于保险人赔付金额的利息问题,法院分别检索了我国国内法和《蒙特利尔公约》,进而认为"《蒙特利尔公约》及中国相关法律对货物运输的货损赔偿均未规定",故对原告的主张不予支持。

第三节 涉外民商事案件中的外国法查明

所谓外国法查明,又称"外国法内容的确定",在英美法系国家被称为"外国法的证明"(proof of foreign law),是指一国法院根据本国冲突规范指引应适用外国法时,如何查明该外国法的存在和内容。[1] 外国法查明一般是出于法院地冲突规范指引的需要。在理论上,围绕外国法的性质的界定,主要在"事实说"和"法律说"两大观点之间展开。[2] 但是,对于具体的涉外案件而言,上述理论争议并没有太大的实际意义。对于上海自贸试验区而言,有必要在明晰现有外国法查明问题的基础上,结合自贸试验区案件的实际情况,为我国外国法查明制度的完善提供可行与可操作的建议。

一、我国外国法查明的现状与问题

(一) 外国法查明与适用的立法现状

就外国法查明与适用而言,目前我国已有法律对此作了相关规定。在2011年4月1日《法律适用法》正式生效以前,关于外国法查明与适用的内容主要见于《最高人民法院关于贯彻执行〈中华人民共和国民法通则〉若干问题的意见(试行)》第193条。根据该条的规定,法院查明外国法主要有五种途径:(1) 由当事人提供;(2) 由与我国订立司法协助协定的缔约对方的中央机关提供;(3) 由我国驻该国使领馆提供;(4) 由该国驻我国使馆提供;(5) 由中外法律专家提供。我们通过该条可以看到,对于外国法查明途径而言,我国法律仅提供了原则性的规定。该条至今有效。令人遗憾的是,由于《法律适用法》出台前,我国国际私法的有关

---

[1] 参见徐冬根:《国际私法》,北京大学出版社2009年版,第40页。
[2] 参见肖芳:《论外国法的查明——中国法视角下的比较法研究》,北京大学出版社2010年版,第14—16页。

制度不成体系,因此对于外国法的性质、外国法的查明责任、外国法无法查明的标准等均没有作出明确规定。

随着《法律适用法》的正式生效,以上情况发生了较大的改变,标志着我国的国际私法立法不断走向系统化和专业化。就外国法查明与适用而言,《法律适用法》第10条[1]作了明确规定。该条规定在某种程度上弥补了我国的立法空白。例如,该条确定了外国法的查明主体,即包括人民法院、仲裁机构、行政机关和当事人。进一步而言,该条还对何种情况下、由谁来查明外国法作了列举。譬如,若当事人选择适用外国法,则有义务查明并提供该外国法。更有价值的是,该条还明确指出了外国法无法查明时的法律适用结果,即适用中国法。在该法出台之前,理论上对此是存在争议的。

客观而论,尽管《法律适用法》对外国法的查明与适用作了相关规定,但是仍然存在需要细化和明确之处,包括外国法无法查明的标准等。为了解决此类问题,2012年最高人民法院发布的司法解释以专条作出规定。[2] 该司法解释规定了外国法无法查明的适用标准,即当法院主动查明外国法时,仅需依据合理努力和合理途径即可;而当当事人查明时,则需配合法院制定的期限。当事人无正当理由而不提供外国法的,法院可径直得出不能查明的结论。综上,目前我国国际私法在外国法查明与适用方面已经有了框架性的立法和司法解释的支持。

(二)外国法查明与适用在立法中的问题

1. 外国法的查明责任存在不明确之处

目前我国的法律规范虽然规定了有关的查明主体责任,但是不够细化。例如,根据《法律适用法》及相关司法解释的规定,当事人选择外国法的,有义务提供外国法;若在法院规定期限内,无正当理由而未提供外国法的,法院可认定为外国

---

[1] 《法律适用法》第10条规定:"涉外民事关系适用的外国法律,由人民法院、仲裁机构或者行政机关查明。当事人选择适用外国法律的,应当提供该国法律。不能查明外国法律或者该国法律没有规定的,适用中华人民共和国法律。"

[2] 《法律适用法司法解释(一)》第17条规定:"人民法院通过由当事人提供、已对中华人民共和国生效的国际条约规定的途径、中外法律专家提供等合理途径仍不能获得外国法律的,可以认定为不能查明外国法律。根据涉外民事关系法律适用法第十条第一款的规定,当事人应当提供外国法律,其在人民法院指定的合理期限内无正当理由未提供该外国法律的,可以认定为不能查明外国法律。"

法不能查明。但是，若面临当事人因有合理理由而未提供外国法的情形，法院是否有义务查明？或者说，在当事人提供了部分正确的外国法时，应当如何处理？法院是否因此负有查明责任？对此，现有法律并没有作出正面回答。此外，如果外国法查明的起点是由于冲突规范的指引，而非意思自治所致，那么是否意味着法院负有较大的查明义务，而非一味要求当事人或专家等提供外国法？对此，当下的法律同样未能写明，法律的周延性有待加强。

2. 查明方法缺乏细则和程序

尽管我国法律对外国法的查明方法作了比较全面的列举，但是在如何具体适用查明方法上并没有作出详细规定。具体而言，包括查明方法是否需要讲究顺位、如何认证外国法、如何采纳专家意见以及外国法无法查明的标准等皆未写明。以专家意见为例，一方面，法律未规定谁能够成为适格的专家，以及专家的任职标准是怎样的。譬如，是否需要特定法域的从业资格、一定的从业年限、较高的比较法学术功底等。另一方面，对于专家意见应当如何认定，当下的法律同样没有给出细致的回答。在通过使领馆查询外国法的时候，具体的操作程序是怎样的？法律对此也是只字未提。

3. 外国法无法查明的标准不够细致

目前，我国虽然就外国法"无法查明"的认定提供了一定的标准，但是相关规定同样存在不够细致之处。对此，有两个方面需要指出：一方面，在当事人提供外国法的情况下，如果当事人尽到了最大的努力或者因存在合理理由而逾期未能提供外国法，法院是否可以径直得出无法查明外国法的结论？对此，现行法律并没有明确规定。另一方面，当法院负有外国法查明义务时，究竟需要尽到何种程度的努力？对此，目前的立法存在模糊之处。《法律适用法司法解释（一）》中提到的合理方法和合理努力本身不够明确，容易导致部分法官在未尽到查明义务的情况下便得出外国法无法查明的结论。从这个角度看，这里的标准是不够细致的。

（三）外国法查明与适用在司法中的问题

1. 实用查明途径单一且实施不易

尽管《最高人民法院关于贯彻执行〈中华人民共和国民法通则〉若干问题的意见（试行）》第193条规定了法院查明外国法的五种途径，但是实施效果并不理想。从一定程度上讲，法官对于外国法查明途径的选择具有较大的任意性。调研中，据有关法官介绍,产生上述实践中的问题是有一定原因的。首先,尽管法律规定了一系列查明途径,但是有一些根本不实用,难以操作。其次,考虑到司法成本的因素,如果所有案例均要求穷尽所有的查明途径,那么会导致案件的审结期限大大延长,不利于提升司法效率。最后,考虑到法官的能力限制,不应要求他们像查明中国法一样穷尽地查明外国法,这是不符合客观条件的。例如,外国法的查明离不开对法律外语的掌握以及特定外文数据库的使用,而这一切均是一般法官所难以做到的。

值得一提的是,部分查明途径的实施存在困难。以当事人提供外国法为例,一般而言,当事人会通过外国的律师事务所出具有关法律意见并附上法条。然而,这并不意味着我国法官就须予以采纳。其中非常重要的一点在于如何认证这些材料,法官的实践难点也正在于此。通过采访法官,我们了解到,在司法实践中存在下列三点困难:第一,很多法官并不了解外国律所,其执业水平或者商誉如何通常不为我国办案法官所知;第二,由于案件可能大量涉及判例法,因此法律解释的途径有很多种,外国律所或律师的一家之言恐难以用来断案;第三,目前缺乏系统化的认证途径,即使外国律所的文书经过了国内外的公证,也未必就可以适用到具体的案件中。

类似的情况还存在于中外法律专家提供外国法意见方面。在法院缺乏专家库的情况下,法官不仅难以了解专家的专业水平,对于他们的观点也不易查证。特别值得一提的是,即便是找专家,有时也无从下手,因为法官在多数情况下并不知道谁是某外国法的专家,这里的信息是不对称的。

除此之外,部分查明途径在法官看来并不实用。以使领馆查明为例,规则设计之初衷是想要借力使领馆,协助法官更好地查明外国法,但是在实践中很难实现。曾有案例中,我国法院向新加坡驻华大使馆发函请求查询新加坡法律。苦等数月后,新加坡驻华大使馆的复函却称:"新加坡是判例法国家,因此无法回答哪条法律适用于法院所提出的问题。由于这些问题没有指明与哪条法规或案件有关,因此即使要回答这些问题,也只能告知法院新加坡有关部门对法律的理解。"[1]

---

[1] 转引自杨苏:《涉外合同纠纷案件适用法院地法的实践及其完善》,载《法治论丛》2004年第1期,第38页。

以上种种情况表明,在司法实践中,真正实用的外国法查明途径颇为有限,且在适用过程中存在诸多不易。

2. 自由裁量权较大

外国法的查明与适用是一个系统性的过程。法院受理案件后,大致需要经历四个重要环节,即案件涉外性判断、冲突规范的适用、外国法的查明(若指向外国法)和外国法的适用。每一个环节都关联着一系列内容。事实上,光是外国法的查明便已经足够复杂,其中包括查明主体及责任的确定、查明途径的选择与适用、无法查明的认定、查明外国法后的认证等。可以说,每个细节都伴随着法官的裁量权。从这个角度看,法官自由裁量权在涉外民商事案件中具有较广的适用范围。

举例而言,在"联合生物医学公司诉申联生物医药(上海)有限公司企业借贷纠纷案"[1]中,虽然当事人选择适用纽约法,但是因当事人未能充分提供纽约法,且法院亦无法查明外国法,此案最终适用了中国法。法院并未说明采取了何种查明方法,以及究竟依据什么样的标准而得出无法查明的结论。这可能是实践中经常发生的情况,即只要当事人未能成功提供外国法,那么法官通常不会适用外国法。这反映出法官在查明问题上具有较大的自由裁量权,尤其是在外国法无法查明的认定上。如果当事人不积极,法官对于外国法的查明通常难以进行。法官自由裁量的空间还是比较大的。这也解释了为什么一些外国法客观存在,法官却得出无法查明的结论。

针对以上分析,一个典型的正面例子是上海一中院审理的"赵某诉被告姜某某、上海鹏欣(集团)有限公司、高某某及美国 MPI 股份有限公司案"[2]。由于该案依冲突规范指向了美国特拉华州公司法,因此涉及外国法的查明与适用。审理中,双方均积极主动地提交了外国法。在外国法专家的见证下,法庭当庭通过网络数据库对外国法的真伪、是否尚有效等作了查证。经过双方一致认同,法院最终适用了美国特拉华州公司法及相关判例。[3]

通过进一步的调研,我们发现,法官在外国法查明方面之所以有较大的自由

---

[1] (2008)沪一中民五(商)初字第 316 号。
[2] (2003)沪一中民五(商)初字第 116 号。
[3] 参见谢军:《上海一中院首创当庭上网查明外国法》,载《光明日报》2006 年 1 月 15 日第 6 版。

裁量权,还有以下两方面原因:一方面,法律缺乏更明确、细化的查明标准,导致法官在实践过程中只能凭借个人的判断去做外国法查明工作;另一方面,因为法官对外国法比较陌生,且担心在后续适用上会产生错误,所以有"本国法化"的倾向。除非当事人可以一致确认某外国法,否则法官是不愿为此而"冒险"的。这恰恰是自由裁量权行使的一个深层次的动因。

3. 外国法查明后的适用困难重重

在司法实践中,由于外国法存在不同的分析逻辑,在解释和识别上不易于把握,因此即便查明了外国法,在适用上也非常困难。仅仅以违约损害认定和赔偿来说,不同的法律对于"间接损失"的认定就存在不同。然而,法官在运用该术语时,往往又离不开我国《合同法》第113条的思维,而这并不能帮助法官准确理解该法律术语在特定法律中的含义。[1] 在法律没有规定如何适用并识别外国法的情况下,如果盲目作中国法式的理解与适用,那么往往是难以准确适用外国法的。

不仅如此,法律论证也有不同之处。尤其是英美法系国家,主要以判例为基础。实践中,尽管查询到了判例,但是对判例内容的把握和适用仍会存在困难。通常情况下,外国法官会在判决中给出法律观点和非法律观点。如果只是看数据库总结出的概要,那么往往无法确切了解外国法官的论证思维。因为有时候,外国法官的一些意见性阐述将左右一个案件的分析和走势。光阅读动辄上百页的外文判决书对法官的挑战就已经足够大了,更不用说用外国法去分析案例。

外国法查明后的适用困难重重。实践中,外国法的适用可谓十分"小众"。我们通过调研了解到,一方面,除非"万不得已",否则法官不倾向于适用外国法,毕竟缺乏十足的把握,有外国法适用不当乃至错误的可能;另一方面,当事人之间,特别是中国律师在处理争议时,也可能建议当事人通过合意而摒弃外国法的适用。在调研期间,我们就发现有这样的案例,即法官已经做好适用外国法的准备,而当事人最终放弃了。不得不说,这是适用难的一种反作用。

---

[1]《合同法》第113条规定:"当事人一方不履行合同义务或者履行合同义务不符合约定,给对方造成损失的,损失赔偿额应当相当于因违约所造成的损失,包括合同履行后可以获得的利益,但不得超过违反合同一方订立合同时预见到或者应当预见到的因违反合同可能造成的损失。……"

二、完善上海自贸试验区外国法查明与适用制度的建议

外国法查明与适用存在法律规则有待细化、部分查明途径难以实施、外国法适用困难重重、法官自由裁量权较大等问题。为解决这些问题，建议同时从立法和司法层面入手，完善现行的外国法查明与适用制度。鉴于上海自贸试验区为司法改革提供了"试验田"，因此有关解决方案可在区内先行先试。

（一）完善外国法查明与适用制度的立法建议

在立法上，我们建议制定"自贸试验区外国法查明与适用程序草案"，并通过该草案将一系列解决方案成文化。以下将围绕"自贸试验区外国法查明与适用程序草案"的体例和具体内容加以阐述。

1. "自贸试验区外国法查明与适用程序草案"的体例

"自贸试验区外国法查明与适用程序草案"的体例可以采取总则、分则和附则的立法模式。总则部分重点交代立法的授权基础以及立法的意图，一方面强调解决既有问题的宗旨，另一方面突出在自贸试验区中先行先试的目的。分则部分是整个草案的实体，可以涵盖"外国法查明责任""外国法查明方法""外国法无法查明的标准""外国法适用"以及"法官的免责"这几部分内容，具体内容可以在总结司法实践经验的基础上作出。附则部分主要规定自贸试验区外国法查明与适用程序的生效日期等。

2. "自贸试验区外国法查明与适用程序草案"的具体内容

（1）进一步细化查明主体的责任

目前，我国的法律规范虽然规定了有关查明主体的责任，但是不够细化。对这一问题，我们可以采取分类对待的立法解决模式，具体如下：

第一种情形，如果当事人合意选择适用外国法，那么应该最大限度地发挥当事人提供外国法的作用。若遇当事人存在合理理由而未提供外国法的情形，经当事人申请，法院应准许延长查明期限一次。如果当事人仍然未能查明，则法院可作无法查明之判断。若当事人只提供并确认了部分有效的外国法，那么除了提示并允许当事人补充提供外国法外，还可以在当事人已确认的部分外国法的基础上，由法院进行"查漏补缺"。

第二种情形，基于冲突规范而导向外国法适用时，法院应当充分尽到外国法

查明义务。特别是在因法定原因(非意思自治)而导致的外国法适用情形下,当事人仅具有辅助性地位,而不具有强制性的查明义务。

实践中,部分法官将自己的查明义务全部"转嫁"给当事人,或者轻易得出外国法无法查明的结论,对此需要"自贸试验区外国法查明与适用程序草案"可以将上述分类的实践纳入条款之中,并对查明主体的责任作出更细致的规定。

(2) 细化外国法查明方法的适用规则

有时,问题的关键不在于查明方法是否已全面,而在于如何适用查明方法。具体而言,包括如何认证外国法、如何采纳专家意见、如何用好使领馆查明途径等。这些问题均可借助"自贸试验区外国法查明与适用程序草案"加以解决。

对外国法认证而言,上海一中院首创的网上查明方式值得推广。无论是当事人还是法院提供外国法,在法庭审理过程中,通过当庭上网检索、查证、当事人确认的程序固定外国法显得既有必要,也有可操作性。这样做的优势明显,不仅可以让外国法的查明变得"明明白白",为当事人所充分知晓,而且可以最大限度地限制法官在"外国法无法查明"问题上的自由裁量空间,整个外国法查明过程的透明度大大增强。

在专家提供外国法方面,我们还需要考虑构建特定的答辩程序,或者在现有的证据答辩模式中对部分内容提出细化要求。例如,明确当双方对外国法的适用存在争议时,经请求,专家有出庭的义务;专家有义务当庭对外国法的查明方式、流程、有效性等进行阐述和证实;专家需接受法官、相对方专家或当事人的询问,并作出专业回答。这样的做法有助于最大化地确保专家意见的真实客观。

至于使领馆查明途径,我们可以考虑构建合作平台。一方面,通过该平台,可以直接咨询使领馆内的法律工作人员。由于他们多具有跨法域的工作背景,因此可能对所属国的法律有较多的了解。这无疑比咨询一般的使领馆工作人员更有效,也更为直接。另一方面,我们还可以构建有关程序,通过驻华使领馆,最终向相关所属国管理机关请求协助。如果能够得到内部法律部门或者外部法律顾问的帮助,那么此类查明方法便能落到实处。值得一提的是,由于此类方法的完善往往涉及国与国,因此呼吁国与国未来在订立或修改司法互助协议时,能够更多地对此予以考虑,从而完善外国法的使领馆查明。

(3) 外国法查明与适用专家库的设立

如果能够通过设立外国法查明与适用专家库,查询到某领域法律专家的基本情况,那么法官会很乐意与该法律专家一同探讨外国法的查明与适用问题。由于缺乏这样的数据库,因此很多时候法官在有需要的情况下,无从找到特定的外国法专家。由此观之,专家库的设立有其必要性。

具体而言,"自贸试验区外国法查明与适用程序草案"应就专家的入库标准、选用依据、具体责任、淘汰机制等作出细致的规定。在专家的入库标准方面,我们建议采取复合的标准,综合考虑专家的职称、外国法实务经历、学术成果等。例如,要求外国法专家具有特定法域的法律从业资格、从业经历达到 10 年、职称达到副高级、有外国法学术专著及论文若干等。对于淘汰机制等,可以上述标准的丧失或者专家存在重大过失、故意为判断依据。在专家的选择方面,需要法官出具选择理由,而专家则需签署承诺书,承诺自己与当事人不具有利害关系并会尽心尽责提供咨询意见;如果违背义务,将承担相应的法律责任等。

值得一提的是,瑞士的做法是充分借助科研机构的力量,将"瑞士比较法研究所"明确设为法院的外国法查明与适用智库。这样一种做法从实践的角度看也具有可操作性,因为它避免了在选择外国法专家方面所需要投入的巨大时间和物质成本。较之从零开始构建专家库,这种方式往往更快、更高效。上海自贸试验区也可以考虑采取这种方式,即充分借助上海各大高校、研究机构的科研力量,通过社会招投标的方式选取专家。事实上,在自贸试验区的外国法查明实践中,已经有了先例。例如,2014 年 12 月 25 日,华东政法大学与上海市高级人民法院签订《外国法查明专项合作纪要》,旨在通过法院与高校的合作,借助高校的科研力量,解决法院在外国法查明过程中的难题。[1] 又如,中国政法大学与最高人民法院民事审判第四庭于 2015 年 1 月 19 日共建"外国法查明研究中心"。[2]

(二) 完善外国法查明与适用制度的司法建议

立法需要建立在一定的司法实践的基础之上。尽管系统化的立法从长期来看符合涉外民商事案件与日俱增的发展需要,但是其建立需要一定的过程和时间。就眼下司法实践中暴露的问题,如查明方法途径单一且实施不易、法官自由裁量权较大以及外国法查明后的适用困难重重等而言,通过司法途径加以完善亦

---

[1] 参见《高院与华政签订外国法查明专项合作纪要》,http://shfy.chinacourt.org/article/detail/2014/12/id/1523989.shtml,访问日期:2018 年 11 月 14 日。

[2] 参见周斌:《外国法查明研究基地昨揭牌》,载《法制日报》2015 年 1 月 20 日第 5 版。

有必要。基于此种认识,我们以下从法律技术层面和司法制度层面提出建议。

1. 法律技术层面的建议

(1) 外国法查明方面——加强判决书说理

就查明方法途径单一且实施不易而言,很大一部分原因是立法不够严密。因此,在法律尚未出台的情况下,可以考虑制定法院内部的临时性程序加以替代,具体方法与前文所述立法模式类似,故不再赘述。

针对法官自由裁量权较大的问题,有必要在司法过程中加强查明的透明度与司法公开。我们通过调研得知,已有的涉外民商事案件判决书较少提到外国法的查明方法和过程,对于外国法适用与不适用的理由往往叙述得较为模糊,一笔带过的情形较多。无论是出于提高司法透明度的考量,还是为了强化外国法查明的程序性和规范性,要限制法官过大的自由裁量权,就有必要加强判决书说理。从法律技术的角度看,尤其是要加强对外国法查明主体、查明方法、查明过程和查明结论等方面的说理。

此外,还需要考虑加大案例的公开力度,让更多的司法文书上网。这不仅响应了中共十八大对司法改革所提出的要求,而且能够让公众感受到司法的透明度以及制度的可预见性。

(2) 外国法适用方面——掌握法律推理和适用逻辑

外国成文法的适用,其最大的难点未必在于条文的查询,而在于识别和法律推理。例如,对于损害赔偿条款的适用而言,需要对损害的界限予以划分。只有对外国法损害赔偿的理论划分有所了解,才能准确理解条文并正确适用之。我国目前的法律对于识别仅仅规定了在法律关系的认定阶段依据中国法进行,而在外国法的适用过程中并没有规定。实践中,常见的做法是在中国法的基础上去理解外国法的条文。虽然这样容易上手,但是很可能造成外国法适用上的偏颇。对此,借助专家意见、参考权威学者的观点等是有效的解决途径。

对于外国判例法的适用而言,主要难点在于通过纷繁复杂的案例找出先例,并确认最为有效的法律原则。英美法系采取归纳推理的方法,通过案例字里行间的说理,得出法律规则。在英美法系国家,一个案件的判决书往往长达几十页甚至更多,而真正涉及法律规则的可能只有几段话。因此,如何准确定位案件的要义是难点。对此,可以考虑以下方法:首先,可以通过最新版的外国法律教材找到相应的案例,并且通过 Westlaw、LexisNexis 等数据库去确认该案例是否尚有效或者有无更新发展。一般而言，数据库的案例追索功能可以帮助法官找到适格的案例，即先例。其次，在确定案例有效之后，可以通过有关案例汇编丛书或者数据库自带的法律规则概要，获知法律规则。通常，判例法国家的法律工作者也会通过这种方式确定判例所对应的法律规则。最后，根据得出的法律规则，再通过"三段论"推理运用于具体的案件之中。事实上，对于英美法系的经典案例和法律问题，我国目前已经出版了大量比较法领域的中文译本。这可以为外国法的查明与适用提供良好的借鉴，也可以在一定程度解决语言的障碍问题。

2. 司法制度层面的建议

(1) 加强培训，深化法官的国际司法理念

如上所述，外国法的查明与适用实际上伴随着国际私法的实施和比较法的应用。无论如何，都离不开专业的法律培训，尤其是对那些经常接触涉外民商事案件的法官。为了更好地树立法官的国际司法理念，强化外国法的查明与适用，在法官的培训体制中贯彻有关科目的培训显得很有必要。

一方面，法官培训课程可以聘请知名的专家学者，内容可以围绕比较法方法、外国法律检索、法律推理与适用、跨法域部门法概要等展开。特别是在法律检索方面，如何运用诸如 Westlaw、LexisNexis 等数据库，可以作为重点的培训科目。另一方面，对法官开展实务培训，如依托具体案件，结合外国法的查明方法开展细化培训，力争将不同的查明方法类型化，逐渐形成一定的司法办案流程。这样做无疑有利于最大限度地将外国法的查明与适用规范化。

我们认为，制度化、体系化的培训对外国法的查明与适用大有裨益。当然，应该意识到，涉外民商事案件往往对外语具有较高的要求，高素质的涉外民商事法官还需要经历一定的选拔流程和培养周期。鉴于当下的上海法官队伍中涌现出越来越多的高学历、外语能力强的复合型人才，我们有理由相信未来更多的涉外民商事法官能够担此重任。

(2) 法官在适用外国法方面的免责

客观而言，外国法对于很多法官而言是陌生的。因此，在外国法的查明与适用过程中，往往伴随着更大的错误风险。在当下的法官考核体系中，对于错案的追究力度不可谓不大。这对于法官的约束力毋庸置疑。实事求是地说，这在某种程度上也阻碍了法官适用外国法。因为一旦适用错误或者不当，法官便可能不得不面对一定的负面考核。要求法官对自己不熟悉的法律承担这样的责任，存在一

定的不合理性,久而久之,可能抑制外国法的查明与适用在司法实践中的发展。

我们建议,对于法官查明与适用外国法,可以设定一些考评上的免责机制:第一,切实考虑法官查明与适用外国法的不易;第二,为外国法的查明与适用的健康发展提供一些制度保障。具体的做法是,在当事人一致确认外国法的适用时,即便发生法律适用错误,法官也可免责。在由法官查明外国法的情况下,在事后的适用过程中,除非存在重大错误或者不当,否则同样应予免责。只有这样,才能从源头上打消法官畏惧适用外国法的心理,从而尽量避免人为的应该适用外国法而未适用的情况发生。[1]

三、上海自贸试验区外国法查明与适用典型案例分析

在通常情况下,外国法查明的目的主要是确定双方当事人的实体权利与义务。但是,在特殊情况下,对于争议解决条款的有效性也可能需要查明外国法。本部分选取了"厦门建发化工有限公司诉瑞士艾伯特贸易有限公司买卖合同纠纷案"[2]。本案具有典型意义,一方面在于涉案争议的问题具有极强的前沿性;另一方面是因为浦东法院在本案中借助华东政法大学外国法查明中心的智力支持,为开辟外国法查明的有效途径作出了有益探索。

(一) 案情简介

厦门建发化工有限公司(以下简称"建发公司")以瑞士艾伯特贸易有限公司(以下简称"艾伯特公司")为被告,向浦东法院提起买卖合同纠纷之诉。双方曾签订《销售确认书》,其中第14条约定:"出售方(即艾伯特公司)可以选择将由此产生的一切争议提交瑞士楚格州法院解决或根据巴黎国际商会仲裁调解规则在楚格州进行仲裁,仲裁地在楚格州。"艾伯特公司认为,根据瑞士法律的规定,此条是有效的,即具体管辖应由艾伯特公司选择。艾伯特公司选择向瑞士楚格州法院诉讼,故中国法院对此案无管辖权,据此提出管辖权异议。为查明瑞士的法律或判

---

[1] 参见王徽:《实证研究视角下外国法查明制度之症结与完善路径》,载陈立斌主编:《自由贸易区司法评论(第二辑)》,法律出版社2015年版,第226页。
[2] 一审案号:(2012)浦民二(商)初字第S3375号,二审案号:(2016)沪01民终3337号,选取自《上海市第一中级人民法院、上海市浦东新区人民法院自贸区司法保障白皮书(2013年9月—2018年4月)》。

例,浦东法院委托华东政法大学外国法查明中心进行外国法查明,该中心出具了《法律意见书》。双方当事人对《法律意见书》均无异议。

(二) 裁判精要

浦东法院认为,第一,双方有关"出售方可以选择将由此产生的一切争议提交瑞士楚格州法院解决或根据巴黎国际商会仲裁调解规则在楚格州进行仲裁"的约定,是一个"单边选择性争端解决条款"。通过该约定,双方同意授予出售方(即艾伯特公司)单方决定双方争议解决方式的权利。建发公司与艾伯特公司均为法人,系平等的商事交易主体,对于合同文本内容具有平等的协商缔约权利。双方均未提出缔约过程中存在欺诈或胁迫等情况。尽管该约定限缩了购买方(即建发公司)的权利,但因该约定是双方协商一致的结果,且并不足以构成双方权利义务显失公平,故建发公司应当恪守。第二,艾伯特公司书面请求将案件移送瑞士楚格州法院进行审理,它已经明确选择由瑞士楚格州法院处理双方之间的纠纷。在艾伯特公司明确选择瑞士楚格州法院管辖的情况下,本案管辖权争议焦点就是"选择法院管辖条款"对本案管辖权的影响,不属于"或诉讼或仲裁"约定不明的条款,并不违反有关法律的规定。第三,艾伯特公司基于双方约定而取得单方选择权,它选择瑞士楚格州法院处理双方争议于法不悖,浦东法院对该案无管辖权,建发公司向浦东法院起诉不符合起诉条件。由于对本案有管辖权的法院是外国法院,浦东法院无法直接移送,因此建发公司应当直接向瑞士楚格州法院提起诉讼。据此,浦东法院裁定驳回建发公司的起诉。二审法院裁定驳回上诉,维持原裁定。

(三) 典型意义

在涉外商事案件的审理中,查明外国法是我国法院和法官的职责,在当事人无法提供外国法,法院穷尽合理途径仍无法查明的情况下,才可以依据"无法查明外国法"的规定适用中国法。本案系争合同约定了"单边选择性争端解决条款",约定的诉讼法院是瑞士楚格州法院,仲裁地是瑞士楚格州。艾伯特公司提出,依据瑞士法的规定,上述约定有效。故要认定该条款的效力,必须查明瑞士法的相关规定。浦东法院在双方当事人均对对方提供的瑞士法或判例存在争议的情况下,没有以"外国法无法查明"为由适用中国法,而是通过委托专门的外国法查明机构对所涉外国法进行了查明。

在此基础上，本案对合同约定的"单边选择性争端解决条款"的效力作出了正确认定，对此类案件的审理思路具有参考价值。首先，对于"单边选择性争端解决条款"对无选择权一方的约束力，浦东法院在充分尊重双方当事人意思自治的基础上，确认了条款的效力。其次，针对"单边选择性争端解决条款"是否属于"或仲裁或诉讼条款"这一焦点问题，浦东法院注意到"单边选择性争端解决条款"一经选择即确定争议解决方式的特征，进而否定其属于"或仲裁或诉讼条款"。最后，对于享有选择权一方当事人选择仲裁或诉讼管辖权的准据法判定问题，浦东法院认为，如当事人选择仲裁，则应当按照《法律适用法》第18条[1]进行判断。本案中，当事人选择了外国法院诉讼解决，因此应当依据我国《民事诉讼法》的相关规定[2]进行判断。浦东法院最终认可了原告选择的外国法院的管辖权力。

第四节 国际商事仲裁裁决的承认与执行

商事仲裁作为一种解纷方式，是民事诉讼制度的重要补充，现今已为世界各国所普遍认可。但是，仲裁裁决缺乏强制力，势必需要借助司法之公权力实现其执行力。按照我国仲裁法学界的基本分类，仲裁形式一般分为国内仲裁、涉外仲裁、涉港澳台仲裁和外国仲裁，其中前三种仲裁裁决的监督与执行均依据我国国内法律、各区域间单边或双方的司法安排进行，唯有外国或国际商事仲裁裁决的承认与执行比较特殊。由于自贸试验区内司法与仲裁的联动关系将在下一章中重点论述，因此本节仅关注国际商事仲裁裁决承认与执行这一国际法问题，以上海自贸试验区的调研为中心，展示自贸试验区司法对国际商事仲裁的支持立场。

一、《纽约公约》背景下国际商事仲裁裁决的承认与执行

由于仲裁所蕴含的民间性特征，因此仲裁裁决本身并不具有强制的执行力，

---

[1]《法律适用法》第18条规定："当事人可以协议选择仲裁协议适用的法律。当事人没有选择的，适用仲裁机构所在地法律或者仲裁地法律。"

[2]《民事诉讼法》第265条规定："因合同纠纷或者其他财产权益纠纷，对在中华人民共和国领域内没有住所的被告提起的诉讼，如果合同在中华人民共和国领域内签订或者履行，或者诉讼标的物在中华人民共和国领域内，或者被告在中华人民共和国领域内有可供扣押的财产，或者被告在中华人民共和国领域内设有代表机构，可以由合同签订地、合同履行地、诉讼标的物所在地、可供扣押财产所在地、侵权行为地或者代表机构住所地人民法院管辖。"

它需要国家司法公权力的支持与保障。这一问题在国际商事仲裁裁决的执行力问题上显得更为特别。对于一国法院而言,国际商事仲裁裁决意味着它并非本国或者内国的仲裁裁决。因此,对于外国仲裁裁决的承认与执行,显然更加需要具有相当的法理依据和法律赋权。所幸的是,当下国际社会已经普遍基于支持仲裁这一立场,对于国际商事仲裁表现出更为友好的态度,以促进国际商事交往和争议的迅速公正解决。这种趋势的典型表现就是1958年《承认及执行外国仲裁裁决公约》(简称《纽约公约》)的出台,它是承认与执行国际商事仲裁裁决最为权威的多边公约。目前,适用该公约的国家和地区已达160个以上,为承认与执行外国仲裁裁决奠定了坚实的法律基础。有鉴于此,以下对《纽约公约》的主要内容进行介绍。

(一)仲裁裁决的国籍判断标准

仲裁裁决的国籍问题是决定某项仲裁裁决是否具有国际性或者外国性的首要问题,也涉及《纽约公约》的适用范围问题。对于仲裁裁决是否应当具有国籍的问题,传统意义上,一般强调将仲裁裁决与某一特定国家或者地区连接起来,构成仲裁裁决的国籍。但是,现代意义上的国际商事仲裁理论认为,仲裁可以与特定国家或者地区相互分离,从而具有一定的独立性,即它不具有任何的国家属性,任何国家均可依据应当适用的法律规则决定承认与执行该裁决。这种理论被称为"非内国仲裁论"(delocalized arbitration)或"浮动裁决理论"(floating award)。[1]

《纽约公约》在确定仲裁裁决国籍的问题上有三大特点:第一,为了明确公约的适用范围,加大公约适用的稳定性,公约并未采取取消仲裁裁决国籍的模式,以免公约丧失适用效力。第二,为了更大限度地扩张适用范围,公约对于外国仲裁裁决国籍的判断采取了"仲裁地+非内国裁决"的混合标准。[2] 第三,为了吸引各国最大限度地参加,公约在第1条第3款中提出了两个保留条款:互惠保留条款和商事保留条款。所谓互惠保留条款,是指允许缔约国在加入公约时声明,在承认

---

[1] 参见赵秀文:《国际商事仲裁法原理与案例教程》,法律出版社2010年版,第325—326页。

[2] 根据《纽约公约》第1条的规定,可被缔约国法院承认与执行的外国仲裁裁决包括:(1)因自然人或法人间的争议而引起的仲裁裁决;(2)在非执行地国家领土上作成的或执行地所在国不认为是本国裁决的仲裁裁决。

与执行外国仲裁裁决时须以互惠为条件,即只承认和执行缔约国所作出的裁决,对在非缔约国领土上所作出的裁决,将不按公约的规定处理。商事保留条款则允许缔约国声明只对本国法律属于商事的法律关系所引起的争议适用公约。[1]

(二) 拒绝承认与执行外国仲裁裁决的理由

承认与执行外国仲裁裁决的核心问题是缔约国法院的审查标准,即在何种情况下缔约国法院应当对外国仲裁裁决予以承认与执行。对于这一核心问题,《纽约公约》采取了"提取公因数"加上无例外的方式。所谓提取公因数,是指《纽约公约》充分吸取了国际商事仲裁的实践以及各国司法实践中拒绝承认与执行外国仲裁裁决的普遍依据与做法,使得相关的理由具有很强的公信力与共通性。所谓无例外的方式,是指除了《纽约公约》第5条明文规定的审查事项以外,缔约国法院不得以其他事项为由拒绝承认与执行外国仲裁裁决,以保障最大限度地支持仲裁裁决的有效流动。

就具体规则而言,《纽约公约》第5条将拒绝承认与执行外国仲裁裁决的理由区分为两个大类,共计七个事项。第一类事项是需要由被申请人提起并由法院予以审查的情形,包括当事人无行为能力或者仲裁协议无效、仲裁程序违反正当程序原则、仲裁庭超裁、裁决不具有约束力和已被裁决作出地法院撤销。第二类事项是法院可以依职权主动审查而无须被申请人举证的情形,包括争议事项不具有可仲裁性和裁决违背了执行地所在国的公共政策。

(三) 承认与执行外国仲裁裁决的程序要件

在各国承认与执行外国仲裁裁决的程序要件方面,《纽约公约》主要规定了两个方面的内容:一是关于承认与执行外国仲裁裁决的管辖权以及适用法律的依据问题。依据公约第3条的规定,缔约国在承认与执行适格的外国仲裁裁决时,有权依据本国法的规定实施管辖制度,但是在具体承认与执行的标准问题上,不得超越公约第5条设定的标准。[2] 同时,该条还要求对公约适用裁决采取国民待遇

---

[1] 参见刘晓红主编:《国际商事仲裁专题研究》,法律出版社2009年版,第495—496页。
[2] 《纽约公约》第3条规定:"各缔约国应承认仲裁裁决具有拘束力,并依援引裁决地之程序规则及下列各条所载条件执行之。承认或执行适用本公约之仲裁裁决时,不得较承认或执行内国仲裁裁决附加过苛之条件或征收过多之费用。"

原则,不得加重承认与执行的负担。二是对于申请人需要提交的文件进行规范与简化,以防止缔约国不当增加申请人的负担,保障外国裁决能够公正、简捷地依照公约规定的方向获得承认与执行。[1]

二、我国外国商事仲裁裁决的承认与执行制度

1986年12月2日,第六届全国人大常委会第十八次会议通过了我国加入《纽约公约》的决定。我国政府于1987年1月22日向联合国提交了批准书,公约于同年4月22日对我国正式生效。[2]为了确保《纽约公约》在我国的实施,最高人民法院于1987年4月10日专门发布了《最高人民法院关于执行我国加入的〈承认及执行外国仲裁裁决公约〉的通知》(以下简称《最高院通知》),这一司法解释成为我国法院在受理外国商事仲裁裁决承认与执行案件时的重要依据。以下结合上述司法解释中的具体规定,对我国承认与执行外国商事仲裁裁决的司法制度进行总结。

(一)两项保留的司法运用

由于《纽约公约》允许缔约国加入公约时作出互惠保留和商事保留,因此我国在提交批准书时均作了相应的保留。《最高院通知》明确了这两项保留在司法实践中的应用标准。其中,对于互惠保留,《最高院通知》主要确定了法院在审查外国仲裁裁决时,仅对《纽约公约》缔约国领土内作出的仲裁裁决适用公约进行审查。如裁决作出地为非公约缔约国,则仍适用《民事诉讼法》规定进行审查,而不适用公约规定。[3]对于商事保留,《最高院通知》主要结合《纽约公约》的内容和我

---

[1]《纽约公约》第4条规定:"一、声请承认及执行之一造,为取得前条所称之承认及执行,应于声请时提具:(甲)原裁决之正本或其正式副本,(乙)第二条所称协定之原本或其正式副本。二、倘前述裁决或协定所用文字非为援引裁决地所在国之正式文字,声请承认及执行裁决之一造应具备各该文件之此项文字译本。译本应由公设或宣誓之翻译员或外交或领事人员认证之。"

[2] 参见赵秀文:《国际商事仲裁现代化研究》,法律出版社2010年版,第281页。

[3]《最高院通知》第1条规定:"根据我国加入该公约时所作的互惠保留声明,我国对在另一缔约国领土内作出的仲裁裁决的承认和执行适用该公约。该公约与我国民事诉讼法(试行)有不同规定的,按该公约的规定办理。对于在非缔约国领土内作出的仲裁裁决,需要我国法院承认和执行的,应按民事诉讼法(试行)第二百零四条的规定办理。"

国商事审判的实践,通过"正面清单"方式进行了列举,同时明确将东道国与外国投资者之间的争议排除在外。[1]

(二) 公约裁决申请承认与执行的期限及管辖法院

为了践行《纽约公约》的相关义务,《最高院通知》明确了在公约裁决申请承认与执行的期限问题上应当实行国民待遇,即应当与涉外仲裁裁决申请承认与执行的期限相同。[2] 对于我国具体受理裁决认可的管辖法院,《最高院通知》第3条明确了当时最高人民法院对待公约裁决管辖的态度:一是级别管辖为中级人民法院;二是管辖因素选取了被执行人居所地和财产所在地;三是两个管辖因素的关系是递进式的而并非平等选择式的。[3]

(三) 非公约国际商事仲裁裁决的承认与执行

虽然《纽约公约》的缔约国已经可以涵盖世界上主要的经贸国家,但是在我国司法实践中仍然会碰到非《纽约公约》缔约国作出的国际商事仲裁裁决,而该裁决需要我国法院承认与执行的问题。按照我国法院受理的外国仲裁裁决承认与执行案件的依据不同,将之具体区分为公约裁决和非公约裁决是较为合理的做法。

---

[1]《最高院通知》第2条规定:"根据我国加入该公约时所作的商事保留声明,我国仅对按照我国法律属于契约性和非契约性商事法律关系所引起的争议适用该公约。所谓'契约性和非契约性商事法律关系',具体的是指由于合同、侵权或者根据有关法律规定而产生的经济上的权利义务关系,例如货物买卖、财产租赁、工程承包、加工承揽、技术转让、合资经营、合作经营、勘探开发自然资源、保险、信贷、劳务、代理、咨询服务和海上、民用航空、铁路、公路的客货运输以及产品责任、环境污染、海上事故和所有权争议等,但不包括外国投资者与东道国政府之间的争端。"

[2]《最高院通知》第5条规定:"申请我国法院承认及执行的仲裁裁决,仅限于《1958年纽约公约》对我国生效后在另一缔约国领土内作出的仲裁裁决。该项申请应当在民事诉讼法(试行)第一百六十九条规定的申请执行期限内提出。"

[3]《最高院通知》第3条规定:"根据《1958年纽约公约》第四条的规定,申请我国法院承认和执行在另一缔约国领土内作出的仲裁裁决,是由仲裁裁决的一方当事人提出的。对于当事人的申请应由我国下列地点的中级人民法院受理:1. 被执行人为自然人的,为其户籍所在地或者居所地;2. 被执行人为法人的,为其主要办事机构所在地;3. 被执行人在我国无住所、居所或者主要办事机构,但有财产在我国境内的,为其财产所在地。"

我国现行《民事诉讼法》对于两种类型的裁决并未区别对待,[1]但是在司法实践中仍体现为"合而不同"的特点:第一,在管辖依据上,现行规定虽然延续了此前被执行人居所地和财产所在地两个管辖因素的规则,但是在选择方面采取了更为合理的平行方式,赋予申请人更多的选择权利;第二,现行规定虽然将公约裁决和非公约裁决合而论之,但是其实际依据不同,尤其是对于非公约裁决,具体应当依据国际条约的规定,或者在没有条约依据的情况下按互惠原则办理。一个值得注意的现象是,为了确保《纽约公约》的践行以及公约裁决的承认与执行,自1995年8月28日开始,全国法院需要执行最高人民法院规定的拒绝执行国际商事仲裁裁决的报告制度。[2]

三、上海自贸试验区承认与执行外国仲裁裁决典型案例分析

我们经调研了解到,2008—2018年,上海一中院受理承认与执行外国仲裁裁决案件共计11件,其中涉自贸试验区、"一带一路"案件8件,占72.73%。上述案件主要呈现出以下四个特点:一是申请人以外籍当事人为主。此类案件归被申请人居所地或者财产所在地的中级人民法院管辖。另根据相关司法解释,外国仲裁裁决与我国法院、仲裁机构审理的案件存在关联,被申请人居所地或者财产所在地不在我国的,由关联案件所涉中级人民法院管辖。因此,外籍当事人一方作为申请人、中国籍当事人作为被申请人的案件居多,共有7件,占87.5%。二是仲裁地分布较为集中。基于地缘、语言、商贸流程的关联度以及仲裁机构声誉等因素,新加坡国际仲裁中心因其在国际业界的良好口碑,较受当事人青睐。上述案件中,当事人选择新加坡作为仲裁地点的有5件,占62.5%。此外,仲裁地点还涉及南非、保加利亚等国家。三是抗辩事由类型化。此类案件依据《纽约公约》进行审

---

[1] 《民事诉讼法》第283条规定:"国外仲裁机构的裁决,需要中华人民共和国人民法院承认和执行的,应当由当事人直接向被执行人住所地或者其财产所在地的中级人民法院申请,人民法院应当依照中华人民共和国缔结或者参加的国际条约,或者按照互惠原则办理。"

[2] 具体而言,凡一方当事人向法院申请执行外国仲裁机构的裁决,如果法院经审理后认为申请承认与执行的外国仲裁裁决不符合我国参加的国际公约的规定或者不符合互惠原则的,在裁定不予执行或者拒绝承认与执行之前,必须报请本辖区所属高级人民法院同意不予执行或者拒绝承认与执行,应将其审查意见报最高人民法院。待最高人民法院答复后,方可裁定不予执行或者拒绝承认与执行。参见赵秀文:《国际商事仲裁及其适用法律研究》,北京大学出版社2002年版,第318页。

查,被申请人的抗辩理由包括仲裁条款效力瑕疵、仲裁裁决违背我国公共秩序、仲裁庭组成或仲裁程序不当等。其中,仲裁条款效力瑕疵是主要抗辩理由,共有4件,涉及未明确约定仲裁机构、仲裁范围约定不明、仲裁协议不符合公约规定的书面形式要求等。四是审查结果契合公约理念。上海一中院秉持《纽约公约》"有利于执行"的理念,在司法实践中倾向于对仲裁条款作出"有利于有效成立"的解释。在已经审结的6件案件中,有1件撤诉,4件获得承认与执行,其中包括前文重点提及的"西门子诉黄金置地案"。但是,也有1件案件因仲裁庭组成方式违反当事人意思自治原则而不予承认与执行。以下重点介绍这件"来宝资源国际私人有限公司诉上海信泰国际贸易有限公司申请承认和执行外国仲裁裁决案"[1]。

(一) 案情简介

2014年10月29日,来宝资源国际私人有限公司(以下简称"来宝公司")与上海信泰国际贸易有限公司(住所地在上海自贸试验区,以下简称"信泰公司")通过电子邮件签订了《铁矿石买卖合同》,约定由来宝公司销售铁矿石给信泰公司,合同争议须提交新加坡国际仲裁中心(以下简称"SIAC")进行仲裁,且仲裁庭应由三名仲裁员组成。后双方在合同履行过程中发生争议,来宝公司于2015年1月14日向SIAC提出仲裁申请,主张信泰公司构成根本违约,要求信泰公司承担违约赔偿责任,同时申请SAIC按照快速程序进行仲裁。同年4月20日,SIAC依据其2013年第五版仲裁规则,以双方当事人未就快速程序下独任仲裁员人选达成合意为由,指定独任仲裁员审理该案,信泰公司缺席该案审理。2015年8月26日,仲裁庭作出最终裁决,支持了来宝公司的全部仲裁请求。上述仲裁裁决作出后,信泰公司未履行裁决项下的义务,故来宝公司向上海一中院申请承认并执行上述仲裁裁决。

(二) 裁判精要

上海一中院认为,双方当事人之间存在有效的书面仲裁条款,案涉争议提交

---

[1] (2016)沪01协外认1号,选取自《上海市第一中级人民法院、上海市浦东新区人民法院自贸区司法保障白皮书(2013年9月—2018年4月)》。

仲裁时适用的仲裁规则为 SIAC 2013 年第五版仲裁规则。SIAC 依据该规则之规定适用快速程序进行仲裁并无不当，信泰公司亦不存在因他方之故未能申辩之情形。但是，案涉仲裁庭的组成与当事人约定不符。本案双方当事人已在仲裁条款中明确约定应由三名仲裁员组成仲裁庭，且未排除该组成方式在仲裁快速程序中的适用，SIAC 2013 年第五版仲裁规则亦未排除在快速程序中适用其他的仲裁庭组成方式。SIAC 2013 年第五版仲裁规则第 5.2 条（b）项所规定的"主席另有决定的除外"不应被解释为 SIAC 主席对仲裁庭的组成方式享有任意决定权；相反，在行使决定权时，SIAC 主席应当充分尊重当事人关于仲裁庭组成方式的合意，保障当事人的意思自治。SIAC 在涉案仲裁条款约定仲裁庭由三名仲裁员组成且信泰公司明确反对独任仲裁的情况下，仍然依据仲裁规则之规定决定采取独任仲裁员的组成方式，违反了案涉仲裁条款的约定，属于《纽约公约》第 5 条第 1 款（丁）项所规定的"仲裁机关之组成或仲裁程序与各造间之协议不符"的情形。据此，上海一中院裁定不予承认与执行案涉 SIAC 作出的仲裁裁决。

（三）典型意义

本案系上海市首例不予承认与执行外国仲裁裁决纠纷，也是 SIAC 快速程序裁决在境外被拒绝承认与执行的首例，被国内外多家媒体报道，引起司法界和国际仲裁界的广泛关注。本案的核心问题在于，在当事人已经明确约定仲裁庭由三名仲裁员组成的情况下，仲裁机构能否根据仲裁规则决定由一名独任仲裁员审理案件，即机构管理与当事人意思自治的合理边界应当如何划定。对于当事人的约定与当事人选择适用的仲裁规则之间的关系，以及二者存在冲突时何者优先适用的问题，在理论界以及不同法域的司法实践中均存在不同的看法和做法。在仲裁司法审查实践中，各国立法关于对仲裁司法审查的法律适用、法律概念以及对《纽约公约》条款的理解存在差异。对于有可能依赖其他法域的法院协助执行的仲裁裁决来说，上述冲突问题的不同处理方式可能导致截然相反的结果。

本案围绕上述仲裁司法审查难题展开，法院在审慎考虑了当事人意思自治与仲裁规则之间的关系后，认为当事人意思自治是仲裁制度运作的基石。仲裁庭的组成方式属于仲裁基本程序规则，仲裁机构根据其仲裁规则行使决定权时，应当充分尊重当事人关于仲裁庭组成方式的合意，保障当事人的意思自治。在承认与执行外国仲裁裁决案件中，法院在对被申请人提出的仲裁程序性瑕疵抗辩进行司法审查时,对当事人符合正当程序的"特别约定"应当予以合理保护。本案从理论和司法实践方面寻求解决路径,为今后类案审理提供了裁判思路和审查依据。本案的裁判结果体现了保护当事人意思自治、维护程序正义的裁判原则以及改善自贸试验区营商环境的理念,对今后涉自贸试验区的同类案件审理和我国仲裁制度的进步具有积极意义。

第十二章
上海自贸试验区的多元争议解决机制

所谓"多元争议解决机制",主要是指在法院从事诉讼行为以外的,对于社会矛盾与纠纷进行化解的各类解纷制度。在西方社会的法制语境中,多元争议解决机制往往被简称为"ADR"(Alternative Dispute Resolution)。ADR 应译为"替代性争议解决机制",这种称谓更加凸显其与诉讼的区分关系。但是,无论如何定义与翻译,多元争议解决机制与 ADR 的本质是相同的,都强调在传统的诉讼解决机制以外,创设、发展不同特色的纠纷解决机制。因此,在本章的阐述中,对两者予以混用。从研究的角度讲,对多元争议解决机制的关注往往来自两个维度:一是注重研究某种机制本身的创设背景和发展趋势;二是站在司法的角度,探讨法院对于多元争议解决机制的支持与监督。上海自贸试验区的设立对于争议解决机制提出了多元化、国际化的要求。多年的实践证明,在自贸试验区这片热土之上,上述两个关注维度均演绎出众多"创新之花"。本章拟从上海自贸试验区纠纷解决的实际需求入手,针对仲裁与调解这两种主流的多元争议解决机制,在介绍、分析上海自贸试验区既有成果的基础上,对今后自贸试验区多元争议解决机制的发展远景进行展望。

第一节 上海自贸试验区多元争议解决机制的发展

多元争议解决机制或 ADR 的打造,其实在上海自贸试验区成立之前早已有之。从理论的角度而言,我国学界已经从本土法制之发展与域外法制之介绍两个角度对其必要性、合理性和可行性进行了充分的论述。从实践的角度而言,最高人民法院以及上海市高级人民法院在不同时期,均通过司法解释和规范性文件的方式强调法院对接和支持多元争议解决机制的立场。因此,上海自贸试验区对多元争议解决机制的基本司法需求与区外并无二致,两者对多元争议解决机制或ADR的功能释放也存在一定的共性。那么,上海自贸试验区的多元争议解决机制的发展究竟有何特色?我们认为,上海自贸试验区本身蕴含"先行先试"的特质,即在自贸试验区以外暂时无法突破的制度藩篱,可以在上海自贸试验区的争议解决中率先尝试。

一、多元争议解决机制的司法需求

进入 21 世纪以来,随着我国经济体制改革的大力推进和对外开放的不断深入,国民经济发展水平屡创新高。但是,伴随着社会变革给经济发展进步带来的巨大活力,各种矛盾冲突也愈发凸显,而这些矛盾冲突中的一部分要由法院解决,造成了"诉讼爆炸"的现象。"'诉讼爆炸'的现实危机使纠纷无法迅速得到解决,不利于及时维护当事人的合法权益,同时也会导致人民法院压力过大,解决纠纷效率不高,难以发挥其重要的社会功能"[1],由此决定了社会对多元争议解决机制的迫切需求。从法院的角度而言,对此前以诉讼作为唯一解纷手段的思路必须予以摒弃,应当在司法理念的层面对多元争议解决机制的功能及司法助益有清晰的认识。

(一)多元诉求与复杂矛盾的集聚

相较于多元争议解决机制,诉讼这种解纷方式具有一定的"刚性"特征。因此,针对传统的、定式化的纠纷类型,诉讼方式基本可以承载定分止争的任务。但是,在经济全球化与社会转型的新形势下,在以上海为代表的特大型城市中,各种新型的矛盾纠纷不断涌现,呈现出"主体多元化、利益多元化、关系复杂化"的新趋势,而解纷客体的变动势必带来其与诉讼方式的部分失配,即需要在过于"刚性"

---

[1] 楼烨玲、周伯煌:《基于"枫桥经验"的新时期社会矛盾多元化解决机制探析》,载《湖北函授大学学报》2015 年第 8 期,第 85 页。

的诉讼机制之外添加一些"柔顺剂"。

第一,主体多元化,群体性纠纷数量激增。纠纷主体从过去的以单一性主体为主发展成现在的多元性主体态势。单一性主体之间的纠纷是指公民个体之间的矛盾,而多元性主体之间的纠纷是指公民、组织、企事业单位、民间团体之间的矛盾。同时,多元性纠纷的广度、纠纷主体所从事的行业领域都在不断延展,纠纷的诉求从物质矛盾、精神赔偿到产权维护,明显趋向多元化。

第二,利益多元化,凸显社会变革中的激烈冲突。在市场经济的强烈冲击之下,现代社会的利益主体、利益形式出现了明显的多维度色彩。社会价值与利益观逐渐淡化,人们对于自有权利和个人利益的追求逐渐增强,不同的社会主体从不同的角度重视与自身相关的现实利益。诸如劳动争议、下岗待业、动拆迁、物业管理、养老保险等由经济利益或物质利益引发的矛盾纠纷日益增多,从而使得隐性的经济利益冲突显现,并成为引发矛盾纠纷的主要原因。

第三,关系复杂化,矛盾纠纷呈现出关联性、聚合性和敏感性的特征。随着城市建设进程的加快,各种群体性矛盾不断涌现。例如,医疗纠纷、商品房质量瑕疵、消费者维权、环境侵权等案件频发,其中不仅涉及多方利益关系,且有时会引发群体性事件。这些矛盾的复杂性往往表现不一,有的是历史遗留问题,有的是虽缺乏法律规定但确实是关乎人民群众切身利益的问题,还有的是跨地区、跨部门的问题。这些纠纷背后纷繁复杂的社会根源加剧了纠纷解决的难度。

(二)司法资源与纠纷激增不对称

在矛盾冲突急剧变动的背景下,法院作为维护社会公平稳定的司法机关,其所承载的任务更加艰巨。一方面,由于矛盾纠纷的复杂多样化,其可调率随之下降。另一方面,在法院收案数量增加、案件审理难度加大的同时,根据我国司法改革的总体要求,法院一线审判工作人员的数量并没有随之增加,反而出现精简的趋势。案多人少的现状反映出传统的诉讼纠纷解决机制的应接不暇,在这一矛盾长期存在的前提下,对有限的司法资源配置亟须重新考量。

(三)固有的多元争议解决机制不成熟

在我国固有的多元争议解决机制中,调解制度一直是处理社会矛盾的一大利器。其中,人民调解制度在化解民间纠纷、维护社会稳定、实现群众自治以及基层民主政治建设方面发挥了重要的作用,是一项具有中国特色的法律制度。但是,在肯定固有机制积极作用的同时,也必须看到其尚存在诸多缺陷:一是固有机制过于单一化,人民调解主要针对的是普通的、生活性的、家庭性的矛盾,面对如自贸试验区内专业性的纠纷往往束手无策;二是固有机制过于随意化,缺少具体规则的引领和专业机构的指导,这使得"和稀泥"现象成为常态,有时还会出现违法调解或者调解结果违法的现象;三是固有机制与诉讼规则的对接有待加强,由于调解结果并不能产生既判效力,因此不少纠纷存在"调而不决"的尴尬情形,导致调解效率低下,同时也使得当事人利用调解机制的意愿下降。因此,如何对接诉讼与调解机制,将两者进行合法、合理的整合,以增强多元争议解决机制的效力,减轻诉讼机制的压力,成为近年来我国法院支持多元争议解决机制的主要方向。

二、多元争议解决机制的域外理论

ADR 起源于美国。在美国 1998 年颁布的《ADR 法》中,ADR 被宽泛地定义为任何主审法官宣判以外的程序和方法。[1] 随着社会的发展,ADR 也经历着不断的扩展与创新。放眼当下,ADR 已在世界各国普遍存在。受到法系、社会文化等因素的影响,不同国家对于 ADR 的认识存在不同。反映在 ADR 的定义上,有英国学者将 ADR 定义为"被法律程序接受的,通过协议而非强制性的有约束力的裁定解决争议的任何方法"[2]。有法国学者则将 ADR 界定为"法院判决或仲裁裁决之外的解决争议各种方法的总称"[3]。尽管在定义上存在一些出入,但是各国学者均将 ADR 区别于诉讼制度看待。

ADR 会产生并蓬勃发展,在很大程度上是诉讼成本高、程序效率低下的结果。以美国为例,作为一个移民国家,多元的文化融合和冲突难以避免。这个过程伴随着大量争议的产生。在没有 ADR 的情况下,大量争议进入司法程序。但是,司法程序往往耗时、耗力,对于高效地解决纠纷并非总是有利。不仅如此,日

---

〔1〕 参见范愉:《非诉讼纠纷解决机制(ADR)与法治的可持续发展——纠纷解决与 ADR 研究的方法与理念》,载南京师范大学法制现代化研究中心编:《法制现代化研究(第九卷)》,南京师范大学出版社 2004 年版,第 19 页。

〔2〕 转引自袁泉、郭玉军:《ADR——西方盛行的解决民商事争议的热门制度》,载《法学评论》1999 年第 1 期,第 94 页。

〔3〕 转引自刘晓红:《构建中国本土化 ADR 制度的思考》,载《河北法学》2007 年第 2 期,第 36 页。

益增长的社会纠纷与扩容有限的司法资源之间产生了矛盾。为有效缓解"民事诉讼爆炸"问题,发展ADR的提议迅速得到了各界的积极响应与落实。[1] 从最初对于ADR的不信任,到逐渐承认与共存,再到最终演变为支持ADR的过程,既标志着各界对法院功能认识的变化,也折射出ADR与日俱增的重要性,在世界各国不断发展。

ADR的类型较为丰富,除仲裁以外,还包括和解、调解、小额审判、早期中立评估、简易陪审团审判、混合型ADR等。其中,和解是双方当事人在没有任何第三方介入的情况下,通过友好协商的方式解决争议的一种ADR。这种ADR具有成本低、灵活性高等优势。当事人可在出现争议苗头之时,第一时间便寻求通过和解解决争议。和解的缺点则在于,由于缺乏专业的指引,当事人往往不易形成一致意见,特别是在争议产生甚至愈演愈烈的情况下。

调解是一种以自愿为基础,在中立第三人的帮助之下解决纠纷的一种ADR类型。调解员的工作在于促进双方保持交流,进而推动当事人形成一致意见。这种ADR的优势在于,伴随专业调解员的介入,当事人的和谈较之于和解可能更为有效。不仅如此,调解也有助于维护当事人之间的商业关系或雇佣关系。另值得一提的是,当事人达成的调解书是不能被上诉的。这在某种程度上避免了案件的不确定性和额外成本。[2] 最后,作为当事人之间达成的一致安排,调解书在执行方面通常也显得更为顺畅。

混合型ADR是多种类型ADR的一种组合,属于多层次争议解决机制。一般而言,多层次争议解决机制以诉讼或者仲裁作为最后一道争议解决程序,这么做是为了确保争议的终局性。但是,在最后一道程序被发起之前,当事人可约定采取其他类型的ADR以争取更快地解决纠纷。较为典型的混合型ADR有和解—调解—仲裁程序。即当事人在争议解决条款中约定,争议产生之时,当事人应本着友好协商的态度解决纠纷。若纠纷无法解决,则交由某机构调解。若调解无效,则交由该机构仲裁,裁决具有终局性。除了这类典型的ADR,当事人还可根据案情的需要,依意思自治选择不同类型的ADR加以组合。混合型ADR的优势在

---

[1] 参见程波:《替代性纠纷解决方法(ADR)的理论与实践初探》,载《湖南商学院学报》2004年第2期,第84页。

[2] 参见[美]克丽斯蒂娜·沃波鲁格:《替代诉讼的纠纷解决方式(ADR)》,载《河北法学》1998年第1期,第59页。

于,可以吸取各种 ADR 的优势,针对特定案件"量身定制"ADR 程序。然而,问题往往集中在混合型 ADR 之间的兼容性,以及混合型 ADR 之争议解决条款的可执行性等方面。不当的条款安排既可能导致部分 ADR 难以发挥程序上的约束力,也可能增加 ADR 的成本,反而不利于争议解决。[1]

三、上海自贸试验区争议解决的新要求

上海自贸试验区争议解决机制的构建是需要升级的,这既是发展的要求,也是发展所带来的契机。自贸试验区的基本定位是:一方面,立足于改革,强调先行先试,为全国提供可复制、可推广的经验;另一方面,致力于开放,融入经济全球化,争创中国在全球竞争中的新优势,参与国际经贸新秩序的建构。因此,就构建上海自贸试验区争议解决机制而言,也应遵循基本定位,实现争议解决机制的现代化和国际化。

相对于单一的争议解决方式,多元争议解决机制是一种有效的争议解决机制,它不仅可以有效化解社会矛盾,解决社会纠纷,而且能够激发社会活力,推进社会公平正义,弥合紧张的社会关系,提高全社会的民主法治水平。[2] 替代性争议解决机制的繁荣是促成多元争议解决机制的主要因素。资料显示,当前约有 90% 的国际商事合同包含仲裁条款;在美国,通过仲裁解决争议的数量约是诉讼的三倍;在瑞典的商事纠纷中,有 95% 是通过仲裁等非诉讼方式解决的,这一数字尚未包含难以统计的临时仲裁。我国的现实情况则与此相去甚远,替代性争议解决机制的制度成熟性以及社会认知和接受程度都还有较大的努力空间。因此,实现争议解决方式的多元化正是自贸试验区构建争议解决机制的核心价值,也是自贸试验区争议解决机制中最重要的可复制、可推广的经验。

建立多元争议解决机制不仅仅是自贸试验区的需要,更是我国依法治国的重要需求。最高人民法院多次在其印发的相关意见中强调完善多元争议解决机制的重要性。2014 年,在中共十八届四中全会上,审议通过了《中共中央关于全面推

---

[1] 参见王徽:《论多层次争议解决条款的可执行性——从条款的起草与适用到法律制度的完善》,http://www.ccpit.org/Contents/Channel_3488/2014/1013/422367/content_422367.htm,访问日期:2018 年 12 月 1 日。

[2] 参见刘永红:《多元化纠纷解决机制与构建和谐社会》,载《山东社会科学》2010 年第 4 期,第 144 页。

进依法治国若干重大问题的决定》,指出推进法治社会建设需要"健全依法维权和化解纠纷机制","完善调解、仲裁、行政裁决、行政复议、诉讼等有机衔接、相互协调的多元化纠纷解决机制。加强行业性、专业性人民调解组织建设,完善人民调解、行政调解、司法调解联动工作体系。完善仲裁制度,提高仲裁公信力"。这一决定体现出国家层面对多元争议解决机制的重视,也成为推广和发展替代性争议解决机制的重要政策基础。

上海自贸试验区的发展更是对多元争议解决机制提出了迫切要求。一方面,作为承担进一步深化改革开放使命的试点,上海自贸试验区需要对更为灵活多样和国际化的多元争议解决机制先行先试。另一方面,上海自贸试验区贸易和投资的便利化、扩大开放的各类政策措施所产生的"磁吸效应"将大幅提升各类国际交易的数量和效率,从概率论角度而言,相应的国际商事纠纷也会同比增长。多元争议解决机制的构建有利于案源分流,从而提高争议解决的效率,也能够利用自身天然具有的中立和友好等优势使当事人得到更为满意的结果。同时,基于先行先试的事项中包含大量涉及专业知识与技术的领域,运用多元争议解决方式加以处理更为灵活和专业。

就金融争议而言,金融创新的发展使得各种新型衍生品交易层出不穷,金融交易变得越来越复杂和专业化。自贸试验区内的发展更是如此,这对从事金融审判的法官的金融知识储备形成严峻挑战。因此,适应当前国际国内发展趋势的金融纠纷解决体制是必不可少的。其中,金融仲裁具有便捷、灵活、专业性强、隐私保护效果好等优势,因此加强和推广金融仲裁这一金融纠纷解决机制显得尤为重要。同时,调解机制也很好地契合了金融创新背景下证券纠纷等的特点。特别是在与强制性规范不相抵触的前提下,专业化的金融调解有利于高效、平稳地解决纠纷。[1] 因此,金融调解制度是对金融诉讼、金融仲裁的一种有益的补充。

再如自贸试验区内的另一类重要争议形式——知识产权争议。目前,我国知识产权争议的解决在较大程度上仅依赖单一的诉讼途径,导致司法不堪重负。自贸试验区设立后,有关知识产权的争议,特别是跨国知识产权的争议将激增。在传统的法院诉讼之外,引入多元争议解决机制不但可以帮助法院减轻负担,而且

---

[1] 参见施明浩:《金融创新下证券纠纷 ADR 模式法律问题研究——以调仲对接机制为角度》,载《北京仲裁》2014 年第 1 期,第 103 页。

各类替代性争议解决机制以诉讼所不具有的独特价值很好地契合了知识产权争议解决的特殊需要,在弥补救济诉讼能力不足、实现争议解决的实质正义以及维护知识产权法治秩序方面发挥着积极作用。[1] 多元化解决知识产权争议的出路在于,积极发展各类诉讼外争议解决机制,包括突破知识产权争议可仲裁性的限制,挖掘仲裁的优势;强化知识产权调解的效力,发挥民间力量调解知识产权争议的作用;改革行政处理机制,优化行政机关解决知识产权争议的职权等。

上海自贸试验区也出台了相应的法律法规,以支持多元争议解决机制的构建。最早的关于支持仲裁与调解的地方立法规定是《中国(上海)自由贸易试验区管理办法》第37条。[2] 在之后出台的上海自贸试验区"基本法"——《中国(上海)自由贸易试验区条例》第51条和第56条中也有相同的规定。从自贸试验区的实践来看,除了法院不断发展、创新诉调对接机制以外,在非诉讼纠纷解决领域采取的措施也不可谓不多,如大力推动商事仲裁制度创新,建立临时仲裁制度;推进行业协会和商会自治,大力发展法律服务业;培育新型商事调解组织等。通过充分运用这些多元争议解决方式,自贸试验区内的争议解决问题将真正实现各取所需,也能够使商事活动的开展和革新焕发出新的活力。

第二节 上海自贸试验区商事仲裁的司法衔接与保障

"由于商贸与金融服务的溢出效应,相关争端的解决远非自贸区法庭可一己承担,自贸区建设所带来的司法创新需求将呈线性增长。"[3] 仲裁作为在贸易和投资领域被各国和各国际性经济组织普遍采用的争议解决方式,具有秘密性与资源性优势,与司法裁判形成了有效的竞争,如此不仅可以使司法机构的裁决更加透

---

[1] 参见倪静:《论知识产权争议ADR的功能、价值及模式》,载《重庆理工大学学报(社会科学)》2010年第9期,第29页。

[2] 《中国(上海)自由贸易试验区管理办法》第37条规定:"自贸试验区内企业发生商事纠纷的,可以向人民法院起诉,也可以按照约定,申请仲裁或者商事调解。支持本市仲裁机构依据法律、法规和国际惯例,完善仲裁规则,提高自贸试验区商事纠纷仲裁专业水平和国际化程度。支持各类商事纠纷专业调解机构依照国际惯例,采取多种形式,解决自贸试验区商事纠纷。"

[3] 罗培新:《约束行政与体认创新:上海自贸区的司法变革》,载《中国社会科学报》2013年12月25日第A11版。

明、更加中立和更有效率,而且可以使司法权的边界得以清晰化。[1] 就自贸试验区的法治环境而言,仲裁更是满足了国际化、法治化的自贸试验区营商环境对于纠纷解决措施便利化的要求,契合了自贸试验区纠纷的新特点,应当成为上海自贸试验区争议解决的首选方式。[2] 同时,仲裁与其他多元争议解决方式一样,其裁定主体往往在权力能力上有所欠缺,这就要求司法对商事仲裁提供更大程度的支持。从我国仲裁制度的立法现状来看,其最不尽如人意之处也包括司法对商事仲裁的监督效应远大于协助支持作用。上海自贸试验区的实践则有利于进一步改善这一局面,为我国商事仲裁制度的现代化积累经验。

一、上海自贸试验区商事仲裁制度的发展现状

现下,越来越多的国际互动使仲裁受到越来越多的外在影响,而国际商事仲裁被认为是"法律文化交汇的地方"。我国的仲裁制度并不能"自我隔离"而独处。但是,我国《仲裁法》的修改尚未提上日程,而仲裁实务的需求和发展又时不我待。因此,对尚未被纳入《仲裁法》但又具有合理性的制度先行先试,通过自贸试验区的开放和革新倒逼我国仲裁立法的改进,在现有法律框架下有所创新和突破,正是我国形成现代化和国际化仲裁法律体系的重要契机,将对我国商事仲裁制度的现代化和国际化起到重要的推动作用。

上海自贸试验区内的仲裁制度已取得诸多重要进展,不仅包括仲裁制度层面的改进,也有机构设置方面的发展。2013年10月22日,作为上海国际仲裁中心在上海自贸试验区设立的派出机构,中国(上海)自由贸易试验区仲裁院(以下简称"自贸试验区仲裁院")在外高桥揭牌成立。2014年4月8日,上海国际仲裁中心发布了《中国(上海)自由贸易试验区仲裁规则》(以下简称《自贸试验区仲裁规则》)。该规则于2015年再度升级,自2015年1月1日开始实施。

我国《仲裁法》自1994年实施以来,已经历二十余载,对我国仲裁事业的发展起到了重要的支持作用。但是,从目前仲裁的国际实践来看,我国《仲裁法》和《民事诉讼法》存在一定的不足之处,制约了自贸试验区甚至我国仲裁制度的进一步发展和突破。这集中表现在临时措施仅由法院决定、临时仲裁和友好仲裁制度缺

---

[1] 参见郑少华:《中国(上海)自由贸易试验区的司法试验》,载《法学》2013年第12期,第138页。
[2] 参见袁杜娟:《上海自贸区仲裁纠纷解决机制的探索与创新》,载《法学》2014年第9期,第28页。

失以及仲裁员封闭名册制等问题上,严重阻碍了我国仲裁实践与国际标准的对接。借助自贸试验区的发展契机,在与我国《仲裁法》《民事诉讼法》不相抵触的前提下,《自贸试验区仲裁规则》充分对接国际商事仲裁规则,在现代化仲裁制度的探索方面作出了有益的尝试。

(一) 仲裁中临时措施的完善

仲裁中的临时措施主要涉及各类保全行为的开展,这一措施能否有效、迅捷地发布并实施,对仲裁当事人权益的维护意义重大,也会实质性地影响仲裁效率的核心宗旨。《自贸试验区仲裁规则》针对此前临时措施实施过程中的不足,系统、全面地对其进行了完善,主要内容有:(1)明确临时措施的种类,包括财产保全、证据保全、行为保全和其他措施;(2)发布临时措施的时间,可以在仲裁前,也可以在仲裁程序中;(3)发布临时措施的主体包括法院和仲裁庭,即在临时措施执行地法律允许的情况下,仲裁庭也可以作为临时措施的决定主体;(4)仲裁机构的作用仅仅是收受和转交当事人的申请材料。[1]

此外,《自贸试验区仲裁规则》还引入近年来各个国际仲裁中心设立的紧急仲裁庭制度,即在仲裁庭组成之前有当事人提出临时措施的,由仲裁委员会主任指定一名仲裁员,成立紧急仲裁庭,发布临时措施。紧急仲裁庭制度是自贸试验区仲裁临时措施的必要配套制度。仲裁当事人会在仲裁程序开始时提出临时措施的申请,而此时仲裁庭可能并未组成。为了平衡上述矛盾状态,有必要规定一项特别的程序,对临时仲裁进行审查。不过,依据《自贸试验区仲裁规则》的设计,紧急仲裁庭仅对当事人临时措施的申请进行审查,不得影响仲裁程序的正常开展;紧急仲裁庭中的仲裁员也不得成为案件仲裁庭的成员,以防止先入为主的审查对后续案件审理可能造成的不公正。[2]

---

[1] 参见杨玲:《晚近中国仲裁制度的变革与发展趋势》,载《南通大学学报(社会科学版)》2016年第2期,第39页。

[2] 具体而言,《自贸试验区仲裁规则》从以下五个方面构建了紧急仲裁庭制度:第一,当事人可以提出书面申请,要求成立紧急仲裁庭,申请必须附具理由。第二,决定是否成立紧急仲裁庭的机构是仲裁委员会,由仲裁委员会主任指定一名仲裁员成立紧急仲裁庭。第三,担任紧急仲裁庭的仲裁员应履行披露义务和遵守回避制度。第四,紧急仲裁庭的职权范围与一般仲裁庭相同,在仲裁庭组成之日解散,并应向仲裁庭移交全部案卷材料。紧急仲裁员不再担任仲裁案件的仲裁员,除非当事人另有约定。第五,紧急仲裁庭程序不影响仲裁程序的进行。

（二）友好仲裁的引入

在国际商事纠纷的解决方式上，仲裁与诉讼的一大区别就在于是否必须"依法裁判"。就商事仲裁而言，现有的国际趋势是，在仲裁作出地国家许可的前提下，当事人可以通过意思自治的方式，授权仲裁庭以当事人选定的规则、惯例作为裁决的依据。这种与依法仲裁相区别的仲裁方式被称为"友好仲裁"。友好仲裁作为一种灵活的裁决方式，具有尊重当事人意思自治的显著优势。[1] 友好仲裁能够给予当事人更大的确定争议解决方式的空间，符合当事人对效益追求的目的，使当事人获得低费用、低成本、快速、经济的友好仲裁，从而给当事人带来实质公平的裁决，也更有利于制造争议解决的和谐氛围。[2] 因此，友好仲裁已为大多数国家所接受。但是，这一制度在我国长年缺失。自贸试验区承担制度先行先试的重任。《自贸试验区仲裁规则》第56条引入友好仲裁的规定，可以视为在我国确立了真正的友好仲裁制度。[3]

《自贸试验区仲裁规则》新增友好仲裁制度具有两个层面的意义：其一，在自贸试验区不断创新的环境下，部分争议可能存在法律适用冲突或无法可依的情形。对于这些法律适用存在困难的争议，可能并不适合严格依照现有法律规定作出决定。尤其是有些当事人可能并不希望严格依据法律规定，而是需要仲裁庭灵活调和双方当事人的需求，作出更为符合"个案公正"的仲裁裁决。[4] 其二，从我国仲裁制度发展的大背景看，《自贸试验区仲裁规则》对友好仲裁的规定不仅进一步促成了我国仲裁规则与国际仲裁立法和实践的接轨，而且是我国仲裁实践中的切实诉求，有利于推动我国仲裁制度的改革。

---

[1] See William H. Ross & Donald E. Conlon, Hybrid Forms of Third-Party Dispute Resolution: Theoretical Implication of Combining Mediation and Arbitration, *Academy of Management Review*, Vol. 25, No. 2, 2000, pp. 416-427.

[2] 参见杜焕芳、王吉文：《试论友好仲裁的价值取向及其影响因素》，载《北京仲裁》2004年第2期，第58页。

[3] 《自贸试验区仲裁规则》第56条规定了友好仲裁的三个条件：(1) 当事人一致同意友好仲裁，同意的方式包括在仲裁协议中约定或在仲裁程序中一致书面提出请求；(2) 仲裁庭依据公允善良的原则作出裁决；(3) 不得违反法律的强制性规定和社会公共利益。

[4] 参见袁杜娟：《上海自贸区仲裁纠纷解决机制的探索与创新》，载《法学》2014年第9期，第31—32页。

（三）开放名册制的确立

当事人对于仲裁员的选择是否必须限于仲裁机构提供的仲裁员名册？从仲裁便利性的角度出发，仲裁机构为当事人主动提供相关专业的仲裁员名册，可以实现当事人选择仲裁员的集中化。这在双方当事人确定首席仲裁员的场合尤为突出。但是，仲裁的本质是基于当事人的自由意志，仲裁机构提供的仲裁员名册原则上仅有推荐作用，当事人应当有权在该名册之外另行选择适格的仲裁员。这也是现代化国际商事仲裁制度的题中之义。因此，《自贸试验区仲裁规则》在第27条中对仲裁员名册制度进一步予以完善，逐渐确立开放式仲裁员名册制度。[1] 开放名册制从两个维度平衡了既有的仲裁员名册与当事人意思自治之间的关系。一方面，名册制有其好处，可以为当事人选择仲裁员提供参考，防止当事人选择的仲裁员不符合法律规定的仲裁员资格，并在当事人无法自己选择时帮助其行使选择仲裁员的权利，提高仲裁的效率。[2] 另一方面，过度强调名册制的约束作用，不利于彰显当事人选择仲裁员的自主意愿，还可能忽略涉案领域中仲裁员名册以外的适格专家。因此，《自贸试验区仲裁规则》在适用仲裁员名册制度时，注意扬长避短，适当调和二者的优缺点，形成了较为合理的仲裁员选择机制。

（四）合并仲裁与仲裁第三人制度的完善

为便利仲裁当事人及其他相关方，避免发生累诉情况，尽快实现案结事了的争议解决目的，《自贸试验区仲裁规则》从内容与机构上对合并仲裁与仲裁第三人

---

[1]《自贸试验区仲裁规则》第27条规定了三点内容：第一，当事人依然可以或者说主要还是从仲裁员名册中选定仲裁员。第二，当事人也可以在仲裁员名册以外选择仲裁员或是首席（独任）仲裁员。对于非首席仲裁员的选择，当事人既可以事先约定在名册以外选择仲裁员，也可以在没有约定的情况下，直接在仲裁员选任程序中自行选择或共同推荐名册以外的人士担任仲裁员。因此，当事人的此种选择权利不再需要事先特别约定，而是通过仲裁规则予以确认。第三，当事人推荐仲裁员名册以外的人士担任仲裁员的，需在经仲裁委员会主任依法确认并同意后任命。这一补充规定设定了仲裁员资质的必要审核程序，从而在最大限度保障当事人意思自治的同时，也能够确保仲裁员的选择符合法律的基本要求。如果仲裁委员会主任不同意该选择，则当事人应在收到该决定之日起5日内，在名册内选定或委托仲裁委员会主任指定仲裁员。当事人未能选定或委托的，由仲裁委员会主任指定。

[2] 参见肖芳：《论仲裁庭组成的有关问题》，载《仲裁研究》2005年第2期，第33页。

制度的相关规定进行了创新。从传统意义上讲,仲裁庭的权力来自当事人的仲裁协议。因此,即便发生当事人相同、诉讼标的相同的情况,对同类案件也只能作出分别处理,不存在如诉讼一般合并审理的可能。但是,在现代国际商事仲裁的实践中,为了更有效率地解决当事人之间的同类争议,仲裁庭可以在获得当事人充分授权的情况下,对同类案件合并审理。当然,合并仲裁除却当事人同意这一前提条件外,对个案的处理也可能造成影响,因此是否允许合并还需要获得仲裁庭的同意。有鉴于此,《自贸试验区仲裁规则》对合并仲裁作了专门的规定,考虑到合并仲裁可能存在的系统性风险,从尊重当事人的意思自治出发,结合仲裁庭适当进行仲裁的权力作出平衡安排。合并仲裁的关键要素是仲裁标的和当事人的意思,至于各方当事人是否相同,在所不问。[1]

《自贸试验区仲裁规则》将仲裁第三人制度引入仲裁规则。为了避免与诉讼中的第三人制度相混淆而产生理解上的歧义,《自贸试验区仲裁规则》未采用"第三人"的表述,而是区分仲裁协议的他方当事人参与仲裁程序(第37条)和案外人参与仲裁程序(第38条)两种情况,并且设置了不同的条件,具有创新性。《自贸试验区仲裁规则》规定的该项制度主要存在三大问题:(1)在增加的第三人为仲裁协议的当事人且在仲裁庭组成之前时,应由仲裁程序的一方当事人提出书面申请,由仲裁委员会的秘书处决定是否增加该第三人。如果增加后的仲裁申请方或被申请方为多方当事人,则仲裁员的选择方式将发生变化。(2)在增加的第三人为仲裁协议的当事人且在仲裁庭组成之后时,第三人加入的条件是该第三人放弃选定仲裁员并认可已经进行的仲裁程序。另外,最终第三人能否加入仲裁程序,由仲裁庭决定。(3)案外人即非仲裁协议的当事人加入仲裁程序之时,提出申请

---

〔1〕 对于合并仲裁的适用,《自贸试验区仲裁规则》的规定具有四大要素:(1)仲裁标的为同一种类或者有关联。从全世界范围来看,该要求都是必要的。只有争议标的为同一种类或者有关联,才具有合并仲裁的事实和法律基础。(2)各方当事人同意。这一条件实际上排除了非自愿的合并仲裁。正如学者指出的,违背当事人意愿的合并仲裁,其可能产生的问题可能比所要解决的问题更多。以当事人合意为基础的合并仲裁能够更好地平衡仲裁的实践需要与当事人的意思自治,因此是较为合理的一种选择。(3)仲裁庭决定是否合并仲裁。决定是否合并仲裁的权力归属于仲裁庭,而不是仲裁机构或法院。仲裁庭是仲裁权的享有者,有适当确定仲裁程序的权力。(4)合并的仲裁案件合并于最先开始仲裁程序的仲裁案件。除非当事人一致请求作出一份仲裁裁决,否则仲裁庭仍应对各仲裁案件分别作出裁决。这与仲裁协议所对应的仲裁请求是一致的。

加入仲裁的主体可以是仲裁程序的当事人,也可以是案外人。申请的形式必须为书面形式。但是,无论申请人是谁,案外人加入仲裁程序都必须得到仲裁程序当事人和案外人的同意。关于决定案外人加入仲裁程序的主体,分两种情况:仲裁庭组成之前由仲裁委员会秘书处决定,仲裁庭组成之后由仲裁庭决定。因此,仲裁第三人加入仲裁程序的条件因其是否为仲裁协议的当事人而有所不同。案外人加入仲裁程序的前提条件是得到仲裁程序当事人和仲裁庭的同意。从理论上看,这可以被认为是案外人与仲裁程序当事人另行达成了仲裁协议。但是,考虑到程序的安定性,仲裁庭或仲裁委员会秘书处仍有权决定是否同意相关第三人、案外人的加入。

(五)小额争议程序的创设

所谓小额争议,通常是指标的金额较小的争议。小额争议程序就是为解决此类争议标的金额较小的案件所设置的特殊程序。小额争议程序的价值取向十分明确,即低成本和高效率。[1] 概括而言,小额争议程序的特点就是,在运作上强调快捷高效,时限相较一般程序大大缩短;同时,收费往往远低于一般仲裁程序。可见,仲裁中的小额争议程序是针对其所解决争议的特点,将仲裁制度对低成本和高效率的追求推向极致的一种特殊程序。

为充分发挥仲裁快捷高效的优势,进一步加快、便捷小额案件的解决,同时实现帮助诉讼案源分流的效果,《自贸试验区仲裁规则》在第九章中引入小额争议程序。该程序适用于争议金额不超过10万元的国内争议案件,进一步推动了对高效、灵活、低成本三大核心价值的追求:(1)小额争议程序压缩时限,提高仲裁效率。与一般仲裁程序和简易仲裁程序不同,在小额争议程序中,当事人提交答辩书和反请求由45日或20日缩短至10日;同时,仲裁裁决作出的期限也由6个月或3个月压缩至45日。此外,一般由仲裁委员会主任指定仲裁员,并由独任仲裁员审理案件,这一做法也有利于加快仲裁程序的进程。(2)小额争议程序的审理方式更为灵活。根据《自贸试验区仲裁规则》的规定,仲裁庭有权决定案件采取开庭审理还是书面审理的方式,这与一般案件中仲裁庭通常应当开庭审理案件的规定有所不同。这种审理方式的灵活化也为争议的高效解决提供了必要条件。

---

[1] 参见范愉:《小额诉讼程序研究》,载《中国社会科学》2001年第3期,第141页。

(3) 小额争议程序成本低,减轻了当事人的负担。小额争议案件目前拟定的案件受理费和处理费分别仅为 100 元和 1250 元,这种较为"亲民"的收费标准也有利于吸引更多争议当事人关注并选择仲裁程序。

(六) 自贸试验区仲裁与调解相结合制度

自贸试验区的仲裁制度创新,除了使其自身规则与国际仲裁规则尽量接轨之外,也十分重视非仲裁类 ADR 的发展。从《自贸试验区仲裁规则》中,我们可以看到相关的规则安排。《自贸试验区仲裁规则》中"仲裁与调解相结合"一章较为明确地将调解、和解与仲裁程序作了衔接。通过这些规则,上海自贸试验区仲裁院已形成和解、调解、仲裁相结合的争议解决模式。作为另一种混合型 ADR 的制度设计,上海自贸试验区仲裁院作出了有益的尝试。一方面,当事人的自主权得到了充分肯定。当事人可以在仲裁程序开始之前、进行中乃至仲裁程序之外进行和解、调解以解决纠纷。另一方面,规则设计令仲裁不仅充当了最后一道防线,还为和解、调解提供了有效的保障。譬如,一旦和解书或调解书转换成了仲裁裁决,那么便会具有终局性。从司法保障的角度考虑,虽然目前上海市各级法院没有对此作出特别规定,但是由于其可转化为仲裁裁决,因此也应当受到现有司法支持的保障。

《自贸试验区仲裁规则》中的相关规定由四条构成,分别涵盖了"调解员调解""仲裁庭调解""仲裁机构外的和解""调解内容不得援引"四个方面。"调解员调解"适用于仲裁案件受理后至仲裁庭组成前这段时间。除非另有约定,否则仲裁程序并不因此而中断。调解员同样采取名册制度,且由仲裁委员会主任指定。"仲裁庭调解"属于事中调解,仲裁员此时亦充当调解员的身份。调解方式由仲裁员把握,如果调解无望,或者当事人不再具有调解合意,那么便转入仲裁程序。在调解过程中,当事人庭外达成的和解,视为仲裁庭调解下达成的和解。"仲裁机构外的和解"指的是独立于仲裁程序的调解或和解。"调解内容不得援引"符合一般证据规则的要求。调解过程中涉及大量的妥协,如果规则不作此安排,那么调解将难以进行。

上述《自贸试验区仲裁规则》的制度创新是我国仲裁制度发展的重要实践,在各个方面表现出强化当事人意思自治、提升仲裁效率和便捷性、促进仲裁专业化的价值取向,符合我国仲裁制度国际化的要求。同时,需要特别指出的是,《自贸试验区仲裁规则》并不仅仅适用于涉自贸试验区案件。只要当事人有适用《自贸试验区仲裁规则》的需求,无论案件的性质为何,都可以适用《自贸试验区仲裁规则》。这既是《自贸试验区仲裁规则》之开放性的体现,也是它可以在自贸试验区之外得以适用的主要途径。自贸试验区仲裁制度的先进安排通过当事人的合意选择,可以达到可复制、可推广的"溢出效应"。

二、上海自贸试验区司法对仲裁的制度支持

由于仲裁本身固有的权力限制,它在很大程度上依赖于司法的支持。但是,我国的传统立法理念更注重司法对仲裁的监督作用,支持和协助的理念尚有待培植。上海自贸试验区的实践则在这一问题上打开了局面,它强化司法体系对仲裁的支持效应。尤其是在《自贸试验区仲裁规则》的创新基础上,这样的支持无疑更为重要,是仲裁程序全面顺利推进以及仲裁裁决得以被承认和执行的重要基础。

具体而言,在司法层面,上海市第二中级人民法院(以下简称"上海二中院")作为指定管辖上海国际仲裁中心所仲裁案件的司法审查单位,为积极服务上海自贸试验区的建设和发展,充分发挥仲裁机制在解决纠纷中的重要作用,于2014年5月4日发布了《关于适用〈中国(上海)自由贸易试验区仲裁规则〉仲裁案件司法审查和执行的若干意见》(以下简称《若干意见》)。《若干意见》为对适用《自贸试验区仲裁规则》的仲裁案件进行司法审查和执行提供了若干指导意见,支持《自贸试验区仲裁规则》对仲裁制度的发展和创新,尊重当事人的意思自治,以公正、便捷、高效地解决争议,为上海自贸试验区仲裁活动提供强有力的司法保障。2014年发布、2017年修订完善的《上海市第一中级人民法院涉中国(上海)自由贸易试验区案件审判指引》(以下简称《审判指引》)也对涉自贸试验区的仲裁制度予以支持,强调尊重和体现仲裁制度的特有规律,最大限度地发挥仲裁制度在纠纷解决方面的作用。至此,上海自贸试验区已经构建了包括自贸试验区仲裁机构、自贸试验区仲裁规则、涉自贸试验区仲裁规则的司法审查"三位一体"的自贸试验区仲裁机制,并且为满足上海自贸试验区法治环境建设和纠纷解决的需要,针对我国现行仲裁制度中存在的问题,依据我国仲裁法律的立法精神,进行了一系列值得肯定的制度创新和探索。

(一)上海自贸试验区司法支持仲裁的基本原则

法院作为自贸试验区仲裁的司法审查与支持部门,面对自贸试验区内仲裁制

度的国际化、现代化改革,必须适时而动,以全面发挥司法对多元争议解决机制的助力作用。从司法支持仲裁的宗旨出发,上海二中院在《若干意见》第2条明确指出了四大基本原则:一是依法原则。法院作为司法机关,首先应当依据我国现行《民事诉讼法》《仲裁法》等基本法律以及最高人民法院的相关司法解释,开展仲裁案件的审查与执行工作,同时必须准确适用国内法以及《纽约公约》等国际条约,保持适法的准确性与统一性。二是支持仲裁制度发展与创新原则。对涉《自贸试验区仲裁规则》的案件,法院要积极体认仲裁规则创新所蕴含的制度与实践价值,通过对应性的司法服务保障措施回应、对接新的仲裁规则与制度,以司法的力量确保自贸试验区仲裁制度创新落地。三是尊重当事人意思自治原则。法院在审查、执行涉《自贸试验区仲裁规则》案件时,必须转变公权力主导的理念,充分尊重涉案当事人在仲裁合意、权利处分、法律选择、程序选定等方面的意思自治,防止以公权力的审查视角干涉仲裁当事人的自由意志,尽力维护意思自治这个商事仲裁的"基石"。四是公正、便捷、高效原则。这是法院在面对具体案件时应当遵循的三项原则,也是司法助力仲裁高效标准的指标,其中"公正"是核心指标,而"便捷""高效"两项则是保障司法公正之两翼,只有"便捷""高效"的"公正"才是自贸试验区司法保障的应有之义。

(二)建立专项协调联动机制

从基本工作机制来看,上海二中院推进建立专项协调联动机制,更具针对性和高效性。该机制实际上由三项核心内容组成:一是"专项",即对于涉《自贸试验区仲裁规则》案件这一专门类型的案件单独制定实施机制,体现这类自贸试验区案件的特殊性;二是在立、审、执三个阶段设立专门的机制,分别为专项立案受理机制、司法审查专项合议庭、专项执行实施组与裁决组;三是"协调联动",即强调立、审、执三个阶段不是相互分离、独立运作的,必须保持互相协调、紧密衔接的关系,确保整个案件处理过程的迅捷与顺畅。[1] 总之,该机制保障了涉《自贸试验区

---

[1]《若干意见》第3条"专项联动工作机制"规定:"建立立、审、执专项协调联动机制,畅通业务对接渠道,确保相关案件得到公正、便捷、高效的审理与执行。建立专项立案受理机制,立案大厅设置专门受理涉《自贸区仲裁规则》案件的窗口标识,并配备专门人员负责立案申请受理和审查。设立司法审查专项合议庭,由庭长担任合议庭审判长,对涉《自贸区仲裁规则》案件实行专项审理。设立专项执行实施组与裁决组,对涉《自贸区仲裁规则》案件实行专项执行。"

仲裁规则》案件之司法程序的专业、顺利进行。

(三) 支持自贸试验区仲裁制度创新的司法举措

在明晰了自贸试验区仲裁审查、执行的基本原则,确立了专项协调联动机制之后,《若干意见》对标《自贸试验区仲裁规则》的创新制度,从具体程序和审查要件等司法举措入手,规划蓝图。这些具体的司法保障措施为自贸试验区仲裁制度提供了重要的司法保障,也让仲裁庭和当事人能够更为安心和顺利地适用新规则。

第一,肯定关于仲裁员开放名册的规定。关于仲裁员选择的范围问题,虽然仲裁机构均会向当事人提供仲裁员名册,以便利当事人选择权的行使。但是,无论从我国《仲裁法》的规定还是国际商事仲裁的实践来看,均没有规定当事人必须从仲裁机构提供的仲裁员名册中选择仲裁员。因此,在法律底线之上,允许当事人从仲裁员名册之外选择适格的仲裁员,符合仲裁意思自治之本质。《自贸试验区仲裁规则》在制定的过程中纳入仲裁员开放名册制度,在当事人意思自治与仲裁委员会主任同意两项基本条件均达到的前提下,允许当事人在仲裁员名册之外选择仲裁员。《若干意见》在此基础上,既强调在审查中应当遵循《自贸试验区仲裁规则》确立的条件与程序,也指出选定的仲裁员必须符合我国《仲裁法》关于仲裁员聘任条件的规定,当满足以上两项要件时,法院应当认可开放名册制度下对仲裁员的选定。[1]

第二,修改临时措施的实施条件。仲裁临时措施实质上是在仲裁案件中实施财产、证据、行为等各类保全措施。实施临时措施的具体问题可以分为发布权和执行权两个方面,实质上要解决的是临时措施的实施效率问题。基于仲裁的民间性与自治性,仲裁机构不具备临时措施的执行权;而是否赋予仲裁机构临时措施的发布权,在各国的立法中规定不一。《自贸试验区仲裁规则》在临时措施的发布权方面作出了创新,强调仲裁庭或紧急仲裁庭有无临时仲裁的发布权、决定权,需要以该临时措施执行地所在国家或地区的法律为准据法进行判断。

---

[1]《若干意见》第9条"开放名册仲裁员选定的司法审查"规定:"仲裁当事人推荐或共同推荐仲裁员名册外的人士担任仲裁员或者首席(独任)仲裁员,经仲裁委员会主任确认同意的,若选定的仲裁员符合我国《仲裁法》第十三条关于仲裁员的聘任条件,且选定程序符合《自贸区仲裁规则》的规定,不违反我国法律的相关规定,在司法审查时,可予以认可。"

这样规定既没有违背我国法律中由法院行使临时措施发布权的单轨制规定,也充分考虑到了自贸试验区商事仲裁的国际性,为自贸试验区仲裁庭发布临时仲裁保留了空间。

对于涉自贸试验区仲裁案件临时措施而言,上海市法院系统依法行使临时仲裁的发布权和执行权。《若干意见》主要从改进临时措施的司法审查执行机制、便捷临时措施的采取条件的角度入手,对上海市法院系统决定临时措施的条件作出更为细致的规定:其一,临时措施的范围有所拓宽,行为保全并未被排除在司法协助的范围以外,因此当事人可以根据《自贸试验区仲裁规则》申请法院采取行为保全;其二,申请临时措施的时间提前至仲裁前,更有利于当事人权利的保护;其三,临时措施的担保更为便利和宽松,现金担保金额的可调整以及第三方信用担保、自身信用担保的应用都给当事人提供了更为可行的选择;第四,临时措施的执行更为高效迅速,保全裁定作出后,一般应当在 48 小时内启动保全工作。[1]

第三,肯定合并仲裁制度并制定合并审理规则。合并仲裁的本质是将数起同类或关联仲裁案件交由同一仲裁庭进行审理,其主要的优点是便于查明案件事实、减小"同案不同裁"的概率、减轻当事人的负担。《自贸试验区仲裁规则》在当事人同意与仲裁庭决定两项基本条件下,允许对同类或关联仲裁案件实行合并审理。但是,合并仲裁并不意味着数起案件进行合并裁决。事实上,除了当事人明确表示同意外,即便案件被合并审理,作出的裁决仍然应当是分开的。《若干意见》首先肯定了《自贸试验区仲裁规则》对合并审理的制度创设,然后依据合并仲裁后裁决书的不同状态规定了法院的合并审理规则。即当合并仲裁案件最终产生多份仲裁裁决,而多份基于合并仲裁产生的裁决均被提交法院进行司法审查时,法院在征得当事人一致同意的前提下,可以对多份仲裁裁决的审查程序予以

---

[1]《若干意见》第 6 条"申请仲裁保全的立案审查"规定:"当事人提出仲裁前或仲裁程序中保全申请的,应当立即受理。情况紧急、符合法律规定的保全条件的,应当在二十四小时内作出裁定并移交执行。对提出仲裁保全申请的当事人,可以责令其提供担保。提供现金担保的,现金金额一般不少于保全金额的 30%;保全金额大于人民币 5000 万元的,现金金额可以酌情减少,但不得少于保全金额的 10%。第三方提供信用担保的,其系社会公众普遍知晓的大型企业或者有足够资产的金融机构的,一般予以准许。当事人系社会公众普遍知晓的大型企业或者有足够资产金融机构的,可以准许以其信用保证的方式提供担保。"

合并,以全面体现司法效率之原则。[1]

第四,认可非仲裁协议当事人加入仲裁制度。基于仲裁的保密性,一般情况下,仲裁程序仅在仲裁协议当事人之间进行。即便仲裁协议以外的当事人与案件具有直接的利害关系,也不能加入仲裁程序。但是,绝对禁止仲裁协议以外的第三人加入仲裁程序,有时不利于仲裁员查明全案事实,同时可能因第三人无法参与仲裁而引发后续不必要的诉讼或仲裁案件。因此,《自贸试验区仲裁规则》尝试引入"仲裁第三人"制度,规定案外人可以采取主动申请或当事人一致申请的方式,在案外人与仲裁当事人一致同意的情况下,经仲裁庭或秘书处决定准许后加入既有的仲裁案件。针对这种仲裁制度的创新,《若干意见》在审查非仲裁协议当事人加入仲裁程序的案件中,完全吸收了《自贸试验区仲裁规则》设定的条件,认为在达到相关条件且不违法我国法律规定的情况下,这种仲裁审理方式应当得到法院的认可。[2]

第五,采纳友好仲裁制度。"友好仲裁"是与"依法仲裁"相对应的概念,主要是指在国际商事仲裁中,当事人在协商一致的情况下,对案件审理适用的规则进行"定制",只要这种对审理规则的约定不违反裁决作出地国家的法律规定或者公共秩序,那么仲裁庭就应当依据当事人的授权并依照公允善良的标准进行审理和裁决。《自贸试验区仲裁规则》第56条引入"友好仲裁的裁决",规定在不违背法律与社会公共利益的前提下,仲裁庭应当按照当事人对审理规则的约定进行裁决,不必拘泥于非强制性的国际法律规则。针对此种友好仲裁的引入背景,《若干意见》同样表明了最大限度支持的立场,认为在满足《自贸试验区仲裁规则》第56条所设定条件的前提下,仲裁庭以友好仲裁方式最终作出的裁决可以获得法院的认可。[3]

---

[1]《若干意见》第10条"合并仲裁案件的司法审查"规定:"仲裁庭适用合并仲裁程序对两个及两个以上仲裁案件合并审理并分别作出仲裁裁决,当事人就该多份裁决申请撤销仲裁裁决或不予执行仲裁裁决的,经各方当事人同意,可以合并审理并分别作出裁定。"

[2]《若干意见》第11条"非仲裁协议当事人加入仲裁程序的司法审查"规定:"经双方当事人书面申请或同意,非仲裁协议当事人自愿加入仲裁程序,仲裁庭或秘书处决定准许的,若加入程序符合《自贸区仲裁规则》的规定,且不违反我国法律的相关规定,在司法审查时,可予以认可。"

[3]《若干意见》第13条"友好仲裁的司法审查"规定:"仲裁庭依据友好仲裁方式进行仲裁的,若适用友好仲裁方式系经各方当事人书面同意,不违反我国法律的强制性规定,且仲裁裁决符合《自贸区仲裁规则》的规定,在司法审查时,可予以认可。"

第六,认可仲裁证据制度。证据制度与规则属于程序法的范畴。在法院诉讼的过程中,举证、质证与认证的工作必须依据法定的规则与程序开展。但是,仲裁程序的证据制度具有一定的特殊性:一是在国际商事仲裁中,允许当事人对于程序性的事项进行约定处理,只要不违反仲裁作出地国家的法律规定,仲裁庭应当尊重当事人的自由约定,其中当然也包括对于仲裁证据规则的约定;二是与法院诉讼规则相近,仲裁庭在经当事人申请或者依职权实施的情况下,有权对涉案的事实与证据进行调查,也有权就案涉专业问题委托专家咨询或鉴定人鉴定;三是在当事人申请证据保全时,此种临时措施的决定或实施需要依赖于法院的支持。上述三点内容均为《自贸试验区仲裁规则》所肯定,《若干意见》也认可了《自贸试验区仲裁规则》所设定的仲裁证据制度。[1]

(四) 全面强化对仲裁的司法协助

除了制度上的认可以外,上海市各级法院在对自贸试验区仲裁案件的司法协助上也作出了相应努力。

第一,强化仲裁裁决的执行保障机制。为了提升执行效率,《若干意见》第15条对执行审查程序、执行调查程序、执行强制措施以及案件代管款发还程序等均设置了明确的快速处理时限。这一规定无疑为自贸试验区的仲裁裁决打开了快速通道。[2] 同时,《若干意见》通过强化强制执行措施,有力地保障了仲裁中各项裁决的执行。此外,临时措施执行担保的条件进一步简化。在仲裁裁决的执行方面,《若干意见》不仅提出了集约调查、集中执行的方式,还规定了应当采取限制高消费令、限制出境、追查令、网上公开曝光等措施,对失信被执行人依法进行信用

---

[1]《自贸试验区仲裁规则》第44条第4项规定:"当事人对证据事项或证据规则有特别约定的,从其约定,但其约定无法实施的除外。"第45条规定了仲裁庭自行调查的内容,第46条规定了专家报告及鉴定意见的程序。《若干意见》第12条"仲裁证据的司法审查"规定:"仲裁庭自行调查收集证据、举行庭前会议以及要求专家证人出庭作证等,若符合《自贸区仲裁规则》的规定,且不违反我国法律的相关规定,在司法审查时,可予以认可。"

[2]《若干意见》第15条"快速执行通道"规定:"执行审查一般应当在当日内审查完毕。对当事人或他人提供的有关被执行人可供执行的财产线索应当及时审查。财产线索明确的,应当在二十四小时内启动调查程序;财产线索不明确的,应当及时通知当事人补充材料,必要时,可依职权调查。对已查封、冻结、扣押的被执行人财产,应当及时采取扣划、评估、拍卖和变卖等强制措施。案件代管款一般应当在代管款收据开出之日起三日内发还完毕。"

惩戒；对于拒不履行仲裁裁决确定义务的被执行人，应当采取搜查、罚款、拘留甚至刑事处罚等手段，加大对不自觉履行义务的被执行人和失信被执行人的惩戒力度。[1]

第二，提升司法审查效率。根据《若干意见》第 4 条的规定，对于小额争议案件，当事人提出立案申请的，应当当日审查，符合立案条件的，当日立案。对于撤销小额争议仲裁裁决的案件，《若干意见》参照普通的司法审查案件，大幅缩减了审查和裁定的时间。[2] 此外，对于不予执行仲裁裁决的审查问题，《若干意见》结合司法审查实践，对于争议不大、标的额较小的案件以及当事人可能同时利用撤销仲裁裁决程序和不予执行仲裁裁决程序拖延仲裁裁决执行的案件，通过将其纳入简易程序的方式实现快速审理。[3] 效率是仲裁的生命，于自贸试验区营商环境的优化亦是如此，只有保障司法效率，才能将仲裁程序的效率落到实处，构建真正有益于纠纷解决的机制。

综上所述，《自贸试验区仲裁规则》的制定，无论其指导思想还是创新制度本身，都遵循仲裁国际化与现代化的原则。《自贸试验区仲裁规则》的创新，从某种意义上说，就是我国商事仲裁制度国际化与现代化的创新。[4] 同时，我国商事仲裁制度的发展离不开司法对仲裁的支持。上海市法院系统的现有司法支持至少具有三个层面的意义：其一，有利于完善自贸试验区法治环境；其二，有利于促进

---

[1]《若干意见》第 16 条"强制执行措施"规定："案件执行实行集约调查，集中执行，及时查控被执行人的房产、车辆、银行存款、股票、债券等财产。对不自觉履行仲裁裁决的被执行人，应当采取限制高消费令、限制出境、追查令、网上公开曝光等措施。对属于《最高人民法院关于公布失信被执行人名单信息的若干规定》中的失信被执行人，应当及时向社会公布，依法对其进行信用惩戒。被执行人具有转移、隐匿、虚假报告财产状况等拒不履行仲裁裁决确定义务行为的，应当加大对其采取搜查、罚款、拘留等处罚手段的力度。构成犯罪的，依法追究刑事责任。"

[2] 依据《若干意见》第 8 条的规定，当事人申请撤销适用小额争议程序作出的仲裁裁决的，"一般应当在立案之日起十日内组织听证或询问当事人，并在立案之日起二十日内作出裁定"。而对于普通的司法审查案件，《若干意见》第 7 条规定一般应当在立案之日起十五日内组织听证或询问当事人，并在立案之日起三十日内作出裁定。

[3]《若干意见》第 19 条"简易审查程序"规定："对仲裁庭适用简易程序或小额争议程序的仲裁案件，且事实清楚、仲裁程序争议不大，以及当事人已以相同理由提起撤销仲裁裁决申请并被驳回的仲裁案件，当事人申请不予执行仲裁裁决的，可以采用简易听证程序或书面审查方式，一般应当在立案之日起十五日内作出裁定。"

[4] 参见袁杜娟：《上海自贸区仲裁纠纷解决机制的探索与创新》，载《法学》2014 年第 9 期，第 33 页。

商事仲裁制度创新;其三,有利于推动法院改革发展。《若干意见》尊重和体现了仲裁制度的特有规律,有助于我国仲裁制度更好更快地接轨国际惯例,获得新的生机与活力。

三、上海自贸试验区仲裁领域的发展与展望

自贸试验区内仲裁制度的发展无疑是我国仲裁事业取得突破的良好契机。国际化的营商环境和日益开放的经济格局催生出更为灵活多样的争议解决方式,而仲裁凭借着固有的灵活高效、中立性以及现代法律赋予的权威性,成为集多元争议解决方式和诉讼优势于一体的纠纷解决制度,也更为商事主体所青睐。近年来,我国仲裁事业发展迅速,对涉外商事纠纷的解决起到了重要的推动作用。自贸试验区的发展将进一步推动我国仲裁制度的国际化与现代化,使我国成为更具有国际影响力的仲裁地。

(一)推动仲裁立法的改进

如前文所述,从目前仲裁的国际实践来看,我国《仲裁法》和《民事诉讼法》存在一定的不足之处,制约了自贸试验区以及我国仲裁制度的进一步发展和突破。这集中表现对在临时措施和临时仲裁两大问题的限制上。

《自贸试验区仲裁规则》进一步完善了对临时措施的相关规定,其中的一项核心改进便在于肯定仲裁庭在执行地法允许的情况下决定临时措施的规定。但是,这一规定在我国适用的效力是极其有限的,也是受制于现有立法的无奈妥协。虽然由仲裁庭作为决定临时措施的主体之一的做法已被各国普遍采取,但是我国仲裁制度中对临时保全措施决定权的分配采用的是法院排他模式。因此,结合《自贸试验区仲裁规则》的规定,如果临时措施需在我国执行,则必须由我国法院加以决定。从实践角度出发,仲裁庭可能是更为适合的下达临时措施决定的主体,因为法院往往对案件的具体情况不甚了解,因此需要花费更多的时间查阅相关证据才能作出恰当的决定;而仲裁员则比法官更熟悉案件,更了解案件中的法律问题和事实情况。同时,仲裁庭作为裁判主体,能够更好地权衡当事人在实质性争议中输赢的变化以及发布临时措施对案件所带来的影响,还可以更精确地判断当事人申请临时措施的真实动机是拖延战术、带有攻击性目的还是出于维护法律上的

合法利益。[1] 但是，我国相关立法在这一问题上的强制性规定导致《自贸试验区仲裁规则》无法形成更具有实质意义的突破，而《自贸试验区仲裁规则》谨慎地赋予仲裁庭决定临时措施的权力事实上也反映出国际规则的取向和实践的需求。

临时仲裁的引入已成为我国仲裁制度中最受关注的事件之一。从现有规定来看，《仲裁法》要求仲裁协议必须包含对仲裁机构的选择就已经使得临时仲裁在我国没有合法基础。但是，临时仲裁已是一种国际上普遍允许的仲裁方式，其本身具有存在的合理价值。临时仲裁不依赖于常设仲裁机构，因而在解决争议方面显得更自由、更灵活、更便捷，更能够摆脱仲裁机构的官僚化，在实践中具有广泛的适用前景和发展空间。[2] 当然，临时仲裁制度在我国的建立也需要综合考虑多方面的因素，在法治环境、仲裁员"人的因素"以及对临时仲裁制度的全面研究等诸多方面仍存在顾虑。[3] 不过，正因如此，自贸试验区的"试水"功能才应在临时仲裁制度的建立问题上加以充分发挥，临时仲裁的实践会更切实地暴露出其在我国推广的利弊。同时，自贸试验区开放临时仲裁制度有着理想的现实环境。一方面，自贸试验区强调发展现代服务业，在许多领域的开放程度已经超过我国的"入世"承诺。自贸试验区内的仲裁服务也可以探索与国际接轨的路径，而临时仲裁的引入就是其中之一。[4] 另一方面，自贸试验区内的纠纷主要存在于成熟的商事主体之间，因此争议主体具有更好的控制仲裁程序的能力。在这一条件下，临时仲裁有着更良好的运作条件和实践需要。

（二）仲裁规则和仲裁机构的再优化

《自贸试验区仲裁规则》无疑为我国仲裁制度的革新作出了重要的尝试，但是这种革新不应就此停止。面对自贸试验区的良好政策环境，我国仲裁制度的进步不仅要依靠法律的支持，也要在仲裁内部不断优化，只有自身的完善和进步才是

---

[1] 参见任明艳：《国际商事仲裁中仲裁员发布临时性保全措施问题》，载《北京仲裁》2007年第1期，第81页。

[2] 参见李广辉：《入世与中国临时仲裁制度的构建》，载《政治与法律》2004年第4期，第96页。

[3] 参见刘晓红、周祺：《我国建立临时仲裁利弊分析和时机选择》，载《南京社会科学》2012年第9期，第97页。

[4] 参见黄洁：《上海自贸区争议解决机构的建立与相关国内法制度创新》，载《中山大学学报（社会科学版）》2014年第5期，第178页。

司法信任和保障的源泉。

第一,《自贸试验区仲裁规则》的部分规定还存在进一步细化的空间。仲裁制度虽然强调灵活性,但是必要的指引能够更好地提升程序上的可预见性,也有利于提高仲裁程序的效率,并且糅合当事人的意思自治和仲裁庭的自由裁量权,也不至于折损制度的灵活性。但是,《自贸试验区仲裁规则》对于部分问题的规定过于简单。例如,就案外人加入仲裁程序的规定而言,仅规定在仲裁程序中,双方当事人可经案外人同意后,书面申请增加其为仲裁当事人;案外人也可经双方当事人同意后,书面申请作为仲裁当事人。对案外人加入仲裁的申请是否同意,由仲裁庭决定;仲裁庭尚未组成的,由秘书处决定。但是,《自贸试验区仲裁规则》对于案外人的权利义务以及仲裁程序如何进行都没有进一步的规定,包括在仲裁程序开始前加入的案外人是否有权利对仲裁员的选任、仲裁员的回避、仲裁程序的选择和反请求的提出等发表意见,在仲裁程序中加入的案外人能否要求仲裁庭重新开始仲裁程序,案外人是否要承担仲裁费用等问题。[1] 这类实践操作性较低的规定可能影响《自贸试验区仲裁规则》取得革新的实际效果,成为形式上的宣誓性规定,因此应当在规则层面加以细化。

第二,在现有制度的基础上进一步尝试突破。自贸试验区为我国商事领域各方面的改革创设了良好的政策基础。在支持建立国际性多元争议解决方式的背景下,仲裁机构和仲裁规则应该还具有创新的空间和可能。以临时仲裁制度为例,仲裁机构的临时仲裁形式也可以有效地避免临时仲裁程序中可能出现的僵局。也就是说,虽然我国法律不可能马上修改,暂时调整措施也尚未下达,但是《自贸试验区仲裁规则》可以通过拟定技巧避免与我国《仲裁法》对单一机构仲裁模式的规定产生冲突。例如,以约定上海自贸试验区仲裁院为委托仲裁机构等方式避免与我国现行立法的直接冲突,仲裁委员会只是依据争议双方当事人的申请起辅助作用,以协助临时仲裁程序的顺利进行。[2] 这类尝试需要仲裁机构充分发挥创造力,从而加速推动我国仲裁实践的创新。

第三,仲裁机构独立性改革的深入。虽然在《仲裁法》实施之后,我国仲裁制

---

[1] 参见袁发强:《自贸区仲裁规则的冷静思考》,载《上海财经大学学报》2015年第2期,第101页。

[2] 参见赖震平:《我国商事仲裁制度的阙如——以临时仲裁在上海自贸区的试构建为视角》,载《河北法学》2015年第2期,第156页。

度的行政化色彩在逐渐淡化,但是仲裁机构所置身其中的行政推进的政体传统处境使它作为民间性机构的纯粹本性必然会发生"处境化"变异,将仲裁定位为民间性的私力救济已是大势所趋。[1] 民间性的定位成就了仲裁制度在各国得到信任和支持,而我国仲裁机构在性质定位、人员状况、财政状况以及业务状况四个方面都存在明显的行政化色彩,这也影响了当事人和其他国家对我国仲裁制度的信任和信心。[2] 在自贸试验区内的仲裁改革主要集中在仲裁规则的优化制定问题上,但是并没有涉及仲裁机构机制的独立性和公正性等问题。上海国际仲裁中心作为根植中国、面向世界的仲裁机构,从根本上解决上海自贸试验区仲裁院的独立性问题也是其在走向国际化道路上的必要努力。在目前的国内仲裁机构中,深圳仲裁院通过借鉴香港地区、新加坡仲裁机构的管理模式,对其独立性创新开展了有益的探索和尝试,即通过专门地方立法,建立以理事会为核心的法人治理结构,实行决策、执行、监督有效制衡的管理体制。因此,上海自贸试验区仲裁院管理机制的创新,可以借鉴国际上通行的做法以及深圳仲裁院的经验,尝试确立取代事业单位管理模式的、以理事会为核心的法人治理机构。[3]

（三）促进仲裁方式的行业化和专业化

仲裁的专业化程度一直被认为是其相对于诉讼的优势所在。但是,从我国的传统实践来看,这种专业主要体现在仲裁员的选择上,而没有从仲裁业的角度加以全面推进。近年来,我国行业仲裁的进步大大提升了仲裁的专业化水平。例如,上海国际仲裁中心下设有全球首个民航专业仲裁机构——上海国际航空仲裁院,重庆和广州仲裁委还专门设有金融仲裁员等。"依据市场经济规则,仲裁机构应当有自己的专业定位和发展方向,比如金融、证券、知识产权、电子商务、房地产、医疗事故等,在这些行业与相关行业协会、行业代表开展仲裁,才能充分发挥仲裁专业优势,使仲裁维护市场经济生态系统和生物链完整的独特作用不断被展

---

[1] 参见汪祖兴：《仲裁机构民间化的境遇及改革要略》,载《法学研究》2010年第1期,第113页。

[2] 参见陈福勇：《我国仲裁机构现状实证分析》,载《法学研究》2009年第2期,第81页。

[3] 参见袁杜娟：《上海自贸区仲裁纠纷解决机制的探索与创新》,载《法学》2014年第9期,第33页。

现出来。"[1]

从自贸试验区的情况来看,一方面,经济的开放使得投资、金融、电子商务和知识产权等领域不断产生大量的新型纠纷,也将继续产生新业态,对仲裁的专业化水平提出了更高的要求,而仲裁的行业化能够更具针对性地解决这些问题。因此,在自贸试验区范围内推动行业仲裁的发展是具有现实需求的。另一方面,仲裁的行业化同样是全国范围内的需求和趋势,推进行业仲裁、促使行业仲裁发挥自身特色都是可以在自贸试验区范围内先行先试的,并且在未来是可以加以推广和适用的。

第三节　上海自贸试验区调解机制的司法保障

"加强法院审判与 ADR 调解机制的对接,一方面可以提高 ADR 调解机构的业务水平和人员素质。另一方面,可以快速有效地处理矛盾纠纷,节约法律资源。"[2]在发展诉调对接模式的大背景下,涉自贸试验区的两级法院积极探索诉讼与调解相衔接的实践方式,拓展深化"三级四层"诉调对接机制,与行业调解、行政调解、商事调解、人民调解、仲裁等各类纠纷解决途径相衔接,初步形成了商事争议解决的"一门式"格局。从浦东法院的实践来看,调解已成为重要的争议解决方式。2014年5月27日,浦东法院正式启动自贸试验区诉讼与非诉讼相衔接的商事纠纷解决机制。2015年10月28日,"浦东法院诉调对接中心自贸试验区商事争议解决分中心"正式揭牌成立,迎来了诉调对接的新里程碑。从上海自贸试验区发展之初的案件来看,调解率达到23.5%,高于浦东法院民商事案件同期18.7%的调解率。从上海一中院的实践来看,该院联合浦东法院与上海经贸商事调解中心签署合作协议,共同建立商事纠纷委托调解机制,已在自贸试验区案件中先行先试,取得了良好效果。[3]另外,上海一中院还积极通过发布《审判指引》

---

[1] 陈忠谦:《关于完善我国行业仲裁制度的若干思考》,载《仲裁研究》2011年第2期,第1页。

[2] 黄斌、刘正:《论多元化纠纷解决机制的现状、困境与出路——立足于我国法院的思考》,载《法律适用》2007年第11期,第12页。

[3] 参见陈立斌主编:《中国(上海)自由贸易试验区法律适用精要》,人民出版社2018年版,第442页。

等规范性文件的方式,明确、细化调解与司法的无缝对接。这些实际有效的司法保障措施将在对接国际商事争议解决规则,促进自贸试验区内法治完善,建立健全上海自贸试验区商事争议解决机制,为自贸试验区内各类市场主体提供多元化、便利化的商事争议解决渠道,总结可复制、可推广的服务保障经验等方面发挥积极作用,进一步推动上海自贸试验区内权益保护制度创新。

一、上海自贸试验区诉调对接机制的特点

在既往的民商事诉讼案件中,法院已经注意到调解方式的重要性。相对于判决方式而言,以调解方式结案具有更强的息讼性,容易使当事人之间的纠纷得到更为妥当的处理。但是,此种诉讼中的调解往往仍由法官或人民陪审员主持,始终无法彻底解决司法资源有限的问题。因此,通过建立诉调对接机制,引入社会力量与专业力量助力纠纷之解决,成为近年来法院支持多元争议解决机制的重点。就上海自贸试验区的司法实践而言,其主要特点反映在诉调对接方式的固定化和调解机构、调解人员的专业化两个方面。

(一)重视委托调解方式的应用

委托调解,是指"法院对立案受理进入诉讼程序的纠纷案件,委托给法院外的人员、机构或组织进行调解的调解形式"[1]。当然,在实践中,为了更好地发挥调解的前置性解纷功能,在法院立案受理之前,在取得当事人同意的情况下,也可以由法院内设的相关机构委派给法院外的人员、机构或组织进行调解。这种方式一般被称为"委派调解",也可以被归为广义上的委托调解,属于诉调对接机制的重要组成部分。自贸试验区目前主要采取的诉调对接机制正是这种方式,通过推行商事纠纷委托调解的方式,回应自贸试验区内的市场主体对权利救济便利化和纠纷解决方式多元化的迫切需求。例如,浦东法院积极探索自贸试验区诉讼与非诉讼相衔接的商事纠纷解决机制,通过引入专业化、行业性的调解组织,开展委托调解工作。法院依照有关规定审查确认调解协议的法律效力,为自贸试验区商事活动参与者提供多元、便利的纠纷解决方式,以实现商事纠纷处理的高效

---

[1] 齐树洁:《我国近年法院调解制度改革述评》,载《河南省政法管理干部学院学报》2011年第4期,第9页。

益和高效率。[1]这项机制于2014年5月27日正式启动,目前已有上海经贸商事调解中心和上海自贸试验区国际商事联合调解庭等调解组织以及相关商事调解组织、行业协会、商会等具有调解职能的组织入驻,并在自贸区法庭设立非诉调解庭,为纠纷当事人提供多元、灵活、经济的纠纷解决方式。[2]

委托调解方式在我国的推广应用有着特别重要的现实意义。多年以来,调解是我国法院传承运用的"东方经验",是实现争议和平高效解决的重要方式。但是,"我国传统调解模式的诸多弊端已严重地阻碍了我国的司法进程,究其症结所在,主要是调解与审判在主体上的竞合和程序上的混同所致"[3]。日本学者高见泽磨认为:"中国解决纠纷的特征不在于民间调解的优势,而在于官方诉讼过程的调停性运用。"[4]在程序上,"许多法官仍然普遍存在将调解视为法院的职权和与审判并行的结案方式而非当事人自治解决纠纷的传统司法理念,以拖压调、以判压调、以诱促调、以骗促调的现象仍未得到真正有效的抑制。……这其实早已使调解偏离了其应有的轨道"[5]。但是,委托调解通过对其他组织的引入,贯彻了"调审分离"的思路,将调解过程相对独立于审理程序,避免了审判权对调解过程

---

[1] 从委托调解的操作规范上看,浦东法院目前可委派或委托非诉调解的纠纷主要是属自贸区法庭审理的,与自贸试验区相关联的投资、贸易、金融、知识产权及房地产等纠纷。在诉前、庭前、审中三个阶段,当事人均可选择启动非诉调解程序解决纠纷。当事人可从受托调解组织的调解员名册中选定调解员。非诉调解的期限一般为25个工作日。非诉调解适用受托调解组织现行有效的调解规则。经调解当事人达成协议的,法院依照相关规定审查确认调解协议的法律效力。经调解当事人未能达成协议,或协议未被法院确认的,案件由自贸区法庭依法继续审理。参见周柏伊:《司法创新 | 自贸区商事纠纷案件将可通过非诉调解快速化解》,http://www.ftzcourt.gov.cn/zmqweb/thir/focus-mt.jsp?id=62961,访问日期:2018年10月8日。

[2] 从效果上看,这项机制自正式启动至2015年10月21日,"进入调解机构非诉调解程序的案件为232件,已结束调解程序的155件案件中调解成功的97件,解决争议金额2.05亿元,平均解纷周期为28天,成功率高达62.58%,极大地促进了纠纷解决的便利化"。随着涉外纠纷的增多,2015年6月,"自贸试验区法庭又首次引入外籍调解员,使得原本要耗时1到2年的纠纷,在短短1个多小时内和解"。参见陈琼珂:《上海创新自贸区司法保障模式》,http://www.gov.cn/xinwen/2015-10/21/content_2950868.htm,访问日期:2018年12月1日。

[3] 翟广绪:《司法ADR与我国诉讼调解制度的重构》,https://www.chinacourt.org/article/detail/2005/04/id/159165.shtml,访问日期:2018年12月1日。

[4] 转引自张敏、赵元勤:《对英美ADR实践的法哲学思考》,载《法治论丛》2003年第6期,第57页。

[5] 刘晓红:《构建中国本土化ADR制度的思考》,载《河北法学》2007年第2期,第39页。

的直接影响。同时,接受委托进行调解的个人、机构或组织在调解过程中一般可以独立主持调解。[1] 因此,委托调解的应用能够从根本上摈除我国原有的诉讼调解的弊端,有利于创造更为独立和公正的争议解决环境。

(二)注重专业调解优势的发挥

自贸试验区内诉讼与调解模式应用的另一个主要特点是专业调解。除了将调解程序社会化、独立化以外,调解的专业化是诉调对接模式看重的另一个优势。《审判指引》第78条在规定特邀调解问题时指出,法院可邀请符合条件的专家、专业人员共同参与调解或提供专业意见。从调解的普遍实践来看,这些专家可能包括律师、法官以及检察官这些法律从业人员,也可能包括与争议相关的专业领域内的专家,从而为争议的解决提供多样化的视角和知识结构。

从目前参与自贸试验区诉调对接的调解组织来看,上海经贸商事调解中心专注于贸易、投资、金融、证券、保险、知识产权、技术转让、房地产、工程承揽、运输等商事领域的调解机构,与自贸试验区内的主要争议解决需求十分契合。更有单独领域内的专业调解机构成为自贸区法庭的合作伙伴,接受自贸区法庭的委托处理相关争议。例如,上海市文化创意产业法律服务平台知识产权调解中心便成功调解了两起涉上海自贸试验区知识产权侵权案件,不仅实现了"以和为贵"的调解理念,也助当事人实现了高效、低成本的维权。[2] 此外,行业调解也已进入自贸试验区。2014年11月27日,上海市保险同业公会与浦东法院签署诉调对接协议,合意由上海市保险同业公会及其管理的上海市保险合同纠纷人民调解委员会加入浦东法院特邀调解组织名册,参与浦东法院自贸试验区诉讼与非诉讼相衔接的商事纠纷解决机制建设;在浦东法院自贸区法庭设立自贸试验区保险纠纷行业调解工作室,并选派专业调解员,依据《上海市浦东法院自贸试验区诉讼与非诉讼相衔接的商事纠纷解决机制工作规则(试行)》的相关规定,接受浦东法院的委派或委托,就自贸试验区及辐射区域保险纠纷开展诉前、庭前及审中非诉讼

---

[1] 参见齐树洁:《我国近年法院调解制度改革述评》,载《河南省政法管理干部学院学报》2011年第4期,第9页。

[2] 参见朱杉杉:《上海自贸区:"人民调解"化纠纷》,http://www.shzgh.org/zscq/mtjj/userobject1ai11586.html,访问日期:2018年12月1日。

调解工作。[1]

随着企业数量、规模的双重增长,各领域各类创新措施落地,以及上海自贸试验区内土地"二次开发",区内各类市场活动活跃,市场主体的司法需求不断增长,纠纷相应增加。加之日益开放的法律环境,更是带来了不同于其他地区的纠纷,并且这些纠纷伴随着发展极为迅速的创新要素。尤其是金融类、知识产权类以及服务行业类纠纷,更给法院带来较大的压力。在这一背景下,自贸试验区在诉调对接机制的运用上,结合争议的主要类型,融入专业调解,正迎合了自贸试验区内争议解决的需求,也丰富了自贸试验区内争议解决的方式,无疑有助于纠纷的高效合理化解。

二、上海自贸试验区诉调对接机制的实施

如前所述,上海自贸试验区诉调对接机制的特点在于委托调解和专业调解,上述两大特点虽不是相互区别的关系,但也并非平行而没有交集。事实上,上海市各级法院在诉调对接机制的建设过程中,一直致力于将两者进行融合,即运用委托调解的基本方式,使专业化的调解机构、调解员能够发挥最大限度的作用,以适用于上海自贸试验区投资、贸易、金融、航运等相对专业的领域与案件。这种诉调对接的方式一般被称为"特邀调解"。在上海一中院的《审判指引》中,对于特邀调解的形式、特邀调解组织名册、特邀调解员名册等作了原则性的规定。[2] 但是,就如何实施以特邀调解为亮点的商事多元争议解决机制,相关的规定尚未统一。

---

[1] 参见陈贤、吴喆:《上海首个"保调室"落户自贸区》,载《中国保险报》2014年12月1日第003版。

[2] 《审判指引》第78条【特邀调解】规定:"经双方当事人同意,按照《最高人民法院关于人民法院特邀调解的规定》,将涉自贸试验区案件在立案前委派或者立案后委托给特邀调解组织或者特邀调解员进行调解,或者邀请符合条件的专家、专业人员共同参与调解或提供专业意见。"

第79条【特邀调解组织名册】规定:"根据本指引第七十八条的规定,探索建立自贸试验区特邀调解组织名册制度,明确行政机关、商事调解组织、行业调解组织以及其他具有调解职能的组织进入特邀调解组织名册的条件,健全名册管理制度,完善工作程序。"

第80条【特邀调解员名册】规定:"根据本指引第七十八条的规定,探索建立自贸试验区特邀调解员名册制度,明确国内外专家学者、律师、仲裁员等人员进入特邀调解员名册的条件,健全名册管理制度,制定调解员工作规则和职业道德准则,完善工作程序。"

因此,上海一中院在2017年5月3日通过了《上海市第一中级人民法院商事多元化纠纷解决机制实施细则》(以下简称《实施细则》),将此前涉自贸试验区两级法院的实践做法进行了提炼和统一,将商事多元化纠纷解决机制定位为多元争议解决机制的重要组成部分,并通过法院制度引领的方式,推动多元争议解决机制的对接与完善。虽然《实施细则》的适用仅限于上海一中院的案件受理范围,但是它对于整个自贸试验区的商事多元化纠纷解决机制而言,已经具备承前启后、先行先试的意义。《实施细则》中涉及调解的具体内容主要包括以下四个方面:

(一)建立专门的平台对接

由于诉调对接机制在上海市法院系统中已经形成了既有的平台模式,因此上海一中院的《实施细则》延续了这种平台构建的方案,在立案庭设立诉调对接中心,作为诉调对接操作与运行的统一平台,对诉至法院的纠纷进行适当分流。诉调对接中心作为分流诉讼与非诉讼的具体机构,引导当事人选择非诉讼方式解决纠纷,在职能上与法院内部采取多元争议解决机制的作用相同;同时,对外的"一口受理"便于当事人及时、便捷地了解、选择和运用非诉讼的纠纷解决方式。[1]

在法院内部采取多元争议解决机制,其本质即为调解制度的司法展开。因此,《实施细则》在明确对接平台的基础上,对于调解的基本内容进行了规范:一是将诉调对接机制中的调解类型一分为二,分为立案前的委派调解和立案后的委托调解,并且适用不同的流程管理;[2]二是细化《审判指引》中关于特邀调解组织名册和特邀调解员名册的规定,原则上,特邀调解组织由依法成立的商事调解、行业调解及其他具有调解职能的组织向法院申请加入名册,而特邀调解员则由加入名

---

[1]《实施细则》第4条【诉调对接机构】规定:"立案庭设立诉调对接中心,作为本院诉调对接操作与运行的统一平台,对诉至本院的纠纷进行适当分流。诉调对接中心根据案件具体情况和当事人意愿,引导当事人选择非诉讼方式解决纠纷;开展委派调解、委托调解;负责特邀调解组织、特邀调解员名册管理;加强对本院特邀调解工作的指导;落实诉讼与非诉讼纠纷解决方式在程序安排、法律指导等方面的有机衔接;建立人民调解、行政调解、商事调解、行业调解、司法调解等的联动工作体系;探索多元化纠纷解决机制的国际化合作。"

[2]《实施细则》第5条【调解类型】规定:"本院可以在立案前委派或者在立案后委托特邀调解组织、特邀调解员依法进行调解,引导当事人在平等协商基础上达成调解协议,解决纠纷。"

册的特邀调解组织推荐,法院为**特邀调解员**颁发聘书并建立名册;[1]三是在具体案件中确定特邀调解员的程序性规定,原则上,可采取诉调对接中心推荐与当事人协商一致确定两种方式,如协商不成,则由特邀调解组织或法院指定;[2]四是对特邀调解组织与法院的性质与分工进行明晰,允许在当事人自愿协商的基础上进行有偿调解,同时顺应"互联网+"的趋势,致力于构建全流程的在线调解系统。[3]

(二) 区分化的调解流程

在确立了委派调解和委托调解两种基本的诉调对接方式之后,《实施细则》在第三部分对两者的流程进行了区别性的规定。两者的区别主要在于:第一,同意的主体不同。委派调解只要起诉人在法院受理案件前同意即可,而委托调解需要双方当事人同意。第二,未达成调解协议的后果不同。委派调解如果失败,则由当事人决定是否起诉;而委托调解如果不成功,则案件应当转入审判程序审理。第三,调解成功后的处理方式不同。委派调解一经达成调解协议,由于并未进入诉讼程序,因此如果调解协议要获得既判力的支持,则应当由当事人向法院请求司法确认;而委托调解本身已为诉讼程序的一部分,因而调解协议应当由特邀调解组织或特邀调解员向法院提交,经审查,符合法律规定的,应当制作民事调解书

---

[1] 《实施细则》第6条【特邀调解主体】规定:"依法成立的商事调解、行业调解及其他具有调解职能的组织,可以申请加入本院特邀调解组织名册。特邀调解组织应当推荐本组织中适合从事特邀调解工作的调解员加入名册,并在名册中列明。经本院审核,在上述名册中列明的调解员,视为本院特邀调解员,可以承担本院委派或者委托调解工作。本院为特邀调解员颁发证书并建立名册。名册信息由本院在公示栏、官方网站等平台公开,方便当事人查询。本院建立的名册,辖区基层法院可以使用。"

[2] 《实施细则》第7条【特邀调解员的选择】规定:"诉调对接中心可以在案件分流过程中,根据案件具体情况向当事人推荐适合的特邀调解组织或者特邀调解员进行调解,或者由双方当事人在诉调对接中心提供的特邀调解组织及特邀调解员名册中协商确定特邀调解员;协商不成的,由特邀调解组织或者本院指定。"

[3] 《实施细则》第8条【有偿调解】规定:"特邀调解组织或者特邀调解员依法提供有偿服务的,相关收费标准可以与当事人自愿协商确定。"

第9条【在线调解】规定:"根据'互联网+'战略要求,通过构建纠纷解决申请、调解员确定、调解过程、调解文书生成等互联网运行机制,探索搭建互联互通、信息集成、资源融合的在线纠纷调解系统。"

结案。第四,委派调解不存在部分达成调解协议的情况;而委托调解达成部分调解协议的,可以采取上述民事调解书的方式结案,至于未达成调解部分,仍然可以转入审判程序审理。第五,调解期限不同。根据《实施细则》第 13 条的规定,委派调解案件的调解期限为 30 日,而委托调解案件的调解期限为 15 日。此外,委托调解延长的调解期间不计入审理期限,而委派调解则不存在上述问题。

当然,在厘清委派调解与委托调解不同之处的同时,也要看到两者的共通之处:第一,两种调解方式均属于法院诉调对接的重要组成部分,均由诉调对接中心进行引导、指导和衔接。第二,实际调解的主体均为法院确认后列入相关名册的特邀调解组织和特邀调解员。第三,在具体的调解机制应用方面,《实施细则》第四部分规定的内容对两种调解方式均可适用。第四,两种调解方式如果成功或部分成功,其结果均需提交法院进行审查,审查的标准也是一致的。第五,两种调解方式的一般期限虽存在差异,但在最长期限上是一致的。《实施细则》第 13 条规定,"经双方当事人同意,委派或者委托调解的期限可以延长,但最长不超过两个月"。

(三)支持调解的机制建设

在诉调对接机制中,法院对于委派调解和委托调解的支持方式主要有两种:一是通过对调解机制本身的规范,尽力发挥调解在事实认定方面的功能,防止调解流于形式;二是通过对诉讼规则的完善,反向性地对调解制度产生促进作用,使调解合意与调解过程更为便利,促进调解协议的合法缔结。鉴于此,《实施细则》第四部分主要从机制建设的角度进行了规定:一是规定了商事主体的单方承诺调解制度,即对于一些涉诉案件较多、涉诉概率较大的商事主体,允许其在诉前通过一揽子单方性的承诺调解方式,使得未来涉及该商事主体的案件只要征得对方当事人同意,即可进入调解程序;[1]二是为充分发挥调解功能,无论调解是否成功,特邀调解组织或者特邀调解员均可以书面形式将当事人确认的事实予以固定,并

---

[1]《实施细则》第 15 条【单方承诺调解】规定:"商事主体诉前以书面形式承诺接受特定调解组织调解的,本院在该商事主体涉诉时,仅征得对方当事人同意,即可以委派或者委托该调解组织进行调解。"

作为后续诉讼中事实认定的基础;[1]三是为了减轻当事人的诉讼负担,鼓励当事人诉前或诉中选择调解方式,《实施细则》在不同类型的案件中规定了诉讼费的减免。[2]

上述三项措施其实在之前司法实践的探索中,已经或多或少地形成文件并已经实际实施。但是,《实施细则》中提出的"示范判决"规定具有很强的开拓性,并且以三个条文就示范判决对类案诉讼与调解的效力进行了规定。首先,就何种情形下可以作出示范判决,《实施细则》列明了两种情形:第一,在系列案件的调解程序中,如调解不成,则法院可以选择代表性案件作出判决,该示范判决可以作为其他案件调解的基础;第二,诉讼标的是同一种类、当事人一方人数为十人以上的案件,法院可以选择其中的代表性案件作为示范案件。[3] 其次,示范判决生效后,除了存在例外情形以外,系列案件中其他同类案件有关共通部分的裁判不得与示范案件的裁判相抵触,以达到适法统一的目的。[4] 最后,示范判决对于类案的调解而言,除了可以作为调解基础以外,假如非示范案件当事人拒绝接受依照示范判

---

[1] 《实施细则》第18条【无争议事实的确认】规定:"特邀调解组织或者特邀调解员可以书面形式固定当事人在调解过程中无争议的事实,经当事人确认后,递交本院。本院可以将该事实作为后续诉讼中当事人无争议的事实予以认定,但下列情形除外:(一)有客观证据证明该事实系虚构或者不真实;(二)该事实系当事人为达成调解协议或者和解协议作出妥协而认可的主观陈述,且当事人不同意将该事实用于后续诉讼。"

[2] 《实施细则》第19条【受理费减免】规定:"在法庭审理前委托调解,当事人因达成和解协议而申请撤诉,本院予以准许的,案件受理费可以免予收取;当事人达成调解协议,本院制作民事调解书结案的,案件受理费可以按照规定标准的四分之一收取。经法庭审理后委托调解,当事人因达成和解协议而申请撤诉,本院予以准许的,案件受理费可以按照规定标准的四分之一收取;当事人达成调解协议,本院制作民事调解书结案的,案件受理费可以按照规定标准减半收取。"

[3] 《实施细则》第16条【示范判决】规定:"在系列案件委派或者委托调解过程中,当事人无法就事实或者处理结果达成合意的,本院可以选择其中具备共通事实、证据或者法律争点的案件作出示范判决。该系列案件中的其他同类案件可以生效示范判决为基础进行调解。诉讼标的是同一种类、当事人一方人数为十人以上的,本院可以选择其中的代表性案件作为示范案件。代表性案件中有支持诉讼案件的,优先选择支持诉讼案件作为示范案件。"

[4] 《实施细则》第17条【适法统一】规定:"合议庭在作出示范判决前,应当提交专业法官会议讨论,必要时可以提请本院审判委员会讨论决定。示范判决生效后,除非有以下情形,本院系列案件中其他同类案件有关共通部分的裁判不得与示范案件的裁判相抵触:(一)示范案件进入再审程序;(二)其他同类案件的当事人就共通部分提出足以影响案件结果的新的证据;(三)出现足以影响案件结果的其他情形。"

决提出的调解方案,且在后续诉讼中不能获得更有利的判决结果,则在调解失败后,对方当事人可以要求其赔偿由此导致后续诉讼中增加的交通、住宿、就餐、误工、证人出庭作证等必要费用。[1]

(四) 明确调解的司法审查标准

委派调解或者委托调解取得成功后,当事人一般有两种选择:一是自行达成调解协议,然后撤诉;二是达成调解协议后,向法院申请司法确认或者请求制作调解书。前一种情形与法院的司法权力无关,而后一种情形则涉及裁判文书对于调解协议的转化,需要法院依据相关的规则进行审查。因此,《实施细则》针对后一种情形,在第22条中明确规定了调解协议的审查标准,主要包括以下几种法院裁定驳回当事人司法确认申请或不予出具调解书的情况:一是违反法律强制性规定的;二是损害国家利益、社会公共利益、他人合法权益的;三是违背公序良俗的;四是违反自愿原则的;五是内容不明确的;六是其他不能确认调解协议的情形。

三、上海自贸试验区多元争议解决机制未来发展与展望

我国正处于社会转型期,社会纠纷的产生不可避免。随着人们维权意识的不断增强,我国传统的"息讼"观念正不断转变。越来越多的当事人选择以法院作为解决纠纷的渠道。一方面,这表明当事人更希望通过司法程序解决纠纷。另一方面,这也表现出当事人对于ADR的某种陌生乃至不信任。以仲裁为例,数据显示,2013年全国仲裁机构的受案量就已突破10万件。如此巨大的数字,其实仅仅占到诉讼案件的一个零头。这表明,我国在ADR领域具有巨大的发展潜力。无论是面对自贸试验区内争议的特殊性,还是为我国争议解决制度的完善提供"可复制、可推广"的成熟经验,上海自贸试验区ADR领域的未来发展均具有代表性。因此,就上海自贸试验区ADR领域的未来发展与展望而言,以下几个方面值得一提:

---

[1]《实施细则》第20条【拒绝调解的后果】规定:"因一方当事人存在下列情形导致调解不成的,对方当事人要求其赔偿由此导致后续诉讼中增加的交通、住宿、就餐、误工、证人出庭作证等必要费用的,本院可予支持:(一)当事人承诺接受调解后,无正当理由不参加调解或者拒绝调解,致使调解无法进行;(二)非示范案件当事人拒绝接受依照示范判决提出的调解方案,且在后续诉讼中不能获得更有利的判决结果。"

(一) 司法主动作用,转变对 ADR 的观念

大量的纠纷之所以以诉讼为解决方式,与人们对于 ADR 的陌生感乃至不信任感有关。在我国民事司法改革中,曾出现过一种片面强调和鼓吹诉讼的"诉讼万能主义"。在这种观念的影响下,ADR 的实际效用被大幅度抑制了。[1] 为了转变这种片面的观念,有必要采取相应措施。

一方面,法院应该更加鼓励并支持 ADR 的实施,从而增强人们对于 ADR 的信心。例如,在临时措施的执行上,法院给 ADR 以协助。在 ADR 法律文书方面,法院给司法以确认等。

另一方面,一些民间争议解决机构可以利用广告等方式,对 ADR 作更多的介绍。例如,在普法教育的过程中,将 ADR 的优势向公众推送,使更多人了解并敢于适用 ADR。另外,作为改革的"试验田",上海自贸试验区的争议解决机构可以作出更多尝试。例如,上海自贸试验区仲裁院可以出台专门的"调解规则""ADR 手册""多层次争议解决示范条款"等,以供当事人取阅和参考。自贸区法庭也可以采取有效措施,完善诉调对接机制。

(二) 进一步推进司法对 ADR 的支持和鼓励

我国具有多元化的社会规范,除了法律规范外,还有社会习俗、社会道德等。在争议解决过程中,如何协调好上述社会规范将是重要的课题和任务。以自贸试验区商事纠纷为例,不仅涉及大量的法律规范,还涉及一系列的行业标准和惯例。如果无法统筹好两者的关系,那么争议就不易得到妥善解决。由于法院的审判需要严格依据法律规范,因此它对于其他类型规范的参照较少。从实体规范适用的角度讲,ADR 本身具有得天独厚的优势。以自贸试验区 ADR 的完善为引子,可以从以下两个方面扩大 ADR 的影响力:

一方面,在 ADR 中,应采纳多元化的实体规范,法院需注重且明确这一审理差异。在 ADR 中,应高度尊重当事人的意思自治,并充分考虑多元化的社会规范。换言之,只要不与国家强行性规范相抵触,ADR 中的实体规范就可以不严格

---

[1] 参见梅宏、高洁璞:《美国非诉讼纠纷解决机制及其对我国的启示》,载《北京仲裁》2009 年第 2 期,第 43 页。

基于法律而作出。[1] 事实上,在乡土社会的背景之下,仅凭法律规范是难以妥善解决纠纷的。[2] 在特定行业、特定商事主体之间,上述问题同样存在。也正是考虑到这方面的因素,上海自贸试验区采取了"友好仲裁"制度。至于该制度的实际效果如何,目前尚有待观察。值得肯定的是,它构成了自贸试验区 ADR 的未来发展方向之一。

另一方面,应扩大 ADR 的适用范围,使法院可以在更大程度上依赖 ADR 的作用。不同的领域、不同的人群、不同的区域社会对于 ADR 的要求可能存在不同。统一的模式和机构将难以适应多样化的需求。有鉴于此,可以自贸试验区为"试验田",尝试建立并完善行业化、多层次化、专业化的 ADR。[3] 例如,上海国际航空仲裁院便是 ADR 行业化发展的一项积极尝试。除此之外,积极发挥行业协会的功能,大力发展行业内部的 ADR 也是有益的实践。在适用领域方面,除商事纠纷外,ADR 还可以更多涉及消费者纠纷、劳动纠纷、医疗纠纷、交通事故纠纷等。[4]

值得一提的是,以上海自贸试验区仲裁院为例,它呼吁朝向更多样化的 ADR 发展,最终打造复合型争议解决中心。具体实践可以借鉴国际商会的模式。除了仲裁之外,还可以赋予当事人更多的 ADR 选择,如提供"早期中立评估"等。在以仲裁和诉讼为终局性解决机制的基础之上,可以发展前置性 ADR。这不仅契合我国当下的环境,还有助于拓展 ADR 的广度与深度,进而提升我国在 ADR 领域的全面发展和国际竞争力。

(三)推进多元争议解决机制立法的现代化

我国 ADR 的发展离不开法律的顶层设计。就目前而言,我国已在 ADR 领域

---

[1] 参见程波:《现代西方社会替代性纠纷解决方法(ADR)存在的制度原理分析及我国对其借鉴意义》,载何勤华主编:《20世纪外国民商法的变革》,法律出版社 2004 年版,第 524—526 页。

[2] 参见刘诚:《论 ADR 在中国乡土社会的功能与制度设想——非诉讼纠纷解决机制的法社会和法理学分析》,载《福建政法管理干部学院学报》2003 年第 1 期,第 55 页。

[3] 参见王菠:《国外替代性纠纷解决机制的发展对我国的启示》,载《世纪桥》2010 年第 1 期,第 73 页。

[4] 参见张卫平:《我国替代性纠纷解决机制的重构》,载《法律适用》2005 年第 2 期,第 15 页。

制定了一系列立法,如《仲裁法》和配套司法解释、2009年7月24日发布的《最高人民法院关于建立健全诉讼与非诉讼相衔接的矛盾纠纷解决机制的若干意见》等。这些规范虽然强调ADR的重要性,但是依旧存在一些有待完善之处。特别是部分规范带有较强的"政策性",且存在规范位阶较低等问题。

我们呼吁在未来的立法中,采取综合立法的模式,完善ADR的顶层设计。一种做法是,在《仲裁法》的修订过程中,加入更多关于ADR的规则设计。另一种实践模式则是制定专门的"ADR法"。从远期来看,制定"ADR法"更有价值。一方面,ADR较仲裁的范畴更广;另一方面,综合式ADR立法对规范的统一更为有利。结合自贸试验区的ADR实践,以下三方面的问题在立法中值得重视:

第一,鼓励ADR形式和领域的不断创新。如前所述,ADR的类型较为丰富,且处于发展过程之中。但是,在我国的本土化进程中,真正得到适用的只有仲裁、调解和和解。一方面,这里有与我国国情是否相适应的问题;另一方面,也存在由于ADR的界定不够明确,部分类型的ADR不为人熟知等因素。随着ADR不断朝行业化、多层次化和专业化的方向发展,规则设计应支持并肯定ADR形式的创新以及专门化纠纷解决中心的创设。[1]譬如,我国香港地区商事争议强制性调解机制的兴起便是一个ADR形式创新的体现。[2]又如,商事调解与人民调解之间的关系也是制度层面需要考虑的问题。

第二,完善不同ADR之间相互结合的衔接安排。多元化的ADR在为当事人带来更多选择的同时,也带来了争议解决的某种竞合情况。欲解决这一问题,需要完善并落实不同ADR的衔接。一方面,在ADR与ADR的衔接上,应充分尊重当事人的意思自治,并明确多层次争议解决协议的效力判断标准。另一方面,在ADR与诉讼的衔接上,法律还应明确诉讼对于ADR的支持。例如,在临时措施的实施上,一旦法律允许,法院将如何帮助执行等问题也接踵而至。

第三,把"支持ADR原则"写入法律制度,将最终实质性地影响ADR环境的构建。某一法域是否具有支持ADR的环境始终是对其ADR国际竞争力进行评估时关注的焦点。遗憾的是,目前我国的立法中并没有明确写入"支持ADR原

---

[1] 参见梅宏、高洁璞:《美国非诉讼纠纷解决机制及其对我国的启示》,载《北京仲裁》2009年第2期,第38页。

[2] 参见郭玉军、贺琼琼:《香港特别行政区ADR发展的新动向——商事争议强制性调解机制的兴起》,载《时代法学》2006年第2期,第85页。

则"。这也导致实践中存在对于 ADR 持消极认定的现象。以"友好仲裁"为例,除非法律能够消除某些不确定性,如"枉法裁决罪"等,并充分肯定多元规范的可适用性,否则有些 ADR 便难以发挥应有的作用。在这方面,我国可以借鉴英国、美国、法国等国家的实践。例如,在"ADR 法"的制定中,明确树立"支持 ADR 原则"等。在规则阙如的情况下,"支持 ADR 原则"将起到重要的补充作用。

主要参考文献

一、中文专著

1. 曹建明、贺小勇:《世界贸易组织(第二版)》,法律出版社2004年版。
2. 陈晖:《走私犯罪论》,法律出版社2002年版。
3. 程卫东:《国际融资租赁法律问题研究》,法律出版社2002年版。
4. 丁伟:《上海自贸试验区法治创新的轨迹——理论思辨与实践探索》,上海人民出版社2016年版。
5. 丁伟:《与改革发展同频共振:上海地方立法走过三十八年》,上海人民出版社2018年版。
6. 丁伟:《中国国际私法和谐发展研究》,上海社会科学院出版社2009年版。
7. 杜涛:《国际私法原理》,复旦大学出版社2014年版。
8. 杜新丽:《国际商事仲裁理论与实践专题研究》,中国政法大学出版社2009年版。
9. 顾昂然:《立法札记》,法律出版社2006年版。
10. 赖庆晟、郭晓:《中国自由贸易试验区渐进式扩大开放研究》,格致出版社、上海人民出版社2017年版。
11. 李猛:《中国自贸区法律制度建立与完善研究》,人民出版社2017年版。
12. 李双元:《国际私法(冲突法篇)(第三版)》,武汉大学出版社2016年版。
13. 梁慧星:《裁判的方法》,法律出版社2003年版。
14. 林珏等:《国外自贸区投资贸易便利化创新管理体制研究》,格致出版社、上海人民出版社2018年版。

15. 刘恩专:《世界自由贸易港区发展经验与政策体系》,格致出版社、上海人民出版社 2018 年版。

16. 刘宪权:《金融犯罪刑法学新论》,上海人民出版社 2014 年版。

17. 陶立峰:《国际投资规则视角下的上海自贸区外资管理法律制度研究》,法律出版社 2018 年版。

18. 王林清:《公司纠纷裁判思路与规范释解(第二版)》,法律出版社 2017 年版。

19. 王淑敏:《保税港区的法律制度研究》,知识产权出版社 2011 年版。

20. 肖芳:《论外国法的查明——中国法视角下的比较法研究》,北京大学出版社 2010 年版。

21. 肖永平:《国际私法原理》,法律出版社 2003 年版。

22. 肖永平:《肖永平论冲突法》,武汉大学出版社 2002 年版。

23. 于能模:《国际私法大纲》,商务印书馆 1931 年版。

24. 赵秀文:《国际商事仲裁法原理与案例教程》,法律出版社 2010 年版。

25. 赵秀文:《国际商事仲裁及其适用法律研究》,北京大学出版社 2002 年版。

26. 赵秀文:《国际商事仲裁现代化研究》,法律出版社 2010 年版。

27. 周旺生:《立法学(第二版)》,法律出版社 2009 年版。

二、中文编著

1. 陈立斌主编:《中国(上海)自由贸易试验区法律适用精要》,人民出版社 2018 年版。

2. 陈立斌主编:《自由贸易区司法评论(第二辑)》,法律出版社 2015 年版。

3. 陈立斌主编:《自由贸易区司法评论(第一辑)》,法律出版社 2014 年版。

4. 丁伟主编:《冲突法论(第二版)》,法律出版社 2005 年版。

5. 丁伟主编:《经济全球化与中国外资立法完善》,法律出版社 2004 年版。

6. 杜万华主编:《最高人民法院民间借贷司法解释理解与适用》,人民法院出版社 2015 年版。

7. 韩德培主编:《国际私法问题专论》,武汉大学出版社 2004 年版。

8. 何勤华主编:《20 世纪外国民商法的变革》,法律出版社 2004 年版。

9. 黄进主编:《国际商事争议解决机制研究》,武汉大学出版社 2010 年版。

10. 黄进主编:《国际私法(第二版)》,法律出版社 2005 年版。

11. 黄进主编:《中国的区际法律问题研究》,法律出版社 2001 年版。

12. 江必新主编:《融资租赁合同纠纷》,法律出版社 2014 年版。

13. 郎胜主编:《中华人民共和国商标法释义》,法律出版社 2013 年版。

14. 梁西主编:《国际法(修订第二版)》,武汉大学出版社 2000 年版。

15. 刘德权主编:《最高人民法院司法观点集成》,人民法院出版社 2009 年版。

16. 刘晓红、贺小勇主编:《中国(上海)自由贸易试验区法治建设蓝皮书》,北京大学出版社 2016 年版。

17. 刘晓红主编:《国际商事仲裁专题研究》,法律出版社 2009 年版。

18. 齐湘泉主编:《涉外民事关系法律适用法》,人民出版社 2003 年版。

19. 屈广清主编:《国际私法导论》,法律出版社 2003 年版。

20. 全国人大常委会法制工作委员会民法室编:《消费者权益保护法立法背景与观点全集》,法律出版社 2013 年版。

21. 邵沙平主编:《国际法》,中国人民大学出版社 2007 年版。

22. 沈德咏主编:《〈中华人民共和国民法总则〉条文理解与适用》,人民法院出版社 2017 年版。

23. 沈德咏主编:《最高人民法院民事诉讼法司法解释理解与适用》,人民法院出版社 2015 年版。

24. 汤黎明、郑少华主编:《自由贸易区法律适用(第一辑)》,法律出版社 2014 年版。

25. 汤黎明、郑少华主编:《自由贸易区法律适用(第二辑)》,法律出版社 2015 年版。

26. 汤黎明、郑少华主编:《自由贸易区法律适用(第三辑)》,法律出版社 2016 年版。

27. 王传丽主编:《国际贸易法(第三版)》,法律出版社 2005 年版。

28. 王虎华主编:《国际公法学》,北京大学出版社 2005 年版。

29. 王铁崖主编:《国际法》,法律出版社 1995 年版。

30. 徐冬根:《国际私法》,北京大学出版社 2009 年版。

31. 余劲松主编:《国际投资法(第三版)》,法律出版社 2007 年版。

32. 翟楚编著:《国际私法纲要》,国立编译馆 1945 年版。

33. 张斌主编:《浦东法院服务保障上海自贸试验区的探索与实践》,法律出版社 2016 年版。

34. 张春生主编:《中华人民共和国立法法释义》,法律出版社 2000 年版。

35. 郑少华主编:《自由贸易法治评论(第一辑)》,法律出版社 2014 年版。

36. 最高人民法院民事审判第二庭编著:《最高人民法院关于融资租赁合同司法解释理解与适用》,人民法院出版社 2016 年版。

三、中文期刊

1. 包蕾:《涉自贸试验区民商事纠纷趋势预判及应对思考》,载《法律适用》2014 年第 5 期。

2. 曹广伟、宋利朝:《全面深化经济体制改革的"试验田"——中国(上海)自由贸易试验区的制度创新》,载《中国特色社会主义研究》2013 年第 6 期。

3. 陈福勇:《我国仲裁机构现状实证分析》,载《法学研究》2009年第2期。
4. 陈光中、龙宗智:《关于深化司法改革若干问题的思考》,载《中国法学》2013年第4期。
5. 陈力:《上海自贸区投资争端解决机制的构建与创新》,载《东方法学》2014年第3期。
6. 陈立斌:《上海自贸区的司法三环节》,载《人民司法(应用)》2016年第16期。
7. 陈忠谦:《关于完善我国行业仲裁制度的若干思考》,载《仲裁研究》2011年第2期。
8. 程波:《替代性纠纷解决方法(ADR)的理论与实践初探》,载《湖南商学院学报》2004年第2期。
9. 仇晟栋:《无涉外因素争议的域外仲裁协议效力研究》,载《北京仲裁》2017年第4期。
10. 丁伟:《〈中国(上海)自由贸易试验区条例〉立法透析》,载《政法论坛》2015年第1期。
11. 丁伟:《论中国国际私法立法体系的和谐发展——制定〈涉外民事关系法律适用法〉引发的几点思考》,载《东方法学》2009年第4期。
12. 丁伟:《我国对涉外民商事案件实行集中管辖的利弊分析》,载《法学》2003年第8期。
13. 丁伟:《以法治方式促进自贸试验区先行先试》,载《上海人大》2013年第10期。
14. 丁伟:《中国(上海)自由贸易试验区法制保障的探索与实践》,载《法学》2013年第11期。
15. 丁晓华:《涉自贸区行政行为对法院司法审查的新挑战》,载《上海政法学院学报(法治论丛)》2014年第1期。
16. 丁晓华:《涉自贸试验区备案行为司法审查问题研究——聚焦"负面清单"外的投资领域》,载《政治与法律》2014年第2期。
17. 董保华:《劳务派遣的题中应有之义——论劳务派遣超常发展的"堵"与"疏"》,载《探索与争鸣》2012年第8期。
18. 董保华:《论劳务派遣立法中的思维定势》,载《苏州大学学报(哲学社会科学版)》2013年第3期。
19. 杜焕芳、王吉文:《试论友好仲裁的价值取向及其影响因素》,载《北京仲裁》2004年第2期。
20. 杜新丽:《任重而道远——写在〈中华人民共和国涉外民事关系法律适用法〉颁布实施之际》,载《南阳师范学院学报(社会科学版)》2011年第8期。
21. 范愉:《小额诉讼程序研究》,载《中国社会科学》2001年第3期。
22. 傅蔚冈、蒋红珍:《上海自贸区设立与变法模式思考——以"暂停法律实施"的授权合法性为焦点》,载《东方法学》2014年第1期。
23. 高圣平:《中国融资租赁法制:权利再造与制度重塑——以〈开普敦公约〉及相关议定书为参照》,载《中国人民大学学报》2014年第1期。
24. 龚柏华:《国际化和法治化视野下的上海自贸区营商环境建设》,载《学术月刊》2014年第1期。

25. 龚柏华:《中国(上海)自由贸易试验区外资准入"负面清单"模式法律分析》,载《世界贸易组织动态与研究》2013 年第 6 期。

26. 顾维遐:《无涉外因素争议的域外仲裁问题》,载《中外法学》2018 年第 3 期。

27. 郭丽华:《试析商标平行进口》,载《财经理论与实践》2002 年第 3 期。

28. 郭玉军、贺琼琼:《香港特别行政区 ADR 发展的新动向——商事争议强制性调解机制的兴起》,载《时代法学》2006 年第 2 期。

29. 贺小勇:《上海自贸试验区法治深化亟需解决的法律问题》,载《东方法学》2017 年第 1 期。

30. 贺小勇:《中国(上海)自由贸易试验区金融开放创新的法制保障》,载《法学》2013 年第 12 期。

31. 贺小勇:《自贸试验区法院适用 CISG 的分歧及对策》,载《国际商务研究》2017 年第 1 期。

32. 黄斌、刘正:《论多元化纠纷解决机制的现状、困境与出路——立足于我国法院的思考》,载《法律适用》2007 年第 11 期。

33. 黄晖、冯超:《定牌加工商标侵权问题辨析》,载《电子知识产权》2013 年第 6 期。

34. 黄加宁:《经济全球化背景下的中国自由贸易区之路》,载《时代法学》2012 年第 3 期。

35. 黄洁:《上海自贸区争议解决机构的建立与相关国内法制度创新》,载《中山大学学报(社会科学版)》2014 年第 5 期。

36. 黄进:《中国涉外民事关系法律适用法的制定与完善》,载《政法论坛》2011 年第 3 期。

37. 黄鹏、梅盛军:《上海自贸试验区负面清单制定与中美 BIT 谈判联动性研究》,载《国际商务研究》2014 年第 3 期。

38. 黄志勇:《中国保税港区与自由贸易区发展模式比较研究》,载《改革与战略》2012 年第 7 期。

39. 蒋圣力:《论国际中转集拼业务中的过境货物知识产权海关保护——兼论欧盟知识产权海关执法带来的思考和启示》,载《海关与经贸研究》2015 年第 1 期。

40. 〔美〕克丽斯蒂娜·沃波鲁格:《替代诉讼的纠纷解决方式(ADR)》,载《河北法学》1998 年第 1 期。

41. 孔祥俊:《裁判中的法律、政策和政治——以知识产权审判为例》,载《人民司法·应用》2008 年第 13 期。

42. 匡增杰:《中日韩自贸区贸易潜力、制约因素分析及策略选择》,载《上海对外经贸大学学报》2015 年第 1 期。

43. 赖震平:《我国商事仲裁制度的阙如——以临时仲裁在上海自贸区的试构建为视角》,载《河北法学》2015 年第 2 期。

44. 雷继平、原爽、李志刚:《交易实践与司法回应:融资租赁合同若干法律问题——〈最高人民法院关于审理融资租赁合同纠纷案件适用法律问题的解释〉解读》，载《法律适用》2014 年第 4 期。

45. 李大勇：《行政诉讼证明责任分配：从被告举证到多元主体分担》，载《证据科学》2018 年第 3 期。

46. 李广辉：《入世与中国临时仲裁制度的构建》，载《政治与法律》2004 年第 4 期。

47. 李洪雷：《中国行政诉讼制度发展的新路向》，载《行政法学研究》2013 年第 1 期。

48. 李晶：《中国（上海）自贸试验区负面清单的法律性质及其制度完善》，载《江西社会科学》2015 年第 1 期。

49. 李强：《高举浦东开发开放旗帜 勇当新时代全国改革开放排头兵》，载《求是》2018 年第 16 期。

50. 李雄：《我国劳务派遣制度改革的误区与矫正》，载《法学家》2014 年第 3 期。

51. 李友华：《自由贸易区及其功能设定的国际借鉴》，载《港口经济》2008 年第 6 期。

52. 李苗：《上海自贸区利率市场化风险分析与建议》，载《经济研究参考》2015 年第 67 期。

53. 梁曙明、刘牧晗：《借贷关系中签订房屋买卖合同并备案登记属于让与担保》，载《人民司法》2014 年第 16 期。

54. 刘诚：《论 ADR 在中国乡土社会的功能与制度设想——非诉讼纠纷解决机制的法社会和法理学分析》，载《福建政法管理干部学院学报》2003 年第 1 期。

55. 刘华：《管理创新、"法律绿灯"与地方立法先行》，载《东方法学》2014 年第 2 期。

56. 刘敬东、丁广宇：《自贸试验区战略司法保障问题研究》，载《法律适用》2017 年第 17 期。

57. 刘瑞：《国务院向全国进一步推广上海自贸试验区经验》，载《港口经济》2015 年第 2 期。

58. 刘水林：《中国（上海）自由贸易试验区的监管法律制度设计》，载《法学》2013 年第 11 期。

59. 刘松山：《论自贸区不具有独立的法治意义及几个相关法律问题》，载《政治与法律》2014 年第 2 期。

60. 刘宪权：《中国（上海）自由贸易试验区成立对刑法适用之影响》，载《法学》2013 年第 12 期。

61. 刘宪权：《自贸区建设中刑法适用不可回避的"四大关系"》，载《政法论坛》2014 年第 5 期。

62. 刘晓红：《构建中国本土化 ADR 制度的思考》，载《河北法学》2007 年第 2 期。

63. 刘晓红、周祺：《我国建立临时仲裁利弊分析和时机选择》，载《南京社会科学》2012 年第 9 期。

64. 刘永红：《多元化纠纷解决机制与构建和谐社会》，载《山东社会科学》2010 年第 4 期。

65. 楼烨玲、周伯煌：《基于"枫桥经验"的新时期社会矛盾多元化解决机制探析》，载《湖北函授大学学报》2015 年第 8 期。

66. 吕红兵:《建议设立上海自贸区法庭》,载《民主与法制(财经版)》2013年第10期。

67. 罗素梅、周光友:《上海自贸区金融开放、资本流动与利率市场化》,载《上海经济研究》2015年第1期。

68. 毛玲玲:《论金融创新与金融审判》,载《学术月刊》2014年第5期。

69. 梅宏、高洁璞:《美国非诉讼纠纷解决机制及其对我国的启示》,载《北京仲裁》2009年第2期。

70. 梅竹:《涉外贴牌加工行为的商标侵权认定》,载《天津法学》2016年第2期。

71. 倪静:《论知识产权争议ADR的功能、价值及模式》,载《重庆理工大学学报(社会科学)》2010年第9期。

72. 裴长洪、付彩芳:《上海国际金融中心建设与自贸区金融改革》,载《国际经贸探索》2014年第11期。

73. 齐宸:《涉外民事关系的界定与思考》,载《清华法学》2017年第2期。

74. 齐树洁:《我国近年法院调解制度改革述评》,载《河南省政法管理干部学院学报》2011年第4期。

75. 秦涛、张旭东:《论法治视野下网络违法经营案件的行政管辖权》,载《上海市经济管理干部学院学报》2016年第4期。

76. 任明艳:《国际商事仲裁中仲裁员发布临时性保全措施问题》,载《北京仲裁》2007年第1期。

77. 商舒:《中国(上海)自由贸易试验区外资准入的负面清单》,载《法学》2014年第1期。

78. 上海市人民政府发展研究中心课题组:《中国(上海)自由贸易试验区建设三年成效、经验与建议》,载《科学发展》2016年第10期。

79. 申海平:《上海自贸区负面清单的法律地位及其调整》,载《东方法学》2014年第5期。

80. 沈国明:《法治创新:建设上海自贸区的基础要求》,载《东方法学》2013年第6期。

81. 沈强:《涉外定牌加工中的商标侵权问题——对我国〈商标法〉第五十二条第(一)项的理解与适用》,载《国际商务研究》2009年第5期。

82. 施明浩:《金融创新下证券纠纷ADR模式法律问题研究——以调仲对接机制为角度》,载《北京仲裁》2014年第1期。

83. 宋晓明、刘竹梅、原爽:《〈关于审理融资租赁合同纠纷案件适用法律问题的解释〉的理解与适用》,载《人民司法》2014年第7期。

84. 孙元欣、吉莉、周任远:《上海自由贸易试验区负面清单(2013版)及其改进》,载《外国经济与管理》2014年第3期。

85. 唐健飞:《中国(上海)自贸区政府管理模式的创新及法治对策》,载《国际贸易》2014年第4期。

86. 涂永前:《劳务派遣制被滥用的缘由及法律规制》,载《政法论坛》2013年第1期。

87. 汪美娟:《论 WTO 规则在调整国际经贸关系中的作用和不足——以透明度原则为切入点》,载《知识经济》2015 年第 16 期。
88. 汪祖兴:《仲裁机构民间化的境遇及改革要略》,载《法学研究》2010 年第 1 期。
89. 王菠:《国外替代性纠纷解决机制的发展对我国的启示》,载《世纪桥》2010 年第 1 期。
90. 王春蕊:《欧盟发布"过境货物知识产权海关执法指南"》,载《中国海关》2012 年第 6 期。
91. 王杰、李艳君、白玮玮:《中国(上海)自贸区下的航运政策解析》,载《世界海运》2014 年第 2 期。
92. 王丽英:《论中国(上海)自由贸易试验区管委会的法律地位》,载《海关与经贸研究》2015 年第 6 期。
93. 王利明:《负面清单管理模式与私法自治》,载《中国法学》2014 年第 5 期。
94. 王琳:《全球自贸区发展新态势下中国自贸区的推进战略》,载《上海对外经贸大学学报》2015 年第 1 期。
95. 王迁:《上海自贸区转运货物的知识产权边境执法问题研究》,载《东方法学》2015 年第 4 期。
96. 王小骄:《对涉外民事关系"涉外性"界定的再思考》,载《新疆大学学报(哲学·人文社会科学版)》2013 年第 4 期。
97. 夏善晨:《中国(上海)自由贸易区:理念和功能定位》,载《国际经济合作》2013 年第 7 期。
98. 肖芳:《论仲裁庭组成的有关问题》,载《仲裁研究》2005 年第 2 期。
99. 肖林:《建设开放度最高的自由贸易试验区 当好新一轮改革开放领跑者——关于国务院〈进一步深化中国(上海)自由贸易试验区改革开放方案〉的解读》,载《科学发展》2015 年第 5 期。
100. 谢增毅:《劳务派遣规制失灵的原因与出路》,载《环球法律评论》2015 年第 1 期。
101. 徐崇利:《外资准入的晚近发展趋势与我国的立法实践》,载《中国法学》1996 年第 5 期。
102. 徐泉:《略论外资准入与投资自由化》,载《现代法学》2003 年第 2 期。
103. 许凯:《我国外资法律的最新发展与困境解析——评最高人民法院〈关于审理外商投资企业纠纷案件若干问题的规定(一)〉》,载《西部法律评论》2011 年第 2 期。
104. 颜晓闽:《自贸区与行政区划法律冲突的协调机制研究》,载《东方法学》2014 年第 2 期。
105. 晏玲菊:《仲裁还是诉讼?——当事人争议解决方式选择行为研究》,载《上海经济研究》2014 年第 3 期。
106. 杨峰:《上海自贸试验区商事登记制度的改革与完善》,载《法学》2014 年第 3 期。
107. 杨鸿、高田甜:《过境货物的知识产权边境措施:TRIPS 协定下的合规性问题》,载《亚太经济》2013 年第 4 期。

108. 杨力：《中国改革深水区的法律试验新难题和基本思路——以中国（上海）自由贸易试验区的制度体系构建为主线》，载《政法论丛》2014 年第 1 期。

109. 杨玲：《晚近中国仲裁制度的变革与发展趋势》，载《南通大学学报（社会科学版）》2016 年第 2 期。

110. 杨路：《法治化视野下的金融创新与金融审判》，载《中国审判》2013 年第 2 期。

111. 杨苏：《涉外合同纠纷案件适用法院地法的实践及其完善》，载《法治论丛》2004 年第 1 期。

112. 杨枝煌：《关于发展中国自由贸易区的思考》，载《科学发展》2012 年第 12 期。

113. 易诚：《上海自贸试验区金融改革周年回顾》，载《中国金融》2014 年第 24 期。

114. 虞冬青等：《起航——天津自贸区》，载《天津经济》2015 年第 2 期。

115. 袁杜娟：《上海自贸区仲裁纠纷解决机制的探索与创新》，载《法学》2014 年第 9 期。

116. 袁发强、魏文博：《域外证据领事认证的合理性质疑》，载《武大国际法评论》2017 年第 6 期。

117. 袁发强：《自贸区仲裁规则的冷静思考》，载《上海财经大学学报》2015 年第 2 期。

118. 袁泉、郭玉军：《ADR——西方盛行的解决民商事争议的热门制度》，载《法学评论》1999 年第 1 期。

119. 曾大鹏：《融资租赁法制创新的体系化思考》，载《法学》2014 年第 9 期。

120. 曾亦栋：《论涉外定牌加工商标侵权问题的海关处理》，载《海关与经贸研究》2015 年第 3 期。

121. 张红显：《负面清单管理模式的法治之维》，载《法学评论》2015 年第 2 期。

122. 张敏、赵元勤：《对英美 ADR 实践的法哲学思考》，载《法治论丛》2003 年第 6 期。

123. 张淑芳：《负面清单管理模式的法治精神解读》，载《政治与法律》2014 年第 2 期。

124. 张卫平：《我国替代性纠纷解决机制的重构》，载《法律适用》2005 年第 2 期。

125. 张文礼、吴光芸：《论服务型政府与公共服务的有效供给》，载《兰州大学学报（社会科学版）》2007 年第 3 期。

126. 赵大平：《人民币资本项目开放模型及其在上海自贸区的实践》，载《世界经济研究》2015 年第 6 期。

127. 赵亮：《TPP 对全球经贸发展的影响及我国的对策》，载《西南大学学报（社会科学版）》2015 年第 1 期。

128. 赵旭东：《商事登记的制度价值与法律功能》，载《中国工商管理研究》2013 年第 6 期。

129. 郑少华：《论中国（上海）自由贸易试验区的法治新议题》，载《东方法学》2013 年第 6 期。

130. 郑少华：《中国（上海）自由贸易试验区的司法试验》，载《法学》2013 年第 12 期。

131. 周汉民:《建设中国(上海)自由贸易试验区,以更大的开放促进更深入的改革》,载《国际商务研究》2014年第1期。

132. 朱秋沅:《特殊区域内知识产权边境侵权规制问题比较研究——兼驳"特殊监管区域处于境内关外"的误解》,载《上海海关学院学报》2012年第4期。

133. 朱元甲、刘坤、杨利峰:《自贸试验区证券业发展思考与建议》,载《银行家》2017年第8期。

134. "自贸区走私犯罪问题研究"课题组:《自贸区走私犯罪问题研究》,载《海关与经贸研究》2015年第1期。

四、中文析出文献

1. 包蕾、吴琦、徐劲草:《自贸试验区投资贸易领域的纠纷特点及司法应对——以浦东法院受理的456件涉自贸试验区投资贸易纠纷为样本》,载陈立斌主编:《自由贸易区司法评论(第二辑)》,法律出版社2015年版。

2. 陈立斌:《法律与政策的统一正确实施是自贸试验区司法的首要理念》,载陈立斌主编:《自由贸易区司法评论(第一辑)》,法律出版社2014年版。

3. 陈立斌:《人民法院应当能动参与自贸区制度创新——以上海自贸区司法保障为视角》,载陈立斌主编:《自由贸易区司法评论(第二辑)》,法律出版社2015年版。

4. 程波:《现代西方社会替代性纠纷解决方法(ADR)存在的制度原理分析及我国对其借鉴意义》,载何勤华主编:《20世纪外国民商法的变革》,法律出版社2004年版。

5. 程大中:《上海自贸试验区发展战略思考》,载袁志刚主编:《中国(上海)自由贸易试验区新战略研究》,格致出版社、上海人民出版社2013年版。

6. 崔婕:《涉自贸试验区案件审理中专家陪审制度的构建》,载陈立斌主编:《自由贸易区司法评论(第一辑)》,法律出版社2014年版。

7. 丁伟:《关于制定自贸试验区条例的几点思考》,载《中国法学会第十一届长三角法学论坛"中国自贸试验区建设的法治保障研讨会"论文集》,2014年9月。

8. 董文馨等:《上海贸易区公司注册资本制度变革背景下法律问题研究调查》,载汤黎明、郑少华主编:《自由贸易区法律适用(第一辑)》,法律出版社2014年版。

9. 冯张美:《涉自贸区保险合同纠纷司法管辖权规则探析》,载郑少华主编:《自由贸易法治评论(第一辑)》,法律出版社2014年版。

10. 冯张美等:《涉自贸区内保险合同纠纷的特点及解决方案》,载汤黎明、郑少华主编:《自由贸易区法律适用(第一辑)》,法律出版社2014年版。

11. 高圣平:《融资租赁登记制度研究》,载南京师范大学法学院《金陵法律评论》编辑部编:《金陵法律评论(2006年秋季卷)》,法律出版社2006年版。

12. 郭俭:《浦东法院在自贸区司法保障中的责任和担当》,载陈立斌主编:《自由贸易区司法评论(第一辑)》,法律出版社 2014 年版。

13. 贾希凌、艾德雨:《金融规范性文件司法适用法问题研究》,载陈立斌主编:《自由贸易区司法评论(第 1 辑)》,法律出版社 2015 年版。

14. 李可桢等:《上海自由贸易区背景下的外资准入制度》,载汤黎明、郑少华主编:《自由贸易区法律适用(第一辑)》,法律出版社 2014 年版。

15. 刘言浩:《中国(上海)自由贸易试验区的司法应对》,载陈立斌主编:《自由贸易区司法评论(第一辑)》,法律出版社 2014 年版。

16. 潘拥军等:《涉自贸区融资租赁合同纠纷相关法律问题研究》,载汤黎明、郑少华主编:《自由贸易区法律适用(第三辑)》,法律出版社 2016 年版。

17. 乔林:《自贸区案件电子送达的探索与实践》,载陈立斌主编:《自由贸易区司法评论(第二辑)》,法律出版社 2015 年版。

18. 任明艳:《中国(上海)自由贸易试验区投资争端解决机制的探索》,载陈立斌主编:《自由贸易区司法评论(第二辑)》,法律出版社 2015 年版。

19. 任明艳:《中国(上海)自由贸易试验区注册登记制度改革对公司法适用之影响》,载陈立斌主编:《自由贸易区司法评论(第一辑)》,法律出版社 2014 年版。

20. 盛宏观:《自贸区内证券内幕交易民事责任制度设计初探》,载陈立斌主编:《自由贸易区司法评论(第一辑)》,法律出版社 2014 年版。

21. 汤黎明、单素华、金成:《自贸区金融审判司法保障体系问题研究》,载陈立斌主编:《自由贸易区司法评论(第二辑)》,法律出版社 2015 年版。

22. 汤黎明:《上海自贸区对金融行业未来发展的影响及其司法应对》,载陈立斌主编:《自由贸易区司法评论(第一辑)》,法律出版社 2014 年版。

23. 唐荣刚、康邓承:《大数据时代下,法院执行的机遇、挑战与应对——以执行财产全国联网查控为探究契机》,载陈立斌主编:《自由贸易区司法评论(第二辑)》,法律出版社 2015 年版。

24. 王凤岩等:《自贸区集体协商制度的适用和改革——基于实证调研的结论》,载汤黎明、郑少华主编:《自由贸易区法律适用(第一辑)》,法律出版社 2014 年版。

25. 王徽:《实证研究视角下外国法查明制度之症结与完善路径》,载陈立斌主编:《自由贸易区司法评论(第二辑)》,法律出版社 2015 年版。

26. 王剑平、倪鑫:《关于完善自贸区集体协商制度的思考和建议》,载陈立斌主编:《自由贸易区司法评论(第一辑)》,法律出版社 2014 年版。

27. 王玉婷等:《自贸区商事制度改革及其配套措施研究》,载汤黎明、郑少华主编:《自由贸易区法律适用(第三辑)》,法律出版社 2016 年版。

28. 吴慧琼:《企业年度报告公示制度与企业经营异常名录管理制度的相关问题研究》,载陈立斌主编:《自由贸易区司法评论(第一辑)》,法律出版社 2014 年版。

29. 许凯:《中国(上海)自由贸易试验区司法保障的前沿问题》,载上海市社会科学界联合会编:《制度创新与管理创新——中国(上海)自由贸易试验区建设研究报告集》,上海人民出版社 2014 年版。

30. 杨满云等:《自贸区框架下的房地产法律问题研究》,载汤黎明、郑少华主编:《自由贸易区法律适用(第一辑)》,法律出版社 2014 年版。

31. 杨斯空:《试论上海自贸区对我国商事登记制度的改革与促进》,载陈立斌主编:《自由贸易区司法评论(第一辑)》,法律出版社 2014 年版。

32. 姚竞燕、徐文进:《融资租赁出租人强势地位的表征与衡平——以上海自贸区内融资租赁业的制度规范为视角》,载陈立斌主编:《自由贸易区司法评论(第二辑)》,法律出版社 2015 年版。

33. 袁志刚:《经济全球化新趋势与中国应对策略研究》,载上海市社会科学界联合会编:《制度创新与管理创新——中国(上海)自由贸易试验区建设研究报告集》,上海人民出版社 2014 年版。

34. 赵泽等:《上海自贸区内银行业务研究——兼论区内现有金融规则》,载汤黎明、郑少华主编:《自由贸易区法律适用(第一辑)》,法律出版社 2014 年版。

五、中文译著

1. C. L. 林、〔新加坡〕德博拉·K. 埃尔姆斯、〔瑞士〕帕特里克·娄编著:《跨太平洋伙伴关系协定(TPP)——对 21 世纪贸易协议的追求》,赵小波、何玲玲译,法律出版社 2016 年版。

2. 〔英〕J. H. C. 莫里斯:《戴西和莫里斯论冲突法》,李双元等译,中国大百科全书出版社 1998 年版。

3. 〔苏联〕隆茨、马蕾舍娃、萨季科夫:《国际私法》,吴云琪、刘楠来、陈绥译,法律出版社 1986 年版。

六、外文著述

1. Alan Redfern & Martin Hunter, *Law and Practice of International Commercial Arbitration*, Sweet & Maxwell, 1991.

2. William H. Ross & Donald E. Conlon, Hybrid Forms of Third-Party Dispute Resolution: Theoretical Implication of Combining Mediation and Arbitration, *Academy of Management Review*, Vol. 25, No. 2, 2000.

七、中文报纸

1. 曹雅静:《为促进自贸试验区健康发展提供司法保障》,载《人民法院报》2017 年 1 月 10 日第 1 版。

29. 许凯:《中国(上海)自由贸易试验区司法保障的前沿问题》,载上海市社会科学界联合会编:《制度创新与管理创新——中国(上海)自由贸易试验区建设研究报告集》,上海人民出版社 2014 年版。

30. 杨满云等:《自贸区框架下的房地产法律问题研究》,载汤黎明、郑少华主编:《自由贸易区法律适用(第一辑)》,法律出版社 2014 年版。

31. 杨斯空:《试论上海自贸区对我国商事登记制度的改革与促进》,载陈立斌主编:《自由贸易区司法评论(第一辑)》,法律出版社 2014 年版。

32. 姚竞燕、徐文进:《融资租赁出租人强势地位的表征与衡平——以上海自贸区内融资租赁业的制度规范为视角》,载陈立斌主编:《自由贸易区司法评论(第二辑)》,法律出版社 2015 年版。

33. 袁志刚:《经济全球化新趋势与中国应对策略研究》,载上海市社会科学界联合会编:《制度创新与管理创新——中国(上海)自由贸易试验区建设研究报告集》,上海人民出版社 2014 年版。

34. 赵泽等:《上海自贸区内银行业务研究——兼论区内现有金融规则》,载汤黎明、郑少华主编:《自由贸易区法律适用(第一辑)》,法律出版社 2014 年版。

五、中文译著

1. C. L. 林、[新加坡]德博拉·K. 埃尔姆斯、[瑞士]帕特里克·娄编著:《跨太平洋伙伴关系协定(TPP)——对 21 世纪贸易协议的追求》,赵小波、何玲玲译,法律出版社 2016 年版。

2. [英]J. H. C. 莫里斯:《戴西和莫里斯论冲突法》,李双元等译,中国大百科全书出版社 1998 年版。

3. [苏联]隆茨、马蕾舍娃、萨季科夫:《国际私法》,吴云琪、刘楠来、陈绥译,法律出版社 1986 年版。

六、外文著述

1. Alan Redfern & Martin Hunter, *Law and Practice of International Commercial Arbitration*, Sweet & Maxwell, 1991.

2. William H. Ross & Donald E. Conlon, Hybrid Forms of Third-Party Dispute Resolution: Theoretical Implication of Combining Mediation and Arbitration, *Academy of Management Review*, Vol. 25, No. 2, 2000.

七、中文报纸

1. 曹雅静:《为促进自贸试验区健康发展提供司法保障》,载《人民法院报》2017 年 1 月 10 日第 1 版。

12. 郭俭:《浦东法院在自贸区司法保障中的责任和担当》,载陈立斌主编:《自由贸易区司法评论(第一辑)》,法律出版社 2014 年版。

13. 贾希凌、艾德雨:《金融规范性文件司法适用法问题研究》,载陈立斌主编:《自由贸易区司法评论(第 1 辑)》,法律出版社 2015 年版。

14. 李可桢等:《上海自由贸易区背景下的外资准入制度》,载汤黎明、郑少华主编:《自由贸易区法律适用(第一辑)》,法律出版社 2014 年版。

15. 刘言浩:《中国(上海)自由贸易试验区的司法应对》,载陈立斌主编:《自由贸易区司法评论(第一辑)》,法律出版社 2014 年版。

16. 潘拥军等:《涉自贸区融资租赁合同纠纷相关法律问题研究》,载汤黎明、郑少华主编:《自由贸易区法律适用(第三辑)》,法律出版社 2016 年版。

17. 乔林:《自贸区案件电子送达的探索与实践》,载陈立斌主编:《自由贸易区司法评论(第二辑)》,法律出版社 2015 年版。

18. 任明艳:《中国(上海)自由贸易试验区投资争端解决机制的探索》,载陈立斌主编:《自由贸易区司法评论(第二辑)》,法律出版社 2015 年版。

19. 任明艳:《中国(上海)自由贸易试验区注册登记制度改革对公司法适用之影响》,载陈立斌主编:《自由贸易区司法评论(第一辑)》,法律出版社 2014 年版。

20. 盛宏观:《自贸区内证券内幕交易民事责任制度设计初探》,载陈立斌主编:《自由贸易区司法评论(第一辑)》,法律出版社 2014 年版。

21. 汤黎明、单素华、金成:《自贸区金融审判司法保障体系问题研究》,载陈立斌主编:《自由贸易区司法评论(第二辑)》,法律出版社 2015 年版。

22. 汤黎明:《上海自贸区对金融行业未来发展的影响及其司法应对》,载陈立斌主编:《自由贸易区司法评论(第一辑)》,法律出版社 2014 年版。

23. 唐荣刚、康邓承:《大数据时代下,法院执行的机遇、挑战与应对——以执行财产全国联网查控为探究契机》,载陈立斌主编:《自由贸易区司法评论(第二辑)》,法律出版社 2015 年版。

24. 王凤岩等:《自贸区集体协商制度的适用和改革——基于实证调研的结论》,载汤黎明、郑少华主编:《自由贸易区法律适用(第一辑)》,法律出版社 2014 年版。

25. 王徽:《实证研究视角下外国法查明制度之症结与完善路径》,载陈立斌主编:《自由贸易区司法评论(第二辑)》,法律出版社 2015 年版。

26. 王剑平、倪鑫:《关于完善自贸区集体协商制度的思考和建议》,载陈立斌主编:《自由贸易区司法评论(第一辑)》,法律出版社 2014 年版。

27. 王玉婷等:《自贸区商事制度改革及其配套措施研究》,载汤黎明、郑少华主编:《自由贸易区法律适用(第三辑)》,法律出版社 2016 年版。

28. 吴慧琼:《企业年度报告公示制度与企业经营异常名录管理制度的相关问题研究》,载陈立斌主编:《自由贸易区司法评论(第一辑)》,法律出版社 2014 年版。

2. 陈萌、潘云波、陈树森、贺幸、彭浩:《全力打造自贸试验区卓越的司法环境——上海法院服务保障上海自贸试验区建设五年来的主要做法与经验》,载《人民法院报》2018年11月8日第5版。

3. 陈贤、吴喆:《上海首个"保调室"落户自贸区》,载《中国保险报》2014年12月1日第3版。

4. 丁伟:《以法治方式推动先行先试》,载《解放日报》2013年9月2日第5版。

5. 丁伟:《以法治思维法治方式推进改革创新》,载《文汇报》2013年6月17日第5版。

6. 福建省高级人民法院民三庭:《涉外定牌加工中商标侵权的认定》,载《人民法院报》2009年1月22日第5版。

7. 罗培新:《约束行政与体认创新:上海自贸区的司法变革》,载《中国社会科学报》2013年12月25日第A11版。

8. 缪因知:《上海自贸区可设级别较高法院》,载《法制晚报》2013年10月11日第A43版。

9. 上海市人民检察院自贸区检察工作调研课题组:《对五类犯罪刑法适用有影响》,载《检察日报》2015年1月2日第3版。

10. 盛勇强:《为自贸试验区建设提供优质司法保障和服务》,载《人民法院报》2013年12月18日第5版。

11. 王春燕:《平行进口的含义特点表现形式》,载《中国知识产权报》2002年12月20日第2版。

12. 王新奎:《全球经济重构趋势下的上海转型与发展》,载《联合时报》2013年10月1日第6版。

13. 谢军:《上海一中院首创当庭上网查明外国法》,载《光明日报》2006年1月15日第6版。

14. 杨联民:《上海政协副主席周汉民:上海设立浦东自由贸易区势在必行》,载《中华工商时报》2013年1月31日第2版。

15. 张娜、凌捷、陆文奕:《推进司法保障 把脉法律适用——中国(上海)自由贸易试验区制度建设与司法保障研讨会综述》,载《人民法院报》2014年5月14日第7版。

16. 张绍忠、陈忠:《专家陪审员制度刍议》,载《人民法院报》2014年1月22日第8版。

17. 张勇健、刘敬东、奚向阳、杨兴业:《〈关于为自由贸易试验区建设提供司法保障的意见〉的理解与适用》,载《人民法院报》2017年1月18日第5版。

18. 周斌:《外国法查明研究基地昨揭牌》,载《法制日报》2015年1月20日第5版。

19. 周汉民:《推"自贸试验区促进法" 助改革再冲关》,载《文汇报》2015年3月25日第5版。

八、网络文献

1. 陈静、敖颖婕:《专家加盟法院成为不穿"法袍"的"法官"》,http://www.chinanews.com/fz/2015/04-10/7199663.shtml。

2. 陈琼珂:《上海创新自贸区司法保障模式》,http://www.gov.cn/xinwen/2015-10/21/content_2950868.htm。

3. 《高院与华政签订外国法查明专项合作纪要》,http://shfy.chinacourt.org/article/detail/2014/12/id/1523989.shtml。

4. 季明:《上海自贸试验区负面清单管理模式成效初显 逾八成新增外资项目改为备案》,https://finance.sina.com.cn/china/20131104/084217211255.shtml。

5. 《全国人民代表大会关于修改〈中华人民共和国立法法〉的决定》,http://www.npc.gov.cn/wxzl/gongbao/2015-05/07/content_1939098.htm。

6. 《〈上海法院服务保障中国(上海)自由贸易试验区建设审判白皮书〉发布》,http://www.pudong.gov.cn/shpd/news/20181017/006001_d655d78c-0909-4f02-b853-5d8fc56d8796.htm。

7. 《上海高院通报上海法院服务保障自贸区建设经验》,https://www.chinacourt.org/article/detail/2014/12/id/1524588.shtml。

8. 《探索上海自贸试验区综合监管新路径 创新政府管理方式》,http://finance.people.com.cn/BIG5/n/2014/0106/c70846-24032735.html。

9. 王徽:《论多层次争议解决条款的可执行性——从条款的起草与适用到法律制度的完善》,http://www.ccpit.org/Contents/Channel_3488/2014/1013/422367/content_422367.htm。

10. 于佳欣、王敏:《探索建设自由贸易港 助力全面开放新格局》,http://cpc.people.com.cn/19th/n1/2017/1022/c414305-29602086.html。

11. 翟广绪:《司法ADR与我国诉讼调解制度的重构》,https://www.chinacourt.org/article/detail/2005/04/id/159165.shtml。

12. 张斌、包蕾、吴琦:《以司法改革要求推动自贸区法庭建设的思考》,http://www.ftzcourt.gov.cn:8080/zmqweb/gweb/content.jsp?pa=aZ2lkPTY2NzM1z。

九、司法白皮书

1. 《上海市第一中级人民法院、上海市浦东新区人民法院自贸区司法保障白皮书(2013年9月—2018年4月)》。

2. 《上海市第一中级人民法院自贸区司法保障白皮书(2013年9月—2016年4月)》。

3. 《上海市第一中级人民法院自贸区司法保障白皮书(2016年4月—2017年4月)》。

4. 上海市高级人民法院《上海法院服务保障中国(上海)自由贸易试验区建设审判白皮书

(2013—2018)》。

5.《上海市浦东新区人民法院加强知识产权司法保护服务保障自贸区建设白皮书(2013年9月—2016年9月)》。

6.《上海市浦东新区人民法院加强知识产权司法保护服务保障自贸区建设白皮书(2016年10月—2017年9月)》。

7.《上海市浦东新区人民法院涉自贸试验区审判工作白皮书(2013年11月—2016年10月)》。

8.《上海市浦东新区人民法院涉自贸试验区审判工作白皮书(2014年)》。

9.《上海市浦东新区人民法院涉自贸试验区审判工作白皮书(2015年)》。

10.《上海市浦东新区人民法院涉自贸试验区审判工作白皮书(2016年11月—2017年10月)》。

十、项目、课题成果

1. 2014年度国家社会科学基金重大项目:"法治引领推动自贸试验区建设的难点与路径研究"。

2. 2014年度上海市民主法治建设课题:"上海自贸区专门法院体制建设问题研究"。

3. 2014年上海法院重点调研课题:"以司法改革要求推动自贸区法庭建设的思考"。

4. 2014年上海市人民政府决策咨询课题:"自贸试验区法治化建设研究"。

5. 2015年度上海市民主法治建设课题:"上海自贸试验区立法经验的推广路径研究"。

6. 2015年上海市人大常委会课题:"自贸园区域内外法律制度比较研究"。

7. 2015年上海市人民政府重大决策咨询课题:"上海自贸区负面清单透明度问题研究"。

8. 2015年中宣部课题:"上海自贸区法制建设与创新"。

9. 2015年最高人民法院司法调研重大课题:"关于中国自由贸易试验区司法保障有关问题的调研"。

10. 2016年上海市浦东新区课题:"浦东新区证照分离改革的法治保障"。

11. 2016年上海市人民政府决策咨询课题:"我国自贸区立法与境外自贸园区立法比较研究"。

12. 2017年上海市人大常委会课题:"《中国(上海)自由贸易试验区条例》修改需求"。

13. 2018年民建上海市委1号课题:"上海探索自由贸易港建设研究"。